Lei da Arbitragem Voluntária

Lei da Arbitragem Voluntária

2014

Coordenação
Mário Esteves de Oliveira

Autores

Mário Esteves de Oliveira
Frederico Gonçalves Pereira
Rodrigo Esteves de Oliveira
André Proença
João Soares Franco
Joana Neves

António de Magalhães Cardoso
Paulo Pinheiro
Sofia Ribeiro Branco
Ana Lickfold Novaes e Silva
José Miguel Lucas
Piedade Castro e Sousa

LEI DA ARBITRAGEM VOLUNTÁRIA

AUTORES

Mário Esteves de Oliveira, António de Magalhães Cardoso, Frederico Gonçalves Pereira, Paulo Pinheiro, Rodrigo Esteves de Oliveira, Sofia Ribeiro Branco, André Proença, Ana Lickfold Novaes e Silva, João Soares Franco, José Miguel Lucas, Joana Neves, Piedade Castro e Sousa

EDITOR
EDIÇÕES ALMEDINA, S.A.
Rua Fernandes Tomás, nºs 76, 78 e 80
3000-167 Coimbra
Tel.: 239 851 904 · Fax: 239 851 901
www.almedina.net · editora@almedina.net

DESIGN DE CAPA
FBA.

PRÉ-IMPRESSÃO
EDIÇÕES ALMEDINA, S.A.

IMPRESSÃO | ACABAMENTO
PAPELMUNDE

Março, 2014
DEPÓSITO LEGAL
372336/14

Apesar do cuidado e rigor colocados na elaboração da presente obra, devem os diplomas legais dela constantes ser sempre objecto de confirmação com as publicações oficiais.
Toda a reprodução desta obra, por fotocópia ou outro qualquer processo, sem prévia autorização escrita do Editor, é ilícita e passível de procedimento judicial contra o infractor.

 GRUPOALMEDINA

Biblioteca Nacional de Portugal – Catalogação na Publicação

LEI DA ARBITRAGEM VOLUNTÁRIA

Lei da arbitragem voluntária / coord. Mário Esteves de Oliveira
ISBN 978-972-40-5368-4

I – OLIVEIRA, Mário Esteves de

CDU 347

PREFÁCIO

Dá-se à estampa, sob os auspícios da Almedina, mais uma obra da Colecção Vieira de Almeida & Associados, pensada e realizada colectivamente por autores que têm da arbitragem uma experiência adquirida na vigência do regime "libertário" da nossa Lei da Arbitragem Voluntária de 1986, primorosamente construída, de resto, e caracterizada pela escassa regulação do tribunal e do processo arbitrais, deixando aos litigantes (e aos árbitros) uma larguíssima margem de autonomia e informalidade para adaptarem a respectiva disciplina àquilo que entendiam serem seus interesses (e do processo) na matéria.

Esse cenário mudou substancialmente com a actual LAV. Das abertas e miudinhas seis páginas do Diário da República de 29 de Agosto de 1986, com 107 sumariadas normas, passámos agora para as mais de treze pesadas e minuciosas páginas de 14 de Dezembro de 2011, com 275 preceitos, a maioria deles bem compactos.

A actual LAV, em matéria de disciplina da arbitragem, em tantos capítulos seus, põe-nos a par das leis e experiências estrangeiras mais seguidas, adequando-a às exigências das principais convenções internacionais, nomeadamente à Lei-Modelo da Uncitral de 1985 (alterada em 2006) e à Convenção de Nova Iorque de 1958, no âmbito do que se deram passos de gigante em relação, *maxime*, ao tema das arbitragens internacionais que tenham lugar em Portugal e do reconhecimento e execução, entre nós, de sentenças arbitrais proferidas no estrangeiro.

Por outro lado, a unificação e o alargamento do regime legal trazidos pela LAV, para além de permitirem que os temas jurídicos da arbitragem vão sendo paulatinamente objecto de uma sedimentação doutrinal e jurisprudencial em torno de questões comuns, fazem ainda com que os intervenientes na arbitragem, com maiores ou menores dificuldades, saibam já com o que esperar em relação aos problemas que poderão surgir no seu decurso, por, sem prejuízo dos campos confiados primariamente à autonomia das partes, disporem agora de um corpo de normas muito mais denso e que os previne contra decisões-surpresa dos árbitros e dos tribunais estaduais a quem também é dado intervir no seio da constituição, desenrolar e anulação dos processos arbitrais.

Em relação a alguns problemas subsistentes, exigir-se-á das convenções e regulamentos de arbitragem, o que até parece saudável, uma maior previsão sobre as questões em que o carácter supletivo de normas da LAV deixe margem para a sua regulação convencional ou pelos árbitros.

É que disposições várias da LAV são algo ariscas ao comentário, dando azo a um número significativo de dúvidas e interrogações, sobre as quais foi difícil discorrer escorreita e certeiramente, sendo o verdadeiro ou completo pensamento legislativo que lhes subjaz, tantas vezes, complicado de descortinar, residindo aí portanto uma provável semente de controvérsias.

A presente obra é, naturalmente, em vários aspectos, um reflexo disso mesmo: não são raros os casos em que as soluções encontradas vão propostas dubitativamente, limitando-se algumas vezes apenas a enunciar os argumentos que apontam num e noutro sentido, para não falar já nos casos em que os AA. não conseguiram chegar a um consenso sobre aquelas soluções e estes argumentos.

É possível também – que nem sempre as obras realizadas a 24 mãos podem assegurar uma unidade e coerência total entre as suas diversas partes – que o leitor encontre, muito aqui ou ali, uma posição diversa, algo diversa, daquela que eventualmente encontrará explanada mais adiante, risco que preferiu correr-se ao de deixar este comentário mais uns meses em "banho maria", ele que já vem tão atrasado, mais ainda,

PREFÁCIO

pela necessidade de o adaptar às recentíssimas alterações do Código do Processo Civil.

Quanto ao resto, espera-se que este Comentário proporcione aos leitores – para cuja comodidade se organizou, a final, um índice analítico – algo dos esforços a que obrigou, das ruidosas e apaixonadas discussões que suscitou, dos sacrifícios feitos para recuperar trabalhos profissionais que ficaram demorados.

Bem gostaríamos também que nela se reflectisse, de algum modo, a excelência que é apanágio de vida, carácter e profissão do seu patrono, o Senhor Dr. Vasco Vieira de Almeida.

Quanto aos agradecimentos a que tantas pessoas teriam direito – e não só pela sobrecarga de trabalho profissional a que, indirectamente, foram obrigadas –, eles ficam aqui prestados genericamente aos nossos colegas das áreas de Contencioso, de Público e de Propriedade Intelectual.

MEO

Lisboa, Setembro de 2013

ÍNDICE

Código de siglas e abreviaturas	11
Comentários à Lei nº 63/2011 (aprova a Lei da Arbitragem Voluntária)	13
Preliminares	27
Capítulo I – Da convenção de arbitragem	37
Capítulo II – Dos árbitros e do tribunal arbitral	113
Capítulo III – Da competência do tribunal arbitral	251
Capítulo IV – Das providências cautelares e ordens preliminares	279
Capítulo V – Da condução do processo arbitral	361
Capítulo VI – Da sentença arbitral e encerramento do processo	453
Capítulo VII – Da impugnação da sentença arbitral	539
Capítulo VIII – Da execução da sentença arbitral	587
Capítulo IX – Da arbitragem internacional	603
Capítulo X – Do reconhecimento e execução de sentenças arbitrais estrangeiras	653
Capítulo XI – Dos tribunais estaduais competentes	685
Capítulo XII – Disposições finais	709
Índice Analítico	723

CÓDIGO DE SIGLAS E ABREVIATURAS

CCI	Câmara de Comércio Internacional
CCIP/ACL	Câmara de Comércio e Indústria Portuguesa / Associação Comercial de Lisboa
CIRDI	Centro Internacional para a Resolução de Diferendos Relativos a Investimentos
CIRE	Código de Insolvências e Recuperação de Empresas (aprovado pelo Decreto-Lei n.º 53/2004, de 18 de Março; última alteração: Lei n.º 66-B/2012, de 31 de Dezembro)
CJ	Colectânea de Jurisprudência
CP	Código Penal (aprovado pelo Decreto-Lei n.º 400/82, de 3 de Setembro; última alteração: Lei n.º 60/2013, de 23 de Agosto)
CPC	Código de Processo Civil (aprovado pela Lei n.º 41/2013, de 26 de Junho)
CPTA	Código de Processo nos Tribunais Administrativos (aprovado pela Lei nº 15/2002, de 22 de Fevereiro)
CRP	Constituição da República Portuguesa (aprovada por Decreto de Aprovação da Constituição, de 10 de Abril de 1976. Última alteração: Lei Constitucional n.º 1/2005, de 12 de Agosto)
DIP	Lei Federal Suíça de Direito Internacional Privado
DL	Decreto-Lei
ETAF	Estatuto dos Tribunais Administrativos e Fiscais (aprovado pela Lei n.º 13/2002, de 19 de Fevereiro. Última alteração: Lei n.º 20/2012, de 14 de Maio)
IBA	International Bar Association

CCI	Câmara de Comércio Internacional (França)
LAV	Lei da Arbitragem Voluntária (aprovada pela Lei n.º 63/2011, de 14 de Dezembro)
LCIA (Regulamento do)	London Court of International Arbitration
Lei-Modelo	Lei-Modelo da UNCITRAL sobre Arbitragem Comercial
LOFTJ	Lei de Organização e Funcionamento dos Tribunais Judiciais (aprovada pela Lei n.º 52/2008, de 28 de Agosto; última alteração: Lei n.º 46/2011, de 24 de Junho)
NCPC	Nouveau Code de Procédure Civile (França)
RRCEE	Regime de Responsabilidade Civil Extracontratual do Estado e Demais Entidades Públicas (aprovado pela Lei n.º 67/2007, de 31 de Dezembro. Última alteração: Lei n.º 31/2008, de 17 de Julho)
STA	Supremo Tribunal Administrativo
STJ	Supremo Tribunal de Justiça
TCA	Tribunal Central Administrativo
TRG	Tribunal da Relação de Guimarães
TRL	Tribunal da Relação de Lisboa
UNCITRAL	United Nations Commission on International Trade Law
UNIDROIT	International Institute for the Unification of Private Law
ZPO	Zivilprozessordnung (Alemanha)

Comentários à Lei nº 63/2011, de 14 de Dezembro

Aprova a Lei da Arbitragem Voluntária

Artigo 1º
Objecto

1 – É aprovada a Lei da Arbitragem Voluntária, que se publica em anexo à presente lei e que dela faz parte integrante.

2 – É alterado o Código de Processo Civil, em conformidade com a nova Lei da Arbitragem Voluntária.

Artigo 2.º
Alteração ao Código de Processo Civil

Os artigos 812.º-D, 815.º, 1094.º e 1527.º do Código de Processo Civil passam a ter a seguinte redacção:

«Artigo 812.º -D
[...]

O agente de execução que receba o processo deve analisá-lo e remetê-lo electronicamente ao juiz para despacho liminar, nos seguintes casos:

[............................]

g) Se, pedida a execução de sentença arbitral, o agente de execução duvidar de que o litígio pudesse ser cometido à decisão por árbitros, quer por estar submetido, por lei especial, exclusivamente a tribunal judicial ou a arbitragem necessária, quer por o direito controvertido não ter carácter patrimonial e não poder ser objecto de transacção.

Artigo 815.º
[...]

São fundamentos de oposição à execução baseada em sentença arbitral não apenas os previstos no artigo anterior mas também aqueles em que pode basear-se a anulação judicial da mesma decisão, sem prejuízo do disposto nos n.ºs 1 e 2 do artigo 48.º da Lei da Arbitragem Voluntária.

Artigo 1094.º
[...]

1 – Sem prejuízo do que se ache estabelecido em tratados, convenções, regulamentos da União Europeia e leis especiais, nenhuma decisão sobre direitos privados, proferida por tribunal estrangeiro, tem eficácia em Portugal, seja qual for a nacionalidade das partes, sem estar revista e confirmada.

2 – ....

Artigo 1527.º
[...]

1 – Se em relação a algum dos árbitros se verificar qualquer das circunstâncias previstas nos artigos 13.º a 15.º da Lei da Arbitragem Voluntária, procede-se à nomeação de outro, nos termos do artigo 16.º daquela lei, cabendo a nomeação a quem tiver nomeado o árbitro anterior, quando possível.

2 – ....»

Comentário:

1. *As remissões do art. 2º da lei e o novo CPC*
2. *A revogação pelo novo CPC da intervenção do agente de execução na avaliação da arbitrabilidade do litígio*
3. *A (in)oponibilidade temporal dos fundamentos de anulação de sentença arbitral à execução do art. 730º do CPC*
4. *A apropriação pela LAV da exigência e do regime de reconhecimento de sentenças arbitrais estrangeiras*
5. *A remissão para a nova LAV do regime da cessação de funções e de substituição de árbitros necessários*

1. As remissões do art. 2º da lei e o novo CPC

As remissões para o CPC, que se contêm no art. 2º da Lei nº 63/2011, e as alterações que se introduziram naquele Código com a reforma a que agora se procede, forçam-nos a considerar tais remissões feitas para as disposições do Novo Código de Processo Civil, aprovado pelo Decreto-Lei nº 41/2013 de 26 de Junho, e que entrou em vigor no dia 1 de Setembro de 2013.

Assim, por referência às normas referidas e transcritas no diploma que aprovou a LAV, temos que tomar em conta agora o seguinte:

- já não existe a alínea *f)* do art. 812º-D, não tendo a respectiva disposição qualquer correspondência no novo CPC, seja no seu art. 726º ou noutro qualquer;
- os arts. 815º e 1094º do anterior Código são agora, com a mesma redacção, os arts. 730º e 978º do novo CPC;
- o art. 1527º/1 do anterior Código, respeitante à cessação de funções e à substituição dos árbitros que cessem funções, corresponde ao art. 1084º/1 do novo CPC, com mínimas alterações, levando agora a aplicar a todas as hipótese da referida substituição o disposto no art. 16º/1 da LAV.

2. A revogação pelo novo CPC da intervenção do agente de execução na avaliação da arbitrabilidade do litígio

Com a revogação da alínea *g)* do art. 812º-D do anterior CPC – em que se enunciavam os casos em que, por maior complexidade ou dúvida, o agente de execução devia remeter o processo executivo ao juiz para despacho de admissão ou indeferimento liminar – e com a determinação contida no art. 726º do novo CPC, o processo executivo passou a ser sempre concluso ao juiz para despacho liminar.

Deixou de haver portanto a hipótese de o agente de execução receber a sentença arbitral para efeitos de desencadear o respectivo processo executivo e poder questionar a arbitrabilidade do litígio decidido naquela sentença.

3. A (in)oponibilidade temporal dos fundamentos de anulação de sentença arbitral à execução do art. 730º do CPC

A alteração introduzida pela lei preambular da LAV no art. 815º do CPC, hoje o art. 730º do novo CPC – no qual se dispõe sobre a oponibilidade à execução de sentenças arbitrais com fundamento nas causas legais de impugnação e anulação dessas sentenças –, resulta de se lhe ter acrescentado, a final, a locução *"sem prejuízo do disposto nos nºs 1 e 2 do artigo 48º da Lei da Arbitragem Voluntária"*.

É que, nesse nº 1, veio estabelecer-se uma excepção de carácter temporal à possibilidade de se utilizar, como fundamentos de tal oposição, os casos ou causas enunciados no art. 46º/3 da LAV quando já se tenha esgotado o prazo para, com base neles, se deduzir o pedido de anulação judicial de sentenças arbitrais – o que significa que a excepção vale igualmente em caso de aplicação daquela regra do CPC.

Por sua vez, a norma do nº 2 do mesmo art. 48º da LAV estabelece uma excepção a essa excepção que havia sido estabelecida no seu nº 1, permitindo-se assim ao juiz da execução da sentença arbitral, não obstante já ter decorrido o prazo de impugnação da mesma, que conheça oficiosamente da verificação (ou não) do fundamento de anulação previsto na alínea *b)* do art. 46º/3 – respeitante ao caso em que a sentença arbitral *"ofende os princípios da ordem pública internacional do Estado português"* –, desde que conheça desse fundamento *"até ao primeiro acto de transmissão de bens penhorados"*.

4. *A apropriação pela LAV da exigência do art. 978º/1 do CPC sobre a necessidade de reconhecimento de sentenças arbitrais estrangeiras*

A alteração do disposto no art. 1094º/1 do CPC – hoje, o art. 978º/1º do novo Código –, resultante da entrada em vigor da LAV, traduziu-se na supressão da referência, nessa disposição da lei processual civil à exigência de que *"qualquer decisão sobre direitos privados, proferida [...] por árbitros no estrangeiro"* fosse revista e confirmada em tribunal estadual português para poder gozar de eficácia em Portugal, subsistindo assim a norma mas apenas no que respeita à exigência de revisão e confirmação de sentenças de *tribunais estaduais* estrangeiros.

A supressão feita não significa naturalmente que as decisões de árbitros estrangeiros tivessem deixado de precisar dessa revisão e confirmação, mas tão-só que, sob o conceito de *reconhecimento*, a matéria passou a ter assento na LAV, nos arts. 55º e ss.

5. *A remissão para a nova LAV da remissão feita no art. 1084º/1 do CPC para a anterior lei da arbitragem*

A alteração do art. 1527º/1 do CPC – hoje, o art. 1084º/1 do novo Código –, em virtude da entrada em vigor da presente lei, traduziu-se no facto de as remissões ali contidas para os arts. 13º a 16º da LAV de 1986 terem passado agora a fazer-se para as disposições da actual LAV no que respeita quer à cessação de funções de árbitros de tribunais arbitrais necessários quer no que respeita à substituição dos árbitros cessantes (arts. 13º a 16º).

Artigo 3.º
Remissões

Todas as remissões feitas em diplomas legais ou regulamentares para as disposições da Lei nº 31/86, de 29 de Agosto, com a redacção que lhe foi dada pelo Decreto-Lei n.º 38/2003, de 8 de Março, devem

considerar -se como feitas para as disposições correspondentes na nova Lei da Arbitragem Voluntária.

1. *A disposição legal e as suas excepções inominadas*
2. *Âmbito de aplicação da norma legal: as remissões feitas em convenções de arbitragem para normas ou para o regime da LAV de 1986*

1. A disposição legal e as suas excepções inominadas

A substituição de regimes jurídicos vigentes por outros contidos em leis que os revogam dá origem à substituição (neste caso, formalizada, outras vezes, automática) das remissões contidas noutros diplomas para as normas do regime revogado, entendendo-se que, a partir dessa revogação, tais remissões se consideram feitas para as normas correspondentes dos novos regimes.

É o que se dispõe neste preceito da lei preambular da LAV.

Não sucederá assim, contudo,

- nos casos em que a disciplina da norma nova correspondente for juridicamente incompatível com a norma ou o espírito do diploma remetente;
- nos casos em que não existir no diploma novo norma correspondente;
- se, apesar da sua revogação genérica, continuarem a vigorar normas específicas do diploma revogado, e apenas nessa medida.

Quando se verifique este último caso – bem como, seguramente, o primeiro e provavelmente, também, o segundo –, as remissões substitutivas não podem estender-se a todas as remissões feitas no diploma de origem, não podem fazer-se em bloco, como neste art. 3º da Lei nº 63/2011 se fez, sem se excluir, sequer, a ressalva feita no segundo segmento do nº 1 do seu art. 5º.

2. Âmbito de aplicação da norma legal: as remissões feitas em convenções de arbitragem para normas ou para o regime da LAV de 1986

Não quis o legislador da nova LAV, aparentemente, intrometer-se na questão da subsistência ou da substituição das remissões feitas em *cláusulas compromissórias* ou em *compromissos arbitrais* e em *regulamentos de arbitragem*, que remetessem o preenchimento das suas estipulações em branco para as normas da LAV de 1986, tendo regulado apenas a sucessão das normas de preenchimento ou acolhimento (respectivamente, nas LAV's de 1986 e de 2011) das *remissões* feitas para aquela primeira em *diplomas legais* ou *regulamentares*.

Pelo contrário, em relação ao fundo da questão, a solução de princípio para as *remissões convencionais* é a de que elas devem continuar a considerar-se feitas para as normas da LAV vigente ao tempo da remissão, presumindo-se que as partes quiseram a específica disciplina lá contida.

A diferença entre as duas situações consistiria então no facto de, na *remissão legal ou regulamentar*, só se excluírem da substituição em bloco feita neste art. 3º da Lei nº 63/2011 aqueles casos (além dos outros acima previstos, claro) em que haja *incompatibilidade* da norma correspondente da nova LAV com a letra ou o espírito da norma ou do diploma remetente enquanto que, no caso da *remissão convencional*, só se consideram aplicáveis as novas normas quando aquela presunção não funcionar, isto é, quando se entender que a *vontade* (*real* ou *hipotética*) das partes subjacente à remissão por elas feita era apenas a de suprir de qualquer modo a lacuna da sua convenção, não de a suprir por recurso àquela específica disciplina constante da norma para que então expressamente se haviam remetido.

Artigo 4.º
Disposição transitória

1 – Salvo o disposto nos números seguintes, ficam sujeitos ao novo regime da Lei da Arbitragem Voluntária os processos arbitrais que, nos termos do n.º 1 do artigo 33.º da referida lei, se iniciem após a sua entrada em vigor.

2 – O novo regime é aplicável aos processos arbitrais iniciados antes da sua entrada em vigor, desde que ambas as partes nisso acordem ou se uma delas formular proposta nesse sentido e a outra a tal não se opuser no prazo de 15 dias a contar da respectiva recepção.

3 – As partes que tenham celebrado convenções de arbitragem antes da entrada em vigor do novo regime mantêm o direito aos recursos que caberiam da sentença arbitral, nos termos do artigo 29.º da Lei n.º 31/86, de 29 de Agosto, com a redacção que lhe foi dada pelo Decreto-Lei n.º 38/2003, de 8 de Março, caso o processo arbitral houvesse decorrido ao abrigo deste diploma.

4 – A submissão a arbitragem de litígios emergentes de ou relativos a contratos de trabalho é regulada por lei especial, sendo aplicável, até à entrada em vigor desta o novo regime aprovado pela presente lei, e, com as devidas adaptações, o n.º 1 do artigo 1.º da Lei n.º 31/86, de 29 de Agosto, com a redacção que lhe foi dada pelo Decreto-Lei n.º 38/2003, de 8 de Março.

1. *Os "processos arbitrais" imperativamente abrangidas pelo regime da LAV: marcos temporais e suas excepções*
2. *A lei temporalmente aplicável à validade das convenções anteriores à LAV*
3. *As arbitragens facultativamente abrangidas pelo regime da LAV: requisitos do acordo de partes*
4. *Casos de persistência em arbitragens sujeitas à actual LAV do regime de recursos de decisões arbitrais constante da LAV de 1986*
5. *A aplicação transitória da LAV às arbitragens de litígios emergentes de contrato de trabalho: o critério de arbitrabilidade aí determinante*

Nº 1

1. *Os "processos arbitrais" imperativamente abrangidas pelo regime da LAV: marcos temporais e suas excepções*

De acordo com a disposição transitória do art. 4º/1 desta Lei nº 63/2011, o regime da nova LAV aplica-se aos *"processos arbitrais"* cujo pedido de submissão a árbitros – se as partes não tiverem reportado a outro evento o início desse processo – haja chegado ao conhecimento do demandado após 14 de Março de 2012, nos termos combinados do presente art. 4º/1, do art. 6º desta mesma lei e do art. 33º/1 da LAV.

Não deve esquecer-se que, em geral, na LAV, o conceito "processo arbitral" abrange tanto a fase constitutiva ou "judiciária" da arbitragem quanto a sua fase processual e que, por outro lado, aquele *pedido de submissão* corresponde ao pedido do demandante para que a parte demandada proceda à designação do "seu" árbitro ou, então, ao pedido do demandante para que procedam ambos à designação (dos árbitros ou) do árbitro único, consoante os casos, nos termos a que nos referiremos em comentário aos arts. 10º/3 e 33º/1.

É irrelevante para o efeito, portanto, o facto de a convenção de arbitragem haver sido celebrada na vigência da anterior LAV – ou mesmo antes dela – e o facto de o litígio a que a mesma se reporta se ter suscitado ou manifestado antes da entrada em vigor da nova Lei da Arbitragem, porque o marco temporal determinante na matéria é o do *início do processo*.

Excepção à regra deste artº 4º/1 temo-la nas acções para reconhecimento e execução de sentenças arbitrais estrangeiras, às quais, de acordo com o comentário nº 3 ao artº 55º, deve aplicar-se o disposto na LAV, mesmo que a arbitragem cuja sentença se quer ver reconhecida e executada tenha tido início antes da entrada em vigor da nossa nova lei arbitral.

2. A lei temporalmente aplicável à validade das convenções anteriores à LAV

Questão de importância é a de saber se a norma transitória do nº 1 deste art. 4º – sobre a aplicação da nova LAV aos "processos arbitrais" iniciados após 14 de Março de 2012 – se aplica também à determinação da (in)validade das respectivas convenções que hajam sido celebradas antes dessa data. Isto é, saber se elas já são "processos" para efeitos de aplicação dessa nova lei.

Quando se trata de sucessão de leis aplicáveis às "*condições de validade substancial ou formal de quaisquer factos ou seus efeitos*", aplica-se, di-lo o art. 12º/2 do Código Civil, em caso de dúvida – e este caso, do artº 4º/1, é-o, parece-nos –, a lei vigente ao tempo da sua ocorrência (aqui, ao tempo da sua celebração), o que significaria que as convenções de arbitragem celebradas antes daquela data seriam válidas se se conformassem com os requisitos da LAV de 1986.

Sem que haja norma a dispor expressamente sobre a questão e a afastar a regra desse preceito legal, parece-nos devermos distinguir entre os requisitos de validade da própria convenção e os da validade dos seus efeitos – como, aliás, lá, de algum modo, se faz – e optar então por se reconhecer ser inválida a convenção sobre direitos patrimoniais indisponíveis celebrada antes da referida data (porque então não era permitida), não havendo aí lugar, portanto, à sua convalidação pela lei nova, que permite sujeitar à arbitragem litígios desses.

E também consideraríamos inválidos os efeitos de uma convenção válida datada de 2010 respeitante a um litígio encetado em 2012, que seja inarbitrável face à nova LAV de 2011, por os respectivos requisitos de validade respeitarem então à produção dos efeitos que tal acto venha a produzir após Março desse ano de 2011.

Nº 2

3. As arbitragens facultativamente abrangidas pelo regime da LAV: requisitos do acordo de partes

Além das arbitragens obrigatoriamente sujeitas, por força do nº 1, ao regime da nova LAV, podem as partes decidir submeter-lhe também as arbitragens que tenham tido início – no sentido referido em comentário ao anterior nº 1 deste art. 4º – antes da sua entrada em vigor, desde que manifestem o seu mútuo acordo, quanto a isso, num documento escrito (que responda às formalidades dos nºˢ nº 2, 4 e 5 do art. 2º) ou desde que, perante uma proposta escrita e inequívoca de uma parte nesse sentido, a outra não se lhe oponha, também por escrito, no prazo de 15 dias a contar da recepção daquela proposta.

Não dispõe a lei, entre várias outras lacunas, sobre se deve considerar-se tacitamente aceite a proposta feita por uma parte no caso de a outra se pronunciar dentro do prazo de 15 dias mas de tal pronúncia só chegar ao seu destinatário depois de o mesmo se ter esgotado.

Embora resultasse do art.º 224.º/1 do Código Civil que, nesse caso, tal declaração não se tem por efectiva, deve atentar-se aqui também no disposto no seu art.º 229.º, de acordo com cujos n.ºs 1 e 2, nos casos aí mencionados, a recepção tardia de uma declaração negocial pelo destinatário deve considerar-se efectiva.

De resto, os princípios da proteção da confiança, da segurança jurídica e do formalismo das declarações de vontade constitutivas de efeitos jurídicos perante os respectivos destinatários também apontam nessa direcção.

N.º 3

4. *Casos de persistência em arbitragens sujeitas à actual LAV do regime de recursos de decisões arbitrais constante da LAV de 1986*

Manda este n.º 3 aplicar às arbitragens iniciadas após a entrada em vigor da actual LAV – e sujeitas, em regra, ao regime nela estabelecido, como resulta do n.º 1 deste art. 4.º da Lei n.º 63/2011 –, mas cujas convenções de arbitragem remontem a uma data anterior a 14 de Março de 2012, o regime de *recursos* de que as respectivas decisões arbitrais fossem passíveis ao abrigo do art. 29.º da LAV de 1986 (que, em regra, os admitia).

Arreda-se portanto a aplicação da norma do art. 39.º/4 da actual lei, que, admitindo a impugnação ou pedido de anulação de tais decisões, só admite que delas se recorra quanto ao mérito no caso de expressa previsão na respectiva convenção de arbitragem.

E portanto, se nas convenção celebradas no domínio da vigência da LAV de 1986 se não se excluísse expressamente a possibilidade de recurso das respectivas decisões arbitrais – recurso então admitido, como se referiu, pelo art. 29.º dessa LAV –, a susceptibilidade de delas se recorrer mantém-se nas arbitragens emergentes de tais convenções, ainda que, por se terem iniciado já depois da entrada em vigor da actual LAV, elas estejam sujeitas, em geral, ao regime desta constante (admissibilidade meramente supletiva de recurso de mérito das referidas decisões).

No caso inverso, de – por força da expressa previsão das partes estabelecida nas convenções arbitrais anteriores a 14 de Março de 2012 – as respectivas decisões arbitrais não serem passíveis de recurso, elas manter-se-ão assim nas arbitragens daí emergentes que se iniciem após essa data e que fiquem, portanto, sujeitas directamente ao regime da actual LAV (no caso, ao regime da irrecorribilidade do seu art. 39º/4).

Nº 4

5. *A aplicação transitória da LAV às arbitragens de litígios emergentes de contrato de trabalho: o critério de arbitrabilidade aí determinante*

Dispõe-se aqui que a submissão à arbitragem de litígios emergentes ou relativos a contratos de trabalhos será regulada por lei especial, a publicar futuramente.

Enquanto isso não sucede, acrescenta-se na segunda parte do preceito, aplica-se às arbitragens nesse domínio jurídico o regime da nova LAV, salvo (subentende-se a partir dali) no que respeita ao *critério da arbitrabilidade* do respectivo art. 1º/1, que, como o inculca aliás o subsequente art. 5º/1 desta Lei nº 63/2011, é, para aqueles litígios, o critério da *disponibilidade* dos respectivos direitos ou interesses, não o da sua *patrimonialidade*.

Artigo 5.º
Norma revogatória

1 – É revogada a Lei n.º 31/86, de 29 de Agosto, com a redacção que lhe foi dada pelo Decreto-Lei n.º 38/2003, de 8 de Março, com excepção do disposto no nº 1 do artigo 1º, que se mantém em vigor para a arbitragem de litígios emergentes de ou relativos a contratos de trabalho.

2 – São revogados o n.º 2 do artigo 181.º e o artigo 186.º do Código de Processo nos Tribunais Administrativos.

3 – É revogado o artigo 1097.º do Código de Processo Civil.

Nº 1

1. Revogação da LAV de 1986: âmbito da revogação
2. Revogação dos arts. 181º/2 e 186º do CPTA
3. Revogação do art. 1097º do CPC

1. Revogação da LAV de 1986: âmbito da revogação

Dispõe-se aqui, em consonância com as exigências do diploma sobre o formulário de leis e de regulamentos governamentais, que "*[é] revogada a Lei nº 31/86 [...], com a redacção que lhe foi dada pelo Decreto-Lei nº 38/2003, de 8 de Março*".

Exceptua-se do âmbito da revogação da Lei nº 31/86, mas apenas no que respeita à "*arbitragem de litígios emergentes ou relativos a contratos de trabalho*", o disposto no respectivo art. 1º/1, no qual se elegia como critério da inarbitrabilidade de litígios o da *indisponibilidade* jurídica de direitos e interesses aí envolvidos – excepção justificada não apenas pela especial sensibilidade das relações laborais e da diferença de situação entre empregador e empregado mas também pelo facto de o legislador da LAV não ter querido antecipar opções que devem ser tomadas no âmbito da lei especial "encomendada" pelo anterior art. 4º/4 (desta Lei nº 63/2011).

2. Revogação dos arts. 181º/2 e 186º do CPTA

O nº 2 deste art. 5º da Lei nº 63/2011 procede à revogação do nº 2 do art. 181º e do art. 186º do Código de Processo nos Tribunais Administrativos, nos quais se dispunha, respectivamente, sobre a correspondência entre os tribunais de 1ª e 2ª instância da jurisdição cível e da jurisdição administrativa e sobre a impugnação das decisões arbitrais.

É que, no seu lugar, valem agora, com a entrada em vigor da LAV, naquela primeira matéria os nºs 2 a 6 do seu art. 59º e, quanto à segunda, as regras do respectivo art. 46º.

Nº 3

3. Revogação do art. 1097º do CPC

Revoga-se, pelo nº 3 deste art. 5º da Lei nº 63/2011, o preceito do art. 1097º do CPC, que mandava aplicar à confirmação de sentenças *arbitrais* estrangeiras o regime estabelecido no respectivo art. 1096º para a confirmação de sentenças proferidas por *tribunais* estrangeiros.

A revogação justifica-se, por isso que os requisitos necessários para a *confirmação* – para o *reconhecimento*, diz-se agora – de decisões arbitrais proferidas no estrangeiro por árbitros encontram-se estabelecidos nos arts. 55º a 58º da nova LAV.

Artigo 6.º
Entrada em vigor

A presente lei entra em vigor três meses após a data da sua publicação.

1. Entrada em vigor da nova LAV

A Lei da Arbitragem Voluntária, aprovada pela Lei nº 63/2011, entrou em vigor – com as excepções vistas em comentário aos nºs 3 e 4 do anterior nº 4 – em 14 de Março de 2012 (às zero horas), "*três meses após a data da sua publicação*".

LEI DA ARBITRAGEM VOLUNTÁRIA

Preliminares e Âmbito de Aplicação

1. Panorâmica histórica
2. Raiz e significado etimológico
3. Enquadramento político-constitucional contemporâneo
4. Estímulos à utilização da arbitragem
5. Os méritos e as fraquezas da nova LAV
6. O âmbito temporal e territorial de aplicação da nova LAV: regra e excepções. Remissão
7. O âmbito subjectivo e objectivo de aplicação da LAV: as arbitragens públicas e privadas de direito administrativo ou de direito privado. Excepções

1. Panorâmica histórica

Saber se, para dirimir contenciosamente litígios jurídicos, as partes podem recorrer à arbitragem é um problema ligado com a organização do *Poder*, com a *Teoria do Estado*, respeitando a vectores fundamentais do exercício da soberania.

E é assim, continuadamente, de há muito.

Já no Direito Romano, além do magistrado encarregado da realização da *Iustitia* em nome do *populus romanus*, o pretor ou *praetor*, como se sabe, passaram a reconhecer-se, com a *lex Aebutia*, duas formas de autotutela privada do Direito, consubstanciadas nas figuras do *arbiter* e do *iudex*, caracterizando-se o primeiro – por oposição ao segundo (que era escolhido pelo próprio pretor e que julgava de acordo com as instruções dele) – por ser designado pelos litigantes e por ficar vinculado às formulas de decisão fixadas no negócio de instauração do juízo arbitral, correspondendo a sua decisão a uma resolução "extrajurisdicional" do conflito.

Como nota Giuliano Crifó (*Enciclopedia del Diritto*, II, pp. 893 e ss.), esse negócio ou acordo pelo qual se chamava o *arbiter* a decidir de uma ou de um complexo de controvérsias toma o nome de *compromissum*, dedicando quer o Digesto, quer, depois, o Código de Justiniano, um título inteiro ao *arbitrium ex compromisso*, à arbitragem fundada em compromisso, digamos assim, cuja decisão, porém – ao contrário do que sucedia com a do *iudex* –, nunca ganhou foros de caso julgado, de decisão da justiça (*res iudicata*), podendo o litigante que não se conformasse com a decisão arbitral accionar a justiça do Estado para obter nova decisão da questão de fundo, embora se admitisse a estipulação, no compromisso, no caso de isso ocorrer, do dever do litigante perdedor de pagar uma *penale*, uma cláusula penal, para cuja cobrança já se previa poder a parte vencedora demandar a vencida e incumpridora numa *actio ex stipulati*.

No período da dominação visigótica da Península, por muito que isso possa surpreender o leitor, a instituição dos árbitros não desapareceu. Na sua complicadíssima "legislação sobre juízes e jurisdição", contida na *Lex Wisigothorum*, a compilação de todas as leis visigóticas organizada por Chindasuindo e seu filho Recesuindo, encontram-se, como assinala Coelho da Rocha (*"Ensaio sobre a História do Governo e da Legislação de Portugal*, Imprensa da Universidade de Coimbra, 1887, p. 26), referências aos "árbitros *escolhidos pelas partes*"

Apesar de não se descortinarem mais referências à instituição arbitral nas páginas dedicadas nessa obra às épocas subsequentes da organização política de Portugal, a verdade é que há muitas manifestações posteriores à fundação sobre a permanência e maior influência ainda da figura. Assim, por exemplo, na entrada "Árbitro" do *Dicionário Etimológico da Língua Portuguesa*, de José Pedro Machado (editora Confluência, 1952, vol. I, pp 233 e ss.), há várias menções à figura, algumas de notáveis juristas, como João de Barros – "*assentarão que aquela causa se julgasse por juízes* árbitros" (Décadas, IV, Livro II, cap. 5) – , outras usando corruptelas como em *"[e] segundo o que ele ordenou, compôs e definio como leal juiz **arbitrário**, todalas diferenças que havia entre as partes"* ou como em *"[h]avia muitos **arbitreiros**, que davão arbitrios inequíssimos ..."* (em ambos os casos com destaques no original).

Mais relevante é ainda o facto de, constituindo o Direito Romano o núcleo fundamental do Direito Português desde a Fundação e entrando até, embora já mais truncado, pelo período da Monarquia Absoluta adentro (e do Direito coevo dos outros Estados europeus), ele trouxe consigo as regras sobre o *compromissum* e o processo arbitral que foram amplamente utilizadas na Europa de então, embora as respectivas decisões continuassem a carecer, muitas vezes, da força de *res iudicata*.

No Livro III das Ordenações Manuelinas, Título LXXXI, sob a epígrafe *"Dos Juízes Aluidros"* (ou seja, Alvidros), por exemplo, diz-se que as partes que se *"comprometam em algum Juiz, ou Juizes Arbitros"* e se obriguem no compromisso a esperar pela sua sentença, *"dela non poffam apelar, nem agravar, e o que o contrairo fizer pague aa outra parte certa pena"*, prejudicando assim o efeito da sentença arbitral, até porque o perdedor arbitral só teria que pagar a dita *"pena"* (para nós, a cláusula penal) *"fe os Juizes da apellaçam confirmarem a fentença dos árbitros"*, prolongando-se as regras sobre organização, processo e decisão arbitrais por dois títulos (os LXXXI e LXXXII) desse Livro III das Ordenações, e quase oito compactas folhas suas.

De situações e de uma evolução semelhantes, desde a época das invasões bárbaras e, depois, no período dos Estados-cidades italianos, dá-nos conta Vincenzo Mortari (*Enciclopedia del Diritto*, cit. pp. 986 e ss.), revelando porém que aí as decisões arbitrais ganharam mais cedo o carácter de *rei iudicatae*.

2. Raiz e significado etimológico

Etimologicamente, "árbitro" vem do latim *arbiter, arbitri*, significando a pessoa que resolve uma questão por designação consensual das partes, e distingue-se, na terminologia clássica, do "arbitrador", do latim *arbitratore*, que *"quer tanto dizer como avaliadores, ou estimadores"* (*Ordena-*

ções, cit., Livro III, Título XVII) – sendo o primeiro portanto um juiz, que sentencia, os segundos avaliadores ou estimadores, por exemplo, sobre o valor de bens ou direitos, que dão a sua opinião como peritos ou expertos, proferindo um *arbitramento*, como ainda hoje se usa, por exemplo, nos arts. 309º e 388º do novo Código de Processo Civil .

"Arbitragem", por sua vez, vem do francês *arbitrage* (ligada ao verbo *arbitrer*), e do latim tardio *arbitragio*, enquanto "arbitral" deriva do étimo latino *arbitralis*.

O que desapareceu do léxico arbitral contemporâneo foi o substantivo "arbítrio" (do latim *arbitriu*), que significava a sentença ou o julgamento dos árbitros, como se recolhia na 1ª edição do Dicionário da Língua Portuguesa de Morais (Lisboa, 1789, 1ª ed., p 107) e ainda constava, em 1952, do Dicionário Etimológico do já citado José Pedro Machado.

3. Enquadramento político-constitucional contemporâneo

A admissibilidade de as partes recorrerem a árbitros, antes que à organização judiciária do Estado, para dirimir contenciosamente litígios jurídicos entre si, não corresponde à assunção de que a função judicial seja para ele o mesmo que a saúde ou o ensino – que não são exclusivos seus, resultando directamente da Constituição a possibilidade de se criarem hospitais e escolas privadas para complementar ou diversificar a actividade dos hospitais e escolas públicas – enquanto a referida função judicial, com todos os atributos que lhe vão ligados, declarativa e executivamente, deve ser considerada como um exclusivo estatal.

E é-o mesmo se, por razões ligadas à garantia de uma tutela judicial célere e efectiva, se previu na CRP que o legislador ordinário – sem estar adstrito, como ali em cima, a uma imposição constitucional de abertura a privados ou, até, a outros entes públicos – possa cometer a realização de parcelas dessa função a formas organizatórias ou processuais não enquadradas na organização judiciária do Estado.

Dentre as alternativas existentes a esse propósito – outra é, por exemplo, a de se recorrer a instrumentos de composição não jurisdicional de conflitos (art. 202º/4 da CRP), como a mediação, as tentativas de conciliação, etc. –, aquela que se apresenta como juridicamente mais nobre e exigente é a possibilidade (legalmente condicionada e modelada, é certo) de as pessoas desavindas recorrerem a árbitros, de criarem um tribunal arbitral para resolver os seus litígios, tribunal ao qual a lei entrega parcelas da função judicial que não envolvem todos os atributos do poder soberano de *julgar*, nomeadamente os coercitivos, mas os arvoram em titulares da tarefa de *dizer o Direito* em casos concretos, e de vincular as partes a essa declaração, já não, repete-se, a de a *impor* por recurso à força pública.

Assim, apesar de serem órgãos de soberania "delegados", a origem "privada" dos tribunais arbitrais faz com que, sendo soberanos a declarar o Direito, eles não disponham de poderes *self executing*, de poderes de autoridade, para tornar efectiva essa declaração – do que é revelação máxima o facto de as suas sentenças, tão obrigatórias quanto as dos tribunais estaduais, só serem executáveis por estes, não por eles próprios (artº 47º e ss. da LAV).

Assim, no exercício das suas funções jurisdicionais, os tribunais arbitrais determinam que transformações devem ter lugar no universo jurídico adjectivo, substantivo, registral, etc., e no mundo real, na conduta das pessoas e na titularidade dos seus patrimónios, mas tais transformações só se tornam efectivas, jurídica e (ou) materialmente, ou por aceitação dos destinatários ou por imposição coercitiva dos tribunais do Estado.

Sobre esta matéria, o leitor encontrará no magnífico *Entidades Privadas com Poderes Públicos*, de Pedro Gonçalves [a fls 560 e ss.] contributos muitos esclarecedores, porventura nem sempre coincidentes com as propostas que aqui deixamos.

4. *Estímulos à utilização da arbitragem*

A nova Lei da Arbitragem Voluntária veio, por razões de variada ordem, mas sobretudo para responder à crescente preocupação com a demora, com a paralisação, mesmo, da tramitação e decisão nomeadamente dos processos de grande dimensão e complexidade confiados aos tribunais do Estado – fenómeno que, sendo corrente no âmbito do direito administrativo, se vai verificando também com relativa frequência no domínio das matérias reguladas nos diversos ramos do direito privado –, a nova LAV veio, dizíamos, apostar decididamente num maior recurso à arbitragem.

Por essas várias razões, gizou-se nela um regime da arbitragem que, sendo, a um tempo, mais completo, mais flexível, mais eficiente e autónomo, é para os litigantes também mais sedutor do que o era a disciplina da arbitragem na LAV de 1986.

Manifestações salientes desse *favor arbitrandum* da lei actual temo--las, por exemplo,
- na arbitrabilidade de todos os litígios sobre interesses patrimoniais (art. 1º/2);
- na aceitação de múltiplas modalidades de outorga por escrito de convenções de arbitragem (art. 2º);
- na proibição das "*anti-arbitration injunctions*" por parte de tribunais do Estado (art. 5º/4) – com a relativa excepção do disposto no art. 46º/8 – e na configuração taxativa dos casos de intervenção dos tribunais estaduais no decurso e decisões arbitrais (art. 19º);
- na flexibilização dos parâmetros da validade de convenções de arbitragens internacionais (art. 51º/1);
- no financiamento pelo Estado de centros de arbitragem institucionalizados com competência em matérias determinadas.

5. Os méritos e as fraquezas da nova LAV

São vários os méritos que devem assacar-se à nova LAV e que a tornam, em termos absolutos, um avanço determinante no incentivo ao uso da arbitragem como meio de resolução de conflitos.

Quanto às opções de fundo, os equilíbrios encontrados pela nova lei são de louvar, a começar pelo facto de se ir ao encontro de muitas soluções já testadas nos modelos nacionais e internacionais mais experimentados em matéria de arbitragem – como é, *maxime*, o caso da Lei-Modelo da UNCITRAL (a *Lei Modelo para a arbitragem comercial internacional da Comissão das Nações Unidas Para o Direito Comercial Inter-*

nacional), da Convenção de Nova Iorque e das leis mais experimentadas de sistemas aparentados com o nosso, como é o caso da lei espanhola, da lei alemã, da francesa, da suíça, da italiana –, enriquecendo-se assim sobremaneira, por via do direito comparado, o número e a qualidade das fontes interpretativas e integrativas da nossa LAV, ao que acresce, a propósito de cada uma das suas disposições, a abundância, no projecto da Associação Portuguesa de Arbitragem, das referências às normas de direito comparado em que se baseavam as opções aí tomadas.

Pena é que o peso do outro prato da balança faça com que o fiel não se incline tanto quanto se desejaria para esse lado das vantagens da LAV.

São apenas, muitas vezes, meras imprecisões literárias ou sistemáticas – mesmo se com reflexos na consistência da interpretação da lei – enquanto em outros casos o recurso a formas de expressão próprias dos modelos anglo-saxónicos, fruto de uma grande e querida proximidade com importantes diplomas internacionais da arbitragem, no fim de contas, até resulta divertido no seio da nossa escrita românica.

Há porém outras contas de saldo mais difícil.

Passam elas pela obscuridade e insuficiência de vários regimes legais – para não falar em lacunas desnecessárias, como a respeitante à fixação do prazo geral da prática de actos processuais –, a criar verdadeiros quebra-cabeças hermenêuticos e a tornar a aplicação da LAV, por vezes, num campo minado.

A demonstração, em quantidade e qualidade, da existência destes problemas encontra-se ao longo dos comentários subsequentes a uma grande parte do articulado da LAV.

Quanto a outras críticas que se vêm fazendo, está o facto de o regime da arbitragem ter ganho uma extensão e densidade muitas vezes excessiva, sabendo-se que, em domínios como este, onde se deseja que a autonomia da vontade dos participantes tenha um destacado papel conformador, isto de os enredar numa teia apertada de normas jurídicas, em vez de facilitar a solução dos problemas e o desaparecimento dos litígios jurídicos, é antes fonte de uma acrescida conflitualidade, com o risco de impedir que a arbitragem, antes que um processo de resolução de conflitos célere, flexível e apropriado, venha a revelar-

-se a final mais um factor a contribuir para o pesadelo judiciário com que vivemos – crítica, assinale-se, que nem todos os AA. da presente obra partilham.

Outro aspecto que para muitos é fonte de grave perturbação na leitura e aplicação da LAV resulta da opção nela tomada de não se ter transformado a lei processual civil, em última instância, independentemente de convocatória específica e pontual por parte dos árbitros, como lei subsidiária do processo arbitral – opção que encontra a sua justificação em muitas razões, das quais se destacam a enorme densidade normativa da LAV, a tornar o recurso à lei subsidiária muito menos necessária, a preocupação de não ligar a LAV a regimes estranhos e avulsos que tornassem a sua percepção muito mais distante e difícil para litigantes não residentes e seus advogados e, *last bus not the least*, a vontade de libertar a arbitragem das suas tradicionais e algo burocratizantes amarras ao direito processual civil.

Embora haja aspectos – como a falta de um prazo para a pática de tantos actos e realização de inúmeras diligências no procedimento e processos arbitrais – em que o recurso às normas de processo civil poderia revelar-se uma ajuda substancial para fazer face às dificuldades com que os árbitros, as partes e o intérprete da LAV se vão confrontar a esse propósito (e a outros similares).

6. O âmbito temporal e territorial de aplicação da nova LAV: regra e excepções. Remissão

Temporalmente, a LAV aplica-se de acordo com o disposto no art. 4º do respectivo diploma preambular, a Lei nº 63/2011 (de 14.XII), que a aprovou – e a cujos parâmetros nos referimos acima, em comentário aos vários números desse artigo, para onde se remete o leitor.

Territorialmente, a LAV aplica-se a todas as arbitragens localizadas (isto é, que, nos termos do seu art. 31º, tenham a sede) em Portugal, trate-se de *arbitragens nacionais* ou, de acordo com o conceito do art. 49º, também de *arbitragens internacionais* – dispõe-no, sem margem para dúvida, o respectivo art. 61º –, dele resultando igualmente aplicar-se a disciplina da lei, em aspectos específicos, ao reconhecimento e à execução em Portugal de sentenças cautelares ou principais proferidas em arbitragens localizadas no estrangeiro.

Que é esse, da sua localização em território português, o critério de aplicação geral da LAV é também o que resulta, além do mais, da disciplina dos respectivos arts. 51º/2 e 55º.

Quanto às sentenças proferidas em arbitragens cuja sede se situe em país estrangeiro, aplicam-se-lhes, no caso de ser requerido o seu reconhecimento ou execução entre nós, directamente, as normas dos arts. 55º a 58º da LAV, bem como as normas da alínea *h)* do nº 1, do nº 2 e dos nºs 5 a nº 8, todas do seu art. 59º – com excepção, no que respeita a este último nº 8, da referencia ao art. 60º – e, ainda, aquelas para que essas normas remetam explícita ou implicitamente (como sucede com as dos arts. 27º/1, 29º e 38º/2).

Além das sentenças arbitrais estrangeiras (na parte referida), a LAV também não se aplica às hipóteses enunciadas nas diversas alíneas do comentário nº 3 ao art. 49º.

Remeta-se então o leitor para o que dizemos aí e, sobretudo, em comentário ao mencionado art. 61º.

7. O âmbito subjectivo e objectivo de aplicação da LAV: as arbitragens públicas e privadas de direito administrativo ou de direito privado. Excepções

E a que sujeitos e a que relações jurídicas se aplica o regime da arbitragem estabelecido na LAV?

Aplica-se, podemos dizê-lo sucintamente, às arbitragens públicas e privadas sejam de direito administrativo ou de direito privado.

Quer-se com isso significar que todas as arbitragens entre entes públicos ou entes privados, bem como as arbitragens mistas, emergentes quer de relações de direito administrativo quer de relações de direito privado, estão sujeitas, com um ou outro pormenor distintivo, ao regime da LAV.

In totum, estão-lhe sujeitas as arbitragens sobre litígios de direito privado, quaisquer que sejam os entes aí envolvidos – regra que, para o Estado e os entes de direito público, resulta directamente do próprio nº 5 do art. 1º da LAV e, para os particulares, se necessário fosse, encontraria nele expressão *a contrario*.

Já as arbitragens sobre litígios de direito público, concretamente sobre litígios de direito administrativo – e excluídas as do foro fiscal, às quais se aplica o regime do DL n.º 10/2011, de 20 de Janeiro, e da Portaria n.º 112-A/2011, de 22 de Março –, começam elas por furtar-se ao regime da LAV, pois que saber se tais litígios podem ou não ser julgados por árbitros é questão regulada por lei ou leis especiais. Na falta de outras normas mais específicas, ela é regulada pelo art. 180º do CPTA, e não, como sucede com os litígios de direito privado, pelas disposições deste art. 1º da LAV.

Depois disso, porém – e das escassas normas mais que encontramos no CPTA a este propósito (não esquecendo que as do seu art. 181º/2 e 186º estão revogadas) –, a regulação jurídica das arbitragens de direito administrativo, incluindo daquelas em que estejam envolvidas, como sujeitos activos, entidades concessionárias, pessoas colectivas de utilidade pública e entes similares, é a constante da LAV, segue o regime geral aí estabelecido, como o mostra o facto de, recorrentemente, encontrarmos aí, logo a seguir às normas que se referem a intervenções dos tribunais judiciais, outras que, em relação aos *"litígios compreendidos na esfera da jurisdição dos tribunais administrativos"*, remetem para estes a aplicação da mesma disciplina arbitral.

Sucede assim com os arts. 58º e 59º da lei. E, mais amplamente do que todos eles, com os nºs 2, 3 e 6 do art. 59º.

Às regras de delimitação do *âmbito* (subjectivo e objectivo) *de aplicação da LAV*, dela própria – não confundir com as normas de delimitação do âmbito subjectivo e objectivo da *arbitrabilidade* de litígios a que nos referimos em comentário ao seu art. 1º/1 –, furtam-se, como já assinalámos, as arbitragens sobre litígios de direito fiscal e, quando sobrevier a lei especial a que se reporta o art. 4º/1 da Lei nº 63/2011, atrás comentado, também as arbitragens sobre litígios emergentes ou relativos a contratos de trabalho (arbitragens estas que, por enquanto, são reguladas pela LAV).

CAPÍTULO I
Da convenção de arbitragem

Artigo 1.º
Convenção de arbitragem

1 – Desde que por lei especial não esteja submetido exclusivamente aos tribunais do Estado ou a arbitragem necessária, qualquer litígio respeitante a interesses de natureza patrimonial pode ser cometido pelas partes, mediante convenção de arbitragem, à decisão de árbitros.

2 – É também válida uma convenção de arbitragem relativa a litígios que não envolvam interesses de natureza patrimonial, desde que as partes possam celebrar transacção sobre o direito controvertido.

3 – A convenção de arbitragem pode ter por objecto um litígio actual, ainda que afecto a um tribunal do Estado (compromisso arbitral), ou litígios eventuais emergentes de determinada relação jurídica contratual ou extracontratual (cláusula compromissória).

4 – As partes podem acordar em submeter a arbitragem, para além das questões de natureza contenciosa em sentido estrito, quaisquer outras que requeiram a intervenção de um decisor imparcial, designadamente as relacionadas com a necessidade de precisar, completar e adaptar contratos de prestações duradouras a novas circunstâncias.

5 – O Estado e outras pessoas colectivas de direito público podem celebrar convenções de arbitragem, na medida em que para tanto

estejam autorizados por lei ou se tais convenções tiverem por objecto litígios de direito privado.

Fontes:

Nº 1 – Lei Suíça de DIP, art. 177º/1; Lei Alemã (ZPO), §1030
Nº 2 – Lei Alemã (ZPO), §1030
Nº 3 – art. 1º/2 da LAV de 1986; Lei Francesa (NCPC), arts. 1442 e 1447; art. 7º da Lei Modelo da Uncitral; art. 9º/1 da Lei Espanhola; Lei Alemã (ZPO), §1029
Nº 4 – art. 1º/3 da LAV de 1986 (reformulado); Lei holandesa de CPC, art. 1020º/4;
Nº 5 – art. 1º/4 da LAV de 1986

Comentário:

1. *Objecto da arbitragem: uma questão de direito (ou de facto) arbitrável*
2. *A inarbitrabilidade por natureza: segundo o direito ou a equidade*
3. *O âmbito subjectivo do regime da* **arbitrabilidade** *da LAV: a sua distinção do âmbito de aplicação do regime da* **arbitragem** *nela posto*
4. *O âmbito objectivo do regime da arbitrabilidade da LAV: a distinção prévia entre litígios de natureza jurídica pública e privada*
5. *O critério da "patrimonialidade" dos litígios arbitráveis: condensado*
6. *Interesses de natureza patrimonial: conceito e distinção de valor patrimonial*
7. *A opção pelo recurso à arbitragem: por vontade dos sujeitos da relação litigiosa, de alguns deles ou de terceiros*
8. *O regime aplicável à convenção de arbitragem: remissão*
9. *As leis gerais e especiais de subtracção de litígios à arbitragem*
9A. *Os casos especiais do arrendamento urbano e das arbitragens tributárias*
10. *Efeitos jurídicos, negativos e (ou) positivos, do recurso à arbitragem: em especial, a vinculação à arbitragem*
11. *Âmbito subjectivo da arbitrabilidade voluntária de litígios não patrimoniais*

12. *A transigibilidade do direito ou de interesses não patrimoniais como critério secundário de arbitrabilidade*
13. *O conceito de transaccionabilidade ou transigibilidade*
14. *Espécies de convenções: âmbito de aplicação do preceito*
15. *Espécies de convenções em função do seu objecto: as alternativas não previstas na lei*
16. *Espécies de convenções em função da sua autoria*
17. *Arbitrabilidade de questões não contenciosas: a flexibilidade do preceito. O arbitramento*
18. *Arbitragens não contenciosas: âmbito da (in)arbitrabilidade*
19. *O Estado e outros entes públicos abrangidos pela norma*
20. *A arbitrabilidade dos respectivos litígios*
21. *A extensão da norma do art. 5º/1 a entes jurídico-privados*
22. *A arbitragem de litígios de direito privado do Estado e outros entes públicos: noção e implicações*

1. Objecto da arbitragem: uma questão de direito (ou de facto) arbitrável

Sob a epígrafe "[c]onvenção de arbitragem", o legislador referiu-se no art. 1º da LAV ao *objecto* mediato dela, às questões ou litígios jurídicos *arbitráveis*, isto é, susceptíveis de serem dirimidos por árbitros, por tribunais arbitrais, em vez de o serem por tribunais da organização judiciária do Estado.

Chegámos, assim, à formulação e solução das normas deste art. 1º, de todas elas, mas especialmente às dos seus nºs 1 e 2, após um alargado e alongado debate doutrinal e jurisprudencial, que se arrastou durante décadas e envolveu dos nossos mais ilustres *iurisprudentes*, procurando discernir-se não apenas qual a amplitude a atribuir-se à "jurisdição" arbitral voluntária e ao grau da sua autonomia decisória face à jurisdição do Estado, mas até, antes ou a par disso, discernir-se quais deviam ser os critérios da arbitrabilidade dos litígios jurídicos e, escolhidos eles, quais os seus rigorosos contornos.

Debate rico e árduo – a alguns aspectos do qual nos referimos no subsequente comentário nº 5 –, que foi proporcionando avanços no sentido de alguma comunhão de ideias, acompanhando aliás, também, a evolução que se ia verificando para fazer funcionar mais celeremente o sistema judicial, em termos nacionais, e mais interajustadamente, em termos internacionais, os sistemas judiciários dos diversos Estados.

A LAV, quanto a essas grandes questões, é muito fruto desse debate e dos arranjos que ele foi facultando – nomeadamente a propósito da evolução do critério da *disponibilidade* para o da *patrimonialidade* e da unidade dos sistemas arbitrais –, como se verá ao longo dos comentários subsequentes e como se deixou já descrito em vários comentários do capítulo Preliminares.

O tronco deste art. 1º destina-se então a delimitar as questões e os litígios que a LAV prevê poderem ser submetidos à arbitragem, as questões e os litígios em torno da interpretação, integração e aplicação do Direito que, em função da respectiva matéria (e dos sujeitos neles envolvidos), podem ser confiados ao julgamento de árbitros – mas não se destina, como já se viu e veremos ainda, a delimitar o âmbito de aplicação da própria LAV.

Por outro lado, incidindo sempre sobre uma *questão de Direito*, isto é, sobre uma questão relativa à (interpretação, integração e) aplicação concreta ou abstracta de comandos jurídicos – mesmo se não se exclui liminarmente a possibilidade, atípica embora, de recair sobre uma *questão de facto*, sobre a ocorrência e a configuração de um facto juridicamente relevante–, o litígio, algumas questões e litígios jurídicos, pelo menos, podem contudo ser arbitrados segundo a equidade.

2. *A inarbitrabilidade por natureza: segundo o direito ou a equidade*

Antes de entrarmos a analisar as disposições deste art. 1º sobre os litígios e questões legalmente (in)susceptíveis de arbitragem, podemos assentar já existirem aqueles que são inarbitráveis por natureza ou imperativo legal específico, inarbitráveis, às vezes, consoante o processo deva ser decidido em função do Direito constituído ou da Equidade.

Nem é relevante saber se, dogmaticamente, estamos mesmo ou não perante casos de inarbitrabilidade, porque o certo é que as consequências jurídico-práticas da celebração de uma convenção de arbitragem versando litígios desses redundam forçosamente na respectiva nulidade, senão directa e exclusivamente por causa da desconformidade do seu objecto com o art. 1º – como sucede quando se sujeita à arbitragem uma questão de natureza não patrimonial e insusceptível de transacção entre as partes –, ao menos porque se trata de um litígio configurado em moldes cuja solução arbitral a lei não consente.

Em qualquer dos casos que exemplificamos de seguida, estaríamos, se celebradas, perante convenções de arbitragem nulas por respeitarem a questões que o Direito, por qualquer razão, não permite serem decididas arbitralmente – umas vezes, pura e simplesmente, outras vezes por causa do parâmetro da respectiva decisão arbitral.

De todas elas poderia então dizer-se serem arbitragens de objecto juridicamente impossível (ou proibido, se se preferir) as respeitantes a questões já sentenciadas em julgado, seja em tribunal arbitral ou em tribunal do Estado, mesmo que as partes quisessem mutuamente submeter um litígio decidido segundo o direito (com trânsito em julgado) a uma arbitragem baseada na equidade.

Podem elas, num caso desses, acordar o que quiserem entre si, sobre se cumprem ou não, e como, a decisão transitada; o que não podem é pôr de novo em marcha o sistema arbitral (ou o judiciário) para que se decida algo sobre que a sua jurisdição já se pronunciou e esgotou.

São, por sua vez, inarbitráveis de acordo com a *equidade*, em primeiro lugar, os litígios que tenham por objecto situações jurídicas *indisponíveis*, aqueles cuja (existência e/ou) configuração esteja sujeita a *lei imperativa*, do mesmo modo, parece-nos, que o serão também os litígios sobre a *(in)validade jurídica* – não já sobre a interpretação, por exemplo – de actos ou contratos cujos requisitos de validade estejam fixados na lei por referência a factos vinculados, consumindo-se assim, parece-nos, a disposição do art. 4º do Código Civil e os princípios que lhe são imanentes.

Serão inarbitráveis segundo a *equidade*, também – melhor, provavelmente, são mesmo inarbitráveis – as causas cuja instauração corresponde a um dever de função dos magistrados do Ministério Público ou da Fazenda Pública.

3. *O âmbito subjectivo do regime da **arbitrabilidade** da LAV: a sua distinção do âmbito de aplicação do regime da **arbitragem** nela posto*

A norma deste art. 1º/1 não se destina então, é bom tê-lo sempre presente, a fixar o âmbito de aplicação do regime jurídico da arbitragem fixado na LAV, mas apenas, como vimos, a delimitar subjectiva e objectivamente os litígios que, de acordo com ela, as partes podem submeter ao julgamento de árbitros. Que é coisa bem diferente.

Só nessa medida, portanto, é que pode dizer-se ter o art. 1º como objecto, implícita ou imanentemente, a determinação das arbitragens convencionáveis entre *particulares*, constituindo este o primeiro factor subjectivo de delimitação dos litígios arbitráveis ao abrigo da LAV.

Poderia talvez dizer-se, pela negativa, para melhor esclarecimento do conceito *particulares*, que o art. 1º da LAV tem como objecto a determinação da arbitrabilidade de litígios em que não sejam parte o Estado e outras pessoas colectivas de direito público, pois, como decorre do subsequente nº 5, a arbitrabilidade daqueles em que intervenham entes desses não é regulada por este art. 1º da LAV, mas de acordo com lei especial. Proposição que só parcialmente resulta verdadeira, como então se verá, por os *litígios de direito privado* em que tais entes se envolvam ficarem igualmente abrangidos pelas regras gerais deste art. 1º – se, excepcionalmente, não se tratar de litígios sujeitos, pelo ETAF ou lei especial, à jurisdição dos tribunais administrativos.

Em contrapartida, devem subsumir-se no conceito de *particulares*, para efeitos de delimitação subjectiva do nº 1, as entidades que, desempenhando funções administrativas em nome próprio (por devolução ou delegação pública, claro), não têm contudo personalidade jurídica de direito público, não são pessoas colectivas de direito público, embora para as considerarmos abrangidas pelas normas deste art. 1º não baste a sua qualificação como entes de direito privado, sendo também necessário que não exerçam aquelas funções (ou parte delas) com subordinação a normas de direito administrativo – *exorbitantes* dos regimes de direito privado, portanto –, mas como se fossem meros particulares.

Na verdade, quanto aos litígios de natureza administrativa em que tais entes se envolvam, a respectiva arbitrabilidade é aferida em função do disposto no art. 180º do CPTA, não deste art. 1º da LAV.

Delimitado assim, concisamente, do ponto de vista subjectivo, o âmbito da aplicação das normas sobre arbitrabilidade do art. 1º da LAV, reafirmamos que não é com ele coincidente o âmbito de aplicação dos regimes jurídicos da convenção de arbitragem e do tribunal e processo arbitrais postos nos seus restantes preceitos. Admite-se, nomeadamente – como vimos, por exemplo, em comentário anterior ao art. 4º/4 da Lei preambular nº 63/2011 –, a aplicação do regime da LAV aos litígios que sejam arbitráveis por força da lei ou leis especiais para que remete o subsequente nº 5.

Diremos então, em consequência do que se viu, que a possibilidade de submissão à arbitragem dos litígios do Estado e outros entes jurídico--públicos que versem sobre relações de direito administrativo é questão que se resolve em função dos *critérios* de arbitrabilidade administrativa do art. 180º do CPTA, mas que, depois, este reenvia o *regime* dessas arbitragens, salvo num ou noutro aspecto que venha aí especialmente regulado, para o regime arbitral constante da LAV.

Como aliás resulta do facto de encontrarmos nesta, recorrentemente, a par das normas *comuns* da arbitragem, digamos assim, modelações suas para efeitos da respectiva aplicação aos litígios que pertençam à esfera de jurisdição dos tribunais administrativos.

4. *O âmbito objectivo do regime da arbitrabilidade da LAV: a distinção prévia entre litígios de natureza jurídico-pública e privada*

A redacção deste nº 1 do art. 1º da nova LAV é quase igual à da correspondente disposição da Lei nº 31/86, só se distinguindo dela pela alteração de duas palavras, as quais, porém, fazem toda a diferença, como se verá no comentário subsequente.

Quanto à primeira, adianta-se já resultar ela de a lei anterior se referir apenas aos *tribunais judiciais* (no infeliz conceito dos arts. 210º e 211º da Constituição) enquanto agora se fala em *tribunais do Estado* – traduzindo, no fim de contas, a relevantíssima alteração resultante de a actual LAV se aplicar, por sua própria vontade ou disposição, note-se, tanto às arbitragens de litígios de direito privado quanto às respeitantes a litígios de direito público arbitráveis.

A verdade, porém, é que os critérios objectivos de arbitrabilidade constantes da LAV, deste seu art. 1º, são restritos aos litígios de natureza jurídico-privada, independentemente de quem sejam os litigantes, mas não se aplicam à determinação dos litígios de direito público susceptíveis de julgamento arbitral, por aí mandarem, voltamos a lembrá-lo, os critérios do art. 180º do CPTA e, em matéria tributária, os do art. 2º do Decreto-Lei nº 10/2011 e dos arts. 2º e 3º da Portaria nº 112-A/2011.

Quais são então os referidos critérios de arbitrabilidade de litígios jurídicos elegidos pela LAV é questão a que nos respondem os nºs 1 a 4 deste seu art. 1º e sobre os quais nos debruçamos de seguida.

5. *O critério da "patrimonialidade" dos litígios arbitráveis: condensado*

Tendo-se visto então a que litígios se aplicam os critérios de arbitrabilidade da LAV – e que são, directamente, em suma, os litígios de direito privado (além daqueles cujas leis reguladoras eventualmente remetam para aqui a sua determinação) –, diremos que o primeiro desses critérios vem revelado na substituição do conceito *"direitos disponíveis"* do art. 1º/1 da LAV de 1986 pelo conceito *"interesses de natureza patrimonial"* deste art. 1º/1 da actual lei, no termo de um debate e de uma evolução sobre que já falámos acima no capítulo dos Preliminares.

Acrescentamos agora, a propósito do critério-base de arbitrabilidade, consagrado no art. 1º/1 da LAV de 1986, que alguma doutrina sustentava assentar a delimitação dos litígios arbitráveis com base na *"disponibilidade do direito controvertido"* no *"equívoco da assimilação da convenção de arbitragem aos negócios autocompositivos"* (António Sampaio Caramelo, *"Critérios de Arbitrabilidade dos Litígios. Revisitando o Tema"*, IV Congresso do Centro de Arbitragem da Câmara de Comércio e Indústria Portuguesa, Almedina, 2011, pp. 25-26). Logo no primeiro ano de vigência da LAV de 1986 suscitaram-se dúvidas acerca da *"ligação necessária entre a influência da vontade das partes sobre as vicissitudes de uma relação jurídica e a influência da vontade das partes para a determinação dos juízes dos seus litígios"* (Raúl Ventura, *"Convenção de Arbitragem"*, Revista da Ordem dos Advogados, 1986, ano 46, II, p. 321).

Se, como defendia Sampaio Caramelo, a *"disponibilidade do direito controvertido"* fosse entendida numa acepção *"forte"* – traduzida na possibilidade de renúncia ao direito, não só após a sua constituição na esfera jurídica do seu titular, mas também antecipadamente –, e não apenas como *"disponibilidade em sentido fraco"* (traduzida na possibilidade de renúncia ao direito só após a radicação deste na esfera do seu titular), entendia a doutrina que a adopção do critério da disponibilidade resultava numa redução significativa do número de disputas susceptíveis de resolução por via arbitral (*Critérios...*, cit., pp. 28).

Por outro lado, ao critério da *"disponibilidade do direito"*, como fundamento da arbitrabilidade dos litígios, eram apontadas algumas dificuldades de aplicação, que a jurisprudência e a doutrina bem ilustram, designadamente em matéria de cessação do contrato de agência e de distribuição comercial (ver, entre outros, o Ac. STJ de 11.10.2005, proc. nº05A250, o Ac. TRG de 16.02.2005, proc. nº197/05-1, e, mais recentemente, o Ac. TRL de 11.01.2011, proc. nº3539/08.6TVLSB.L1-7) e relativamente aos direitos previstos no art. 809.º do CC.

Não admira, portanto, que hoje se tenha como muito mais curial a solução da nova LAV.

Desde logo, porque os litígios arbitráveis não se referem só a interesses juridicamente tutelados através da atribuição de *direitos*, mas aos *interesses* tutelados pelo Direito através de qualquer instrumento ou figura adequada.

Mas foi também por se suscitarem dificuldades de tomo na necessária ligação estabelecida entre *inarbitrabilidade* e *indisponibilidade* – como se o recurso a tribunal arbitral correspondesse a um acto ou vontade de disposição de um interesse indisponível – que se substituiu agora esse critério pelo da *patrimonialidade dos interesses* envolvidos (independentemente, pelo menos, neste primeiro momento, de se tratar ou não de interesses de carácter disponível).

6. *Interesses de natureza patrimonial: conceito e distinção de valor patrimonial*

São interesses de natureza *patrimonial* para este efeito, parece-nos, todos que respeitam a bens, direitos ou coisas que tenham, em si mesmas, um valor económico, um valor pecuniário ou de troca. Dito de maneira mais lata, são interesses desses aqueles cuja procedência ou improcedência (neste caso, arbitral) se traduz no ganho ou na perda directos ou imediatos de uma coisa ou direito com valor patrimonial, susceptível de uma avaliação pecuniária objectiva, interesses cuja satisfação ou rejeição se traduz portanto num enriquecimento ou empobrecimento dos seus titulares.

Note-se que não são só os interesses de natureza patrimonial que têm valor pecuniário ou patrimonial.

Existem também interesses de *natureza* não patrimonial mas com *valor* patrimonial – como é o caso do interesse no reconhecimento da autoria ou da co-autoria de uma obra ou mesmo o interesse na cura da dor física fruto de um atropelamento por terceiro –, os quais, de acordo com o critério da patrimonialidade do art. 1º/1 da LAV, assente na *natureza* (e não no valor) do interesse litigioso, não seriam susceptíveis de resolução na via arbitral.

Pode, por outro lado, suceder (teoricamente, ao menos) que os interesses litigiosos das partes não sejam ambos da mesma natureza, tendo um deles carácter patrimonial e sendo o outro de carácter não patrimonial, hipótese cujo litígio, de acordo com o critério da LAV, parece que não seria passível de submissão a árbitros – mesmo sabendo-se que, de acordo com a lei suíça, também dominada pelo critério da patrimonialidade, se trata de um litígio passível de arbitragem.

7. *A opção pelo recurso à arbitragem: por vontade dos sujeitos da relação litigiosa, de alguns deles ou de terceiros*

De acordo com o que expressamente se dispõe neste nº 1, são as *partes* no litígio, isto é, os sujeitos entre quem ele se suscita – ambos, note-se, porque não há na LAV disposições semelhantes às das leis processuais administrativas e fiscais nesta matéria, as quais (embora ainda sob reserva de lei reguladora) admitem ao interessado, por sua exclusiva vontade, forçar a Administração a sujeitar-se ao processo arbitral –, são tais sujeitos, dizia-se, que podem devolver o julgamento desse litígio a árbitros, furtando-o assim, na sua fase declarativa, aos tribunais do Estado.

Não se julgue porém que a sujeição de um conflito à decisão de árbitros depende da vontade expressa de todos os sujeitos da relação material controvertida e que depende sempre apenas deles ou de alguns deles, pois existem desvios de tomo, pensamos, a essa correspondência.

Quanto àquele primeiro desvio, diga-se que a convenção arbitral em que não participem ou intervenham todos os sujeitos da relação controvertida não é automaticamente nula – não dando assim lugar automaticamente à absolvição da instância arbitral (por incompetência ou ilegitimidade, é indiferente) –, mesmo que não se preveja, na lei ou no negócio jurídico seu fundamento, que o direito ou interesse em causa possa ser exercido por um só dos seus titulares ou contra um só dos respectivos obrigados.

Só será nula essa convenção "parcial", pensamos, quando o objecto sobre que versa a convenção for jurídica ou fisicamente incindível, não puder ser exigido nem prestado senão como um todo, como uma universalidade, digamos assim.

Caso contrário, o que sucede é que, salvo em caso de litisconsórcio necessário, o processo arbitral é válido, embora a decisão nele proferida só vincule as partes demandantes e/ou demandadas, só constitua caso julgado para elas – desde que, claro, os faltosos não venham a intervir, espontânea ou provocadamente, no processo, ao abrigo da alínea a) do art. 36º/2 da LAV.

É o que resulta, hoje, dos arts. 32º e 33º do novo CPC.

Quanto ao segundo aspecto referido – sobre ser às partes que cabe decidir do recurso à arbitragem, outorgando o respectivo compromisso ou cláusula compromissória e interpelando-se depois para tornarem efectivo esse compromisso –, não excluímos que possam existir situações de hetero-vinculação à arbitragem, originada em acto ou vontade da pessoa que haja constituído uma relação jurídica em que são parte (inicial ou subsequentemente) os litigantes arbitrais.

Não nos referimos aos casos da *cessão da posição contratual* respeitante a um contrato em que se haja inserido uma cláusula compromissória, porque aí o cessionário, ao suceder na posição contratual do cedente, tornou-se ele mesmo parte nessa cláusula, auto-vinculou-se a ela.

Nem nos referimos àqueles outros casos em que o ingresso num condomínio por virtude da aquisição de uma fracção de propriedade horizontal ou, então, na situação estatutária de membro de uma sociedade, em cujos estatutos se preveja a solução arbitral de conflitos condominiais ou societários – porque, em ambos os casos, a condição (inicial ou adquirida) de condómino ou de sócio torna estes parte na convenção aí instituída.

Diversamente se passam as coisas, parece-nos, no caso da doação ou do legado de um bem em compropriedade, quando o doador ou o testador hajam incluído no respectivo contrato ou testamento uma cláusula que obrigue os destinatários ou legatários a recorrer à via arbitral para solucionarem os conflitos que entre si se suscitem em relação à administração ou destino do bem doado ou legado. Nesse caso – bem como em outros casos equiparados, dos contratos a favor de terceiro, por exemplo (imagine-se o caso do tomador de um seguro e de uma seguradora, que vinculam o beneficiário do seguro à cláusula compromissória entre eles estabelecida) –, já pode falar-se em convenções hetero-vinculativos.

8. O regime aplicável à convenção de arbitragem: remissão

A devolução a árbitros do poder de decidir contenciosamente (ou não), sob o patrocínio do Estado, litígios jurídicos não é fruto de um aperto de mãos ou de um acordo verbal de interessados, devendo ser formalizado em termos mais ou menos solenes, previstos na LAV, através de uma *convenção de arbitragem*.

Às espécies, requisitos e efeitos dessa convenção referem-se contudo outras normas da lei, como é o caso, em especial, do nº 3 deste art. 1º e dos arts. 2º a 7º da LAV, em cujos comentários se analisam algumas das múltiplas questões jurídicas suscitáveis a tais propósitos.

9. As leis gerais e especiais de subtracção de litígios à arbitragem

As regras sobre a possibilidade de recurso à arbitragem e sobre a arbitrabilidade de litígios de natureza patrimonial, que constam do nº 1 do art. 1º da LAV, não são aplicáveis, como nele próprio se determina, aos litígios – mesmo que sejam de direito privado e respeitem a interesses de carácter patrimonial – que, *"por lei especial"*, estejam submetidos exclusivamente à jurisdição dos tribunais do Estado, à arbitragem necessária ou, ainda (mesmo que a norma não o mencione), que estejam submetidos a um diferente critério de arbitrabilidade.

"Lei especial", diz-se, por referência apenas, claro, à lei geral que a LAV se arroga ser, porque a subtracção de um litígio à arbitragem ou ao critério de arbitrabilidade da LAV tanto pode resultar de leis especiais como de leis gerais na matéria que regulam.

Para determinar que litígios são esses, que ficam subtraídos às regras de arbitrabilidade da LAV, temos, primeiro, que excluir dessa averiguação os litígios abrangidos pela previsão do nº 5 do presente artigo, de acordo com o qual a submissão à arbitragem de conflitos em que sejam parte o Estado e outros entes públicos – salvo daqueles que tiverem por objecto questões de direito privado – depende da existência de lei específica que os autorize a tanto, o que significa devermos pôr de lado nesta averiguação os litígios da competência dos tribunais administrativos e dos tribunais fiscais, porque a questão da sua arbitrabilidade está regulada, quanto aos primeiros, no art. 180º e ss. do Código de Processo nos Tribunais Administrativos e, quanto aos segundos, no art. 1º do Decreto-Lei nº 10/2011, de 20 de Janeiro, e nos arts. 2º e 3º da Portaria nº 112-A/2011, de 22 de Março.

Consideramos então como subtraídos à possibilidade de recurso à via arbitral voluntária ou ao critério da patrimonialidade do art. 1º/1 da LAV – mas não, necessariamente, à sua regulação –, para além daqueles a que se refere o nº 5 do presente artigo, os litígios submetidos exclusivamente a arbitragem necessária, como é o caso, por exemplo:
- no direito administrativo, dos litígios a que se refere o art. 38º do Código das Expropriações (ac. do STJ de 10.02.98);

- no direito da propriedade industrial, os litígios que, tendo por objecto medicamentos de referência e medicamentos genéricos, vêm referidos na Lei 62/2011, de 14 de Dezembro;
- no direito laboral, os referidos nos arts. 510º, 512º e 538º do Código do Trabalho, respeitantes a questões de contratação colectiva e dos serviços obrigatórios em situação de greve.

9A. *Os casos especiais do arrendamento urbano e das arbitragens tributárias*
Quanto à subtracção à arbitragem dos litígios que estejam submetidos *"exclusivamente aos tribunais do Estado"*, mantém-se a dúvida sobre se os litígios concernentes à cessação de contratos de arrendamento são arbitráveis.

No domínio da LAV anterior, que continha regra semelhante, defendia a doutrina maioritária que, embora os litígios relativos ao arrendamento urbano fossem, em princípio, arbitráveis, a resolução e denúncia de contratos de arrendamento por iniciativa do senhorio, nos termos dos arts. 55º, 60º/2 e 70º do Regime Jurídico do Arrendamento Urbano, estariam submetidas à jurisdição exclusiva dos tribunais judiciais, pois nessas disposições exige-se que a cessação dos ditos contratos se faça *"por via judicial"*, que a resolução seja decretada *"pelo tribunal"* e que a denúncia se realize através de *"acção judicial"* (ver por todos Lima Pinheiro, *"Arbitragem Transnacional – A Determinação do Estatuto da Arbitragem"*, Almedina, 2005, pp. 110 e 111).

Em sentido diverso, entendia Pinto Furtado que as citadas normas apenas pretendiam evitar que a resolução e denúncia de contratos de arrendamento se fizessem por mera declaração do senhorio ao arrendatário, impondo assim a lei, para esse efeito, o recurso a tribunal, sem no entanto reclamar qualquer exclusividade dos tribunais judiciais. Nas palavras do citado autor, *"só um preconceito de estatismo jurisdicional ou a falta de confiança no tribunal arbitral poderá levar, porventura, a hesitar quanto a esta solução"* (*Manual de Arrendamento Urbano*, 4.ª Ed., Vol. I, 2007, pp. 266-279).

Especificamente, quanto aos conflitos em matéria tributária, destacamos ter sido recentemente instituído entre nós o regime da arbitragem, aprovado pelo Decreto-Lei n.º 10/2011, de 20 de Janeiro, instituindo-se, assim, uma forma alternativa de resolução jurisdicional de conflitos no domínio fiscal.

Esse regime, de cariz inovador a nível mundial, teve três objetivos: reforçar os direitos dos sujeitos passivos, dotando-os da possibilidade de escolher um meio alternativo à via graciosa e judicial para resolução de conflitos de natureza tributária, assegurar maior rapidez na resolução desses litígios e reduzir as pendências nos tribunais administrativos e fiscais.

Embora a arbitragem tributária se subsuma ao conceito de "arbitragem", na medida em que configura uma forma de resolução de litígios através de um árbitro neutro e imparcial, a verdade é que, numa perspetiva jurídica, não existem pontos de contacto com a LAV. Com efeito, a arbitragem tributária encontra-se dotada de normas próprias, tendo como direito subsidiário os códigos e demais normas tributárias, as normas de organização e funcionamento da administração tributária e as normas sobre organização e processo nos tribunais administrativos e tributários, não havendo recurso ao regime da LAV.

Como aspecto mais distintivo da arbitragem tributária, sublinhamos o facto de as Direções-Gerais dos Impostos e das Alfândegas e dos Impostos Especiais sobre o Consumo se encontrarem vinculadas à jurisdição dos tribunais arbitrais, nos termos da Portaria n.º 112-A/2011, de 22 de Março, conferindo-se assim aos sujeitos passivos (embora ainda sob reserva de lei reguladora) do imposto um verdadeiro direito potestativo de optar pela jurisdição arbitral.

10. Efeitos negativos e (ou) positivos do recurso à arbitragem: em especial, a vinculação à arbitragem

A primeira consequência da celebração de uma convenção arbitral é a de as partes, se quiserem fazer valer as suas pretensões em litígios por ela abrangidos, estarem vinculadas – salvo se revogarem consensualmente, em qualquer momento, a convenção existente – a demandar-se reciprocamente em tribunal arbitral, precludindo assim a jurisdição dos tribunais do Estado, que passam então a ser absolutamente incompetentes (*ratione materiae*) para conhecer e julgar da causa respectiva, como resulta hoje do art. 96º e da alínea *a*) do art. 494º do novo CPC, embora dessa incompetência não possam esses tribunais, à luz dos arts. 97º e 578º desse Código, conhecer oficiosamente.

Assim se dispõe no subsequente art. 5º, adiante comentado mais desenvolvidamente.

Sendo embora questão juridicamente irrelevante, uma mera questão dogmática, deve porém dizer-se que isso que, nesse seu art. 5º, a LAV qualifica como constituindo um *efeito negativo* da convenção de arbitragem é, para nós, antes, um seu *efeito positivo*, na medida em que a celebração dela vincula é os respectivos outorgantes a demandar-se na via arbitral, surgindo a preclusão da possibilidade de recurso à jurisdição do Estado como uma consequência ou efeito daí derivado.

Outro efeito da celebração de uma convenção de arbitragem que deva (ela, arbitragem) ser localizada em Portugal, nos termos do subsequente art. 31º – trate-se de uma arbitragem nacional ou internacional e seja o respectivo litígio regulado substantivamente pelo direito português ou por um direito estrangeiro –, consiste no facto de a lei reguladora da arbitragem, da sua fase "judiciária" (ou constitutiva) e da sua fase processual, ser a LAV, em bloco ou, no caso da arbitragem internacional, praticamente em bloco (art. 49º/2).

Efeito inerente ao recurso à arbitragem é também o de a promoção da formalidade inicial de constituição do tribunal arbitral – traduzida, na sua forma mais típica, na interpelação do outro comprometente para designar o seu árbitro, como previsto no nº 4 do art. 10º da LAV – corresponder à citação ou notificação judicial (expressa ou tácita) da intenção de exercer o direito, previstas no art. 323º do Código Civil como factos interruptivos da prescrição.

Nº 2

11. Âmbito subjectivo da arbitrabilidade voluntária de litígios não patrimoniais

O âmbito subjectivo de aplicação da norma deste nº 2 – quanto à arbitrabilidade de litígios sobre interesses transacionáveis de natureza não patrimonial – é o mesmo da norma do nº 1.

Há portanto que excluir da sua previsão os litígios em que sejam parte o Estado e outros entes de direito público quando actuam nas suas vestes jurídico-públicas – e, por extensão, como então melhor se verá, também os entes particulares quando, no desempenho de funções administrativas em nome próprio, ajam ao abrigo de normas de direito administrativo.

É que a arbitrabilidade desses litígios afere-se em função dos critérios do art.180º do CPTA ou, tratando-se de questões de carácter tributário, do art. 2º do Decreto-Lei nº 10/2011 e dos arts. 2º e 3º da Portaria nº 112-A/2011.

12. A transigibilidade do direito ou de interesses não patrimoniais como critério secundário de arbitrabilidade

Estando em causa litígios sobre interesses de natureza não patrimonial – os quais, atendendo apenas ao nº 1 do presente artigo, ficariam irremediavelmente excluídos da possibilidade de recurso à via arbitral –, vem este nº 2 determinar que, apesar disso, eles são susceptíveis de ser submetidos à arbitragem se o direito aí controvertido puder ser objecto de *transacção* entre as partes.

Estabelece, por sua vez, o art. 1249º do Código Civil que *"[a]s partes não podem transigir sobre direitos que não lhes é permitido dispor, nem sobre questões respeitantes a negócios jurídicos ilícitos"*.

Recuperar-se-ia assim o conceito de *(in)disponibilidade* do art. 1º/1 da LAV de 1986, mas só como critério secundário da (in)arbitrabilidade de litígios, já não como seu critério único, qualidade em que aparecia aí arvorado.

Questão debatida é então a de saber se, na linha do entendimento por que então se pugnava, ainda devem considerar-se *inarbitráveis* aqueles direitos que lei declara *irrenunciáveis*, parecendo-nos, apesar de tudo, dever continuar a responder-se afirmativamente, apostando na sua inarbitrabilidade, pelo menos, quando não estejam em causa (apenas) interesses ou direitos de natureza patrimonial – porque estes, como já se viu, mesmo que irrenunciáveis, podem ser submetidos ao julgamento de árbitros, determina-o o nº 1 deste art. 1º.

13. O conceito de transaccionabilidade ou transigibilidade

Quanto ao âmbito objectivo de aplicação da norma deste nº 2 do art. 1º, delimita-se ele então em função do conceito "*interesses de natureza não patrimonial*".

Não têm natureza patrimonial os interesses relativos à esfera jurídica de integridade, de dignidade e liberdade do ser humano, relativos aos direitos pessoais e ao estado das pessoas, às questões sobre a titularidade, alcance e modos de exercício dos mesmos, desde que não sejam directamente valorizáveis em termos económicos.

Assim, por exemplo, uma acção de reconhecimento da paternidade não tem por objecto, pelo menos, directamente, interesses patrimoniais, do mesmo modo que não o tem uma acção sobre a co-autoria de uma obra intelectual – embora se saiba que disso resultará, muito provavelmente, o benefício patrimonial do recebimento de alimentos ou da comercialização de direitos de autor.

Ainda que se entenda que há aí, também, um "*interesse de natureza patrimonial*", considerar-se-ia, naquela primeira hipótese, não estarmos perante um interesse claramente transacionável, pelo que não se admitiria ser o respectivo litígio passível de solução por via arbitral, ao abrigo deste nº 2.

E quanto à qualificação dos danos resultantes da ofensa do nome ou da integridade física de uma pessoa, considera-se serem eles susceptíveis de avaliação pecuniária, devendo considerar-se como um litígio envolvendo *interesses de natureza patrimonial* (sujeito portanto à norma do art. 1º/1), ou entende-se estarmos antes perante um direito ou interesse não patrimonial mas sobre que as partes podem transacionar, aplicando-se então este nº 2?

A resposta é que o pedido cível de indemnização dos prejuízos causados por esses crimes, depois de estes serem sancionados em processo penal, já pode ser objecto de arbitragem ao abrigo do art. 1º/2, por se tratar, mais não fosse, de litígio sobre o qual as partes podem transacionar.

Nº 3

14. Espécies de convenções de arbitragem: âmbito de aplicação do preceito

A disposição deste nº 3, sobre as espécies de convenções de arbitragem aqui admitidas (i. e., as *cláusulas compromissórias* e os *compromissos arbitrais*), por não respeitar – ao contrário do que sucede com os preceitos dos restantes números que integram o art. 1º da LAV – à questão da arbitrabilidade de litígios, seria aplicável inclusivamente àqueles casos a que se refere o seu nº 5, aos casos, portanto, em que são parte o Estado e outros entes de direito público quando agem em vestes juspublicistas. Mas só é assim, se se der o caso de as leis que regulam a arbitragem administrativa e a fiscal, sobretudo essas, não contiverem, elas próprias, normas especiais sobre a natureza, as espécies e a autoria dos títulos que legitimam o recurso à arbitragem.

Que é o que sucede tipicamente com a arbitragem tributária e, parcialmente, com a arbitragem administrativa, nos termos respectivamente dos arts. 4º e 10º do Decreto-Lei nº 10/2011, de 20 de Janeiro, e do art. 182º do CPTA, que conferem à contraparte da Administração, quando se trate de litígios que as respectivas leis considerem arbitráveis, o direito (ainda sob reserva de regulação) de lhe exigir a celebração de compromisso arbitral.

Assim sendo, a norma deste nº 3, sobre as espécies de convenções de arbitragem, só será aplicável aos referidos entes públicos quando actuam em vestes privatistas (que não estejam confiadas, além disso, à jurisdição dos tribunais administrativos), pois aí eles furtam-se ao *imperium* do direito processual administrativo ou tributário, como decorre aliás do subsequente nº 5.

15. *Espécies de convenções de arbitragem: em função do seu objecto. As alternativas não previstas na lei*

Já vem de trás (por exemplo, dos arts. 1563º e 1565º do Código de Processo Civil de 1939, muito mais de trás, de resto, remontando ao direito romano, como se viu nos Preliminares) a regra de que o recurso pelas partes a tribunal arbitral tem como suporte, como título, ou um *compromisso arbitral* ou uma *cláusula compromissória*.

O *compromisso arbitral* tem por objecto, diz-se neste nº 3, "*um litígio actual, ainda que* [já esteja] *afecto a um tribunal do Estado*" – actual no sentido de se tratar de uma questão juridicamente relevante sobre que as partes, quando celebram o compromisso, já manifestaram pretensões contrárias ou divergentes, podendo inclusivamente encontrar-se a debatê-las em acção já instaurada perante tribunais estaduais – enquanto a *cláusula compromissória* tem como objecto os eventuais litígios, ou certa categoria de litígios, que venham a suscitar-se no seio de uma relação jurídica que já vincula os compromitentes ou de uma qualquer relação que venha a suscitar-se entre eles.

Em suma, ao passo que o compromisso arbitral incide sobre uma questão actual, concreta e específica, a cláusula compromissória versa sobre litígios virtuais, que não se sabe se vão suscitar-se efectivamente, existindo entre eles, como traço de união imprescindível, o facto de emergirem de uma mesma relação jurídica concreta e específica, também ela.

É assim, em princípio.

Mas deve entender-se – embora a lei não o refira expressamente – que a cláusula compromissória pode também ter por objecto apenas um litígio eventual, sem remissão (senão instrumental, claro) para a relação jurídica dele constitutiva, e não necessariamente todos os (ou uma categoria de) litígios dela resultantes.

E poderia também – não se vê que obstáculos se oponham a isso, senão porventura a referência da letra da lei, no singular (nada intencional, parece-nos), a "*determinada relação jurídica*" – existir uma cláusula compromissória convencionada por pessoas que se relacionam frequentemente por contrato ou por relações de vizinhança de carácter real, por exemplo, e que outorgam, separadamente de qualquer contrato ou prédio seu, uma cláusula com que se comprometem a submeter à arbitragem os eventuais litígios (ou certos litígios) emergentes das várias relações jurídicas contratuais ou extracontratuais em que forem sendo partes.

16. Espécies de convenções: em função da sua autoria

Admitimos (ver acima, comentário nº 7) que a convenção de arbitragem, em vez de ser outorgada entre os litigantes, lhes tenha sido "dada" por quem constituiu e definiu os termos da relação jurídica de que eles são parte – como pode suceder, por exemplo, na situação dos legatários ou donatários comproprietários do bem legado ou doado ou dos contratos constituídos a favor de terceiro.

Sendo assim, as cláusulas compromissórias tanto podem exprimir-se em convenções *inter partes* quanto em *cartas de convenção*, digamos assim (por paralelismo com as *Cartas Constitucionais* e as *Cartas de Lei*, do séc. XIX).

Já o compromisso arbitral, esse há-de ser sempre *inter partes* – a não ser na hipótese (pouco verosímil) de uma relação jurídica constituída e patrimonialmente dotada por terceiro que tivesse reservado para si poderes que incluíssem a possibilidade de impor às partes nessa relação o meio de resolução dos conflitos que entre elas se venham a suscitar.

Note-se porém que as cláusulas compromissórias *dadas* não impedem as partes litigantes de desenvolver ou complementar, num *tertium genus* de convenção arbitral, os espaços nelas (cláusulas) intencionalmente ou não deixados em branco.

Nº 4

17. Arbitrabilidade de questões não contenciosas: a flexibilidade do preceito. O arbitramento

Na linha do que já acontecia na LAV de 86, vem esta lei permitir que, para além das questões litigiosas ou contenciosas *stricto sensu* – aquelas sobre cuja conformação jurídica as partes, no momento da interpelação arbitral, estão irredutivelmente irreconciliáveis, sendo necessária a intervenção de um tribunal para diminuir o seu conflito – , também possam ser objecto de convenção de arbitragem questões juridicamente relevantes que só *lato sensu* estariam abrangidas no conceito de litígio, dado que não assumem (ainda) *natureza contenciosa* ou conflituosa, mas sobre as quais as partes têm *dúvidas* ou na regulação da quais existem *lacunas*, e não propriamente *controvérsias*.

O papel da arbitragem fora do contexto de litígio assenta numa lógica de auxílio imparcial às partes na resolução de vicissitudes contratuais por elas não reguladas, por imprevisão, imprecisão ou superveniência.

A tarefa cometida ao árbitro toma, então, o nome de *arbitramento* (ou *arbitragem contratual*), uma actividade concebida a meio caminho entre a verdadeira e própria arbitragem e a prova pericial, que em tempos idos o conceito designava.

Aliás, é partindo do seu sentido como meio de prova – em que aos peritos é dado emitir um parecer ou apurar determinado facto, em razão dos seus conhecimentos técnicos privilegiados, para o mesmo ser depois apreciado pelo juiz – que compreendemos a sua recente utilização para descrever o fenómeno através do qual as partes remetem aos árbitros, que vêem como alguém especializado e imparcial, a fixação ou integração de elementos do negócio jurídico.

A sua distinção das figuras que a rodeiam não é isenta de dificuldades.

No que respeita à prova pericial, o arbitramento rapidamente se individualiza e identifica, em primeiro lugar tendo em conta os requisitos formais (forma escrita e menções obrigatórias) e o desenrolar de um processo (com respeito pelas regras do contraditório, etc.) que a este se exigem e naquela se dispensam; a que ainda acresce o traço da completude e definitividade na resolução da questão presente na arbitragem contratual e estranho àquela prova que encerra apenas uma questão limitada.

Em relação à arbitragem *proprio sensu*, ainda que o arbitramento também envolva o exercício do poder jurisdicional conferido por meio da convenção aos árbitros, a sentença que dele decorre (e põe termo ao diferendo) contém um acto meramente complementar do negócio seu objecto, diferente portanto da que resulta de uma arbitragem.

O caso típico é o referido (com carácter meramente exemplificativo) neste nº 4 do art. 1º da LAV, quando as partes querem esclarecer aspectos imprecisos de contratos de prestações repetidas ou duradouras, determinar índices, percentagens ou valores seus referidos a factores exteriores ao contrato, preencher os seus espaços em branco ou adaptá--los (aos contratos e/ou às suas prestações) a novas circunstâncias.

É evidente que esses aspectos ou necessidades contratuais também podem assumir carácter contencioso, sendo indiferente, para efeitos de arbitrabilidade e de celebração da convenção de arbitragem que venham com uma ou outra natureza. É que as disposições deste art. 1º abarcam os dois institutos, conferindo as mesmas vantagens às partes: um formalismo de que, tendencialmente, resultam decisões mais ponderadas, uma sentença com força de caso julgado e a possibilidade de sua execução.

Por outro lado, não pretendendo o legislador que o enunciado de questões não contenciosas deste nº 4 tenha outros efeitos que não o de revelar algumas razões que podem levar os interessados a recorrer à arbitragem, a referência aos contractos de *prestações duradouras* – que sugere a necessidade de uma decisão arbitral para aplicar futuramente – vale tanto quanto a hipótese de as partes pretenderem ver resolvida uma dúvida que tenham sobre o modo de cumprimento recíproco de prestações vencidas e que ainda estão por executar, precisamente por causa das dúvidas que se suscitaram quanto a isso.

Numa última nota, referimos que a admissibilidade desta figura no seio dos contratos administrativos não goza da mesma concórdia que lhe é dispensada pela doutrina civilista. Parte da doutrina publicista considera – de maneira exagerada, parece-nos – que os seus termos não são compatíveis com a autonomia e discricionariedade que devem pautar a contratação administrativa na procura da melhor forma de realização do interesse público.

18. Arbitragens não contenciosas: âmbito da (in)arbitrabilidade

E será que, estando em causa o esclarecimento de questões não contenciosas, as partes podem recorrer à arbitragem fora das balizas demarcadas nos nº 1 e 2 deste art. 1º da LAV, ou só são admitidas a fazê-lo quando estejam em causa interesses de natureza patrimonial ou, então, direitos de diferente natureza mas susceptíveis de transacção entre elas?

O preceito do nº 4 não é claro a esse propósito, tendo ambas as respostas um mínimo de correspondência, ainda que imperfeitamente expressa, na sua letra (art. 9º/2 do Código Civil).

Quem olhe a questão sob uma perspectiva que durante muito tempo dominou a visão que se tinha do recurso à arbitragem – considerando, inclusivamente, envolver ela uma transacção (proibida) sobre direitos indisponíveis – responderá que só são arbitráveis, ao abrigo deste nº 4, as questões não contenciosas de natureza patrimonial ou transacionável. Por sua vez, os "modernistas" assumirão que são arbitráveis mesmo aquelas questões que versem sobre direitos (não patrimoniais e) *indisponíveis* – pois que o recurso ao tribunal arbitral seria sinónimo disso mesmo, de que as partes não são admitidas a resolver a questão ou a dúvida suscitada mediante uma transacção entre si, mediante um acordo sobre a questão *decidendi*, tendo para esse efeito que recorrer a um tribunal arbitral e "pô-lo" a julgar segundo o Direito.

Não arriscamos muito se vaticinarmos que, mesmo que seja só no plano doutrinal, a interpretação do preceito, nesta parte, vai suscitar controvérsia.

Por nós, a resposta que preferimos é a de que o âmbito da arbitrabilidade neste nº 4 do art. 1º da LAV está delimitado nos mesmos termos dos respectivos nºs 1 e 2, sendo intuito do legislador apenas o de estender às questões de natureza não contenciosa aquilo que dispusera antes para as de natureza contenciosa.

Nem sequer o uso do pronome "**quaisquer** *outras questões*" favorece diferente leitura do preceito – por se reportar apenas a *questões não contenciosas* –, sendo certo, além disso, que o facto de serem as partes que definem (ou podem definir) na convenção de arbitragem as regras da composição e funcionamento do tribunal e a tramitação do respectivo processo e de serem elas também, em princípio, quem escolherá os árbitros respectivos, todas essas faculdades inerentes ao recurso à arbitragem, quando estão em causa direitos indisponíveis, envolvem um risco demasiado grande por poderem ser exercidas de maneira não inteiramente preparada ou consciente sobre todas as respectivas implicações.

Pode então pensar-se que o legislador tenha querido prevenir-se contra perigos desses em matérias tão sensíveis, impedindo pura e simplesmente, por razões de segurança, o recurso ao tribunal arbitral, mesmo que seja apenas com intuitos clarificadores.

Nº 5

19. O Estado e outros entes públicos abrangidos pela norma

Subtraem-se aqui às normas sobre arbitrabilidade constantes dos números anteriores deste art. 1º, os litígios em que sejam parte o *"Estado e outras pessoas colectivas de direito público"*, remetendo-se assim tal questão para o que a esse propósito se dispuser nas leis que lhes sejam aplicáveis, subjectiva ou objectivamente.

A referência ao *Estado* deve entender-se extensivamente, abrangendo, desde logo, os litígios sobre a interpretação e aplicação do direito intersubjectivo, do direito relacional, respeitante a relações jurídicas em que intervenham os órgãos de soberania (e que não se situem, claro, no âmbito das suas atribuições e competências político-constitucionais) – como os litígios que, por exemplo, a Presidência da República ou a Assembleia da República tenham com os seus fornecedores –, respondendo-se à questão da sua arbitrabilidade em função dos parâmetros estabelecidos directa ou remissivamente neste nº 5 e que analisaremos no comentário subsequente.

Exactamente o mesmo vale para as entidades administrativas independentes ou entidades constitucionalmente relevantes que gozem de autonomia administrativa e financeira – como a Procuradoria Geral da República, a Provedoria de Justiça, a Comissão Nacional de Eleições, os Conselhos Superiores da Magistratura e do Ministério Público e as

Entidades Reguladoras (vg., para a Comunicação Social, da Concorrência, das Comunicações, da Energia, etc).

Mais do que tudo isso, são Estado, para estes efeitos, todos os ministérios (incluindo a Presidência do Conselho de Ministros) e os organismos, departamentos, comissões, gabinetes, etc., não personalizados seus, gozem ou não de autonomia administrativa e financeira.

Na categoria *"outras pessoas colectivas de direito público"* entram, em primeiro lugar, as denominadas *pessoas colectivas de população e território*, – que são (para além do Estado) as Regiões Autónomas, os municípios, as freguesias e as regiões, (se e) quando as houver –, bem como as associações de direito público entre elas e, ainda, as integrantes da *Administração Autónoma*, como as Ordens profissionais.

Depois, surgem-nos os entes públicos institucionais, abrangendo a categoria dos *institutos públicos* (de regime geral ou especial) – incluindo-se aí as categorias dos *estabelecimentos públicos*, como os hospitais (que não tenham forma de sociedade anónima), dos *fundos públicos*, como Agência de Gestão da Tesouraria e da Dívida Pública-IGCP, EP ou do Fundo de Garantia de Depósitos, e os *serviços personalizados*, como é o caso do Instituto da Vinha e do Vinho.

Quanto aos entes do sector empresarial do Estado, das Regiões ou dos municípios só são de direito público as denominadas *entidades públicas empresariais*, que são criadas por lei, sem carácter societário (em moldes orgânicos insusceptíveis de utilização por particulares) e com capitais exclusivamente públicos – tudo como previsto para o Estado e para os municípios, respectivamente, no Decreto-Lei nº 558/99, de 17 de Dezembro, e no Decreto-Lei nº 53-F/2006, de 29 de Dezembro –, vindo-se porém a recusar a personalidade de direito público às *empresas públicas*, sejam as estatais ou as locais, criadas como sociedades nos termos da lei comercial, embora haja no seu regime legal, inscrito também naqueles diplomas, muitos traços orgânicos, funcionais e relacionais que nada têm a ver com o regime das sociedades comerciais.

Não obstante a LAV não dar expressamente conta disso, o certo, como vai ver-se em comentário subsequente, é que a distinção implícita na segunda parte deste nº 5, entre litígios de direito público e litígios de direito privado, também vale para as empresas públicas – e até, diga-se já, em certas circunstâncias, para entes pertencentes exclusivamente a particulares.

20. *A arbitrabilidade dos respectivos litígios*

A arbitrabilidade dos litígios em que o Estado e os outros entes públicos estejam envolvidos é, nos seus traços essenciais, de muito simples solução, como resulta deste nº 5.

Assim, temos, em primeiro lugar, os litígios respeitantes à interpretação, integração ou aplicação de normas de direito privado, a questões do foro jurídico-privado, incluindo as normas do direito da propriedade intelectual e industrial de carácter relacional, questões que – salvo quando sujeitas à jurisdição dos tribunais administrativos (vg., art. 4º do ETAF) – as partes estão obrigadas a dirimir perante os tribunais cíveis, comerciais ou laborais do Estado.

Nesses casos a respectiva arbitrabilidade determina-se em função do disposto nos nºs 1 a 4 deste art. 1º da LAV.

Quando não estejam em causa litígios de direito privado, inscrevendo-se eles, antes, no âmbito do direito administrativo (ou do direito fiscal) – por estar aí em causa a interpretação, a integração ou a aplicação de normas intransponíveis, *qua tale*, para as relações entre simples particulares, normas que são *jurídica* ou *ambientalmente exorbitantes* do direito privado, implicando, salvo em casos de excepcional entrega sua à jurisdição cível (como acontece em matéria de preço das expropriações, por exemplo), a obrigação de recorrer aos tribunais administrativos (ou fiscais) para resolver contenciosamente esses litígios na via judicial –, quando estejam em causa litígios desses, dizia-se, a possibilidade da sua atribuição a árbitros é função do que se dispuser nas leis que tratam deles, substantiva ou adjectivamente, e já não da LAV.

O que não significa, como sabemos já, que a disciplina arbitral da LAV, em muitos aspectos, em bloco, até, não lhes seja aplicável.

No caso referido das actuações jurídico-administrativas do Estado e dos entes públicos, a possibilidade de submeter à arbitragem os litígios delas emergentes afere-se pois em função das normas postas no art. 180º do CPTA, do mesmo modo que, se se tratasse de litígios de natureza fiscal, a sua (in)arbitrabilidade resultaria do que se dispõe no art. 2º do Decreto-Lei nº 10/2011 (de 20 de Janeiro) e dos arts. 2º e 3º da Portaria nº 112-A/2011 (de 22 de Março).

21. A extensão da norma do art. 5º/1 a entes jurídico-privados

E os litígios em que são parte as pessoas colectivas de direito privado, nomeadamente as de economia mista ou as pertencentes a particulares, quando são chamadas a desempenhar funções públicas em nome próprio (embora sob a autoridade ou superintendência do Estado ou de outros entes de direito público), são litígios arbitráveis de acordo com a regra deste nº 5 do art. 1º da LAV ou devemos antes considerá-los sujeitos ao regime de arbitrabilidade dos respectivos nºs 1, 2 e 4, analisados nos comentários 1 a 17 deste capítulo?

Incluem-se nesta categoria as concessionárias privadas de obras, bens e serviços públicos, as pessoas colectivas de utilidade pública (como as Misericórdias, por exemplo) e quaisquer outras entidades que, tendo personalidade jurídico-privada, exerçam funções administrativas *nomine proprio* – diferentemente do que acontece, por exemplo, com um prestador de serviços (ainda que essenciais) à Administração, que não exerce funções administrativas ou que, quanto muito, as exerce em nome alheio.

Quando o exercício dessas funções em nome próprio se paute por normas de direito privado nada de especial há a assinalar em matéria de arbitrabilidade dos respectivos litígios: aplica-se-lhe o regime dos nºs 1 a 4 deste art. 1º, claro.

O problema surge quando tais funções são levadas a cabo utilizando normas de direito administrativo, designadamente aquelas que envolvem o exercício de prerrogativas de autoridade – como pacificamente se admite poder acontecer, por força de lei ou de contrato público de concessão –, suscitando-se a dúvida porque deste nº 5 parece resultar que essas pessoas, não sendo Estado nem tendo personalidade pública, não ficariam abrangidas (neste aspecto) pelo regime aplicável a tais entes, os únicos a que o preceito se aplica.

Não nos parece que seja assim.

Na verdade, a razão que levou o legislador a subtrair os entes do art. 1º/5 aos critérios de arbitrabilidade estabelecidos nos restantes números que daí constam, e de os remeter para lei específica que autorize o recurso à arbitragem, foi, só pode ter sido, o facto de eles agirem, em regra, sob o *imperium* do direito administrativo – tanto que o preceito já não se lhes aplica, como nele próprio se dispõe, quando actuem *iure privatorum utendo*.

E isso sucede por uma razão simples: é que os litígios relativos a relações jurídico-administrativas estão sujeitos a uma lei processual própria, o CPTA, no qual se determina, com prevalência sobre qualquer outra lei (enquanto não forem revogadas essas suas normas), quais são, dentre tais litígios, os que podem ser resolvidos pela via arbitral, estando aí incluídos – como o revelam, por exemplo, o art. 37º/3 desse Código ou as alíneas d) e f) do art. 4º/1 do ETAF – os conflitos em que sejam parte entes privados actuando jurídico-publicamente, como se fossem pessoas colectivas de direito público.

Donde resulta, em conclusão, que os litígios que essas actuações administrativas de entes com personalidade de direito privado suscitarem, não sendo litígios de direito e de foro privado, mas de direito e de foro administrativos, devem, por força de uma interpretação extensiva do art. 1º/5 da LAV, considerar-se também sujeitos ao regime de arbitrabilidade do art. 180º do CPTA, não ao dos nºs 1, 2 e 4 da Lei da Arbitragem.

22. A arbitragem de litígios de direito privado do Estado e outros entes públicos: noção e implicações

Os litígios em que sejam parte o Estado (ou outro dos entes a que se refere o art. 1º/5 da LAV) e que tenham como objecto relações ou situações jurídicas de direito privado são arbitráveis nos termos previstos nos restantes números deste artigo.

O que significa, desde logo, que, quanto a tais litígios, aqueles entes só se vinculam arbitralmente através das convenções de arbitragem do respectivo nº 3, não havendo aí lugar à aplicação da norma do art. 182º do CPTA (ou do art. 4º do Decreto-Lei nº 10/2011), que permite à contraparte da Administração (ou da Administração tributária) exigir dela a celebração de compromissos arbitrais, impondo-lhe o recurso a árbitros.

Quanto à noção de litígios de direito privado, ela apela obviamente à elementar e movediça distinção entre o direito privado e o direito público, que vem já dos tempos em que se definia este último como sendo *quod ad rei romanae spectat*, entendendo-se hoje – por parecer ser o critério menos falível, que infalível nenhum é – ser o direito público constituído pelas normas respeitantes a relações (ou situações) jurídicas que não podem ter como sujeitos apenas particulares, dito de outro modo, menos rigoroso talvez, mas mais impressivo, constituído por normas *jurídica* ou *ambientalmente exorbitantes* das que regulam as relações entre simples particulares.

Artigo 2.º
Requisitos da convenção de arbitragem; sua revogação

1 – A convenção de arbitragem deve adoptar forma escrita.

2 – A exigência de forma escrita tem-se por satisfeita quando a convenção conste de documento escrito assinado pelas partes, troca de cartas, telegramas, telefaxes ou outros meios de telecomunicação de que fique prova escrita, incluindo meios electrónicos de comunicação.

3 – Considera-se que a exigência de forma escrita da convenção de arbitragem está satisfeita quando esta conste de suporte electrónico, magnético, óptico, ou de outro tipo, que ofereça as mesmas garantias de fidedignidade, inteligibilidade e conservação.

4 – Sem prejuízo do regime jurídico das cláusulas contratuais gerais, vale como convenção de arbitragem a remissão feita num contrato para documento que contenha uma cláusula compromissória, desde que tal contrato revista a forma escrita e a remissão seja feita de modo a fazer dessa cláusula parte integrante do mesmo.

5 – Considera-se também cumprido o requisito da forma escrita da convenção de arbitragem quando exista troca de uma petição e uma contestação em processo arbitral, em que a existência de tal convenção seja alegada por uma parte e não seja negada pela outra.

6 – O compromisso arbitral deve determinar o objecto do litígio; a cláusula compromissória deve especificar a relação jurídica a que os litígios respeitem.

Fontes:

Nº 1 – art. 2º/1 da LAV de 1986; art. 7º/2 da Lei-modelo da Uncitral; Lei Alemã (ZPO), §1031; art. 9º/3 da Lei Espanhola; Lei Francesa (NCPC), art. 1443

Nº 2 – art. 2º/2 da LAV de 1986; §1031 da Lei Alemã (ZPO); art. 9º/3 da Lei Espanhola e art. 7º/3 e 4 da Lei Modelo da Uncitral

Nº 3 – art. 9º/3 (reformulado) da Lei Espanhola; art. 7º/4 (reformulado) da Lei Modelo da Uncitral

Nº 4 – art. 7º/6 da Lei Modelo Uncitral; Lei Alemã (ZPO, 1031(3); Lei Inglesa, Section 6(2)

Nº 5 – art. 7º/5 da Lei Modelo Uncitral; art. 5º/5 da Lei Espanhola; Lei Inglesa, Section 5(5); Lei Alemã (ZPO, 1031(5)

Nº 6 – art. 2º/3 (alterado) da LAV de 1986;arts. 1477 e 1478 da Lei Francesa (NCPC); art. 9º/1 da Lei Espanhola; Lei Alemã (ZPO, §1029 (1) e (2); art. 807/1 do CPC Italiano

Comentário

1. A forma escrita da convenção: sua autonomia face ao documento contratual

1A. As menções escritas obrigatórias e acessórias da convenção de arbitragem

2. A convenção documentalmente contextualizada ou "cruzada" (em documentos recíprocos de cada parte): requisitos gerais de validade e existência. Apreciação crítica

3. Os requisitos das convenções celebradas electronicamente: observações

4. A remissão contratual para cláusulas compromissórias-tipo: requisitos de validade
5. O reconhecimento, no próprio processo arbitral, da existência prévia de uma convenção de arbitragem
6. A configuração da hipótese legal e a sua eventual extensão a outras hipóteses (pré-)processuais
7. A definição concreta do objecto do compromisso arbitral: requisitos
8. A especificação abstracta da relação jurídica que subjaz à cláusula compromissória : requisitos

Nº 1

1. A forma escrita da convenção: sua autonomia face ao documento contratual

"*A convenção de arbitragem deve adoptar a forma escrita*", escreve-se neste preceito, redigido de maneira que se pensaria terem as convenções de arbitragem deveres, adoptarem condutas.

O certo é que a convenção de arbitragem deve ser outorgada (ou "dada") por escrito, em *documento escrito* simples ou, nessa forma, mas em documentos distintos e recíprocos, como o revelam os nºs 2 e 5 deste art. 2º – sendo nula, como resulta do subsequente art. 3º, a convenção a que falte esse requisito legal (ou, o que vem dar no mesmo, da qual não conste qualquer das suas menções obrigatórias).

A exigência de que se revista a convenção de forma escrita compreende-se pela relevância do seu efeito preclusivo da jurisdição do Estado num caso que lhe estaria primariamente afecto, assegurando-se que os comprometentes o fazem com o mínimo de ponderação exigida para tão delicada opção. Mesmo assim, deve dizer-se que o legislador aligeirou bastante o rigor da exigência escrita, admitindo várias modalidades que, como veremos, garantem muito reduzidamente, pelo menos, a fidedignidade, para já não falar na própria consciência da declaração de vontade dos comprometentes.

ARTIGO 2º

Assinale-se, por outro lado, que a convenção de arbitragem, seja qual for a forma de que legalmente deve revestir-se a relação que lhe subjaz – ainda que se trate de uma forma escrita solene –, não carece de mais do que a simples redução a escrito, podendo constar de mero ou meros documentos particulares, o que deve ser visto como mais uma maneira de incentivar o recurso à arbitragem.

1A. As menções escritas obrigatórias e acessórias da convenção de arbitragem

Constam *obrigatoriamente* da convenção escrita, do ou dos documentos escritos em que vem vazada, ou das respectivas declarações constitutivas (ver a regra e seus desvios em comentário ao art. 2º, nº 2 e ss.):
- a identidade dos comprometentes;
- o objecto do litígio ou a relação jurídica subjacente à cláusula compromissória;
- a assinatura dos comprometentes (ou de mandatários seus com poderes para o acto no caso do nº 5 deste art. 2º);

Podem constar *naturalmente* da convenção de arbitragem (ou então de escrito assinado pelas partes posterior a ela), directa ou remissivamente, por serem matérias que, em regra, as partes não querem deixar inteiramente à disciplina da lei ou dos árbitros, as seguintes menções:
- o número de árbitros que irá constituir o tribunal (art. 8º/2);
- as regras relativas à escolha do ou dos árbitros (art. 10º/1 e art. 11º/4 da LAV);
- as regras básicas de processo a observar, se não forem deixadas ao alvedrio dos árbitros (arts. 6º/1, 12º/2, 17º/1, 20º/1, 22º/1, 30º/2 e 3 da LAV);
- a data de início e o lugar onde irá decorrer a arbitragem (art. 33º/1 e 31º/1);
- a língua ou línguas a utilizar no processo arbitral (art. 32º/1);
- o regime de suprimento ou das consequências de faltas e omissão de actos processuais (art. 35º/5);
- os termos da intervenção de terceiros em arbitragens em curso, se admitido (art. 36º/1 e 7);
- a admissão de prova pericial (art. 37º);

- a opção por um julgamento de acordo com a equidade (art. 39º/2);
- a eventual admissibilidade de recurso de mérito da decisão arbitral (art. 39º/4);
- o parâmetro do julgamento, tratando-se de Equidade, e, no caso do Direito, o direito substantivo aplicável ao litígio, se não for o português (arts. 39º/1 e 52º);
- a eventual caducidade da convenção, em caso de anulação da sentença (art. 46º/10);

Quanto à definição obrigatória do objecto do litígio no compromisso arbitral e, em alguma medida, da definição da relação jurídica subjacente à cláusula compromissória – que é a mais complexa das menções obrigatórias das convenções de arbitragem, de todas elas –, remeta-se o leitor para o comentário ao nº 6 deste art. 2º da LAV.

Nº 2

2. *A convenção documentalmente contextualizada ou "cruzada" (em documentos recíprocos de cada parte): requisitos gerais de validade e existência. Apreciação crítica*

De acordo com este nº 2, a convenção de arbitragem pode exprimir-se em *"documento escrito assinado pelas partes"*, um único, isto é, contextualmente, ou então em documentos escritos trocados entre elas, como cartas, telegramas, telefaxes ou outros meios de telecomunicação, incluindo os electrónicos.

Convém no entanto esclarecer alguns aspectos.

Em primeiro lugar, a lei refere-se a um *"documento escrito assinado pelas partes"*, não a um documento escrito *e* assinado por elas, podendo portanto tratar-se até de um impresso modelo, como os que frequentemente existem no âmbito de centros de arbitragem institucionalizada. Questão é saber se as assinaturas de tal documento, para além de deverem ser suficientes para vincular cada um dos compromitentes, devem também ser reconhecidas notarialmente e, se for caso disso, reconhecidas na qualidade em que os seus subscritores o assinam.

ARTIGO 2º

A resposta a essa questão é a de que, dependendo a exigência do reconhecimento da assinatura de lei que especificamente a preveja, tal formalidade não é aqui exigível – embora as partes possam claro exigir--se isso, entre si –, assinalando nós, *de iure constituendo*, claro, que, em documentos da relevância de uma convenção desta, poderia ponderar--se se tal reconhecimento não deveria ser obrigatório, por constituir uma garantia acrescida de vinculação efectiva das partes, prevenindo o risco de se desencadearem as fases preliminares do processo de constituição e de verificação da competência do tribunal arbitral, bem laboriosas e onerosas, por sinal, para depois, num momento adiantado do processo, se chegar à conclusão de que afinal a convenção é nula por falta de assinatura capaz.

Outra questão é a de saber, no caso de troca de comunicações electrónicas ou de outros meios de telecomunicações, como no caso dos faxes e, até, no dos telegramas – que constituem documentos usualmente não assinados (correio eletrónico) ou insusceptíveis até de serem assinados (telegramas) –, saber, nesses casos, dizia-se, se o requisito da assinatura do documento é legalmente dispensável, bastando então, para que as partes fiquem reciprocamente vinculadas, que o documento tenha origem em equipamento identificado como pertencendo aos compromitentes – embora não assegure que venha aí exprimida a declaração de pessoa jurídica capaz para vincular o compromitente – ou, até, na hipótese menos séria da lei, no caso de telegramas, que aí se diga, sem qualquer controlo, terem sido enviados por eles, compromitentes.

A extrema falta de segurança dessas formas de identificação da autoria de uma tão importante declaração de vontade jurídica deveria, em nossa opinião, ter levado o legislador a recusar essas soluções tão amplas (como estas, adoptadas já na Lei nº 31/86 e também na Lei-Modelo, e nas leis espanhola e alemã), contentando-se com as hipóteses que não suscitem riscos dessa dimensão.

Como é o caso do documento assinado por ambas as partes, da troca de cartas com assinaturas reconhecíveis e carimbadas, digamos assim, ou do correio electrónico com assinaturas electrónicas.

O favorecimento da arbitragem não reclamaria que se fosse mais longe, sobretudo quando os perigos da incerteza da vinculação – mais, até, da facilidade de negar a autoria do telefax ou do telegrama por pessoa com capacidade para vincular o compromitente – são de monta, sacrificando-se assim, de maneira talvez excessiva, a segurança do compromisso em favor da flexibilidade da sua celebração.

Bem sabemos que há muito quem, mesmo na presente co-autoria, não se reveja nestas preocupações, no entanto, tão caras a valores essenciais e inalienáveis do Direito – como o são os da segurança das relações jurídicas e da *pax* jurídica –, de valia tão extrema que nem se alcança bem como é que se admite que eles soçobrem, e logo numa matéria de tanta sensibilidade como esta, de criação de uma jurisdição substitutiva da estatal, perante o insignificante e perigoso valor do facilitismo formal.

Custaria assim tanto às partes – que assinam e rubricam, hoje, contratos de centenas de cláusulas e documentos anexos e se atravessam assinadamente em contratos de adesão com dezenas de páginas e duplicados – assinar um papelzinho de dois exemplares com assinaturas reconhecidas, nas formas tão simples com que hoje se reconhecem assinaturas, celebrando uma convenção de arbitragem?

Como quer que seja, requisito comum e essencial de todas estas formas escritas de convenções de arbitragem é o de que delas conste já a própria convenção, isto é (com excepção da assinatura autógrafa nos casos assinalados), que delas constem já as suas diversas menções obrigatórias.

Requisitos indispensáveis da validade da convenção parecem-nos ser, também, no mínimo dos mínimos, quanto às trocas de correspondência ou comunicações, primeiro, um que não consta da lei expressamente (embora lhe esteja imanente), que é o de as respectivas declarações de compromisso, mesmo se trocadas, por exemplo, através de um centro de arbitragem institucionalizado, terem como destinatário o outro compromitente, nunca terceiros.

Só não será assim no caso de pessoas e empresas que se encontrem registadas num mesmo centro (de arbitragens de consumo, por exemplo) em que poderá então, caso assim se preveja no respectivo regulamento, celebrar-se a convenção entre elas mediante comunicação de cada uma (ou até só de uma, se a outra estiver obrigada a aceitar a *provocatio*) a esse centro.

Outro requisito mínimo da validade formal das convenções de arbitragem é, como explicitamente exigido por lei – também não faltava mais nada –, o de que das trocas de declarações de compromissos por meios de telecomunicações fique prova escrita.

Nº 3

3. Os requisitos das convenções celebradas electronicamente: observações

Reza este nº 3, de acordo com o art. 26º/1 do Decreto-Lei nº 7/2004 (de 7 de Janeiro) – que transpôs entre nós a Directiva 2000/31/CE do Parlamento e do Conselho (de 8 de Junho), sobre o comércio electrónico – que a exigência de forma escrita das convenções celebradas por esse meio "*está satisfeita quando conste de suporte [...] que ofereça as mesmas garantias de fidedignidade, inteligibilidade e conservação*" do que, subentende-se, as outras formas de sua celebração referidas no nº 2.

São exemplos desses suportes, di-lo a lei portuguesa, os de carácter electrónico, magnético ou óptico, isto é, quando tais convenções constem ou estejam vertidas em correio eletrónico ou documento guardado em disco rígido, em CD ou DVD, em *pen drive* ou até, mesmo, em sítios eletrónicos de armazenamento de dados (em nuvens ou *clouds*) – ainda que, por questões de fidedignidade ou segurança e para que a convenção possa ser apresentada em suporte papel, como convém ao tribunal arbitral, tais correios eletrónicos ou documentos sejam (ou tenham que ser) impressos.

Sem prejuízo, claro, de se poder convencionar que o processo seja e fique todo autuado electronicamente.

Curioso é que se associem a esses meios, entre outras, a garantia de *fidedignidade*, que supostamente as outras formas escritas de convenção assegurariam, quando a verdade é que uma sua parte significativa não garante, sequer (no caso típico dos telegramas e também dos telefaxes), como já vimos, que as respectivas declarações de compromisso provenham de quem se arvora ser seu autor.

Também é curioso o facto de se exigir genericamente das convenções electrónicas garantias de fidedignidade e de não se ter previsto especificamente que as mesmas deveriam conter a assinatura electrónica do seu autor, que, isso sim, constituiria uma garantia bem mais efectiva desse seu atributo.

Quanto à garantida de *inteligibilidade*, trata-se, como é bom de ver, de um requisito relativo ao conteúdo da convenção, muito mais do que à sua forma.

Nº 4

4. A remissão contratual para cláusulas compromissórias-tipo: requisitos de validade

Enquanto nos casos dos nºs 2 e 3 a convenção de arbitragem (portanto, o compromisso arbitral ou a cláusula compromissória) consta do ou dos próprios documentos das partes, a hipótese prevista neste nº 4 é a de, num contrato – escrito, claro, ou estaríamos perante uma convenção nula –, as partes remeterem a determinação do meio de resolução de litígios dele emergentes para um documento, escrito também, donde conste uma cláusula compromissória, vinculando-se assim a esta.

Não sendo hipótese única, nem de longe, a norma tem em vista sobretudo aqueles casos de contratos de adesão, de contratos *em massa*, em que se remete a resolução dos respectivos compromissos não propriamente para uma cláusula compromissória, como a lei refere –, desde logo, porque dela não consta a identificação da relação jurídica de raíz –, mas para um modelo ou cláusula-tipo que só fica perfeita, completa, com a sua integração no contrato.

É certamente por causa de hipóteses como essa que o legislador, admitindo a celebração de convenções de arbitragem por remissão contratual, condicionou a sua validade ou efectividade à observância do regime jurídico das cláusulas contratuais gerais, constante da Lei n.º 446/85, de 25 de Outubro (na sua redacção actual).

Podem também estar em causa, nessa ressalva do art. 2º/4 da LAV, limitações como as constantes dos arts. 7º, 8º/*d* e 21/*h* dessa lei.

Em consonância com isso, e para que não se suscitem dúvidas sobre a vontade real dos contraentes, este nº 4 do art. 2º da LAV exige que a mencionada remissão seja feita de maneira a que se considere tal cláusula como parte integrante do seu contrato – assinalando-se, embora o legislador não o refira explicitamente, que a *teleos* da norma só ficará assegurada se a apropriação da cláusula compromissória exterior ao contrato se fizer nele expressamente, melhor dizendo, de forma explícita.

Nº 5

5. O reconhecimento, no próprio processo arbitral, da existência prévia de qualquer espécie de convenção de arbitragem

Não é de uma peculiar forma escrita de convenção de arbitragem que se trata neste nº 5 do art. 2º da LAV, mas do *reconhecimento*, já no decurso da fase processual da arbitragem – para suprir, por exemplo, a falta de um documento perdido ou formalizar uma convenção que se tivesse estabelecido em termos equivocos –, de que tal *convenção* existia, existe mesmo, e que foi celebrada por escrito.

Resulta esse reconhecimento então de o demandante invocar na respectiva petição a existência de tal convenção e de o demandado, na contestação, ou confirmar explicitamente existir ela ou não negar a sua existência – entendendo-se, se negar apenas o conteúdo que lhe atribui o demandante, que a convenção subsiste na parte sobre que existe acordo (se puder subsistir validamente sem a parte negada, claro).

Para que se legitime por esta via a falta de apresentação de convenção de arbitragem escrita, é necessário, então,

- que a existência de uma convenção de arbitragem escrita (ou, mesmo, de uma convenção oral) e o seu conteúdo essencial – quanto ao objecto do litígio e à eventual existência de outros comprometentes – sejam invocados na petição;

- que o demandado não negue na contestação a existência de tal convenção, nem do seu conteúdo essencial (pelo menos quanto ao objecto do litígio).

Embora se trate de questão que não temos como líquida, parece dever admitir-se, por outro lado, que o acordo assim obtido num processo arbitral valha além dele próprio, de onde resultaria que então, se o processo cair por qualquer razão (por absolvição da instância, nomeadamente), tal convenção – mesmo nos casos de seu reconhecimento tácito – suporta, só por si, a instauração de um novo processo arbitral, perante os mesmos ou outros árbitros, não sendo necessário para tanto que, neste novo processo, ocorra também uma *"troca"* de petição e contestação em que se reconheça a existência de uma convenção.

Mas é solução que pede mais amadurecimento.

Duvidoso é igualmente que a convenção de que aqui se trata não se cinja apenas aos compromissos arbitrais, podendo consistir numa cláusula compromissória, com base em cujo reconhecimento num processo se possa depois recorrer sempre a árbitros para o julgamento de questões emergentes da mesma relação jurídica que deu origem ao litígio arbitral em que se tenha reconhecido expressa ou tacitamente, por esta via, a existência de tal convenção.

Aliás, a fórmula literal da lei não aponta nada para uma restrição do seu âmbito de aplicação, parecendo-nos ser ela e a *ratio* do preceito consentâneas com a natureza e o âmbito processual da cláusula compromissória.

6. *A configuração da hipótese legal e a sua eventual extensão a outras hipóteses (pré-)processuais*

O legislador cingiu a norma deste nº 5 à hipótese de o autor, o demandante, invocar na petição existir entre ele e o réu uma convenção que legitima o recurso (ao) e a competência do tribunal arbitral para decidir do feito que lhe submeteu.

É uma hipótese estranha, dir-se-ia. Então se as partes já designaram árbitros ou participaram na sua designação, como é natural, isso não envolve o reconhecimento da existência de uma convenção?

Não necessariamente, de facto. Nomeadamente, não envolve o reconhecimento de uma convenção válida.

Basta pensar na convenção que as partes hajam estabelecido de forma exclusivamente oral e que, sem uma qualquer formalização escrita prevista na lei, daria lugar à incompetência do tribunal (art. 18º/1).

Por outro lado, pode o documento onde se formalizava contextualmente a convenção ter-se perdido ou ter perecido, com a mesma consequência da sua nulidade ou inexistência, se tal falta não for suprida por esta via.

E até podem o ou os árbitros ter sido designados sem qualquer intervenção de uma das partes (em rigor, sem intervenção do réu ou demandado) – como o revela claramente, por exemplo, o art. 10º/4 da LAV –, donde a existência e constituição do tribunal arbitral poder ocorrer à revelia de um reconhecimento expresso ou tácito dela, e só na contestação, portanto, é que poderia eventualmente manifestar o seu acordo quanto à existência da convenção.

Mas então, perguntar-se-á, fora desse caso, quando há participação de ambas as partes na designação dos árbitros, não existe já aí reconhecimento da existência da convenção?

A resposta é negativa. E, desta vez, totalmente negativa.

É que, de acordo com o art. 18º/5 da LAV, o facto de uma parte ter participado no procedimento da designação dos árbitros *"não a priva do direito de arguir a incompetência do tribunal arbitral"* – solução que bem se compreende, e não só neste caso de incompetência do tribunal por inexistência de convenção de arbitragem, pois que o interesse em designar ou participar na designação de árbitros, e em ter um árbitro de sua confiança, existe mesmo para quem se propõe invocar essa excepção, seja para obter uma decisão de incompetência confiável seja, se o tribunal se achar competente, para obter uma decisão de fundo confiável também.

Em conclusão, quanto a este aspecto, a hipótese da lei parece-nos bem configurada.

No que respeita às restantes intervenções das partes no processo de constituição do tribunal arbitral e ao eventual efeito preclusivo que as mesmas possam ter na arguição de incompetência, remetemos o leitor interessado para o que diremos em comentário ao art. 18º/3.

Desde já se pergunta porém se, no caso de o processo arbitral admitir réplica – como acontecerá se se admitir a invocação de excepções ou a dedução de pedido reconvencional –, não seria de equiparar à hipótese da lei o facto de o réu invocar na contestação existir uma convenção de arbitragem diversa, claro, daquela com base na qual o autor formulou a sua pretensão inicial e de, na réplica, este último não negar ou reconhecer, até, a existência dessa diferente convenção.

A resposta que temos para essa hipótese – que nem parece muito inverosímil – é a de que ela cabe no *espírito* deste art. 2º/5, não se vendo razão para lhe dar resposta distinta da que a lei assacou à hipótese expressamente configurada na sua *letra*.

Nº 6

7. *A definição concreta do objecto do compromisso arbitral: requisitos*

A exigência de que, no *compromisso arbitral*, as partes determinem "*o objecto do litígio*" preenche-se enunciando aí o litígio que as opõe, o caso concreto ou a controvérsia jurídica a respeito da qual elas têm pretensões divergentes ou opostas, e em que se traduz tal divergência.

Como o compromisso arbitral versa sobre um "*litígio actual*" (art. 1º/3), como é um compromisso *ex post factum*, sobre um *factum* suscitado e já debatido entre as partes, ele pode ser definido por referência a uma questão ou controvérsia determinada, sabendo-se portanto, em concreto, a propósito do que litigam as partes: sobre o (in)cumprimento daquela prestação contratual ou sobre a medida do seu incumprimento, sobre a propriedade deste muro meeiro, sobre a co-autoria de uma dada descoberta científica, sobre a responsabilidade (pelos) e a medida dos sobrecustos causados ao empreiteiro de uma obra em virtude do encurtamento, pelo dono da obra, do prazo da sua execução.

Não basta, como resulta da própria distinção feita no preceito da lei, indicar em tal caso qual a relação jurídica a que o litígio respeita, nem isso é necessário, salvo, claro, na parte em que for necessário para identificação do litígio a que a convenção respeita.

Importa é que a disputa ou controvérsia objecto do litígio fique definida, ainda que de maneira não totalmente explícita e específica, mas de maneira a poder inferir-se em que consiste o facto ou a coisa a que uma das partes aspira e aquilo que a outra lhe nega.

8. *A especificação abstracta da relação jurídica que subjaz à cláusula compromissória: requisitos*

Diferentemente se passam as coisas no que respeita à *"especificação da relação jurídica"* que subjaz ou sobre que versa a cláusula *compromissória referida* na segunda parte do art. 1º/3 da LAV, estabelecendo-se o objecto dela antes de as partes entrarem em conflito sobre os direitos e deveres que lhes incumbem.

Não havendo conflito, é naturalmente por referência ou ao *facto jurídico* ou à *relação jurídica* de onde ele pode emergir que se determina qual o objecto da cláusula compromissória, tendo a lei optado, de entre essas duas, pela fórmula mais ampla, reportando-o à *relação jurídica* a ela subjacente.

E fê-lo de uma forma feliz, parece-nos, exigindo que se *especifique* a relação jurídica cujos litígios as partes querem ver submetidos ao julgamento de árbitros, seja porque a cláusula compromissória vai inserida no próprio acto ou contrato constitutivo dessa relação, seja porque, sendo a cláusula contextualizada autonomamente, a situação, o acto ou o contrato a que ela se reporta já gozam de individualidade material que permite serem eles especificados, isto é, *diferenciados de quaisquer outros*, por serem suficientemente individualizáveis – mesmo que ainda não estejam juridicamente formalizados como tais.

É claro que, depois, no seio dessa especificação mais ampla, os compromitentes podem reduzir o objecto da cláusula compromissória, cingindo-a a uma qualquer parcela da relação jurídica subjacente, cingi-la ou à interpretação ou à validade ou à execução ou à extinção do contrato, por exemplo, ou a alguns desses aspectos.

Artigo 3.º
Nulidade da convenção de arbitragem

É nula a convenção de arbitragem celebrada em violação do disposto nos artigos 1.º e 2.º

Fontes:

Art. 3º (adaptado) da LAV de 1986; arts. 1443 a 1448 da Lei francesa (NCPC); art. 807 do CPC italiano

Comentário:

1. *As causas de nulidade previstas e excluídas pelo art. 3º da LAV*
2. *Causas de nulidade da convenção não previstas no art. 3º da LAV*
3. *Análise das causas específicas de nulidade da convenção*
4. *O regime de conhecimento, arguição e impugnação das nulidades da convenção: remissões*

1. As causas de nulidade previstas e excluídas pelo art. 3º da LAV

O legislador não se preocupou em determinar quais das normas dos arts. 1º e 2º da LAV que, sendo violadas, geram a nulidade da convenção de arbitragem cominada neste seu art. 3º, deixando a tarefa, curialmente, para os juízes e os intérpretes.

Para nós, são irremediavelmente nulas – sem prejuízo da aplicação, aqui, também, dos princípios e regras em matéria de nulidade dos negócios jurídicos –, no regime da LAV, as convenções arbitrais que:
- tenham por objecto litígios ou questões contenciosas respeitantes a interesses de natureza não patrimonial insusceptíveis de transacção entre as partes;
- sejam celebradas pelo Estado e outros entes públicos em matérias administrativas que, de acordo com lei especial (art. 180º do CPTA), sejam insusceptíveis de arbitragem;
- não assumam forma escrita em qualquer das modalidades e segundo as exigências dos nºs 2 a 4 do art. 2º;

- em que não se determine ou especifique, com os requisitos de individualização exigidos, qual o objecto do litígio (sobre que versam) ou a relação jurídica da qual podem emergir litígios arbitráveis.

Não são nulas, por força do art. 3º da LAV – não obstante poderem conexionar-se com alguns dos preceitos dos seus arts. 1º e 2º – as convenções arbitrais que tenham um objecto diverso do previsto para os compromissos arbitrais ou cláusulas compromissórias no respectivo art. 1º/3, de acordo com o que se expôs em comentário a esse preceito

2. Causas de nulidade da convenção não previstas no art. 3º da LAV

Pode porém ser bem enganador este art. 3º, e a sua colocação.

Dispondo sobre os efeitos jurídicos da violação das regras relativas às convenções de arbitragem contidas nos arts. 1º e 2º da LAV – e associando a tal violação a consequência da nulidade jurídica da convenção –, sugerir-se-ia, assim, que, fora disso, inclusivamente nos casos de violação das regras do seu art. 4º, já não haveria mais causas de nulidade da convenção, até porque nenhuma outra norma há no diploma a dispor sobre a questão.

Ora, não é assim.

Não o é, desde logo, em relação às disposições do citado art. 4º – *maxime*, às do seu nº 2, sobre a forma escrita da revogação ou modificação da convenção de arbitragem.

Por outro lado, tem que aplicar-se à nulidade da convenção arbitral, além das referidas causas específicas dessa invalidade, também as que determinam a nulidade dos negócios jurídicos em geral – já o assinalava, entre outros, Raul Ventura, a propósito do art. 3º da LAV de 1986 –, considerando-se assim como tais, por exemplo, as convenções de objecto física ou juridicamente impossível e as que padeçam de ininteligibilidade (as outorgadas pessoalmente por pessoa incapaz para exercer os seus direitos são anuláveis nos termos previstos na lei civil).

E o mesmo pode dizer-se de uma convenção celebrada sobre coacção absoluta – que não há aí sequer vontade convencional –, igualmente se passando as coisas com a convenção celebrada em contradição com lei imperativa, com o seu espírito e fim (arts. 280º e 294º do CC), incluindo os casos em que as cláusulas ou estipulações arbitrais nelas contidas, e inseparáveis do resto da convenção, disponham contra normas imperativas da LAV, vigentes à data da celebração da convenção.

Imagine-se uma convenção onde se preveja que o tribunal arbitral deve ser constituído por 4 pessoas ou – embora neste caso se possa tratar de uma nulidade parcial – que não pode decidir sobre a existência e validade da convenção, com ofensa, respectivamente, da norma que determina ser ele integrado por juízes em número ímpar (art. 8º/1) ou da que lhe reconhece o poder de se pronunciar sobre a sua própria competência, ainda que com fundamento na inexistência ou invalidade da convenção (art. 8º/1).

Sem prejuízo de se tratar de proposições inquestionáveis, não nos parece insensato referir que, pelo menos, nalguns dos casos exemplificados, deveria constar expressa e adicionalmente deste art. 3º da LAV a indicação de se tratar de hipóteses de nulidade.

3. Análise das causas específicas de nulidade da convenção

Debruçando-nos primeiro sobre as causas de nulidade subsumíveis na letra do art. 3º

Diríamos então que a convenção de arbitragem que não seja outorgada por escrito numa das modalidades dos nºs 2 a 5 do art. 2º da LAV – porque as partes se entenderam oralmente, porque só uma delas se manifestou por escrito, tendo a outra respondido oralmente, ou porque a petição da acção (eventualmente, como se viu, a contestação excepcionante) é omissa quanto a isso –, sendo nula só por violação do art. 3º, é-o certamente por o legislador ter entendido que a forma escrita, embora facilitada, corresponde ao mínimo de dignidade e solenidade formal que um pacto privativo da natural jurisdição do Estado deve ter.

Quanto à convenção que disponha sobre litígio ou litígios considerados inarbitráveis pelo art. 1º da LAV, a sua nulidade resultaria inexoravelmente, ainda que não a previsse o respectivo art. 3º, de não estar na disponibilidade de quem quer que seja– salvo do legislador, claro – delimitar, pela positiva ou negativa, o âmbito da competência dos tribunais do Estado e dos arbitrais, nomeadamente retirando ao julgamento dos primeiros, para os atribuir aos segundos, litígios que a lei àqueles confiara a título exclusivo.

Quanto ao facto de também termos incluído entre as causas de nulidade da convenção de arbitragem do art. 3º a de o seu objecto versar sobre matéria ou questão jurídico-administrativa que o art. 180º do CPTA considere inarbitrável, resulta tal subsunção de estar aí em causa – como sucede com a convenção que incida sobre matéria inarbitrável *ex vi* art. 1º da LAV – uma privação não legitimada da competência dos tribunais administrativos, uma sua usurpação, que não pode deixar de considerar-se nula, como o confirma, de resto, o art. 280º/1 do Código Civil.

Quanto às convenções que não se conformem com os requisitos gerais da validade dos negócios jurídicos, além das celebradas sob coacção física, temos aquelas que sejam de objecto jurídica ou fisicamente impossível, que violem lei imperativa, que sejam de objecto indeterminável ou em que não se defina inteligível ou suficientemente o litígio ou a relação jurídica que constitui seu objecto – a ininteligibilidade de uma convenção jurídica, de qualquer acto ou contrato jurídico, aliás, dispõe-no esse mesmo art. 280º/1 do Código Civil, não pode deixar de gerar nulidade, pois não é o decurso do tempo nem a falta de sua impugnação que o tornam inteligível.

Em todos esses casos, dizia-se, o fundamento da respectiva nulidade é, pode dizer-se, irremediável, seja por não poder a convenção, por natureza, produzir efeitos, seja por não corresponderem a um acto de vontade, seja por implicarem uma violação do princípio da unidade do ordenamento jurídico, "legitimando" actos que ele considera insuprivelmente ilegítimos.

4. *O regime de conhecimento, arguição e impugnação das nulidades da convenção: remissões*

A nulidade da convenção de arbitragem a que se refere o art. 3º da LAV – incluindo dos casos que, não estando nele expressamente previstos, também cabem aí, nos termos vistos nos comentários anteriores

– gera a incompetência do tribunal arbitral, como o inculca logo o art. 18º/1 da LAV, sendo, como adiante se dirá, do conhecimento oficioso dele.

Deve portanto a eventual nulidade da convenção, até por uma questão de racionalidade, ser averiguada logo no início do processo arbitral, quando o tribunal se pronunciar sobre a sua própria competência para decidir do litígio em causa (art. 18º/1, *ibidem*), sem prejuízo de, não dispondo de elementos necessários para decidir seguramente da questão nesse momento, poder conhecer dela na própria sentença final (art. 18º/8).

Quanto ao regime da sua arguição pelas partes, se não ocorrer antes, deve ter lugar após a apresentação da (última) contestação por parte do(s) demandado(s), como resulta do disposto no nº 4 desse mesmo art. 18º, embora se admita a sua arguição posterior, prevê-o o respectivo nº 7, se o tribunal arbitral, perante requerimento fundamentado (e ouvida a parte contrária), entender ser justificado o incumprimento do respectivo prazo de arguição.

Por outro lado, é matéria do maior interesse prático averiguar se a falta de arguição tempestiva da nulidade da convenção de arbitragem no decurso do processo arbitral preclude a possibilidade de a mesma ser invocada, após a prolação da sentença final, como fundamento da impugnação desta, remetendo-se o leitor para o que sobre isso escrevemos em comentário ao citado art. 18º/4.

Artigo 4.º
Modificação, revogação e caducidade da convenção

1 – A convenção de arbitragem pode ser modificada pelas partes até à aceitação do primeiro árbitro ou, com o acordo de todos os árbitros, até à prolação da sentença arbitral.

2 – A convenção de arbitragem pode ser revogada pelas partes, até à prolação da sentença arbitral.

3 – O acordo das partes previsto nos números anteriores deve revestir a forma escrita, observando-se o disposto no artigo 2.º

4 – Salvo convenção em contrário, a morte ou extinção das partes não faz caducar a convenção de arbitragem nem extingue a instância arbitral.

Fontes:

Nº 2 – art. 2º/4 da LAV de 1986; Lei Peruana, art. 18.
Nº 4 – art. 4º/2 da LAV de 1986;Lei Inglesa, Section 8 (1)

Comentário:

1. *A livre e total modificabilidade consensual da convenção: fundamento e termo*
2. *A (i)modificabilidade da convenção após a aceitação do primeiro árbitro: dúvida sobre os seus requisitos legais*
3. *Âmbito da modificabilidade da convenção: casos e aspectos modificáveis. As modificações retroactivas*
4. *Revogação da convenção de arbitragem: requisito, modo e efeitos*
5. *A ressalva dos direitos "pessoais" dos árbitros*
6. *A forma do acordo de modificação e revogação*
7. *As modificações escritas ininteligíveis e contraditórias*
8. *A revogação escrita: menções necessárias, úteis e redundantes*
9. *Casos nominados de caducidade da convenção. Exclusão do caso da sucessão na posição arbitral do "de cujus"*
10. *Casos inominados de caducidade da convenção: a insuficiência económica superveniente*

Nº 1

1. *A livre e total modificabilidade consensual ou unilateral da convenção: fundamento e termo*

Traduzindo-se num acordo de vontades entre os comprometentes, fruto de uma faculdade processual que a lei lhes permite exercer livremente, é natural que as convenções arbitrais, esses acordos, portanto, possam ser totalmente modificados, de alto a baixo, por mútua vontade dos seus subscritores.

Mas qualquer um deles só pode fazê-lo, por si, no caso de assim ter sido expressamente previsto na própria convenção.

A sua livre modificabilidade consensual é um apanágio das convenções enquanto estas forem só "coisa" dos compromitentes, e isso, claro, não era sequer necessário este art. 4º/1 da LAV dizê-lo: o que releva no preceito é portanto o facto de se dispor até que momento é que as "coisas" se mantêm assim e a partir do qual os compromitentes deixam de gozar da faculdade de livre modificação consensual da convenção, passando a só poder fazê-lo desde que *"com o acordo de todos os árbitros"* – restrição de cujo significado já trataremos em comentário subsequente.

Há quem entenda, de resto, olhando à raiz consensual das convenções de arbitragem, que deveria ter-se permitido a sua livre modificabilidade a todo o tempo, considerando-se a limitação temporal do exercício dessa faculdade como uma intrusão abusiva da lei naquilo que deveria ser domínio exclusivo da vontade das partes.

Pensam alguns de nós, contudo, que não é o da autonomia da vontade o único valor ou interesse aqui em causa e que, a partir do momento em que as partes desencadeiam o processo arbitral, há outros valores ou interesses que devem ser ponderados, mesmo para além da protecção da confiança dos árbitros – que a lei valorizou, e bem, até para estimular os melhores para o exercício dessa função –, como seja o interesse da estabilidade da instância (comum aliás a todas as ordens de tribunais), a qual não pode estar a modificar-se, uma e mais vezes, a todo o momento, à vontade dos litigantes, sob pena de grande perturbação do processo e do tribunal arbitral e, derivadamente, dos tribunais estaduais quanto aos seus deveres de colaboração e controlo do processo arbitral.

Preferiu o legislador então admitir às partes a livre *revogação* da convenção a todo o tempo, de maneira a exigir-lhes uma ponderação equilibrada dos interesses em jogo, que só as leve a pôr em causa a convenção após o momento fixado neste nº 1 quando se trate de interesses tão ponderosos que tenham como preferível revogá-la do que continuar com um processo que afecta decisivamente interesses de ambas.

O momento a que a lei reportou essa perda de disponibilidade das partes relativamente à sua convenção – ou de uma delas, no caso de previsão expressa nesse sentido – foi o momento em que ela se tornou externamente (relevante e) vinculante, que é o da primeira aceitação de uma das pessoas designadas como árbitros. Ou da aceitação do árbitro único, claro.

Como aí já há interesses de terceiros a proteger e como – salvo circunstâncias especiais – o árbitro aceitante já está juridicamente vinculado à respectiva função (art. 12º/1) e as partes ou aquela que o designou já não podem retirar livremente a designação a que se procedeu (art. 13º/3), o legislador retirou-lhes, a partir desse momento, a faculdade de acordarem livre e totalmente na modificação da convenção.

2. A (i)modificabilidade da convenção após a aceitação do primeiro árbitro: dúvida sobre os seus requisitos legais

E, então, após a aceitação de um dos árbitros designados para o efeito, ou da aceitação do árbitro único, como se passam as coisas em matéria de modificabilidade consensual da convenção arbitral?

Dispõe o nº 1 deste art. 4º poder ela, *"com o acordo de todos os árbitros,* [ser modificada] *até à prolação da sentença arbitral"*.

Descartamos a hipótese do tribunal de árbitro único, por, em relação à mesma, a aplicação da disposição do art. 4º/1 da LAV não suscitar quaisquer dificuldades: só com o acordo dele, a convenção pode ser consensualmente modificada – remetendo-se a questão da medida da modificação para comentário subsequente.

E quanto à outra hipótese, deve entender-se que, após a aceitação do primeiro árbitro, a convenção pode ser modificada com o seu acordo? Ou se já tiver sido convidado o segundo árbitro, ou se este já tiver aceitado a designação, a resposta é que ela pode ser modificada com o acordo dos dois? E antes da aceitação do árbitro-presidente, tendo ele porém sido já convidado para o efeito, como se passam as coisas?

A resposta para tais questões pareceria ser a de que, após o momento da aceitação do primeiro árbitro, a modificação da convenção de arbitragem pelas partes é possível até à prolação da sentença (não até à sua notificação, note-se), mas a respectiva validade e eficácia ficaria dependente do "*acordo de todos os árbitros*" – não do tribunal, note-se (ver comentários ao art. 40º).

A solução é a mais segura no plano literal da aplicação do direito e aquela que corresponde à presunção legal (art. 9º/3 do Código Civil) de que o legislador soube exprimir adequadamente o seu pensamento, mas não é menos verdade que, do ponto de vista da *ratio* e da finalidade da lei, deixam de se tutelar assim interesses legítimos e bem relevantes das partes.

Como é, por exemplo, o caso de quererem alterar o processo de designação do terceiro árbitro, o árbitro presidente, e de não poderem fazê-lo sem o acordo dele próprio, obrigando-se assim a convidá-lo, a esperar pela aceitação da designação, a submeter-lhe a modificação pretendida, a esperar pelo seu acordo e – se este vier – a pagar-lhe os honorários que se mostrem devidos, para poder voltar-se atrás e proceder então à designação do árbitro-presidente nos termos pretendidos pelas partes.

Não se vê bem, efectivamente, por que razão, não estando o árbitro-presidente sequer convidado para o cargo, não haveriam as partes, com o acordo dos árbitros já comprometidos, de poder alterar a convenção de arbitragem – nem que fosse apenas quanto àqueles aspectos que brigam com o estatuto orgânico, funcional ou remuneratório desse terceiro árbitro, cujo acordo em tais aspectos poderá aliás estar condenado à partida por se porem em causa interesses próprios seus.

Será isso razão, deixa-se aqui a pergunta, para entender que, ao menos nesses casos, haverá uma lacuna da lei, a preencher de acordo com a regra da necessidade de acordo apenas dos árbitros já comprometidos?

3. *Âmbito da modificabilidade da convenção: casos e aspectos modificáveis. As modificações retroactivas*

A possibilidade de modificação da convenção de arbitragem, antes ou após a aceitação do primeiro árbitro, é restrita às convenções de partes, outorgadas pelos litigantes, já não – se admitidas (como acima aventámos) – em relação às que lhes são "dadas" por um terceiro *fundador* da relação jurídica em causa.

Quanto à modificação das normais convenções de arbitragem, na medida em que só às partes pertença a faculdade de modificação, ela é absoluta, sem limites ou reservas, que não seja a da exigência de forma escrita e da sua operatividade antes da emissão da sentença final.

Já não parece tão fácil estabelecer os limites à modificabilidade das convenções de parte nos casos em que isso está dependente do acordo dos árbitros já comprometidos, podendo ainda partir-se do princípio de que qualquer dos aspectos da convenção é susceptível de alteração, (com excepção, por exemplo, das regras relativas à designação, aceitação e recusa de árbitros), desde que daí não resulte uma modificação do conteúdo essencial dos respectivos elementos identificadores e, que não resulte portanto – em vez de um litígio (de um tribunal arbitral ou de um processo arbitral) reduzido, alargado ou alterado em relação ao inicialmente configurado – o julgamento de um outro litígio ou a instituição de um outro tribunal, que não os da convenção inicial.

Nessa ordem de ideias, devem considerar-se admissíveis modificações subjectivas das convenções que associem a uma ou outra parte (ou a ambas) novos litigantes – como sucede em certos casos de intervenções de terceiros (art. 36º) – ou, então, que levem à saída de qualquer uma em favor da entrada de outrem que não seja seu sucessor no direito ou relação controvertida, que, nesse caso, não há uma verdadeira alteração da convenção.

Quanto à modificação do objecto da convenção, no caso de *compromisso arbitral*, ela pode incidir sobre aspectos de facto ou de direito da situação ou controvérsia que o definiam, restringindo-os ou desenvolvendo-os, dando lugar a uma extensão, uma redução ou até uma diferente configuração da controvérsia inicial.

Tratando-se de uma *cláusula compromissória*, a sua modificação pode resultar da extensão, da redução ou da reconfiguração da respectiva relação jurídica.

Para além disso, deve ponderar-se também a possibilidade de modificação daqueles aspectos da convenção de arbitragem que se repercutiriam sobre actos já praticados ou fases já decorridas do processo de constituição do tribunal arbitral ou do julgamento do litígio – com eventuais consequências, ainda, sobre tudo o que tenha decorrido a partir daí. Podem, por exemplo, as partes chegar à conclusão de que o facto de terem vedado a utilização da prova testemunhal prejudicou a possibilidade de demonstrarem pontos fundamentais das respectivas versões litigiosas, perguntando-se se elas podem, então, concluída a fase de prova ou proferida a decisão sobre a matéria de facto, modificar a convenção com o acordo dos árbitros no sentido de se permitir o recurso a qualquer meio probatório admitido em Direito.

Responde-se afirmativamente.

É evidente que isso fará com que demore mais a tramitação do processo, que se inutilizem alguns actos anteriores e haja que praticar outros novos, que se esgote até o prazo fixado na convenção para que se proferisse a decisão arbitral e que os árbitros tenham que trabalhar bem mais do que aquilo a que a convenção inicial os obrigaria. Como, porém, tudo isso pode ser acautelado pela faculdade que é legalmente conferida aos árbitros de darem, ou não, o seu acordo à modificação da convenção, condicionando-o, por hipótese, à adopção de modificações que contemplem também aqueles aspectos, não votaríamos contra a admissibilidade de "modificações retroactivas".

Nº 2

4. Revogação da convenção de arbitragem: requisito, modo e efeitos

As partes podem, por mútuo acordo, como resulta deste nº 2, revogar a convenção de arbitragem antes ou depois da constituição do tribunal arbitral (depois da aceitação do primeiro árbitro, se se preferir), "*até à prolação da sentença arbitral*", melhor, da decisão que ponha termo ao respectivo processo.

A revogação da convenção resultará sempre de decisão expressa nesse sentido, sem outro efeito que não o da supressão dela da ordem jurídica, não havendo aqui lugar à revogação tácita, por substituição da convenção existente por outra nova, caso em que estaríamos antes perante uma *modificação* dela, legal ou ilegal, nos termos vistos a propósito do nº 1.

Na revogação da convenção, ao contrário do que vimos suceder com essa outra hipótese, a lei – sem prejuízo do que se diz no comentário subsequente – não atendeu aos interesses dos árbitros já comprometidos, permitindo que as partes façam cair o processo, na totalidade, em todos os seus actos e fases, por simples vontade sua, à revelia de qualquer pressuposto, nomeadamente sem dependência do assentimento dos referidos árbitros.

E podem as partes fazê-lo até que a sentença arbitral seja prolatada – isto é, até que seja proferida e assinada, mas já não portanto depois disso, até ao momento da sua notificação – ou até, faltando essa sentença, que o tribunal ordene o encerramento do processo arbitral (art. 44º).

5. A ressalva dos direitos pessoais dos árbitros

A revogação da convenção de arbitragem após a aceitação de um, dois ou de todos os árbitros, consoante a solução por que atrás se optou, faz-se com ressalva dos direitos que na mesma lhes eram outorgados – se aí se dispusesse sobre tal matéria –, nomeadamente os direitos de carácter remuneratório e os respeitantes ao custeamento das suas despesas, devendo ser devolvidos às partes, se estas tiverem sido chamadas a fazer *preparos*, os valores porventura sobrantes após pagamento dos honorários e despesas que se mostrem devidos.

Se da convenção de arbitragem ou de acordo posterior com os árbitros não constar qualquer estipulação que disponha directa ou remissivamente sobre isso, os direitos a respeitar, como melhor se verá em comentário ao art. 17º, são os fixados pelos próprios árbitros – eventualmente, por remissão para os *usos* do respectivo "mercado" de arbitragem (por exemplo, para as tabelas de honorários e despesas de centros institucionalizados de arbitragem) –, sem prejuízo de as partes poderem requerer ao tribunal estadual que reduza os montantes dos honorários, despesas e preparos assim fixados.

A questão pressupõe também que tais valores sejam calculados, pelo menos, em função do trabalho efectivo que os árbitros executaram – aqui, portanto, em função da fase em que a revogação da convenção de arbitragem e o pedido de se pôr termo ao processo lhes foi comunicada –, o que pode levar a pagar-lhes, desde os honorários na totalidade, se já se tivesse começado a redigir a sentença final até uma verba correspondente apenas ao início do processo (se já houvesse aceitação do cargo ou estivesse o tribunal arbitral constituído), passando por uma verba equitativamente determinada em função do trabalho despendido nas fases já decorridas, se não se estivesse nem no início nem no termo do processo arbitral.

E se, porventura, alguns árbitros, que não o presidente, não tivessem tido ainda qualquer intervenção relevante no processo, por não se ter chegado à fase de produção da prova oral, cabendo a condução do processo até aí apenas ao árbitro-presidente, devem eles ser remunerados em função da percentagem prevista dos honorários a pagar a este, se for esse o critério fixado da sua remuneração? Ou serem remunerados *forfait* ou de acordo com qualquer outro critério que se tenha adoptado para o efeito?

Entendemos que, a existirem divergências sobre o assunto – o que nem será assim muito frequente, sendo os árbitros remunerados numa base de relativa confiança com quem os designou –, devem eles ser remunerados sempre em função do critério que houver sido fixado, eventualmente em função da percentagem dos honorários devidos ao árbitro-presidente, sem prejuízo das exigências da proibição do *abuso de direito* ou da *alteração de circunstâncias*.

Nº 3

6. A forma do acordo de modificação e revogação

O nº 3 do art. 4º da LAV manda aplicar ao acordo entre compromitentes para alteração ou revogação da convenção de arbitragem – e pelas mesmas razões – o disposto no art. 2º quanto à exigência de forma escrita da própria convenção.

Devendo o leitor remeter-se para o que a esse propósito escrevemos.

7. As modificações escritas ininteligíveis e contraditórias

No documento de alteração da convenção deve indicar-se expressamente quais os aspectos seus (ou dos documentos para que nela se remeta) que são modificados e qual o sentido e/ou a medida da modificação.

Se alguma dessas menções for inaplicável por ininteligibilidade, deve ela considerar-se nula – sem que daí resulte porém a invalidade das outras alterações dela cindíveis, havendo lugar, se se derem por preenchidos os respectivos pressupostos, à aplicação da teoria da redução dos negócios jurídicos parcialmente inválidos.

Quanto à hipótese de a nova versão entrar em contradição com cláusulas inalteradas da convenção inicial, duvida-se se a solução preferível é a *(i)* de considerar prevalecente aquilo que parece ser a nova vontade dos compromitentes, *(ii)* a de considerar ineficaz a alteração contraditória ou *(iii)* a de considerar inválidas umas e outras cláusulas.

A solução correcta dependerá, parece-nos, do que nos disserem as alterações introduzidas (ou os seus considerandos) sobre a vontade real ou hipotética dos compromitentes a tal propósito. Se nada se puder deduzir daí, optaríamos pelo entendimento mais consentâneo com os princípios dominantes em matéria de interpretação e sucessão das declarações negociais, nomeadamente com as regras do art. 236º e 406º do Código Civil, considerando-se prevalecente a vontade ultimamente manifestada.

8. A revogação escrita: menções necessárias, úteis e redundantes

Já atrás se sugeriu que a revogação da convenção arbitral é uma revogação pura e simples, constando portanto do respectivo acordo escrito, necessariamente, apenas a declaração mútua de revogação, sendo quaisquer outras referências que aí porventura se incluam – como a respeitante à cessação de funções do tribunal arbitral e ao termo do processo arbitral – redundâncias que não prejudicam o disposto na lei a tal propósito.

As únicas menções que podem constar utilmente do acordo escrito de revogação são:
- a respeitante ao eventual aproveitamento de qualquer acto praticado ou efeito produzido no processo arbitral (inclusivamente, os da designação dos árbitros para actuarem em subsequente processo arbitral);
- a respeitante aos direitos (remuneratórios e similares) reconhecidos aos árbitros e cuja eficácia fica obviamente dependente do acordo deles quanto ao que aí se lhes reconheça.

Nº 4

9. Casos nominados de caducidade da convenção. Exclusão do caso da sucessão na posição arbitral do "de cujus"

É mero reflexo de uma regra contratual ou negocial a de que os acordos que as partes estabeleçam quanto ao exercício dos seus direitos e deveres recíprocos em matéria disponível – como é o caso da matéria das convenções arbitrais em relação aos litígios arbitráveis – se transmitem àqueles que lhes sucedam nesses direitos e deveres.

Do mesmo modo que, no caso de as partes numa relação jurídica estipularem caber a um terceiro (ao Instituto Nacional de Estatística, por exemplo) a fixação do índice de variação da prestação pecuniária que uma delas deve anualmente à outra, essa estipulação continua a vincular o sucessor daquela que falecer ou a quem haja sido cedida a respectiva posição contratual.

Salvo convenção em contrário, como é óbvio.

Significa tudo isto que as convenções de arbitragem não caducam por morte ou extinção dos litigantes, nem isso implica a extinção da instância arbitral.

Mas há na LAV casos nominados de caducidade da convenção – como sucede com a hipótese prevista do seu art. 43º/3, de exaustão do prazo para proferir e notificar a sentença arbitral – e há-os também inominados, que é o caso referido no comentário subsequente.

10. Casos inominados de caducidade da convenção: a insuficiência económica superveniente

Já no domínio da LAV de 1986 se perguntava qual seria a consequência para a constituição e funcionamento do tribunal arbitral da insuficiência económica superveniente de uma das partes, que a impossibilitasse de suportar os encargos em que viria incorrer, o que redunda em interrogarmo-nos sobre se o processo arbitral caduca ou não por esse facto.

É uma matéria, essa, da insuficiência económica superveniente de uma das partes em processo arbitral na avaliação da qual seguimos de perto a lição de Pereira Barrocas (*Manual de Arbitragem*, Almedina, 2010, pp. 233 e ss.).

Dado que não existe apoio judiciário (nem regime a ele semelhante) no domínio da arbitragem, e tendo em conta que a titularidade do exercício da função jurisdicional não abandona nunca a esfera estatal seria já intuitivo que, verificadas essas circunstâncias, a apreciação destes litígios coubesse aos tribunais estaduais.

Foi, efectivamente, a solução perfilhada pela jurisprudência.

Num primeiro momento, houve uma transposição da ideia subjacente ao regime da impossibilidade objectiva do art. 790º do CC, de acordo com a qual a obrigação – neste caso de recorrer à arbitragem – se extinguiria, já que a causa da impossibilidade do seu cumprimento não era imputável ao devedor. Contudo, quando chamado a pronunciar-se sobre a questão, o Tribunal Constitucional (cfr. Acórdão de 30 de Maio de 2008, p. 753/07, disponível em www.tribunalconstitucional.pt) foi mais longe, e operando uma ponderação entre o interesse legítimo da parte contrária na realização da arbitragem, em cumprimento do estabelecido na convenção, e a tutela jurisdicional efectiva que, à luz do art. 20º da CRP, a ninguém pode ser negada, nomeadamente, por insuficiência económica, decidiu pela prevalência do segundo valor, determinando que o tribunal judicial reassumisse a competência para decidir.

Assim sendo, considerou inconstitucional a norma do então art. 494º, alínea *j)*, do CPC, quando interpretada no sentido de a excepção de violação da convenção de arbitragem ser oponível à parte em relação à qual se verifica a *difficultas praestandi*.

Assente nesses fundamentos, a solução só terá aplicação, contudo, mediante a verificação dos pressupostos que a justificam.

São eles:

i) uma situação de insuficiência económica para fazer face à arbitragem, comprovada mediante um juízo de prognose dos encargos que dela decorrerão;

ii) a invocação dessa situação (perante o tribunal estadual caso a parte afectada seja a demandante ou por parte da parte demandada junto do tribunal arbitral) e *iii)* a superveniência dessa situação em relação ao momento de celebração da convenção de arbitragem, ainda que por mero agravamento de uma dificuldade que já se adivinhava.

O Tribunal Constitucional avançou ainda com dois critérios que embora sejam indícios fortes a seu favor, não serão, a nosso ver – em posição semelhante à de Pereira Barrocas (*Manual de Arbitragem*, Almedina, 2010, pp. 233 e ss) – *conditio sine qua non* para a comprovação de tal situação. São eles o de tal situação ser subsumível nos pressupostos do apoio judiciário, caso ocorresse perante um tribunal estadual, e o caso mais impressivo, mas não tão raro como se julgaria, de ter sido a conduta objecto do litígio a causadora do empobrecimento que a parte veio a sofrer.

Em relação às pessoas colectivas, não podemos deixar de referir a disciplina do art. 87º do CIRE que determina como efeito processual a suspensão da eficácia das convenções arbitrais – não por razões financeiras, mas sobretudo por força do princípio da igualdade de tratamento de credores –, sem afectar contudo os processos arbitrais já em curso.

Artigo 5.º
Efeito negativo da convenção de arbitragem

1 – O tribunal estadual no qual seja proposta acção relativa a uma questão abrangida por uma convenção de arbitragem deve, a requerimento do réu deduzido até ao momento em que este apresentar o seu primeiro articulado sobre o fundo da causa, absolvê-lo da instância, a menos que verifique que, manifestamente, a convenção de arbitragem é nula, é ou se tornou ineficaz ou é inexequível.

2 – No caso previsto no número anterior, o processo arbitral pode ser iniciado ou prosseguir, e pode ser nele proferida uma sentença, enquanto a questão estiver pendente no tribunal estadual.

3 – O processo arbitral cessa e a sentença nele proferida deixa de produzir efeitos, logo que um tribunal estadual considere, mediante decisão transitada em julgado, que o tribunal arbitral é incompetente para julgar o litígio que lhe foi submetido, quer tal decisão seja proferida na acção referida no n.º 1 do presente artigo, quer seja proferida ao abrigo do disposto no n.º 9 do artigo 18.º, e nas subalíneas i) e iii) da alínea a) do n.º 3 do artigo 46.º

4 – As questões da nulidade, ineficácia e inexequibilidade de uma convenção de arbitragem não podem ser discutidas autonomamente em acção de simples apreciação proposta em tribunal estadual nem em procedimento cautelar instaurado perante o mesmo tribunal, que tenha como finalidade impedir a constituição ou o funcionamento de um tribunal arbitral.

Fontes:

Nº 1 – Convenção de Nova Iorque de 1958, sobre o Reconhecimento e Execução de Sentenças Arbitrais Estrangeiras, artigo II (3). (1); Lei-Modelo da Uncitral, art. 8º; Lei Alemã (ZPO), § 1032 (1); Lei Espanhola, art. 11º/1, Lei Suíça, art. 4º; art. 1448º da Lei Francesa (NCPC)

Nº 2 – Lei-Modelo da Uncitral, art. 8º/2; Lei Alemã (*ZPO*), § 1032 (3); Lei Espanhola, art. 11º/2

Comentário:

1. *A face e o verso dos efeitos jurisdicionais da convençãode arbitragem: efeitos positivo atributivo e negativo preclusivo e a necessidade da sua conciliação*
2. *A operatividade do efeito negativo: o regime da absolvição da instância judicial estadual suscitada em requerimento autónomo do respectivo réu*
3. *A formulação do pedido de absolvição da instância judicial estadual na contestação do respectivo réu: regime e ónus de arguição*
4. *A manifesta inexistência, nulidade, ineficácia ou inexequibilidade da convenção arbitral preclusivas dos seus efeitos positivo e negativo: remissão*
5. *A inexistência de efeito litispendente da instauração da acção judicial sobre a acção arbitral paralela, e vice-versa*
6. *A preclusão dos efeitos positivo e negativo da convenção arbitral por fora de decisão judicial transitada sobre a incompetência convencional do tribunal arbitral*
7. *A cessação do processo arbitral ou a extinção de efeitos da respectiva sentençapor força da decisão judicial de incompetência do tribunal arbitral*
8. *A incompetência dos tribunais do Estado para as acções de simples apreciação da (in)existência, (in)validade (etc.) da convenção de arbitragem: âmbito de aplicação*

Nº 1

1. *A face e o verso dos efeitos jurisdicionais da convençãode arbitragem: efeitos positivo atributivo e negativo preclusivo e a necessidade da sua conciliação*

O reverso do *efeito positivo* da convenção de arbitragem – o qual consiste, já se viu, em comentário ao art. 1º, na atribuição a árbitros da competência para o julgamento de um litígio (ou para a fixação do sentido de determinado facto ou posição jurídica) –, o reverso disso, o seu *efeito negativo*, para nós, consiste em retirar ao tribunal do Estado a quem uma causa estivesse legalmente confiada a competência para dela conhecer e decidir.

Não se trata pois de coisas, de realidades, distintas, esses dois efeitos da convenção, mas de duas faces da mesma realidade, de a olhar na sua face visível, digamos assim – que essa tem de vir lá expressa – e, depois, mirá-la do outro lado, na sua face escura ou invisível, que não vem lá reflectida, embora seja juridicamente tão nítida quanto aquela.

Como porém se trata de efeitos que não operam apenas no universo abstracto e perfeito da dogmática jurídica, mas de efeitos praticamente operativos no mundo jurídico, é necessário garantir que eles actuem simultaneamente, ou quási, de maneira a que o recurso ao tribunal arbitral, o *efeito positivo* da convenção, não seja atrasado ou prejudicado por um reconhecimento ou operatividade tardios do seu *efeito negativo*: que era o que sucederia se, por exemplo, a rejeição da acção proposta em tribunal estatal – que um dos compromitentes (desprevenida ou, mesmo, dolosamente) accionasse – demorasse aí tanto que fizesse com que a instauração ou prosseguimento da acção arbitral já tivesse perdido (uma grande parte de) o seu interesse.

Para prevenir uma inutilização despropositada ou, mesmo, perversa do processo judicial, a LAV adoptou então duas medidas.

2. *A operatividade do efeito negativo: o regime da absolvição da instância judicial estadual suscitada em requerimento autónomo do respectivo réu*

A primeira dessas medidas, a deste nº 1, consiste em permitir que o compromitente accionado como réu perante um tribunal do Estado, antes mesmo de apresentar a sua contestação, e sem necessidade de o fazer (embora sob seu próprio risco, claro), requeira ao respectivo juiz que o absolva da instância com fundamento na existência da convenção arbitral – com fundamento, portanto, na incompetência do tribunal estadual para conhecer do *feito* que se lhe submeteu.

Apresentado o requerimento, o tribunal estadual, depois de ouvida a outra parte, confrontando a convenção arbitral e o pedido que lhe foi formulado, absolverá o réu da instância, presumindo a validade e eficácia da convenção, salvo no caso de *"manifestamente"* – isto é, sem necessidade de uma cuidadosa averiguação – ela mostrar ser *"nula"*, ter-se tornado *"ineficaz"* ou ser *"inexequível"*.

É uma pequenina entorse ao princípio de que o tribunal arbitral é (o primeiro) "senhor" da sua competência, de que ele é competente para decidir da sua própria competência – correspondente à regra denominada *competência da competência* –, entorse que, todavia, além de só versar sobre casos de manifesta ou indisfarçável incompetência do tribunal arbitral, tem em vista precisamente garantir que será ele a decidir se a convenção o arvora em tribunal competente para conhecer da causa.

3. *A formulação do pedido de absolvição da instância judicial estadual na contestação do respectivo réu: regime e ónus de arguição*

A característica processualmente mais saliente do regime deste nº 1 é, como vimos, a de se permitir ao réu que argua a incompetência do tribunal do Estado em requerimento autónomo da contestação, "*até ao momento em que apresentar o seu primeiro articulado*", como lá se diz.

O que redunda, também, em o juiz desse tribunal dever pôr logo em marcha, sem necessidade de esperar pelo termo dos articulados, o incidente de verificação da sua incompetência.

Note-se que o facto de o réu não apresentar para tal efeito o requerimento autónomo previsto neste nº 1 não significa que se lhe retire o direito genérico de suscitar na respectiva contestação a *questão prévia* da incompetência do tribunal estadual, como sucede com qualquer outra questão dessas.

Só que, quando tal questão for suscitada na contestação, e já não em requerimento autónomo que a anteceda, o respectivo julgamento segue os trâmites normais do conhecimento das excepções dilatórias, não sendo decidida imediatamente, num incidente *a se*, como aqui acontece.

É uma solução pouco sã e dificilmente explicável, mas resulta de a lei só ter previsto que o tribunal estadual agisse em sua conformidade "*a requerimento do réu deduzido até ao momento em que este apresentar o seu primeiro articulado sobre o fundo da causa*", sugerindo, pelo menos, que se trataria sempre de um requerimento autónomo, como também que a sua apresentação precederia a apresentação de contestação. Não nos repugna, de todo, porém, que se faça da norma da lei uma interpretação ajustada, como se lá estivesse escrito "*a pedido do réu [...] dentro do prazo da contestação*".

Note-se finalmente que, hoje em dia, em virtude da disposição do art. 96º do novo CPC – que subtraiu ao poder de conhecimento oficioso, por parte dos tribunais cíveis, os casos de sua incompetência absoluta derivada da preterição de tribunal arbitral –, a arguição dessa incompetência prevista neste art. 5º/1 da LAV já não é mais uma faculdade do réu, mas um verdadeiro ónus seu.

4. *A manifesta inexistência, nulidade, ineficácia ou inexequibilidade da convenção arbitral preclusivas dos seus efeitos positivo e negativo: remissão*

Já se viu que só em caso de *manifesta* nulidade, ineficácia ou inexequibilidade da convenção arbitral – hipóteses a que acrescentaríamos a da sua inexistência – é que o tribunal do Estado pode decidir pela continuidade da respectiva instância judicial, recusando (declarar-se incompetente e) absolver dela o réu, arredando assim o potencial efeito negativo.

Quanto à hipótese da *inexistência* da convenção – de, por exemplo, se invocar a existência da mesma na petição da acção arbitral, sem que o abone qualquer documento ou facto verosímil, e o demandado negar existir tal convenção –, é evidente tratar-se de categoria específica, não enquadrável em qualquer das outras três, que todas elas se reportam a hipóteses em que existe uma convecção (ainda que oral), mas juridicamente impotente.

Sobre a *nulidade* da convenção, já nos pronunciámos em comentário ao precedente art. 3º.

Quanto às deficiências geradoras da sua *ineficácia* e *inexequibilidade*, correspondem elas às categorias respectivas da teoria geral, em que se enquadram a generalidade dos actos jurídicos.

Nº 2

5. *A inexistência de efeito litispendente da instauração da acção judicial sobre a acção arbitral paralela, e vice-versa*

A segunda medida adoptada pela LAV, como reflexo do efeito negativo da convenção de arbitragem, evitando que o recurso ao tribunal do Estado indevidamente accionado (com preterição da jurisdição arbitralmente convencionada) prejudique o início e desenrolar do processo arbitral e, consequentemente, a plena utilidade da respectiva decisão, consta deste nº 2.

Consiste ela no facto de o compromitente que haja sido citado para uma acção contra si instaurada em tribunal estadual (ao abrigo do nº 1) não estar impedido, mesmo que o respectivo processo judicial ainda esteja em curso, de instaurar e (ou) de fazer prosseguir, perante o tribunal arbitral previsto na sua convenção, um processo incidindo sobre o mesmo litígio – de pedido inverso, claro.

O tribunal arbitral constituir-se-á e fará tramitar o processo arbitral até ao seu termo, proferindo a respectiva sentença, sem se preocupar (desde que se tenha considerado competente para o julgamento da causa, claro) com o que se passa no tribunal do Estado a tal propósito .

Assim, a propositura em tribunal estadual de uma acção correspondente a um litígio abrangido por convenção de arbitragem, por um compromitente que "esqueceu" (dolosamente ou não) a existência da convenção ou que alega ser a mesma manifestamente nula, ineficaz ou inexequível, não terá consequências litispendentes sobre tramitação de um processo arbitral que porventura tenha sido instaurado já na pendência do processo judicial.

E vice-versa, diga-se, no caso de o tribunal estadual accionado do mesmo passo, pela outra parte, entender que a convenção que o réu perante si demandado apresenta padece de manifesta nulidade, ineficácia ou inexequibilidade, pelo que fará seguir o respectivo processo paralelamente ao arbitral.

Mais uma nota para chamar a atenção para o facto de, pese o disposto neste art. 5º/2, o tribunal arbitral (embora possam subsistir aqui problemas com o prazo da sentença) poder ordenar a suspensão do processo que perante si corre, como no processo judicial também o podem fazer as partes por mútuo acordo, nos termos, hoje, do art. 269º do novo CPC.

Nº 3

6. A preclusão dos efeitos positivo e negativo da convenção arbitral por força de decisão judicial transitada sobre a incompetência convencional do tribunal arbitral

A prevalência reconhecida nos nºs 1 e 2 deste art. 5º da LAV ao tribunal e processo arbitral face ao tribunal e processo judicial não é total ou absoluta, como aliás aquele nº 1 já indiciava.

Este nº 3 vem reforçar essa sugestão, dispondo que o processo arbitral encetado e a sentença nele eventualmente já proferida cessam seus termos e efeitos no caso de o tribunal estadual que houvesse sido accionado para julgar o mesmo litígio – ou um mais amplo (ou restrito) que abarcasse o (ou parte do) que faz objecto da convenção – decida com trânsito em julgado *"que o tribunal arbitral é incompetente para julgar o litígio que lhe foi submetido"*.

Melhor dizendo, decida que a convenção de arbitragem é inexistente, nula, etc. – resultando daí, consequentemente, ficar o tribunal arbitral carecido de competência para aquele julgamento.

O legislador deu-se mesmo ao cuidado de enumerar os casos em que pode sobrevir essa decisão do tribunal do Estado que faz cessar o processo arbitral e os efeitos da sentença por ele proferida, a começar logo pela situação do nº 1 deste art. 5º – ou seja, de ter sido proposta em tribunal estadual, por um dos comprometentes, uma acção tendo por objecto o litígio supostamente sujeito a arbitragem e o tribunal assim accionado, entendendo que a convenção é manifestamente nula, ineficaz ou inexequível, mandar a acção perante si instaurada prosseguir seus termos.

Ocorrendo isso – e se, por força do disposto no nº 2, o processo arbitral também tivesse avançado e chegado à prolação da sentença final –, no caso de o tribunal estadual vir a julgar improcedente, por decisão transitada em julgado, a excepção que perante si se deduzira sobre a sua própria incompetência para julgar o litígio supostamente abrangido por aquela convenção, a respectiva decisão prevaleceria sobre as que, de forma ou de fundo, o tribunal arbitral tenha proferido em sentido diverso.

Isto é, perante a decisão transitada de um tribunal do Estado em que se decide (ou que se baseia em) ser inexistente, nula, ineficaz ou inexequível uma convenção de arbitragem, os mencionados efeitos positivo e negativo dela desta esboroam-se por completo.

Prevalência que se explica, na lógica do sistema, pelo facto de a consistência e subsistência de uma decisão arbitral sobre o fundo da causa ou sobre a própria competência do tribunal arbitral estar sempre sujeita ao veredicto dos tribunais do Estado, por poder instaurar-se junto deles, ao abrigo do art. 46º da LAV, *acção de anulação* de tais decisões com fundamento na inexistência ou invalidade da convenção (ou na sua ineficácia ou inexequibilidade).

As outras situações legais de preclusão dos efeitos da convenção, para além da reportada ao nº 1 deste art. 5º, correspondem precisamente às hipóteses previstas no art. 18º/9 e nas subalíneas *i)* e *iii* da alínea *a)* do art. 46º/3 ambos da LAV.

7. *A cessação do processo arbitral ou extinção de efeitos da respectiva sentença, totais ou parciais, pela decisão judicial de incompetência do tribunal arbitral no tempo e no conteúdo*

Algumas notas há para destacar a propósito de aspectos contemplados neste art. 5º/3 da LAV.

A primeira respeita ao facto de a sentença que haja sido indevidamente proferida em tribunal arbitral "*deixa*[r] *de produzir efei*tos" com o trânsito em julgado da decisão do tribunal estadual sobre a inexistência e nulidade da convenção de arbitragem e consequentemente sobre a falta de competência dos árbitros para emitirem tal sentença. É que a fórmula usada pela lei não esclarece se se mantêm os efeitos já produzidos pela sentença arbitral, deixando esta de os produzir apenas para futuro, ou se também se extinguem aqueles produzidos no passado.

Sendo a resposta correcta, naturalmente, esta última, há no entanto que rejeitar uma visão estritamente académica da questão pelo facto de poder haver efeitos da sentença arbitral já consolidados há dezenas de anos, que só com base em soluções de equidade poderiam agora ser revistos.

Ou então põe-se o Estado a responder pelos prejuízos causados pela demora na realização da "sua" Justiça.

Outro aspecto a salientar respeita à identidade do objecto dos litígios pendentes no tribunal "das partes" e no do Estado: pode tratar-se exactamente do mesmo objecto – embora visto num dos processos sob a perspectiva de uma das partes, no outro sob a perspectiva da contraparte –, como pode também a decisão judicial sobre a nulidade da convenção ser proferida num processo de objecto mais ou menos extenso do que aquele que corre seus termos em tribunal arbitral ou que foi aí decidido por sentença final.

No primeiro desses casos, de objecto judicial concêntrico mas mais extenso que o arbitral, o processo e a sentença deste extinguem-se na totalidade, naturalmente; caso contrário, só se extinguem parcialmente, nos aspectos que sejam consumidos pela decisão do tribunal do Estado sobre a nulidade da convenção arbitral e a incompetência do tribunal arbitral.

Nº 4

8. *A incompetência dos tribunais do Estado para as acções de simples apreciação da (in)existência, (in)validade (etc.) da convenção de arbitragem: âmbito de aplicação*

Um último reflexo do *efeito negativo* da convenção de arbitragem consiste, como aqui se dispõe, em não se permitir a propositura em qualquer tribunal do Estado de uma *acção de mera declaração* tendo por objecto a simples apreciação da inexistência, da nulidade, da ineficácia ou da inexequibilidade de uma convenção arbitral – ou, é o mesmo, da sua existência, validade, eficácia e exequibilidade –, nem se admitir igualmente que se requeira aí uma *providência cautelar* tendo por escopo impedir a constituição ou funcionamento do tribunal arbitral.

E isso porque, com algumas entorses já referidas, o juiz da competência do tribunal arbitral, em primeira mão, é sempre o próprio tribunal arbitral – como, aliás, acontece com a competência de qualquer outro tribunal, de acordo com a regra da *competência da competência* (ou, eruditamente, da *kompetenz-kompetenz*) – e as decisões em causa aqui proibidas envolverem, se se admitissem, uma primeira decisão de um tribunal do Estado especialmente votada ao julgamento de questões ligadas de maneira directa com a competência do tribunal arbitral.

Esta proibição da adopção de *anti-arbitration injunctions* assume aqui porém um carácter mais marcado do que aquele de que elas se revestiam noutras disposições do art. 5º, por isso que a proibição deste nº 4 incide sobre as próprias acções cujo objecto consiste precisamente em um tribunal estadual avaliar directa e especificamente, principal ou cautelarmente – à revelia do processo de impugnação de decisão arbitral regulado no art. 46º da LAV –, da inexistência, nulidade, ineficácia ou inexequibilidade da convenção de arbitragem.

São questões, estas, que, como se diz no preceito, "*não podem ser discutidas autonomamente*" nas referidas acções de simples apreciação ou em procedimentos cautelares que visem impedir a constituição ou funcionamento do tribunal arbitral – "*autonomamente*" no sentido de que não podem ser julgadas a título principal no tribunal estadual, (senão no âmbito da acção de anulação do referido art. 46º da LAV).

Seria desnecessário assinalar que a restrição final da norma, relativa aos processos impeditivos da constituição ou funcionamento do tribunal arbitral, se refere apenas aos processos cautelares, já não às acções de simples apreciação, que não têm, claro, qualquer efeito impeditivo.

Artigo 6.º
Remissão para regulamentos de arbitragem

Todas as referências feitas na presente lei ao estipulado na convenção de arbitragem ou ao acordo entre as partes abrangem não apenas o que as partes aí regulem directamente, mas também o disposto em regulamentos de arbitragem para os quais as partes hajam remetido.

Fontes:

Art. 15º/2 da LAV de 1986 (apenas referente às regras do processo)

Comentário:

1. *A distinção entre convenção de arbitragem e convenções das partes e entre procedimento da arbitragem e processo arbitral: remissão*
2. *A incorporação nas convenções das partes dos regulamentos de arbitragem para que nelas se remeta*

1. *A distinção entre convenção de arbitragem e convenções das partes e entre procedimento da arbitragem e processo arbitral: remissão*

Aparece aqui feita, pela primeira vez, uma distinção recorrente em múltiplas disposições da LAV, entre *convenção de arbitragem* e *acordo* ou *convenção das partes*, da máxima importância não só pelo número de vezes que com ela nos deparamos, mas sobretudo pelas dificuldades que se suscitam quando se quer saber exactamente aquilo a que a lei se está a referir.

A distinção (que retomamos mais desenvolvidamente, por exemplo, nos comentários aos arts. 33º e 34º) assenta em aquela primeira convenção, a *convenção de arbitragem*, podendo ser muito mais do que isso – e conter, por exemplo, regras judiciárias e processuais sobre, a tramitação do procedimento de arbitragem e do processo arbitral –, é essencialmente o documento fundador da arbitragem, o acordo pelo qual as partes assumem dever (ou poder) o seu litígio ser primariamente resolvido por árbitros, não nos tribunais do Estado.

A *convenção* (ou acordo) *das partes*, por sua vez, é qualquer pacto seu sobre questões ligadas ao *procedimento da arbitragem*, isto é, à constituição do tribunal arbitral e à fixação do regulamento da arbitragem, de um lado, e (ou) às regras do impulso, desenrolar e termo do *processo arbitral propriamente dito*, do outro.

2. *A incorporação na convenção dos regulamentos de arbitragem para que nela se remeta*

É mais uma norma algo redundante – ou evidente – da LAV.

Então se um preceito de lei remete para o conteúdo de um dado acto ou negócio jurídico, considerando constituir ele a "lei" (supletiva) de certa relação ou situação jurídica, não haveria tal remissão de valer também quanto àquilo que, embora não estando explicitado naquele próprio acto ou negócio, vem nele expressamente apropriado, por remissão para outro acto, como parte integrante sua?

É certo que, como quanto às estipulações das convenções de arbitragem se verificam os dois termos dessa proposição – isto é, o de a LAV remeter frequentemente para elas ou para as convenções (ou acordos) das partes e de, por sua vez, essas duas espécies de convenções remeterem frequentemente para regulamentos de arbitragem, normalmente, de centros de arbitragem institucionalizada –, a previsão da norma deste art. 6.º verificar-se-á com bastante frequência.

Mas a verdade é que, se não estivesse posta expressamente nesse artigo da LAV, a disciplina da estatuição que nela se contém valeria e aplicar-se-ia à mesma.

Artigo 7.º
Convenção de arbitragem e providências cautelares decretadas por tribunal estadual

Não é incompatível com uma convenção de arbitragem o requerimento de providências cautelares apresentado a um tribunal estadual, antes ou durante o processo arbitral, nem o decretamento de tais providências por aquele tribunal.

Fontes:

Lei-Modelo da Uncitral, art. 9º; Lei Alemã (ZPO) § 1033; Lei Espanhola, art. 11º/3; Lei Francesa (NCPC), art. 1449

Comentário:

1. *A inalienável competência cautelar dos tribunais do Estado em processos arbitrais: razão de ser*

ARTIGO 7º

2. Sobre a renúncia convencional à tutela cautelar e suas consequências sobre a competência dos tribunais do Estado em matéria cautelar

1. A inalienável competência cautelar dos tribunais do Estado em processos arbitrais: razão de ser

Sem grandes preocupações sistemáticas – aliás, teria invertido a posição deste art. 7º e a do seu antecedente art. 6º, por se tratar naquele de matéria aparentada com a do art. 5º –, o legislador veio estabelecer aqui uma excepção de tomo ao princípio da completude da jurisdição arbitral ou, se se preferir, ao efeito negativo da convenção arbitral.

Resulta deste art. 7º, efectivamente, que, sem precluir a competência que para o efeito os tribunais arbitrais também têm, os tribunais do Estado são sempre competentes para conhecer e conceder providências cautelares de pretensões que devam ou estejam a ser julgadas a título principal em tribunal arbitral, não podendo as partes privá-los dessa competência para a transferir ou reservar para o próprio juízo arbitral – como parece resultar aliás dos termos depurados deste preceito e do seu confronto com o disposto na primeira parte do nº 1 do art. 20º da LAV.

O que levou o legislador a seguir por este desviante caminho foi certamente o facto de recear que a necessidade de imposição coerciva, por um tribunal do Estado, de uma providência cautelar decretada por tribunal arbitral – envolvendo em princípio a necessidade de avaliar da validade da convenção arbitral, do processo e da decisão arbitral de carácter cautelar – possa fazer com que acabe por demorar a impor coercivamente a providência arbitralmente decretada, prejudicando seriamente a sua efectividade ou inviabilizando-a, mesmo.

Mais vale, portanto, por um lado, retirar à jurisdição arbitral o exclusivo da tutela cautelar dos direitos e interesses jurídicos aí efectiváveis a título principal e partilhá-la com os tribunais judiciais – assegurando a tais direitos ou interesses, dessa maneira, uma protecção judicial efectiva – do que manter-se o sistema preso a um dogma de exclusividade e completude da jurisdição arbitral que poderia prejudicar a garantia fundamental da tutela judicial efectiva do art. 20º da Constituição.

Sustentamos então, por outro lado, que a competência cautelar dos tribunais do Estado em relação a pretensões que corram já ou que devam vir a correr em tribunais arbitrais não pode ser transferida ou reservada pelos compromitentes para a jurisdição arbitral – sendo tal competência, nesse sentido, "inalienável".

É verdade que a fórmula literal da lei – o recurso cautelar aos tribunais do Estado "*[n]ão é incompatível com uma convenção de arbitragem*" tendo sido trazida do art. 9º da Lei-Modelo, – não é lá muito feliz, mas também não o é menos que não há neste art. 7º qualquer vestígio de que a sua disposição seja para aplicar só, bem pelo contrário, no caso de a convenção nada dispor sobre o tema da tutela cautelar.

Nesse aspecto, por confronto com o disposto no nº 1 do citado art. 20º da LAV (que ressalva expressamente a existência de estipulação das partes em sentido contrário), a norma é até muito esclarecedora.

2. *Sobre a renúncia convencional à tutela cautelar e suas consequências sobre a competência dos tribunais do Estado em matéria cautelar*

Mas sendo inalienável, tal competência será também intangível, no sentido de que as partes não podem, pura e simplesmente, renunciar à tutela cautelar e com isso arredar a aplicação da mencionada norma do art. 7º da LAV?

Não se afigura fácil nem, se calhar, pacífica a resposta, tendo em atenção, antes do mais, que, apesar de a LAV de 1986 apenas conferir poderes aos tribunais estaduais para decretarem providências cautelares respeitantes a processos arbitrais, a doutrina e os tribunais já reconheciam amplamente poderem os tribunais arbitrais também fazê-lo.

Quanto à questão de que agora tratamos, dir-se-ia que, por confronto com o disposto no nº 1 do art. 20º da lei – no qual se permite às partes estipularem, na respectiva convenção de arbitragem, não poder o tribunal arbitral decretar providências cautelares – se chegaria, *a contrario sensu*, à conclusão, no silêncio deste art. 7º a tal propósito, não serem as partes admitidas, nem por essa via da renúncia à tutela cautelar, a privar os tribunais estaduais do poder de decretar providências cautelares "arbitrais", que este preceito do art. 7º lhes confere.

A ir por aí, estaríamos porém a deixar-nos enganar, mais uma vez, pelo falível argumento *a contrario*.

Na verdade, o direito que o art. 20º da LAV confere às partes de estabelecerem na sua convenção não poder o tribunal arbitral decretar providências cautelares tem como *ratio* não o facto de se estar aí perante uma espécie de *capitis deminutio* que, por qualquer razão, afectasse a jurisdição arbitral em relação ao decretamento de tais providências, mas sim o facto de se reconhecer aos compromitentes o direito de, no exercício da sua autonomia privada, configurarem como entenderem mais conforme aos seus recíprocos interesses a disciplina da respectiva arbitragem.

E não se vê por isso que motivos ou finalidades poderiam levar o legislador a tornar intangível (inclusivamente pela via da renúncia à tutela cautelar) o poder conferido pelo art. 7º da LAV aos tribunais estaduais, de decretarem providências cautelares em relação a pretensões arbitrais, e de, ao invés, permitir às partes, na convenção arbitral, que retirem esse poder aos próprios tribunais arbitrais.

Seria um contra-senso, uma inexplicável diferença de regime, sem qualquer suporte na *ratio* e na *teleos* da lei.

Nem, aliás, a necessidade de eventualmente recorrer aos tribunais do Estado para que imponham coercivamente a providência cautelar arbitral – como também acontece com a própria sentença arbitral – tem algo a ver com a presente questão.

Neste contexto, a estranha fórmula do primeiro segmento do art. 7º – de que "*[n]ão é incompatível com uma convenção de arbitragem*" requerer e obter dos tribunais do Estado o decretamento de providências cautelares destinadas à tutela de pretensões dedutíveis ou já deduzidas perante tribunal arbitral – até já parece mais consentânea com uma expressão adequada da vontade do legislador.

CAPÍTULO II
Dos árbitros e do tribunal arbitral

Artigo 8.º
Número de árbitros

1 – O tribunal arbitral pode ser constituído por um único árbitro ou por vários, em número ímpar.

2 – Se as partes não tiverem acordado no número de membros do tribunal arbitral, é este composto por três árbitros.

Fontes:

Nº 1 – art. 6º/1 da LAV de 1986; art. 10º da Lei-Modelo da Uncitral
Nº 2 – art. 6º/2 da LAV de 1986; art. 10º da Lei-Modelo da Uncitral

Comentários

1. *A lacuna da lei sobre a formalidade da constituição do tribunal arbitral: a formalidade sua sucedânea*
2. *As vantagens recíprocas dos sistemas de árbitro único e de pluralidade de árbitros: sua irrelevância em termos de estatuto dos árbitros*
3. *A (in)admissibilidade do tribunal com número par de árbitros: soluções legais díspares*
4. *Consequências jurídicas da violação da exigência do número ímpar de árbitros: nulidade total ou parcial da convenção*

5. *A convenção das partes sobre a composição do tribunal arbitral: termo do prazo de sua aplicação*

Nº 1

1. A lacuna da lei sobre a formalidade da constituição do tribunal arbitral: a formalidade sua sucedânea

Denomina-se o presente capítulo da LAV "*Dos árbitros e do tribunal arbitral*", sendo verdade porém que propriamente sobre este último, nos infindáveis preceitos dos seus 10 artigos, só há as duas curtas normas no art. 8º respeitantes ao número de membros que o compõem – uma outra norma, constante do art. 31º (sobre o local do funcionamento do tribunal arbitral) vem incluída em capítulo diferente, o V, relativo à condução do processo arbitral.

Todos os restantes e extensos 36 preceitos dos vários números dos 9 outros artigos deste Capítulo II respeitam aos árbitros – só reflexamente ao tribunal, portanto –, o que podia não ter qualquer relevância, se não houvesse outras matérias relativas à organização do tribunal merecedoras de consideração jurídica.

Há-as, porém, e de enorme importância.

Como é paradigmaticamente o caso da *constituição do tribunal arbitral*, que também não tinha sido objecto de regulação na LAV de 1986, entendendo-se como tal a formalidade, de carácter complexo, típica – mas não exclusiva – dos órgãos colegiais cujos titulares tomam posse perante si próprios, e através da qual os árbitros nomeados (ou o árbitro único) procedem à *verificação dos seus poderes*, declarando estarem preenchidos os requisitos da sua nomeação (ou eleição), não padecerem, pelo menos aparentemente, de incompatibilidades ou de impedimentos para aquelas funções e processo, manifestando em acta, assinada por todos eles, considerar-se o tribunal (o órgão) formalmente constituído e notificando disso mesmo as partes.

É sabido que não é esse o evento que, na lei, determina o início do *processo* arbitral – referindo-se ela, pouco curialmente, parece-nos, ao momento em que o pedido do demandante de submissão do litígio à arbitragem é recebido pelo demandado (art. 33º/1) – por não se ter tido em conta a distinção entre procedimento e processo da arbitragem (ver supra, comentário nº 2 do art. 6º).

Nem é essa, da constituição do tribunal arbitral, a formalidade ou o momento a partir do qual se conta o prazo para a prolação e notificação da sentença arbitral (valendo antes para o efeito a data de aceitação do último árbitro, como previsto no art. 43º/1), nem é, finalmente, o termo *a* quo, o termo inicial, para apresentação da petição pelo demandante (que o nº 2 daquele art. 33º reporta ao evento ou momento fixado pelas partes na convenção ou pelo tribunal arbitral).

Tudo isso é complexo, diversificado e fonte de problemas – ainda por cima porque a lei não impôs o dever de notificação formal da decisão de aceitação do último (ou único) árbitro –, e é-o apenas porque não se trouxe para aqui a ideia sã, simples e multiplamente vantajosa da existência de formalidades da *constituição do tribunal arbitral* e da sua notificação às partes, evento a partir do qual se contariam, pelo menos, esses dois mais relevantes prazos do processo arbitral, o da apresentação da petição e o da prolação da decisão final da arbitragem.

É certo que há referências literais da lei, nos arts. 14º/2, 36º/2 e 56º/1, alinea *a)*, à "*constituição*" do tribunal arbitral – e, no primeiro caso, até, com a menção à "*data em que* [se] *teve conhecimento da constituição*", como se houvesse em qualquer preceito da LAV uma formalidade ou momento correspondente – e igualmente referências à "*composição*" do tribunal (art. 46º/3), no sentido de sua *constituição*, mas a verdade é que não se instituiu qualquer formalidade a que possa atribuir-se esse carácter ou efeito.

Assim, sem ela, exigir-se-á que, após a aceitação do último ou do único árbitro – e da eventual verificação de poderes naquele primeiro caso –, as partes sejam notificadas ou desses factos ou de que começa a contar-se a partir de determinada data o prazo para a apresentação da petição do demandante (ou das versões e posições de ambas as partes sobre o litígio, se assim tiver sido estabelecido para efeitos de tramitação inicial do processo arbitral).

Note-se que nem sequer a utilização da fórmula pouco frequente de designação dos árbitros na petição e na contestação das partes litigantes – que, em certas circunstâncias, poderia fazer-se corresponder à constituição do tribunal arbitral –, nem isso parece hoje, à partida, face nomeadamente aos arts. 10º/1, 12º/2 e 33º, nºs 1 e 2, susceptível de suprir a omissão da lei a este propósito.

2. *As vantagens recíprocas dos sistemas de árbitro único e de pluralidade de árbitros: sua irrelevância em termos de estatuto dos árbitros*

Dispõe-se aqui sobre as alternativas de que as partes podem fazer uso quanto ao número de árbitros de que será composto o tribunal arbitral, podendo optar-se por confiar o julgamento a um árbitro único ou a uma *pluralidade de árbitros,* mas *"em número ímpar".*

O tribunal de árbitro único apresenta vantagens e desvantagens face ao tribunal plural.

De um lado, está o seu menor custo em termos de honorários e despesas do árbitro e do processo e está, também, a maior celeridade do respectivo julgamento, por, antes de tudo o mais, não ser necessário superar a existência de datas (e horários) indisponíveis para os árbitros se reunirem, por as decisões poderem ser tomadas individualmente, em qualquer local ou momento, sem necessidade de procurar concertos e de os discutir e votar, por não haver lugar à demora da reflexão e redacção de votos de vencido e, finalmente, por não ter o terceiro árbitro, o árbitro presidente, que lidar com as diferentes sensibilidades dos árbitros designados (directa ou indirectamente) por cada uma delas.

São tão relevantes essas vantagens que, após décadas de primazia quase absoluta dos tribunais plurais, se assiste hoje a um florescimento dos tribunais de árbitro único, sendo exemplo paradigmático disso o facto de o art. 5º/2 do *Regulamento de Arbitragem do Centro de Arbitragem da Câmara de Comércio e Indústria Portuguesa* consagrar como regra supletiva do acordo de partes a da adopção do tribunal de árbitro único.

As vantagens do sistema do tribunal plural – que correspondem, claro, a desvantagens do sistema de árbitro único – manifestam-se sobretudo em arbitragens grandes e residem, essencialmente, no facto de várias cabeças "pensarem" juridicamente melhor do que uma só, de cada uma descortinar questões, pormenores ou circunstâncias que passam desapercebidas às outras, contribuindo cada um dos árbitros com argumentos e contra-argumentos que permitem ir limando as arestas de um pensamento único, afinando os fundamentos de cada tese e contribuindo portanto para a emissão de decisões potencialmente mais ponderadas, consistentes e convincentes.

Por outro lado, para as partes torna-se mais fácil confiar num tribunal arbitral de que faz parte um árbitro "de sua confiança", não porque esteja disposto a servir como uma espécie de um seu segundo advogado – o que, de resto, constitui um ilícito (nem sempre devidamente sancionado, diga-se) – , mas porque se sente mais segura sabendo que há alguém que tem na conta de um jurista, engenheiro ou economista tecnicamente muito dotado, que será capaz de fazer o tribunal ponderar e aceitar ou rejeitar as boas e más razões técnicas e de direito ou de equidade que lhe forem apresentadas.

Esta explicação da solução legislativa com a ideia da participação directa das partes na escolha de um árbitro não põe em causa, reafirma-se, o princípio de que o estatuto dos árbitros, quanto aos seus deveres funcionais e às exigências de independência e imparcialidade, é idêntico para todos eles, tendo-se o legislador afastado de qualquer fórmula que consinta uma distinção entre árbitros que são *de parte* e árbitros que são equidistantes das partes.

3. A (in)admissibilidade do tribunal com número par de árbitros: soluções legais díspares

A regra deste nº 1, em relação à hipótese da composição plural do tribunal arbitral com um número ímpar de membros, parece arrastar consigo a proibição da constituição de tribunais com dois ou quatro árbitros, quando a verdade é que o *princípio da autonomia da vontade*, que constitui o núcleo essencial do regime legal da arbitragem, consentiria que as partes instituíssem tribunais arbitrais com um número par de árbitros.

A opção do legislador foi, manifestamente, a de impedir os bloqueios deliberativos a que um tribunal de dois ou quatro árbitros pode chegar frequentemente, no pressuposto de que, não sendo dado aos árbitros absterem-se na votação de deliberações do tribunal, só um tribunal com um número ímpar de membros chegará sempre ou normalmente a uma solução maioritária do litígio.

Pressuposto que não é, contudo, de verificação inelutável.

Não apenas porque as partes poderiam adoptar um sistema que impedisse o bloqueio deliberativo do tribunal de dois ou quatro árbitros – conferindo a um deles, por exemplo, voto de qualidade ou de desempate, o que não é uma utopia, podendo uma parte relutante em aceitar o recurso à arbitragem insistentemente proposto pela outra aceitar recorrer a ela na condição de um árbitro por si designado (ou indicado com o seu acordo) ter um voto desses em caso de empate na votação –, mas sobretudo porque, para o tribunal com um número ímpar de membros não se ver na situação de não conseguir deliberar maioritariamente, é necessário que a votação da decisão incida sobre uma hipótese com duas alternativas apenas, de condeno ou absolvo, de *a* ou *b*.

Já se estiverem em disputa, entre três árbitros, três hipóteses de solução para o caso – uma de condenação em 1000, uma de condenação em 500 e uma de absolvição –, pode bem dar-se que cada um deles vote por cada uma dessas soluções, ficando, à mesma, a decisão bloqueada.

Para que tal não suceda é preciso portanto que, além de o tribunal ser constituído por um número ímpar de membros, se preveja – nas hipóteses de enunciado mais cómodo – que os árbitros designados pelas partes só possam votar sim ou não a proposta de sentença apresentada pelo presidente do tribunal ou que se atribua a este, como o faz a LAV, o poder de (por uma qualquer via, nomeadamente a do voto de qualidade ou, eventualmente, do voto de desempate) desfazer o bloqueio da votação.

A solução do tribunal arbitral com um número ímpar de membros, ou, na perspectiva inversa, a proibição da sua constituição com um número par de árbitros, também causa estranheza, porém, pelo facto de, no art. 16º/1, se permitir às partes que, no caso de cessação das funções de um árbitro, em vez de nomearem um seu substituto, elas *"prescindam da sua substituição"* – questionando-se se pode prescindir-se também da substituição do árbitro-presidente –, isso, sem condições ou ressalvas (nomeadamente quanto à eventual inutilidade dessa substituição, o que redundaria então em poder o tribunal ficar a funcionar e a deliberar, ainda em fases dispositivas ou decisórias do processo arbitral, com um número par de membros).

É natural que nos interroguemos então como é que, no silêncio da lei, hão-de harmonizar-se duas proposições tão contraditórias como essas, do art. 8º/1 e do art. 16º/1.

E que nos interroguemos se, afinal, a *ratio* do tribunal "ímpar" se liga mesmo – embora não se discirna que outra razão poderia existir – à prevenção dos bloqueios deliberativos em que o tribunal "par" pode cair frequentemente.

4. *Consequências jurídicas da violação da exigência do número ímpar de árbitros: nulidade total ou parcial da convenção*

Temos que raciocinar a este propósito com duas hipóteses diversas.

Uma é a de, na convenção de arbitragem, as partes estabelecerem que o tribunal arbitral será composto por quatro árbitros; outra é a de elas disporem que o tribunal arbitral será composto por dois (ou quatro) árbitros, mas identificando-os logo aí como se prevê no art. 10º e esclarecendo-se, por exemplo, que, na falta de acordo decisório, prevaleceria a posição de um dos dois (ou quatro) árbitros prospectivamente identificados.

Estamos em ambos os casos perante situações em que a disposição das partes colide claramente com o disposto no nº 1 deste art. 8º, a propósito do número de árbitros do tribunal plural, pelo que, sendo a norma imperativa nesse aspecto, a manifestação de vontade delas não pode prevalecer sobre o comando legal.

A questão que se coloca agora é a do efeito dessa violação, dado que, em princípio, a desconformidade de uma declaração negocial com uma norma legal imperativa acarreta, nos termos do art. 294º do Código Civil, a nulidade do negócio jurídico, neste caso, a nulidade da convenção de arbitragem – sem prejuízo, claro, de, recorrendo ao instituto da *redução do negócio jurídico*, podermos chegar a resultados diversos, nas duas hipóteses acima levantadas, quanto a essa nulidade de princípio da convenção de arbitragem.

Vejamos.

No primeiro caso, como não há um indício imediato de que o número de árbitros tenha sido decisivo para a celebração da convenção de arbitragem – e a verificar-se, pelas outras circunstâncias do negócio "arbitral ", que tal conclusão é correcta –, concluiríamos, é certo, pela nulidade dessa cláusula convencional sobre o número par de árbitros, subsistindo a convenção na parte restante, pelo que se aplicaria supletivamente à questão do número de árbitros o disposto no subsequente nº 2 deste art. 8º, que determina que, na ausência de acordo (leia-se, também, válido) sobre o número de árbitros do tribunal, será este composto por três árbitros – dispondo depois o nº 3 do art. 10º quanto à forma da sua designação.

É muito questionável que possa chegar-se a esse mesmo resultado, da mera nulidade parcial da convenção de arbitragem, na segunda situação de desconformidade acima delineada.

Aí, o facto de as partes terem querido aqueles dois determinados árbitros, que identificaram logo na convenção (tendo até, eventualmente, atribuído voto de qualidade a um deles), tem ínsita a ideia de que o recurso à arbitragem assenta no pressuposto de que serão eles, e só eles, os juízes do litígio, nada autorizando a supor que a alteração da composição convencionada continuaria a justificar a opção das partes pelo recurso ao tribunal arbitral.

Neste caso, poderemos, pois, estar perante uma situação de nulidade da convenção de arbitragem, no seu todo.

De resto, admitindo que, em grande parte dos casos, a convenção pelas partes de um número par de árbitros não tenha sido decisiva para a opção pelo recurso à arbitragem – o que, no entanto, só poderá asseverar-se em concreto, face às circunstâncias relevantes de cada caso –, então, a solução da nulidade parcial da convenção de arbitragem apareceria como a mais adequada, pelo que a solução-regra será a de o tribunal passar a ser composto por um número ímpar de árbitros, adaptando-se as regras da sua designação (que porventura se tivessem estabelecido na convenção) ao disposto no art. 10º/3.

Nº 2

5. *A convenção das partes sobre a composição do tribunal arbitral: termo do prazo de sua aplicação*

"*Se as partes não tiverem acordado no número de membros do tribunal*" – acordo que pode consistir na remissão para as regras do regulamento de um centro de arbitragem em que se disponha a esse propósito –, ele será constituído "*por três membros*". É o que se dispõe neste nº 2 do art. 8º.

A única questão que o preceito suscita é a de saber até que momento deve alcançar-se acordo das partes na matéria para que seja afastada a regra supletiva do tribunal plural tripartido.

Que o número de árbitros do tribunal pode constar da convenção de arbitragem, de um acordo contextual ou documentalmente recíproco, configurável como tal, nos termos em que o prevê o art. 2º/2 da LAV, é proposição inquestionável.

E que pode constar de acordo escrito posterior à convenção, contido num único documento ou em documentos trocados entre as partes, é-o igualmente – aliás, a lei ter-se-ia referido expressamente à fixação do número de árbitros na *convenção*, e não à falta de *acordo* sobre ele –, ficando então por saber até que momento é que se considera esse acordo como juridicamente relevante e eficaz, em termos de se arredar a aplicação da regra supletiva deste nº 2.

A resposta é a de que o acordo das partes nesta matéria deve estar concluído até à *designação* do árbitro único ou até ao momento da primeira designação, por qualquer uma delas (ou terceiro), do "seu" árbitro.

Pelo que, não tendo sido comunicado até aí ao árbitro designado qual é a composição do tribunal, se aplica a regra supletiva deste art. 8º/2 (e a regra parcialmente imperativa do nº 3 do art. 10º).

Artigo 9.º
Requisitos dos árbitros

1 – Os árbitros devem ser pessoas singulares e plenamente capazes.

2 – Ninguém pode ser preterido, na sua designação como árbitro, em razão da nacionalidade, sem prejuízo do disposto no n.º 6 do artigo 10.º e da liberdade de escolha das partes.

3 – Os árbitros devem ser independentes e imparciais.

4 – Os árbitros não podem ser responsabilizados por danos decorrentes das decisões por eles proferidas, salvo nos casos em que os magistrados judiciais o possam ser.

5 – A responsabilidade dos árbitros prevista no número anterior só tem lugar perante as partes.

Fontes:

Nº 1 – Art. 8º da LAV de 1986;
Nº 2 – Lei-Modelo da Uncitral, art. 11º/1; Lei Espanhola, art. 13º
Nº 3 – Lei Sueca, art. 8º; Lei Espanhola, art. 17º/1
Nº 4 – CPC Italiano, art. 813-*ter* (II) e art. 4º/3, da Lei de Organização e Funcionamento dos Tribunais Judiciais

Comentários:

1. *Os requisitos legais da personalidade singular e da capacidade plena exigíveis para a designação dos árbitros: consequências da sua violação*
2. *A nacionalidade dos árbitros: relevância legal e convencional (nas arbitragens nacionais e nas internacionais)*
3. *A independência e imparcialidade dos julgadores, atributo próprio de soberania: implicações estatutárias e consequências processuais*
4. *A independência dos árbitros no confronto da dos juízes: o modo de avaliação dos respectivos factores*
5. *Casos de incompatibilidades e impedimentos de árbitros e suas circunstâncias determinantes: a Lista Vermelha das Directrizes da IBA. A presunção de independência*

6. A imparcialidade dos árbitros no confronto da dos juízes e do requisito da independência
7. A equiparação das regras relativas à avaliação da imparcialidade dos árbitros às da sua independência
8. A irresponsabilidade civil dos árbitros, condição de sua independência
9. Os pressupostos da excepcional responsabilidade civil dos árbitros por "errores in procedendo" e "in iudicando": a suposta exigência da prévia revogação da sua decisão danosa. Inconstitucionalidade
10. A responsabilidade civil dos árbitros: natureza e delimitação do seu âmbito objectivo e subjectivo. A cobertura securitária dessa responsabilidade

Nº 1

1. *Os requisitos legais da personalidade singular e da capacidade plena exigíveis para a designação dos árbitros: consequências da sua violação*

Refere-se o preceito do nº 1 aos primeiros requisitos exigidos pela lei aos árbitros – porque também os pode haver previstos pelas partes (ver comentário ao n.º 7 do art. 10º) – para que eles possam assumir validamente as funções arbitrais, sob pena de ilegalidade na constituição do tribunal arbitral e de impugnabilidade das sentenças arbitrais em cuja formação os árbitros impedidos intervenham decisivamente, ao abrigo da subalínea *iv)* da alínea a) do art. 46º/3.

São tais requisitos

- o de só serem designáveis para o efeito – pelas partes, por terceiro a quem elas cometam tal tarefa ou pelo tribunal referido no n.º 4 do art. 10º – pessoas singulares (a norma legal refere que *"os árbitros devem ser pessoas singulares"*);
- o de tais pessoas serem plenamente capazes.

Quanto àquele primeiro requisito – que o legislador formulou em termos algo equívocos, pois o que se queria dispor não era sobre uma pessoa colectiva (sem vontade psicológica) não poder, como é evidente, ser árbitro, juiz, escrivão ou presidente dum tribunal –, preferimos por isso dizer não serem *designáveis* como árbitros senão pessoas singulares. Afasta-se, assim, a possibilidade de se designarem pessoas colectivas, como a Ordem dos Advogados ou o Laboratório Nacional de Engenharia Civil, por exemplo, e de eles indicarem depois as pessoas singulares, dotadas de vontade psicológica, que as representariam nas arbitragens.

Caso em que, formalmente, teríamos como árbitro uma pessoa singular, embora se trate de hipótese que a lei, e bem, não quis admitir.

O segundo requisito, da *plena capacidade*, deve ser reportado à capacidade física e jurídica, não sendo admitidos como árbitros nem menores, inabilitados ou interditos, nos termos dos arts. 66º e ss. do Código Civil, nem pessoas que sofram de qualquer doença que as incapacite, ainda que parcialmente, de racionar ou de se exprimir – nem eventualmente aquelas que não estejam no gozo de todos os seus direitos civis, como sucederia com quem esteja a cumprir uma pena ou com quem tenha sido disciplinar ou contra-ordenacionalmente proibido de exercer profissão jurídica.

A designação de pessoa colectiva ou de um incapaz para participar como árbitro (com assunção de funções pela pessoa por aquela designada ou pelo incapaz) deve ter-se como nula, dando lugar à impugnação da sentença arbitral nos termos da subalínea *iv)* da alínea *a)* do art. 46º/3.

Nº 2

2. *A nacionalidade dos árbitros: relevância legal e convencional (nas arbitragens nacionais e nas internacionais)*

Refere-se este nº 2, em termos também não muito claros, ao requisito da nacionalidade dos árbitros.

Sabe-se que o legislador foi buscar inspiração para o efeito ao art. 11º/1 da Lei Modelo da Uncitral, no qual se dispõe não poder alguém *"em razão da sua nacionalidade, ser impedido de exercer as funções de árbitro [...]"*, com o que se pretendia evitar que os Estados aderentes obstassem, nas suas leis, à actuação de não nacionais como árbitros.

No art. 9º/2 da LAV acata-se essa preocupação e determinação da Comissão das Nações Unidas para o Direito Comercial Internacional.

Isso, sem prejuízo, claro – como, aliás, se ressalva na parte final desse mesmo preceito da referida Lei Modelo –, não só de as partes poderem escolher como árbitro quem quiserem mas, inclusivamente, de poderem convencionar, eventualmente, a título das qualificações referidas no art. 13º/3 da LAV, dever o seu litígio ser julgado por árbitros portugueses. Ou estrangeiros, como lhes aprouver.

Por outro lado, os próprios tribunais estaduais, se chamados a designar árbitros para arbitragens internacionais, devem ter em consideração, como se dispõe na parte final do nº 6 do subsequente art. 10º, "*a conveniência da nomeação de um árbitro de nacionalidade diferente da das partes*", fugindo assim, também, ao princípio deste art. 9º/1, sendo mais duvidoso se, no dever de "*ter em conta as qualificações exigidas pelo acordo das partes para o árbitro ou os árbitros a designar*" nas arbitragens nacionais, se inclui também a "qualificação" da nacionalidade.

Por nós, responderíamos que sim, mesmo se o factor "nacionalidade" não se subsume lá muito bem no conceito "*qualificação*".

Mas se a lei permite expressamente que as partes convencionem validamente deverem os árbitros ser portugueses, por que razão haveria tal convenção, essa opção da autonomia da vontade – que está no ADN do regime legal da arbitragem, como expressivamente assinala José Miguel Júdice (*Lei da Arbitragem Voluntária Anotada*, AAVV, Almedina, 2012, pp. 39 e ss.) –, ser posta de lado pelo tribunal estadual, a quem cabe precisamente (em 2ª mão, como é óbvio) fazer respeitar as convenções de arbitragem válidas?

Nº 3

3. A independência e imparcialidade dos julgadores, atributo próprio de soberania: implicações estatutárias e consequências processuais

Estamos aqui defronte de uma das normas dispositivamente mais abstractas, mas teleologicamente das mais concretas e relevantes, que existem na LAV.

Os tribunais arbitrais sendo tribunais, isto é, "órgãos de soberania com competência para administrar a justiça" (art. 202º/1 da CRP) – melhor seria, claro, dizer para a "*ministrar*" – são, por definição e pela Constituição (art. 203º, *ibidem*), servos da lei (e da Justiça), e só dela(s), livres em relação à pessoa das partes, incluindo das partes que os nomearam.

Para o Direito, num Estado de Direito, só pode ser assim, sem rodeios ou reservas.

Tudo o que seja ligar os árbitros, nomeadamente os árbitros ditos "de parte", aos interesses, às preocupações e às opiniões delas – mais, tudo o que não seja não os tornar imunes a isso – transforma a arbitragem numa usurpação e abastardamento do poder soberano que a Constituição e a lei atribuíram aos tribunais arbitrais, e que só a presença e a vontade determinante e ininfluenciável de um árbitro presidente, mas alheio também a preconceituosas tendências "distributivas", pode abafar, sem conseguir evitar, porém, que o próprio sistema se vá desprestigiando naquela confusa mistura dos conceitos e valores do árbitro e da *parte* que o designa.

E também só isso é que (salvo no caso do art. 39º/3) pode evitar que a própria sentença ou decisão arbitral, em que se reflictam indícios sérios de um arranjo ou transacção, pelos árbitros, das pretensões das partes, degenere em invalidade.

Tornando-se, assim, susceptível de impugnação e anulação por causa disso – independentemente de eventuais dificuldades da subsunção de tal hipótese nas causas do art. 46º/3 da LAV, em cuja subalínea *ii)* da alínea *b)*, contudo, nos parece poder-se abrigá-la bem.

4. *A independência dos árbitros no confronto da dos juízes: o modo de avaliação dos respectivos factores*

A independência dos árbitros é então um atributo próprio do exercício das suas funções de julgador consagrado na própria Constituição, quando aí se dispõe (art. 203º) serem "*[o]s tribunais independentes e apenas [...] sujeitos à lei*".

E paradigma da independência dos julgadores é o estatuto de *exclusividade, inamovibilidade* e *irresponsabilidade* reconhecido no art. 216º da CRP aos juízes dos tribunais estaduais, que não têm portanto "patrão" – ou que têm como único patrão um ente abstracto, como o Estado, a Nação, o Povo – nem recebem ordens ou são influenciáveis por qualquer outro poder do Estado ou por quem quer que seja quanto ao modo como devem exercer a sua função de julgadores, isto é, como devem decidir questões adjetivas e substantivas do processo.

O que, na medida do possível, também é válido para os árbitros, nomeadamente, como se impõe, quanto à sua independência, face às partes – porque estas desempenham em relação a eles o mesmo papel que o Estado, e que os outros poderes do Estado, desempenham em relação aos juízes – e vale também no que às suas relações com os tribunais do Estado concerne (salvo nos casos expressamente excepcionados na lei), não estando eles portanto, no exercício das respectivas funções – qualquer que seja, fora delas, o seu estatuto profissional ou funcional – sujeitos às ordens ou recomendações de quem quer que seja.

Assim, não obstante serem irreproduzíveis para os árbitros as garantias da exclusividade dos juízes dos tribunais do Estado, a lei, nos arts. 13º e 15º da LAV, garante-lhes porém, não só a *inamovibilidade* – salvo por falta dos requisitos legais de designação (nomeadamente dos que eles escamotearam), por incumprimento de deveres de função ou por incapacitação, como tudo se encontra aí tipificado –, mas também a *irresponsabilidade* no e por causa do exercício das suas funções, nos mesmos termos da irresponsabilidade dos juízes (como se dispõe no subsequente nº 4).

Quanto aos restantes atributos da independência dos árbitros, têm eles a ver com o grau da sua relação com as partes – não apenas com a que os designa – questão que, muitas vezes, só pode ser adequadamente avaliada em toda a sua extensão face às circunstâncias de cada caso concreto ou singular (não às características da pessoa dos árbitros).

Na verdade, os requisitos relativos à sua independência – como, de resto, os relativos à sua imparcialidade – não são avaliados em função das características pessoais e concretas dos árbitros, da sua probidade pessoal, ética e intelectual, mas sim em função do *perigo abstracto* que a existência de uma situação de relativa ou absoluta dependência com as partes ou com alguém a elas ligado envolve, não estando aqui em causa, portanto, o que a mulher de César é, mas o que ela parece (pode parecer) ser.

5. *Casos de incompatibilidades e impedimentos de árbitros e suas circunstâncias determinantes: a Lista Vermelha das Directrizes da IBA. A presunção de independência*

Não obstante isso, podem enunciar-se abstractamente – para além de situações de incompatibilidades, como as derivadas da sua sujeição a um estatuto profissional de exclusividade – algumas situações genéricas de impedimentos para o exercício das funções de árbitro, por, em abstracto, prejudicarem a respectiva liberdade de decisão.

Podem ocorrer tais impedimentos em situações como as
- da existência de relações profissionais (actuais ou esperadas) com qualquer das partes ou com empresas com quem elas estejam em relação de domínio ou de grupo;
- da titularidade actual ou esperada, ainda que a título não profissional, de cargos em órgãos sociais de qualquer das partes ou das empresas com que elas estejam em relação de grupo ou domínio;
- da existência de relações de conjugalidade, adopção e de parentesco ou afinidade próximas com as partes.

Quanto à existência de relações profissionais dos árbitros com qualquer uma das partes ou empresas-mãe e afiliadas deve considerar-se, sem mais, existir incompatibilidade com o cargo de árbitro quando se tratar de relações *regulares* e *actuais*, ainda que se trate de pessoas não integradas no "quadro de pessoal", digamos assim, da empresa impediente.

Já quanto a relações dessas, mas *passadas* ou *esperadas*, tudo dependerá das circunstâncias do caso concreto, como acontecerá também no caso de se tratar de relações profissionais *esporádicas, acidentais*.

Assim, quando se trate de relações *passadas*, haverá que olhar ao grau de intimidade ou proximidade que ainda permaneça entre elas e, quanto às *esperadas*, que olhar, por exemplo, à medida em que a concretização da relação profissional ou estatutária pode depender de uma evolução (absolutamente) pacífica dos seus laços.

Quanto à existência de relações de carácter patrimonial dos árbitros com qualquer uma das partes ou com a respectiva empresa-mãe ou afiliadas suas, não se trata de situação abrangida expressamente pelo art. 115º do novo CPC, mas, não obstante, em certas circunstâncias específicas, de direitos muitos especiais – não será certamente por se ter 2000 acções de um banco de capital disseminado que não se pode ser árbitro em causa que a ele diga respeito (salvo, sempre, se as circunstâncias concretas do caso o recomendarem) – e em casos em que o resultado do litígio possa ter repercussões significativas sobre a valia do património ou a solvabilidade da parte, nessas circunstâncias específicas, dizia-se, poderíamos entender estar uma pessoa impedida de intervir como árbitro.

Daí que a verificação da independência dos árbitros pressuponha não só um cabal dever de revelação dessas situações pelas pessoas designadas para o cargo de árbitro, como veremos em comentário ao art. 13º/1, mas também um procedimento claro, completo e transparente de avaliação da situação.

Como quer que seja, em caso de dúvida, a "presunção", digamos assim, deve funcionar sempre a favor da pessoa designada, mais não fosse porque a lei (o art. 13º/3 da LAV) só permite que ela seja recusada como árbitro "*se existirem circunstâncias que possam suscitar fundadas dúvidas sobre a sua [...] independência*".

Enumeram-se de seguida aquelas situações que, de acordo com a *Lista Vermelha das Directrizes da IBA* (a *International Bar Association*) *relativas a Conflitos de Interesses em Arbitragem Internacional*, constituem obstáculo à independência dos árbitros (e que, mais caso, menos caso, corresponderiam às situações que acima se analisaram, se bem que referidas apenas ao momento da arbitragem):

- existência de identidade entre uma das partes e o árbitro;
- ser o árbitro representante legal da pessoa colectiva que é parte no processo arbitral;
- ser o árbitro administrador, gerente ou membro do órgão de fiscalização de uma das partes, ou ter poderes de controlo análogos sobre ela;
- ter o árbitro um interesse financeiro significativo numa das partes ou no resultado da arbitragem;

- prestar o árbitro assessoria regular à parte que o indicou, ou a uma sociedade com esta coligada, e dela retira proveito financeiro significativo.

6. *A imparcialidade dos árbitros no confronto da dos juízes e do requisito da independência*

Enquanto o requisito ou a condição arbitral da *independência* se destina a assegurar aos árbitros as garantias necessárias ao exercício da sua função alheios a pressões que lhes pudessem advir ou do seu estatuto ou de relações directas ou interpostas com as partes (suas "empregadoras", como o Estado "emprega" os juízes) e com os próprios tribunais estaduais, tratando-se portanto de situações *subjectivas* – de normas de protecção *subjectiva*, de sua protecção *face a outros sujeitos* (ou órgãos) –, já as garantias de *imparcialidade* destinam-se a evitar que eles participem na decisão de **casos concretos** em que estejam envolvidos, por terem na respectiva decisão um interesse pessoal, directo ou interposto, estando assim em causa situações *objectivas* e a ligação que com elas um árbitro tem.

Tendencialmente, entenderíamos que os árbitros não preenchem o requisito da imparcialidade quando se confrontam com uma das situações contempladas no art. 115º do novo CPC a propósito dos *impedimentos* dos juízes dos tribunais estaduais, não lhes sendo dado intervir na tramitação e solução de processos em que tenham interesse pessoal, directamente ou por interposta pessoa, quando já tenham intervindo ou devam intervir na causa, como peritos ou testemunhas, em qualquer instância sua.

É verdade que a LAV, podendo fazê-lo, não remeteu o preenchimento pelos árbitros do requisito de imparcialidade para as disposições paralelas dos arts. 115º e ss. do (novo) CPC – como, aliás, deveria valer analogicamente para o secretário do processo, nem que fosse por aplicação das normas dos arts. 44º e ss. do CPA vigente –, o que significa, pelo menos, em tese, que às situações específicas previstas, nomeadamente naquele art. 115º (aqui adoptadas por se tratar de norma com vocação geral ou universal), acrescem as situações potenciadas por uma cláusula aberta, não tão rigorosa e excludente como aquela, mas capaz de, em função das circunstâncias concretas, abarcar outras situações que no CPC não se contemplaram (como, por exemplo, as dos mencionados arts. 44º e 48º do Código do Procedimento Administrativo).

Quanto à hipótese de os árbitros já haverem manifestado, a propósito do litígio, ou em parecer ou em obra jurídica, uma opinião formal e directa ou sobre a solução do próprio litígio ou sobre a questão nuclear de Direito em redor da qual ele gira, entendemos que, no primeiro caso, se está perante uma situação de parcialidade, enquanto no segundo, estamos com José Miguel Júdice, quando sustentou – em intervenção proferida no II Congresso do Centro de Arbitragem da Câmara de Comércio e Indústria Portuguesa – que *"[u]m árbitro nomeado por uma das partes pode, como atrás se referiu, ter uma predisposição favorável à tese da parte que o nomeou, até porque muitas vezes a escolha é feita tendo por base posições anteriores sobre questões de direito."*

Já nos parece de comprovação inverosímil a parte em que se escreveu que, em tal caso, *"a sua imparcialidade será confirmada se isso não afectar a sua consciência profissional e se for capaz de decidir contra quem o indicou se a outra parte, afinal e no caso concreto, demonstrou ter razão [...]"*.

7. *A equiparação das regras relativas à avaliação da imparcialidade dos árbitros às da sua independência*

As várias regras que enunciamos atrás sobre o modo e os critérios de avaliação do requisito de independência aplicam-se igualmente aqui, na apreciação do requisito da imparcialidade.

Assim, tal apreciação faz-se em função apenas da verificação das circunstâncias ou pressupostos de lei, independentemente do carácter das pessoas envolvidas no caso concreto da sua previsão, porque o que se acautela, nestas normas ditas *de perigo*, são situações de *perigo abstracto*, de não deixar pura e simplesmente que as mesmas ocorram para não se porem em risco os interesses que a lei visa acautelar.

Mas isso não significa que, para dar como preenchido o caso da previsão legal, não tenham muitas vezes que se ponderar as circunstâncias concretas de cada caso, como sucede, por exemplo, em relação aos impedimentos resultantes do *"interesse"* que o árbitro designado tenha no processo ou da sua *"inimizade grave"* com uma parte – para retomar aqui as fórmulas e conceitos, respectivamente, da alínea *a)* do art. 44º/1 e da alínea *d)* do art. 48º/1, ambos do Código do Procedimento Administrativo.

Por último, entende-se que a dúvida que subsista sobre a imparcialidade do árbitro, resolve-se – como acima já assinalámos, a propósito do requisito da sua independência – a seu favor, só havendo lugar à recusa do mesmo, dispõe-se no subsequente art. 13º/3, quando as dúvidas existentes a esse respeito sejam *"fundadas"*.

Nº 4

8. A irresponsabilidade civil dos árbitros, condição de sua independência

Num artigo encimado pela epígrafe *"Requisitos dos árbitros"*, o legislador incluiu a norma sobre a sua irresponsabilidade decisória, *rectius*, sobre só poderem eles ser responsabilizados pelos prejuízos decorrentes das suas decisões, dos erros adjectivos ou substantivos relevantes que cometam, nos mesmos termos em que o possam ser os magistrados judiciais.

Compreende-se esta aparente entorse à unidade sistemática da lei por o atributo da irresponsabilidade decisória dos árbitros, já o vimos, ser um factor da sua independência, assegurando-lhes as condições necessárias para exercer o repectivo múnus livremente, como a sua vontade conscienciosamente lhes ditar e o Direito – apenas ele (ou a Equidade, quando constitua o paradigma do julgamento arbitral) – lhes pedir, sem receio de poder ser chamado a responder pelos prejuízos que uma decisão eventualmente errada pudesse acarretar à parte total ou parcialmente vencida.

Sendo assim, os árbitros só respondem perante as partes por *errores in procedendo*, erros processuais, que inquinem decisões ou omissões interlocutórias com reflexo na decisão final, ou *in iudicando*, erros de julgamento, quanto aos factos ou ao direito aplicável à solução da causa, que sejam manifestos e indesculpáveis, digamos, nos mesmos termos, afinal, dos (independentes) magistrados judiciais.

9. *Os pressupostos da excepcional responsabilidade civil dos árbitros por "errores in procedendo" e "in iudicando": a suposta exigência da prévia revogação da sua decisão danosa. Inconstitucionalidade*

Os árbitros respondem então civilmente de acordo com o disposto nos arts. 13º e 14º do *Regime de Responsabilidade Civil Extracontratual do Estado e demais Entidades Públicas*, aprovado pela Lei nº 67/2007, de 31 de Novembro, pois que à demora na conclusão do processo arbitral ou à falta de sua conclusão no prazo convencionado ou legalmente estabelecido não se aplica o art. 12º desse *Regime*, mas, respectivamente, os arts. 15º/2 e 43º/4 da LAV.

Então, em relação ao denominado *erro judiciário* – abrangendo, como já se disse, o erro *in procedendo* (que se reflicta na decisão final do processo) e o erro *in iudicando* –, os árbitros, salvo os que votem vencidos, responderão pelas *decisões manifestamente inconstitucionais* ou *manifestamente ilegais* que tomarem, bem como por aquelas baseadas em *erro de facto grosseiro*, desde que, em qualquer dos casos, tenham agido com *dolo* ou *culpa grave*.

São esses, na verdade, os pressupostos de que depende responderem os magistrados judiciais, em acção de regresso que contra si o Estado proponha, depois de haver indemnizado ele próprio os lesados pelo erro judiciário.

Sendo assim, à primeira vista, a responsabilidade civil dos árbitros pelo *erro judiciário* só poderia ser-lhes demandada depois de a decisão danosa ter sido revogada ou anulada pela jurisdição competente e com fundamento no vício integrante do mencionado erro judiciário, pois que a responsabilidade dos magistrados judiciais – e portanto a prévia responsabilidade do Estado por isso – também só pode ser-lhes demandada se for precedida de tal revogação. Dispõem-no os arts. 13º/2 e 14º do citado *Regime de Responsabilidade Civil Extracontratual do Estado*.

O que significa que a responsabilidade civil em que, por tais erros, os árbitros poderiam incorrer não lhes seria exigida directa e imediatamente em acção de responsabilidade, impondo-se ao lesado obter previamente a revogação da decisão danosa em recurso de decisão arbitral – se ela o admitir (art. 39º/4) – ou, então, em processo judicial de sua impugnação, eventualmente, em recurso de inconstitucionalidade da aplicação daquelas normas do RRCEE ao caso da arbitragem. Desde que, nestes dois últimos casos, pressupõe-se, a revogação de tal decisão ocorra em virtude do (ou por referência ao) erro judiciário.

Mesmo sabendo que, ao contrário do que sucede nos casos de responsabilidade de outros órgãos do Estado, os juízes (e portanto, por decorrência deste art. 9º/3, os árbitros) só respondem constitucionalmente pelas suas decisões verificando-se *"as excepções previstas na lei"*, não é inteiramente líquido que uma regra legal como a do citado art. 13º/2 do RRCEE – do qual resulta, por exemplo, a irresponsabilidade absoluta dos juízes quando das suas decisões não caiba recurso (ou impugnação) perante tribunal superior – seja conforme com a Constituição e com os princípios fundamentais em que ela assenta, nomeadamente os da igualdade, da tutela judicial e do Estado de Direito.

A entender-se, porém, que não haja lugar nesses casos à exigência constitucionalizante da indemnização dos prejuízos causados por erro judiciário, nem através de recurso da respectiva decisão judicial ou arbitral, nem através de uma acção de responsabilidade directa, o princípio da igualdade exigirá certamente, no mínimo,
- que, pelos prejuízos causados por *erro judiciário judicial*, responda o Estado, em acção de responsabilidade própria;
- que, pelo *erro judiciário arbitral*, respondam os árbitros, também em acção própria.

São, parece-nos, exigências inerentes ao núcleo essencial dos princípios fundamentais da igualdade e da protecção da confiança jurídica e da garantia fundamental da tutela judicial efectiva.

Nem há, no último caso referido, respeitante à censura judicial de decisões de árbitros, o melindre que existiria em se permitir ao juiz de um tribunal estadual inferior sancionar decisões judiciais dos seus "superiores" – melindre que pensamos dever ser sempre ultrapassável, mesmo no caso do erro judiciário de juízes, por nos parecerem ser constitucionalmente muito mais valiosos os princípios e as garantias fundamentais em que baseámos a solução aqui proposta do que aqueles de política constitucional, para não dizer de política meramente judiciária, em que se baseiam as normas excludentes da fiscalização da responsabilidade de magistrados judiciais de tribunais superiores por tribunais seus inferiores.

Até porque, se é aí que reside o melindre constitucional dessa exclusão, nada mais haveria a fazer do que trazer para aqui a solução legal adoptada em situações semelhantes e que consiste em fazer julgar os juízes de tribunais superiores, como as Relações ou os "Supremos", pelo plenário do respectivo tribunal ou da respectiva secção.

Nº 5

10. A responsabilidade civil dos árbitros: natureza e delimitação do seu âmbito subjectivo e objectivo. A cobertura securitária dessa responsabilidade

Muito se discute se a responsabilidade que assinalámos no comentário anterior aos árbitros é de natureza contratual ou extracontratual, sendo essa questão geneticamente indissociável – quase simbiótica, diríamos até – da concepção que se tenha da arbitragem, em si mesma.

No que respeita à sua essência – sem prejuízo da leitura obrigatória das esclarecedoras reflexões que Pedro Gonçalves dedicou ao tema em *Entidades Privadas com Poderes Públicos* (a pp. 560 e ss.) –, tendemos a perfilhar a tese mais difundida na jurisprudência, de acordo com a qual "*a arbitragem voluntária é contratual na sua origem, privada na sua natureza, jurisdicional na sua função e pública no seu resultado*" (cfr. Acórdão do Supremo Tribunal de Justiça, 18 de Janeiro de 2000, p. 99A1015, disponível em www.dgsi.pt).

Assentes estes termos, a doutrina iniciou um longo debate sobre a matéria, constatando-se alguma dificuldade em distinguir entre a natureza da responsabilidade dos árbitros e a extensão da mesma.

Salvo melhor interpretação, parece-nos então que a doutrina maioritária – na qual se incluem Pereira Barrocas, Pedro Romano Martinez e Frederico Gonçalves Pereira – se dedica a identificar e distinguir dois regimes de responsabilidade em que o árbitro pode incorrer, em decorrência das características mistas que a jurisprudência assinala à arbitragem.

Deste modo, quando os árbitros incumprissem os deveres específicos que resultam da aceitação do respectivo encargo, aqueles que se lhe impunha cumprir por força da obrigação de "prestação de serviços" assumida, em contrapartida dos honorários que auferem, entre os quais poderíamos enumerar a violação dos deveres de confidencialidade, a falta de comunicação de um impedimento ou o incumprimento injustificado dos prazos estabelecidos para a emissão de uma decisão à luz do artigo 43º/4 – e também, eventualmente, como assinala Pereira Barrocas, a falta de disponibilidade e assiduidade no desempenho da sua função, a falta de empenho na organização e condução da instância ou de participação na deliberação da sentença arbitral (e de outras decisões interlocutórias), etc. –, nesses casos de suposta índole negocial, dizia-se, estariam eles sujeitos ao regime da responsabilidade contratual, com a presunção de culpa daí decorrente.

Por outro lado, na esfera do exercício do poder jurisdicional da qual emana a sentença, estaria em causa a responsabilidade civil por danos, em conformidade com o que expusemos no comentário anterior, sendo que os seus apertados requisitos, nomeadamente a exigência de dolo ou culpa grave, serão os únicos mecanismos que (dentro de limites de razoabilidade) garantem ao árbitro a possibilidade de actuar sem que impenda a todo o tempo sobre si a pressão de uma responsabilização.

Preferimos, com todas as cautelas – e sem prejuízo de uma reflexão mais acabada sobre as teses expostas por Pedro Gonçalves, acima mencionadas –, essa última proposta, da responsabilidade extracontratual dos árbitros pelos erros manifestos de julgamento e de procedimento cometidos no exercício da sua função.

A legitimação constitucional dos julgamentos por árbitros, o facto de eles virem aí investidos do poder soberano de julgar, de dizer o

Direito – pese a falta de poderes de coerção – compagina-se mal com uma visão contratualista ou jusprivatista da arbitragem, a não ser na sua origem. Parece-nos melhor entendimento o de que, uma vez constituído o tribunal arbitral, na parte em que lhes cabe a condução do processo e a decisão do litígio, os árbitros se desligam das suas amarras contratuais e passam a ser titulares de um órgão de soberania, respondendo enquanto tais pelo seu múnus, não como pessoas contratadas para prestar um serviço às partes.

A ser assim, aqueles casos mencionados anteriormente de incumprimento de deveres de organização, condução e decisão do processo, de falta de disponibilidade ou assiduidade, pelo menos, inserir-se-iam nos domínios da responsabilidade funcional ou "jurisdicional", não da responsabilidade por incumprimento do contrato.

Por outro lado, a responsabilidade dos árbitros regulada no anterior nº 4 cingir-se-ia à responsabilidade civil dos árbitros *"perante as partes"* – quer das que se mantiveram no processo até à sua conclusão quer das que perderam essa qualidade em virtude de um *erro judiciário* –, pois que é essa a única responsabilidade que elas próprias têm o direito subjectivo de lhes exigir judicialmente.

Pode naturalmente a responsabilidade dos árbitros estender-se a outros domínios do juridicamente relevante – como acontece em sede penal, por exemplo, pelo crime de denegação da justiça (art. 369º do Código Penal) –, mas, em sede de responsabilidade civil pelos prejuízos resultantes das decisões tomadas ou omissões verificadas no processo arbitral, eles só são responsáveis perante as partes, dispõe a lei.

E bem.

É que, em relação às pessoas a quem os efeitos da sentença pudessem afectar reflexamente, por não serem (ou não terem sido) partes no processo arbitral, não lhes são oponíveis as sentenças proferidas pelos árbitros, não podem as mesmas ser feitas valer contra elas, seja no plano financeiro, patrimonial, registral ou em qualquer outro, pelo que não sofrerão qualquer prejuízo decorrente da sentença – e os decorrentes da sua execução, em caso de execução indevida no tribunal estadual, já não são assacáveis aos árbitros.

Por outro lado, como o Estado não responde, em circunstância alguma, pelos erros, quaisquer que sejam, cometidos ou reflectidos na decisão arbitral – proposição algo duvidosa, em certas circunstâncias, como no caso do art. 46º/8 –, também não existe nesse aspecto, em situação alguma, responsabilidade dos árbitros, em acção de regresso, perante ele.

Enfim, se a responsabilidade civil dos árbitros perante as partes estiver eventualmente coberta por um seguro e a respectiva seguradora tiver que ressarcir as partes dos prejuízos que as decisões por eles tomadas ou omitidas lhes causarem, também não terá ela (salvo cláusula excepcional de regresso) direito a accionar os árbitros para se fazer pagar das quantias indemnizatórias pagas às partes por erro judiciário arbitral.

Artigo 10.º
Designação dos árbitros

1 – As partes podem, na convenção de arbitragem ou em escrito posterior por elas assinado, designar o árbitro ou os árbitros que constituem o tribunal arbitral ou fixar o modo pelo qual estes são escolhidos, nomeadamente, cometendo a designação de todos ou de alguns dos árbitros a um terceiro.

2 – Caso o tribunal arbitral deva ser constituído por um único árbitro e não haja acordo entre as partes quanto a essa designação, tal árbitro é escolhido, a pedido de qualquer das partes, pelo tribunal estadual.

3 – No caso de o tribunal arbitral ser composto por três ou mais árbitros, cada parte deve designar igual número de árbitros e os árbitros assim designados devem escolher outro árbitro, que actua como presidente do tribunal arbitral.

4 – Salvo estipulação em contrário, se, no prazo de 30 dias a contar da recepção do pedido que a outra parte lhe faça nesse sentido, uma parte não designar o árbitro ou árbitros que lhe cabe escolher ou se os árbitros designados pelas partes não acordarem na escolha

do árbitro presidente no prazo de 30 dias a contar da designação do último deles, a designação do árbitro ou árbitros em falta é feita, a pedido de qualquer das partes, pelo tribunal estadual competente.

5 – Salvo estipulação em contrário, aplica-se o disposto no número anterior se as partes tiverem cometido a designação de todos ou de alguns dos árbitros a um terceiro e este não a tiver efectuado no prazo de 30 dias a contar da solicitação que lhe tenha sido dirigida nesse sentido.

6 – Quando nomear um árbitro, o tribunal estadual competente tem em conta as qualificações exigidas pelo acordo das partes para o árbitro ou os árbitros a designar e tudo o que for relevante para garantir a nomeação de um árbitro independente e imparcial; tratando-se de arbitragem internacional, ao nomear um árbitro único ou um terceiro árbitro, o tribunal tem também em consideração a possível conveniência da nomeação de um árbitro de nacionalidade diferente da das partes.

7 – Não cabe recurso das decisões proferidas pelo tribunal estadual competente ao abrigo dos números anteriores do presente artigo.

Fontes:

Nº 1 – Lei-Modelo da Uncitral, art. 11º/3, b); arts. 7º/2, e 11º/3 e 6 da LAV de 1986.

Nº 2 – Lei-Modelo da Uncitral, art. 11º/3, a); Lei Espanhola, art. 15º/2, a); arts. 6º/2, 7º/2, 11º/3 e 6, e 12º/1 da LAV de 1986.

Nº 3 – Lei-Modelo da Uncitral, art. 11º/3; Lei Alemã (ZPO) § 1035 (3); Lei Espanhola, art. 15º/2, b); art. 7º/2 da LAV de 1986.

Nº 4 – Lei-Modelo da Uncitral, arts. 11º/3, a) e 4; Lei Alemã (ZPO) § 1035 (4); Lei Espanhola, art. 15º/2, b); artigos 11º/ 6, e 12º/1 e 2 (parcialmente) da LAV de 1986

Nº 5 – Lei-Modelo da Uncitral, art. 11º/4; Lei Alemã (ZPO) § 1035 (4); art. 12º/1 e 2 (parcialmente) da LAV de 1986

Nº 6 – Lei-Modelo da Uncitral, art. 11º/5; Lei Alemã (ZPO) § 1035 (5).

Nº 7 – Lei-Modelo da Uncitral, art. 11º/5; art. 12º/5 da LAV de 1986; Lei Espanhola, art. 15º/6, 2a parte

Comentários:

1. *A designação dos árbitros pelas partes: origem, "ratio" e relevo*
1A. *O enquadramento da formalidade de designação no procedimento de constituição da arbitragem: formalidades antecedentes e subsequentes*
2. *Os procedimentos ou modos de designação: alternativas e combinações legais e ilegais*
3. *Os requisitos gerais inominados quanto à forma da designação de árbitros e quanto às exigências convencionadas relativas às suas qualificações: efeitos da sua inobservância*
4. (cont.) *Os requisitos da designação relativos às características da arbitragem, do tribunal e do processo arbitral. Remissão*
5. *A designação dos árbitros na convenção de arbitragem ou a fixação aí do modo da respectiva designação: (des)vantagens e regime aplicável às respectivas alterações*
6. *A designação pelas partes posterior à convenção: a questão da designação contextual ou cruzada do acordo respectivo e a teoria das formalidades não essenciais*
7. (cont.) *Prazo da designação posterior pelas partes: importância e remissão*
8. (cont.) *A forma e a assinatura não qualificadas da designação pelas partes*
9. *A designação do árbitro único pelas partes: delimitação e extensão do âmbito do preceito à falta de designação por terceiro*
10. *A devolução da designação de árbitros aos tribunais estaduais, em geral. Enquadramento: os processos de jurisdição voluntária*
11. *A devolução da designação do árbitro único ao tribunal estadual: pressupostos, formalidades e prazo*
12. *Dúvidas sobre a competência da Relação ou do seu presidente para a designação do árbitro único*
13. *Designação de árbitros para os tribunais arbitrais plurais: as regras da lei e respectiva imperatividade. Sua aplicação à designação do nº 5*

14. *Os pressupostos do suprimento por tribunal estadual do incumprimento dos deveres de designação de árbitros: formalidades e prazos*
15. *Âmbito da supletividade e da imperatividade da norma do art. 10º/4: a possibilidade de um suprimento judicial de última instância*
16. *O regime legal e os pressupostos adicionais do suprimento judicial do art. 10º/4: a necessidade de interpretação correctiva da lei*
17. *Regime da designação e da falta de designação por terceiro de membros do tribunal plural: remissão para os nºs 3 e 4 do art. 10º*
18. *A designação judicial de árbitros para arbitragens nacionais: vinculações às qualificações exigidas em convenção*
19. *A designação judicial de árbitros para arbitragens internacionais: vinculações*
20. *Sobre a (ir)recorribilidade das nomeações judiciais: interpretação constitucionalizante*
20A. *A tese da impugnabilidade da nomeação judicial e o ónus de oposição imediata*
21. *A recorribilidade da falta de designação judicial de árbitros*

Nº 1

1. *A designação dos árbitros pelas partes: origem, "ratio" e relevo*

À semelhança do que acontece com grande número das normas desta nova lei da arbitragem, também a matéria da nomeação ou designação dos árbitros – antes regulada, de forma dispersa, nos artigos 7º a 14º da LAV de 1986 – se inspira fortemente na Lei Modelo da UNCITRAL sobre Arbitragem Comercial Internacional. Com efeito, à excepção da diferente sistematização dos temas regulados neste art. 10º, a sua disciplina é muito semelhante à do art. 11º da referida Lei Modelo.

A matéria da designação ou escolha dos árbitros é compreensivelmente um dos momentos iniciais do procedimento de constituição do tribunal arbitral de maior relevância, dado que vai nela implicada, em larga medida, a qualidade ou merecimento da decisão do litígio.

Diz-se até que "a arbitragem vale o que valer o árbitro", máxima que não sendo absoluta, encerra, é bom de ver, uma franca parcela de verdade, pois as partes procuram naturalmente alguém que, na sua perspectiva, domine a complexidade das matérias que constituem o objecto do litígio, que seja uma pessoa emocionalmente equilibrada e intelectualmente apta, além de isenta e independente.

O facto de as partes participarem, mais ou menos directa e intensamente, na escolha dos decisores determina um relativo comprometimento seu na decisão do litígio, que não se encontra nos processos que correm nos tribunais estaduais, pois essa sua participação contribui naturalmente para aumentar o nível de aceitação das decisões tomadas no decurso do processo arbitral.

Assinala-se ainda que, embora seja a solução em princípio mais dispendiosa, as partes optam normalmente por um Tribunal plural, o que se deve ao facto de cada uma delas pretender escolher o "seu" árbitro, um árbitro de "sua confiança", do ponto de vista da aptidão para decidir (pelo menos, quando se olha de maneira juridicamente sã para essa escolha).

Diga-se, para terminar, que as normas do art. 10º da LAV, todas elas, a começar pela deste seu nº 1, se ocupam somente da designação dos árbitros, sendo o conceito *composição* do tribunal entendido aqui – não no art. 46º/3 –, estritamente, no sentido da fixação do número dos árbitros que o constituem (passo necessariamente prévio à sua designação), regulada no antecedente art. 8º, enquanto que a *aceitação*, a *recusa* e a *destituição* suas são matérias disciplinadas nos subsequentes arts. 12º a 16º, disposições que carecem de ser articuladas com as regras de designação de que trata o presente artigo.

1A.O enquadramento da formalidade de designação no procedimento de constituição da arbitragem: formalidades antecedentes e subsequentes

A formalidade da designação dos árbitros é, depois de celebrado o compromisso arbitral ou estabelecida a cláusula compromissória, a primeira formalidade obrigatória do processo ou procedimento de constituição do tribunal arbitral, correspondente, digamos assim, à 1ª fase da arbitragem, à sua fase "judiciária", se se nos permite a comparação, correndo depois a sua fase processual, o processo arbitral, *stricto sensu*. Voltaremos à distinção, mais desenvolvidamente, em comentário ao artigo 33º.

O tema da designação dos árbitros aparece regulado na lei logo nos arts. 10º e 11º da LAV – de forma algo esburacada, note-se.

Efectivamente, tratando-se de uma formalidade revestida de certa solenidade, e indo prenhe de múltiplos efeitos e implicações, a sua prática pressupõe uma actividade e um tempo de preparação sem cuja ponderação muito do que se passa no seu seio e do que se dispõe na lei resulta incompreensível, às vezes, impossível mesmo de aplicação.

Na verdade, antes de designarem formalmente os "seus" árbitros, nomeadamente na comunicação e na contra-comunicação previstas no nº 3 deste art. 10º, as partes têm que os auscultar informalmente para o efeito, inteirando-se da sua situação e disponibilidade, tendo-se como absurdo um sistema em que se procedesse à designação formal do árbitro – até para efeitos de contagem do prazo da respectiva *aceitação* do art. 12º/2 e de cumprimento do *dever de revelação* do art. 13º – sem que se conhecesse já do essencial da sua situação pessoal e profissional e da sua disponibilidade, correndo-se o risco de ambas as partes, uma após a outra, se enredarem numa sucessão de frustradas e demoradas designações formais arrastando-se para além do imaginável o período de constituição do tribunal arbitral.

Aliás, a uma diligência informal de *convite* para o cargo de árbitro refere-se o art. 13º, dispondo que "*[q]uem for convidado para exercer funções de árbitro*" deve declarar logo as circunstâncias que possam levar a duvidar da sua imparcialidade e independência.

Sucedendo à formalidade da *designação* temos, por sua vez, ainda no seio desta fase inicial da constituição do tribunal arbitral, a formalidade da *aceitação* dos árbitros designados – discorrendo-se amplamente sobre ambas nos comentários a este e aos subsequentes arts. 11º a 13º – e, depois, integrando já procedimentos ou fases diversas da arbitragem, as formalidades respeitantes à *recusa, renúncia, destituição* e *afastamento* de árbitros, de que se ocupam os arts. 14º a 16º.

Importa desde já avançar que, durante o tempo que medeia entre aquelas duas formalidades – tempo esse que a lei limita (supletivamente) a 15 dias, no seu art. 12º/2 –, se encontra o último momento em que a parte pode retirar livremente a designação feita, nos termos da alínea *a*) do art. 228º/1 do Código Civil, sem necessidade de qualquer procedimento, devendo exigir-se apenas que tal vontade seja comunicada por escrito.

2. *Os procedimentos ou modos de designação: alternativas e combinações legais e ilegais*

Fixam-se neste nº 1, além de outros aspectos do procedimento de designação do ou dos árbitros, as diversas modalidades através das quais pode proceder-se a essa escolha, estabelecidas segundo os critérios da respectiva *autoria*, da *natureza* do respectivo *título* e do seu *conteúdo*, as quais respeitam:

- à *designação* nominativa do ou dos árbitros pelas partes
    - na convenção
    - em escrito posterior;
- à fixação pelas partes, na convenção ou em escrito posterior, *do procedimento de designação* dos árbitros
    - quanto à autoria da designação
    - quanto à sequência do procedimento;
- ao cometimento pelas partes, na convenção ou em escrito posterior, do *encargo da designação* do ou dos árbitros
    - a uma terceira pessoa comum, um centro de arbitragem, por exemplo
    - a uma terceira pessoa ou a uma instituição por cada uma das partes
    - à cooptação de um terceiro árbitro pelos já designados.

Todas estas modalidades são combináveis entre si, podendo, por exemplo, as partes designar, cada uma, o "seu" árbitro e cometerem a terceiro o encargo de escolher o terceiro árbitro (ou árbitro presidente), fixando eventualmente as qualificações a preencher e o modo como deve ser feita tal escolha.

O que as partes não podem fazer é cometer (cometer directamente) a um tribunal estadual ou ao seu presidente o encargo de escolher um ou os árbitros que constituirão o tribunal arbitral: a ninguém – a não ser ao legislador, claro – é dado estabelecer deveres, encargos, funções, competência, ou o que quer que seja, que um tribunal do Estado tenha que fazer, salvo se a própria lei tiver previsto e admitido que sejam os interessados a fazê-lo.

O que não é aqui o caso, manifestamente, só havendo lugar à intervenção do tribunal nesta sede, como veremos em comentário aos preceitos subsequentes, para efeitos de suprir a omissão de designações ou declarações que coubesse às partes (ou a terceiro) fazerem em primeira mão.

3. *Os requisitos gerais inominados quanto à forma da designação de árbitros e quanto às exigências convencionais relativas às suas qualificações: efeitos da sua inobservância*

Que a designação dos árbitros, qualquer que seja o modo adoptado para o efeito, tem que resultar de documento ou documentos escritos é proposição que nos parece inarredável, embora só esteja consagrada neste art. 10º/1 para o caso de designação pelas partes: é que as exigências de certeza e segurança na constituição de tribunais arbitrais não consentem noutra solução.

A lei também não faz referência, qualquer referência, agora, à exigência de clareza (ou inequivocidade) e de suficiência na identificação das pessoas designadas, certamente porque se trata de um requisito de aplicação universal a todos os actos jurídicos, quanto mais àqueles que respeitam à constituição de um órgão de soberania – embora haja casos em que essas exigências assumem uma dignidade e relevância tais que a lei não deixa de se lhes referir expressamente.

Como poderia ser aqui o caso.

Na verdade, os mencionados requisitos da clareza e suficiência da identificação de árbitros, qualquer que seja o autor e o título da sua designação, inclusivamente o judicial, destinam-se a evitar que se suscitem controvérsias sobre uma questão tão fulcral e grave quanto a da regularidade da constituição do tribunal arbitral.

Outro requisito a observar na designação de árbitros, agora de carácter substantivo, respeita ao dever de se observarem as qualificações ou perfis que as partes hajam exigido na convenção ou em escrito posterior, valendo as mesmas para o árbitro único, para os árbitros-asas e (ou) para o árbitro presidente, como condições ou requisitos de sua aptidão profissional ou idoneidade pessoal.

A lei só se referiu a essas exigências no nº 6 do art. 10º, a propósito da nomeação de árbitro ou árbitros por tribunais estaduais, mas a verdade é que elas valem, por maioria de razão, para as designações feitas pelas próprias partes, por terceiros por elas cometidos para esse efeito ou pelos árbitros nomeados por cada uma delas.

A inobservância das exigências convencionais sobre tais qualificações, nesses casos, é sancionável nos mesmos termos em que se sanciona, como veremos no comentário nº 20, a sua inobservância pelo tribunal estadual – ou seja, em primeira linha através da *oposição imediata* e, depois, se se tiver deduzido tal ressalva ou oposição tempestivamente, através de processo de impugnação da sentença final, ao abrigo da subalínea *iv)* da alínea *a)* do art. 46º/3 da LAV –, devendo, em ambos os casos, esse ónus de (ressalva ou) oposição imediata ser deduzido perante o tribunal arbitral logo que ele se dê por constituído, tendo, em princípio, como termo final, o momento da apresentação do respectivo articulado (no pressuposto de o respectivo vício já ser então conhecido).

Não se rejeita que, por cautela, a referida oposição seja manifestada perante o próprio tribunal estadual, se este também tiver tomado parte no processo de designação.

4. (cont.) *Os requisitos da designação relativos às características da arbitragem, do tribunal e do processo arbitral. Remissão*

Para que a designação produza logo, de uma só vez, a plenitude dos seus efeitos – nomeadamente quanto ao grau de compromisso que a aceitação pelo designado envolve – será necessário que dela constem, como se intui, as menções essenciais da arbitragem, seja, por exemplo, a definição do seu objecto e qual a posição do designado no seio do tribunal arbitral, se será árbitro único, árbitro de parte ou presidente do tribunal.

E mais do que isso, aliás, encontrando-se no comentário nº 2 ao art. 12º o rol das menções que uma designação ideal, daquelas que não constem da própria convenção, deve conter, bem como as alternativas para a sua falta.

5. *A designação dos árbitros na convenção de arbitragem ou a fixação aí do modo da respectiva designação: (des)vantagens e regime aplicável às respectivas alterações*

A constituição da arbitragem é, por natureza, e logo no momento da opção por essa modalidade de resolução de litígios, um campo de revelação da autonomia privada, surgindo a designação dos árbitros como uma das manifestações mais relevantes desse princípio.

Cabe ela, em primeira linha, às partes que, salvo parcialidade ou falta de independência, são livres de escolher, directa ou indirectamente, a pessoa ou pessoas que entendam mais aptas para dirimir o litígio.

Quanto ao *modo de designação* dos árbitros pelas partes, a primeira hipótese prevista na lei é a de elas designarem os árbitros na própria convenção de arbitragem – não necessariamente em documento único, portanto (ver art. 2º/2) –, identificando aí, pelos seus nomes (e, também, pelos cargos profissionais respectivos, para maior segurança) o seu árbitro único ou, no caso do tribunal plural, o árbitro presidente e os árbitros-asas.

É uma modalidade que tem tido fraca adesão, principalmente no caso das cláusulas compromissórias, porque é dificilmente antecipável o concreto litígio que os árbitros irão julgar, se calhar, vários anos após a vinculação das partes, sem que possa antever-se como evoluirá a necessária aptidão e o carácter dos árbitros designados institucional ou nominativamente, ao que acrescem os riscos de sua não aceitação da incumbência ou (em caso de aceitação prévia) de se tratar de pessoas que, ao tempo do litígio, já não quereriam a incumbência.

Por outro lado, quando o tribunal é constituído por mais de um árbitro, é natural e compreensível que a parte contra a qual a arbitragem é iniciada não queira prescindir de conhecer o árbitro designado pela outra parte e, em função disso, escolher como "seu" árbitro a pessoa que considerar, pelo menos, tão apta quanto aquele, o que facilita, em alguma medida, a escolha convencional dos árbitros no caso de compromissos arbitrais – formalidade que, por isso, na prática, as partes relegam frequentemente para escrito posterior à convenção.

Alternativamente à *designação da pessoa* dos árbitros na convenção, podem elas fixar aí o *modo de designação* de todos ou alguns deles, ficando, por exemplo, indicado na convenção quem são os árbitros designados pelas partes e cometendo a estes (menos frequentemente a terceiro) a incumbência de escolherem, por acordo, o árbitro presidente.

Em qualquer uma das hipóteses vistas, essas menções da convenção, como parte integrante desta, estão sujeitas às regras de validade formal do art. 2º, às alterações permitidas pela primeira parte do nº 1 do art. 4º – só a essas, já não às da sua segunda parte ou às do nº 2 – e à remissão do art. 6º.

6. *A designação pelas partes posterior à convenção: a questão da designação contextual ou cruzada do acordo respectivo e a teoria das formalidades não essenciais*

Ainda de acordo com este nº 1 do art. 10º, as partes podem deixar a designação dos árbitros ou o modo de sua designação para *"escrito posterior por elas assinado"*, o que suscita desde logo a questão de saber se se trata de uma designação ou fixação contextual, feita por ambas no mesmo documento, ou se pode cada uma delas fazê-lo em escrito próprio, dirigido à contraparte.

Como a letra da lei (pelo menos, à primeira vista) – quando se refere no singular apenas a um *"escrito posterior"* – aponta para aquela solução e como, por assimilação alternativa à designação na convenção, também parece ser essa aqui a opção do legislador, entender-se-ia estarmos perante a exigência de uma designação do ou dos árbitros feita em escrito contextual de ambas as partes.

A solução parecer-nos-ia apropriada nos casos em que o ou os árbitros do tribunal devam ser designados por acordo delas, embora se trate de uma saída formalista para um problema que pede uma consideração prática, teleológica, parecendo bem melhor, nessa perspectiva, enveredar pela teoria das *formalidades não essenciais* – aquelas que só geram a invalidade do respectivo acto se a sua preterição redundar na frustração da finalidade que a lei queria ver alcançada através da respectiva consagração –, aceitando-se portanto que, mesmo no caso de designação de árbitros por acordo, a sua designação posterior à convenção resulte da troca de documentos escritos entre elas. Pois se a própria convenção arbitral se considera validamente celebrada mediante essa forma cruzada (art. 2º/2)!

Assim se passam também as coisas – como aliás fortemente o inculca o subsequente nº 4 – em relação aos árbitros que sejam designados por cada uma das partes, não se suscitando dúvidas de que, neste caso, a exigência legal é apenas a de haver duas designações cruzadas e receptícias por parte delas, só ficando a designação do árbitro presidente, se depender de acordo entre os árbitros designados, eventualmente a constar de documento contextual de ambos, não havendo, em parte alguma da lei, referência a uma exigência formal dessas.

Não votaríamos porém, também aqui, pela invalidade de uma designação cruzada do árbitro presidente pelos árbitros asas escolhidos pelas partes.

7. (cont.) *Prazo da designação posterior pelas partes: importância e remissão*

Se não designarem os árbitros ou o árbitro presidente na convenção de arbitragem, as partes podem estabelecer aí o modo, a forma (desde que escrita) e o prazo de designação, por si mesmas, quer dos árbitros- -asas quer do árbitro presidente.

Se tiverem fixado o prazo para procederem a essas designações, o seu incumprimento deve considerar-se causa de caducidade do compromisso arbitral (ou de caducidade parcial da cláusula compromissória), se a omissão for da parte que pretende submeter o litígio à arbitragem ou, então, se for da contraparte, como factor de devolução ao presidente de um tribunal judicial ou administrativo estadual – tal qual se prevê nos nºs 2 e 4 deste art. 10º.

Note-se que a fixação do momento da designação do ou dos árbitros assume significativa relevância sistemática na economia da LAV.

É que a aceitação do cargo por um árbitro deve ser comunicada no prazo de 15 dias a contar da data da sua designação (art. 12º/2), sendo certo que é até à aceitação do primeiro árbitro que as partes podem, designadamente, acordar em prazo diferente do prazo supletivo de 12 meses, previsto no art. 43º/1, para se proferir a sentença.

Por outro lado, a partir da aceitação do último dos árbitros, as partes deixam de poder chegar a acordo, por si só, quanto aos honorários deles, quanto ao modo de reembolso das despesas do tribunal e quanto à forma de pagamento de preparos por conta dos honorários e despesas (artigo 17º/1). Acresce que, após a aceitação do cargo pelo primeiro árbitro, a possibilidade de julgamento do litígio segundo a equidade passa a depender de prévio acordo do tribunal, não bastando para tal a vontade das partes (art. 39º/2).

E por aí fora.

A importância tamanha da questão justifica bem, então, que a ponderemos apenas no lugar próprio, o dos nºs 2 e 4 deste artigo.

8. (cont.) *A forma e a assinatura não qualificadas da designação pelas partes*

Já se afirmou, no anterior comentário nº 6, que a designação em escrito posterior à convenção não carece de um documento comum em que se manifestem declarações unilaterais ou acordadas sobre a identidade dos árbitros designados, podendo elas constar de documentos unilaterais contendo declarações "cruzadas" de cada um dos litigantes.

Quanto à questão de saber, qualquer que seja a solução dessa questão, qual deve ser a forma do referido documento escrito, se uma forma solene, relativamente solene ou apenas uma forma escrita simples, responde-se que, no silêncio das partes, não se exige mais do que uma forma escrita simples de mero documento particular – de acordo aliás não apenas com a regra do art. 219º do Código Civil (segundo a qual, quando a lei ou as partes não o previrem, não se exige forma especial para a declaração negocial), mas também com a regra já vista do art. 2º/2 da LAV.

Por outro lado, por cautela – até pelas relevantes implicações jurídicas que a falta de uma designação (auto-)vinculante para as partes tem no desenrolar do procedimento de constituição do tribunal arbitral e do processo arbitral –, julgar-se-ia que o ou os escritos assinados pelas partes a este propósito, quando formalizarem as designações que isolada ou conjuntamente lhes cabem (não quando trocarem correspondência preliminar sobre o tema, claro), deveriam levar as assinaturas reconhecidas ou (se se tratar de pessoas colectivas ou de mandatários de pessoas singulares) reconhecidas na qualidade.

A verdade é que, de acordo com o movimento – de tom, muitas vezes, algo excessivo – de desformalização das declarações e actos jurídicos, a assinatura de documentos desses, envolvendo casos de representação com e sem mandato, basta-se também com assinaturas simples, como acontece, por exemplo, com procurações forenses e, por força do art. 2º/2 da LAV, com a própria convenção de arbitragem.

Nº 2

9. *A designação do árbitro único pelas partes: delimitação e extensão do âmbito do preceito à falta de designação por terceiro*

A norma deste nº 2 refere-se à hipótese de se ter convencionado ser o tribunal arbitral constituído por um único árbitro, mas não se ter designado aí quem seria ele – nem se ter recorrido a qualquer modo de sua designação alheio ao acordo das partes, caso em que o preceito já não se aplicaria –, pelo que, se não conseguirem chegar a acordo sobre a pessoa que há-de servir como árbitro, a sua designação caberá ao tribunal estadual, a pedido de qualquer uma delas, nos termos do subsequente n.º 3.

Cabendo a designação do árbitro único às partes, devem elas manifestar o seu acordo quanto à identidade dele em termos claros, num escrito comum posterior à convenção, assinado (sem necessidade de qualquer reconhecimento) por ambas ou, então, em escritos cruzados (e receptícios) de cada uma delas, como aventámos em comentário anterior –, devendo tal identificação fazer-se, em princípio, por referência à própria pessoa escolhida, sem excluir, de todo, porém, a possibilidade de uma sua designação institucional, mas reportada expressamente ao titular actual de um determinado cargo, feita também em termos inequívocos.

Requisito esse, da clareza ou inequivocidade da identificação, que, já o dissemos, tem em vista evitar que se suscitem controvérsias sobre uma questão tão elementar, mas tão decisiva, quanto a da regularidade da constituição do tribunal arbitral.

Atente-se ainda em que, apesar de a lei se referir apenas à escolha do árbitro único por acordo das partes, o seu preceito vale também (cremos que por interpretação extensiva, eventualmente por analogia) nos casos em que tal designação cabe às pessoas ou entidades a quem cada uma delas tenha deferido esse encargo e, ainda, julgamos, no caso de o terem deferido apenas a um terceiro – com evidentes repercussões no procedimento de reenvio da designação para o tribunal estadual –, apontando-se para a adopção dessa solução judicial também nestes casos.

Rejeita-se portanto, por paralelismo com as soluções postas na 2ª parte do nº 4 e no nº 5 do presente art. 10º, a hipótese de a designação dos árbitros em falta se devolver então às partes.

Nº 3

10. A devolução da designação de árbitros aos tribunais estaduais, em geral.
   Enquadramento: os processos de jurisdição voluntária

O princípio da intervenção mínima e taxativa dos tribunais estaduais em matéria arbitral, consagrado expressamente no art. 19º da LAV, atravessa-a toda, sendo reconhecidamente um dos pilares da arbitragem.

Na exposição de motivos da Proposta de Lei n.º 34/IV, que esteve na origem da LAV de 1986, tal princípio vinha afirmado precisamente a propósito da matéria da designação de árbitros, dizendo-se aí que "[...] *a constituição e o funcionamento dos tribunais arbitrais devem desvincular--se de toda a desnecessária ou desrazoável intervenção dos tribunais judiciais, reconhecendo-se às partes, dentro dos limites fixados na lei, o poder e o dever de forjar as soluções requeridas para a correcta actuação da instituição arbitral".*

Volvidos mais de 25 anos sobre essa lei, o legislador já não considerou necessário aprofundar o tema, até porque esse princípio é agora um dogma assumido na prática forense e também porque o art. 19.º o consagra expressamente.

Ora, a matéria da designação dos árbitros é tipicamente uma daquelas em que os tribunais estaduais são chamados a intervir numa função de assistência às arbitragens, assentando tais intervenções não na composição de interesses das partes, mas na necessidade de o tribunal estadual se "substituir" à falta de designação dos árbitros por elas, ou por uma delas, de maneira a que o tribunal arbitral possa constituir-se e funcionar.

Este tipo de intervenção judicial remete-nos – senão para a actividade materialmente administrativa de órgãos do Poder Judicial – para os *processos de jurisdição voluntária*, nos quais se integra provavelmente o processo de nomeação de árbitros pelos tribunais estaduais, processos dominados também, é sabido (sob pena de inconstitucionalidade, até), pela exigência de contraditório entre as partes – temperada com a preocupação de não se pôr em causa a efectividade imediata da nomeação feita – como resulta dos arts. 1409º e 303º do CPC, hoje arts. 986º e 293º do novo CPC.

11. A devolução da designação do árbitro único ao tribunal estadual: pressupostos, formalidades e prazo

A lei não fixa nem prazo nem pressupostos para se dar como inalcançável o acordo das partes (ou de terceiros em representação de cada uma delas) sobre a designação do árbitro único, parecendo então que bastaria a frustração de uma *primeira* e *incipiente* tentativa para que qualquer uma delas pudesse requerer desde logo ao tribunal estadual – sempre em requerimento fundamentado e documentado – a designação do árbitro único.

Parece-nos porém estarmos aí perante uma *fraude à convenção* e à *lei*.

À convenção, pois que o compromisso de acordarem sobre a pessoa do árbitro único revela, da parte dos litigantes, a preocupação e o interesse de uma sua participação efectiva no procedimento de designação e de encontrarem um árbitro em que ambos confiem, valores que seriam desprezados se, à primeira sugestão de uma das partes, a outra pudesse considerar logo impossível ou difícil de alcançar o referido acordo. À lei, porque a *ratio* da devolução ao tribunal do poder de designação assenta na constatação de se ter chegado a um verdadeiro impasse na obtenção do acordo, afigurando-se ele impossível ou difícil de alcançar.

Entendemos portanto que o tribunal estadual deve rejeitar o pedido de designação que uma das partes lhe formule se, depois de ouvir a contraparte, chegar à conclusão de ter sido desrespeitada a cláusula convencional pela qual os litigantes se comprometeram a designar de comum acordo um árbitro único para julgar o litígio, ou de ter sido desrespeitada a intenção comum que subjazia a tal cláusula.

Por outro lado, pese o facto de a lei não ter fixado para esta hipótese um termo *a quo* para cada uma das partes poder requerer a intervenção do presidente do tribunal estadual competente, entendemos dever aplicar-se aqui analogicamente o prazo de 30 dias previsto no subsequente nº 4, prazo a partir do decurso do qual qualquer uma poderia requerer tal intervenção.

12. Dúvidas sobre a competência da Relação ou do seu presidente para a designação do árbitro único

Competente para proceder à designação do árbitro único, nos termos previstos no nº 2 e ss. deste art. 10º, não é, em rigor, o tribunal judicial ou administrativo do Estado – como resultaria da letra dessas disposições –, porque a questão está regulada de maneira diversa nas normas especiais da alínea *a)* do nº 1 e no nº 3 do art. 59º desta LAV.

Competente para tanto é, pois, o presidente da Relação ou do Tribunal Central Administrativo, de acordo com o disposto nesse mesmo art. 59º.

Não olvidamos que, na sua citada alínea *a)*, o legislador se referiu apenas à nomeação judicial de árbitros que haja de ser feita *"de acordo com o previsto nos nºs 3, 4 e 5 do art. 10º"*, omitindo qualquer referência expressa ao caso de que aqui tratamos, previsto no nº 2 desse mesmo artigo (e também ao do nº 6), afigurando-se deveras estranha tal omissão, por não se compreender que razão poderá estar por trás dessa diferença de regime – da qual resultaria então não ser competente para a designação aqui prevista nem uma Relação ou um TCA, nem o presidente de um desses tribunais, mas o próprio tribunal judicial ou administrativo de 1ª instância.

Não faz qualquer sentido tal distinção, como assinalamos em comentário mais desenvolvido ao art. 59º/1, para onde remetemos o leitor.

Nº 3

13. *Designação de árbitros para os tribunais arbitrais plurais: as regras da lei e respectiva imperatividade. Sua aplicação à designação do nº 5*

Dispõe-se neste nº 3 sobre a designação de árbitros no caso de o tribunal arbitral, em conformidade com a convenção das partes, dever ser constituído por três ou mais árbitros (sempre em número ímpar, como imposto no art. 8º/1).

E dispõe-se de maneira imperativa – por aplicação do princípio da igualdade do nº 1 do art. 30º, que também domina nesta matéria, como o revelam (às vezes de maneira algo surpreendente) o art. 11º, nºs 1 e 3, e o art. 36º, nºs 6 e 7 – que cada parte designará igual número de árbitros e que são estes a escolher o árbitro presidente.

O que significa que devem considerar-se não escritas as cláusulas da convenção de arbitragem que porventura preceituem diversamente – salvo se se demonstrar que, sem tais cláusulas, as partes não teriam querido a arbitragem, caso em que se tem por nula toda a convenção.

É que, como avisadamente refere José Miguel Júdice (*Lei da Arbitragem Voluntária Anotada*, AAVV, p. 28), a lei pretendeu reforçar a independência do árbitro presidente face às partes e, por outro lado, *"contribuir para uma maior eficácia e coesão do tribunal arbitral, tentando na medida do que for possível que os co-árbitros se ponham de acordo quanto à escolha do árbitro presidente [...]. No entanto é prudente e nada tem de deontologicamente censurável que cada um dos árbitros sonde quem o nomeou para evitar o risco de escolher alguém que, por alguma razão atendível, não seja aceitável para as partes e possa suscitar questões de anulabilidade".*

Dispõe-se então imperativamente, a propósito deste caso de designação de árbitros de um tribunal arbitral de três ou mais membros, que cada parte designa igual número de árbitros (um em três, dois em cinco, etc., se forem duas partes) e que cabe aos árbitros assim designados escolher por acordo um terceiro ou quinto árbitro, que actuará como presidente, valendo para esse acordo o regime que imputámos acima, no comentário n.º 3 a este artigo 10º, ao acordo das partes na escolha do árbitro único.

É legítimo interrogarmo-nos porém se o disposto no subsequente nº 5 – referindo-se ao caso de *"as partes terem cometido a designação de todos ou de alguns dos árbitros a um terceiro"* – não contenderá com a imperatividade que assacámos às regras deste nº 3 e como é que se conciliarão as duas normas.

Entendemos que a designação cometida pelas partes a terceiro ainda é uma designação a elas imputável, devendo o disposto nesse nº 5 – quando ao terceiro só couber a designação dos árbitros de parte, que não o presidente do tribunal arbitral – aplicar-se de acordo com a regra posta na parte final deste nº 3.

Nº 4

14. Os pressupostos do suprimento por tribunal estadual do incumprimento dos deveres de designação de árbitros: formalidades e prazos

Os casos de devolução ao tribunal estadual da nomeação do árbitro da parte demandada e do árbitro presidente, de que trata este nº 4, respeitantes ambos aos tribunais arbitrais constituídos por três ou mais membros – sobre os quais já dispunha o anterior nº 3 deste mesmo artigo (não porém o seu nº 2, respeitante à designação do árbitro único, como se viu) –, são três:

- o primeiro respeita à falta de designação, pelo litigante que recebeu um pedido da contraparte nesse sentido, dentro do prazo de 30 dias a contar da respectiva interpelação, do árbitro ou árbitros que lhe cabia escolher;
- o segundo respeita à falta de acordo entre os árbitros "de parte", "*no prazo de 30 dias a contar da designação do último deles*", sobre a escolha do árbitro presidente, que o anterior nº 3 deste art. 10º lhes impõe fazerem mutuamente;
- o último prende-se com a hipótese de as partes terem cometido a faculdade de nomeação dos seus árbitros (ou do presidente) a terceiros e estes não terem procedido tempestivamente à respectiva designação.

Quando ocorrer qualquer um destes dois últimos casos, o poder (-dever) de designação devolve-se, não às partes, mas, consoante a matéria, ou à Relação ou ao TCA competentes, *rectius*, aos respectivos presidentes, como resulta conjugadamente da alínea *a)* do nº 1, do nº 2 e do nº 3 do art. 59º desta LAV.

Entende-se, como se verá adiante, que o pedido que uma parte faça à outra "*nesse sentido*" – isto é, para que ela designe o ou os árbitros que lhe cabe escolher – despoletará as consequências aqui previstas, mesmo que tal pedido não vá aí formulado explicitamente, bastando, por um lado, manifestar-se claramente a vontade de submeter o litígio à arbitragem e, por outro, designar quem é o próprio árbitro do demandante (que já tenha aceite o cargo, pressupõe-se).

Quanto à hipótese de o demandante não conseguir proceder à interpelação do demandado para designação do respectivo árbitro – ou de não o conseguir o terceiro a quem coubesse proceder a essa designação, interpelando o terceiro seu "par" –, entende-se que deverá ele (e só ele, demandante, não o referido terceiro, o qual lhe devolverá a faculdade de ir a tribunal), oferecendo prova das diligências feitas nesse sentido, requerer ao presidente do tribunal estadual competente que proceda a essa nomeação.

Trata-se de caso que, não estando previsto na letra da lei, cabe manifestamente no seu espírito (no mesmo sentido, embora com reserva, José Miguel Júdice, *Lei da Arbitragem Voluntária Anotada*, AAVV, p. 29).

15. Âmbito da supletividade e da imperatividade da norma do art. 10º/4: a possibilidade de um suprimento judicial "de última instância"

Estamos aqui, já se disse, perante uma norma supletiva, que é de aplicação apenas no caso de as partes não terem convencionado outro modo efectivo de suprimento das faltas de designação de árbitro ou de árbitros de cada uma delas.

Mas essa supletividade respeita apenas, parece, à *via* a usar para o suprimento, ou seja, quanto a fazer-se ele (ou não), em primeira mão, por recurso ao (presidente do) tribunal estadual; já o *regime* estabelecido neste nº 4, para o suprimento judicial de 1ª instância, digamos assim, seria imperativo, encontrando-se aliás a ressalva inicial nele contida – "*[s]alvo estipulação em contrário*" – relacionada sintaticamente apenas com a estatuição final da norma (de "*a designação do árbitro ou árbitros em falta* [ser] *feita pelo tribunal estadual competente*"), não com o seu miolo, onde se regulam aspectos imperativos do regime legal deste modo de suprimento (supletivo) da falta de designação dos árbitros pelas partes (como sucede, por exemplo, com o prazo de 30 dias aí fixado ou com o momento do início da sua contagem).

A solução está, aliás, de acordo com o que se dispõe nos arts. 11º/3 *a*) e 11º/4 da Lei Modelo, onde a nossa lei foi buscar inspiração, pelo que, a adoptar-se este entendimento, não seria então dado às partes alterar nesses aspectos o disposto no presente nº 4.

Questão mais delicada é a de saber se, no caso de falhar também o recurso ao modo de suprimento convencionado pelas partes (para a falta de designação de árbitro pela parte interpelada ou para a falta de acordo dos árbitros designados sobre a nomeação do presidente), é dada a qualquer delas a possibilidade de recorrerem em última instância ao tribunal estadual nos termos adaptados (nomeadamente quanto ao momento do início da contagem do prazo de 30 dias) constantes deste nº 4.

Não nos parece dever rejeitar-se liminarmente essa possibilidade, embora seja certo que o legislador não a previu expressamente – mas também não a recusou.

Por outro lado, admiti-la é ainda uma manifestação do *favor arbitratis*, que domina toda a LAV, pelo que responderíamos afirmativamente àquela questão – no caso, claro, de não haver vestígios de uma vontade hipotética das partes em sentido diverso –, entendendo-se então que, na hipótese de se frustrar o modo por elas previsto para suprir as faltas de designação previstas nº 4 do art. 10º, qualquer uma pode requerer ao (presidente do) tribunal estadual competente, no prazo de 30 dias, que proceda, em segunda ou última instância, digamos assim, à designação do ou dos árbitros em falta.

16. O regime legal e os pressupostos adicionais do suprimento judicial do art. 10º/4: a necessidade de interpretação correctiva da lei

Já vimos no anterior comentário nº 14 qual é o núcleo básico dos casos da previsão do art. 10º/4, mas dissemos logo que não se consumiam aí todos os seus pressupostos.

Um pressuposto omisso na previsão deste nº 4 do art. 10º, sobre a falta de acordo dos árbitros-asas na escolha do árbitro presidente, consiste no facto de eles já haverem aceite o cargo de árbitro.

Tanto a lei se esqueceu desse "pormenor" que mandou contar o prazo de 30 dias para eles se porem de acordo "*da designação do último deles*", quando, tal prazo só deveria poder contar-se a partir da *aceitação* do cargo pelo último deles, a qual deve ter lugar – refere-o claramente o subsequente art. 12º/2 – dentro dos 15 dias posteriores à sua própria designação, se outro prazo não tiver sido fixado convencionalmente.

O referido prazo de 30 dias valeria então para ambos os casos do art. 10º/4 – para a falta de designação, por uma parte (sob interpelação idónea da outra), do "seu" árbitro e para a falta de acordo dos árbitros "de parte" sobre o árbitro presidente a designar –, devendo contar-se corridamente, todos os dias sem excepção, a partir, no primeiro caso, como manda a lei, da *recepção da interpelação idónea*, e, no segundo caso, da *aceitação do último árbitro* designado pelas partes.

Pode, é certo, objectar-se, a favor da solução literal da lei (da contagem do prazo para o acordo dos árbitros a partir da designação do último deles, e não da sua aceitação) que, como a pessoa designada pela parte demandada tem 15 dias para declarar se aceita ou não a designação para o cargo de árbitro, o prazo de trinta dias deste n.º 4 cobriria esses 15 dias, ficando os 2 árbitros de parte, assim, com, pelo menos, outros 15 dias para acordar sobre o nome do árbitro presidente.

Mas, além de se traduzir na adesão a uma interpretação feita com base numa forma de legislar completamente enviesada (conjugada, aliás, com uma leitura também enviesada da lei), essa tese peca ainda, em primeiro lugar, pelo facto de o prazo para aceitação da pessoa designada como árbitro poder, por convenção das partes, ser de 30 dias, e não apenas de 15 dias (art. 12º/2), e, em segundo lugar, por assentar no pressuposto de que a parte demandada (depois de a pessoa que convidou para árbitro ter aceitado a respectiva designação) deveria comunicar à demandante a data em que a designou – nada apontando na lei para aí – e não, como é curial, apenas o facto da sua aceitação.

Uma *vexata quaestio*, pois, que bem poderia ter-se evitado e que promete deixar marcas no debate doutrinal e jurisprudencial.

Quanto aos restantes aspectos do regime da intervenção do tribunal estadual no suprimento das faltas previstas neste n.º 4 do art. 10.º, vale, para além do que já em cima se escreveu sobre prazos, o que dissemos em comentário aos seus n.ºs 2 e 3, ou seja:

- a iniciativa de recurso ao tribunal cabe sempre às partes, mesmo no caso de a falta de designação ser imputável à falta de acordo entre os "seus" árbitros;
- o pedido de intervenção do tribunal deve ser fundamentado e documentado;
- a lei não fixa prazo *ad quem* (ou final) – mas apenas o prazo *a quo* (ou inicial) de 30 dias – para a apresentação do pedido de intervenção do tribunal, podendo o mesmo ser formulado sem limite de tempo, enquanto a convenção vigorar e não for impossível julgar arbitralmente a causa dentro do período da sua vigência;

- antes de decidir, o tribunal deve chamar a contraparte a pronunciar-se sobre o requerimento e documentos apresentados;
- ao designar o ou os árbitros, o tribunal estadual deve ater-se às qualificações ou perfis previstos na convenção ou acordo das partes, como veremos em comentário ao subsequente nº 6;
- deve dar-se às pessoas designadas pelo tribunal, directamente ou remetendo-as para as partes, as informações sobre a arbitragem a que se referem o comentário nº 4 a este art. 10º e, sobretudo, o comentário nº 2 ao art. 12º;
- competente para decidir sobre a designação de um árbitro é, consoante a matéria, o presidente de uma Relação ou de um TCA;
- questionável é se a aceitação do árbitro designado pelo tribunal é dirigida a este mesmo – e se só se procede portanto à comunicação às partes depois de isso se verificar, remetendo-lhes o tribunal a declaração de aceitação – ou se elas são também notificadas da designação, cabendo-lhes depois encabeçar o procedimento de aceitação, parecendo-nos preferível, por razões de eficiência, e coerência, aquela primeira solução;
- o tribunal notifica ambas as partes, a requerente e a requerida, sobre a designação e aceitação verificadas.

Nº 5

17. Regime da designação e da falta de designação por terceiro de membros do tribunal plural: remissão para os nºs 3 e 4 do art. 10º

Manda-se neste nº 5 aplicar o disposto no anterior nº 4 – isto é, a regra do suprimento supletivo, pelo presidente de um tribunal estadual, da designação de um árbitro ou de árbitros – ao caso em que a designação de todos ou alguns árbitros tenha sido por elas cometida a terceiro.

Deve assinalar-se:
- que se trata também de um caso de tribunal plural, composto por três ou mais árbitros;
- que estamos perante uma norma supletiva, só aplicável se as partes nada tiverem disposto, na convenção ou em acordo pos-

terior, sobre uma via alternativa da judicial para suprir a falta de designação por terceiros;
- que, se essa via alternativa também não funcionar, poderá haver recurso à via judicial, no caso de se aceitar a proposta de uma "última instância" feita a tal propósito no anterior comentário nº 15;
- que, sendo a falta de designação da "autoria" de terceiro, o pedido de suprimento judicial é contudo um dever ou ónus das partes;
- que o prazo de 30 dias para a designação por terceiro se conta a partir da solicitação que as ou uma das partes lhe tenham formulado idoneamente nesse sentido.

Mas não é só ao anterior nº 4 deste art. 10º que se vai buscar o regime aplicável ao caso da (falta de) designação que as partes hajam cometido a terceiro, regulado no presente nº 5. É também (como já se assinalou em comentário antecedente) ao respectivo nº 3, para o qual o legislador podia igualmente ter-nos remetido, pois que, enquanto naquele nº 4 se dispõe sobre o modo de suprimento da falta de designação dos árbitros por terceiro, no nº 3 dispõe-se sobre a regra a observar no caso de a terceiros só se ter cometido a designação de dois (quatro, etc.) árbitros--asa, cabendo então a estes designar o árbitro presidente.

Nº 6

18. A designação judicial de árbitros para arbitragens nacionais: vinculações às qualificações exigidas em convenção

O tribunal estadual chamado a suprir as faltas de designação de árbitros, seja pelas partes, por árbitros já nomeados ou por terceiro, "*tem em conta*" – dizendo a lei, dessa maneira, certamente, menos do que queria dizer realmente a tal propósito, que era que ele (tribunal estadual) *está vinculado* a observar –, tem em conta, dizia-se, em primeiro lugar, as "*qualificações exigidas para o árbitro ou árbitros a designar*", na convenção ou em acordo posterior.

O conceito *qualificações* deste nº 6 do art. 10º cobre todos os atributos, especificações e características que as partes hajam convencionado deverem ser preenchidas pelos árbitros e/ou pelo árbitro presidente –

desde as suas habilitações académicas ou profissionais até às respectivas circunstâncias, inclusivamente de nacionalidade ou residência –, enquanto o conceito *exigidas* se refere a todos os modos de previsão dessas *qualificações*, trate-se de exigências firmes ou peremptórias ou de simples manifestações de preferência (só arredáveis fundamentadamente).

Não fosse assim, e as controvérsias a propósito do exacto sentido dos conceitos legais de *qualificações* e de *exigências* dessas não cessariam mais, criando uma desconfiança permanente quanto à observância da vontade das partes nas designações feitas pelo tribunal estadual – sancionável em processo de impugnação da sentença final, com fundamento na subalínea *iv)* da alínea *a)* do art. 46º/3.

A segunda "vinculação" do presidente do tribunal estadual, na sua função de designar o ou os árbitros em falta, é aos requisitos da *independência* e da *imparcialidade* de que eles devem revestir-se, no sentido que demos a tais exigências em comentários ao anterior art. 9º/3, para onde se remete o leitor interessado.

19. A designação judicial de árbitros para arbitragens internacionais: vinculações

São muito mais ténues as vinculações do presidente do tribunal estadual encarregado de suprir a falta de designação de árbitro ou árbitros nas arbitragens internacionais (sobre o respectivo conceito, conferir comentários ao art. 49º/1).

É que, enquanto nas arbitragens nacionais a lei fazia corresponder a sua vinculação à necessidade de "*ter em conta as qualificações exigidas*" para qualquer árbitro do tribunal arbitral – e já dissemos que o legislador disse aí *minus quam voluit* –, aqui, nas arbitragens internacionais, é-lhe pedido, mas só na nomeação do árbitro único ou do árbitro presidente, que tenha "*também em consideração a possível conveniência da nomeação de um árbitro de nacionalidade diferente das partes*" – se estas forem de nacionalidade diferente, presumimos. Caso contrário, não há necessidade de neutralidade "nacionalista" da parte do árbitro único ou do presidente do tribunal.

Significa isto que, nas arbitragens internacionais sedeadas em Portugal, ao presidente do tribunal português competente cabe ajuizar livremente quer da *possível conveniência* na designação de um árbitro de nacionalidade neutra quer da *consideração* que lhe deve ser dada, se entender que tal conveniência existe.

Fala-se, a esse propósito, na doutrina, inclusivamente na estrangeira, de maneira generalizada, em *princípio da neutralidade* na designação de árbitros por um tribunal estadual ou por uma autoridade legalmente competente para o efeito.

Nº 7

20. Sobre a (ir)recorribilidade das nomeações judiciais: interpretação constitucionalizante

De acordo com o n.º 7 deste art. 10º, as decisões tomadas pelos tribunais estaduais sobre a designação de árbitros são irrecorríveis, solução que aliás vem já do art. 12º/3 da LAV de 1986 e corresponde também à solução da Lei-Modelo.

Significará isto que as partes têm de conformar-se definitivamente com essas decisões dos tribunais, mesmo que eles não hajam respeitado normas legais inderrogáveis ou, por exemplo, as cláusulas da convenção sobre as regras de escolha de árbitros ou as normas legais sobre a sua designação judicial constantes deste art. 10º?

Respondemos que não, que não têm, pelo menos sempre, de conformar-se com tais decisões.

Desde logo, porque, em caso de aplicação de normas inconstitucionais ou de desaplicação de normas com fundamento na sua inconstitucionalidade (ou ilegalidade reforçada), as decisões "judiciais" sobre a designação de árbitros podem ser objecto de recurso para o Tribunal Constitucional – recurso que não pode ser arredado por qualquer norma de lei, sob pena de inconstitucionalidade dela mesma (sustentando-se tal posição igualmente nos comentários nºs 5 e 11 ao art. 59º).

Vamos, porém, mais longe do que isso.

Na verdade, a intervenção dos tribunais do Estado na designação de árbitros há-de configurar-se ou como uma *actividade materialmente administrativa* de órgãos judiciais ou, talvez seja preferível, já o vimos, como correspondendo a *processos de jurisdição voluntária*.

Até por isso se compreende que a designação de árbitros, cometida nos nºs 1 e 2 desse tal art. 59º aos Tribunais da Relação e aos Tribunais Centrais Administrativos, caiba afinal aos respectivos presidentes, e não propriamente ao tribunal, a um juiz ou a um colégio de juízes, como sucede quando se trata de solucionar um conflito judicial – que é o caso de todas as suas restantes alíneas.

Se configurarmos a referida escolha como correspondendo a uma actividade administrativa, a um acto administrativo (de um órgão do Poder Judicial) – que nos parece ser a hipótese menos verosímil –, então a norma contida neste nº 7 do art. 10º da LAV, sobre a inadmissibilidade de recurso das decisões proferidas pelos presidentes das Relações ou dos Tribunais Centrais Administrativos no exercício da competência para a nomeação de árbitros que aí se lhes comete, é materialmente inconstitucional, por violação do art. 268º/4 da Constituição.

Ainda que (por em alguns dos seus aspectos ela ser de carácter discricionário) se aceitasse que não caberia recurso quanto à escolha feita, em si mesma – parecendo-nos porém que se deveria admiti-lo sempre com fundamento (pelo menos) em erro grosseiro sobre as qualidades da pessoa nomeada –, o que se repudia seguramente é que esse recurso possa ser constitucionalmente denegado quando a nomeação de árbitros pelo presidente dos referidos tribunais se faça sem que se verifiquem os pressupostos da respectiva competência.

É o que sucederia se uma parte na convenção arbitral, não tendo ainda decorrido os 30 dias do nº 4 do art. 10º da LAV, invocasse estar a contraparte em falta quanto à designação do respectivo árbitro e fosse requerê-la ao presidente de Relação, e este (erroneamente influenciado pelo requerimento ou procedendo erradamente à contagem do referido prazo) nomeasse mesmo o árbitro da parte supostamente relapsa.

Não há aí alternativa possível: o art. 268º/4 da CRP, que institui a garantia fundamental do recurso contencioso de *"quaisquer actos administrativos"* – ainda que materialmente administrativos, claro –, seria de aplicação directa a tal caso, arredando a aplicação da norma (pelo menos, parcialmente) inconstitucional do nº 7 do art. 10º da LAV.

Por outro lado, a qualificar-se tal actividade como sendo de *jurisdição voluntária*, entende-se que da respectiva decisão caberá à mesma recurso, por se cingir então a irrecorribilidade com que a lei a impregna à escolha feita pelo presidente do tribunal, isto é, se cingir ela à adequação de pessoa escolhida ao desempenho do cargo de árbitro. Já não porém quanto à inexistência dos pressupostos da sua intervenção.

Em tais circunstâncias, recusar ao interessado a possibilidade de recurso corresponderia a uma violação do princípio de tutela judicial efectiva do art. 20º da CRP, ou seja, a negar-lhe o acesso a um tribunal para (em processo destinado a esse fim) assegurar a defesa de seus direitos ou interesses legalmente protegidos.

Em qualquer dos casos, portanto, estaríamos perante a inconstitucionalidade material da referida regra deste nº 7 do art. 10º, embora esta tese da *recorribilidade* de tais decisões não exclua a da sua *impugnabilidade*, como se refere já no comentário subsequente.

20A. A tese da impugnabilidade da nomeação judicial e o ónus de oposição imediata

Mesmo, porém, que se entendesse não serem as referidas decisões dos presidentes dos tribunais estaduais, sobre a nomeação de árbitros nos termos dos antecedentes nºs 4, 5 e 6, susceptíveis de *recurso*, o certo é que, depois, as sentenças proferidas por árbitros cuja designação (ou aceitação) esteja afectada de ilegalidade ou de contradição com convenção das partes, desde que se tenha cumprido o ónus do art. 46º/4, são passíveis de *impugnação* e de *anulação judicial*, como resulta da subalínea *iv)* da alínea *a)* do nº 3 desse artigo de lei, com fundamento em que *"[a] composição do tribunal arbitral* [não foi] *conforme com a convenção das partes* [...] *ou, na falta de uma tal convenção, que não* [foi] *conforme com a presente lei"*.

Tudo está então em saber se, ao referir-se nesse art. 46º/3 à *"composição"* do tribunal, o legislador tinha em vista especificamente a regra do art. 8º/2, de que o mesmo "é composto por três árbitros" – a única deste Capítulo II em que se incluem palavras derivadas de "compor" – ou se tinha em vista o conjunto de regras legais e cláusulas convencionais respeitantes, além do número de árbitros, também, por exemplo, aos requisitos que eles devem preencher previstos no art. 9º, às normas sobre a sua designação dos arts. 10º e 11º e às nomeações de árbitros substitutos do art. 16º, etc..

Esta última interpretação, a mais ampla, é também a única adequada, até por não existir nos citados preceitos dos arts. 8º a 16º da LAV uma noção à qual pudéssemos reportar o conceito *"composição do tribunal"* da citada disposição do art. 46º/3 da LAV.

Seria absurdo, aliás, admitir a impugnação da sentença arbitral por o tribunal ter 5 membros, em vez dos 3 previstos em convenção ou no supletivo art. 8º/2 da LAV, e não a admitir, por exemplo, no caso de não ter sido dado a algum ou alguns dos demandados plurais – como veremos exigir-se no subsequente art. 11º – a possibilidade de participarem na designação conjunta do respectivo árbitro.

Assim sendo, por aplicação do disposto no nº 4 daquele art. 46º, conjugadamente com a norma deste nº 7 do art. 10º, entendemos que, no caso de se rejeitar que haja recurso das designações judiciais de árbitros, a violação de cláusulas convencionais (e similares) ou de regras da LAV nessa matéria deve ser objecto, como ali mesmo se manda, de *oposição imediata* da parte interessada perante o tribunal arbitral, logo que ele se constitua ou no primeiro articulado do oponente, para não se correr o risco de preclusão do direito de impugnar a sentença arbitral final com tal fundamento.

Não se trata, é evidente, de uma solução lá muito razoável, pois que, se a impugnação da sentença proceder com este único fundamento, poderá ter de repetir-se todo o processo arbitral, desde o momento da designação ilegal de árbitros, o que acaba por contrariar um dos desígnios principais da LAV, de proporcionar decisões céleres de conflitos jurídicos, tendo o legislador optado aqui por correr o risco de não demorar interlocutoriamente o processo arbitral na expectativa de que, no processo impugnatório, o tribunal estadual venha a constatar não ter havido afinal qualquer irregularidade na designação de árbitros.

A questão já se colocava na vigência da LAV de 1986, tendo sido objecto de Acórdão do Tribunal da Relação de Lisboa de 18 de Maio de 2004 (proc. nº 3094/2004-7, disponível em www.dgsi.pt), no qual se decidiu que a propositura de acção de impugnação com fundamento em questões relacionadas com a competência e a regularidade da constituição do tribunal arbitral só se considerará tempestiva se instaurada após a prolação da sentença arbitral, decidindo que a propositura de tal acção em momento anterior constitui uma ilegalidade por preterição do tribunal arbitral – o que redunda, afinal, em ter-se como admissível a impugnação da sentença arbitral com fundamento nas ilegalidades cometidas pelo tribunal estadual no procedimento de designação judicial de árbitros.

21. A recorribilidade da falta de designação judicial de árbitros

Se das decisões de designação judicial não pudesse recorrer-se, como dispõe este nº 7 do art. 10º, já daquelas pelas quais o presidente do tribunal estadual competente se recusa a fazer uma nomeação que lhe haja sido requerida por uma das partes – porque se entende, por exemplo, que ainda não tinham passado os 30 dias de prazo da segunda parte do nº 4 deste art. 10º, dado o equívoco de que a lei padece nessa matéria e que em devida ocasião assinalámos –, de tais decisões denegatórias, dizia-se, parece-nos, mesmo não aderindo a quaisquer das teses que propusemos nos anteriores comentários nºs 20 e 20ºA, que deveria poder recorrer-se, por estarem aí em causa decisões estritamente vinculadas e, muito provavelmente, com efeitos decisivos sobre a (não) constituição do tribunal arbitral.

Aliás, o que se dispõe neste nº 7 é que são irrecorríveis as *"decisões proferidas pelo tribunal estadual competente ao abrigo dos números anteriores"*, sugerindo que é o mérito das designações feitas – não a sua falta – que aí se recusa poder ser apreciado em recurso.

Por outro lado, se o tribunal arbitral não se constituir por causa de uma recusa de intervenção do tribunal estadual, num caso em que lhe tenha sido requerida a designação ou do árbitro único ou dos árbitros de parte ou do árbitro presidente, tal recusa torna-se definitiva, contém a resolução final de uma situação legalmente carente de decisão judicial, e deveria portanto, de acordo até com os princípios gerais da tutela judicial efectiva do art. 20º da CRP, ser passível de recurso.

Artigo 11.º
Pluralidade de demandantes ou de demandados

1 – Em caso de pluralidade de demandantes ou de demandados, e devendo o tribunal arbitral ser composto por três árbitros, os primeiros designam conjuntamente um árbitro e os segundos designam conjuntamente outro.

2 – Se os demandantes ou os demandados não chegarem a acordo sobre o árbitro que lhes cabe designar, cabe ao tribunal estadual competente, a pedido de qualquer das partes, fazer a designação do árbitro em falta.

3 – No caso previsto no número anterior, pode o tribunal estadual, se se demonstrar que as partes que não conseguiram nomear conjuntamente um árbitro têm interesses conflituantes relativamente ao fundo da causa, nomear a totalidade dos árbitros e designar de entre eles quem é o presidente, ficando nesse caso sem efeito a designação do árbitro que uma das partes tiver entretanto efectuado.

4 – O disposto no presente artigo entende-se sem prejuízo do que haja sido estipulado na convenção de arbitragem para o caso de arbitragem com pluralidade de partes.

Fontes:

Nº 3 – Regulamento de Arbitragem da CCI (art. 10º/2), Regulamento Unificado das Câmaras de Comércio Suíças (art. 8º/5) e Regulamento do Centro de Arbitragem da CCIP/ ACL (art. 8º/3).

Comentários:

1. *Arbitragens multipartes: o problema específico dos compartes com interesses distintos*
1A. *A supletividade das normas dispositivas do art. 11º: requisitos de sua desaplicação*
2. *A complementaridade e integração dispositiva, pelo regime do art. 10º, da designação judicial de árbitros por partes plurais*

3. A designação de árbitros por partes plurais: extensão aparente e real da norma
4. A designação do árbitro único por "partes plurais": em especial, o acordo entre partes e compartes
5. A exigência de designação "conjunta" pelos compartes: significado
6. Suprimento judicial da falta de designação plural de árbitros "de parte": integração e interpretação da norma legal
7. A designação do árbitro presidente pelos árbitros "de partes plurais": remissão
8. A nomeação exclusiva do tribunal arbitral pelo tribunal estadual: os compartes conflituantes e as alegadas exigências do princípio da igualdade entre partes
9. Pressupostos processuais e modo da nomeação exclusiva do tribunal arbitral pelo tribunal do Estado
10. Dúvidas sobre a irrecorribilidade das decisões de nomeação exclusiva do tribunal arbitral pelo estadual
11. A supletividade da parte dispositiva do art. 11º: remissão

1. *Arbitragens multipartes: o problema específico dos compartes com interesses distintos*

Trata-se neste artigo da constituição do tribunal arbitral nas arbitragens multipartes, ou (na terminologia tradicional) com partes plurais, e das inerentes dificuldades de designação dos respectivos árbitros.

As arbitragens multipartes são cada vez mais comuns, surgindo, essencialmente, em dois tipos de situações: primeiro, quando num único contrato há várias partes credoras e (ou) devedoras e, num segundo tipo, quando existem vários contratos com diferentes partes mas que estão relacionados entre si, como sucede com os contratos através dos quais sujeitos diversos contribuem para o financiamento de um projecto ou aqueles em que sujeitos diversos assumem, cada, uma parcela dos riscos envolvidos no negócio.

Quer num caso quer noutro, a constituição do tribunal arbitral pode revelar particulares dificuldades quando se verificar que, ainda que situadas no mesmo lado da relação processual (activo ou passivo), os respectivos autores ou réus têm, entre si, interesses distintos, senão opostos.

A questão coloca-se, como é natural, com maior premência nos casos de pluralidade passiva e não tanto de pluralidade activa.

É que aqueles que se juntam ou pretendem juntar para iniciar um litígio arbitral fazem-no porque alcançaram um acordo entre si quanto (aos factos e títulos a invocar e) ao pedido a formular contra determinados sujeitos e quanto ao árbitro ou árbitros mais convenientes para o julgamento de litígio. Já do lado passivo, esse consenso, salvo em raras ocasiões, terá que ser procurado *ex post*, devendo os sujeitos demandados entender-se agora sobre o respectivo árbitro (e as condições de harmonização, ou de menor confronto, da sua defesa) e, ou o problema se resolve consensualmente entre eles, ou será necessário recorrer às normas legais supletivas aplicáveis, como é o caso deste art. 11º.

A solução nele encontrada, diga-se já, está longe de ser pacífica.

Historicamente, entendia-se que os demandados plurais deveriam ser considerados como uma só parte para efeitos de designação de um árbitro e, na hipótese de os compartes não apresentarem em tempo o seu árbitro, caberia a um terceiro a respetiva nomeação. O princípio era o de que, devendo o tribunal arbitral ser constituído por 3 árbitros, a cada pólo da relação corresponderia o direito de designar um único árbitro ainda que dentro de cada pólo se encontrassem interesses distintos e até divergentes.

No início de 1992, o *Acórdão Ducto* (correspondente à decisão da *Cour de Cassation* francesa com a referência *Siemens AG & BKMI Industrienlagen GmbH v. Ducto Consortium Constr. Co., Cass., Assemblée Plenaire*, Jan. 7, 1992) operou uma revolução nesta matéria.

Era o seguinte o caso aí em juízo: a BKMI celebrou com os Emirados Árabes Unidos e com a Ducto e com a Siemens – que partilhavam entre si os respectivos trabalhos de construção – um contrato para a implantação de uma fábrica de cimento em Omã. O contrato incluía uma cláusula arbitral que previa deverem os litígios dele derivados ser julgados por um Tribunal constituído por 3 árbitros e cuja designação remetia para as regras da ICC.

A Ducto iniciou uma arbitragem em França, na ICC, contra a BKMI e contra a Siemens por incumprimento contratual, tendo deduzido pedidos de indemnização diferentes contra cada uma dessas sociedades e como a BKMI e a Siemens, apesar de serem ambas demandadas, tinham interesses distintos, mesmo conflituantes, defenderam junto da ICC a instauração de processos autónomos para que fosse permitido a cada uma das delas escolher o seu árbitro – o que foi indeferido.

O processo viria a terminar posteriormente com um acórdão da *Cour de Cassation* que, aderindo (em parte) à tese que havia sido defendida pela BKMI e pela SIEMENS, anulou a sentença arbitral com fundamento na violação da ordem pública francesa e na desigualdade do tratamento que lhes fora dado no que respeita à escolha do respectivo árbitro, por não existir entre elas uma comunhão de interesses que tornasse exigível terem que escolher o seu único árbitro por acordo.

O Acórdão Ducto, além de ter passado a inspirar as cláusulas arbitrais em relações multipartes, foi acolhido pela comunidade internacional, embora com reservas e desvios, nomeadamente pelos centros de arbitragem que acomodaram os respectivos regulamentos às linhas mestras do Acórdão de modo a evitar a formulação de pedidos de anulação com fundamentos idênticos aos invocados perante a *Cour de Cassation*.

Nº 4

1A. *A supletividade das normas dispositivas do art. 11º: requisitos de sua desaplicação*

A disciplina sobre a designação e nomeação de árbitros contida no anterior art. 10º aplica-se aos casos em que em cada pólo da relação jurídica litigiosa esteja apenas uma parte, uma pessoa individual ou colectiva, sendo essa matéria, quando estão em causa uma pluralidade de litigantes de um e (ou) do outro desses lados, regulada por sua vez no presente art. 11º.

Inicia-se este comentário pelo respectivo nº 4, para dizer que, por força dele, as disposições dos restantes números têm carácter supletivo e que, por via disso, só se aplicam (ou só se aplicam integralmente), como daí resulta, no caso de não se regular, na convenção de arbitragem – ou em escrito posterior, prévio à designação (ou à aceitação) do primeiro árbitro, como resulta do disposto na regra geral do art. 10º/1 –, o modo de designação de árbitros em arbitragens com pluralidade de partes.

O que, em princípio, sucederá, diga-se.

Note-se porém que regulações convencionais dessas só obrigam – e portanto só afastam a aplicação das disposições dos nºs 1, 2 e 3 deste art. 11º – quando sejam outorgadas entre as partes no litígio, e não já, como é evidente, quando sejam fruto de uma regulamentação ou convenção estabelecida para as relações entre uma delas e terceiros que porventura venham participar no litígio.

Assim, numa arbitragem respeitante a uma empreitada de obra pública pertencente a três municípios, a regulação da nomeação do árbitro "deles" contida na convenção celebrada com o empreiteiro e com um seu subempreiteiro é obrigatória para o litígio que surja entre os dois lados da relação jurídica da *empreitada*. Mas, se se der o caso de, em vez ou a par disso, o empreiteiro ter celebrado com esse seu subempreiteiro um acordo no qual se regule o exercício conjunto dos seus direitos em conflitos que surjam nas empreitadas que executam juntos, a disciplina aí estabelecida não se aplica aos litígios arbitrais que os oponham àqueles donos da obra autárquica.

2. A complementaridade e a integração dispositiva, pelo regime do art. 10º, da designação judicial de árbitros por partes plurais

O art. 11º não contém uma regulação tendencialmente completa da disciplina das designações de árbitros no caso em que as partes litigantes são constituídas, ou uma delas é constituída, por uma pluralidade de sujeitos.

Aqui disciplinam-se apenas aqueles aspectos da questão da pluralidade de demandantes e ou demandados que apresentem especificidades face às hipóteses previstas no art. 10º, pelo que, em tese, ao menos

– salvo eventuais adaptações –, os aspectos em branco das normas deste art. 11º devem ser preenchidos por apelo à disciplina estabelecida para as hipóteses correspondentes do art. 10º.

Nº 1

3. *A designação de árbitros por partes plurais: extensão aparente e real da norma*

Literalmente, pelo menos, este nº 1 do art. 11º parece referir-se apenas aos casos em que, por imposição ou permissão legal, há ou pluralidade de demandantes ou de demandados, não dos dois lados, simultaneamente, e referir-se apenas, também, aos tribunais arbitrais que devam ser compostos por três árbitros, já não quando há apenas um único ou, então, mais de três.

Trata-se porém, julgamos, de deficiências da expressão legislativa.

No primeiro caso, o que o legislador quis dizer, ao dispor em alternativa sobre demandantes ou demandados, foi certamente que a norma se aplicava tanto a uns quanto a outros, regulando portanto os casos em que haja compartes demandantes e (ou) demandados no mesmo processo.

No segundo caso, não valendo a estatuição legal directamente e na totalidade para o caso do árbitro único, vale no entanto na parte em que se entende que, do lado plural da relação controvertida, o acordo a que se refere o nº 2 do art. 10º deve, à mesma, ser dado ou conseguido *"conjuntamente"* por todos os respectivos compartes – nos termos referidos no comentário subsequente –, mas já não vale no caso de falta de acordo, pois então haverá é lugar à aplicação do disposto no art. 10º/2.

No caso de tribunais arbitrais plurais com mais de três membros, a norma vale extensivamente, com uma mera adaptação do número de árbitros designados pela parte ou partes plurais.

Assinala-se, para terminar, que a pluralidade de demandantes ou demandados terá lugar necessariamente quando a lei o imponha (no caso de litisconsórcio necessário) ou então facultativamente no caso do litisconsórcio voluntário e nas hipóteses permitidas de coligação de autores e (ou) de réus –, podendo, nestes últimos casos, incluir-se (sobretudo em cláusulas compromissórias, mas também em compromissos arbitrais) exigências de conjugação processual.

Haverá ainda pluralidade de partes nos casos da intervenção de terceiros regulada no art. 36º, mas ela só funcionará em relação à designação conjunta de árbitros no caso regulado no seu nº 6, de intervenção anterior à constituição do tribunal, devendo ler-se o que escrevemos em comentário a esse preceito.

4. A designação do árbitro único por partes plurais: em especial, o acordo entre partes e compartes

Sobre a designação do árbitro único em caso de pluralidade das partes (ou de alguma delas) – questão que já aflorámos no comentário anterior –, nada se dispõe neste art. 11º.

Não se trata, porém, senão parcialmente, de uma lacuna da lei, que já proveu sobre a questão na anterior norma do art. 10º/2, aplicando-se então aqui a respectiva estatuição, de que o árbitro único é designado por acordo das partes constante da convenção ou de escrito posterior.

E, se não houver acordo entre ambas quanto ao árbitro a designar – e, "dentro" de cada uma delas, entre todos os respectivos compartes – sendo apenas neste aspecto que há lacuna legal para o caso específico da nomeação de árbitro único por pluralidade de demandantes e demandados –, em qualquer uma dessas situações, dizia-se, é ao tribunal estadual, ao respectivo presidente, que se defere, a pedido de qualquer parte, o encargo da sua nomeação.

As únicas especialidades a considerar, face ao disposto no art. 10º/2, são essas: por um lado, a de que o acordo relevante é resultado de uma vontade conforme das partes e dos respectivos compartes; por outro lado, é de excluir que qualquer comparte possa pedir ao tribunal que proceda à nomeação do árbitro único – pelo menos, a valerem aqui os princípios gerais manifestados nos nºs 1 e 2 do art. 683º do CPC (hoje art. 634º do novo CPC) deveria ser assim.

5. *A exigência de designação "conjunta" pelos compartes: significado*

Se nada tiverem disposto em contrário, devem então as partes plurais, no caso dos tribunais arbitrais plurais, designar *"conjuntamente"*, cada uma delas, um, dois ou mais árbitros, consoante o número de membros por que o tribunal seja constituído.

Que significa porém a exigência de uma *designação conjunta*?

Que a escolha do árbitro a designar deve ser feita em reunião de todos os compartes ou em escrito subscrito por todos eles? E que a sua vontade conjunta corresponde à da maioria deles? Ou exige-se o acordo de todos eles quanto à pessoa a designar?

Quanto àquela primeira questão, o advérbio *conjuntamente* – ou o adjectivo *conjunto* –, em direito, aponta inequivocamente para a necessidade de uma manifestação de vontade de todos os membros de um grupo, não necessariamente para a sua expressão em reunião conjunta, simultânea, de todos eles. Quanto à segunda questão, a exigência de uma *vontade conjunta*, teoricamente, tanto pode consistir numa *vontade conforme* de todos os declarantes como numa *vontade colegial* ou *colectiva* da respectiva maioria (ou de determinada maioria deles).

Aqui, estando em causa, manifestamente, uma vontade formada ou manifestada por todos os compartes, ela é conjunta igualmente quanto ao conteúdo da declaração, pelo que deve entender-se que a designação conjunta exigida na lei é fruto de uma *vontade conforme* de todos os compartes, de eles estarem todos de acordo sobre o árbitro a designar.

É entendimento que o subsequente nº 2 sufraga inarredavelmente, como vai ver-se já de seguida.

Nº 2

6. *Suprimento judicial da falta de designação plural de árbitros "de parte": integração e interpretação da norma legal*

Dispõe-se aqui – supletivamente, já vimos – que, *"[s]e os demandantes ou os demandados não chegarem a acordo sobre o árbitro que lhes cabe designar, cabe ao tribunal estadual competente, a pedido de qualquer das partes, fazer a designação do árbitro em falta"*, assim se revelando que a lei exige o "*acordo*" de todos os demandantes ou de todos os demandados, não se contentando com qualquer maioria sua, para que se considere válida (e vinculante) a designação feita por cada um desses grupos.

Assinale-se que o acordo no seio de ambos os grupos pode até constar da convenção (ou de escrito posterior), caso em que o disposto neste nº 2 já não se aplicará.

Mas, vindo sem remissão explícita para quaisquer outras, a norma suscita vários problemas.

O primeiro deles é o de saber qual é o prazo dentro do qual se impõe obter o acordo de todos os compartes, sob pena de a contraparte (por hipótese, também plural), que já tenha encontrado "conjuntamente" o seu árbitro, poder pedir ao tribunal estadual que proceda ele, *rectius*, o seu presidente, à designação do árbitro em falta da outra parte.

Não obstante a falta de remissão legal, entendemos que, por aplicação (por maioria de razão, até) do disposto no nº 4 do anterior art. 10º, só pode avançar-se para a solução judicial depois de decorrido o prazo de 30 dias sobre a interpelação que – em forma devida, ou seja, com indicação clara do litígio a que respeita, da pessoa do seu próprio árbitro e com a assinatura de todos os respectivos compartes ou do seu representante comum – haja sido dirigida à parte a quem se imputa agora a falta de designação do respectivo árbitro.

Essa nossa remissão para o prazo fixado na primeira parte do anterior art. 10º, nº 4, sendo necessária – por razões de certeza e segurança –, pode, no presente caso revelar-se algo imprópria ou desproporcionada, quando cada pólo do litígio integre vários sujeitos, porque os 30 dias ali estabelecidos referem-se a uma designação feita por uma parte singular enquanto aqui estamos perante uma designação a fazer por acordo entre a pluralidade de pessoas que a integram, acordo que pode ser muito mais complicado de alcançar.

A questão subsistente é a de saber se o pedido de uma das partes para que o tribunal estadual proceda à designação do árbitro da outra parte tem, em caso de pluralidade, de ser formulado conjuntamente por todos os respectivos compartes ou se pode um deles actuar para esse efeito em nome de todos os outros, parecendo-nos dever responder-se, como sugerimos atrás, no comentário n.º 4 a este art. 11º, em função dos princípios manifestados no art. 683º, nºs 1 e 2, do CPC – hoje, art. 634º do novo CPC.

7. *A designação do árbitro presidente pelos árbitros "de partes plurais": remissão*

Aqui, já não se está perante uma lacuna de lei, mas perante uma situação subsumível na norma do segundo segmento do anterior art. 10º, nº 4, nos termos do qual, como já se viu, se os árbitros designados pelas partes (ou pelo tribunal, em substituição delas, acrescentamos nós) não chegarem a acordo sobre a escolha do árbitro presidente, pode qualquer uma – qualquer um dos compartes, no caso de litisconsórcio necessário, ou todos eles, em regra, nos outros casos – a valerem aqui, como sugerimos, os princípios manifestados nos nºs 1 e 2 do art. 683º do CPC (hoje, art. 634º do novo CPC) –, requerer ao presidente do tribunal estadual competente que o designe ele.

Nº 3

8. *A nomeação exclusiva do tribunal arbitral, pelo tribunal estadual: os compartes conflituantes e as alegadas exigências do princípio da igualdade entre partes*

Lida-se neste nº 3 com a hipótese já desenhada no nº 2, de uma das partes plurais não conseguir designar *conjuntamente* o respectivo árbitro.

Nesse caso, dispõe-se agora, se constatar que a inexistência de acordo entre os compartes em falta estará eventualmente ligada ao facto de eles terem *interesses conflituantes sobre o fundo da causa*, o tribunal estadual (o seu presidente) accionado para o efeito – mais provavelmente, até, pela própria parte "desconjuntada" – pode nomear todos os membros do tribunal arbitral, ficando inclusivamente sem efeito a designação do próprio árbitro da outra parte.

E isso, mesmo que ela também fosse uma parte plural e distintos os interesses dos seus compartes.

Não se trata verdadeiramente de uma solução portuguesa da questão, mas de uma "transposição" das ideias vertidas no *Acórdão Ducto* (analisado no comentário nº 1), do art. 10º/2 do Regulamento da CCI e da lei de arbitragem espanhola (art. 15º) – esta até muito mais drástica do que a nossa, a fazer valer aqui, parece-nos, uma excessiva aplicação do princípio da igualdade –, normas que foram buscar a sua inspiração aos valores subjacentes àquele acórdão *da Cour da Cassation* francesa, atrás analisado, e ao debate que em seu torno se gerou.

De lege ferenda, a solução parece pouco estimável, até porque as partes que assinaram uma convenção respeitante a relações jurídicas poligonais, quando existam, no seio de uma delas, dois ou mais sujeitos com prestações e interesses diversos, não podiam (não deviam, no mínimo) ignorar a possibilidade de virem a ser arbitralmente demandadas a par de outros sujeitos das prestações jurídicas aí envolvidas (e que são também signatários dessa convenção), pelo que bem podiam ter prevenido e regulado as consequências de uma situação dessas em relação a matérias processuais em que pudessem vir a estar em comunhão adjectiva, mas em oposição substantiva, com outros desses signatários.

Trata-se portanto de um remendo que pode inclusivamente traduzir--se em "fazer pagar o justo pelo pecador", mesmo se estamos perante um poder discricionário do tribunal estadual a quem é dado, em casos desses, proceder só à nomeação dos árbitros de uma das partes – embora não haja forma de reagir, parece-nos, contra uma decisão sua de nomear todos os árbitros, que releve muito mais de um tratamento desigual das partes do que de as tratar igualmente.

Nem se diga que não existe para tal situação qualquer outra solução mais prestável – estando fora de causa, é evidente, mandar autonomizar os processos dirigidos contra (menos frequentemente, accionados por) compartes conflituantes –, porque a solução de substituir o árbitro de parte (porventura plural) já designado traduz-se num sacrifício total do seu interesse em benefício de quem não acautelou, como podia e devia, a sua própria posição e cujo interesse sairia razoavelmente satisfeito através, por exemplo, da possibilidade de indicar os dois ou três nomes da preferência dos respectivos compartes para que o tribunal estadual escolhesse, de entre eles, o seu árbitro.

Pelo menos, nas hipóteses acima desenhadas, de contratos e convenções celebrados entre partes inicialmente já "agrupadas" num dos lados da relação jurídica, a solução legal parece consistir num tratamento desigual.

Sucede que, à míngua de soluções práticas e concretas aptas a dar guarida a todos os interesses de demandantes ou demandados que, numa situação dessas, colidam entre si – e consciente de que a necessidade de proporcionar uma defesa adequada aos diversos compartes conflituantes também se resolve nesta sede –, o legislador previu então a hipótese de se mandar constituir um tribunal arbitral alheio a todas as partes envolvidas no processo, encarregando o tribunal estadual de, ouvidas as partes ou compartes, arvorar em árbitros – de arvorar nos três, cinco ou mais árbitros do tribunal, incluindo o respectivo presidente – pessoas por si próprio designadas, à revelia de sugestão, de propostas e, até, de uma designação que entretanto já se tivesse consumado, de um dos lados plurais da relação convencional, por acordo entre os respectivos compartes.

9. *Pressupostos processuais e modo da nomeação exclusiva do tribunal arbitral pelo tribunal do Estado*

O primeiro e ínsito pressuposto da nomeação exclusiva de todo o tribunal arbitral pelo presidente do tribunal estadual é o de que, num ou em ambos os pólos da relação arbitral, haja uma pluralidade de sujeitos jurídicos, um conjunto de demandantes e (ou) um conjunto de demandados, sendo esta última a hipótese mais frequente.

O segundo pressuposto é o de que se demonstre haver, entre os diversos demandados (ou demandantes), interesses conflituantes *sobre o fundo da causa*, na solução do litígio portanto, residindo aí um factor determinante (não exclusivo, mas determinante) da divergência entre as partes quanto à pessoa do ou dos respectivos árbitros.

E que se demonstre também que, não obstante as tentativas sérias feitas pelos vários compartes para superar as suas divergências quanto à pessoa do ou dos árbitros que lhes cabia nomear, elas se frustaram

– isto é, que se demonstre que não se tratou de mero descuido ou negligência deles.

Se não for assim, estamos caídos antes sob a previsão do anterior nº 2, já não sob a deste nº 3, só havendo, por isso, lugar à nomeação pelo tribunal estadual do árbitro dos compartes desavindos.

Quanto ao modo de aplicação do disposto neste nº 3 do art. 11º, temos que:

- a intervenção do tribunal estadual pode ser solicitada ou pela parte desavinda ou pela parte que, tendo já designado o respectivo árbitro, haja dirigido à outra uma interpelação (na forma devida, de acordo com o que se viu no comentário nº 14 ao art. 10º), para que ela proceda à designação que lhe caberia fazer, valendo portanto aqui uma regra paralela à do nº 4 do art. 10º;
- decorridos 30 dias sem que os compartes interpelados hajam conseguido designar o seu árbitro por acordo, pode a parte interpelante requerer ao tribunal estadual que designe ele o árbitro em falta, valendo esse mesmo prazo (*a quo*) para os compartes desavindos, eles próprios, requererem ao tribunal estadual que ponha em marcha o processo do art. 11º/3, demonstrando estarem preenchidos os restantes pressupostos da sua previsão;
- o prazo último (*ad quem*) para qualquer das partes ir a tribunal afere-se de acordo com as regras referidas no comentário nº 16 ao art. 10º;
- em qualquer dos casos anteriores, o tribunal estadual ouve demandantes e demandados (que não sejam aqueles que requereram a sua intervenção, claro).

10. *Dúvidas sobre a irrecorribilidade das decisões de nomeação exclusiva do tribunal arbitral pelo estadual*

Ao contrário do que vimos suceder com as hipóteses de intervenção do tribunal estadual na designação de árbitros reguladas no anterior art. 10º, cujas decisões foram consideradas irrecorríveis no respectivo nº 7, nada se dispõe neste art. 11º sobre a possibilidade de recorrer das decisões tomadas ao seu abrigo.

Quererá isso, por si só, dizer que tais decisões são, neste caso, susceptíveis de recurso?

A resposta deve ser negativa, parece-nos, assim, à primeira vista.

O art. 11º nada dispõe sobre a matéria pela simples razão, como acima alvitrámos, de que a sua inserção sistemática corresponde a regular estes casos – em que, do lado dos demandantes ou dos demandados, existe uma pluralidade de pessoas ou entidades – apenas nos aspectos em que tais casos apresentam especialidades face aos casos e aos regimes do art. 10º.

E, quanto à (ir)recorribilidade, à (in)impugnabilidade e à oponibilidade imediata das decisões de designação (ou de recusa de designação) de árbitros, não haveria aqui, nas hipóteses de pluralidade de partes, supostamente, qualquer especificidade face às designações por partes singulares.

Ou seja, só quando forem (e pelo processo através do qual forem) recorríveis, impugnáveis ou imediatamente oponíveis as correspondentes decisões judiciais tomadas ao abrigo do art. 10º – nos termos que deixámos expressos nos comentários nºs 20 e 21 a esse artigo, para os quais daqui se remete – é que as decisões do tribunal estadual proferidas ao abrigo deste art. 11º também o serão.

Nº 4

11. A supletividade da parte dispositiva do art. 11º: remissão

A disposição deste nº 4 – de que o que se prescreve nos nºs 1, 2 e 3 deste mesmo artigo só se aplica na ausência de estipulações da convenção arbitral sobre a nomeação de árbitros em caso de pluralidade de partes – foi objecto do comentário nº 2 do presente art. 11º.

Artigo 12.º
Aceitação do encargo

1 – Ninguém pode ser obrigado a actuar como árbitro; mas se o encargo tiver sido aceite, só é legítima a escusa fundada em causa superveniente que impossibilite o designado de exercer tal função ou na não conclusão do acordo a que se refere o n.º 1 do artigo 17.º.

2 – A menos que as partes tenham acordado de outro modo, cada árbitro designado deve, no prazo de 15 dias a contar da comunicação da sua designação, declarar por escrito a aceitação do encargo a quem o designou; se em tal prazo não declarar a sua aceitação nem por outra forma revelar a intenção de agir como árbitro, entende-se que não aceita a designação.

3 – O árbitro que, tendo aceitado o encargo, se escusar injustificadamente ao exercício da sua função responde pelos danos a que der causa.

Fontes:

Nº 1 – Regulamento de Arbitragem do Centro de Arbitragem do CCIP/ACL; Lei Inglesa, Section 25 (3)
Nº 2 – Lei Espanhola, art. 16º; Lei Peruana, art. 27º.
Nº 3 – CPC Italiano, art. 813-*ter*, (I), 1; Lei Espanhola, art. 21º/1 (indirectamente); Regulamento do Centro de Arbitragem da CCIP/ACL, art. 9º/4.

Comentários:

1. *A dupla liberdade de aceitação do cargo de árbitro (e a responsabilidade daí decorrente)*
2. *Os pressupostos inominados da aceitação: a forma escrita e as menções da designação. Consequências da designação omissa sobre a aceitação livre e consciente do cargo de árbitro*
3. *Causas legais nominadas de escusa por parte do aceitante: dúvidas*

4. A declaração de aceitação (ou não aceitação) definitiva e provisória ou condicional do cargo de árbitro: requisitos, forma, modalidades e seus efeitos
5. A comunicação da aceitação: destinatários e termo inicial e final do prazo legal
6. Os elementos da previsão legal sobre responsabilidade pela escusa injustificada do cargo: sua delimitação e requisitos
7. As responsabilidades por escusa injustificada: sua diversa natureza

N.º 1

1. *A dupla liberdade de aceitação do cargo de árbitro (e a responsabilidade daí decorrente)*

A primeira regra deste n.º 1, de que ninguém, nem sequer quem haja sido designado pelo tribunal, pode ser obrigado a actuar como árbitro, num sistema jurídico como o nosso, verdadeiramente, nem faz sentido, cingindo-se o dever dos cidadãos de colaboração com a Justiça à obrigação de testemunhar – em certas circunstâncias, em qualquer processo que admita esse meio de prova – ou de ser membro de júri em processo penal.

Não é portanto de uma obrigação específica de intervenção dos cidadãos em prol da comunidade ou da Justiça, que aqui se trata, mas apenas de saber se alguém aceita prestar um serviço que outrem lhe propõe.

Em suma, estar lá, neste n.º 1, a regra da liberdade de actuar ou não como árbitro, é algo absolutamente irrelevante, não acrescenta nada ao que resultaria da sua omissão.

Por outro lado, além de ninguém estar obrigado a actuar como árbitro, ninguém está sequer obrigado, naturalmente, se convidado para o efeito, a declarar que não quer actuar como tal – como previne o n.º 3 deste art. 12.º.

Se porém a pessoa designada, qualquer que seja a modalidade da sua designação, aceitar o convite ou proposta que lhe é feita para intervir, em certa posição, como membro de um tribunal arbitral, a partir desse momento, ela fica vinculada à sua declaração de aceitação, o que significa que, se posteriormente se desligar de maneira unilateral desse compromisso, fora dos casos específicos em que a lei ou os princípios gerais de direito lho permitem fazer licitamente, incorrerá em responsabilidade civil perante as partes, não apenas perante a que a designou, pelos prejuízos com isso causados.

E incorrerá também, não se exclui, em responsabilidade perante os outros árbitros do tribunal pelos prejuízos específicos que a sua retirada (e, por exemplo, as demoras daí derivadas) lhes tenha causado.

2. *Os pressupostos inominados da aceitação auto-vinculante: a forma escrita e as menções da designação. Consequências da designação omissa sobre a aceitação livre e consciente do cargo de árbitro*

Para que a aceitação por si manifestada comprometa definitivamente a pessoa designada, seria necessário todavia (para além do que se dirá a propósito do subsequente n.º 2) que a *designação* dela – comunicada por escrito – contenha as seguintes menções:
- a indicação do objecto do litígio (ou da cláusula compromissória, se for o caso), a identificação das partes, a indicação do número de árbitros que compõem o tribunal e a posição que o designado terá no seu seio, bem como do prazo para proferir a sentença e da língua do processo, se já tiverem sido definidos;
- as regras relativas a honorários, despesas e preparos constantes da convenção (ou de acordo anterior à aceitação do 1º árbitro ou à sua designação, como se debateu já, em comentário ao art. 4.º), se já tiverem sido definidas;
- o processo de recusa de árbitros, que já tenha sido acordado pelas partes;
- o prazo, a língua e o lugar da arbitragem;
- e a identificação do árbitro da contraparte (que já tenha aceitado o cargo, pressupõe-se).

Nem se objecte que nada disto, quer quanto aos pressupostos da designação, quer quanto aos diferentes graus de compromisso do aceitante, está inscrito na lei e que portanto não faria sentido estar o intérprete a criar tais regimes e a burocratizar o procedimento da designação (e aceitação).

Na verdade, do que aqui se trata é que a lei é omissa, nada dispõe, por exemplo, sobre os requisitos ou menções da designação, nem sequer sobre a exigência da sua *forma escrita* – requisito ou formalidade que consideramos essencial, se mais não fosse, para poder fazer-se funcionar o prazo de 15 dias para aceitação da pessoa designada a contar da comunicação da respectiva designação –, forma que, aliás, para os AA. espanhóis, em relação a disposição similarmente omissa da sua *Ley de Arbitraje*, é um dado pacífico (como pode ver-se nos *Comentarios* a essa *Ley*, coordenados por Silvia Vilar, 2ª ed., p. 821).

Muito menos dispõe a nossa lei sobre as menções mínimas que devem constar da designação, sendo necessário portanto integrar as respectivas lacunas por recurso ao art. 9º/3 do Código Civil, respeitando os princípios da *unidade* e *coerência* da ordem jurídica, como acima procurou fazer-se.

A não ser assim, estaria a assumir-se que, não sendo obrigadas a actuar como árbitros, as pessoas designadas para tal seriam contudo obrigadas a declarar se aceitam sê-lo ou não, e a vincular-se "no escuro", sem ter conhecimento das regras e condições que influenciam a qualidade e a quantidade da sua intervenção.

Aliás, há na lei um forte indício de que a proposta que deixámos nos parágrafos anteriores corresponde a um modelo idóneo de integração das lacunas do regime legal da designação de árbitros e da sua aceitação: reside ele no facto de se dispor aqui, logo neste nº 1, que o árbitro que aceite a respectiva designação pode, ainda assim, escusar-se legitimamente ao seu cargo se não se concluir, entre partes e árbitros, o acordo (sobre honorários, despesas e preparos) a que se refere o art. 17º/1 – o que, mesmo se apenas quanto a este único aspecto, é revelação de que a aceitação da designação só vincula definitivamente o árbitro se dela (designação) constarem já as regras da convenção sobre a matéria de honorários, despesas e preparos.

E, por extensão ou analogia, dizemos nós, se dela constarem também as demais circunstâncias sem cujo conhecimento não pode dizer-se que, quanto a alguns dos seus aspectos essenciais, a vontade do aceitante se formou livre e conscientemente – pois há características da arbitragem tão ou mais determinantes na formação da vontade das pessoas designadas do que o conhecimento dos seus honorários, como é o caso, por exemplo, da opção por uma língua estrangeira ou por um prazo curtíssimo de decisão.

Na falta dessas menções, pode a pessoa designada pedir ao designante que lhas faculte.

E se, mesmo assim, elas não forem indicadas – até porque podem não estar ainda estabelecidas – e, desconhecendo portanto o designado qualquer dos referidos elementos (que, salvo prova em contrário, são determinantes da vontade de aceitar), tem de considerar-se que a declaração de aceitação, mesmo que feita sem reserva expressa, não vincula nem responsabiliza o aceitante em relação a exigências da arbitragem que não possa manifestamente cumprir (por desconhecimento da língua escolhida, por não poder profissionalmente dedicar-se em exclusivo à arbitragem, etc.), sendo-lhe então admitido renunciar justificadamente ao cargo com esse fundamento.

É que, se é verdade que se lhe poderia assacar um ónus de se informar previamente sobre tais exigências, não é menos certo que ao designante cabia até o *dever* de, já as conhecendo, o ter informado sobre elas no momento da sua designação escrita.

3. Causas legais nominadas de escusa por parte do aceitante: dúvidas

Sem prejuízo do que se deixou proposto no comentário anterior, chama-se agora à baila o disposto no segundo segmento deste art. 12º/1, de acordo com o qual a pessoa que haja aceitado o cargo de árbitro num determinado processo – ou numa determinada cláusula compromissória – só pode escusar-se legitimamente do encargo aceite com fundamento em causa superveniente ou na não conclusão do acordo entre as partes e árbitros designados (sobre honorários, despesas e preparos) previsto no art. 17º/1.

Quanto à causa superveniente da escusa, ela pode, de acordo com os princípios gerais de direito, ser não apenas de ocorrência posterior à aceitação, mas também de ocorrência anterior a ela e de conhecimento apenas posterior, como sucede com uma doença incapacitante que já afectasse o árbitro, mas que só posteriormente lhe foi dada a conhecer ou com a aquisição confidencial pela parte que o designou como árbitro (ou pela contraparte) da consultora a cujos quadros técnicos ele pertencia.

Quanto à outra causa nominada de escusa legítima do árbitro que aceitou o encargo, ela suscita algumas dificuldades.

Desde logo, porque, se se admitir – o que é discutível, ver-se-á adiante – que o acordo sobre honorários, despesas e preparos só pode ser concluído com o consenso das partes e da maioria dos árbitros, fica-se na dúvida sobre se o árbitro que não aceitou fechar esse acordo poderá escusar-se ao cargo de árbitro ou se também queda vinculado pelo acordo que renegou, propendendo-se naquele primeiro sentido.

Por outro lado, se tal acordo não ficar concluído, nomeadamente por as partes o recusarem, a competência para estabelecer os honorários, despesas e preparos passa a pertencer aos próprios árbitros (ver art. 17º/2) e portanto já não há, pelo menos formalmente, razão para um árbitro poder escusar-se ao seu encargo.

Nº 2

4. *A declaração de aceitação (ou não aceitação) definitiva e provisória ou condicional do cargo de árbitro: requisitos, forma, modalidades e seus efeitos*

Se as partes não tiverem acordado noutro modo e prazo de comunicação da aceitação dos árbitros, então, recebida que seja a comunicação escrita e circunstanciada da sua designação – feita por uma delas ou por ambas, por terceiro ou terceiros, por ambos os árbitros ou pelo presidente do tribunal estadual competente (nos termos referidos no antecedente comentário nº 2) –, a pessoa designada por escrito (ver anterior comentário nº 2) poderá, *"no prazo de 15 dias a contar da comunicação da sua designação, declarar por escrito a aceitação do encargo a quem o designou"*.

Isso, no pressuposto de que constam da designação escrita os elementos necessários para que o designado possa decidir livre e conscientemente se aceita o cargo de árbitro, porque, na verdade, considerando todas as hipóteses possíveis quanto ao preenchimento (ou à falta de preenchimento) dos requisitos da designação – que alinhámos acima, no comentário nº 2 –, a pronúncia do designado pode consistir

- numa declaração expressa de aceitação sem reserva;
- na adopção de comportamentos que revelem concludentemente a intenção de agir como árbitro;
- numa declaração de aceitação condicionada *i)* à prestação pelo designante da informação em falta e *ii)* à respectiva confirmação pelo designado;
- num pedido, puro e simples, de prestação da informação em falta;
- ou, então, numa falta de pronúncia do designado ou, o que é o mesmo, numa falta da respectiva comunicação.

Neste último caso, manda a lei presumir que o designado não aceitou a designação – mesmo que porventura esta lhe tivesse sido comunicada sem qualquer dos elementos ou menções essenciais que a deviam integrar –, exigindo-se-lhe portanto, se quiser evitar tal consequência, que ele se pronuncie por escrito, assinalando, dentro desse prazo, a quem o designou não dispor dos elementos necessários para o efeito e pedindo a sua remessa.

Nos outros casos, os quatro primeiros alinhados, as consequências são diversas.

Na *aceitação sem reserva* dentro do prazo de 15 dias deste art. 12º/2, o árbitro fica vinculado ao encargo da arbitragem, estando ele, portanto, se quiser evitar a consequência de uma aceitação incondicional, constituído no ónus de manifestar expressamente as suas reservas quanto a isso – embora também possa escusar-se no caso de se verificar qualquer um dos pressupostos da parte final da norma ou em circunstância absolutamente impediente (como a falta de domínio fluente da língua escolhida), nos termos acima referidos, no comentário nº 2.

Quanto à *aceitação condicional* por parte dos árbitros por razões alheias às circunstâncias essenciais da sua função, a que nos temos vindo a referir, parece-nos ela – salvo convenção das partes em contrário – de recusar em geral por incompatibilidade com as exigências do respectivo cargo, pondo em causa a estabilidade do tribunal arbitral e a continuidade e conclusão atempada do respectivo processo. O mesmo se diga quanto à *aceitação a termo*, mesmo que este seja reportado ao prazo para conclusão do processo, pois ficaria em causa o direito das partes à prorrogação desse prazo (art. 43º/2), com o qual se pretende assegurar-lhes a possibilidade de evitar a inutilidade do processo, de seus incómodos e despesas, quando a respectiva sentença não possa, por qualquer razão, ser proferida e notificada no prazo inicialmente fixado.

Sendo assim, só admitimos a aceitação condicional quando as condições apostas respeitarem à prestação (à pessoa designada) da informação de elementos essenciais da designação, de maneira a que ela possa manifestar um consentimento consciente.

Nesse caso, o árbitro que haja aceitado provisoriamente o encargo, digamos assim, dispõe de outros 15 dias a contar da recepção dessa informação para declarar se confirma ou repudia a anterior declaração de aceitação condicionada – sendo duvidoso que deva admitir-se-lhe, mesmo no caso de essa aceitação condicional se manifestar através de uma condição resolutiva (no caso de ela ser formulada suspensivamente, a dúvida nem sequer se suscita), que pratique actos pré-processuais, como participar na designação do árbitro presidente e nas formalidades de constituição do tribunal.

Mas, se se entender ser isso admissível, tais actos permanecerão válidos e eficazes após uma eventual resignação ou renúncia posterior do árbitro provisório (salvo razão ponderosa de incompatibilidade dos mesmos com o árbitro que vier substituí-lo).

Na quarta hipótese, isto é, se o árbitro designado solicitar (dentro do prazo de 15 dias deste art. 12º/2) o envio de informação adicional para poder manifestar-se quanto à aceitação ou rejeição do cargo, não lhe é dado naturalmente assumir entretanto, nem sequer a título provisório, o estatuto de árbitro para qualquer efeito que seja – o que só acontecerá se, depois de recebida tal informação, ele declarar expressamente, no prazo adicional de 15 dias, que aceita a designação feita.

5. *A comunicação da aceitação: destinatários e termo inicial e final do prazo legal*

Já se viu que o prazo para a pessoa designada se pronunciar sobre a aceitação ou rejeição do cargo de árbitro é de "*15 dias a contar da comunicação da sua designação*", sendo relevante, a tal propósito, a disposição deste art. 12º/2 na parte em que dispõe que *"o árbitro designado"* – queria certamente dizer-se *"a pessoa designada"* – *"deve [...] declarar por escrito a aceitação do encargo a quem o designou"*.

Proposição irrecusável, claro, sendo a declaração feita ao ou aos designantes aquela que releva para efeitos de aferição da sua tempestividade.

A verdade, contudo, é que o facto de a lei não ter previsto que a aceitação do cargo também deveria ser comunicada à contraparte e ao árbitro dela obriga a parte designante a fazer-lhe essa comunicação e ambas a promoverem o contacto entre os árbitros designados (e o terceiro árbitro, se já o houver), quando tudo isso poderia com vantagem ser deixado ao cuidado de quem fosse aceitando o cargo, diminuindo as formalidades sucessivamente cruzadas e acelerando a constituição do tribunal arbitral.

Quanto ao referido prazo de 15 dias (e à sua contagem), diga-se que o designado não fica obrigado a declarar, dentro dele, se aceita ou não o cargo (sob cominação de sua recusa), mas apenas, necessariamente, a pronunciar-se sobre a designação feita, podendo, quando nela faltarem elementos essenciais, proferir declarações de sentido diverso da aceitação que não acarretam contudo a rejeição do cargo (como nos casos já analisados da aceitação condicionada ou do pedido de prestação de informação em falta).

O que significa que o início da contagem do prazo de 15 dias só releva na plenitude do efeito legal se a designação for acompanhada dos elementos necessários para uma ponderação e aceitação livre e consciente do cargo pela pessoa designada: caso contrário, se o designado manifestar qualquer reserva quanto à possibilidade de aceitação incondicional da designação, tal prazo só começa a correr a partir da recepção dos elementos que se lhe enviem – ou pode o designante, claro, retirar a designação.

Ainda a propósito do cumprimento do prazo *sub iudice*, interrogamo--nos sobre se é a declaração de aceitação que deve ser emitida dentro dele ou se se exige que ela chegue ao conhecimento do destinatário, isto é, da parte designante, nesses 15 dias do art. 12º/2, entendendo-se que o evento relevante é a recepção da comunicação ou, então, parece-nos, exige-se-lhe que dê a conhecer o comprovativo da sua expedição atempada, por também se satisfazer assim o interesse da certeza e da segurança e por a lei não ser absolutamente clara quanto ao evento relevante.

Nº 3

6. *Os elementos da previsão legal sobre responsabilidade pela escusa injustificada do cargo: sua delimitação e requisitos*

A previsão da norma legal – cuja estatuição é a de que o árbitro responde pelos danos a que uma escusa injustificada der causa – é constituída por dois elementos, a saber

- a aceitação, por uma pessoa, do cargo de árbitro;
- escusar-se ela injustificadamente, depois disso, ao exercício das respectivas funções

São dois elementos aparentemente fáceis de determinar, no seu conteúdo essencial e complementar, e, não obstante, quando se pretende defini-los, as coisas complicam-se sensivelmente – como aliás a leitura dos comentários anteriores já deixaria prever.

Assim, quanto à *aceitação do cargo* de árbitro, ela só pode considerar-se relevante para este efeito se não se tratar de uma aceitação que venha manifestada (de maneira expressa ou tácita) sob condição ou sob reserva de conhecimento prévio dos elementos judiciários e processuais que são determinantes para a formação da vontade da pessoa designada de aceitar a assunção de deveres desta complexidade e responsabilidade.

Quanto à *escusa* do árbitro que aceitou exercer o cargo – escusa que, para ser legítima, tem de ser manifestada por escrito e fundamentadamente – ela é de qualificar como *justificada*,

- se posteriormente se verificar qualquer dos pressupostos da escusa legalmente previstos – como no caso de se verificarem supervenientemente situações de dependência, parcialidade ou incapacidade ou, no caso da falta do acordo do art. 17º/1, nas circunstâncias (atrás e aí) explanadas;

- se, sendo admitida, a aceitação tiver sido feita sob reserva ou condicionalmente, e se verificar agora o evento condicional;
- e, finalmente, no caso de aceitação sem reserva decidida pelos árbitros sem conhecimento de elementos judiciários ou processuais essenciais que venham a ser definidos em termos que eles não possam manifestamente cumprir ou que não possam manifestamente aceitar sem perda pessoal ou patrimonial grave e irreparável.

7. As responsabilidades por escusa injustificada: sua diversa natureza

Dispõe-se aqui que o árbitro que, tendo aceitado a designação, se escusar injustificadamente ao exercício do cargo, *"responde pelos danos a que der causa"*.

E, embora se trate de proposição controversa, responde ele, pensamos, quer perante as partes, quer perante os outros árbitros – mesmo sabendo-se que os titulares primeiros do "direito" ao exercício das funções de árbitros são elas –, conclusão para a qual também contribui o facto de (ao contrário do que sucede no art. 9º/4) aqui não se limitar a responsabilidade dos árbitros faltosos aos danos sofridos pelas partes.

A verdade é que, enquanto a responsabilidade perante as partes é de natureza contratual – pelo menos, se a escusa tiver lugar antes da conclusão da formalidade da constituição do tribunal arbitral, porque, depois disso, eles passam a exercer uma função jurisdicional, não a realizar uma prestação contratual (ver art. 9º, comentário nº 4) –, já a sua responsabilidade perante os restantes árbitros parece situar-se em sede extracontratual, ou seja, resultar de um facto ilícito gerador de danos provocados na esfera jurídica de outrem, independentemente de entre eles existir uma anterior relação jurídica de prestação.

E portanto, se a escusa injustificada faz com que o tribunal já constituído não possa continuar a funcionar, passando novamente pelas demoras da designação de árbitros (quiçá feita até pelo presidente de uma Relação) e pela necessidade de sua aceitação, envolvendo eventualmente a repetição de actos processuais, obrigando os árbitros que se mantêm em funções a permanecer nelas para além do expectável, com prejuízo profissional e patrimonial da sua vida, entenderíamos que o árbitro que se escusa injustificamente também deva responder perante eles – porque não são as partes, claro, que respondem por esses prejuízos.

Artigo 13.º
Fundamentos de recusa

1 – Quem for convidado para exercer funções de árbitro deve revelar todas as circunstâncias que possam suscitar fundadas dúvidas sobre a sua imparcialidade e independência.

2 – O árbitro deve, durante todo o processo arbitral, revelar, sem demora, às partes e aos demais árbitros as circunstâncias referidas no número anterior que sejam supervenientes ou de que só tenha tomado conhecimento depois de aceitar o encargo.

3 – Um árbitro só pode ser recusado se existirem circunstâncias que possam suscitar fundadas dúvidas sobre a sua imparcialidade ou independência ou se não possuir as qualificações que as partes convencionaram. Uma parte só pode recusar um árbitro que haja designado ou em cuja designação haja participado com fundamento numa causa de que só tenha tido conhecimento após essa designação.

Fontes:

Nº 1 – Lei-Modelo da Uncitral, art. 12º/1; Lei Alemã (ZPO), §1036 (1); Lei Espanhola, art. 17º/2; Lei Sueca, art. 9º

Nº 2 – Lei-Modelo da Uncitral, art. 12º/1; Lei Alemã (ZPO), §1036 (1); Lei Espanhola, art. 17º/2; Lei Sueca, art. 9º

Nº 3 – Lei-Modelo da Uncitral, art. 12º/2; Lei Alemã (ZPO) § 1036 (2); Lei Espanhola, art. 17º/3

ARTIGO 13º

Comentários:

1. *O dever de revelação, pela pessoa designada, dos indícios de parcialidade e dependência: importância, âmbito subjectivo e valia processual*
2. *A inserção, no procedimento de designação dos árbitros, do dever de revelação: a (in)formalidade do convite prévio à designação*
3. *A comunicação das dúvidas iniciais da pessoa designada sobre a sua imparcialidade e independência: forma e destinatário*
4. *(cont.) O conteúdo e extensão do dever de revelação inicial: presunções. Revelação e privacidade*
5. *O dever de revelação superveniente das dúvidas sobre a isenção dos árbitros: especificidades e consequências*
6. *Enquadramento do incidente da recusa dos árbitros pelas partes*
6A.*Fundamentos da recusa: taxatividade, suprimento factual e indeterminação conceptual*
7. *A interpretação e aplicação do pressuposto das "fundadas dúvidas" sobre a imparcialidade e a independência dos árbitros*
8. *O pressuposto da falta inicial ou superveniente de preenchimento das qualificações convencionadas pelas partes*
9. *A recusa de um árbitro pela parte designante: dúvidas e esclarecimentos*
10. *As recusas inválidas: âmbito e consequências*

Nº 1

1. *O dever de revelação, pela pessoa designada, dos indícios de parcialidade e dependência: importância, âmbito subjectivo e valia processual*

Norma essencial do programa de reabilitação do sistema da arbitragem, tão caro à LAV, esta do seu art. 13º/1, pois que se regula nela um instrumento fundamental da aplicação efectiva, no processo arbitral, dos princípios da imparcialidade e da independência, impondo às pessoas convidadas para exercer as funções de árbitro o dever de *"revelar todas as circunstâncias que possam suscitar fundadas dúvidas sobre a sua imparcialidade e independência"*.

Contribui-se assim para dotar o tribunal arbitral de árbitros reforçadamente imunes a uma eventual tentação de ponderar e fazer valer, no respectivo processo, interesses e valores alheios ao seu julgamento segundo o Direito ou a Equidade.

E é um verdadeiro dever jurídico, este, que impende sobre todos os potenciais membros do tribunal arbitral – incluindo sobre aqueles que sejam designados por acordo das partes ou por outros árbitros, pois os riscos da parcialidade e da dependência não deixam de existir nesses casos, sendo praticamente iguais aos riscos que se correm em relação aos árbitros designados por cada uma das partes.

Da violação de tais deveres decorre a responsabilidade por todos os danos daí resultantes para as partes, para os outros árbitros e para a consistência da própria sentença a proferir, que fica assim à mercê de uma eventual impugnação ou recusa de execução por parte do tribunal estadual, *ex vi* art. 46º/3, alínea *a*), subalínea *iv*) e art. 56º/1, alínea *a*), subalínea *iv*), da LAV.

2. *A inserção, no procedimento de designação dos árbitros, do dever de revelação: a (in)formalidade do convite prévio à designação*

Dúvida que se suscita é também a de saber se o facto de a lei se referir aqui a *"quem for convidado"* para árbitro – e já não, como fizera nos anteriores arts. 10º e 12º – a uma *designação* para o cargo, significa então que, no procedimento tendente à investidura de uma pessoa como árbitro, existem, além da *designação* e da *aceitação*, também duas formalidades anteriores a elas.

Uma, informal, de *convite* para o cargo – a que já nos referimos no comentário nº 1 ao art. 10º –, e outra, com natureza diferente, consistindo na *revelação* (pelo convidado ao convidante) de todas as circunstâncias potencialmente geradoras de uma situação de parcialidade ou dependência.

Quanto à primeira dessas formalidades, a previsão da lei é a de que, facultativa e informalmente, isso pode suceder, pode haver contactos orais ou, mesmo, presenciais entre a parte e a ou as pessoas que ela convida para o cargo, no sentido de as auscultar sobre a sua disponibilidade de princípio, para se proceder depois disso, formalmente, a uma sua *designação*.

Mas não parece que deva ser aí que se insere juridicamente o núcleo ou o essencial do *dever de revelação* do convidado, pois um convite desses, informal e não vinculativo para o próprio convidante – que não assume com isso qualquer compromisso de designação formal, mesmo que não se detecte a mínima razão para suspeitar da hombridade e firmeza de princípios do convidado –, muito menos poderia considerar-se constitutivo de deveres para o convidado.

Por outro lado, a lei não permite configurar o referido convite como correspondendo a um convite necessário, formalizado e auto-vinculante, de um lado, e constitutivo de um correspectivo dever de revelação, do outro lado, sobrecarregando um procedimento que já envolve uma designação formal e uma aceitação também formal – no seio das quais cabem à vontade, se bem que algo atropeladamente (por falta de previsão ou regulação legal), as exigências e preocupações da lei em matéria do dever de revelação.

O "convidado" do art. 13º/1 da LAV, para nós, é portanto a pessoa que se ausculta informalmente para saber da sua disponibilidade para ser árbitro naquele concreto litígio, mas, só o "designado", *rectius*, o aceitante, no momento da aceitação, pode ser considerado como estando constituído no dever de revelação.

Aliás, a própria lei, o nº 2 deste art. 13º, confirma esse entendimento.

Na verdade, ao dispor sobre o dever de revelação de dúvidas supervenientes às do nº 1 (aquelas de que agora curamos) considera como tais as "*de que só* [se] *tenha tomado conhecimento **depois de aceitar o cargo***" – o que significa que o dever inicial de revelação deste nº 1 não antecede a designação, não é resposta a um convite anterior a ela, antes prolonga-se até à aceitação, devendo o designado, no período de 15 dias que medeia entre a designação e a própria declaração de aceitação, revelar tudo o que lhe pareça pertinente a este propósito.

Acresce que o processo de recusa só se inicia, de acordo com o art. 14º/3, após a constituição do tribunal arbitral, o que significa que o cumprimento do dever de revelação do art. 13º no próprio acto de aceitação (portanto após a própria designação) é algo que temporal e formalmente encaixa plenamente no sistema da lei.

3. A comunicação das dúvidas iniciais do árbitro designado sobre a sua imparcialidade e independência: forma e destinatário

Não explicitou a lei neste nº 1 do art. 13º – ao contrário do que sucedeu no º 2 – *perante quem* uma pessoa (convidada ou) designada como árbitro deve cumprir o seu dever de revelação de circunstâncias que possam levar a duvidar da sua imparcialidade ou independência.

A solução, pensamos, consiste em o árbitro designado, nesta fase inicial do procedimento respectivo, dever revelar tais circunstâncias a quem o designou (seja uma das partes, ambas, os dois árbitros ou um terceiro) e dever fazê-lo *por escrito* – pareceria intolerável até pelas consequências do (in)cumprimento deste dever que o Direito se contentasse com comunicações orais, de que não ficam traços comprovativos.

Cabendo ao destinatário dessa comunicação, depois,
- se for a parte que designou o árbitro, fazer chegar à contraparte a informação revelada, como o inculca o subsequente nº 2;
- se o designante for um terceiro incumbido de designação por uma parte, fazer chegar a informação revelada pelo designado imediatamente a essa parte, seguindo ela depois o procedimento da primeira alínea;
- se forem os árbitros já designados a receber a informação revelada pelo árbitro que designaram por acordo, cada um deles comunica à parte que o designou a informação recebida.

4. (cont.) O conteúdo e extensão do dever de revelação inicial: presunções. Revelação "versus" privacidade

Quanto ao conteúdo ou extensão do dever de revelação, deve ele incidir sobre as circunstâncias que suscitem "fundadas dúvidas" sobre a isenção e independência dos árbitros, "discorrendo-se sobre o conceito "fundadas dúvidas" no subsequente comentário nº 7, para onde remetemos o leitor.

Respeitam elas, por exemplo, às relações profissionais, regulares ou esporádicas, bem como aos eventuais direitos ou deveres patrimoniais, de qualquer monta, do árbitro face a cada uma das partes ou empresas que com elas estejam em relação de domínio ou de grupo, devendo, em caso de dúvida, incluir-se, e não escamotear-se, a informação duvidosa – como o exige o princípio da transparência e da colaboração com as partes e o tribunal – não cabendo ao designado, senão muito restritamente, avaliar se as dúvidas que podem suscitar-se quanto à sua isenção são *"fundadas"* ou não.

A informação deve ser constituída por dados concretos (e datados), sem prejuízo porém do que segue.

É que não se exige que a comunicação seja detalhada ao ponto de o árbitro ter que violar deveres deontológicos de confidencialidade ou segredo e o seu próprio direito à intimidade e à privacidade pessoal ou patrimonial.

Mas, no caso de por razões dessas, se sentir no direito de ocultar informação potencialmente relevante, exige-se-lhe que rejeite o cargo, incorrendo em responsabilidade se assim não fizer e se vier a concluir-se mais tarde que a situação ocultada era efectivamente de molde a pôr em causa a sua imparcialidade e independência.

Nº 2

5. *O dever de revelação superveniente das dúvidas sobre a isenção dos árbitros: especificidades e consequências*

O dever de revelação que, por força do nº 1, impende sobre as pessoas designadas para o cargo de árbitro estende-se às fases subsequentes do processo arbitral, dispondo-se neste nº 2 que o árbitro deve *"durante todo o processo arbitral, revelar, sem demora às partes e aos demais árbitros"* as circunstâncias que podem contender com a sua imparcialidade ou independência e que *"sejam supervenientes ou de que só tenha tomado conhecimento depois de aceitar o cargo"*.

A única diferença explícita em relação à configuração do dever inicial de revelação é que, aqui, compreensivelmente, a lei manda que o árbitro comunique as dúvidas que o assaltam *"às partes e aos demais árbitros"*, quando ali nem sequer se dispunha sobre quem era o destinatário das suas revelações.

Consideramos essa comunicação *pessoal* por que se optou na lei, em detrimento de uma comunicação *institucional* feita ao tribunal – apesar de processualmente aquela aparentar ser menos saudável do que esta, porque mais complicada e demorada de processar do que a comunicação feita directamente ao presidente do tribunal e por este, depois, aos restantes intervenientes no processo –, considera-se essa comunicação pessoal, dizia-se, como a opção mais curial face ao regime legal do processo de recusa, cuja iniciativa cabe exclusivamente (a acreditar na letra do subsequente art. 14º) às partes ou a qualquer uma delas.

De qualquer maneira, com a solução adoptada, todos os interessados ficam a conhecer imediata e simultaneamente as circunstâncias que obrigam a reflectir sobre a isenção do árbitro em causa.

A forma e o conteúdo das revelações supervenientes seguem as regras expostas acima para as revelações iniciais e, após o seu recebimento, desencadear-se-á ou não o processo de recusa que analisaremos em comentário ao subsequente art. 14º.

Cabe ao presidente do tribunal arbitral, no exercício dos seus poderes de condução do processo e de velar pelo decurso legal e transparente dele, determinar se se justifica sustar a intervenção do árbitro em causa em actos processuais até decisão do incidente da recusa (ou até à sua não instauração) ou se se trata por enquanto de actos de mero trâmite, que não serão influenciados negativamente pela sua intervenção.

Nº 3

6. Enquadramento do incidente da recusa dos árbitros pelas partes

A recusa de árbitros pelas partes, o respectivo incidente (se é de um verdadeiro incidente que se trata) é, em princípio, um efeito que interessa a uma parte – em relação ao árbitro designado pela outra ou em relação a um árbitro designado por acordo entre os árbitros de parte – por entender ela que a pessoa assim designada não oferece garantias de imparcialidade ou independência ou não preenche as qualificações que haviam sido convencionadas.

Não se exclui, porém, que seja a própria parte designante a desencadear o incidente de recusa de um árbitro, por vir a verificar, depois de este haver aceitado o cargo, terem ocorrido circunstâncias que põem em perigo a sua idoneidade para o respectivo exercício, como sucederia tipicamente no caso de um árbitro passar a exercer funções ou a prestar serviços à contraparte ou a terceiro com ela intimamente ligado.

Essa diferença de posição entre a parte que designou o árbitro e a contraparte, no incidente de recusa, justifica, por exemplo, a diferença de regime quanto aos fundamentos com base nos quais cada uma delas pode desencadear esse incidente.

Vê-lo-emos no comentário subsequente.

6A. *Fundamentos da recusa: taxatividade, suprimento factual e indeterminação conceptual*

Dispõe-se aqui que as partes só podem recusar um árbitro, verificando-se um de dois pressupostos:
- *existindo* circunstâncias que gerem *fundadas dúvidas* sobre a sua isenção, a sua imparcialidade e independência;
- *não possuírem* eles as *qualificações* ou requisitos convencionados pelas partes para preenchimento do cargo.

E são estes os únicos casos legalmente previstos como pressupostos da decisão de *recusar* um árbitro, porque os outros factos que poderiam enquadrar-se nessa qualificação foram regulados sob outros conceitos, como sucedeu tipicamente com os casos do *afastamento* (por acordo das partes) e de *destituição* (pelo tribunal estadual) dos árbitros incapazes e dos inactivos.

Por outro lado, para averiguação e determinação da existência de um dos pressupostos legais da recusa não contribuem apenas os factos carreados para o processo arbitral pelos árbitros designados, no cumprimento do dever de revelação inicial ou superveniente que se lhes assacaram nos anteriores nºs 1 e 2 deste art. 13º, mas também quaisquer outros factos que venham ao processo, seja nas alegações das partes, de qualquer uma, seja aqueles de que os árbitros tomaram conhecimento em virtude dessa sua condição, factos que, depois de se ouvir sobre eles o árbitro em causa, podem e devem ser tomados em conta, para avaliar da sua imparcialidade e independência.

Por outro lado, sendo os pressupostos da recusa taxativos ou vinculados, como preferir dizer-se, a verdade é que vêm definidos, sobretudo o primeiro, por recurso a conceitos vagos ou indeterminados, o que faz com que a interpretação e aplicação dos mesmos, especialmente daquele primeiro, se revistam de dificuldades que uma sua definição mais precisa e específica, a ser ela possível, não suscitaria.

Sobre a densificação desses conceitos debruçamo-nos já de seguida.

7. *A interpretação e aplicação do pressuposto das "fundadas dúvidas" sobre a imparcialidade e a independência dos árbitros*

Quanto ao primeiro dos referidos pressupostos da recusa, respeitante à existência de *"fundadas dúvidas sobre a [...] imparcialidade e independência"* de árbitros, exige-se, desde logo, que ele se baseie em circunstâncias reais, factuais, mesmo que futuras, não podendo, em princípio, o processo de recusa sustentar-se em factos supostos ou que se comprove não serem exactos (sobre as consequências de uma recusa inválida, ver *infra* comentário nº 10) –, tudo sob pena de ilicitude da respectiva decisão por *erro de facto*.

Além do erro de facto, muito mais fácil de acertar, a decisão sobre a recusa do árbitro com fundamento na existência de *"fundadas dúvidas"* pode padecer de *erro de direito* por dois lados.

Podem, por um lado, os factos existentes não ser claramente de molde a pôr em causa a isenção de um árbitro – como sucede no caso de se pretender fundar a recusa do árbitro designado pela pessoa colectiva demandante no facto de ele residir na mesma rua onde mora o presidente do conselho de administração dela. E pode, por outro lado – somos agora chegados à parte mais delicada do presente juízo –, tratar-se de uma situação sensível que aproxima (ou suscita inimizade entre) o árbitro e uma das partes, em termos variáveis mas inseríveis, todos, numa escala em que existem realmente *dúvidas* quanto à falta de sua isenção.

Falta é saber se são ou não fundadas, consistentes, essas dúvidas.

Pode até dar-se o caso, em primeiro lugar, de, em relação a um árbitro, se suscitarem *certezas* sobre a existência de uma generalizada desconfiança quanto ao *perigo efectivo* de ficarem afectadas a sua liberdade e independência de julgamento, como o ficaria o comum das pessoas, nessas circunstâncias (sendo irrelevante que o árbitro seja ou não uma pessoa comum).

Dessa estreita *zona de certeza negativa*, chamemos-lhe assim, sobre a isenção de um árbitro – por oposição a uma também estreita *zona de certeza positiva*, quanto à (inexistência de dúvidas sobre a) sua imparcialidade e independência, como quanto àquela situação de mera vizinhança (desacompanhada de qualquer outro factor relevante) com que nos confrontámos acima –, passamos a uma extensa *zona cinzenta*, na qual as dúvidas, sempre dúvidas, não certezas, vão de um grau *mínimo*, isto é, da existência de um ou outro vestígio de potencial falta de isenção, mas difícil de graduar, até um grau *máximo*, da existência de um feixe de vestígios (ou de um só mas de tal proximidade) que nos deixam com uma sensação desagradável e permanente de desconfiança, de sempre se pensar dubitativamente na isenção desse árbitro (naquele processo), uma ideia que resiste a sair-nos do pensamento quando nos lembramos daquele tribunal ou daquela arbitragem e que insistentemente nos regressa à mente para nos questionar sobre o que, em boa ou salomónica justiça, deveria pensar-se e fazer-se a tal propósito.

Consiste nisso, também, parece-nos – e não apenas naquele caso da *zona de certeza negativa* sobre a isenção de um árbitro –, uma "*dúvida fundada*", para efeitos deste art. 13º/3.

8. *O pressuposto da falta inicial ou superveniente de preenchimento das qualificações convencionadas pelas partes*

Este pressuposto só funciona portanto quando, na convenção (ou em acordo das partes anterior à designação dos árbitros), se tiver convencionado deverem os membros do tribunal arbitral, seja um ou vários, preencher um certo número de requisitos (incluindo eventualmente o da nacionalidade) que, no modo de ver delas, tornarão o tribunal mais eficiente, transparente e consistente.

Sabendo disso, não é natural que se venham a designar árbitros sem que o designante, seja ele quem for – uma parte ou ambas, um terceiro, os próprios árbitros já designados, eventualmente, até, o presidente da Relação ou de um Tribunal Central Administrativo, nos termos do n.º 6 do art. 10º –, sem que o designante, dizia-se, inquira a pessoa convidada sobre o preenchimento de tais requisitos.

Nem é natural que o inquirido, que não pode ignorar as gravosas consequências decorrentes de escamotear algum facto incompatível ou desconforme com os requisitos convencionados, deixe de verificar e acertar cuidadosamente o preenchimento deles.

Mas não é uma falha impossível de acontecer – até porque pode tratar-se de um caso de falta superveniente e imprevista de qualquer uma das qualificações exigidas, devendo o visado comunicar então às partes e ao tribunal arbitral (como lhe manda o anterior n.º 2 deste art. 13º) a falta que só agora ocorreu ou de que só agora se apercebeu.

9. A recusa de um árbitro pela parte designante: dúvidas e esclarecimentos

Na parte final deste n.º 3, dispôs o legislador que a parte que haja designado ou participado na designação de um árbitro só pode recusá-lo *"com fundamento numa causa de que só tenha conhecimento após essa designação"*.

Suscitam-se a este propósito várias dúvidas e a necessidade de alguns esclarecimentos.

Vêm-nos à mente os seguintes

- as partes não podem, **salvo se o convencionarem expressamente**, recusar árbitros, podem é tomar a iniciativa de requerer a sua recusa ao tribunal arbitral ou a um tribunal estadual, nos termos do subsequente art. 14º;
- questiona-se se as designações feitas por terceiro a quem as partes hajam incumbido de escolher um ou vários árbitros devem considerar-se abrangidas pela previsão desta norma, se se trata ou não, portanto, de uma designação em que elas hajam participado – respondendo-se que não;

- as designações de árbitros ou do árbitro-presidente feitas por árbitros escolhidos pelas partes não se subsumem na previsão desta norma;
- não releva preclusivamente, no sentido de não poder uma parte desencadear o processo de recusa do art. 14º, só o facto de já se *ter* conhecimento, à data da designação, de uma causa de recusa de um árbitro, mas também o facto de *dever então ter-se* tal conhecimento;
- o facto de a parte designante não poder requerer a recusa do árbitro por si designado com base em fundamento de que já tivesse conhecimento não prejudica o direito que a contraparte (conhecendo ou não antecipadamente tal fundamento) tem de o fazer, havendo vários desdobramentos mais da hipótese, como se verá em comentário ao art. 14º/2;
- o facto de a lei se reportar à invocabilidade de fundamentos de que a parte apenas tenha conhecimento após a designação, levaria a pensar que, no período que medeia entre essa formalidade e a da aceitação do designado, se lhe vier ao conhecimento a existência de algum pressuposto de recusa, ela já não poderia retirar a designação, revogar a respectiva declaração, só podendo recorrer posteriormente ao processo de recusa (convencional, arbitral ou judicial) do art. 14º – solução que não nos parece lá muito razoável por assentar na ideia, por um lado, de que, antes de designar alguém, as partes devem "escarafunchar" toda a sua vida e de que, por outro lado, o designado não tem que cumprir deveres de boa fé e informação aquando do convite a que se refere o nº 1 deste art. 13º.

10. As recusas inválidas: âmbito e consequências

Pode a recusa de um árbitro ter decorrido *substantivamente* em violação da lei, *por erro de facto ou de direito* quanto aos pressupostos legais acabados de analisar.

Como pode ela ser inválida, também, por razões *procedimentais*, o que ocorre quando as partes preterirem formalidades essenciais da tramitação que legalmente conduziria à recusa – é (pode ser) o caso de a parte designante recusar o seu árbitro com fundamento em causa de que já tinha conhecimento à data da respectiva designação ou de as partes, sem o ouvirem, recusarem um árbitro comum com base em factos difamantes.

E pode finalmente a recusa ser inválida por razões *processuais*, quando o tribunal arbitral ou o estadual decidam sobre ela sem observar as exigências do *due process*, como seria o caso de aquele primeiro tomar a sua decisão sem deixar participar o árbitro visado, como se exige na parte final do art. 14º/2.

A recusa inválida, não podendo ser revista e anulada em tribunal estadual, poderia, teoricamente, contudo, levar à invalidade da sentença do tribunal arbitral com fundamento na subalínea *iv)* da alínea *a)* do art. 46º/3 da LAV, embora não seja verosímil que possa vir a considerar-se ter ela tido *influência decisiva* na resolução do litígio – conceito sobre que nos pronunciamos aí.

A recusa substantivamente inválida, se for fruto de decisão de uma ou ambas as parte, ainda por cima, se for pública e difamante, constitui--as no dever de indemnizar o árbitro recusado, por todos os prejuízos que lhe hajam causado.

Se foi o tribunal arbitral (ou judicial) que o recusou invalidamente, em caso de erro judiciário sancionável, nos termos vistos em comentário ao art. 9º/4, respondem os árbitros (ou juízes) autores de tal decisão.

Artigo 14.º
Processo de recusa

1 – Sem prejuízo do disposto no n.º 3 do presente artigo, as partes podem livremente acordar sobre o processo de recusa de árbitro.

2 – Na falta de acordo, a parte que pretenda recusar um árbitro deve expor por escrito os motivos da recusa ao tribunal arbitral, no prazo de 15 dias a contar da data em que teve conhecimento

da constituição daquele ou da data em que teve conhecimento das circunstâncias referidas no artigo 13.º. Se o árbitro recusado não renunciar à função que lhe foi confiada e a parte que o designou insistir em mantê-lo, o tribunal arbitral, com participação do árbitro visado, decide sobre a recusa.

3 – Se a destituição do árbitro recusado não puder ser obtida segundo o processo convencionado pelas partes ou nos termos do disposto no n.º 2 do presente artigo, a parte que recusa o árbitro pode, no prazo de 15 dias após lhe ter sido comunicada a decisão que rejeita a recusa, pedir ao tribunal estadual competente que tome uma decisão sobre a recusa, sendo aquela insusceptível de recurso. Na pendência desse pedido, o tribunal arbitral, incluindo o árbitro recusado, pode prosseguir o processo arbitral e proferir sentença.

Fontes:

Nº 1 – Lei-Modelo da Uncitral, art. 13º/1; Lei Alemã (ZPO) § 1037 (1); Lei Espanhola, art. 18º/1

Nº 2 – Lei-Modelo da Uncitral, art. 14º/1; Lei Alemã (ZPO) § 1038 (1); Lei espanhola, art. 19º/1

Nº 3 – Lei-Modelo da Uncitral, art. 13º/3; Lei Alemã (ZPO) § 1037 (3)

Comentários:

1. *Os procedimentos ou processos ("convencional", arbitral e judicial) de recusa de árbitros*
1A. *A parcial regulação prioritária pelas partes e pela lei de cada espécie de recusa ou destituição*
2. *Dúvidas sobre o alcance da ressalva do acordo do nº 1 quanto aos procedimentos de recusa de árbitros*
3. *Sobre as diversas modalidades, requisitos, formalidades e prazos do procedimento de recusa convencionado pelas partes*
4. *O acordo das partes sobre o processo de recusa: inaplicabilidade dos pressupostos e termos do processo arbitral ou judicial de recusa*

5. Legitimidade, pressupostos e fundamentos de recurso ao tribunal arbitral no procedimento de recusa de árbitros
6. A tramitação da decisão arbitral sobre o pedido de destituição de árbitro e o pressuposto complexo da necessidade de decisão
6A. A decisão arbitral de destituição: sua natureza colegial e (ir)recorribilidade
7. A intervenção do tribunal estadual no processo urgente de recusa: requisitos do requerimento. A (ir)recorribilidade da sua decisão
8. A continuação dos trabalhos do (tribunal e do) processo arbitral no decurso da intervenção do tribunal estadual

Nº 1

1. Os procedimentos ou processos ("convencional", arbitral e judicial) de recusa de árbitros

São três as espécies de processos ou procedimentos através dos quais pode proceder-se à recusa ou destituição de um árbitro que haja aceitado o respectivo encargo – pois que, antes da sua aceitação, pode retirar-se livremente a designação feita, nos termos da alínea *a*) do art. 228º/1 do Código Civil, sem necessidade de qualquer procedimento, devendo exigir-se apenas que a mesma seja comunicada por escrito.

São as seguintes tais espécies:
- a recusa por vontade da ou das partes ou de um terceiro por si indicado para o efeito, que designaríamos como processo voluntário;
- a destituição por tribunal arbitral;
- a destituição por tribunal estadual.

Cada uma das referidas espécies tem um domínio de intervenção próprio –só a primeira podendo, porém, funcionar sozinha – e um regime específico também, como vamos ver ao longo dos comentários a este art. 14º.

1A. *A parcial regulação prioritária pelas partes e pela lei de cada espécie de recusa ou destituição*

Não surpreende que a lei reserve para si mesma, ao menos em parte, a disciplina do processo de recusa de árbitros, pois estão aí em causa, também, interesses públicos de uma boa administração da justiça, de uma boa aplicação do Direito ou de uma justa sentença de Equidade, que não apenas os interesses das partes no bom decurso do processo arbitral.

E a verdade é que, ao longo de todo este Capítulo II da LAV, com a epígrafe *"Dos árbitros e do tribunal arbitral"*, só a propósito de questões específicas, como as do *número*, da *designação* e das *remunerações* deles, é que o legislador concedeu parcialmente aos litigantes, nos arts. 8º, 10º, 11º e 17º – e parcialmente no art. 12º, quanto à *aceitação* – a possibilidade de regularem preferencialmente tais matérias.

Já nos arts. 9º, 12º, 13º, 15º e 16º – ainda por cima em questões tão relevantes quanto as dos *requisitos* dos árbitros, da *aceitação* e *renúncia* ao cargo, do *dever de revelação* da sua condição face às partes e ao caso *sub iudicio*, dos *pressupostos de recusa* de árbitros e da sua *incapacitação*, *inacção* e *destituição* – a lei não deixou que o princípio da autonomia da vontade das partes, que atravessa boa parte da LAV, se manifestasse.

Ora, entre todas as matérias reguladas neste capítulo, para além da respeitante aos requisitos mínimos dos árbitros, nenhumas outras pareciam, à primeira vista, precisar mais da intervenção primária do legislador do que as deste art. 14º, sobre o regime do *processo* ou *procedimento voluntário* de *recusa* ou de *destituição* de árbitros, por iniciativa das partes, por estarem aí em causa questões ligadas à celeridade e à transparência da constituição do tribunal.

A verdade, porém, é que, nesses aspectos, o legislador cedeu aos litigantes a competência para fixarem primariamente a respectiva disciplina.

O disposto no nº 1 deste art. 14º (e, depois, vamos vê-lo também no art. 15º/3) não permite dúvidas quanto a isso.

Resulta dele, claramente, que as partes podem acordar livremente sobre o processo, melhor, sobre o procedimento de recusa de árbitros. E que, se não quiserem ou não conseguirem delineá-lo por acordo, só pode proceder-se à recusa ou *por via do tribunal arbitral* ou por via dele e do *tribunal estadual* competente, sendo os nºs 2 e 3 deste art. 14º imperativos nesses aspectos.

Mas não estão esses dois tribunais na mesma posição no que respeita à exigência da sua participação no procedimento de recusa: é que, enquanto o tribunal estadual intervirá sempre aí ou no processo de destituição de árbitro, não podendo as partes, no acordo que estabeleçam a esse propósito, arredar a sua intervenção – embora, se se chegar a uma decisão de destituição através da via por si estabelecida, tal intervenção não seja mais necessária –, já quanto ao tribunal arbitral elas podem fazê-lo, arredando (silente ou explicitamente) a hipótese de sua intervenção no processo que delineiem para se decidir sobre a referida recusa. Em termos tais, que o tribunal arbitral só intervirá nesse processo, *ex vi legis*, se não se tiver estabelecido qualquer acordo quanto ao próprio procedimento de recusa.

A ressalva deste nº 1 não pode portanto – mesmo se a questão permanece algo fugidia – ser interpretada extensivamente, como respeitando não apenas ao nº 3 mas também ao nº 2, porque, na verdade, se houver qualquer acordo das partes sobre o processo ou procedimento de recusa, a hipótese de recurso ao tribunal arbitral fica automaticamente afastada (a não ser, claro, que o processo por elas convencionado consista precisamente no recurso à via arbitral).

O único vínculo legal que há, quanto às vias utilizáveis para efeitos de recusa, é portanto o respeitante à exigência de intervenção do tribunal estadual nos termos combinados do nº 1 e do nº 3 deste art. 14º, ou seja, se não se chegar à destituição do árbitro por qualquer outra via, a questão há-de ser decidida, em última instância, pelo tribunal do Estado.

O que significa que o regime do nº 2, na parte respeitante ao recurso ao tribunal arbitral para solução da questão da recusa de árbitros, deve ser visto como meramente subsidiário (da inexistência de um acordo das partes sobre o procedimento de recusa), só sendo imperativo nele a tramitação estabelecida, se se verificar a hipótese de sua aplicação.

Vamos vê-lo nos comentários subsequentes.

2. *O alcance da ressalva e do acordo do n.º 1 quanto aos procedimentos de recusa de árbitros*

A redacção deste n.º 1 é, na sua aparência, de uma simplicidade extrema e, contudo, são complexas as dúvidas que o seu exacto alcance suscita.

Dispõe-se nele, na verdade, que *"[s]em prejuízo do disposto no n.º 3 do presente artigo, as partes podem livremente acordar sobre o processo de recusa de árbitro"* – dando-se então por adquirido que, por causa daquela ressalva inicial, as partes nem podem arredar a possibilidade de, em última instância, recorrerem a um tribunal estadual para dirimir as divergências que tenham sobre a recusa de um árbitro, nem podem fazê-lo em relação às regras de *acesso* e de *trâmite* do processo judicial, que constam desse n.º 3 deste art. 14.º.

Significa isto que o disposto no n.º 3 deste art. 14.º prevalece sempre sob o acordo das partes, o que não sucede com o preceito do n.º 2, que só se aplica subsidiariamente, isto é, como nele mesmo se dispõe, faltando o acordo das partes.

E é a esse acordo sobre o (processo ou) *procedimento de recusa* do árbitro, note-se, que a ressalva do n.º 2 se refere – não ao acordo delas quanto à própria *recusa* de um árbitro – pelo que é completamente diversa a natureza da convocação do tribunal arbitral (no n.º 2) e do tribunal estadual (no n.º 3) ao abrigo deste art. 14.º, já se viu no anterior comentário n.º 1A.

3. *Sobre as diversas modalidades, requisitos, formalidades e prazos do procedimento de recusa convencionado pelas partes*

Entende-se que, excluído o segmento não ressalvado do n.º 1 deste art. 14.º, as partes podem estabelecer como instrumento de recusa de um árbitro qualquer procedimento que lhes aprouver – ainda que se trate, dir-se-ia, da sua recusa por simples e unilateral vontade escrita de quem o designou, como o admite expressamente o art. 13.º/3 e o legitima, em certa medida, a falta de cumprimento (pela pessoa designada) da exigência de informação prévia.

A hipótese é, contudo, fonte de alguma perplexidade, até porque, após a aceitação desse árbitro, passa a existir entre ele e a parte designante, enquanto o tribunal não ficar constituído e investido, um compromisso bilateral que é estranho poder ser rescindido mediante a simples invocação unilateral (e hetero-vinculativa) de que estão preenchidos os pressupostos legais da recusa.

De resto, o árbitro que já aceitou o encargo da arbitragem passou a ser membro de um tribunal (*in fieri*, em constituição), e não já um mero servidor ou contraente do designante, pelo que deveria ser necessário mais do que a mera vontade deste para pôr termo a uma situação que extravasou dos seus interesses próprios, que já saltou para o domínio do publicamente relevante, pelo menos, do convencionalmente relevante, exigindo então, no mínimo, dir-se-ia, uma decisão unânime das partes.

O que é certo é que, acima dessas objecções, a lei pôs porém a necessidade de a parte confiar no seu árbitro, de não ter em relação a ele engulhos ou desconfianças fundadas, que pusessem em causa a exigência da igualdade (face à outra parte) da sua "representação" no tribunal arbitral.

Tudo seria mais transparente, neste aspecto, se, no acordo dos litigantes sobre o procedimento de recusa de árbitros, se estabelecesse então só poder ser ela decidida vinculativamente pela vontade mútua das partes, deixando assim para trás o cariz de uma desavença entre o árbitro designado e a parte designante, para passar a ser mais uma medida de saneamento do tribunal e do processo arbitral querida mutuamente por partes que até têm interesses tendencialmente divergentes – embora seja verdade que um consenso nessa matéria não parece lá muito fácil de conseguir.

Outras vias de resolução extra-arbitral da recusa de árbitros passariam assim, igualmente, por colocarem no âmago da decisão uma ou mais pessoas, um centro de arbitragem, até, mas agindo sempre em representação de ambas as partes, no interesse de uma célere e apropriada decisão do processo arbitral.

Por outro lado, embora se disponha neste art. 14º/1 que as partes *"podem livremente acordar sobre o processo de recusa de árbitro"*, entendemos existirem alguns *requisitos* necessários do procedimento convencional dessa recusa (pela ou) pelas partes, tirados, mais não fosse, por analogia com o estabelecido na lei para as destituições de árbitros pelo próprio tribunal arbitral ou por tribunal estadual.

A primeira questão é a de saber se as partes podem estabelecer, como processo de recusa (em relação aos árbitros que cada uma delas tenha designado), a possibilidade de o decidirem individualmente, sem ser por mútuo acordo, o que a fórmula deste n.º 1 – "*podem livremente acordar sobre o processo de recusa*" –, bem como a parte final do anterior art. 13º/3 parecem legitimar.

Outro desses requisitos é o de que o árbitro visado – e que, como vimos, já aceitou o encargo que lhe foi proposto – deve ser ouvido acerca da intenção da sua recusa, que lhe será também comunicada por escrito com indicação dos fundamentos que a suportam e convidando-o a pronunciar-se sobre isso em determinado prazo (que pode ser apertado, de 2 dias úteis, por exemplo, após a recepção da comunicação) – impõem-no os princípios gerais de direito, nomeadamente os da boa fé e do *audi alteram partem.*

A participação do árbitro visado parece-nos, como já havíamos referido em momento anterior, uma exigência de *due process,* cuja violação (seja seu autor o tribunal arbitral ou estadual como se referiu aí, ou as próprias partes como tratamos aqui) não poderá deixar de gerar a invalidade da recusa por razões *processuais* ou *procedimentais* e a consequente responsabilidade de quem a decidiu pelos danos morais e patrimoniais causados ao árbitro ilicitamente recusado.

O segundo requisito consiste em a decisão tomada no procedimento de recusa, seja ela positiva ou negativa, dever exprimir-se e comunicar-se por escrito, com indicação (no segundo caso) dos respectivos fundamentos – o que decorre não apenas dos princípios gerais de direito, mas também das exigências do subsequente nº 3 quanto aos pressupostos da intervenção do tribunal estadual.

A última questão é a de saber até quando é que pode decidir-se sobre a destituição de árbitros através do processo que as partes hajam convencionado – questão diferente da de saber até quando é que as partes podem estabelecer o acordo sobre o processo de recusa, da qual se trata no comentário subsequente.

Olhando às disposições dos nºs 2 e 3 do anterior art. 13º e dos nºs 1 e 2 do posterior art. 16º, e ao espírito que lhes subjaz, entendemos que a decisão de recusa ou de destituição de um árbitro pode ser tomada e efectivada até à assinatura da sentença arbitral. Depois disso, a destituição torna-se juridicamente impossível – salvo, talvez, se se pretender que a mesma produza seus efeitos retroactivamente, em relação a decisões em que o voto ou a vontade do árbitro em causa tenham sido decisivos.

Sendo certo que, a admitir-se isso, a questão deve então dar lugar à impugnação da sentença arbitral – ao abrigo da subalínea *iv)* da alínea *a)* do art. 46º/3, já não à recusa ou destituição do árbitro.

4. *O termo do prazo para celebração do acordo das partes sobre o processo de recusa*

A outra questão que se suscita na matéria – para além dos "pormenores" respeitantes, por exemplo, à forma escrita e à assinatura do tal acordo regulador – é a de saber até quando pode ser concluído o acordo das partes sobre o processo de recusa e destituição de árbitros.

Deverá o mesmo, nomeadamente, ser alcançado até à *data da designação* ou da *aceitação do primeiro árbitro*, sob pena, por exemplo, de (não conhecendo ele esse acordo) ficar prejudicada a partir daí a possibilidade de as partes disporem mutuamente sobre a matéria, sendo então necessária, para o efeito, a concordância de todos os árbitros, como sucede em relação à modificação da convenção de arbitragem (art. 4º/1) ou à definição das regras do processo (nº 2 do art. 30º)?

Vêm à baila, aqui, essas disposições, porque a ideia que lhes subjaz – a de que tais alterações, se levadas a cabo pelas partes depois da aceitação dos árbitros, sem a concordância destes, poderiam forçá-los a ter que desempenhar as suas funções num quadro jurídico e operacional que, a ser por eles conhecido previamente, os teria levado hipoteticamente (e mais não se exige para que a objecção seja válida) a não aceitar a designação –, porque tal ideia subjacente a essas disposições, dizia-se, também tem aqui plena aplicação.

Não oferece a resposta à questão, por isso, grandes dificuldades, atendendo ademais ao facto de, em comentário ao art. 12º, termos incluído entre as menções que devem constar da designação dos árbitros a indicação, se ele já existir, sobre o acordo das partes quanto ao processo de recusa de árbitros.

Parece-nos, na verdade, que representaria uma grave distorção dos princípios da protecção da confiança e da auto-vinculação a uma vontade formada livre e esclarecidamente serem os árbitros surpreendidos pela existência de um acordo firmado depois da aceitação do respectivo encargo, que os sujeitasse a um processo de recusa com que não quisessem, de todo, pactuar.

Diríamos portanto que o acordo sobre tal processo tem que ser celebrado, senão *antes da designação*, pelo menos *antes da aceitação* do primeiro árbitro (devendo ser-lhes comunicado atempadamente).

Nº 2

5. *Legitimidade, pressupostos e fundamentos de recurso ao tribunal arbitral no procedimento de recusa de árbitros*

Se as partes não chegarem a acordo sobre o procedimento a adoptar quanto à recusa de árbitros, nos termos vistos nos comentários anteriores, este nº 2 impõe a qualquer uma delas, ou a ambas, se não quiserem um ou mais árbitros – que tivessem sido designados e houvessem já aceitado o cargo – que requeiram ao tribunal arbitral uma decisão sobre a bondade dos fundamentos em que suportam essa sua pretensão.

Fundamentos que são restritos, como já se viu, à ocorrência das circunstâncias previstas no antecedente art. 13º/3.

E não esquecendo também que, no caso de a iniciativa deste incidente arbitral ser da parte que designou o árbitro visado, só poderem invocar-se aí causas ou motivos de recusa que sejam de ocorrência ou conhecimento posterior à respectiva designação, como resulta do disposto no segmento final desse nº 3 do antecedente art. 13º.

Por outro lado, a possibilidade de recorrer ao tribunal arbitral para estes efeitos é reservada a qualquer das partes (ou compartes) ou a ambas, não tendo legitimidade para o efeito nem o terceiro (incluindo um centro de arbitragem) que, por incumbência delas ou de uma delas, haja escolhido o árbitro visado, nem os árbitros que tenham escolhido por acordo o árbitro presidente – e muito menos, claro, o presidente da Relação ou do TCA que o haja designado.

6. *A tramitação da decisão arbitral sobre o pedido de destituição de árbitro e o pressuposto complexo da necessidade de decisão*

O requerimento de intervenção do tribunal arbitral tem de lhe ser presente no prazo de 15 dias (de calendário) contados ou da data em que se teve conhecimento de estar ele constituído ou, se posterior, da data em que se teve conhecimento dos factos que fundamentam o pedido de recusa.

Se o requerimento da recusa for de autoria da contraparte, deve o tribunal arbitral notificar a parte que designou o árbitro visado para se pronunciar sobre os fundamentos de tal requerimento, não se dando aqui – ao contrário do que vimos suceder noutras circunstâncias – audiência ao árbitro visado, dado que (verificado o complexo pressuposto negativo do segundo segmento deste art. 14º/2) ele participará, como membro do tribunal arbitral, na decisão sobre o pedido de recusa e terá então oportunidade de apresentar as razões da sua oposição.

Duvidoso é como deverá entender-se esse complexo pressuposto negativo da intervenção do tribunal arbitral – que consiste em, na sequência do pedido da decisão arbitral de destituição, o árbitro visado *"não renunciar à função que lhe foi confiada e a parte que o designou insistir em mantê-lo"* – donde resulta, desde logo, que, se o pedido for da autoria desta parte, o pressuposto legal se reduz àquele primeiro facto.

Pareceria então que, se o pedido for da autoria da contraparte, ele se tornaria efectivo, procedente, no caso de a parte designante "deixar cair", na audiência escrita que lhe é dada, o árbitro por si designado.

Solução que temos por muito duvidosa – se, como a lei sugere, for tomada, assim, "a seco" – por dois motivos: primeiro, porque, desse modo, preterir-se-ia a audiência do árbitro visado, no que nos parece ser uma violação das exigências do *due process* já acima descrito; segundo, por a parte designante não poder basear uma decisão ou (é o mesmo) uma vontade de destituição do árbitro que designou se os fundamentos da destituição pedida forem de conhecimento seu anterior à designação (art. 13º/3).

Se, porém, ela insistir em mantê-lo e o próprio árbitro não renunciar à função que lhe foi confiada – caso contrário, o requerimento de recusa também se torna imediatamente operativo, não havendo necessidade de outra audiência do renunciante –, nesse pressuposto complexo, dizia-se, é que o tribunal arbitral será chamado a decidir sobre a pretendida recusa.

6A. *A decisão arbitral de destituição: sua natureza colegial e (ir)recorribilidade*

A decisão do tribunal arbitral sobre o pedido de destituição de um ou mais árbitros é tomada por maioria de votos e assinaturas com a participação e voto obrigatório – ao que parece, contra os princípios gerais na matéria – do árbitro visado, a não ser que se demonstre que, instado em 1ª e 2ª convocatória para comparecer a reunião com essa agenda, ele faltou a ambas injustificadamente.

Da decisão arbitral tomada a tal propósito só cabe um recurso (impróprio) para o tribunal estadual – como se deduz do preceito do nº 3 – mas dir-se-ia que limitado ao caso em que dessa decisão não resultar a destituição arbitral do árbitro visado.

Embora pareça estranho que não se preveja a admissibilidade de "recurso" judicial da decisão arbitral que o destituísse – pelo menos, por iniciativa da parte vencida (senão também do árbitro destituído) –, deve o legislador ter ponderado ser altamente prejudicial para o processo, além do tempo que se iria perder nisso – preocupação que, no entanto, o disposto na parte final do subsequente n.º 3 ameniza – que um árbitro destituído pudesse continuar a trabalhar tranquilamente com os outros árbitros, seus "carrascos".

Enfim, a solução não parece lá muito equilibrada, e envolve mesmo algumas dúvidas quanto ao respeito pelo princípio constitucional da igualdade de tratamento.

Em qualquer dos casos, cabe porém recurso para o Tribunal Constitucional, com fundamento ou em inconstitucionalidade das normas aplicadas na decisão arbitral ou em desaplicação de normas jurídicas com fundamento na sua inconstitucionalidade (ou ilegalidade reforçada, claro), pois trata-se de recurso que as leis ordinárias não podem arredar.

Nº 3

7. A intervenção do tribunal estadual no processo urgente de recusa: requisitos do requerimento. A (ir)recorribilidade da sua decisão

No comentário anterior, manifestámos a ideia de não ser de rejeitar *in limine* a possibilidade de a decisão do tribunal arbitral que destituísse um árbitro ser susceptível de um recurso impróprio para o tribunal estadual, mesmo tratando-se de hipótese não prevista na letra deste nº 3 do art. 14º – possibilidade que uma interpretação rigorosa do princípio da igualdade até pediria.

Enfim, expressamente o que se prevê nesta norma da LAV é que, frustrando-se a recusa ou destituição pretendida por alguma das partes, por não se ter conseguido efectivá-la nem através do processo acordado nem através do tribunal arbitral, pode a parte que manifestou nessas sedes tal pretensão – e só ela, salvo circunstância superveniente de espectro mais amplo – requerer, em última instância, ao tribunal estadual competente (cf. art. 59º) que decida, em processo urgente (art. 60º/4), sobre a destituiçãodo árbitro visado.

Tal pedido deve ser formulado no prazo de 15 dias a contar da comunicação da decisão das partes ou da decisão do tribunal arbitral que rejeitou a recusa ou a destituição do árbitro, e deve ser fundamentado e instruído como se não houvesse qualquer pronúncia anterior sobre a matéria – juntando-se também o documento do qual consta a formalização da decisão das partes ou do tribunal arbitral.

Na verdade, o tribunal estadual não intervem aqui como tribunal de recurso – inculca-o este mesmo nº 3 –, podendo a sua decisão, que é insusceptível de recurso ordinário (como dispõe expressamente a lei), ser contudo objecto do recurso de constitucionalidade a que nos referimos no comentário anterior.

Assinale-se ainda que o pronome "*aquela*" inserido na parte final do primeiro segmento deste nº 3, e que muito atrapalha a sua fácil compreensão, deve ser lido como se lá se escrevesse "*ela*" ou "*essa*" – é o que resulta até da norma correspondente da Lei-Modelo (art. 13º/3), em que o nosso art. 14º/3 se inspirou.

8. *A continuação dos trabalhos do (tribunal e do) processo arbitral no decurso da intervenção do tribunal estadual*

Pedida ao tribunal estadual (que for competente, nos termos do art. 59º) uma decisão sobre a destituição de um árbitro, seja o único, um asa ou o árbitro-presidente, o tribunal arbitral – que já decidira rejeitar o pedido de recusa que, ao abrigo do nº 2, se lhe dirigira – "*incluindo o árbitro recusado, pode prosseguir o processo arbitral e proferir a sentença*".

Dizendo por outras palavras: o "recurso" ao tribunal estadual não tem efeito suspensivo, podendo o tribunal arbitral, integrado pelo árbitro sob suspeição, continuar os trabalhos do respectivo processo, não se permitindo assim que a questão da recusa de um árbitro se torne num expediente destinado a demorar a tramitação e a conclusão atempada do processo.

Dúvida grave que se suscita é a de saber se a disposição deste 2º segmento do art. 14º/3 se traduz na concessão aos árbitros do poder de decidir se o processo arbitral há-de continuar ou suspender-se até que o tribunal estadual decida da recusa pedida, ou se o "*pode prosseguir o processo*", como se estabelece na lei, corresponde a uma autorização *ex legis*, isto é, como que a uma determinação para o processo arbitral seguir o seu curso, estando o tribunal arbitral vinculado a andar com o mesmo para a frente durante a pendência do pedido de recusa no tribunal estadual.

À primeira vista, dir-se-ia tratar-se de uma determinação do legislador para que o processo não se retarde – solução que até vai melhor, julgamos, com a própria imposição de o árbitro sob suspeição continuar a integrar o tribunal –, mas a verdade é que o recurso ao direito comparado empurra-nos para o entendimento, mais prudente, de resto, de que o *"pode"* da lei corresponderia mesmo à vontade de atribuir uma faculdade ao tribunal arbitral.

Artigo 15.º
Incapacitação ou inacção de um árbitro

1 – Cessam as funções do árbitro que fique incapacitado, de direito ou de facto, para exercê-las, se o mesmo a elas renunciar ou as partes de comum acordo lhes puserem termo com esse fundamento.

2 – Se um árbitro, por qualquer outra razão, não se desincumbir, em tempo razoável, das funções que lhe foram cometidas, as partes podem, de comum acordo, fazê-las cessar, sem prejuízo da eventual responsabilidade do árbitro em causa.

3 – No caso de as partes não chegarem a acordo quanto ao afastamento do árbitro afectado por uma das situações referidas nos números anteriores do presente artigo, qualquer das partes pode requerer ao tribunal estadual competente que, com fundamento na situação em causa, o destitua, sendo esta decisão insusceptível de recurso.

4 – Se, nos termos dos números anteriores do presente artigo ou do n.º 2 do artigo 14.º, um árbitro renunciar à sua função ou as partes aceitarem que cesse a função de um árbitro que alegadamente se encontre numa das situações aí previstas, tal não implica o reconhecimento da procedência dos motivos de destituição mencionados nas disposições acima referidas.

Fontes:

Nº 3 – Lei-Modelo da Uncitral, art. 14º/1; Lei Alemã (ZPO) § 1038(1); Lei Espanhola, art. 19º/1

Nº 4 – Lei-Modelo da Uncitral, art. 14º/2; Lei Alemã (ZPO) § 1038(2); Lei Espanhola, art. 19º/2

Comentários:

1. *A incapacidade física e a jurídica: casos, grau e avaliação*
2. *A renúncia do árbitro único ou plural incapacitado: formalidades e requisitos*
3. *O afastamento do árbitro incapacitado por acordo das partes. O recurso ao tribunal estadual*
4. *A audiência prévia e as restantes formalidades do exercício do direito potestativo de afastamento do árbitro incapacitado e responsabilidade daí decorrente*
5. *O afastamento do ou dos árbitros inactivos por acordo das partes: pressupostos legais*
6. *Vantagens e desvantagens da solução legal: recurso ao tribunal estadual. Remissão*
7. *Formalidades e responsabilidade pelo exercício do direito potestativo de afastamento do árbitro inactivo: remissão*
8. *As válvulas de escape da falta do acordo das partes: a destituição judicial em processo urgente e a eventual invalidade dos actos do árbitro destituído*
9. *A tramitação urgente do processo de destituição judicial: requerimento, prazo, audiência e decisão*
10. *A "presunção de inocência" do árbitro renunciante*
11. *A "presunção de inocência" do árbitro cuja recusa pela contraparte a parte designante não repeliu: remissão*

Nº 1

1. A incapacidade física e a jurídica: casos, grau e avaliação

Trata-se neste nº 1 da cessação das funções dos árbitros que fiquem incapacitados *de direito* ou *de facto*.

Debruçamo-nos, em primeiro lugar, sobre a situação dos árbitros que fiquem *fisicamente incapacitados* para o exercício das respectivas funções, seja porque a sua saúde definhou ao ponto de se ter tornado física e psicologicamente penoso para o árbitro trabalhar ou deslocar-se, seja porque, tendo obtido uma bolsa para o efeito, passou a residir e a preparar a tese de doutoramento em local distante do tribunal arbitral, (no estrangeiro, até), pelo que a continuidade e frequência das reuniões tornaram inexigível, em concreto, o sacrifício de repetidas deslocações demoradas e financeiramente incomportáveis.

Como se vê, aqui, o juízo sobre a incapacidade *de facto* é função de uma avaliação concreta das circunstâncias que ocorrerem, não podendo – salvo em caso de doenças de particular gravidade ou de situações de manifesta impossibilidade prática, como no caso de se ir preparar a tese de doutoramento para Vladyvostok ou Winduck – ajuizar-se sobre o impedimento resultante da situação de facto senão face às circunstâncias agravantes e atenuantes concretamente existentes.

Já não assim com as incapacidades de direito, que, salvo circunstâncias excepcionais, são avaliáveis quase automaticamente.

Na verdade, a *incapacitação jurídica* é também factor determinante da cessação justificada de funções, como sucederá se o capital da empresa onde o árbitro designado exerce a sua profissão principal for adquirido por um dos litigantes ou se ele tomar posse de um cargo público incompatível com as funções de árbitro – que é o caso de passar a ser membro do Governo ou ter aceitado um convite do Conselho Superior da Magistratura para ser juiz efectivo – ou, ainda, se passar a viver maritalmente com a própria árbitro-presidente.

Há-de tratar-se, em todas as situações de incapacidade física ou jurídica, de casos que tornem factual ou legalmente inexigível o cumprimento do mandato que a designação e a aceitação do cargo de árbitro envolvem, não apenas de o exercício de tal cargo se ter tornado mais difícil do que aquilo que se pensava ele poder ser.

2. *A renúncia do árbitro único ou plural incapacitado: formalidades e requisitos*

A incapacidade de o árbitro exercer as suas funções, como causa legítima de renúncia a estas, deve, para o isentar de responsabilidade pelos prejuízos causados, ser de ocorrência ou de conhecimento superveniente e só opera após o próprio ter comunicado ao tribunal e às partes – não apenas à "sua" – renunciar às respectivas funções, apresentando, juntamente com a declaração correspondente, os comprovativos da causa e do grau de incapacidade invocada (salvo tratando-se de factos de conhecimento notório).

E é assim, não propriamente porque os efeitos da renúncia fiquem dependentes de qualquer aceitação, aprovação ou autorização das partes ou do tribunal, mas porque ela representa a desvinculação de um compromisso assumido e a paralisação, ao menos parcial, dos trabalhos da arbitragem, com graves prejuízos potenciais para as partes – e para os outros árbitros.

Prejuízos que, aliás, importará reparar – além de no caso acima referido – se ficar por demonstrar a existência de uma verdadeira situação de incapacidade ou, então, a indesculpabilidade da respectiva causa.

No caso de tribunal de árbitro único, e portanto de paralisação total dos respectivos trabalhos, a renúncia poderá assumir ainda foros de maior gravidade, aplicando-se-lhe naturalmente o que se propôs para o caso dos árbitros de tribunal plural.

3. *O afastamento do árbitro incapacitado por acordo das partes. O recurso ao tribunal estadual: remissão*

Só por acordo fundamentado das duas partes pode o árbitro incapacitado ser afastado do seu cargo, seja ele um árbitro de designação (directa ou indirecta) comum – caso em que a solução se justifica por si mesma – ou somente um árbitro de parte, o que já não parece tão elementar.

Contudo, deixar a decisão de afastamento, nesse caso, apenas nas mãos da parte respectiva, permitiria que ela usasse esse direito, por exemplo, para destronar um árbitro que lhe estivesse a ser incómodo, que se revelasse de uma imparcialidade de que a parte não pensara ser ele capaz.

É evidente que a solução do afastamento por acordo das partes também não é uma solução muito equilibrada, mesmo no caso de se tratar de árbitro único, pois pode acontecer que, estando o processo – conduzido por um árbitro que, apesar de física ou psicologicamente incapacitado, persiste em continuar a exercer as suas funções – a correr bem a um dos litigantes, ele tenda a resistir à necessidade de afastar o incapacitado.

O reequilíbrio do sistema colocou-o o legislador, e bem – aliás, não havia outras saídas –, no nº 3 deste art. 15º e na alínea *b)* do art. 59º/1 dando a possibilidade a qualquer uma das partes de, faltando o acordo da outra, requerer fundamentadamente ao tribunal estadual que destitua o árbitro incapaz, tudo como veremos no comentário n.º 8 subsequente.

4. *A audiência prévia e as restantes formalidades do exercício do direito potestativo de afastamento do árbitro incapacitado e responsabilidade daí decorrente*

Não prevê a lei que as partes devam ouvir o árbitro que querem afastar antes de se porem de acordo e de lhe comunicarem o afastamento – embora a exigência de audição corresponda à aplicação de elementares princípios gerais de direito, além de poder prevenir eventuais erros de decisão e as consequências indemnizatórias de um abuso de direito.

Nem se prevê igualmente que esse afastamento esteja dependente de quaisquer outras formalidades, entendendo nós, porém, que deve impor-se-lhes, igualmente, que o respectivo acordo seja reduzido a escrito e que se mencionem aí, mesmo que muito sinteticamente, quando mais não for necessário, as razões concretas em que se funda o juízo sobre a incapacitação do árbitro afastado, enviando-se-lhe (e ao presidente do tribunal arbitral) um exemplar desse acordo.

No mais, o direito das partes configura-se como um direito potestativo, e de efeitos imediatos, insusceptível até de oposição judicial, impedindo o árbitro de participar em quaisquer outras diligências, formalidades ou actos processuais, correndo imediatamente os trâmites da sua substituição.

Direito potestativo que deve, é óbvio, ser exercido de maneira a não manchar o nome e a honra do árbitro afastado, incorrendo as partes em responsabilidade pelos prejuízos decorrentes da violação desses seus direitos básicos, do incumprimento das formalidades de fundamentação e comunicação escrita e, sobretudo, por eventuais erros de avaliação de que enferme a decisão de afastamento.

Em todo o caso, trata-se de uma solução desconfortável, atirando para cima do árbitro afastado o ónus – tão desmotivador – de ter ele que recorrer a tribunal para tornar efectivo o seu direito a uma reparação moral e patrimonial.

Nº 2

5. *O afastamento do ou dos árbitros inactivos por acordo das partes: pressupostos legais*

A inacção de um ou mais árbitros – a sua falta de empenho no decurso regular e atempado das formalidades de constituição do tribunal arbitral ou do processo arbitral, a reincidência no retardamento de diligências instrutórias necessárias ou convenientes a uma boa decisão da causa – constitui também uma causa do seu afastamento das respectivas funções.

Repare-se, por um lado, que – como o inculca o facto de se referir o afastamento do árbitro ao incumprimento "*em tempo razoável das* [respectivas] *funções*" – a lei apenas permite às partes "sancionarem" com o afastamento o árbitro reincidentemente relapso no cumprimento atempado dessas funções, o árbitro que não cumpre os seus deveres "*em tempo razoável*" (quando não há prazos estabelecidos para a realização de diligências processuais ou pré-processuais) ou que só os cumpre depois de esgotados os prazos orientadores previstos na lei, na convenção ou no regulamento da arbitragem.

Como se vê, a apreciação da conduta inactiva do árbitro incide exclusivamente sobre os aspectos temporais do exercício das suas funções.

Não permite assim a lei, compreensivelmente, que, no decurso do processo arbitral, as partes avaliem e afastem árbitros por alegadamente estarem a exercer errada ou incorrectamente as suas funções, por lhes parecer que eles não estão a averiguar cuidadosamente os factos relevantes, por os verem a invocar e aplicar normas aparentemente inaplicáveis, ficando tudo isso à margem das causas de afastamento de árbitros por *inacção*.

Não obstante, a solução não poderá deixar de ser diversa no caso em que um árbitro se recusa a tomar parte na votação da decisão que põe termo ao processo, hipótese prevista no art. 40º/2, pois que proferir uma sentença é exactamente o primeiro dos deveres em que os árbitros se constituem pela aceitação do respectivo cargo.

6. *Vantagens e desvantagens da solução legal: recurso ao tribunal estadual. Remissão*

Quanto às vantagens e desvantagens da solução do afastamento do árbitro inactivo por acordo das partes, e ao reequilíbrio do sistema através da devolução ao tribunal estadual do poder de suprir a falta de acordo de uma das partes, veja-se o que dissemos atrás, no comentário nº 3, a propósito do afastamento de árbitros incapacitados.

7. *Formalidades e responsabilidade pelo exercício do direito potestativo de afastamento do árbitro inactivo: remissão*

Valem para este caso do afastamento do árbitro inactivo as considerações que tecemos atrás a propósito das formalidades (do) e da responsabilidade pelo exercício do direito potestativo de as partes afastarem por acordo o árbitro incapacitado.

Nº 3

8. *As válvulas de escape da falta do acordo das partes: a destituição judicial em processo urgente e a eventual invalidade dos actos do árbitro destituído*

A disciplina deste nº 3 constitui a válvula de escape do sistema de afastamento dos árbitros incapacitados e dos árbitros (capazes, mas) inactivos.

Não podendo confiar a decisão de afastamento a uma das partes, nem sequer àquela que nomeou tal árbitro, tendo que a atribuir ao acordo de ambas as partes – e, no seio de cada uma delas, à vontade de todos os compartes, como vimos acontecer no caso do art. 11º/1 –, com todos os inconvenientes que daí derivam, o legislador fez repousar o equilíbrio ou razoabilidade do sistema na possibilidade conferida a qualquer das partes, quando não chegarem a acordo, de requerer ao tribunal estadual competente (em função do disposto no art. 59º, nºs 1 e 2) a destituição dos árbitros incapacitados ou inactivos.

É evidente que a opção judicial não resolve todos os problemas que o acordo das partes – dotado de efeitos imediatos – solucionava, mesmo se o legislador dispôs no nº 4 do art. 60º, por referência à alínea *c)* do art. 59º/1, que o processo judicial de destituição de árbitro incapaz tem carácter urgente.

Não se exclui porém a hipótese de (quando a natureza da causa de destituição o justificar) se considerarem não praticados, oficiosamente ou a pedido da parte que desencadeou o processo, os actos, as diligências e as declarações do árbitro destituído emitidas pelo tribunal arbitral após o pedido de destituição (ou, quando for o caso, mesmo antes disso) – independentemente de se entender que a invalidação de tais actos e diligências é da competência desse tribunal ou, como nos parece mais adequado, da competência do tribunal arbitral.

Quanto à necessidade de repetição dos actos processuais em que tenha participado o árbitro incapacitado ou inactivo, veja-se o que dizemos em comentário ao nº 2 do subsequente art. 16º.

9. A tramitação urgente do processo de destituição judicial: requerimento, prazo, audiência e decisão

Seria escusado dizer – embora o art. 60º da LAV o tenha feito expressamente, mas apenas no caso de incapacitação – que o pedido de destituição de árbitro incapacitado ou inactivo, até por se tratar de um processo urgente (art. 60º/4), deve ser fundamentado e instruído com todos os elementos de prova de que o requerente já disponha, não lhe sendo permitida, em nome dos valores mais básicos do princípio da colaboração das partes com o tribunal, a junção posterior de mais elementos desses, salvo se forem de produção ou conhecimento superveniente ou se a falta de sua apresentação imediata se dever a razão bem desculpável.

Deve o requerimento tendente à destituição do árbitro incapacitado ou inactivo ser apresentado em determinado prazo a contar do conhecimento do facto com fundamento no qual se pede ao tribunal que decrete tal destituição?

É questão delicada.

Por um lado, nem aqui nem no art. 60º (ao contrário do que sucedia com o antecedente art. 14º/3) se dispõe o que quer que seja a propósito do prazo para formular o pedido de destituição judicial – de resto, a remissão do subsequente nº 4 deste art. 15º para o nº 2 do art. 14º nada tem a ver com prazos.

Mas, por outro lado, também é verdade que, estando em causa factos que tanto podem prejudicar o andamento e até a decisão do processo arbitral, não faz sentido que a parte requerente deixe que o processo prossiga paulatinamente, que se pratiquem actos e realizem diligências processuais demoradas – as quais, em caso de destituição e substituição de árbitros, se calhar, até precisarão de ser repetidas (cf. art. 16º/4) – e que só depois de decorrido um bom pedaço de tempo leve a questão a um tribunal estadual.

Até porque o processo neste tribunal tem, como já se disse, carácter urgente.

Corresponderia tal conduta, assim, a uma violação dos princípios da boa fé e da colaboração das partes com o tribunal, a um abuso de direito, com que não deve pactuar-se.

Pugna-se por isso pelo entendimento de que, verificado o último evento da cadeia de factos que já permitem ajuizar da incapacidade ou inactividade de um árbitro – e depois de decorridos uns dias para a parte se aconselhar e reflectir sobre a questão –, verificando-se tudo isso, dizíamos, deveria a parte interessada requerer *de imediato*, diligentemente, ao tribunal estadual, salvo "*justa causa*", a destituição do árbitro.

A melhor solução parece, no entanto, ser a de aplicação aqui do prazo análogo de 15 dias do art. 14º/3.

Depois de recebido e admitido o requerimento fundamentado de destituição com os respectivos documentos e duplicados – incluindo um para o presidente do tribunal arbitral, outro para o árbitro visado, um terceiro para o advogado da contraparte –, parece que o tribunal estadual deve mandar ouvir simultaneamente todos os contra-interessados, digamos assim, incluindo aquele árbitro, não se vendo que haja nessa simultaneidade um prejuízo significativo do seu direito de "defesa". De resto, se as pronúncias do presidente do tribunal e da contraparte trouxessem novas achegas agravantes do juízo da sua incapacidade ou inactividade, certamente que se lhe daria (só a propósito delas, claro) nova audiência.

É a solução menos pesada em termos de celeridade do processo (judicial e reflexamente do processo) arbitral e que, por outro lado, permite tutelar todos os interesses co-envolvidos na contenda.

Pode o tribunal estadual, além disso, mandar realizar por sua iniciativa ou a sugestão das partes, qualquer diligência que entenda poder auxiliar à decisão do caso, convidando para assistir à mesma – salvo as reservas devidas ao direito à privacidade e intimidade – os diversos interessados.

Tudo, sempre, no entanto, tendo em atenção o carácter urgente do processo no tribunal estadual (art. 60º, n.º 4).

Parte do que aqui se expôs tem tradução expressa no art. 60º da LAV.

Assinale-se, porém, que só se prevê nele (no seu nº 2) o dever de, a propósito do requerimento de destituição, se ouvir as *"partes na arbitragem e, se for caso disso, o tribunal arbitral"*, sem se reconhecer igualmente ao próprio árbitro visado pela alegação de incapacidade – por nós, diríamos e também pela de inacção –, individualizadamente, o direito de ser ouvido sobre tal pretensão, o que nos parece colidir com princípios fundamentais do nosso ordenamento jurídico.

Seja com o princípio da igualdade seja, inclusivamente, com a garantia da tutela judicial efectiva do nº 1 do art. 20º da CRP.

Nº 4

10. A "presunção de inocência" do árbitro renunciante

Dispõe-se aqui que o facto de um árbitro, sobre quem pesam dúvidas relativas à sua imparcialidade, independência, capacidade ou celeridade, renunciar *motu proprio* às respectivas funções – permitindo assim que o processo "se recomponha" mais rapidamente, sem as demoras que uma sua resistência (em caso de falta de acordo das partes) implicaria –, dispõe-se que tal facto, dizíamos, não corresponde a um reconhecimento, a uma "confissão", de que seriam verdadeiras tais suspeitas.

Não é só (embora seja primacialmente) a celeridade do processo que ganha com isso.

É também, por um lado o próprio árbitro – que se verá livre, assim, da desconfortável posição em que foi colocado, sem deixar por isso de poder demandar civilmente a parte responsável por aquelas suspeitas – e reforça-se também, por outro lado, a aceitabilidade da sentença arbitral, que poderia sair gravemente afectada se o árbitro sobre quem se fizeram pesar dúvidas de imparcialidade, de capacidade, etc., contribuísse para a formação de uma decisão desfavorável ao autor de tais suspeitas.

11. A "presunção de inocência" do árbitro cuja recusa pela contraparte a parte designante não repeliu: remissão

O nº 4 do art. 15º prevê, além da hipótese de renúncia (espontânea ou provocada) do árbitro, que também na hipótese a que se refere a parte final do art. 14º/2 – de a parte que o designou, perante a investida da contraparte, não insistir em mantê-lo em funções –, prevê que, dizia-se, isso não significa que se tenham por procedentes os motivos de destituição que contra ele tivessem sido invocados.

Embora a redacção da lei não seja lá muito clara, a verdade é que o facto de se recorrer aí ao conceito *aceitação* (de "*as partes aceitarem*") leva-nos a reportá-lo à situação prevista nesse art. 14º/2 de "*não insistência*" da parte que designou um árbitro (recusado pela outra parte) "*em mantê-lo*" como membro do tribunal.

No resto, vale para esta hipótese, tudo quanto se disse a propósito da hipótese com que lidámos no comentário anterior, de renúncia do árbitro "suspeito" ao exercício das suas funções.

Artigo 16.º
Nomeação de um árbitro substituto

1 – Em todos os casos em que, por qualquer razão, cessem as funções de um árbitro, é nomeado um árbitro substituto, de acordo com as regras aplicadas à designação do árbitro substituído, sem prejuízo de as partes poderem acordar em que a substituição do árbitro se faça de outro modo ou prescindirem da sua substituição.

2 – O tribunal arbitral decide, tendo em conta o estado do processo, se algum acto processual deve ser repetido face à nova composição do tribunal.

Fontes:

Nº 1 – Lei-Modelo da Uncitral, art. 15º; Lei alemã (ZPO) § 1039; Lei Espanhola, art. 20º.
Nº 2 – Lei Inglesa, Section 27 (4)

Comentários:

1. *Âmbito de aplicação do regime legal da substituição de árbitros. Casos de sua desaplicação: existência de árbitros suplentes e de sentença final assinada*
2. *A regra do paralelismo da autoria da substituição: excepções.*
3. *(cont.) Dispensa da substituição: o tribunal arbitral com número par de árbitros. Sua (in)admissibilidade*
4. *A repetição de actos processuais perante o novo árbitro plural ou único*

Nº 1

1. *Âmbito de aplicação do regime legal da substituição de árbitros. Casos de sua desaplicação: existência de árbitros suplentes e de sentença final assinada*

As normas deste art. 16º aplicam-se a todos os casos em que um árbitro efectivo (seja o árbitro único, o presidente ou os asas) cesse funções e não tenham sido designados na convenção ou em escrito posterior (formalizado nos termos vistos a propósito do art. 10º) um árbitro ou árbitros suplentes – porque, se os houver, e aceitarem agora ou tiverem aceitado já o respectivo encargo, a norma deste nº 1 não terá aplicação. Só a do nº 2.

Do mesmo modo que não se aplica ela, julgamos – nem agora a do respectivo nº 2 –, se a sentença arbitral final já houver sido votada, proferida e assinada por um número maioritário de árbitros vencedores.

Fora desses casos, as normas deste art. 16º aplicam-se então à cessação de funções por um ou mais árbitros do tribunal arbitral em virtude

- da sua *escusa* com fundamento no art. 12º/1;
- da sua *recusa* pela ou pelas partes, ou da sua destituição arbitral ou judicial, com os fundamentos e nos termos dos arts. 13º e 14º;
- da sua *renúncia*, nos termos do art. 14º/2;
- do seu *afastamento* ou *destituição* por *incapacitação*, de direito ou de facto, para o exercício das funções de árbitro, conforme art. 15º/1;
- do seu *afastamento* ou *destituição* por *inacção*, nos termos dos nºs 1 e 3 do art. 15º;
- em qualquer outro caso inominado de cessação de funções de um árbitro.

Note-se – ainda no seio desta tarefa de delimitação do âmbito de aplicação do art. 16º – que há aspectos do regime fixado nos seus nºs 1 e 2 que supõem estar o legislador a lidar apenas com a hipótese do tribunal plural, como sucede paradigmaticamente com a possibilidade de as partes prescindirem da substituição do árbitro cessante.

Não se teria então disposto a esse propósito sobre o regime de substituição do árbitro único, apesar de, como é evidente, a cessação de funções por parte dele não determinar o fim do processo arbitral, sendo necessário dotar o tribunal com um novo árbitro para o processo poder continuar até decisão final.

Finalmente, não há lugar à aplicação do regime de substituição do art. 16º se as partes tiverem disposto, na convenção ou em escrito posterior (a ela ou ao próprio momento de cessação de funções), como é que se procede à substituição de árbitros cessantes. Assim se dispõe na parte final do próprio art. 16º/1.

2. A regra do paralelismo da autoria da substituição: excepções

Devolve-se ou à parte ou aos árbitros ou a terceiro, a quem tenha cabido a designação do árbitro cessante, o direito de designar o árbitro substituto – e isso, mesmo nos casos em que, por se ter frustrado o exercício primário do direito de designação pelas partes, pelos árbitros ou por terceiros, o ou os árbitros agora cessantes tivessem acabado por ser designados secundariamente pelo tribunal estadual.

Funciona portanto aqui uma regra de *paralelismo* da titularidade abstracta da competência para a designação de árbitros, que pode contudo ser quebrada

- se as partes tiverem convencionado ou decidirem agora, por acordo, adoptar uma regra de designação diferente da anterior;
- se a parte ou as partes (já não os árbitros ou terceiros) a quem coubesse a designação directa ou indirecta do árbitro cessante de tribunal plural prescindirem da sua substituição;
- se a pessoa do terceiro a quem as partes houvessem cometido o encargo da designação inicial já tiver falecido ou se tiver incapacitado.

São dois os esclarecimentos de que estas duas últimas hipóteses carecem.

Na penúltima hipótese, o direito de prescindir da substituição cabe à parte a quem faltou o árbitro árbitro cessante, mesmo que a sua designação tenha cabido não a ela mesma, mas a terceiro em sua *"representação"*.

Em relação à hipótese alinhada em último lugar, quase não valeria a pena dizer que as partes ou a parte em causa não estão obrigadas a escolher uma outra pessoa para designar o árbitro substituto, passando o direito de designação a ser exercido pessoalmente por ambas (por acordo) ou por aquela a quem faltou o árbitro cessante.

3. (cont.) *Dispensa da substituição: o tribunal arbitral com número par de árbitros. Sua (in)admissibilidade*

Quanto à segunda excepção à regra de paralelismo alinhado no comentário anterior, assinala-se ainda que o facto de as partes poderem prescindir de substituir um árbitro que cesse funções – e chama-se a atenção para o facto de a previsão da lei vir sempre literalmente referida à substituição de um só árbitro – significa que o tribunal arbitral se manterá em funcionamento mas com um número par de membros, gerando-se assim uma situação não apenas ilegal, face ao disposto no art. 8º/1, mas provavelmente conducente à impossibilidade de o tribunal proferir uma decisão sobre o litígio que as partes lhe submeteram, se os árbitros que permanecerem em funções tiverem igual estatuto arbitral.

Sendo assim, a estatuição legal aqui em causa só deveria valer se um dos árbitros remanescentes do tribunal for o seu presidente, não podendo tal estatuição ser aplicada em qualquer outro caso – a não ser que se entendesse que é legítimo às partes arredarem a aplicação daquele art. 8º, quanto ao número ímpar de membros do tribunal – sob pena de se correr o risco de inutilidade da lide, por impossibilidade de proferir a sentença, e de sobrecarga desnecessária do sistema judiciário.

Por tudo isto, possivelmente, é que a Lei Modelo da UNCITRAL, no seu art. 15º, não previu a possibilidade de as partes prescindirem da substituição do árbitro cessante.

Aliás, não se trata de uma alternativa com grande futuro na prática, pois, naturalmente, a parte que designou o árbitro cessante – salvo em casos excepcionalíssimos, em que já se prenuncia, com elevado grau de certeza, ser ela a parte vencedora ou vencida, na totalidade – não quererá ficar em posição de desigualdade face à contraparte, não se vendo que vantagem possa retirar então de prescindir do respectivo árbitro (a não ser eventualmente em matéria de honorários sobrantes dos árbitros de parte).

Nº 2

4. A repetição de actos processuais perante o novo árbitro plural ou único

A previsão do nº 2 respeita aos casos em que foi designado um novo árbitro para substituir aquele cujas funções cessaram – já não para a hipótese de se ter prescindido da sua substituição.

Determinará então o próprio tribunal (com a participação do novo árbitro) se os actos processuais em que tenha intervindo o árbitro cessante devem ser repetidos perante o seu substituto, hipótese que, salvo outras situações da mesma índole, valerá sobretudo para aquelas diligências ou formalidades cujo significado ou resultado só é completamente apreensível para quem a elas assiste pessoalmente.

Pode ser o caso da audiência de julgamento ou de qualquer outra diligência de produção de prova testemunhal e (eventualmente) pericial, designadamente se não se procedeu à sua gravação.

Note-se que, no caso de substituição do árbitro único, o critério determinante da repetição de actos processuais tem de ser mais alargado, sendo natural que o novo árbitro mande realizar novas diligências, que o árbitro cessante omitiu – mais até do que mandar repetir as já realizadas, salvo no caso de diligências orais (sobretudo as não autuadas e as não gravadas).

Artigo 17.º
Honorários e despesas dos árbitros

1 – Se as partes não tiverem regulado tal matéria na convenção de arbitragem, os honorários dos árbitros, o modo de reembolso das suas despesas e a forma de pagamento pelas partes de preparos por conta desses honorários e despesas devem ser objecto de acordo escrito entre as partes e os árbitros, concluído antes da aceitação do último dos árbitros a ser designado.

2 – Caso a matéria não haja sido regulada na convenção de arbitragem, nem sobre ela haja sido concluído um acordo entre as partes e os árbitros, cabe aos árbitros, tendo em conta a complexidade das questões decididas, o valor da causa e o tempo despendido ou a despender com o processo arbitral até à conclusão deste, fixar o montante dos seus honorários e despesas, bem como determinar o pagamento pelas partes de preparos por conta daqueles, mediante uma ou várias decisões separadas das que se pronunciem sobre questões processuais ou sobre o fundo da causa.

3 – No caso previsto no número anterior do presente artigo, qualquer das partes pode requerer ao tribunal estadual competente a redução dos montantes dos honorários ou das despesas e respectivos preparos fixados pelos árbitros, podendo esse tribunal, depois de ouvir sobre a matéria os membros do tribunal arbitral, fixar os montantes que considere adequados.

4 – No caso de falta de pagamento de preparos para honorários e despesas que hajam sido previamente acordados ou fixados pelo tribunal arbitral ou estadual, os árbitros podem suspender ou dar por concluído o processo arbitral, após ter decorrido um prazo adicional razoável que concedam para o efeito à parte ou partes faltosas, sem prejuízo do disposto no número seguinte do presente artigo.

5 – Se, dentro do prazo fixado de acordo com o número anterior, alguma das partes não tiver pago o seu preparo, os árbitros, antes de decidirem suspender ou pôr termo ao processo arbitral, comunicam-no às demais partes para que estas possam, se o desejarem, suprir a falta de pagamento daquele preparo no prazo que lhes for fixado para o efeito.

Fontes:

Nº 1 – Lei Sueca, art. 39º/1 e 2; art. 5º da LAV de 1986
Nº 2 – Lei alemã (ZPO) §1057 (2); Lei Inglesa, Section 28 (2); CPC Italiano, art. 814º/1; Lei Espanhola, art. 21º/2; Lei Sueca, art. 37º (II).
Nº 3 – Lei alemã (ZPO) §1057 (2); Lei Inglesa, Section 28 (2); CPC Italiano, art. 814º (II); Lei Espanhola, art. 21º/2
Nº 4 – Lei Espanhola, art. 21º/2.
Nº 5 – Lei Espanhola, art. 21º/2

Comentários:

1. *As matérias abrangidas na previsão legal: sua interpretação extensiva*

2. *A ideal fixação de honorários, despesas reembolsáveis e preparos antes da designação de árbitros: a ilicitude de acertos particulares com os árbitros de parte*
3. *A fixação de honorários (etc.) por acordo entre partes e árbitros plurais: termo "ad quem"*
4. *A fixação extraconvencional dos honorários, despesas e preparos do árbitro único: a interpretação extensiva do art. 17º/1*
5. *A competência exclusiva e sucedânea, total ou parcial, dos árbitros na matéria: o caráter e o prazo não processuais da sua decisão*
6. *Os critérios e factores, previstos e omissos, aplicáveis à determinação pelos árbitros dos montantes de seus honorários*
7. *O âmbito de aplicação dos critérios e factores de determinação, pelos árbitros, dos valores de honorários, despesas e preparos: interpretação enunciativa, restritiva e correctiva do preceito legal*
8. *A impugnação perante tribunal estadual, em processo urgente, dos montantes fixados pelos árbitros: âmbito, prazo e formalidades*
9. *A (ir)recorribilidade, a (in)impugnabilidade e a reclamação da decisão do tribunal estadual: remissão*
10. *A falta de pagamento dos preparos para honorários e despesas dos árbitros e do tribunal: âmbito e consequências civis e processuais*
11. *O pagamento dos preparos em falta por uma parte em substituição da parte relapsa: dúvidas sobre a efectivação arbitral do direito de regresso*

Nº 1

1. As matérias abrangidas na previsão legal: sua interpretação extensiva

O preceito deste nº 1, sobre matérias financeiras arbitrais a regular total ou parcialmente na convenção de arbitragem, refere-se literalmente

- aos "*honorários*" dos árbitros
- ao "*modo de reembolso das suas despesas*"
- à "*forma de pagamento [...] de preparos*" para honorários e despesas

As matérias que ficam aí efectivamente abrangidas não correspondem contudo a qualquer um dos conceitos legais, resultando antes de uma combinação deles, sendo necessário determinar quais são as que

devem incluir-se ou excluir-se da respectiva previsão legal, sujeitando-
-as ou furtando-as ao regime dos nºs 1 a 3 deste art. 17º.

Incluem-se então, nessa previsão, conjugando-a com a do art. 42º/5, parece-nos

- quanto a *honorários*, ou a determinação do respectivo *valor*, se forem fixados em regime de *forfait*, ou os critérios e factores de sua *liquidação*, no caso contrário, bem como o critério de sua *repartição pelas partes*;
- quanto a *despesas*, além do *"modo de seu reembolso"* – supomos que se trata de indicar se ele se faz contra factura, etc., e a quem ela se apresenta –, inclui-se também a definição das despesas *elegíveis* – quer dos árbitros quer (embora a lei não as refira) também as do próprio tribunal, como é o caso de rendas, da remuneração do secretário e do escrivão, dos preços de compra e aluguer de materiais e equipamento (fonográfico, por exemplo), dos preços dos serviços do centro de arbitragem locador, etc. – e, quando for caso disso, o respectivo *valor* (como o do quilómetro/automóvel) bem como o critério da sua *repartição pelas partes*;
- quanto a *preparos*, incluem-se aí além da *"forma de pagamento"* (a lei queria referir-se certamente ao *momento* da sua realização), a indicação do respectivo *valor*, para ir cobrindo honorários e despesas dos árbitros e do tribunal.

Como se disse ou sugeriu, nem em relação aos honorários nem em relação às despesas a lei exige que se fixem valores monetários determinados, bastando a indicação dos factores de sua liquidação.

Não se submetem ao regime deste art. 17º, nomeadamente quanto à sua determinação subsidiária por tribunal estadual, matérias como as respeitantes à tesouraria e contabilidade do processo – bem como ao processamento do IRS e do IVA que recaiam sobre as verbas a pagar aos árbitros, ao pessoal e aos fornecedores ou demais prestadores de serviços ao processo –, que serão fixadas pelas partes ou, se elas não o tiverem feito, pelo presidente ou secretário do tribunal arbitral, após a constituição deste.

2. A ideal fixação de honorários, despesas reembolsáveis e preparos antes da designação de árbitros: a ilicitude de acertos particulares com os árbitros de parte

A estatuição do art. 17º compreende-se por causa da preocupação do legislador com a eventualidade de as questões relativas à fixação dos honorários dos árbitros, ao reembolso das suas despesas e aos preparos respectivos poderem reflectir-se na transparência e objectividade do processo arbitral, criando um ambiente de alguma animosidade e desconfiança recíprocas entre as partes (ou uma parte) e os árbitros.

"Boas contas fazem bons árbitros", poderia dizer-se, adaptando à situação o aforismo popular sobre as boas amizades.

A primeira manifestação dessa preocupação legislativa encontramo-la logo neste nº 1, no qual se dispõe deverem as partes regular as questões aqui abrangidas, idealmente, na própria convenção de arbitragem, ou directa e especificamente ou por remissão para os regulamentos e tabelas de centros de arbitragem nacionais ou estrangeiros.

O que significa que, quando os árbitros são chamados a declarar se aceitam ou não a respectiva designação (art. 12º/1), já conhecerão esse elemento fundamental de formação da sua vontade de aceitar ou não o cargo para que são desafiados. Nem se vê bem, de resto, como é que um árbitro pode decidir se aceita (ou rejeita) assumir as funções arbitrais sem saber qual vai ser a sua remuneração e que despesas se lhe reembolsarão.

E como os compromissos particulares entre a parte e o "seu" árbitro a propósito destas questões são de todo indesejáveis, mesmo ilícitos, aspirando a lei insistentemente a que os árbitros com igual estatuto e tarefas sejam remunerados (reembolsados) por igual, poderia até arvorar-se a convenção de arbitragem – quanto menos, um escrito anterior à designação dos árbitros com a reserva assinalada no comentário subsequente – em único meio legítimo de fixação de honorários, de despesas e de preparos, daqueles primeiros, sobretudo.

3. A fixação de honorários (etc.) por acordo entre partes e árbitros plurais: termo "ad quem"

A acreditar na letra da lei, a competência exclusiva das partes na matéria esgotar-se-ia mesmo na convenção de arbitragem, não lhes sendo dado dispor sobre honorários, despesas e preparos (ou à sua alteração) em acordo posterior a ela, mas concluído logo a seguir, antes ainda da designação do primeiro árbitro, solução que será criticável *de iure constituendo*, mas parece ser *ius constituto*.

Na falta de regulação dessas matérias na convenção de arbitragem (a inicial ou a alterada até à aceitação do 1º árbitro, nos termos do art. 4º), a lei manda que a respectiva competência passe a pertencer conjuntamente às partes e aos árbitros já designados, devendo constar de "*acordo escrito [...] concluído antes da aceitação do último dos árbitros a ser designado*".

O mesmo acontecerá se, existindo convenção a este propósito, nela se regularem apenas alguns aspectos das questões a que se refere este nº 1 do art. 17º da LAV, caso em que o acordo entre os árbitros já designados e as partes versará apenas sobre as matérias omissas na convenção – cuidando-se da remuneração (etc.) do árbitro único no comentário subsequente.

Se as partes e os árbitros já designados não chegarem a acordo sobre aquelas matérias antes da designação do último árbitro, a competência para as regular passa para a esfera exclusiva dos árbitros, como veremos em comentário ao nº 2 deste art. 17º

4. A fixação extraconvencional dos honorários, despesas e preparos do árbitro único: a interpretação extensiva do art. 17º/1

A disposição da parte final do art. 17º/1, sobre o acordo relativo a honorários, etc., entre partes e árbitros, antes da aceitação do último destes, está manifestamente posta para o caso de tribunais arbitrais plurais.

Resulta isso não apenas da própria letra da lei mas também de ser juridicamente impossível aplicar a sua estatuição no caso de árbitro único, a não ser que se entendesse que o acordo escrito entre partes e árbitro sobre as referidas matérias, previsto no preceito legal, deveria então ficar concluído antes mesmo da aceitação do árbitro único, sendo negociado entre as partes e a pessoa por elas designada.

A solução, que pressupõe uma interpretação extensiva da lei, nem repugna nem convence, mas parece ser melhor adoptá-la.

Tanto mais se se pensar que assim se evita ficar esta competência exclusivamente confiada ao árbitro único, com todos os inconvenientes que isso acarreta, desde o potencial acréscimo de conflitualidade entre ele e as partes – bem revelado na disposição do nº 3 deste art. 17º – até aos reflexos sobre a transparência, imparcialidade e objectividade das decisões processuais e arbitrais do árbitro único face à ou às partes que ousarem pôr em causa, graciosa ou contenciosamente, o valor dos honorários, despesas ou preparos por ele fixados.

Ou então, fazendo também com que, para evitar tudo isso, ele acabe por fixar valores modestos (quando comparados com a complexidade do processo e a responsabilidade do cargo que se lhe cometeu, mas) que sejam imediatamente aceitáveis pelas partes, pese o perigo de degradação da qualidade do processo pela falta de motivação profissional do árbitro único para empenhar no processo os máximos esforços e conhecimentos seus.

Nº 2

5. *A competência exclusiva e sucedânea, total ou parcial, dos árbitros na matéria: o carácter e o prazo não processuais da sua decisão*

Não tendo as matérias relativas a honorários, preparos e despesas, que dissemos estarem abrangidas pelo nº 1, sido reguladas, total ou parcialmente, na convenção de arbitragem ou, até ao termo do prazo aí fixado, em acordo escrito entre elas e os árbitros já designados (de tribunais plurais), passa a respectiva competência a pertencer exclusivamente "*aos árbitros*", dispõe a lei – e é propositadamente, parece, que ela se refere "*aos árbitros*", e não "*ao tribunal arbitral*".

Reforça-se assim a ideia de não estar aqui em causa um tema processual, mas estatutário ou pessoal, como a parte final do preceito fortemente sugere.

Na verdade, dispõe-se aí que as questões relativas a honorários, despesas e preparos devem ser tratadas pelos árbitros *"mediante uma ou várias decisões separadas das que se pronunciem sobre questões processuais ou sobre o fundo da causa"*.

Pensamos, não obstante, que, dado o seu melindre, seria conveniente tratá-las em alguns aspectos com a dignidade de uma decisão processual, por exemplo, ouvindo previamente as partes, para os árbitros decidirem depois concertadamente sobre a matéria – salvo, claro, se o concerto que o presidente tentará promover nesse sentido se mostrar impossível de alcançar, lançando-se então mão do método colegial da maioria.

Inculca este art. 17º/2, por outro lado, que a decisão sobre honorários, etc. poderia ser tomada pelos árbitros no termo do processo arbitral – pois que vem nele referido como critério de fixação do valor dos honorários pelos árbitros *"a complexidade das questões* **decididas** *[...] e o tempo* **despendido** *[...]"* –, solução que o disposto no art. 42º/5 não coonesta, bem pelo contrário, pois o que aí se dispõe é que, salvo convenção das partes, *"deve constar* [da sentença] *a repartição pelas partes dos encargos directamente resultantes do processo arbitral"*, o que pressupõe que os critérios e factores de determinação do valor desses encargos, até porque têm que estar fixados em separado, já estão estabelecidos antes da sentença final.

Apontando assim no sentido de não poder tomar-se no rigor dos respectivos termos, por exemplo, aquela referência legal ao *"tempo despendido [...] com o processo arbitral"*.

Em rigor, a faculdade verdadeiramente concedida ao tribunal nesse momento é a de condenar uma parte a compensar a outra pelos custos e despesas "razoáveis" que esta demonstre ter suportado por causa da sua intervenção na arbitragem, tema sobre o qual discorreremos mais desenvolvidamente em comentário ao art. 42º/5.

6. *Os critérios e factores, previstos e omissos, aplicáveis à determinação pelos árbitros dos montantes de seus honorários*

São critérios e factores a atender pelos árbitros no exercício da competência que este art. 17º/2 lhes confere:
- a complexidade das questões decididas
- o valor da causa
- o tempo despendido ou a despender com o processo

Pese o facto de o legislador ter omitido um que nos parece também determinante, os critérios enunciados na lei são os naturalmente relevantes a este propósito. E de fácil apreensão.

Assim:
- a *complexidade das questões* a decidir é tanto a de facto quanto a de direito, mais aquela, até, tem-no ditado a experiência;
- o *valor da causa* corresponde ao valor económico das pretensões que o demandante (ou o demandado reconvinte) nela formulam, apurado nos termos dos arts. 306º e ss. do CPC (hoje, arts. 297º e ss. do novo CPC) – critério que, em muitas das tabelas dos centros de arbitragem institucionalizados, constitui mesmo o único determinante dos honorários a pagar e cuja aplicação teria a vantagem de tornar esta matéria muito menos conflituosa;
- o *tempo despendido ou a despender* são as horas que se gastam no estudo, instrução e decisão das questões adjectivas e substantivas que o litígio suscita, bem como, se o lugar da arbitragem for distante do domicilio dos árbitros, as horas que se consomem no trajecto de ida e volta – a não ser que se trate de deslocações de apenas um ou alguns dos árbitros ou de deslocações diversas de todos eles, casos em que o respectivo valor será mais curialmente levado à conta de despesas.

Além dos critérios previstos, um quarto há porém que deve igualmente ser tomado em conta, nesta matéria da fixação dos honorários dos árbitros, qual é o da própria categoria profissional deles.

Não pode ou não deve, efectivamente, valorizar-se a hora de trabalho de juristas, engenheiros ou economistas reputados, experimentados e com uma procura de serviços inesgotável com o da hora de trabalho de profissionais em começo de carreira – até porque em princípio, pelo menos, aqueles despenderão menos horas a decidir o processo.

E era bem importante que o legislador não tivesse deixado de reflectir directamente este factor de avaliação dos honorários dos árbitros – no pressuposto, claro, de que, em cada processo, eles serão todos da mesma ou aparentada igualha profissional – para que ao tribunal estadual a quem (de acordo com o subsequente nº 3) competirá avaliar da justeza dos valores fixados nos termos deste nº 2 não se suscitem dúvidas quanto à sua importância.

7. *O âmbito de aplicação dos critérios e factores de determinação, pelos árbitros, dos valores de honorários, despesas e preparos: interpretação enunciativa, restritiva e correctiva do preceito legal*

A lei reporta a utilização, pelos árbitros, dos critérios e factores referidos no comentário antecedente à competência para *"fixar o montante dos seus honorários e despesas"*, quando, como é evidente, se trata de referentes apenas utilizáveis na determinação dos respectivos honorários.

Quanto às despesas, o que os árbitros fazem não é fixar o respectivo montante, sendo-lhes as mesmas reembolsadas a preços de custo – salvo, por exemplo, se for o caso, do quilómetro das deslocações em veículo próprio –, mas determinar a sua elegibilidade e modo de comprovação (e compensação, talvez).

Ao atribuir esta competência legal aos árbitros, o art. 17º/2 menciona igualmente caber-lhes *"determinar o pagamento pelas partes de preparos"* por conta de honorários e despesas, quando a verdade é que o que aqui está em causa – até porque se trata de uma competência subsidiária daquelas que não foram exercidas nos termos do nº 1 – não é a intimação ou notificação para pagamento, mas é (ou é sobretudo) a fixação prévia do valor e do momento de pagamento dos preparos, o que significa que o preceito deve ler-se neste (ou também neste) sentido, não no (ou não só no) que nele vem literalmente expresso.

E é apenas quanto a isto que se propõe uma interpretação correctiva da norma legal, porque estamos a pressupor que, apesar de alguma aparência literal em contrário, não se quis ligar também a questão dos preparos aos critérios e factores nela enumerados, e que acima já ficaram vistos.

Nº 3

8. *A impugnação perante tribunal estadual, em processo urgente, dos montantes fixados pelos árbitros: âmbito, prazo e formalidades*

Reguladas pelos árbitros, nos termos do nº 2 deste art. 17º, as questões relativas a honorários, despesas e preparos, que mencionámos no comentário antecedente – e comunicadas às partes as decisões escritas tomadas quanto a isso –, poderá qualquer uma delas requerer ao tribunal estadual, fundamentadamente, *"a redução dos montantes dos honorários ou das despesas e respectivos preparos"*.

O tribunal estadual requerido ouvirá sobre a matéria, *"os membros do tribunal arbitral"*, fixando então *"os montantes que considere adequados"*.

O preceito da lei pede alguns esclarecimentos

- em primeiro lugar, literalmente, só se permite que as partes levem ao tribunal estadual as questões dos *montantes* em causa – e também, portanto, dos critérios que levam à sua liquidação –, quando a verdade é que há outros aspectos relativos a honorários, despesas e preparos que são (podem ser) processual ou financeiramente bem relevantes, como é o caso, por exemplo, das despesas elegíveis ou do modo de sua comprovação e, também, dos reforços do preparo inicial;
- a disposição do art. 19º da LAV não deixa porém uma margem de manobra muito consistente para que se proceda a uma interpretação extensiva na matéria.
- a lei manda que o tribunal estadual ouça *"os membros do tribunal arbitral"*, quando, em grande parte dos casos, se justificaria ouvir apenas o respectivo presidente ou (tendo ele votado vencido as deliberações sobre estas matérias) quem apresentou a proposta preferida.

Outra questão do maior relevo nesta matéria resulta de a LAV não ter fixado prazo para se pedir ao tribunal estadual a redução dos montantes de honorários, despesas e (ou) preparos que tenham sido estabelecidos pelos árbitros, nem ter fixado um prazo geral para a prática de actos pelas partes, pelo que nos interrogamos qual o prazo que deve valer para o efeito – tendo em conta que estamos aqui perante um processo judicial urgente (art. 60º/4).

Na doutrina mais recente, encontramos propostas muito díspares, apontando José Miguel Júdice (*Lei da Arbitragem Voluntária Anotada*, AAVV, p. 40) para a aplicação do prazo processual suplementar de 10 dias do art. 380º do CPC, ou para o prazo superior que o tribunal fixar, enquanto Pereira Barrocas (*Lei da Arbitragem Comentada*, p. 82) entende dever aplicar-se aqui o prazo de 60 dias do art. 46º/6, resultante da remissão do art. 59º/7 para esse artigo da LAV – tese esta que nos parecia preferível, não fosse o facto de estarmos aqui perante um processo urgente, com o que colide prazo tão alongado.

9. A (ir)recorribilidade, a (in)impugnabilidade e a reclamação da decisão do tribunal estadual: remissão

A lei não dispõe aqui, como dispôs, por exemplo, nos arts. 10º/7, 14º/3 e 15º/3 deste mesmo capítulo da LAV, ser a decisão do tribunal estadual a este propósito insusceptível de recurso.

Parece-nos porém que se trata de mero lapso de previsão legislativa e que, por analogia com aqueles outros casos – todos respeitantes a intervenções saneadoras de tribunais estaduais em casos de omissão ou de conflito entre as partes sobre questões respeitantes (não ao processo arbitral, mas) à constituição e funcionamento do tribunal arbitral –, por analogia, dizia-se, parece-nos de entender que também as decisões que os tribunais do Estado tomam em matéria de honorários, despesas e preparos aí aplicáveis devem considerar-se insusceptíveis de recurso para tribunais superiores.

Podem é ser objecto de arguição de nulidade, nos termos do art. 201º do CPC (hoje, art. 195º do novo CPC), ou de recurso de inconstitucionalidade.

Valeria portanto sobre a irrecorribilidade e inimpugnabilidade destas decisões judiciais o que dissemos acima, em comentário ao nº 7 do art. 10º.

Nº 4

10. A falta de pagamento dos preparos para honorários e despesas dos árbitros e do tribunal: âmbito e consequências civis e processuais

"*No caso de falta de pagamento de preparos para honorários e despesas*", que tenham sido acordados ou fixados ao abrigo dos nºs 1 a 3 deste art. 17º, o tribunal arbitral (depois de cumprida a formalidade do nº 5) pode "*suspender ou dar por concluído o processo arbitral*", desde que – decorrido o prazo adicional razoável que (depois de ter constatado a falta de pagamento) conceda para regularização da dívida à ou às partes faltosas – ela ou elas se mantenham em situação de incumprimento.

Note-se que a estatuição da lei é aplicável não apenas ao preparo inicial mas a qualquer um dos preparos subsequentes (se o seu pagamento se encontrar previsto, claro) e não só à parte do preparo que cubra as despesas dos árbitros, mas também a relativa às despesas do próprio tribunal.

Poderia pensar-se estar assim encontrada uma porta para que as partes que não se conformassem com os montantes fixados pelos árbitros ou pelo tribunal estadual se pudessem furtar ao seu pagamento, mas a verdade é que, para além da frustração do processo arbitral, elas teriam não só que pagar os honorários e despesas relativos ao trabalho já realizado e os custos já suportados pelos árbitros e pelo tribunal, como incorreriam ainda em responsabilidade civil pelos prejuízos que lhes causassem, e à outra parte.

Quanto à suspensão ou conclusão imediata do processo arbitral, sem pronúncia de qualquer decisão mais, de forma e de mérito, sobre o processo – para além das que já tenham sido proferidas, claro, pois que pode estar aqui em causa a falta de pagamento de um reforço do preparo inicial ou de um preparo subsequente –, atente-se que a suspensão do processo arbitral corresponde, no fim de contas, a mais um prazo adicional que se confere à parte faltosa ou a uma sua substituta para regularizarem os pagamentos em falta, entendendo-se portanto, embora a lei não o manifeste expressamente, existir um dever do tribunal retomar o processo que se encontra suspenso quando estiverem regularizados esses pagamentos e os adicionais que a falta da sua realização atempada tenha gerado (e que o tribunal tivesse liquidado e notificado às partes).

Quanto à decisão de dar o processo por concluído em virtude da falta sucessiva de pagamento de um preparo, ela deve ser juridicamente equiparada às causas de encerramento do processo do art. 44º/2, não obstante o legislador não se ter referido a essa matéria, nem lá nem aqui.

Nº 5

11. O pagamento dos preparos em falta por um substituto da parte faltosa: dúvidas sobre a efectivação arbitral do direito de regresso

Constatada a falta de pagamento, por uma parte, do respectivo preparo inicial ou subsequente, e decorrido que seja o prazo suplementar razoável que haja sido concedido para efeito de regularização dessa dívida pela parte faltosa, a lei manda agora que o tribunal arbitral notifique disso as restantes partes, e compartes, fixando-lhes um prazo para que, se assim o desejarem, virem realizar o pagamento do preparo em falta, garantindo a continuidade do processo.

Embora seja questionável, não vemos o que obste à possibilidade de a parte faltosa vir também, nesse novo período de carência, proceder ela própria ao pagamento em falta.

Duvidoso é também se a parte que haja procedido a tal pagamento pode alterar o pedido formulado ao tribunal arbitral, acrescentando-lhe a condenação do faltoso no pagamento do valor dos preparos respectivos – ou, sendo ela a demandada, pedi-los em reconvenção.

A dúvida prende-se com o facto de tais questões não estarem abrangidas pela convenção arbitral, mas de não serem propriamente estranhas, em regra, pelo menos, ao *mumus* legal dos tribunais arbitrais, aos quais cabe, por força do art. 42º/5, proceder "*à repartição pelas partes dos encargos directamente resultantes do processo arbitral*", o que permitiria ao substituto (para-fiscal) da parte faltosa requerer ao tribunal arbitral que, ao repartir tais encargos, tomasse o pagamento feito em consideração.

Por outro lado, se os árbitros podem condenar em custas (art. 42º/5), então parece que podem condenar o faltoso a realizar o pagamento em dívida, com os respectivos juros de mora, para, se for caso disso, se proceder à devolução do preparo à parte que o efectuou.

Assim se permitiria, aliás, ficar a parte substituta a dispor de um título executivo para fazer valer contra a parte substituída, na execução da sentença arbitral em tribunal do Estado, não a obrigando a instaurar uma acção autónoma para o efeito.

CAPÍTULO III
Da competência do tribunal arbitral

Artigo 18.º
Competência do tribunal arbitral para se pronunciar sobre a sua competência

1 – O tribunal arbitral pode decidir sobre a sua própria competência, mesmo que para esse fim seja necessário apreciar a existência, a validade ou a eficácia da convenção de arbitragem ou do contrato em que ela se insira, ou a aplicabilidade da referida convenção.

2 – Para os efeitos do disposto no número anterior, uma cláusula compromissória que faça parte de um contrato é considerada como um acordo independente das demais cláusulas do mesmo.

3 – A decisão do tribunal arbitral que considere nulo o contrato não implica, só por si, a nulidade da cláusula compromissória.

4 – A incompetência do tribunal arbitral para conhecer da totalidade ou de parte do litígio que lhe foi submetido só pode ser arguida até à apresentação da defesa quanto ao fundo da causa, ou juntamente com esta.

5 – O facto de uma parte ter designado um árbitro ou ter participado na sua designação não a priva do direito de arguir a incompetência do tribunal arbitral para conhecer do litígio que lhe haja sido submetido.

6 – A arguição de que, no decurso do processo arbitral, o tribunal arbitral excedeu ou pode exceder a sua competência deve ser de-

duzida imediatamente após se suscitar a questão que alegadamente exceda essa competência.

7 – O tribunal arbitral pode, nos casos previstos nos nºs. 4 e 6 do presente artigo, admitir as excepções que, com os fundamentos neles referidos, sejam arguidas após os limites temporais aí estabelecidos, se considerar justificado o não cumprimento destes.

8 – O tribunal arbitral pode decidir sobre a sua competência quer mediante uma decisão interlocutória quer na sentença sobre o fundo da causa.

9 – A decisão interlocutória pela qual o tribunal arbitral declare que tem competência pode, no prazo de 30 dias após a sua notificação às partes, ser impugnada por qualquer destas perante o tribunal estadual competente, ao abrigo das subalíneas i) e iii) da alínea a) do n.º 3 do artigo 46.º, e da alínea f) do n.º 1 do artigo 59.º.

10 – Enquanto a impugnação referida no número anterior do presente artigo estiver pendente no tribunal estadual competente, o tribunal arbitral pode prosseguir o processo arbitral e proferir sentença sobre o fundo da causa, sem prejuízo do disposto no n.º 3 do artigo 5.º.

Fontes

Nº 1 – art. 21º/2 (1ª parte) da LAV de 1986; Lei Espanhola, art. 22º/1, *in fine*; Lei Suíça de DIP, art. 178º/3; CPC Italiano, art. 808º/2; Lei Inglesa, Section 7

Nº 2 – art. 21º/2 (1ª parte); Lei Espanhola, art. 22º/1, *in fine*; Lei Suíça de DIP, art. 178º/3; CPC Italiano, art. 808º/2; Lei Inglesa, Section 7

Nº 4 – art. 21º/3 da LAV de 1986; Lei-Modelo da Uncitral, art. 16º/2; Lei Alemã (ZPO), § 1040 (2); Lei Sueca, art. 4º/2); Lei Espanhola, art. 22º/2; CPC Italiano, art. 817º/3; Lei Inglesa, Section 31(1)

Nº 5 – Lei-Modelo da Uncitral, art. 16º/2; Lei Alemã (ZPO), § 1040 (2); Lei Sueca, art. 4º/2; Lei Espanhola, art. 22º/2; Lei Inglesa, Section 31 (1)

Nº 6 – art. 21º/3 da LAV de 1986; Lei-Modelo da Uncitral, art. 16º/2; Lei Alemã (ZPO), § 1040 (2); Lei Sueca, art. 4º/2; Lei Espanhola, art. 22º/2; Lei Inglesa, Section 31 (2)

Nº 7 – Lei-Modelo da Uncitral, art. 16º/2; Lei Alemã (ZPO), § 1040 (2) Lei Sueca, art. 4º/2; Lei Belga (CJB), art. 1696º/1; Lei Inglesa, Section 31 (1), (2) e (3);

Nº 8 – Lei-Modelo da Uncitral, art. 16º/3; Lei Alemã (ZPO) § 1040 (3); Lei Sueca, art. 2º/1; Lei Inglesa, Section 31 (4) e jurisprudência absolutamente pacífica em Franca

Nº 9 – Lei-Modelo da Uncitral, art. 16º/3; Lei Alemã (ZPO) § 1040 (3); Lei Sueca, art. 2º/1; Lei Inglesa, section 32 (1) e jurisprudência absolutamente pacífica em Franca.

Nº 10 – Lei-Modelo da Uncitral, art. 16 (3); Lei Alemã (ZPO) § 1040 (3); Lei Sueca, art. 2º/1; Lei Inglesa, Section 32 (4) e jurisprudência absolutamente pacífica em Franca

Comentário

1. A "competência da competência" do tribunal arbitral: a questão da sua (in)oficiosidade
2. Os fundamentos da (in)competência do tribunal arbitral: sua decomposição
3. Os limites à competência da competência do tribunal arbitral: a impugnação da respectiva decisão
4. A subsistência e aplicação da cláusula compromissória do contrato nulo: fundamento e excepções
5. A independência entre a nulidade do contrato e a nulidade da cláusula compromissória
6. O regime da arguição tempestiva da incompetência do tribunal arbitral no decurso do processo; sua subsistência como fundamento de impugnação
7. A compatibilidade entre a intervenção das partes na designação de árbitro (e outras formalidades constitutivas do tribunal) e a arguição da incompetência: remissão e adendas

8. *A arguição da incompetência "superveniente" do tribunal arbitral: admissibilidade*
9. *Dúvidas sobre a incompetência "superveniente", sua origem e imediatividade da arguição*
10. *As várias facetas da admissibilidade da arguição tardia da incompetência do tribunal arbitral: arguentes, fundamentação e medida do atraso*
11 *A exigência de decisão imediata da questão da competência*
12. *A competência oficiosa da competência arbitral*
13. *A impugnação interlocutória da decisão de competência: requisitos*
14. *Os fundamentos da impugnação interlocutória: dúvidas sobre a interpretação extensiva do âmbito de aplicação do art. 18º/9*
15. *A impugnação interlocutória: ónus ou faculdade*
16. *Efeito não suspensivo da impugnação interlocutória sobre o processo arbitral*
17. *A sentença anulatória e a extinção automática do processo arbitral: os poderes e diligências respeitantes à extinção do tribunal arbitral*

Nº 1

1. *A "competência da competência" do tribunal arbitral: a questão da sua (in)oficiosidade*

Já se disse acima, nomeadamente em comentários ao art. 5º, que a LAV, como é regra geral para todos os tribunais, também arvorou o tribunal arbitral em primeiro juiz da sua própria competência, de acordo com uma regra dominante das leis de arbitragem aparentadas com a nossa, a da *competência da competência*, que, noutros regimes, toma a designação, menos portuguesa, de *competência-competência*.

É o que aqui se consagra também, dispondo este art. 18º/1 que *"[o] tribunal arbitral pode decidir sobre a sua própria competência"*.

Aquele "pode" faz sentido não porque a decisão sobre a sua competência corresponda a uma faculdade que os árbitros exercitarão se o entenderem conveniente, mas porque o legislador quis afirmar aí a regra de que a legitimidade da intervenção do tribunal arbitral no julgamento de um processo, a sua competência, é algo sobre que só a ele (não ao tribunal estadual) cabe decidir inicialmente, valendo aquele "pode", portanto, como uma afirmação de competência, não como a concessão de um poder discricionário.

Por outro lado, saindo dessa perspectiva de repartição de competências, será que se trata aí de um dever de ofício do próprio tribunal arbitral, para averiguar da titularidade de poderes seus para o julgamento do litígio que se lhe submete, ou trata-se de uma competência que só pode exercer sob arguição dos litigantes?

É uma questão controversa, essa, que a lei deixou por esclarecer, havendo quem pugne pela oficiosidade de tal competência e quem entenda que ela se encontra na dependência de arguição das partes.

Ainda por cima, os argumentos num e noutro sentido são de tomo.

No sentido de a competência do tribunal arbitral para conhecer da questão estar na dependência de arguição das partes contribui essencialmente o disposto no nº 4 deste artº 18º, ao dispor só poderam elas arguir a incompetência "*até à apresentação da defesa quanto ao fundo da causa, ou juntamente com esta*", precludindo-se a partir daí a possibilidade de o fazerem – o que poderia sugerir, nomeadamente, que, não o fazendo, elas se conformariam com o facto de tribunal inicialmente incompetente passar a ter poderes para decidir arbitralmente do litígio que as opõe.

E, assim, pôr-se-ia termo à questão.

Não nos parece que a argumentação colha.

É que, se é verdade que a competência do tribunal está, por vezes, ligada a factores que as partes poderiam convalidar mediante uma renúncia tácita à arguição do vício – seria o caso da inexistência ou da falta de assinatura de uma convenção de arbitragem inicial, suprível, nos termos do art. 2º/5, através da apresentação de uma petição em que se invoque a sua existência e de uma contestação que a tal não se oponha –, o certo é que há causas de incompetência do tribunal arbitral que escapam completamente aos poderes de disposição das partes (e do próprio tribunal) e que, portanto, nenhum acordo posterior entre elas poderia colmatar.

Sucede assim, sintomaticamente – mas não só – com a inarbitrabilidade do litígio, sendo absurdo que, não a tendo as partes arguido até à apresentação de defesa, o tribunal ficasse vinculado a prosseguir com o litígio até final, não podendo abster-se de o decidir com aquele fundamento.

O que significaria que – mesmo podendo a questão ser resolvida oficiosamente em sede de impugnação da sentença arbitral perante um tribunal estadual – como se prevê na alínea *b)* do artº 46º/3 –, a verdade é que o processo arbitral teria corrido todos os seus termos até se proferir a respectiva sentença final, com o desperdício de tempo, recursos e dinheiro que isso implica, para, afinal, tudo se tornar inútil, mediante a anulação da sentença "incompetente".

No sentido oposto, refere-se, para começar, que o artº 16º da Lei Modelo também não nos resolve expressamente a questão, mesmo se há aí fórmulas literais que apontam no sentido da inoficiosidade da competência do tribunal arbitral, enquanto os respectivos trabalhos preparatórios apontam claramente no sentido contrário.

Por outro lado, em Espanha, face a uma norma muito próxima da nossa, a do artº 22º da *Ley de Arbitraje* – e onde fórmulas literais semelhantes à Lei Modelo são ainda mais frequentes –, a doutrina pugna pelo conhecimento oficioso da competência do tribunal arbitral, mais, até pela *obrigatoriedade* do seu conhecimento, se bem que haja quem distinga, para o efeito, os casos em que as causas de incompetência do tribunal são sanáveis (expressa ou tacitamente) pelas partes daquelas outras causas que, por estarem ligadas com razões de *interesse e ordem pública*, tal não é admitido (cf. Guzmán Fluja, *Comentarios a la Ley de Arbitraje*, AAVV, pp. 1012 e ss.).

Quanto àquelas primeiras causas, a decisão de incompetência só poderia ser proferida oficiosamente pelo tribunal, mesmo que dela tome conhecimento antes disso, se as partes não suprirem tempestivamente o vício respectivo, enquanto que, em relação às segundas, insupríveis, o tribunal pode conhecer delas oficiosamente e a todo o tempo.

A solução por que optou a maioria dos AA. da presente obra assenta logo na expressão deste nº 1, não se vendo como é que um legislador que saiba exprimir, ainda que de maneira não exemplar, o seu pensamento (como lho exige o art. 9º/3 do Código Civil), poderia começar por dispor no seu nº 1 – sobre a matéria da epígrafe deste artigo (*"competência do tribunal arbitral para se pronunciar sobre a sua competência*") –, que *"[o] tribunal arbitral pode decidir sobre a sua própria competência*", sem mencionar, logo e expressamente, como fez inúmeras vezes ao longo da LAV, se fosse esse o caso, que o exercício de tal competência dependia de iniciativa ou pedido das partes.

O que, contudo, aqui não fez – nem o fez, note-se, no artº 46º –, deixando para um longínquo nº 4 uma referência à arguição de incompetência pelas partes, ainda por cima, não para condicionar a pronúncia do tribunal a essa arguição, mas sim para dispor sobre os limites temporais da arguição que lhes é facultada.

E não pode deixar de ser-se sensível ao facto de haver causas de (in)competência que estão intimamente ligadas a valores transcendentes do ordenamento jurídico – como acontece, por exemplo, com as reservas de competência judicial (incluindo em matérias relativas à arbitragem voluntária), com as disposições imperativas sobre a arbitragem necessária, com a inarbitrabilidade voluntária de litígios – que não podem portanto ficar sujeitas a um regime de conhecimento dependente de arguição (ainda para mais temporalmente limitada) das partes, nem convalidar-se pelo facto de elas não terem deduzido essa arguição.

Nessas matérias, como em todas que resultam de vícios insanáveis pelas partes, pelo menos, há que reconhecer-se poderem os tribunais arbitrais conhecer oficiosamente, e a todo o tempo, da sua própria incompetência.

A questão prende-se de algum modo com a disposição do artº 18º/4, que comentamos mais adiante.

2. Os fundamentos da (in)competência do tribunal arbitral: sua decomposição
O juízo positivo (ou negativo) sobre a competência do tribunal arbitral depende
- da (in)existência, da (in)validade ou da (in)eficácia da convenção de arbitragem ou do contrato em que ela se inserir incindivelmente;

- da inarbitrabilidade do *feito* submetido a julgamento arbitral, como sustentamos adiante, no comentário nº 14;
- da (in)aplicabilidade da convenção a esse *feito*;
- da (in)observância das regras legais sobre repartição de competência entre tribunais arbitrais e estaduais, como resulta dos vários casos em que a LAV confere poderes sobre certas matérias apenas a uma dessas categorias;
- da (in)observância das regras legais e constitucionais sobre reservas de competência judicial ou arbitral necessária.

Já não é factor de competência do tribunal arbitral a exigência de conformidade da sua constituição ou *"composição"* (como se diz no art. 46º/3) com a lei respectiva e com a convenção de arbitragem ou o acordo das partes – como o inculcam, aliás, as remissões do nº 9 deste art. 18º, que não abrangem a subalínea *iv)* da alínea *a)* do art. 46º/3.

Assim, por exemplo, o facto de o tribunal não ter três árbitros, de as partes não terem disposto de todo o prazo previsto para designarem os "seus" árbitros, de o pedido ao presidente do Tribunal da Relação para nomear um árbitro de parte ser intempestivo, e por aí fora, não se repercutem em matéria de competência do tribunal.

Quanto à incompetência decorrente da eventual inexistência, nulidade ou ineficácia da convenção da arbitragem ou do contrato, deve o tribunal arbitral conhecer dessas suas causas oficiosamente ou a requerimento das partes, nos termos vistos no comentário antecedente.

Assinale-se ainda que
- a inexistência da convenção ou do contrato corresponde à falta dela ou da sua assinatura, pelo menos, por uma das partes;
- da nulidade da convenção já falámos acima em comentário ao art. 3º e a invalidade do contrato subjacente (e a sua arguibilidade) é tema da teoria geral de direito privado ou administrativo, consoante os casos;
- a eficácia da convenção ou do contrato refere-se a estar ela ou ele ainda em vigor *sub conditionem* já realizada (a suspensiva) ou por realizar (sendo resolutiva).

Quanto à inarbitrabilidade do litígio sujeito ao julgamento do tribunal arbitral, afere-se ela de acordo com os comentários que, a esse propósito, se deixaram ao art. 1º da presente lei.

Finalmente, quanto à inaplicabilidade da convenção ao pleito que o demandante (ou o reconvinte) submeteu ao julgamento do tribunal arbitral, resulta ela de tal pleito ter como objecto uma questão ou uma relação jurídica não subsumível no objecto do compromisso arbitral ou da cláusula compromissória – o que significa que não funciona aí o respectivo efeito positivo, de atribuição de competência ao tribunal arbitral, nem consequentemente o seu reverso, de privação da normal competência de um tribunal do Estado na matéria.

3. *Os limites à competência da competência do tribunal arbitral: a impugnação da respectiva decisão*

Sendo competente para conhecer em primeira instância da sua competência relativamente ao julgamento do pleito que se lhe submeteu, o tribunal arbitral não está, em relação a qualquer uma das causas de sua incompetência dependente de qualquer impulso das parte, muito menos, do que elas aleguem a tal propósito.

Assim o inculca, aliás, este art. 18º/1 – sendo que a arguição das partes prevista no nº 4 não é factor atributivo desse poder seu de conhecer da própria competência, constituindo-o apenas no dever de se pronunciar sobre a excepção dilatória que a tal propósito se deduza.

Neste aspecto, portanto, a competência do tribunal arbitral não conhece limites negativos, não depende senão da sua vontade, é absoluta.

Mas já não o é no sentido de que só a ele caiba decidir sobre a sua competência. Na verdade, a decisão que se tome, em primeira instância, quanto a ter o tribunal arbitral, ou não, poderes para julgar do litígio está sujeita a impugnação perante o tribunal estadual da ordem normalmente competente para conhecer desse litígio.

É o que resulta dos nºs 4 e 9 deste art. 18º e das subalíneas *i)* e *iii)* da alínea *a)* do art. 46º/3 da LAV.

Nº 2

4. A subsistência e aplicação da cláusula compromissória do contrato nulo: fundamento e excepções

A norma do nº 1 deste art. 18º inclui, como vimos, entre as causas de incompetência do tribunal arbitral, o facto de ser inexistente, inválido ou ineficaz o contrato em que se insira a convenção de arbitragem com base na qual se instaure o processo arbitral.

Sugerindo, assim, de algum modo, que os vícios do contrato se propagariam à convenção e que, por conseguinte, isso bastaria para determinar a incompetência do tribunal.

Vem este nº 2, preparando o subsequente nº 3, dispor que não é exactamente assim, que a cláusula compromissória, mesmo fazendo contextualmente parte de um contrato, constitui um *"acordo independente das demais cláusulas do mesmo"*, uma cláusula que não respeita, digamos assim, ao contrato e à sua execução, mas ao respectivo contencioso, à guisa de uma norma adjectiva de lei que dispusesse sobre o tribunal competente para conhecer dos litígios que a propósito de tal contrato se suscitem.

Por outras palavras: ao remeterem o contencioso de uma relação jurídica, de um contrato, para tribunal arbitral, as partes estão a dizer que querem que os respectivos litígios, inclusivamente os respeitantes à sua validade ou eficácia, sejam arbitralmente julgados (segundo o Direito, note-se).

Sendo bem compreensível, portanto, ter o legislador determinado que a cláusula compromissória incluída num contrato (se não for inválida, por vícios dela própria, claro) é independente das outras estipulações que o integram.

Nesse sentido, pode ver-se a decisão proferida no processo *Fiona Trust & Holding & Holding Corporation v. Yuri Privalov / sub nom Premium Nafta Products Ltd. v. Fili Shipping Co. Ltd.* [2007] UKHL 40, no qual se assume essencialmente que as cláusulas compromissórias devem ser consideradas como "acordos distintos" da parte restante do contrato e apenas podem ser declaradas inválidas com base em vícios próprios (doutrina da "autonomia" – "*doctrine of 'severability'*").

O tribunal inglês considerou aí ser aos tribunais arbitrais que cabe determinar a validade do contrato, mesmo nas situações em que tenha havido fraude, falta de representação ou corrupção.

Só em alguns casos, dizemos nós, não será assim. É o que sucede, por exemplo,
- quando o contrato não seja apenas nulo, mas mesmo inexistente – designadamente por falta de assinatura (de uma) das partes –, caso em que a referida cláusula será, ela própria, e pelas mesmas razões, também inexistente ou nula, tendo-se concluído, no recente caso *Hyundai Merchant Marine Company Limited vs. Americas Bulk Transport Ltd* [2013], EWHC, que a falta de consenso entre as partes relativamente aos termos do contrato, manifestada na própria correspondência trocada, levaria não só à sua inexistência, como também à inexistência da cláusula compromissória aí incluída, pelo que se entendeu, dadas as circunstâncias do caso concreto, que a questão de saber se havia contrato e/ou cláusula compromissória não teriam autonomia: mantinham-se ou caíam juntas.
- quando o contrato seja nulo por falta de forma escrita, inquinando assim de igual modo a respectiva cláusula compromissória, por violação do art. 2º/1 da LAV (se não a convalidarem qualquer das formas de assinatura previstas nos nºs 2 e ss. do artº 2 da LAV).

Nº 3

5. *A (in)dependência entre a nulidade do contrato e a nulidade da cláusula compromissória*

Em decorrência do que se dispôs, como posição de princípio, no antecedente nº 2 deste art. 18º, a propósito da independência contratual da cláusula compromissória, vem agora este nº 3, nessa conformidade, dispor que a decisão do tribunal arbitral pela qual se "*considera nulo* [ou anulável, claro] *o contrato não implica, só por si, a nulidade da cláusula compromissória*".

Só implicará, na verdade, quando tal cláusula *(i)* seja, por qualquer razão – designadamente, por as partes assim a quererem (como acontecia com a solução do art. 21º/2 da LAV de 1986) – incindível do restante contrato *(ii)* ou, então, quando os vícios que tornariam tal contrato nulo se propaguem a ela, como nos dois últimos casos alinhados no comentário anterior, caso em que o tribunal terá então que dar-se como incompetente (para declarar a nulidade do contrato) com fundamento numa convenção por ele próprio julgada nula.

Teias que o Direito tece ...

Nº 4

6. *O regime da arguição tempestiva da incompetência do tribunal arbitral no decurso do processo; sua subsistência como fundamento de impugnação*

É uma norma bem rigorosa, esta.

Desde logo, embora não esteja aí expresso, mas apenas implícito, porque a arguição de incompetência aqui só é permitida ao demandado, diversamente do que sucede no caso dos subsequentes nºs 6 e 7.

Por outro lado, porque dela resulta que, ao contrário do tribunal arbitral – que, nos termos do nº 8 deste art. 18º, mais não fosse, pode (suscitar e) decidir da questão da sua incompetência até à prolação da decisão de mérito –, o demandado só pode arguir essa *questão prévia*, dispõe-se aqui, até à apresentação da defesa ou contestação quanto ao fundo da causa, precludindo-se a possibilidade de sua arguição depois disso, pelo menos, no processo arbitral.

Salvo, claro, o disposto no subsequente n.º 7, a propósito da arguição tardia.

Questão delicada é a de saber se a preclusão da possibilidade de arguição posterior da incompetência perante o próprio tribunal arbitral se estende também à impugnação da sentença com esse fundamento perante tribunal estadual – questão sobre a qual a lei nada disse, quer aqui quer no artº 46º.

Ao contrário aliás do que sucedia na vigência da LAV de 1986, porque então a falta de arguição tempestiva da incompetência do tribunal arbitral no decurso do próprio processo obstava, como expressa e muito claramente se dispunha no seu art. 27º/2, à impugnação da sentença arbitral com esse fundamento.

Hoje, parece que já não é assim.

Desde logo, porque o legislador da actual LAV deixou cair conscientemente a tal disposição obstaculizante do art. 27º/2 da LAV de 1986 – o que, em termos de interpretação das leis, significa, à míngua de outros elementos de interpretação, que já não se quer mais tal solução.

Acresce que a impugnação da sentença arbitral, seja com fundamento na violação da respectiva convenção seja com fundamento na invalidade desta – i.e., com os fundamentos, respectivamente, das sublíneas *i)* e *iii)* da alínea *a)* do art. 46º/3 da actual LAV –, não vem nelas condicionada ou precludida pelo facto de a incompetência daí derivada não ter sido arguida tempestivamente no decurso do processo arbitral.

Bem pelo contrário.

O nº 4 desse art. 46º só preclude a possibilidade de impugnação da sentença arbitral pela falta de arguição tempestiva no processo de um vício que afectasse este quando se trate da violação de *"disposições da presente lei que as partes podem derrogar"* – que não é manifestamente o caso das normas que dispõem sobre a competência do tribunal.

Certo é, porém, no fim de contas, que a existência de uma norma como a deste artº 18º/4 arrasta consigo, por várias razões, um grande desconforto a quem defenda a interpretação sugerida nos parágrafos anteriores, não tendo os AA. da presente obra conseguido chegar a um consenso na matéria, embora no que respeita à incompetência gerada por causas de interesse e ordem pública – como sucede, por exemplo, em relação à arbitrabilidade do litígio, que é do conhecimento oficioso do próprio tribunal da impugnação, nos termos da alínea *b)* do artº 46º/3, a opinião de todos eles convirja no sentido de as partes poderem sempre suscitá-la aí, independentemente de as terem arguido no processo arbitral.

Nº 5

7. *A compatibilidade entre a intervenção das partes na designação de árbitro (e outras formalidades constitutivas do tribunal) e a arguição da incompetência: remissão e adendas*

Já acima, em comentário ao art. 2º/5, se discorreu reflexamente sobre a disposição deste nº 5 do art. 18º – respeitante ao facto de os compromitentes não ficarem impedidos de arguir a nulidade da convenção (e, aqui, a incompetência do tribunal) por terem designado ou participado na designação de árbitros – e sobre a sua razão de ser, devendo o leitor interessado remeter-se para o que aí dissemos.

Acrescentaríamos agora que o facto de a lei só se ter referido à designação ou à participação na designação de árbitros por parte dos compromitentes, e não a qualquer outra intervenção sua no processo de constituição do tribunal arbitral, como factos que não fazem precludir o seu direito de arguir a respectiva incompetência, não significa, primeiro, que não haja outras intervenções relevantes dessas na constituição do tribunal e, segundo, que elas tenham necessariamente o efeito jurídico preclusivo daquela arguição.

Há casos em que tal sucederá, naturalmente.

Assim, por exemplo, quanto ao facto de uma parte ter interpelado a outra notificando-a da sua intenção de recorrer a tribunal arbitral e instando-a a designar um árbitro para o efeito, deve ele considerar-se preclusivo ou não da arguição de incompetência do tribunal arbitral?

Em regra, dir-se-ia que sim.

Na verdade, a arguição de incompetência nesse caso, se as circunstâncias concretas da hipótese não o desmentirem, corresponderia a um grave *venire contra factum proprio*, a um *abuso de direito*, pois que, se o interpelante entendia ser o tribunal arbitral incompetente, em vez de agir aí como autor/arguente – o que, já de si, seria pouco abonatório –, então que instaurasse a acção perante o tribunal do Estado, o que, além do mais (a vingar esse seu entendimento), se traduziria num ganho de tempo.

Noutros casos, noutras intervenções das partes no procedimento de constituição do tribunal arbitral – como, por exemplo, no caso da recusa do árbitro da contraparte ou quando se tratar de causas supervenientes (ou de conhecimento superveniente) geradoras de incompetência –, parece que a solução deve ser diferente, seguindo-se por analogia ou interpretação extensiva a regra deste art. 18º/5.

Nº 6

8. A arguição da incompetência "superveniente" do tribunal arbitral: admissibilidade

Abrem-se neste nº 6 excepções, melhor, desvios ao que se dispusera implícita e explicitamente no nº 4, sobre só o demandado poder suscitar a excepção da incompetência do tribunal arbitral e sobre não ser ele admitido a fazê-lo após a apresentação da defesa quanto ao fundo da causa.

No caso deste nº 6, diversamente, podem as duas partes arguir essa incompetência e fazê-lo após a apresentação daquele articulado.

Isto, porque a previsão da norma, refere-se tipicamente, por um lado (embora não se refira apenas, como se sustenta no comentário subsequente), a factos ou à iminência de factos ocorridos no decurso do processo, supervenientemente determinantes da incompetência do tribunal arbitral – supervenientes, no sentido de que tais factos só ocorreram ou só são detectáveis já no decurso do processo arbitral – e, por outro lado, refere-se a causas de incompetência que podem ser favoráveis à posição do demandante, incitando-o a argui-las.

É o que pode suceder – visto o problema do lado dele – com *questões prejudiciais* que hajam sido suscitadas na contestação (no caso de o tribunal não ter competência para conhecer delas, nem incidentalmente) ou com pedidos reconvencionais inarbitráveis ou não abrangidos pela convenção.

Ou, então, olhando o problema sob a perspectiva do réu ou demandado, é o que pode acontecer com a ampliação ou alteração da causa de pedir ou do pedido (que são aqui admitidas, como se verá adiante, a propósito do art. 33º/3).

9. *Dúvidas sobre a incompetência "superveniente", sua origem e a imediatividade da arguição*

Para além de (ao contrário do que nos parece suceder com a excepção do nº 4) este nº 6 também poder referir-se a situações de incompetência cuja arguição interessa ao demandante – não se cingindo às do interesse do demandado – dispôs-se que, aqui, a arguição por qualquer das partes *"de que, no decurso do processo arbitral, o tribunal excedeu ou pode exceder a sua competência"* tem que ser deduzida *"imediatamente após se suscitar a questão que alegadamente exceda essa competência".*

Tal norma levanta dúvidas diversas.

Assim, o aposto adverbial, relativo a questões surgidas *"no decurso do processo arbitral"* significará que se trata aqui apenas de factores de incompetência ocorridos ou detectados após a apresentação da defesa quanto ao fundo da causa?

Diríamos que não, que teoricamente, pelo menos, pode tratar-se também de factos ocorridos entre a constituição do tribunal e a contestação, relativos a decisões tomadas pelos árbitros ou a questões suscitadas já no decurso da fase processual da arbitragem – enquanto as causas concretas de incompetência abrangidas pelo nº 4 respeitam, note-se, às pretensões formuladas pelo demandante, ao seu conteúdo ou configuração.

O único obstáculo a essa tese é o de que, nesse caso, de excessos do tribunal ocorridos até à apresentação da defesa, talvez se justificasse não exigir ao demandado que argua imediatamente o tribunal de incompetente, permitindo-se-lhe fazê-lo apenas com a sua defesa quanto ao fundo da causa – podendo no entanto objectar-se que a falta de previsão dessa alternativa se deverá ao facto de o legislador não ter querido, e bem, dispensar tratamento diferente a cada uma das partes, obrigando o demandante a uma arguição imediata e facilitando ao demandado a arguição apenas com a contestação.

Quanto à *autoria* do facto que dá lugar a esta alegada incompetência, ele tanto pode resultar directamente de actos ou opções processuais das partes como de decisões judiciais, por exemplo, sobre a interpretação ou integração indevidas da convenção de arbitragem (ou do pedido inicial ou reconvencional formulado no processo), em termos tais que resulte excedido o que naquela se estipulou.

Relativamente ao carácter *imediato* da arguição, deve o mesmo ser entendido em função das circunstâncias de cada caso concreto.

Pode tratar-se de uma causa de incompetência que "salta à vista" e sobre que se alega convincentemente em folha e meia de papel ou, então, de uma causa que suscita perplexidade e que exige que nela se matute demoradamente, para construir uma alegação consistente e convincente, estando em causa, nessas diferentes circunstâncias, prazos variáveis a avaliar judicialmente de acordo com o caso concreto – em regra, em prazo igual àquele que porventura esteja fixado no regulamento da arbitragem como prazo geral da prática dos actos processuais pelas partes.

Não mais do que isso, até porque, para os casos verdadeiramente excepcionais – que façam pensar, por exemplo, merecerem mesmo ser tratados em parecer académico –, aí está o subsequente nº 7, com a solução que comentamos já de seguida.

Nº 7

10. As várias facetas da admissibilidade da arguição tardia da incompetência do tribunal arbitral: arguentes, fundamentação e medida do atraso

Previne-se aqui a hipótese de a arguição da excepção de incompetência do tribunal arbitral por iniciativa de qualquer um dos litigantes – ao abrigo, respectivamente, dos antecedentes nºs 4 e 6 deste art. 8º – não poder verosimilmente ser deduzida até à apresentação da contestação ou, então, imediatamente após a verificação da causa que gerou tal vício, permitindo-se que o seja tardiamente, se o tribunal considerar o atraso justificado.

Diga-se para começar que o uso do conceito "*excepções*" na estatuição da norma deste nº 7 não significará que ela seja de aplicação estrita aos casos em que a arguição provém do demandado (ou do demandante) em resposta ao pedido (ou à reconvenção), abrangendo qualquer hipótese em que as partes arguem a incompetência do tribunal ao abrigo dos anteriores nºs 4 e 6.

Em segundo lugar, é evidente que, no requerimento preliminar ou no articulado superveniente em que se deduza tal arguição, hão-de vir invocados e documentados (ou indicados os meios de comprovação de) os motivos que justificam o incumprimento dos requisitos temporais de arguição referidos naqueles nºs 4 e 6 – sob pena de sua rejeição liminar, parece-nos.

É verdade porém que a letra da lei não é formalmente incompatível com o entendimento de que pode haver uma averiguação *ex officio*, pelo tribunal, dos motivos pelo qual se considera justificado o referido incumprimento.

Por outro lado, como é evidente, a procedibilidade dos motivos invocados pelo arguente deve ser aferida em função do efectivo atraso da arguição, não bastando que eles sejam justificativos da inobservância do prazo legal, que comprovem a impossibilidade ou excessiva dificuldade de cumprir o ónus legal nesse prazo: do que se trata é de esses motivos serem ajustados ou proporcionais ao incumprimento concretamente verificado.

É um regime exigente, é certo, mas inteiramente conforme à unidade e coerência das soluções da lei, que têm natureza claramente excepcional.

Pegaríamos então na sugestão feliz de Pedro Siza Vieira e diríamos, adaptadamente, que a arguição tardia da incompetência do tribunal deve ser admitida quando, em concreto, a sua rejeição correspondesse a uma chocante injustiça (*Lei da Arbitragem Voluntária Anotada*, AAVV, p. 43)

Nº 8

11. A exigência de decisão imediata da questão da competência

A decisão sobre a competência do tribunal arbitral – nomeadamente, se a questão foi suscitada pelas partes – deve ser tomada em qualquer estado ou fase do processo, logo que o permitam os requisitos do contraditório e os dados processualmente disponíveis, mediante decisão interlocutória do tribunal (isto é, proferida no decurso do processo, antes da sentença sobre o fundo da causa).

Só se até lá não houver ou não surgirem entretanto dados disponíveis é que a questão pode ser julgada aí, a final.

A imposição (legalmente imanente) de decisão imediata da questão compreende-se melhor no caso de o tribunal concluir pela sua incompetência, evitando-se assim a prática de actos inúteis e a demora na apresentação e na realização da pretensão do demandante nos tribunais competentes; mas também faz sentido, como bem o demonstra o subsequente nº 9 deste art. 18º, no caso de se decidir pela competência do tribunal, terminando-se dessa maneira com o ambiente de dúvida e ansiedade das partes em relação a tal questão, pouco propício à melhor defesa das respectivas pretensões arbitrais.

Não sendo directamente sobre isso, mas só imanentemente, que dispõe este nº 8 do art. 18º, parece-nos porém ser ele o preceito mais relevante que nele se contém.

12. A competência oficiosa da competência arbitral

É questão que já abordámos a propósito do antecedente n.º 1 deste artigo, para onde se remete o leitor.

Nº 9

13. A impugnação interlocutória da decisão de competência: requisitos

Para que o processo arbitral não se arraste desnecessariamente no caso de se ter decidido interlocutoriamente favoravelmente à competência dos árbitros, se persistirem numa das partes dúvidas quanto ao acerto de tal decisão, permite-se-lhe aqui (ou impõe-se-lhe, já o veremos) que impugne tal decisão junto do tribunal estadual competente, sem ter que aguardar (ou sem aguardar) – como inconvenientemente sucedia no regime do art. 21º/4 da LAV de 1986 – pelo termo do processo arbitral.

São razões de economia e celeridade processuais, ainda, as que aqui dominam – nem a possibilidade de arguição interlocutória abre portas à actuação dilatória das partes, dado o que se previne no subsequente nº 10.

O prazo para deduzir esta impugnação interlocutória é de 30 dias contados da notificação da decisão do tribunal arbitral às partes, podendo o demandado – e o demandante, dado o disposto no nº 6 deste art. 18º – dirigir-se directamente ao tribunal estadual competente (a Relação ou o Tribunal Central Administrativo do local da arbitragem) a requerer a anulação de tal decisão.

Interrogamo-nos sobre se os *requisitos* da impugnação interlocutória serão os mesmo aplicáveis à impugnação da sentença final – os quais constam do corpo e das alíneas do nº 2 do art. 46º da LAV, aos quais acresce claro, nem se sentiu necessidade de dizê-lo, a indicação dos *fundamentos* de facto e de direito em que se suporta a arguição de incompetência –, dúvida que se justifica pelo facto de, com a impugnação, se sair já do domínio arbitral e entrar no judicial, empurrando-nos naturalmente para a aplicação das regras próprias dos processos que aí decorrem.

14. Os fundamentos da impugnação interlocutória: dúvidas sobre a interpretação extensiva do âmbito de aplicação do art. 18º/9

A acreditar no que se dispõe literalmente neste artº 18º/9 da LAV, a decisão pela qual o tribunal arbitral se declare interlocutoriamente competente para decidir da causa só poderia ser impugnada no tribunal estadual "*ao abrigo das alíneas i) e iii) da alínea a) do art. 46º/3 e da alínea f) do nº 1 do art. 59º*" – o que significaria só poderem ser invocados como fundamentos da respectiva arguição os que constam daquelas referidas subalíneas [que a alínea *f*) do art. 59º não lhes adita qualquer outro fundamento].

Mas, pergunta-se, e se no tal art. 46º/3 da LAV houver outras subalíneas ou alíneas que se refiram a diferentes fundamentos de impugnação que integrem o conceito ou figura jurídica da (in)competência do tribunal arbitral, podem eles ser também invocados na impugnação interlocutória? Ou deve entender-se que não, que, a existirem, tais fundamentos só podem ser impugnados a final (no caso de se terem cumprido os ónus dos nºs 4 e 6 deste art. 18º, claro)?

Diga-se, em primeiro lugar, que, por nós, também é causa de incompetência do tribunal arbitral, além das abrangidas pelas disposições acima citadas, a inarbitrabilidade do respectivo litígio segundo a lei portuguesa – fundamento ao qual se refere a subalínea *i)* da alínea *b)* do art. 46º/3 da LAV, disposição que tem como objecto as sentenças dos tribunais arbitrais portuguesas proferidas em arbitragens nacionais ou internacionais, aplicando-se às que forem proferidas por tribunais arbitrais estrangeiros não esta disposição, mas a da subalínea *i)* da alínea *b)* o do art. 56º/1.

Entendemos então que deve considerar-se extensiva a tal fundamento a disposição do art. 18º/9 da LAV, mesmo reconhecendo que, por se tratar de questão do conhecimento oficioso do tribunal estadual, as partes não suportam o ónus da alegação impugnatória, nem esse tribunal tem o dever de conhecer das alegações que elas eventualmente carreiem para o processo a tal propósito.

Mas o que não pode negar-se às partes é o direito de, ainda que despidamente, arguirem junto do tribunal estadual a violação (pela decisão interlocutória sobre a competência arbitral) das regras sobre a arbitrabilidade de litígios na ordem jurídica portuguesa.

E, assim sendo, nessas condições restritas, diremos que as razões de economia e garantia judicial efectiva que ditaram a opção do art. 18º/9 da LAV pela admissibilidade da impugnação interlocutória estão igualmente presentes aqui. Além de que não se divisa qualquer razão que pudesse levar a aplicar a tal fundamento um regime temporal de impugnação diferente daquele que aí se contém.

15. A impugnação interlocutória: ónus ou faculdade

É, pensa-se, uma faculdade conferida ao interessado, esta de impugnar interlocutoriamente a decisão que, no decurso do processo, o tribunal arbitral profira arrogando-se competência para conhecer do litígio *sub iudicio*.

Não será uma posição muito consentânea com os interesses de celeridade, que ligámos acima à garantia constitucional de uma tutela judicial efectiva, mas a verdade é que a isso se sobrepõe, além do interesse da economia processual, o facto de não poderem ser impostos aos interessados ónus preclusivos dessa mesma garantia, desta enorme e delicada relevância jurídica, sem que a lei seja muito clara quanto à preclusão dos respectivos direitos, se eles não actuarem tempestivamente na forma literalmente prevista na lei como uma faculdade.

E como neste art. 18º/9 da LAV não se contém qualquer vestígio de cominações preclusivas e como, por outro lado, até se dispõe que a parte interessada "*pode*" (não que "*deve*") impugnar aquela decisão, a conclusão seria a de que estamos aqui perante uma faculdade, não um ónus.

Donde, poder a parte interessada, mesmo que não haja impugnado directamente a decisão interlocutória no prazo deste preceito, impugná-la depois, a final, ao abrigo do art. 46º da LAV.

Nº 10

16. Efeito não suspensivo da impugnação interlocutória sobre o processo arbitral

É uma outra vertente do mesmo princípio já acolhido no art. 5º/2 – de que o curso do processo arbitral não se suspende pelo facto de penderem em tribunal estadual questões que, a serem nele decididas em certo sentido, farão com que (agora de acordo com o art. 5º/3) cesse aquele processo, se inutilizem os actos aí praticados e se extingam os efeitos da sentença arbitral eventualmente proferida.

Ou seja, a impugnação interlocutória, junto do tribunal do Estado, da decisão pela qual o tribunal arbitral se declarou competente não tem efeito suspensivo – nem sobe nos autos (que o processo arbitral segue seus trâmites) –, embora suba imediatamente para ser apreciada desde logo pelo tribunal estadual.

17. A sentença anulatória e a extinção automática do processo arbitral: os poderes e diligências respeitantes à extinção do tribunal arbitral

Se e quando o tribunal do Estado decidir pela incompetência do tribunal arbitral, aqueles efeitos acima enunciados, de inutilização de actos processuais e de extinção dos efeitos da sentença arbitral, produzem-se (retroactiva e) automaticamente, desde a data do trânsito em julgado da sentença anulatória, sem necessidade de o tribunal arbitral dispor algo a esse propósito, nem mesmo quanto à reconstituição do *status quo* anterior à sua intervenção.

Tarefa que, a ser necessária, cabe ao tribunal competente para execução da sentença "estadual".

Na verdade, a única excepção a essa regra da cessação automática dos poderes dos árbitros (ou do árbitro-presidente) respeita à extinção do próprio tribunal, exigindo-se-lhe a prestação de contas dos preparos arbitrais que hajam sido feitos, a liquidação de honorários e despesas em falta e sua distribuição e cobrança às partes ou, então, a restituição da parte sobrante daqueles preparos e encerramento das respectivas contas bancárias.

E exigem-se-lhe, ainda, os demais actos de extinção do tribunal, como denúncia de arrendamentos, pagamentos a peritos, secretários, etc., terminando tudo com a prestação final de contas.

Artigo 19.º
Extensão da intervenção dos tribunais estaduais

Nas matérias reguladas pela presente lei, os tribunais estaduais só podem intervir nos casos em que esta o prevê.

Fontes

Lei-Modelo da Uncitral, art. 5º; Lei Alemã (ZPO), § 1026; Lei Espanhola, art. 7º

Comentário:

1. *Âmbito da aplicação e da prevalência da lei arbitral: a sua face positiva*
2. *A sua face negativa*
3. *A aplicação da regra legal aos casos previstos em normas supletivas da LAV*

4. *Âmbito da aplicação e da prevalência da "lei judicial" em matéria arbitral*
5. *Eficácia derrogatória, interpretativa e integrativa da regra legal.*

1. Âmbito da aplicação e da prevalência da lei arbitral: a sua face positiva
Não é só o *favor arbitrandum*, a ideia de circunscrever tanto quanto possível a intervenção de tribunais do Estado em matéria de convenções, de tribunais e de processos arbitrais, que aqui está em causa.

É também, ou é sobretudo, a preocupação de restringir normativamente a regulação dessa equação entre autonomia arbitral e intervenção judicial (ou estadual) àquilo que se dispuser na lei de arbitragem – mais especificamente, àqueles casos que nesta LAV se prevêem –, assegurando-se assim que os comprometentes, sobretudo em arbitragens internacionais que decorram ao abrigo dela, possam confiar que todos os casos de intervenção dos tribunais estaduais estão (pelo menos, tendencialmente) enumerados na própria lei da arbitragem. (P. Siza Vieira, em *Lei da Arbitragem Voluntária Anotada*, AAVV, p. 45).

É esta a face positiva da regra legal, de que tudo quanto não esteja expressamente previsto na LAV como sendo da competência dos tribunais estaduais em matéria de arbitragem, é da competência exclusiva dos árbitros.

Consideram-se então como ineficientes, como derrogados, mesmo, os preceitos de leis judiciárias ou processuais que previssem poder os tribunais do Estado intervir (incidental ou principalmente) em processos arbitrais respeitantes a *"matérias"* reguladas na LAV, em *"casos"* diversos daquelas que aí se lhes atribuem.

A delimitação daquilo que é específico da LAV por confronto com as leis do sistema judicial Estado ou, dito de outro modo, a delimitação do âmbito de intervenção dos tribunais estaduais na aplicação do direito arbitral faz-se assim em função de dois critérios de aplicação cumulativa: por um lado, essa intervenção cinge-se às *matérias* que são aqui reguladas e, dentro delas, aos *casos* em que se prevê poderem eles intervir.

Questão é saber se as *matérias* que estão reguladas na LAV são todas as que ficam abrangidas pelas epígrafes dos seus capítulos e normas ou se são apenas aquelas sobre que nela se contenham preceitos dispositivos, indo a nossa resposta neste último sentido.

Assim, em relação às matérias reguladas na LAV, os tribunais do Estado só podem intervir:
- tratando-se da *convenção de arbitragem*, nos casos dos arts. 5º e 51º/2;
- tratando-se dos *árbitros*, nos casos dos arts. 10º, 11º, 14º, 16º e 17º;
- tratando-se do *processo arbitral*, nos casos dos arts. 29º e 38º;
- tratando-se das *decisões arbitrais*, nos casos dos arts. 7º, 18º/9, 27º/1, 28º, 39º/4, 46º, 47º, 53º;
- tratando-se do *reconhecimento e execução de sentenças arbitrais* e de *sentenças arbitrais estrangeiras*, nos casos dos arts. 55º a 58º.

Leis passadas que dispusessem (ou na parte em que dispusessem) sobre essas matérias, ampliando ou reduzindo o número de casos em que a LAV prevê poderem os tribunais do Estado intervir, não são portanto aqui aplicáveis, cedendo perante o que se estatua (ou se omita) na LAV.

2. A sua face negativa

Na face ou vertente negativa do preceito isto é, olhada a questão na perspectiva daquilo que restringe a competencia natural e exclusiva dos árbitros, quanto às matérias não reguladas na LAV, os tribunais estaduais poderão intervir se houver disposição legal que o preveja directa ou integrativamente.

Não vem regulada na LAV, por exemplo, a matéria respeitante à *constituição do tribunal* – isto é, às formalidades determinantes do momento a partir do qual o tribunal se considera instituído e apto a decidir, e sobre que se perorou em comentário ao art. 8º –, mas isso não significa que as questões suscitadas em redor dessa falta não possam ser conhecidas em tribunal arbitral, mais não fosse por se tratar de vícios que, a ocorrerem, podem dar lugar à impugnação de sentença arbitral, nos termos da alínea *a*) do artº 46º/3 da LAV.

3. A aplicação da regra legal aos casos previstos em normas supletivas da LAV

Em relação às matérias em que a LAV só dispõe *supletivamente*, permitindo assim que sejam reguladas primariamente na convenção ou no regulamento da arbitragem, põe-se a questão de saber se será dado às partes remeterem para os tribunais estaduais os litígios que se suscitem a propósito das disposições dessa convenção ou regulamento.

A resposta é negativa, claro.

É que a permissão para que os compromitentes regulem por acordo as matérias contidas em normas supletivas da LAV é restrita à sua própria matéria, substantivamente, não ao modo da resolução dos litígios dela consequentes, adjectivamente. Quanto a este aspecto da questão, dispõe o art. 19º de maneira imperativa: ou seja, que, em relação às *matérias* (imperativa ou supletivamente) reguladas na LAV, os tribunais estaduais só podem intervir nos casos nela previstos.

4. Âmbito da aplicação e da prevalência da "lei judicial" em matéria arbitral

A LAV só exclui a aplicação de normas de outros diplomas (nomeadamente do CPC e do CPTA) que remetam para a jurisdição de tribunais do Estado a apreciação e julgamento de questões sobre matérias nela reguladas, mas já não a aplicação das normas processuais, de *competência* ou *trâmite*, que disponham sobre a afectação e o desenrolar do incidente ou processo relativo a questões arbitrais que, ao abrigo dela, LAV, tenham sido submetidos a esses tribunais.

A não ser, claro, na parte em que ela própria estatua sobre a competência, a forma ou trâmites do incidente ou processo no tribunal do Estado.

Que é o que sucede

- na hipótese do nº 1 do art. 46º – relativo à forma processual da impugnação (*pedido de anulação*) de decisões arbitrais perante tribunais do Estado,
- na hipótese do respectivo nº 2 – sobre os requisitos de apresentação do pedido de anulação da sentença arbitral ao tribunal estadual e sobre a tramitação do processo que aí correrá,

- também na hipótese do seu nº 8 – respeitante à possibilidade do tribunal estadual suspender o processo de impugnação e anulação da sentença arbitral para que os árbitros retomem o respectivo processo (suprindo as deficiências do mesmo)
- e, finalmente, na hipótese do art. 59º/1, respeitante à fixação dos tribunais estaduais competentes para conhecer de questões arbitrais confiadas em segunda mão, digamos assim, à sua jurisdição.

Fora desses casos, as leis processuais que estatuam sobre a afectação, a tramitação, o conhecimento e a decisão do incidente ou do processo arbitral nos tribunais judiciais ou administrativos são quem mais ordena, não a LAV.

5. *Eficácia derrogatória, interpretativa e integrativa da regra legal.*
Não se incluindo a LAV no rol das *leis de valor reforçado* do art. 112º/3 da Constituição, é claro que a determinação deste seu art. 19º só tem eficácia derrogatória de leis que dispusessem no passado sobre os *casos* da intervenção de tribunais do Estado em questões e processos arbitrais, mas (por força da regra da *lex posterior priori derrogat*) já não tem ela tal eficácia face a leis parlamentares ou decretos-leis futuros autorizados [que os não autorizados seriam inconstitucionais, por violação da alínea *p)* do art. 166º/1 da CRP], nos quais venham a prever-se outros casos de intromissões "judiciais" dessas em questões arbitrais.

Pese o bom senso que presidiu à consagração da regra deste art. 19º, legisladores subsequentes nem sequer lhe estão vinculados – nem poderiam estar, senão inconstitucionalmente (a não ser através de imposição da lei de autorização em relação ao sentido do decreto-lei autorizado) –, mesmo se muito se lhes recomenda, como lembra Robin de Andrade (*Lei da Arbitragem Voluntária Anotada*, AAVV, p. 46), que regulem questões sobre arbitragem por inclusão dos respectivos aditamentos ou alterações na própria LAV, para não se prejudicar o útil efeito concentrador que, em aspecto tão relevante, este artº 19º lhe atribuiu.

CAPÍTULO IV
Das providências cautelares e ordens preliminares

SECÇÃO I
Providências cautelares

Artigo 20.º
Providências cautelares decretadas pelo tribunal arbitral

1 – Salvo estipulação em contrário, o tribunal arbitral pode, a pedido de uma parte e ouvida a parte contrária, decretar as providências cautelares que considere necessárias em relação ao objecto do litígio.

2 – Para os efeitos da presente lei, uma providência cautelar é uma medida de carácter temporário, decretada por sentença ou decisão com outra forma, pela qual, em qualquer altura antes de proferir a sentença que venha a dirimir o litígio, o tribunal arbitral ordena a uma parte que:
   a) Mantenha ou restaure a situação anteriormente existente enquanto o litígio não for dirimido;
   b) Pratique actos que previnam ou se abstenha de praticar actos que provavelmente causem dano ou prejuízo relativamente ao processo arbitral;

c) Assegure a preservação de bens sobre os quais uma sentença subsequente possa ser executada;
d) Preserve meios de prova que possam ser relevantes e importantes para a resolução do litígio.

Fontes

Nº 1 – Lei-Modelo da Uncitral, art. 17º (versão de 1985); Lei Alemã (ZPO) §1040 (1); Lei Sueca, art. 25º/4; Lei Suíça de DIP, art. 183º/1; Lei Belga (CJB), art. 1696º/1; Lei Inglesa, Section 38 (3), (4) e (6)
Nº 2.*a)* – Lei-Modelo da Uncitral (versão de 2006), art. 17º/2
Nº 2.*b)* – Lei-Modelo da Uncitral (versão de 2006), art. 17º/2
Nº 2.*c)* – Lei-Modelo da Uncitral (versão de 2006), art. 17º/2
Nº 2.*d)* – Lei-Modelo da Uncitral (versão de 2006), art. 17º/2; Lei Inglesa, Section 38 (3), (4) e (6)

Comentário:

1. *Admissibilidade de providências cautelares arbitrais*
2. *Espécies de providências cautelares arbitrais*
3. *Dúvidas sobre a extensão da tutela cautelar aos interesses da parte demandada. Em especial, as contra-providências e as providências autónomas do demandado*
4. *O "processo" cautelar e o processo principal: autuação conjunta e suas particularidades*

N.1

1. *Admissibilidade de providências cautelares arbitrais*

A admissibilidade da adopção de providências cautelares por parte dos tribunais arbitrais é, seguramente, uma das mais importantes novidades da nova LAV. E muito bem-vinda.

Se os litígios submetidos à justiça arbitral não se distinguem essencialmente dos litígios submetidos a outros tribunais e se, em relação a estes, há tutela cautelar, então, sendo a arbitragem também uma "justiça", compreende-se perfeitamente que, para não afrouxar a tutela jurisdicional efectiva de que os litígios (judiciais ou arbitrais) são merecedores, o legislador tenha vindo consagrar, em termos generosos, a possibilidade de o tribunal arbitral decretar providências cautelares.

Nem a possibilidade de recurso aos tribunais estaduais para decretar providências cautelares relativamente a litígios que estejam atribuídos a um tribunal arbitral satisfazia cabalmente essa necessidade, pelas dificuldades processuais e demoras que essa "devolução" arrastava consigo.

E se é assim em geral, mais relevante ainda o é quando a parte demandada seja uma entidade dotada de poderes públicos, o que lhe permitirá, na maior parte dos casos, efectivar em termos jurídicos ou práticos os efeitos das medidas administrativas contrárias ou impeditivas da pretensão do demandante, designadamente, constrangendo este, antes de a sua validade ter sido judicialmente confirmada, a actuar em sua conformidade ou a sujeitar-se a elas – como sucede, por exemplo, no âmbito dos actos administrativos contratuais (que, como se sabe, são passíveis de arbitragem).

Por outro lado, segundo o nº 1 deste art. 20º, o tribunal arbitral só não estará em condições de decretar uma providência cautelar quando haja "*estipulação em contrário*", ou seja, quando (na lei,) no compromisso arbitral ou em convenção de arbitragem se tenha estabelecido que determinado litígio ou determinada pretensão (ou categoria deles) não é passível de tutela cautelar arbitral ou que determinado tribunal arbitral (ou categoria deles) não goza desse poder ou faculdade.

Pode, assim, tratar-se de uma *falta de jurisdição cautelar absoluta* (não se admitem providências cautelares arbitrais) ou de uma *falta de jurisdição cautelar relativa* (não se admite determinada categoria de providências cautelares arbitrais).

No entanto, mesmo nesses casos, isso não significa necessariamente que os interessados fiquem privados de tutela cautelar, mas apenas que ela não poderá ser providenciada por um tribunal arbitral. É que, como veio prever-se no artigo 29º/1 da LAV, sem qualquer reserva ou ressalva expressa, bem pelo contrário (como resulta da parte final dessa norma), "*os tribunais estaduais têm poder para decretar providências cautelares na dependência de processos arbitrais [...]*", donde resulta que, quando, por força de "*estipulação em contrário*", um tribunal arbitral não possa decretar uma providência dessas, poderia um tribunal do Estado fazê-lo. É no entanto duvidoso se também pode renunciar-se convencionalmente a tal possibilidade ou, mesmo, se a "*estipulação em contrário*" a que se refere este nº 1 se estende automaticamente à concessão da tutela cautelar providenciada às arbitragens por tribunais estaduais.

Na falta de ressalva ou reserva paralela à deste art. 20º, propendemos para responder negativamente a tais questões.

Há, porém, uma outra situação em que o tribunal arbitral (e a proposição aplica-se também ao tribunal estadual), por razões estranhas a esta competência material, não pode decretar uma providência cautelar: a saber, quando a providência em causa produzir uma situação de facto consumado, irreversível, com prejuízo para a própria utilidade da decisão principal sobre o objecto do litígio, ou seja, quando a providência em causa permitir a satisfação (jurídica ou prática) irreversível do bem ou direito a que a parte aspirava com a instauração do processo arbitral.

É que nesses casos a providência cautelar não configura uma medida de regulação provisória ou de "*carácter temporário*" (como refere o legislador no nº 2 do art. 20º), mas uma medida de regulação definitiva do objecto do litígio e isso, como se sabe, é uma qualidade ou atributo exclusivo da decisão da causa arbitral.

N. 2

2. Espécies de providências cautelares arbitrais

Note-se que, apesar do leque aparentemente taxativo das providências cautelares enunciado no nº 2 deste art. 20º, do que se trata, verdadeiramente, é de um *princípio* (muito próximo) *da universalidade da tutela cautelar*, mais não fosse, porque o modo aberto como o legislador desenhou as alíneas *a)*, *b)* e *c)* permite subsumir aí a larga maioria de medidas cautelares conhecidas, sejam elas *conservatórias ou antecipatórias*.

Para não falar da medida cautelar de carácter essencialmente probatório inscrita na alínea *d*).

Assim, segundo aquelas três primeiras alíneas do art. 20º, nº 1, o tribunal arbitral pode ordenar a uma das partes:
- que "*mantenha ou restaure a situação anteriormente existente enquanto o litígio não for dirimido*",
- que "*pratique actos que previnam ou se abstenha de praticar actos que provavelmente causem dano ou prejuízo relativamente ao processo arbitral*",
- que "*assegure a preservação de bens sobre os quais uma sentença subsequente possa ser executada*",
- que "*preserve meios de prova que possam ser relevantes e importantes para a resolução do litígio*".

Mas não só isso.

Por aplicação das cláusulas abertas das várias alíneas deste art. 20º, é admissível aqui a adopção de providências cautelares especificadas, como as de *restituição provisória de posse*, de *suspensão de deliberações sociais*, de *arbitramento de uma reparação provisória*, do *arresto*, do *embargo de obra nova* e do *arrolamento*, previstas nos art.s 377º do novo CPC.

Por outro lado, pode ser requerida em processo arbitral mais do que uma providência cautelar dessas, especificadas ou não. Ponto é que exista, em relação a cada uma delas, conexão instrumental com a causa arbitral, é dizer, com o ou com os pedidos formulados na petição (ou na contestação, em caso de reconvenção).

3. *Dúvidas sobre a extensão da tutela cautelar aos interesses da parte demandada. Em especial, as contra-providências e as providências autónomas do demandado*

A *iniciativa* do pedido cautelar arbitral parece pertencer tanto ao demandante como ao demandado.

Resultaria isso do facto de o legislador ter estabelecido, no nº 1 do art. 20º, que o tribunal pode decretar uma providência "*a pedido de uma parte...*", bem como do respectivo nº 2, no qual se refere que uma providência é uma medida pela qual o tribunal "*ordena a uma parte...*", em ambos os casos, como se vê, sem qualquer menção à sua qualidade de demandante ou demandada.

De forma ainda mais evidente, dispõe-se no art. 22º/1 que, *"salvo havendo acordo em sentido diferente, qualquer das partes pode pedir que seja decretada uma providência cautelar"*.

É portanto seguro que o demandado pode pedir uma providência cautelar.

O que não é seguro, porque o legislador não o disse, é em que condições pode fazê-lo.

A solução é pacífica quando ele tenha deduzido (ou vá deduzir) na contestação um pedido reconvencional (ver art. 33º/ 4). Já é mais duvidoso se o demandado pode requerer uma providência fora do âmbito do pedido reconvencional, *seja a título de contra-providência*, para mitigar ou suavizar os efeitos negativos que o eventual decretamento de uma providência a favor do demandante possa vir a ter para ele, *seja a título autónomo*, é dizer, à revelia de o demandante haver requerido alguma providência contra si.

Por nós, é de admitir a figura das contra-providências.

Do que se trata afinal é de permitir ao tribunal uma regulação provisória adequada ao caso, equilibrando o risco e o sacrifício que qualquer decisão cautelar envolve para o demandado, mitigando ou suavizando assim os efeitos negativos que uma providência decretada a favor do demandante pudesse vir a ter para ele. A própria lei refere-se a uma hipótese dessas, permitindo ao demandado (e aos contra-interessados) requerer ao tribunal a imposição ao beneficiário da providência cautelar da prestação de uma caução adequada à satisfação da indemnização pelos prejuízos ou maiores riscos que a adopção dela possa causar, no caso de improcedência da acção principal.

Referimo-nos à disposição do art. 24º/2.

Já a figura da providência cautelar autónoma a favor do demandado suscita-nos mais dúvidas, ao ponto de, em geral, a recusarmos. Desde logo, a tutela cautelar é instrumental da tutela principal, da tutela declarativa enfim, do pedido formulado (ou a formular) na acção principal – e esse está ao serviço dos interesses do demandante (ou do demandado reconvinte). É sempre assim, como se sabe, nas leis de processo.

A dúvida podia eventualmente colocar-se em hipóteses muito excepcionais, em que a mera instauração de um acção arbitral, mesmo desligada de quaisquer providências cautelares, pode ter efeitos graves e imediatos sobre a situação do demandado.

Isso pode acontecer, por exemplo, com as acções sobre imóveis (ou sobre a invalidação de deliberações sobre imóveis), cuja mera instauração, devidamente registada numa conservatória, pode ser suficiente para fazer frustrar ou inviabilizar um negócio jurídico que o demandado pretenda fazer com esse imóvel. Nestes casos, o demandado é titular (presumível titular, claro) de um bem ou direito que a pendência da acção principal contra si instaurada coloca logo em risco de perda e que só medidas cautelares tomadas a seu favor – como a exigência de uma caução (que aqui não seria uma "contra-caução") – permitiriam de alguma forma prevenir.

Fora desses casos excepcionais, trata-se de uma tese de muito duvidosa admissibilidade.

Naturalmente, tanto as providências requeridas para tutela dos interesses subjacentes a uma reconvenção, como as contra-providências e as providências autónomas do demandado são, em termos técnicos, providências cautelares, estando por isso sujeitas a um regime jurídico aparentado com o delas, designadamente, para efeitos do art. 21º.

4. O *"processo" cautelar e o processo principal: autuação conjunta e suas particularidades*

O que há de mais significativo a dizer sobre isto é que, ao contrário do que sucede em geral no CPC e no CPTA, não há aqui um *processo* cautelar autónomo, que corra separadamente do *processo* arbitral principal: os autos em que correm um e outro pedido são os mesmos, embora o tribunal arbitral possa naturalmente distingui-los fisicamente.

É claro que, tendo carácter instrumental, o pedido cautelar há-de visar o reconhecimento provisório de uma situação ou de um direito que possa vir a ser declarado, constituído ou exigido na sentença arbitral, não podendo pretender que se obtenha através da providência uma posição ou um bem que não tenha relação com o objecto do litígio, algo que não seja instrumentalmente adequado à protecção provisória do efeito a alcançar através do julgamento do processo arbitral.

Mas o pedido cautelar não tem tramitação autónoma, ele funde-se e vive no processo arbitral, processando-se como uma espécie de incidente – não em termos técnicos, note-se, pois, ao contrário do que sucede com os incidentes em sentido próprio, o julgamento cautelar não tem qualquer influência sobre o sentido da decisão da acção principal.

Não há portanto aqui processos principais e processos acessórios ou instrumentais.

Por outro lado, *et pour cause*, o pedido cautelar – salvo no caso das ordens preliminares – não tem carácter *urgente*, embora o tribunal, por razões óbvias, lhe deva dar sequência célere e atempada.

Os aspectos em que *formalmente* se manifesta a autonomia da tramitação do pedido cautelar residem, primeiro, no facto de ele poder ser apresentado *a título preliminar*, ainda antes da apresentação do pedido principal ou, quando venha da parte demandada (quando isso seja de admitir, como se debateu atrás), antes da contestação.

Isso, sem prejuízo, claro, de se exigir que o requerimento da providência cautelar contenha os elementos indispensáveis para que o tribunal possa aferir da verificação dos respectivos pressupostos processuais e da existência de uma relação de instrumentalidade entre ela e o pedido que vai ser formulado no processo arbitral principal.

O segundo aspecto em que se manifesta a autonomia do "processo" cautelar em relação ao principal reside no facto, óbvio, de ser decidido mediante uma decisão própria, autónoma (e anterior, claro) em relação à sentença principal – ou à sentença principal parcelar cujo objecto ele tem em vista acautelar.

É evidente, por outro lado, que a pretensão cautelar não pode ser apresentada antes de constituído o tribunal arbitral.

Artigo 21.º
Requisitos para o decretamento de providências cautelares

1 – Uma providência cautelar requerida ao abrigo das alíneas *a)*, *b)* e *c)* do n.º 2 do artigo 20.º é decretada pelo tribunal arbitral, desde que:
  a) Haja probabilidade séria da existência do direito invocado pelo requerente e se mostre suficientemente fundado o receio da sua lesão; e
  b) O prejuízo resultante para o requerido do decretamento da providência não exceda consideravelmente o dano que com ela o requerente pretende evitar.

2 – O juízo do tribunal arbitral relativo à probabilidade referida na alínea *a)* do n.º 1 do presente artigo não afecta a liberdade de decisão do tribunal arbitral quando, posteriormente, tiver de se pronunciar sobre qualquer matéria.

3 – Relativamente ao pedido de uma providência cautelar feito ao abrigo da alínea *d)* do n.º 2 do artigo 20.º, os requisitos estabelecidos nas alíneas *a)* e *b)* do n.º 1 do presente artigo aplicam-se apenas na medida que o tribunal arbitral considerar adequada.

Fontes

N.º 1 – Lei-Modelo da Uncitral (versão de 2006), art. 17.º-A (1) (com redacção reformulada para a aproximar da redacção do art. 387.º/1 e 2, do C.P.C. Português)
N.º 2 – Lei-Modelo da Uncitral (versão de 2006), art. 17.º-A (1), b).
N.º 3 – Lei-Modelo da Uncitral (versão de 2006), art. 17.º-A (2).

Comentário:

1. *A sumariedade do pedido cautelar e da sua cognição pelo tribunal arbitral*
2. *As providências das alíneas a), b) e c) do art. 20.º, n.º 2: requisitos gerais e a sequência da sua apreciação*
3. *(cont.): O requisito específico do* fumus boni iuris: *caracterização e âmbito*

4. (cont.): *O requisito do* periculum in mora: *caracterização e âmbito*
5. (cont.): *O requisito da proporcionalidade ou justa ponderação dos prejuízos envolvidos*
6. *A providência cautelar probatória*

N. 1

1. *A sumariedade do pedido cautelar e da sua cognição pelo tribunal arbitral*

Embora o legislador da LAV não o haja exprimido formalmente, resulta da disciplina nela estabelecida que, também aqui, o pedido cautelar se rege pelo *princípio da sumariedade*.

Significa isso, por um lado, que o requerimento da medida cautelar deve conter apenas uma invocação e demonstração sucintas e concisas dos seus fundamentos, dos requisitos de facto e de direito da respectiva pretensão, sem nele se fazer "doutrina" sobre as questões *decidendi*, cingindo-se o enunciado acrítico dos factos às suas circunstâncias essenciais e as alegações de direito à menção das normas aplicáveis e à subsunção nelas das referidas circunstâncias, tudo entendido *cum grano salis*, claro, em função das características mais ou menos complexas do caso concreto.

E, se é verdade que é ao requerente que cabe demonstrar o bem fundado cautelar do direito por si invocado, não é menos certo que, nesta sede, *iura novit curia*, tendo o tribunal poderes de cognição oficiosos.

Por outro lado, o tribunal arbitral deve limitar-se a uma *summaria cognitio*, ou seja, a fazer um juízo perfunctório, um juízo aligeirado em relação àquele que se lhe exige quando decide do fundo da causa – um juízo portanto sobre a verosimilhança ou probabilidade da existência dos factos e do direito invocado –, sem necessidade de grandes indagações probatórias e jurídicas, nomeadamente quanto às últimas.

Enfim, nesta sede, ainda mais em relação às ordens preliminares, o tribunal não decide com base em certezas, em juízos finais e que tenha como inafastáveis, mas por referência a juízos de prognose e verosimilhança, mais verosímeis e prováveis que os seus contrários, digamos assim.

É preciso tomar em consideração, porém, que, enquanto o requisito da *"probabilidade séria da existência do direito invocado pelo requerente"* se funda essencialmente nesses juízos de verosimilhança (aí jurídica) e pode até beneficiar da regra *iura novit curia*, já o juízo relativo ao *"fundado receio da lesão"* do direito corresponde a um requisito baseado essencialmente em factos cuja prova (salvo situações excepcionais) recai sobre o requerente, e que não pode bastar-se com considerações genéricas, vagas ou conclusivas.

Por outras palavras, e utilizando as fórmulas habituais entre os processualistas, enquanto a prova do requisito do *fumus boni iuris* se basta com um juízo de verosimilhança jurídica, a prova do *periculum in mora* exige um juízo de certeza (tanto quanto, nestas matérias, ela pode assegurar-se) sobre a existência dos respectivos factos comprovativos.

De qualquer forma, e como também aponta alguma doutrina, o facto de o legislador afirmar que o receio da lesão do direito deve mostrar--se *"suficientemente **fundado**"* levará o juiz a ser algo benevolente na matéria, não avaliando a respectiva prova como se estivesse em causa a pretensão principal.

2. *As providências das alíneas a), b) e c) do art. 20º, nº 2: requisitos gerais e a sequência da sua apreciação*

Relativamente às providências cautelares propriamente ditas, ou seja, às previstas nas alíneas *a)*, *b)* e *c)* do nº 2 do art. 20º, são três os requisitos para a sua concessão, previstos no art. 21º/1 (numa fórmula que é transcrição do regime usado no CCP):

- *"probabilidade séria da existência do direito invocado pelo requerente"*,
- *"fundado receio da sua lesão"*
- e ponderação dos vários interesses em jogo, em termos tais que fique demonstrado que o *"prejuízo resultante para o requerido do decretamento da providência não exceda consideravelmente o dano que com ela o requerente pretende evitar"*.

Como se vê, a LAV, ao contrário do CPTA e em linha com o regime do CPC, não estabelece, na parte relativa ao *fumus boni iuris*, qualquer distinção entre as providências conservatórias e as providências antecipatórias, que estão assim sujeitas aos mesmos requisitos – e dos quais trataremos mais desenvolvidamente em comentário subsequente.

Por outro lado, e como resulta também deste art. 21º/1, o tribunal só deverá proceder à ponderação de danos ou prejuízos consagrada na alínea *b*) depois de dar como verificados os dois requisitos da alínea *a*). Se um destes faltar, a providência será necessariamente indeferida.

Quanto à averiguação pelo tribunal dos dois requisitos da alínea *a*) – o do *fumus* e o do *periculum* – é que não existe qualquer sequência obrigatória, mesmo se é comum e natural conhecer-se primeiro daquele e só depois do segundo.

Trata-se porém de uma proposição metodológica de carácter meramente teórico, que não vincula o tribunal arbitral, sendo legítimo que a sua apreciação do preenchimento de tais requisitos comece e siga por onde o recomendem razões processuais de ordem prática, ligadas com a celeridade e a eficiência da decisão.

Assim, se o tribunal se aperceber que, em matéria de invocação de prejuízos, o requerimento cautelar padece de manifestas insuficiências de alegação ou de prova que não permitem avaliar do seu preenchimento, nada obsta a que ele comece por si a sua indagação para a dar logo por concluída com esse fundamento.

3. (cont.): *O requisito específico do* fumus boni iuris: *caracterização e âmbito*

No comentário nº 1 o leitor encontrará já as características que são, em geral, próprias da natureza *sumária* ou *perfunctória* do juízo arbitral cautelar.

Viu-se aí que o requisito do *fumus boni iuris* se satisfaz com um mero juízo de verosimilhança sobre a probabilidade da existência do direito invocado, um juízo de que o direito (ou interesse) substantivo que se pretende fazer valer na acção principal se afigura, já aqui, no "processo" cautelar, com base numa sua apreciação sumária, consistente, fundado em argumentos jurídicos plausíveis e claramente defensáveis, mesmo não sendo certo e seguro que venha a merecer acolhimento quando se julgar o mérito da causa.

A existência do *fumus* está portanto claramente abaixo daquilo que é evidente, mas também não pode ser algo que se diga ser apenas eventualmente possível (ou não ser algo absolutamente destituído de fundamento).

O tribunal tem de poder formar um juízo minimamente seguro de que há uma probabilidade objetiva, séria, da existência do direito. Caso contrário, sendo objectivamente duvidoso que o direito ou interesse invocados existam, não deverá dar-se como preenchido o requisito em causa.

Note-se que nesse juízo de verosimilhança cabem não apenas razões de direito substantivo, ligadas à bondade jurídica intrínseca do direito invocado (ou à falta dela), como também razões de direito processual, ligadas à existência ou não de circunstâncias que obstem ao conhecimento de mérito desse direito na acção principal, por falta da verificação dos respectivos pressupostos processuais.

Tudo isso traduzindo, afinal, a característica da *sumariedade* do juízo cautelar.

4. (cont.): *O requisito do* periculum in mora: *caracterização e âmbito*

Como se disse atrás, o requisito do *periculum in mora* corresponderá normalmente a um juízo próximo da certeza, adequado embora à sumariedade do processo cautelar e à concreta situação em causa, e é também um requisito cuja prova recai sobre o requerente, mesmo se é igualmente atendível a experiência normal das coisas ou a evidência dos próprios factos.

A lesão do direito invocado tanto pode traduzir-se na provável constituição de uma situação de *facto consumado* quanto na produção de um *prejuízo de difícil reparação*.

Em suma, o que está em causa é o perigo de constituição de uma situação que não permitirá desencadear utilmente os efeitos de uma sentença final favorável aos interesses do requerente, que venha a ser proferida no processo principal.

Aquela *situação de facto consumado* é uma situação (lesiva) irreversível, como se disse, a qual, a ocorrer, impedirá a restauração *in natura* do direito ou interesse objecto do processo principal, se aí vier a ser dado provimento à pretensão do requerente – ou seja, uma situação que, se a providência não for concedida, convolará a pretensão principal do requerente, no máximo, num mero direito indemnizatório seu, por não ser possível a reposição em espécie do *statu quo ante*, ou que pode mesmo inviabilizar a própria existência da empresa do requerente, despedimentos em massa, etc.

Por sua vez, o *prejuízo de difícil reparação* abrange todos aqueles prejuízos ou situações que, por uma razão ou outra, se revelem de reparação integral problemática, seja porque:

- atendendo ao seu carácter variável, aleatório ou difuso, a avaliação pecuniária concreta do mesmo é praticamente impossível (ou muito difícil);
- seja porque se trata de prejuízos ou danos não patrimoniais (especialmente atendíveis);
- seja ainda porque a restauração da legalidade ou da esfera jurídica do requerente, subsequente à sentença favorável do processo principal, pode não eliminar todos os danos protegidos;
- seja, finalmente, porque essa restauração é complicada (por pressupor operações jurídicas ou técnicas complexas) ou eventual (por, estando em causa um processo arbitral administrativo, poder ser invocada, verosimilmente, uma causa legítima de inexecução da sentença principal), etc.

Trata-se, por outras palavras, de uma situação de *risco excessivo* para a posição ou esfera jurídica do requerente, de um risco que, havendo indícios ponderosos da existência do direito, não será razoável impor ao seu titular.

O juízo do tribunal, nesta matéria, é um juízo objectivo, mas é ao mesmo tempo um juízo de prognose, pedindo-se-lhe que se coloque perante o cenário de uma eventual ou hipopética sentença de provimento, para ver se há ou não razões para se afirmar existir o tal fundado receio de lesão do direito e, consequentemente, razões capazes de tornar justificada a concreta tutela cautelar que se requer.

Por outro lado, apesar da letra da lei, é importante ter presente que a lesão cujo fundado receio é requisito da concessão de providências é a lesão de qualquer posição jurídica tutelável através do processo arbitral principal, trate-se de um verdadeiro *direito subjectivo* a uma prestação ou conduta da outra parte, de um *interesse legalmente protegido* dependente de uma avaliação discricionária ou, até, de simples interesses *diferenciados* ou mesmo *difusos*.

5. (cont.): *O requisito da proporcionalidade ou justa ponderação dos prejuízos envolvidos*

Aos requisitos da concessão das medidas cautelares referidos na alínea *a*) deste art. 21º/1, acresce o da alínea *b*), o que significa que, sendo condição necessária da concessão da providência, aqueles não são *suficientes*, por si sós, para tal.

Assim, é preciso ainda que, numa ponderação equilibrada dos danos ou dos prejuízos em xeque (com certeza ou alta probabilidade) de cada um dos lados da relação material subjacente, o tribunal chegue à conclusão de que "*o prejuízo resultante para o requerido do decretamento da providência não exceda consideravelmente o dano que com ela o requerente pretende evitar*".

Solução de desfavor dos interesses do requerido, face aos de igual valia dos do requerente, que só se justifica por uma razão: é que o tribunal já ajuizou, embora perfunctoriamente, da bondade jurídica da pretensão do segundo, encontrou-lhe um "fumo", um sinal, de procedibilidade, sendo natural portanto que se realize preferencialmente o seu interesse cautelar face ao do requerido.

Assim, se, de cada lado da "balança" judicial, os prejuízos se revelarem de dimensão ou peso idêntico, a decisão penderá para a concessão da providência; e mesmo se o prejuízo para o requerido, resultante do decretamento da providência, exceder um pouco o dano que o requerente pretende evitar, a decisão deverá também pender a favor deste.

Só se no prato da "balança" dos prejuízos de cada lado, houver um sacrifício considerável em desfavor do requerido é que a decisão deverá ser no sentido do indeferimento da providência.

Claro que dizer isto não revela a enorme complexidade que vai (pode ir) envolvida neste juízo ou ponderação entre os prejuízos de um e de outro lado.

Seleccionar e "pesar" os danos, medir a gravidade da sua lesão nos dois cenários possíveis (concessão ou denegação da providência), não é tarefa fácil, sobretudo quando, como muitas vezes acontece nos litígios administrativos, estão em causa interesses públicos cuja perturbação decorrente da providência pode não ser simples de antecipar em toda a sua dimensão ou quando estejam também em causa interesses de terceiros, seja nas situações típicas de relações poligonais, seja nas situações também muito comuns (nos litígios de direito administrativo) de utentes de obras, serviços ou espaços públicos.

Note-se, por outro lado, que a equação a estabelecer não é entre *interesses* ou *valores* (públicos e/ou privados) dos requeridos e requerentes, mas entre os *danos* ou *prejuízos* de cada lado da relação material *sub iudicio*, qualquer que seja a natureza dos mesmos e quem quer que seja o seu titular.

Trata-se de uma proposição importante, esta, porque coloca o acento tónico da ponderação judicial em *danos concretos*, com a fisionomia e com as circunstâncias com que aparecem no caso da vida em apreço, e não em interesses abstractos ou valores mais ou menos difusos. Um determinado interesse pode ser muito valioso em abstracto, mas não ser especialmente atendível se a lesão de que ele é passível não for grave ou séria; como também pode um mero interesse estritamente pecuniário, pelas consequências gravosas da sua lesão, revelar-se altamente valioso, bem mais do que um interesse pessoal ou não patrimonial.

O que significa que também não se trata aqui, nesta ponderação judicial, de fazer funcionar um princípio de comparabilidade ou de preferência entre duas grandezas ou valores, para fazer triunfar aquele que tiver maior expressão ou dignidade, mas de um princípio de proporcionalidade, de justo equilíbrio, ou seja, de averiguar se a medida do sacrifício ou lesão de uns interesses justifica a medida do benefício de outros.

E como é que se "contabilizam" os danos dos requerentes ou dos requeridos, no caso de haver vários?

Julgamos que tudo depende de serem danos divisíveis ou não.

Assim, contam-se "somadamente", de ambos os lados da relação processual, os prejuízos dados como verificados com a concessão e com a denegação da providência em relação a cada um dos compartes, se os bens ou interesses de que cada um é titular forem cindíveis ou divisíveis. Já não assim no caso de se tratar de interesses indivisíveis, de interesses difusos, por exemplo, pertencentes conjuntamente a uma certa comunidade.

Por último, deve referir-se que a prova deste requisito, que configura um facto impeditivo – depois da prova dos factos constitutivos iniciais da tutela cautelar (*periculum* e *fumus*) –, recai sobretudo sobre o requerido.

É ele que tem o ónus de demonstrar ao tribunal que, apesar do *fumus* e do *periculum*, os danos e prejuízos que adviriam para os interesses por si "representados" no processo, pela sua dimensão, valor, relevância, etc, sobrelevam sensivelmente os prejuízos que decorreriam para o requerente se tudo se mantivesse tal qual, sem providência cautelar.

6. As contra-providências cautelares e seus limites

A LAV não prevê a possibilidade de o tribunal decretar contra-medidas ou contra-providências, ou seja, a possibilidade de decretar medidas cautelares destinadas a minorar a lesão dos interesses do requerido, facilitando, assim, até, a concessão da providência solicitada e equilibrando o risco inerente à decisão cautelar.

Como também não prevê a possibilidade de o tribunal, ouvidas as partes, substituir oficiosamente a providência solicitada pelo requerente, modificando-a, para melhor a adequar à tutela dos interesses em jogo – mas, entenda-se pacificamente, de maneira menos gravosa para os interesses do requerido.

São soluções que se encontram consagradas no CPTA, não encontrando a segunda eco no CPC.

Por nós, pese o facto da falta de uma previsão legal genérica no domínio dos processos arbitrais, somos favoráveis, já o dissemos em comentário anterior, à admissibilidade das contra-providências, e não apenas *de iure condendo*, tendo-se avançado as razões desse nosso entendimento no comentário n.º 3 ao art. 20º.

Relembre-se que a única contra-medida prevista na LAV é a possibilidade de o tribunal, oficiosamente ou a pedido do requerido (ou até mesmo por iniciativa do requerente), *"exigir à parte que solicita o decretamento de uma providência cautelar a prestação de caução adequada"* (art. 24º/2). Só neste caso e no subsequente nº 3 desse artigo, é que a lei prevê expressamente a possibilidade de a decisão do tribunal, ser "providência, sim, mas" ou, então, "providência, sim, desde que".

Não vemos porém razão decisiva para negar aos tribunais arbitrais o poder genérico de decretar outras contra-providências solicitadas pelo demandado e destinadas a equilibrar a regulação provisória cautelar, em concretização do princípio da tutela judicial efectiva do art. 20º da CRP e do princípio da proporcionalidade da tutela cautelar, com tradução na alínea *b)* deste art. 21º/1.

De resto, mesmo se não o temos como essencial, há fórmulas ou vestígios na lei de não ser esta avessa a tal possibilidade, como resulta logo das fórmulas amplas do art. 20º e 22º (e da sua referência genérica a *"qualquer das partes"*).

Da mesma forma, pensamos que é de admitir a possibilidade de, sempre após ouvidas as partes, o tribunal, com a devida prudência, substituir a providência pedida por outra que acautele igualmente os interesses do requerente, desde que ela tenha menos impacto sobre a situação do requerido: trata-se afinal de adequar o processo arbitral à tutela efectiva dos interesses de quem a ele recorre e que os princípios da flexibilidade e da eficiência muito demandam.

Aí está a permiti-lo expressamente o art. 24º/1 da LAV, ao conferir ao tribunal arbitral poderes para *"modificar"* as providências cautelares ou ordem preliminar já concedidas, para as adequar à situação então concretamente existente (ou para colmatar algum excesso ou defeito inicial das mesmas).

Situação diversa das analisadas – e que julgamos ser de aceitar, mesmo quando se recuse as propostas feitas a esse propósito – é a de o tribunal arbitral, quando isso seja estritamente adequado à regulação provisória concretamente solicitada, sujeitar a sua decisão a *termo* ou *condição*, como é o caso, por exemplo, de se suspender cautelarmente o encerramento de serviços centrais hospitalares até que estejam em funcionamento aqueles dispersos que são necessários para acorrer às necessidades correspondentes das populações envolvidas.

Neste caso, não se trata de adoptar uma contra-providência, ou sequer de substituir a providência que tenha sido requerida, mas apenas de adequar a providência solicitada ao caso concreto em apreço.

N. 2

7. *A provisoriedade dos juízos cautelares do tribunal*

Sem muita necessidade, porque se sabe que os juízos do tribunal nesta sede são sumários e precários, a LAV estabelece no art. 21º/2, que o *"juízo do tribunal arbitral relativo à probabilidade referida na alínea a) do n.º 1 do presente artigo não afecta a liberdade de decisão do tribunal arbitral quando, posteriormente, tiver de se pronunciar sobre qualquer matéria"*.

Ou seja, o facto de o tribunal ter afirmado que era provável a existência do direito invocado pelo requerente não significa que, no caso de eventual reapreciação da providência (ao abrigo do art. 24º), não o venha a dar como inexistente, desde que seja justificada essa inversão de posição.

E ainda menos o "vincula", esse juízo cautelar, na apreciação do mérito da causa.

Aliás, o tribunal também não está vinculado aos juízos que tenha feito em matéria de *periculum in mora*, nos exactos termos referidos no parágrafo anterior. Por exemplo, no processo principal, o tribunal pode dar como não provado um prejuízo que tenha dado como existente na sentença ou decisão cautelar.

8. *A providência cautelar probatória*

A LAV dispõe, no art. 20º, nº 3, que, relativamente ao pedido cautelar de natureza puramente instrutória, previsto na alínea *d)* do seu n.º 2 – sobre a preservação de meios de prova que possam ser relevantes e importantes para a resolução do litígio –, *"os requisitos estabelecidos nas alíneas a) e b) do n.º 1 do presente artigo aplicam-se apenas na medida que o tribunal arbitral considerar adequada"*.

Ao contrário do estabelecido no art. 20º, nº 1 – que refere as providências cautelares, instrumentalmente, à protecção do *objecto* do litígio –, está-se agora perante uma providência de objecto puramente processual ou instrutório, admitindo-se a possibilidade de uma das partes requerer que o juiz antecipe as *diligências probatórias* de um processo já desencadeado ou a desencadear.

Do que se trata então é de, nos casos em que haja o justo receio de a produção da prova (testemunhal, pericial, etc.), necessária ou conveniente à sustentação de uma pretensão principal se vir a tornar impossível ou de muito difícil realização – por estar em causa, por exemplo, uma testemunha bastante idosa ou que vai viver para o estrangeiro ou, então, um bem perecível ou que vai ser demolido –, de, nesses casos, dizia-se, a lei permitir a realização da respectiva diligência probatória antes do seu momento processual próprio.

Nestes casos, como não está em causa propriamente assegurar a utilidade da sentença a proferir no processo principal, o legislador confere ao tribunal o poder discricionário de aplicar ou não – ou de aplicar com diferentes matizes ou exigências – os requisitos constantes do art. 20º, nº 1.

O que também significa que o requerimento a apresentar para o efeito deve apenas justificar sumariamente a necessidade da antecipação de prova, mencionando os factos sobre que esta há-de recair, especificando os meios de prova a produzir, identificando as pessoas que hão-de ser ouvidas, se for caso disso, e – se a acção não tiver sido ainda instaurada – indicando o pedido e os fundamentos da causa a propor, bem como a pessoa ou o órgão em relação aos quais se pretende fazer uso da prova.

SECÇÃO II
Ordens preliminares

Artigo 22.º
Requerimento de ordens preliminares; requisitos

1 – Salvo havendo acordo em sentido diferente, qualquer das partes pode pedir que seja decretada uma providência cautelar e, simultaneamente, requerer que seja dirigida à outra parte uma ordem preliminar, sem prévia audiência dela, para que não seja frustrada a finalidade da providência cautelar solicitada.

2 – O tribunal arbitral pode emitir a ordem preliminar requerida, desde que considere que a prévia revelação do pedido de providência cautelar à parte contra a qual ela se dirige cria o risco de a finalidade daquela providência ser frustrada.

3 – Os requisitos estabelecidos no artigo 21.º são aplicáveis a qualquer ordem preliminar, considerando-se que o dano a equacionar ao abrigo da alínea b) do n.º 1 do artigo 21.º é, neste caso, o que pode resultar de a ordem preliminar ser ou não emitida.

Fontes

Nº 1 – Lei-Modelo da Uncitral (versão de 2006), art. 17º-B/1
Nº 2 – Lei-Modelo da Uncitral (versão de 2006), art. 17º-B/2
Nº 3 – Lei-Modelo da Uncitral (versão de 2006), art. 17º-B/3

Comentário:

1. *Enquadramento e finalidade das ordens preliminares*
2. *Requisitos de admissibilidade do incidente de concessão de ordens preliminares: competência, simultaneidade e iniciativa*
3. *Decretamento da ordem preliminar sem contraditório (inicial): incindibilidade legal dos dois termos*
4. *Requisitos da concessão da ordem preliminar: desconhecimento oficial da providência requerida e grau de risco da frustração dela*

5. *"Obrigatoriedade" da ordem preliminar e seus coadjuvantes jurídicos: remissão*
6. *Os requisitos do "fumus boni iuris" e a ponderação dos interesses envolvidos: remissão. Parâmetros da sua avaliação*

Nº 1

1. Enquadramento e finalidade das ordens preliminares

As ordens preliminares dos arts. 22º e 23º da LAV são, tanto quanto as providências cautelares dos seus arts. 20º e 21º, uma figura inteiramente nova no direito arbitral positivo português, derivada (com fortes adaptações, logo em matéria terminológica) dos arts. 17º e ss. da Lei-Modelo.

O conceito *preliminary orders* foi a LAV buscá-lo à Lei Modelo, ao respectivo art. 17º-B, para trazer para o nosso direito processual arbitral uma figura de cariz cautelar com traços aparentados com os das providências cautelares que são decretadas sem prévia audiência do requerido nos processos judiciais cíveis (ao abrigo da parte final do art. 366º/1 do novo CPC), constituindo medidas instrumentais em relação às providências cautelares decretadas ao abrigo dos art.s 20º e 21º da LAV, como aliás as configura expressamente o próprio art. 22º/1.

Neste art. 22º/1 da LAV, dispõe-se então que, não havendo convenção ou estipulação das partes a impedi-lo, pode qualquer uma delas, simultaneamente com o requerimento de uma providência cautelar, pedir ao tribunal arbitral que dirija à outra, sem prévia audiência dela, uma *ordem preliminar* de forma a assegurar a utilidade da própria providência *decretandi*, melhor, a evitar que se frustre a respectiva finalidade.

Trata-se, afinal, de uma maneira mais sofisticada, digamos assim, de realizar o princípio da tutela judicial efectiva do art. 20º/1 da Constituição – um dos pilares essenciais do Estado de Direito – e que se encontra instrumentalmente ligada à própria lógica e teleologia das medidas cautelares: pois que, se o decretamento destas tem em vista não deixar que se degrade a situação de facto ou de direito subjacente ou envolvente do litígio, para que a sentença a proferir possa produzir utilmente os seus efeitos, então, para que tal desiderato se realize, é necessário também, quando as circunstâncias do caso o reclamem, que a providência cautelar seja, ela própria, decretada em tempo, de maneira a evitar a degradação daquela situação.

Ora, como isso nem sempre é possível – quer porque a situação de facto ou de direito pode ou ameaça diluir-se fácil e celeremente, quer porque a providência cautelar não sobrevém de imediato, podendo demorar meses a ser decretada –, é importante que tal providência seja igualmente antecedida de uma medida que antecipe, em certos termos e circunstâncias, os efeitos dela (ou outros que se lhes equiparem funcionalmente).

2. *Requisitos de admissibilidade do incidente de concessão de ordens preliminares: competência, simultaneidade e iniciativa*

Cuidamos aqui dos requisitos de *admissibilidade* em juízo dos pedidos de concessão de ordens preliminares – porque também há os requisitos da sua *concessão* ou *decretamento*, com que lidamos a propósito dos nºs 2 e 3 deste art. 22º –, começando pelo requisito da competência.

Competentes para a emissão de ordens preliminares são os tribunais arbitrais – quando as providências cautelares de que elas são dependentes lhes sejam igualmente requeridas.

Se, porém, o decretamento da providência cautelar for requerido a um tribunal estadual, ao abrigo do disposto no art. 29º da LAV, já não pode pedir-se ao tribunal arbitral que profira uma ordem preliminar – o que iria não só contra a regra da simultaneidade dos pedidos de ambas as medidas, mas também contra a dependência processual em que a instrução, o conhecimento e a decisão dos dois se encontram na disciplina da LAV (cf., por exemplo, nºs 2 e 3 do art. 22º e art. 23º).

Por sua vez, aos tribunais estaduais a quem se requeira o decretamento de uma providência cautelar, nos termos do art. 29º da LAV, não é dado emitir ordens preliminares.

Assim decorre do facto de, nos seus nºs 1 e 2, essa disposição legal mandar aplicar a tal decretamento os *"mesmos termos"* e o mesmo *"regime processual"* que se aplicam aos processos que correm perante eles (tribunais do Estado), no decurso dos quais não é dado emitir ordens dessas.

Donde resulta então que já será de admitir nesse âmbito estadual, congeneremente, o decretamento provisório da providência cautelar respeitante ao processo arbitral sem audição da contraparte, mas não propriamente a emissão de uma ordem preliminar (menos vantajosa, aliás, por isso que aquela providência, ao contrário desta ordem, não tem um prazo de caducidade fixo e é passível de execução coerciva).

Outros requisitos do pedido de uma ordem preliminar resultam da sua ligação instrumental (directa) com uma providência cautelar e (indirecta) com a acção principal de que tal providência é dependente.

Em relação àquele primeiro laço, ele exprime-se na exigência, prevista no subsequente art. 23º/2, de a emissão de uma ordem preliminar dever ser requerida ao tribunal arbitral *simultaneamente* com o pedido de decretamento de uma providência cautelar, o que, pelo menos, numa interpretação literal e formalista da norma, não necessariamente censurável, significa que os dois pedidos devem ser apresentadas ao tribunal arbitral em requerimentos separados contemporâneos – sugere-o o art. 23º/4 e nem, de outro modo, a exigência da sua simultaneidade faria grande sentido.

Não nos parece, porém, dever repudiar-se, sem mais, a possibilidade de formulação de ambos os pedidos no mesmo requerimento, mas de maneira destacada, quer no respectivo cabeçalho quer na parte articulada.

3. *Decretamento da ordem preliminar sem contraditório (inicial): incindibilidade legal dos dois termos*

A emissão da ordem preliminar, di-lo claramente a lei, logo neste nº 1 do art. 22º, não é antecedida de audiência da parte requerida, para prevenir o risco de se frustrar a providência cautelar cujos efeitos ela antecipa funcionalmente – mas, em contrapartida, o tribunal deverá em regra exigir à parte a favor de quem uma ordem **foi decretada** (e não propriamente "à parte que *requeira* a emissão" dela) a prestação de caução adequada (art. 24º/3).

É uma ligação necessária, essa, entre o decretamento da ordem preliminar a favor de uma parte e a preterição da audiência da outra parte, como resulta do próprio pressuposto (teleológico) da sua concessão estabelecido no subsequente nº 2 deste art. 22º, a saber, o de a prévia revelação da existência de um requerimento cautelar criar o risco de frustração da providência.

Parece, por isso, que o facto de se dar audiência à outra parte obsta, sem mais, ao decretamento da ordem preliminar, por não poder realizar-se mais o tal pressuposto da sua concessão.

E, na hipótese de a parte que solicita a emissão da ordem, por ignorar estas "coisas" da lei ou por razões de boa fé, ter dado conhecimento à contraparte de que requerera ao tribunal arbitral o decretamento de (uma ordem preliminar e de) uma providência contra ela, passa-se tudo na mesma?

Parece que não.

Nessas circunstâncias, face ao disposto no citado nº 2 deste art. 22º, não parece que deva rejeitar-se, por inutilidade da lide "preliminar", o pedido de emissão da ordem. Mas, recebendo-o e apreciando-o – por entender ser irrelevante aquele conhecimento não oficial dado à contraparte –, não pode o tribunal, sob o pretexto de que o requerido já tem conhecimento particular do pedido da providência cautelar, ouvi-lo oficialmente antes de decidir se concede ou não a ordem preliminar.

Note-se, para terminar, que a preterição da audiência da contraparte é apenas inicial, anterior à decisão da concessão da ordem preliminar. Emitida esta, o tribunal deve dar-lhe imediatamente oportunidade de se pronunciar sobre o requerido e o decidido (art. 23º/2), podendo, depois, inclusivamente, suspender, revogar ou modificar a ordem dada (art. 24º/1).

Nº 2

4. Requisitos da concessão da ordem preliminar: desconhecimento oficial da providência requerida e grau de risco da frustração dela

Recebido e admitido o pedido de emissão da ordem preliminar, por se darem como verificados os requisitos de competência, simultaneidade e iniciativa processual analisados no comentário antecedente, é chegado o momento de o tribunal arbitral decidir se concede ou não a pretendida ordem, matéria sobre a qual dispõem este nº 2 e o subsequente nº 3.

Começando-se por aquele, naturalmente.

O que aí se dispõe é que a emissão da ordem preliminar depende de o tribunal entender que o facto de revelar ao requerido a existência do requerimento da providência cautelar – lida-se portanto, ao que parece, como já dissemos, com um seu conhecimento oficial, não com uma eventual informação particular – envolve o risco (a lei diz *"cria o risco"*, o que nos parece indiferente) de a finalidade a que ia votada tal providência se frustrar.

Trata-se de um risco prognosticamente avaliado pelo tribunal arbitral, não bastando um risco ou probabilidade mínima, relevante, é claro, mas não sendo necessário, também, que se trate de um prognóstico quase certo, de verificação praticamente irremediável: *in medio, virtus*, dir-se-ia.

Tanto mais que o prazo de duração dessa ordem é muito curto – que não há aqui um princípio de *favor* da ordem preliminar – e a sua imposição não constituirá, normalmente, um dano significativo para a contraparte requerida. Se o tribunal entender porém que, mesmo assim, o interesse lesado pela ordem preliminar é de grande monta, deverá avaliar mais severamente o grau de risco envolvido.

5. *"Obrigatoriedade" da ordem preliminar e seus coadjuvantes jurídicos: remissão*

Senhor da avaliação do risco de frustração da providência é sempre, e exclusivamente, o tribunal arbitral, de cuja decisão, atendendo até as condicionantes temporais em jogo, não cabe recurso ou impugnação.

De resto, como vai ver-se (no comentário nº 7 do art. 23º), as ordens preliminares, sendo *"obrigatórias"*, são insusceptíveis de imposição prática ao requerido, *"insusceptíveis de execução coerciva por um tribunal"*, como se dispõe no subsequente nº 5 – sendo aliás, normalmente, de conteúdo negativo – e a sua eventual inobservância (assumida por conta e risco do requerido, claro) terá apenas relevo indemnizatório, se houver dificuldades na execução da providência cautelar que resultem do não acatamento da ordem.

Ou nem isso, se vier a verificar-se assistir-lhe razão no processo cautelar ou no principal ou se a situação que a ordem dada visava acautelar se tiver mantido intocada.

O não acatamento da ordem preliminar pode, por outro lado, levar o tribunal arbitral a decretar uma providência cautelar nos termos acelerados do art. 23º/4, que adiante visitaremos, mas é questionável que possa fazer acompanhar aquela ordem de uma sanção pecuniária compulsória, ao abrigo do art. 829º do Código Civil, como se refere no comentário nº 7 ao art. 23º.

Nº 3

6. *Os requisitos do "fumus boni iuris" e a ponderação dos interesses envolvidos: remissão. Parâmetros da sua avaliação*

Dispõe-se neste nº 3 que a concessão de uma qualquer ordem preliminar depende da verificação dos mesmos requisitos que a lei exige para que se decrete uma das providências cautelares das alíneas *a)* a *c)* do nº 2 do art. 20º, ou seja, dos requisitos a que se referem as alíneas *a)* e *b)* do nº 1 e do nº 3 do antecedente art. 21º, sobre os quais se discorreu em comentário a esse preceito.

Aqui, de específico, sublinha-se apenas:

- que os requisitos do art. 21º/2 se aplicam à concessão de *"qualquer ordem preliminar"*, como expressamente se dispõe neste art. 22º/3, não havendo aqui lugar portanto à limitação que nesse outro preceito se faz quanto às espécies de providências por ele abrangidas;
- que a análise da ocorrência desses requisitos pelo tribunal se baseia num juízo de carácter ainda mais perfunctório, ainda mais ligeiro, do que aquele que se exige para se decretar uma providência cautelar;
- que o confronto entre os prejuízos relevantes do requerente e do requerido se faz em função da denegação ou da concessão da ordem, não da providência cautelar.

Em relação àquele segundo aspecto, diga-se que contribuem para o carácter perfunctório da ponderação sobre a concessão ou denegação da ordem preliminar, por um lado, a celeridade com que o incidente deve correr e o facto de não haver elementos e factos contraditórios para provar e sopesar – mas apenas os que o requerente da ordem alegou no seu pedido.

Mas precisamente por o pedido ser decidido sem o contraditório do requerido, deve o tribunal arbitral agir cautelosamente, só aceitando as alegações de facto e de "dano" documentadas ou que sejam apresentados com um grau de verosimilhança bastante para que se diga que, nas circunstâncias concretas do caso, elas seriam normalmente tomadas como verdadeiras.

Artigo 23.º
Regime específico das ordens preliminares

1 – Imediatamente depois de o tribunal arbitral se ter pronunciado sobre um requerimento de ordem preliminar, deve informar todas as partes sobre o pedido de providência cautelar, o requerimento de ordem preliminar, a ordem preliminar, se esta tiver sido emitida, e todas as outras comunicações, incluindo comunicações orais, havidas entre qualquer parte e o tribunal arbitral a tal respeito.

2 – Simultaneamente, o tribunal arbitral deve dar oportunidade à parte contra a qual a ordem preliminar haja sido decretada para apresentar a sua posição sobre aquela, no mais curto prazo que for praticável e que o tribunal fixa.

3 – O tribunal arbitral deve decidir prontamente sobre qualquer objecção deduzida contra a ordem preliminar.

4 – A ordem preliminar caduca 20 dias após a data em que tenha sido emitida pelo tribunal arbitral. O tribunal pode, contudo, após a parte contra a qual se dirija a ordem preliminar ter sido dela notificada e ter tido oportunidade para sobre ela apresentar a sua posição,

decretar uma providência cautelar, adoptando ou modificando o conteúdo da ordem preliminar.

5 – A ordem preliminar é obrigatória para as partes, mas não é passível de execução coerciva por um tribunal estadual.

Fontes

Nº 1 – Lei-Modelo da Uncitral (versão de 2006), art. 17º-C/1
Nº 2 – Lei-Modelo da Uncitral (versão de 2006), art. 17º-C/2
Nº 3 – Lei-Modelo da Uncitral (versão de 2006), art. 17º-C/3
Nº 4 – Lei-Modelo da Uncitral (versão de 2006), art. 17º-C/4
Nº 5 – Lei-Modelo da Uncitral (versão de 2006), art. 17º-C/5

Comentário:

1. *O termo do incidente de concessão de ordem preliminar: o regresso do princípio do contraditório*
2. *A "informação" sobre a ordem preliminar como citação (ou notificação) do requerido para o processo cautelar*
3. *A oposição do requerido à ordem preliminar decretada: prazo e efeito não suspensivo*
4. *A prontidão da decisão do tribunal sobre as objecções do requerido*
5. *A caducidade da ordem preliminar: prazo e seu principal destinatário*
6. *A providência cautelar provisória substitutiva da ordem preliminar em vias de caducar: o lacunoso regime legal*
7. *A inexequibilidade judicial das ordens preliminares e a sua obrigatoriedade arbitral: responsabilidade civil e sanções compulsórias*

Nº 1

1. *O termo do incidente de concessão de ordem preliminar: o regresso do princípio do contraditório*

Trata-se neste art. 23º – o último da Secção II do Capítulo IV da LAV – do "*[r]egime específico das ordens preliminares*", por oposição à matéria da subsequente Secção III, que se refere às "*[r]egras comuns às providências cautelares e às ordens preliminares*", sem prejuízo de, já o vimos, haver regras específicas, e bem importantes, do regime dessas ordens que vêm consagradas no antecedente art. 22º.

Convém recordar igualmente que o regime deste art. 23º da LAV vem decalcado do art. 17º-C da Lei Modelo, para a qual nos remeteremos sempre que as dúvidas que nos surjam encontrarem aí uma resposta ou uma alternativa, não esquecendo jamais que aquilo que nós designamos, na LAV, como *ordens preliminares* correspondem às *providências cautelares* da Lei Modelo e as nossas providências às *medidas provisórias* dela.

O nº 1 do art. 23º da LAV manda então o tribunal arbitral – que, ao arrepio do seu mandato imperiosamente bilateral, trata aqui de questões relevantes para as duas partes só com uma delas –, o citado preceito manda o tribunal, dizíamos, apressar-se a desfazer o secretismo dos seus contactos e decisões anteriores tão logo se pronuncie, sim ou não, sobre o pedido de concessão da ordem preliminar.

Impondo-lhe, por isso, que "*imediatamente [...] informe*" – ou "*imediatamente notifique*" (ou cite) – "*todas as partes*":

- do requerimento da providência cautelar;
- do requerimento da ordem preliminar;
- da ordem preliminar com a respectiva fundamentação, se ela tiver sido concedida;
- ou então do despacho da sua denegação e respectiva fundamentação;
- de todas as comunicações escritas trocadas entre o tribunal e o(s) requerente(s) da ordem;
- do teor das comunicações orais trocadas;
- de quaisquer elementos, autuados ou não no processo do incidente, que tenham contribuído para a decisão de concessão da ordem pedida.

Como se vê, o legislador exigiu – não se percebendo com que intuito – que se notificassem os próprios requerentes (além de outros elementos desnecessários) do requerimento onde eles formularam o pedido de decretamento da providência e da ordem preliminar.

Acresce que se dispôs também que o tribunal *"deve informar [...] sobre o pedido de providência cautelar"*, etc. – o que nem sequer é uma manifestação das literais traduções anglo-saxonizantes que, por vezes, se fizeram da Lei-Modelo, pois esta refere-se expressamente à *notificação* (*"shall give notice"*), muito correctamente, de resto, pois o que está aí em causa não é a prestação de qualquer informação mas uma notificação (senão mesmo uma citação) de requerimentos e de actos do tribunal e do requerente dirigidos ao requerido.

Por um lado.

Por outro lado, não se vê por que razão a lei cingiu o dever de notificação à decisão que conceda a ordem, não o estendendo à que a denegou, cujo teor e fundamentação tanto o requerido, que "ganhou" o incidente, quanto o requerente, que o perdeu, têm elementar direito de conhecer.

2. *A "informação" sobre a ordem preliminar como citação (ou notificação) do requerido para o processo cautelar*

Note-se, por fim, que a referida *"informação"* sobre os actos e autos do incidente da apreciação do pedido da ordem preliminar corresponde, no que respeita ao requerimento da providência cautelar, à citação do requerido (ou, se já tiver sido citado para a acção principal, à sua notificação) para se opor, querendo, ao pedido de decretamento de tal providência.

Muito embora a lei não se lhe refira como tal, até porque a LAV não contém praticamente regras sobre a tramitação do incidente das ordens preliminares e do processo cautelar, não pode assacar-se a essa comunicação ou *"informação"* efeito diferente da citação ou notificação referidas.

Nº 2

3. *A oposição do requerido à ordem preliminar decretada: prazo e efeito não suspensivo*

Se porventura a ordem preliminar foi decretada nos termos em que o requerente a solicitou ou como o tribunal arbitral a tenha moldado, deve o requerido ser imediatamente convidado – logo na citação ou notificação a que se refere o nº 1 deste art. 23º (como vimos no comentário nº 2) – a opor-se à ordem emitida, no prazo que o tribunal fixar para o efeito.

A fixação desse prazo deve ter em conta, harmoniosamente, os interesses do contraditório do requerido e da sua vontade de ver a ordem dada ser suspensa, revogada ou modificada o mais celeremente possível, dependendo a respectiva extensão (de tal prazo) – que há-de ser sempre de dias, dois ou três dias úteis, talvez – da complexidade do requerimento da ordem e do despacho do seu decretamento pelo tribunal, bem como da situação de facto subjacente.

Não repugnando que, a pedido fundamentado do requerido, o tribunal possa – sem ouvir o requerente, parece-nos – prorrogar o prazo que inicialmente fixou.

Sem prejuízo do disposto no nº 5, a medida decretada torna-se eficaz e obrigatória logo após ter sido emitida e vincula o requerido desde a respectiva notificação – embora, como já se viu, estas ordens não sejam passíveis de execução coerciva –, não tendo a sua eventual oposição, juridicamente, qualquer efeito suspensivo da mesma.

Nem fazia sentido que tivesse – pois ela é decretada sem conhecimento e audiência sua, precisamente para não criar ou agravar o risco de se frustrar a utilidade da providência requerida e ainda não apreciada –, como, por outro lado, os nºs 3 e 4 deste art. 23º, cada um à sua maneira, contêm disciplina incompatível com a atribuição de efeito suspensivo à oposição do requerido.

Nº 3

4. A prontidão da decisão do tribunal sobre as objecções do requerido

Manda-se aqui, como se faz no nº 3 do art. 17º-C da Lei-Modelo, que o tribunal arbitral decida *"prontamente sobre qualquer objecção deduzida contra a ordem preliminar"* pela parte requerida.

"Prontamente" não quer dizer *"imediatamente"*, que foi o advérbio utilizado no nº 1 para determinar o momento em que, proferida ou não

a ordem preliminar, deve dela (e de tudo o que se passou no respectivo incidente) dar-se conta ao requerido e ao requerente.

"*Prontamente*" vai aqui empregue no sentido de que o tribunal deve proceder celeremente às diligências que entender necessárias para avaliar perfunctoriamente das versões sobre factos e prejuízos de cada uma das partes – se, em aspectos relevantes, as mesmas forem factual ou juridicamente divergentes – e decidir então, logo que essa avaliação estiver concluída, ainda que seja por recurso exclusivo ao funcionamento das regras do ónus de prova (se não houver elementos a apontar concludentemente num ou noutro sentido), o que tiver por adequado a propósito da ordem inicialmente emitida, mantendo-a, suspendendo-a, revogando-a ou modificando-a.

Sem ouvir a esse propósito o requerente, naturalmente.

Devendo, em caso de dúvida paritária, manter-se a ordem preliminar, até por ser curta a sua duração, caducando no prazo de 20 dias após a sua emissão. Aliás, pode também o tribunal arbitral (vamos vê-lo a propósito do subsequente n.º 4 deste art. 23º) decretar logo uma decisão cautelar provisória, seja ou não a requerida, adaptando ou modificando a ordem preliminar emitida, se dispuser de elementos que lhe permitam decidir imediatamente sobre isso.

Grande protecção dos interesses dos demandantes, esta que nos processos arbitrais se lhes dispensa ainda antes de se decretar a providência cautelar a título (provisório, como se prevê no n.º 4, ou) definitivo – se preencher os requisitos legais de que tal depende, claro.

Nº 4

5. A caducidade da ordem preliminar: prazo e seu principal destinatário

A ordem preliminar caduca no prazo de 20 dias contados da *data* em que tenha sido decretada, dispõe-se neste art. 23º/4 – a não ser, sugere-se no comentário n.º 6 do art. 24º, que haja lugar à prestação de caução, porque então esse prazo só se conta da notificação de a mesma ter sido prestada.

Lá está a LAV a colocar o intérprete, mais uma vez, na desagradável posição de contar prazos de relevante interesse processual de uma data, não de um evento – como o pediria o princípio de que os prazos de lei são para gozar na totalidade –, com a agravante de a contagem se iniciar na *data* da emissão da ordem (!), e não na da sua comunicação aos interessados.

É um sistema baseado, em parte, na ideia de que o tribunal arbitral é um tribunal a funcionar em regime de "dedicação exclusiva" a um único caso e que, portanto, tudo quanto respeita ao julgamento da própria providência cautelar será feito celeremente, a tempo e horas, sem momentos inúteis ou diligências paradas, decidindo-se sobre ela dentro do prazo de caducidade da precedente ordem preliminar – quando a verdade é que, além do mais, as realidades processuais nem sempre mostram ser verdadeira tal pressuposição.

Como quer que seja, a lei pressupõe então que, na própria data em que o tribunal decretar inicialmente a ordem preliminar, as partes vão ser notificadas disso, o que, se estivessem aqui em jogo condutas ou obrigações delas, implicaria em regra, pelo menos, a perda de um dia desses 20 dias de prazo de vigência da ordem, pois que a notificação não chegará certamente às partes às 08h00 da manhã do próprio dia da sua emissão, de maneira a permitir-lhes gozá-lo na totalidade.

Dificuldades acrescidas causará ainda a circunstância de, nas ordens preliminares em que o juiz não haja elidido a previsão da parte final do art. 24º/3, a contagem de tal prazo apenas dever iniciar-se na data em que o requerente proceda à prestação da caução, pois também só aí será o requerido dela notificado.

Acontece que a observância do prazo de 20 dias aqui em causa (embora estejam nele envolvidos, claro, interesses das partes, sobretudo do requerente) tem como destinatário principal, como primeiro obrigado, o próprio tribunal arbitral, constituindo como que uma imposição (não expressamente sancionada, é verdade), uma recomendação, portanto, para que ele profira ou a decisão sobre a própria providência cautelar requerida dentro desse prazo – o que é praticamente inverosímil – ou uma qualquer providência provisória moldada na ordem preliminar, que colmate a perda de efeito desta.

Só assim é que o intuito que se prosseguiu com a previsão legal da figura, e com a sua concessão pelo tribunal arbitral, não se perde – como sucederia se a ordem caducasse inexoravelmente.

A disciplina legal a este propósito é, contudo, confusa e lacunosa, o que se vê já no comentário subsequente.

6. *A providência cautelar provisória substitutiva da ordem preliminar em vias de caducar: o lacunoso regime legal*

O nº 4 do art. 23º contém duas disposições, cada uma delas correspondente a um período do respectivo texto, um hábito com o qual ainda não nos sentimos muito confortáveis. Novos ventos ...

No primeiro período do preceito, dispõe-se que a *"[a] ordem preliminar caduca 20 dias após a data em que tenha sido emitida [...]"*, matéria de que tratámos no comentário anterior. No segundo segmento, assente no pressuposto de que a ordem irá caducar, estabelece-se que, depois de o requerido ter tido oportunidade de se opor à ordem emitida, *"o tribunal pode [...] decretar uma providência cautelar, adoptando ou modificando o conteúdo da ordem preliminar"*.

A análise deste último segmento normativo sugere-nos alguns comentários.

Em primeiro lugar, para que o prazo de 20 dias não se esgote com prejuízo dos interesses que levaram à emissão da ordem preliminar, é necessário que ocorram uma série de circunstâncias e (ou) trâmites que a lei ou não regulou de todo ou só muito insatisfatoriamente fez.

Na verdade, emitida a decisão de concessão da ordem preliminar num determinado dia, verifica-se que

- as partes, nomeadamente o requerido, só têm conhecimento disso e do requerimento da providência cautelar no dia seguinte (vá lá, no próprio dia, mas quando uma boa parcela deste já terá decorrido);
- notificado da concessão da ordem preliminar e do pedido da providência cautelar, o requerido (pese o que se preceitua no

anterior nº 3 do presente artigo) disporá não apenas de um prazo para objectar àquela – fixado, pelo tribunal, nos termos do nº 2, no mais curto prazo que for praticável –, e terá também um outro prazo para se opor ao requerimento da providência, prazo que tem que ter em conta as necessidades de um contraditório mais complexo, se bem que nem a lei portuguesa nem a Lei-Modelo tenham disposto ou distinguido algo a este propósito;
- o prazo do requerido para exercer o seu direito de oposição ao pedido da providência será fixado pelo tribunal arbitral;
- se, decorridos vinte dias sobre a emissão da ordem preliminar, o tribunal ainda não estiver em condições de tomar uma decisão sobre o pedido de concessão da providência cautelar – e só nesse caso, parece-nos, já não no caso de entender ser pertinente a oposição manifestada quanto à emissão da ordem preliminar –, pode, do mesmo passo, decretar a título provisório uma providência cautelar com conteúdo idêntico ou modificado em relação ao da ordem, sugerindo a redacção da lei (quer da LAV, quer do art. 17º-C da Lei-Modelo) estarmos também aqui perante a permissão para se decretar a medida cautelar sem audiência específica do requerido, contentando-se com a ponderação da mera "*apresentação da sua posição*" anterior (quanto à ordem preliminar decretada), nos termos apressados previstos no nº 2 deste art. 23º.

Entende-se então que a providência cautelar substitutiva da ordem preliminar (com conteúdo idêntico ou similar ao dela), a que se refere o segundo segmento deste art. 23º/4, seria uma providência cautelar preliminar e provisória da iniciativa e da responsabilidade do tribunal, decretada também sem audiência do requerido, não se prevendo sequer que ela seja reapreciada, quanto mais, num processo rígido, já com o contraditório plenamente assegurado.

Uma coisa temos como certa, porém.

É que não pode decretar-se a providência cautelar **pedida pelo requerente** sem o requerido ser chamado **com tempo** a pronunciar-se sobre **ela mesma**, não bastando para o efeito, sob pena de violação do princípio do contraditório e da igualdade constitucional das partes, dar-lhe o prazo reduzido para objectar ao pedido de uma ordem preliminar, pedido bem mais ligeiro e expedito do que o requerimento de uma providência cautelar destinada a perdurar até ao trânsito da sentença ou ao decretamento de uma providência definitiva, e não por meros 20 dias.

O que significa que a providência a que se refere este 2º segmento do art. 23º/4 só pode ser, digamos assim, um prolongamento no tempo da ordem preliminar ou algo aparentado com esta, que o tribunal arbitral tenha descortinado como meio de evitar a preclusão do próprio direito litigioso ou a sua deterioração irreparável.

Nº 5

7. A inexequibilidade judicial das ordens preliminares e a sua obrigatoriedade arbitral: responsabilidade civil e sanções compulsórias

A ordem preliminar é obrigatória para as partes, vincula-as, *"mas não é passível de execução coerciva por um tribunal estadual"* – o mesmo é dizer que não é passível de execução, pois só esses tribunais têm autoridade e instrumentos para tornar efectivas as sentenças e decisões dos tribunais arbitrais.

Derivada do nº 5 do art. 17º-C da Lei-Modelo – em cuja terminologia, repete-se, as *providências cautelares* correspondem às nossas ordens preliminares enquanto as respectivas *medidas provisórias* se equiparam às providências cautelares da LAV –, esta norma do art. 23º/5 da lei arbitral portuguesa cingiu-se ao simplismo dessa lei, nada dispondo sobre os efeitos da aludida obrigatoriedade da ordem preliminar, que consequências pode o tribunal arbitral tirar do seu desrespeito, deixando em aberto uma questão de delicados contornos.

Que o incumprimento da ordem preliminar não envolve o crime de desobediência do art. 348º do Código Penal é inquestionável – nem há lei que a qualifique, nem seria uma ordem legítima de execução, pois a ordem preliminar não é passível de execução, *"não é uma sentença"*, como se diz na Lei-Modelo.

E será que a inobservância dessa ordem constitui aquele que a incumpriu em responsabilidade civil pelos prejuízos causados à parte requerente em virtude da frustração da utilidade da providência cautelar e, portanto, indirectamente, também, em virtude da eventual frustração prática dos interesses subjacentes ao pedido formulado ou a formular na acção principal?

E será que o tribunal arbitral pode aplicar uma sanção pecuniária compulsória, de x euros por cada dia de incumprimento, até que sobrevenha o cumprimento ou a medida caduque?

Quanto àquela primeira questão, entendemos que há aí, na inobservância da ordem preliminar, um facto ilícito gerador da responsabilidade civil da parte incumpridora, responsabilidade que – mesmo não havendo estipulação convencional sobre a sua inclusão no objecto da arbitragem – pode ser objecto de apreciação e condenação no tribunal arbitral, por analogia, mais não fosse, com o disposto no subsequente art. 26º, embora tal condenação só possa ser executada em tribunal do Estado.

Quanto à possibilidade de haver aqui lugar ao decretamento de sanções pecuniárias compulsórias para obter o acatamento da ordem preliminar, estando em causa, não a execução coerciva dela (que o art. 23.º/5 veda aos próprios tribunais estaduais), mas apenas a adopção de um instrumento da sua obrigatoriedade efectiva, poderia talvez entender-se que o tribunal arbitral – sob pena de o poder que a lei lhe confere e a força vinculativa que atribui à sua decisão saírem totalmente frustrados –, fundando-se na norma de carácter comum do art. 829.º-A do Código Civil, tem competência para imprimir desse modo à sua *ordem* carácter obrigatório e efectivo, até por estar preenchido, precisamente por causa da obrigatoriedade legal dela, o pressuposto da existência de uma obrigação incumprida, de um *"devedor recalcitrante"* (como lhe chama Calvão da Silva em *"Cumprimento e Sanção pecuniária compulsória"*, Coimbra, 1995, p. 355) para o compelir àquilo que incumpriu.

É questão, claro, para muito maior e melhor reflexão e a que voltaremos mais adiante.

SECÇÃO III
Regras comuns às providências cautelares e às ordens preliminares

Artigo 24.º
Modificação, suspensão e revogação; prestação de caução

1 – O tribunal arbitral pode modificar, suspender ou revogar uma providência cautelar ou uma ordem preliminar que haja sido decretada ou emitida, a pedido de qualquer das partes ou, em circunstâncias excepcionais e após ouvi-las, por iniciativa do próprio tribunal.

2 – O tribunal arbitral pode exigir à parte que solicita o decretamento de uma providência cautelar a prestação de caução adequada.

3 – O tribunal arbitral deve exigir à parte que requeira a emissão de uma ordem preliminar a prestação de caução adequada, a menos que considere inadequado ou desnecessário fazê-lo.

Fontes

Nº 1 – Lei-Modelo da Uncitral (versão de 2006), art. 17º-D
Nº 2 – Lei-Modelo da Uncitral (versão de 2006), art. 17º-E/1
Nº 3 – Lei-Modelo da Uncitral (versão de 2006), art. 17º-E/2

Comentário:

1. *A modificação, suspensão e revogação das providências cautelares e das ordens preliminares: a alterabilidade da decisão que as tenha recusado*
2. *O momento e o diferente fundamento da alteração, suspensão e revogação das ordens preliminares e das providências cautelares*
3. *A tramitação do incidente: iniciativa e contraditório*
4. *Efeitos da alteração e suspensão das ordens preliminares e das providências cautelares*

5. *A caução como condição suspensiva, oficiosa ou não, da providência cautelar já decretada: a questão da audiência prévia e da natureza e destino da caução adequada*
6. *A caução da ordem preliminar: entrega, efeito e especificidades de regime*

Nº 1

1. *A modificação, suspensão e revogação das providências cautelares e das ordens preliminares: a alterabilidade da decisão que as tenha recusado*

A norma do n.º 1 respeita à modificabilidade, suspendibilidade e revogabilidade das providências cautelares e das ordens preliminares pelo tribunal arbitral que as tenha decretado – admitindo-se livremente todas essas peripécias –, embora a primeira leitura do preceito possa suscitar dúvidas quanto à iniciativa processual que aí está em causa, questão de que tomaremos conta no subsequente comentário n.º 3.

De assinalar é o facto de, literalmente, a lei ter restringido a alterabilidade das ordens ou das providências aos casos em que elas tenham sido emitidas ou decretadas, já não no caso de sua *recusa* – como se admite explicitamente em processo administrativo (art. 124º CPTA) – sendo evidente porém que, havendo novos factos ou factos alterados, se pode renovar o pedido de emissão da ordem ou de decretamento da providência antes recusadas.

Finalmente, cumpre dizer que, além da alterabilidade da própria ordem preliminar, permite-se no n.º 2 deste artigo que o tribunal altere as condições em que ela é concedida, nomeadamente exigindo a prestação de caução por parte do requerente (como requisito da sua eficácia).

2. *O momento e o diferente fundamento da alteração, suspensão e revogação das ordens preliminares e das providências cautelares*

Outra questão é a de saber a que momento ou fase do processo deve reportar-se a alteração, suspensão ou revogação das providências cautelares e das ordens preliminares previstas neste art. 24º/1, nos casos em que estas últimas já tenham sido definitivamente decretadas nos termos do art. 23º/3, depois de ouvido o requerido.

Começa por assinalar-se ser diferente a lógica ou fundamento que subjaz à alteração, suspensão ou revogação das ordens preliminares e à das providências cautelares.

Em relação àquelas primeiras, isso sucederá – as mais das vezes, pelo menos – após a audiência sucessiva da contraparte (que não foi ouvida antes de ela ser decretada), por só então terem sido levados ao respectivo "incidente" factos e razões que o tribunal não ponderara inicialmente, enquanto que, no caso das providências cautelares, só decretáveis (a título definitivo) depois da audiência do requerido, haverá lugar à sua alteração, suspensão ou revogação, normalmente porque as modificações da situação material e jurídica subjacente recomendam que se adapte a providência já concedida à configuração com que tal situação agora se apresenta (ou se conceda a providência anteriormente recusada).

Serão então essas duas espécies de medidas alteráveis, suspendíveis ou revogáveis em qualquer momento do respectivo incidente preliminar ou do processo cautelar, ou são-no, nomeadamente as providências cautelares, mesmo depois disso, no decurso da acção ou processo arbitral principal, em qualquer momento da sua tramitação?

A resposta é claramente esta última, em correspondência aliás com o princípio aflorado no art. 124º do CPTA.

Necessário, claro, é que tais medidas ainda vigorem, que ainda sejam temporalmente eficazes, o que não acontecerá, senão excepcionalmente, com as ordens preliminares que, como se sabe, caducam 20 dias após a data do seu decretamento, pelo que, em princípio, a sua alteração ou revogação, a ocorrerem, terão lugar no decurso da fase inicial do processo cautelar, não depois disso, muito menos no processo principal que ainda não estivesse instaurado àquela data.

3. A tramitação do incidente: iniciativa e contraditório

A iniciativa da alteração, suspensão e revogação das ordens preliminares e das providências cautelares apresenta a especificidade assinalável – e que já mencionámos acima – de ela caber não apenas a qualquer uma das partes, mas também, *"em circunstâncias excepcionais"*, que inspirem os árbitros a fazer mais este desvio ao princípio do dispositivo, também ao tribunal arbitral, devendo neste caso ouvir-se as duas partes – enquanto no caso da iniciativa de uma delas só se ouve, é óbvio, a contraparte.

Exige-se pois, naquele primeiro caso, um requerimento fundamentado, no qual a parte que tome a iniciativa alegue e demonstre, ou se proponha demonstrar, terem-se alterado as circunstâncias que levaram a decretar a ordem ou providência e que tais medidas:

i) já não são necessárias à realização útil dos efeitos da providência ou da sentença final, podendo ser suspensas, revogadas ou, então, substituídas por outras de menor impacto;

ii) ou que já não são suficientes, exigindo outras mais firmes ou amplas.

Quanto à iniciativa do tribunal – que, como a lei assinala, tem de assentar em circunstâncias excepcionais (se o tribunal, por exemplo, verificar que uma sua decisão anterior foi tomada por erro relevante ainda não detectado pela parte interessada) – ela poderá apoiar-se em factos ou elementos que chegaram ao processo para outro efeito, servindo-se ele, por exemplo, daquilo que veio à baila a propósito da acção principal para alterar a providência cautelar ou do que soube a propósito desta para alterar a ordem preliminar, ou então em factos notórios, de conhecimento público.

A questão principal nesta sede é, porém, a de saber se a decisão de alteração, de suspensão ou de revogação de ordem preliminar ou de providência cautelar deve ser precedida de audiência das partes, respondendo-se afirmativamente em relação aos dois casos.

Com uma diferença significativa: é que, enquanto no caso da providência cautelar haverá sempre lugar ao normal contraditório das partes, no caso da ordem preliminar, dado o escassíssimo tempo de que se disporá para o efeito – pois que a medida caduca decorridos 20 dias após a *data* de sua emissão (art. 23º/4), salvo se, como se sugere no comentário n.º 6, houver lugar à prestação de caução –, a audiência será dada simultaneamente e por período curto de tempo, de 24 ou 48 horas, para que a eventual alteração, suspensão ou revogação possa produzir efeitos utilmente.

4. Efeitos da alteração e suspensão das ordens preliminares e das providências cautelares

A determinação dos efeitos da alteração, suspensão ou revogação das ordens preliminares e providências cautelares depende da ocorrência subjacente e da medida que estiver em causa.

Em relação àquelas *ordens*, a questão decorre essencialmente de se tratar de medidas com prazo de vigência bem curto e fixado na lei (os 20 dias de calendário do antecedente art. 23º/2), perguntando-se então o que sucede a esse prazo no caso de a mesma ser suspensa ou *alterada* – pois que a *revogação* põe-lhe termo e "ponto final".

Quanto à sua *alteração*, parece-nos que a ordem subsiste mas apenas pelo número de dias que faltavam para completar os 20 dias da lei, sob pena de se frustrarem os interesses que levaram o legislador a estabelecer aquele limite temporal para estas ordens. Já quanto à hipótese de *suspensão* de ordens preliminares, entende-se que também se suspende o prazo da sua vigência, voltando o mesmo a correr, pelo tempo sobrante, (se e) quando ela retomar a sua eficácia, ficando o requerido, durante o período de suspensão, desobrigado do seu acatamento.

Quanto aos efeitos da alteração, suspensão e revogação *das providências cautelares*, nada de especial há a assinalar.

Nº 2

5. A caução como condição suspensiva, oficiosa ou não, da providência cautelar já decretada: a questão da audiência prévia e da natureza e destino da caução adequada

A exigência pelo tribunal da contra-providência de prestação de "*caução adequada*" pelo requerente da providência cautelar destina-se a garantir o ressarcimento de danos que eventualmente sejam causados ao requerido no caso de a providência vir posteriormente a ser considerada injustificada, como se prevê no subsequente art. 26º da LAV – não sendo a responsabilidade do requerente prejudicada pelo facto de o tribunal ter legitimado a sua pretensão cautelar, decretando-a (dado o carácter perfunctório da análise feita judicialmente em sede cautelar).

Mas não só isso.

É que a exigência de caução pode funcionar também como um factor de dissuasão do requerimento de providências cautelares infundadas, baseadas em aparências, num mero *fumus* sem correspondência com a realidade subjacente, que o tribunal não tem tempo para averiguar aprofundadamente.

Quanto à natureza da exigência da caução imposta discricionariamente pelo tribunal arbitral ao requerente da providência, entendemos, ao contrário do sugerido pela letra da lei – que se refere à exigência de caução "*à parte que solicita o decretamento*" –, que se trata de uma imposição só feita na própria decisão de concessão da providência à parte a favor de quem ela vai decretada, condicionando suspensivamente a sua eficácia, como resulta da subalínea *ii)* da alínea *a)* do art. 28º/1 (cf. comentário respectivo).

Descarta-se portanto a hipótese de estarmos aqui perante um requisito prévio do decretamento daquela medida cautelar.

A exigibilidade da caução é decidida pelo tribunal de acordo com o que entender conveniente para harmonizar os interesses da necessidade e da razoabilidade da providência cautelar, não sendo de exigir (em princípio, pelo menos) que ela tenha carácter *on first demand*, porque se destina a garantir o pagamento ao requerido da indemnização em que o requerente venha a ser arbitralmente condenado (art. 26º), sendo a mesma portanto accionável mediante a apresentação de uma cópia ou da notificação dessa decisão arbitral em que, parece desejável, deve conter-se a ordem para apropriação do valor (ou de valor determinado) da caução prestada.

A exigência arbitral da prestação da caução pode dever-se a iniciativa da parte requerida, formulada na sua contestação, ou a uma opção oficiosa do tribunal – parecendo-nos dever o requerente ser ouvido em ambos os casos, e o requerido, também, no segundo e, ainda, no caso de providência decretada antes de sua audiência (embora, no CPC, a necessidade de audiência seja deixada ao alvedrio do tribunal).

Em princípio, pelo menos, a caução é prestada à ordem do tribunal arbitral, que a libertará ou a atribuirá ao requerido, consoante a decisão que se tome sobre o pedido de indemnização previsto no art. 26º.

Nº 3

6. A caução da ordem preliminar: entrega, efeito e especificidades de regime

Diferentemente do que sucede no caso das providências cautelares, aqui, em relação às ordens preliminares, a exigência da prestação de uma caução ao requerente já não corresponde a uma faculdade que o tribunal exerce se achar conveniente, mas a um dever de princípio, oficioso, que ele só deixará de exigir se entender inadequado ou desnecessário fazê-lo.

Uma diferença substancial entre as duas situações, portanto.

E bem se compreende que assim seja, pois aqui a ordem é decretada sem que o requerido seja previamente ouvido sobre os respectivos pressupostos e medida, mais se impondo, assim, usar de cautela quanto às contrapartidas da sua concessão.

Note-se

- que o montante da caução deve ser aferido também em função do escasso número de dias por que se prolonga a ordem preliminar;
- que a caução deve ser fixada logo na decisão preliminar da ordem preliminar e também, eventualmente, quando, depois de ouvir o requerido, o tribunal alterar a ordem antes decretada;
- que, no caso de se exigir a caução preliminarmente, a notificação da ordem só tem lugar e o prazo de 20 dias só se conta da prestação da mesma.

Artigo 25.º
Dever de revelação

1 – As partes devem revelar prontamente qualquer alteração significativa das circunstâncias com fundamento nas quais a providência cautelar foi solicitada ou decretada.

2 – A parte que requeira uma ordem preliminar deve revelar ao tribunal arbitral todas as circunstâncias que possam ser relevantes para a decisão sobre a sua emissão ou manutenção e tal dever continua em vigor até que a parte contra a qual haja sido dirigida tenha tido oportunidade de apresentar a sua posição, após o que se aplica o disposto no n.º 1 do presente artigo.

Fontes

N.º 1 – Lei-Modelo da Uncitral (versão de 2006), art. 17º-F /1 (reformulado)
N.º 2 – Lei-Modelo da Uncitral (versão de 2006), art. 17º-F/2

Comentário:

1. *Dever e direito de revelação "pronta" de alterações "significativas" das circunstâncias subjacentes à providência cautelar requerida ou decretada: circunstâncias próprias e alheias*
2. *Dever de revelação das circunstâncias (e da alteração de circunstâncias) subjacentes às ordens preliminares: diferença de regime face às providências cautelares*
3. *Esclarecimento do regime legal*

Nº 1

1. *Dever e direito de revelação "pronta" de alterações "significativas" das circunstâncias subjacentes à providência cautelar requerida ou decretada: circunstâncias próprias e alheias*

Impõe-se às partes – embora o destinatário preferencial da norma seja naturalmente o requerente da providência cautelar – um dever específico (mais rigoroso portanto que o dever geral) de permanente cooperação com o tribunal, *maxime*, de levar ao seu conhecimento "*prontamente*" – que é aqui um prontamente mais exigente do que no caso do art. 23º/3 – qualquer "*alteração significativa*" das circunstâncias com base nas quais a providência tenha sido solicitada ou decretada.

Tudo isto, claro, sem prejuízo do dever da parte a quem a circunstância aproveita (e que a conhece, em princípio, melhor do que ninguém) a levar ao conhecimento do tribunal: as circunstâncias *próprias* de cada parte, digamos assim, não entram portanto no dever de colaboração da outra parte com o tribunal (a não ser, claro, no caso de se ter pedido que a medida cautelar seja decretada sem o conhecimento dela).

Assim, o requerente não tem que ir ao processo revelar que a boa situação financeira do requerido, se ela tivesse constituído factor relevante do decretamento da providência, já não existe; quem tem de o fazer é o próprio requerido.

Em caso de dúvida, o requerente deve entender que uma alteração é significativa, até porque, sendo-lhe ela desfavorável, recaem sobre si as consequências dos prejuízos causados ao requerido pelo decretamento ou manutenção de uma providência injustificada (hoje, art. 374º do novo CPC e art. 126º/1 do CPTA); se, ao invés, a alteração das circunstâncias puder concorrer para uma modificação favorável da providência solicitada ou decretada, o dever de sua revelação por parte do requerente torna-se um direito seu.

É em função da alteração notória das circunstâncias ou do conhecimento que adquira em virtude de factos levados ao processo, nomeadamente ao processo principal, que ao tribunal é dado (de acordo com o disposto no art. 24º/1) modificar, suspender ou revogar oficiosamente a providência já decretada ou, se não o tiver sido, decretar uma providência diferente daquela que se lhe haja solicitado.

Nº 2

2. *Dever de revelação das circunstâncias (e da alteração de circunstâncias) subjacentes às ordens preliminares: diferença de regime face às providências cautelares*

É uma disposição semelhante à posta no nº 1 para as providências cautelares, mas afeita às particularidades da tramitação e emissão das ordens preliminares.

O dever de revelação ao tribunal arbitral das circunstâncias relevantes para a decisão de uma ordem preliminar, imposto neste nº 2, apresenta em relação ao correspondente dever do nº 1 – pelo menos, de acordo com a letra da lei – as seguintes particularidades, revelando estarmos perante regimes bem diferentes:

- tal dever abrange não apenas a revelação da alteração de circunstâncias da ordem preliminar solicitada ou decretada, mas, antes disso, o dever de revelar, logo no requerimento em que se demanda a sua emissão, todas as circunstâncias relevantes para o efeito;
- tal dever só impende portanto sobre o requerente, não sobre qualquer das partes e respeita a quaisquer circunstâncias que sejam ou *"possam ser relevantes"*;
- o dever de revelação só subsiste até ao momento em que a parte requerida se pronuncie ou tenha tido a oportunidade de se pronunciar sobre a ordem decretada (ou recusada, como referido no comentário ao art. 23º/1), após o que se aplicará o disposto no nº 1 deste art. 25º para as providências cautelares, remetendo-se o leitor para o comentário anterior.

3. *Esclarecimento do regime legal*

O regime legal suscita-nos, contudo, algumas dúvidas.

Em primeiro lugar, porque o dever de revelação das circunstâncias relevantes para a decisão do tribunal no próprio requerimento em que se pede o decretamento da ordem preliminar só o referiu a lei, neste nº 2, às ordens preliminares, e não também no nº 1 em relação ao requerimento das providências cautelares – quando pareceria que ele também deveria existir para estas ou, até, sobretudo para estas.

Assim resultaria da imposição do dever indemnizatório do art. 26º, que exige do requerente um reforçado dever de colaboração com o tribunal na procura da verdade.

O certo é que o dever de revelação das circunstâncias relevantes para a decisão do tribunal sobre o pedido de emissão de uma ordem preliminar funda-se no facto de tal decisão ser tomada sem ouvir o requerido, o que já não sucede com a decisão sobre a concessão das providências cautelares, sujeitas a inafastável audiência prévia da parte requerida.

Por aí se justifica, parece-nos, a diferença de tratamento entre as duas situações.

Em segundo lugar, o facto de, na parte final do nº 2, se dispor que, após a resposta do requerido ao requerimento de emissão da ordem preliminar, o dever de revelação das circunstâncias relevantes se regulará pelo disposto no nº 1 para o caso das providências cautelares significa, parece-nos:

- que o requerido não tem, em relação à ordem já decretada e sobre que não foi ouvido, o dever de revelação das circunstâncias relevantes que possam contribuir para a sua confirmação, mesmo que sejam próprias;
- que, depois de manifestar a sua oposição quanto à ordem decretada, o requerido está constituído no dever de revelar todas as circunstâncias próprias relevantes para a decisão (da concessão ou) de alteração da providência cautelar;

Artigo 26.º
Responsabilidade do requerente

A parte que solicite o decretamento de uma providência cautelar ou requeira a emissão de uma ordem preliminar é responsável por quaisquer custos ou prejuízos causados à outra parte por tal providência ou ordem, caso o tribunal arbitral venha mais tarde a decidir que, nas circunstâncias anteriormente existentes, a providência ou a ordem preliminar não deveria ter sido decretada ou ordenada. O tribunal arbitral pode, neste último caso, condenar a parte requerente no pagamento da correspondente indemnização em qualquer estado do processo.

Fontes

Lei-Modelo da Uncitral (versão de 2006), art. 17º- G (reformulado)

Comentários:

1. *A inconstitucionalidade da disciplina legal sobre a responsabilidade dos requerentes de medidas cautelares*
2. *Interpretação constitucionalizante*
3. *A reconstituição e o desdobramento da previsão normativa sobre responsabilidade do requerente das medidas cautelares*
4. *A noção de "circunstâncias anteriormente existentes"*
5. *A dupla estatuição responsabilizante do art. 26º: medida da responsabilidade e a competência do tribunal arbitral extra-convenção*

1. *A inconstitucionalidade da disciplina legal sobre a responsabilidade dos requerentes de medidas cautelares*

Tal como está formulada, na sua letra, é uma norma, a deste art. 26º, a raiar o absurdo, a atropelar valores constitucionais, roçando a inconstitucionalidade, fruto de o legislador ter preferido acolher-se à fórmula "espalhafatosa" do art. 17º-G da Lei-Modelo, antes que à bem mais contida do art. 390º do CPC (art. 374º do novo CPC).

Então alguém vai a tribunal de boa fé, convencido de que os factos verificados sustentam determinada pretensão sua face à contraparte na relação jurídica, o tribunal averigua os factos, ouve a contraparte, dá-os como verificados, confronta-os com o Direito, concede a pretensão e, mais tarde, constata que afinal tais factos não sustentam juridicamente tal pretensão, e é o pretendente que responde por isso, *"por quaisquer custos ou prejuízos causados à outra parte"*?

Note-se que, de acordo com este preceito da LAV, a responsabilização do requerente da ordem preliminar ou da providência cautelar

- não depende de ele ter actuado com *dolo* ou *negligência grosseira* (como sucede no caso paralelo do art. 126º do CPTA) nem excedendo *culposamente* os limites de uma *pessoa normal* (no caso do art. 374º/1 do novo CPC);
- não depende de as circunstâncias ou factos invocados para sustentar a pretensão cautelar formulada serem dados como inexistentes, podendo (a atender à letra da lei) assacar-se ao requerente esta responsabilidade mesmo no caso de se entender serem eles existentes;
- basta que, mais tarde, o tribunal arbitral decida que *"nas circunstâncias anteriormente existentes, a providência ou a ordem preliminar não deveria ter sido decretada ou ordenada"*, tornando-se o requerente *"responsável por quaisquer custos ou prejuízos causados à outra parte por tal providência ou ordem"*.

Assim, sem mais, envolvendo um grave atentado ao princípio da tutela judicial efectiva do art. 20º da CRP, fazendo impender sobre quem recorre ao tribunal para defesa dos seus direitos uma espécie de responsabilidade objectiva ou por risco.

É que, estando as partes convictas, em sua boa fé, da realidade da ameaça de se estar (ou vir) a frustrar a utilidade da providência cautelar ou da acção principal que pretendiam instaurar para efectivação dos seus direitos, é muito natural que passem a abster-se de o fazer por recearem que, mesmo no caso de o tribunal arbitral vir a acolitar inicialmente as suas pretensões cautelares, possam ser chamadas depois a responder pelos custos e prejuízos suportados pelas contrapartes em virtude do requerimento e do decretamento da providência cautelar ou da ordem preliminar, se o mesmo tribunal vier posteriormente a "dar o dito por não dito", decidindo que afinal, nas circunstâncias que existiam, ele mesmo não julgou bem e não deveria ter concedido a providência ou a ordem decretadas.

Ainda se estivessem em causa apenas ordens preliminares, decretadas inicialmente – mas só durante escassos dias (ver conjugadamente os nºs 1 e 2 do art. 23º) – sem audiência do requerido, a disciplina da lei talvez pudesse compreender-se para esse curto período, se não fosse a estrita objectividade dos pressupostos da responsabilidade nela consagrada, e se, no mínimo, se desse ao requerente da ordem preliminar a possibilidade de provar não ter agido culposa ou indesculpavelmente ou de demonstrar a razoabilidade da sua pretensão preliminar.

Mas com as providências cautelares, cujo decretamento é rodeado de garantias de contraditório e razoáveis prazos para as partes se pronunciarem e o tribunal reflectir, ainda que perfunctoriamente, sobre a justeza da pretensão do requerente?

Tudo isto havendo, ainda por cima, a hipótese de o erro de julgamento do tribunal arbitral afectar não a sua primeira decisão, de concessão da medida cautelar, mas a segunda, de sua modificação. E quando, para agravar ainda mais a situação, não há, ao que parece, pelo menos, de acordo com a lei, recurso das (nem oposição às) decisões que o tribunal arbitral tome na matéria.

2. Interpretação constitucionalizante

Enfim, entendemos que a norma do art. 26º da LAV ou há-de ser desaplicada ou retirada por inconstitucionalidade ou há que fazer uma sua interpretação constitucionalizante, removendo as excrescências inconstitucionais ou acrescendo-lhe os elementos que supram as suas deficiências – nem, naturalmente, a sua similitude com o art. 17º-C da Lei-Modelo preclude essa necessidade de coerência e unidade do nosso ordenamento jurídico.

Não estamos a esquecer, evidentemente, que, em matéria de providências cautelares, se exige ao requerente maior prudência e equilíbrio do que na propositura de uma acção principal, porque nesta não há o risco de se atingir a esfera de direitos e interesses da contraparte sem que o tribunal tenha pesado cuidadosamente as posições em jogo e, sobretudo, sem poder decretar o que quer que seja sem contraditório adequado da parte demandada. Mas não nos parece que esse maior risco envolvido no pedido de emissão de uma providência cautelar justifique a responsabilização do respectivo requerente nos larguíssimos parâmetros do art. 26º da LAV.

Dir-se-ia então que o que se dispõe aí, de maneira constitucionalmente proporcional, é sobre a responsabilidade dos requerentes que se demonstre terem actuado com dolo ou negligência grosseira ao requerer o decretamento de ordens preliminares ou de providências cautelares, escamoteando ao tribunal, por exemplo, o conhecimento de alterações de circunstâncias relevantes para a concessão ou alteração da providência. Ou, no mínimo, que se demonstre ter o requerente actuado indesculpavelmente, com diligência e prudência inferiores à exigida a uma pessoa normal, nas circunstâncias concretas do caso em apreço.

O que se traduziria, afinal, em trazer para aqui o regime de responsabilidade do art. 126º do CPTA ou do art. 390º do novo CPC.

3. *A reconstituição e o desdobramento da previsão normativa sobre responsabilidade do requerente das medidas cautelares*

Admitida, nessas circunstâncias mais apertadas, a constitucionalidade do preceito do art. 26º da LAV, a aplicabilidade da sua *estatuição* dependeria então de ocorrer a seguinte previsão:
- ter uma parte em processo arbitral requerido ao tribunal o decretamento de uma ordem preliminar e de uma providência cautelar (ou só desta) com base em factos para cuja demonstração apresentou apenas prova circunstancial e testemunhal, sem proceder a averiguações de normal diligência que a poderiam ter dissuadido disso ou levado a repensar melhor a utilização apenas daquela prova, nomeadamente se invocou também fundamentos tendentes a convencer o tribunal de que essas medidas deveriam ser decretadas sem prévia audiência da outra parte;

- ter o tribunal decretado a providência cautelar com base nas circunstâncias invocadas pelo requerente e, face ao que ele alegou para o efeito, não ter ouvido previamente a parte requerida;
- chegar o tribunal à conclusão de que o requerente não cumpriu com o seu dever de revelação das circunstâncias existentes ou da respectiva alteração;
- ter o requerido efectuado despesas (com honorários e custas, por exemplo) para se opor à ordem preliminar decretada e (ou) à providência requerida e sofrido prejuízos com a situação em que tal ordem e (ou) providência o colocaram.

A previsão normativa assim descrita, que vai recheada dos seus factos essenciais, podia ser ainda um pouco mais complexa – porque efectivamente não entrámos aqui em linha de conta com a possibilidade, por exemplo, de o requerido desencadear um "incidente" de (modificação, suspensão ou) revogação da ordem preliminar ou da providência cautelar, ao abrigo do art. 24º/1, e ser na conclusão dele que se constatava não dever(em) ela(s) ter sido decretada(s) –, mas, com os elementos fornecidos, o leitor saberá colmatar essas lacunas relativas a outros factos potencialmente determinantes de uma revisão das decisões de decretamento inicialmente tomadas pelo tribunal arbitral.

4. *A noção de "circunstâncias anteriormente existentes"*

Relevante é, sim, o facto de, para reconstituição exacta da *previsão* deste art. 26º – da sua estatuição cuida-se no comentário subsequente –, ser necessário determinar a que queria o legislador referir-se quando dispôs ser pressuposto da responsabilidade do requerente vir o tribunal *"mais tarde a decidir que,* **nas circunstâncias anteriormente existentes**", [a medida cautelar] *não deveria ter sido decretada ou ordenada"*.

Significa isso que se trata
- das circunstâncias que antes, na altura do decretamento, se apurara existirem, mas que foram mal avaliadas factual ou juridicamente?

- das circunstâncias que só agora se constata terem existido anteriormente, tendo-se julgado com base noutras diferentes?
- de quaisquer umas dessas circunstâncias?

Dúvida relevante e que se resolveria com uma simples aclaração verbal do texto, mas que a locução usada não esclarece de todo. Pelo respectivo contexto, diríamos contudo estar aí em causa qualquer uma das hipóteses aventadas.

5. *A dupla estatuição responsabilizante do art. 26º: a medida da responsabilidade e a competência do tribunal arbitral extra-convenção*

E a *estatuição* do art. 26º, aplicável no caso de se verificar uma das alternativas da sua previsão, qual é?

Embora versando sobre um mesmo efeito, é uma estatuição dupla.

Na verdade, no primeiro período do artigo dispõe-se que o requerente "*é responsável por quaisquer custos ou prejuízos causados à outra parte*" pela ordem ou (e) providência que tenha(m) sido decretada(s), assacando-se-lhe portanto, em primeiro lugar, o dever de compensar os encargos com honorários, custas e outras despesas do requerido – decorrentes da necessidade, por um lado, de ele se opor arbitralmente àquilo que contra si se requereu cautelarmente e, por outro lado, de dar cumprimento à intimação cautelar decretada.

Imputa-se ao requerente, em segundo lugar, o dever de ressarcir o requerido por todos os prejuízos que a vigência da ordem preliminar e (ou) da providência cautelar, bem como a reposição do respectivo *status quo ante*, causaram. Note-se que, mais uma vez, o legislador se limitou a transpor as expressões da Lei-Modelo, em vez de fazer uso do conceito de *dano*, tão produtivamente desenvolvido na nossa doutrina.

Consiste em tudo isso a primeira estatuição do art. 26º.

A segunda, constante do seu período final, é a de que "*[o] tribunal arbitral pode, neste último caso, condenar a parte requerente no pagamento da correspondente indemnização em qualquer estado do processo*".

Parece uma estatuição estranha, bastante estranha, mesmo, esta.

Desde logo, por arvorar um tribunal cuja existência e competência assenta na vontade das partes e na definição por elas do litígio arbitrável, num tribunal cuja competência extravasa da convenção e que se arroga, assim, competência para decidir de causas cujo potencial indemnizatório até pode ser superior ao do litígio convencional.

Enfim, valores processuais, como o da economia, da celeridade, da especialidade e da instrumentalidade, que são factores da atribuição de competência judicial acessória da principal, podem ter contribuído para a solução legal.

O propósito do legislador foi apenas o de arvorar o tribunal arbitral em órgão competente para conhecer da responsabilidade do requerente, alternativamente em relação à instauração da acção indemnizatória em tribunal estadual, ainda que a convenção de arbitragem não o habilitasse a tanto.

Só assim é que se compreenderá, por um lado, aquele " *o tribunal pode*" – quando, em rigor, um tribunal *deve* sempre exercer a sua competência – e, por outro lado, a falta de referência à inarredável iniciativa da parte lesada.

Há, em todo o caso, aspectos vários em que este último período do art. 26º merece reparos ou carece de esclarecimentos.

Assim:
- não se percebe o que significa a referência a o tribunal arbitral poder "*neste último caso*", não se descortinando qual é esse caso, nem qual será o "*outro*";
- não se sabe qual o regime aplicável e os efeitos do "incidente" (prazo de dedução, prorrogação do prazo de decisão do processo arbitral, etc.);
- ignora-se se o valor aqui em causa contribui para a fixação do valor dos honorários dos árbitros, nos termos do art. 17º/2;

SECÇÃO IV
Reconhecimento ou execução coerciva de providências cautelares

Artigo 27.º
Reconhecimento ou execução coerciva

1 – Uma providência cautelar decretada por um tribunal arbitral é obrigatória para as partes e, a menos que o tribunal arbitral tenha decidido de outro modo, pode ser coercivamente executada mediante pedido dirigido ao tribunal estadual competente, independentemente de a arbitragem em que aquela foi decretada ter lugar no estrangeiro, sem prejuízo do disposto no artigo 28.º

2 – A parte que peça ou já tenha obtido o reconhecimento ou a execução coerciva de uma providência cautelar deve informar prontamente o tribunal estadual da eventual revogação, suspensão ou modificação dessa providência pelo tribunal arbitral que a haja decretado.

3 – O tribunal estadual ao qual for pedido o reconhecimento ou a execução coerciva da providência pode, se o considerar conveniente, ordenar à parte requerente que preste caução adequada, se o tribunal arbitral não tiver já tomado uma decisão sobre essa matéria ou se tal decisão for necessária para proteger os interesses de terceiros.

4 – A sentença do tribunal arbitral que decidir sobre uma ordem preliminar ou providência cautelar e a sentença do tribunal estadual que decidir sobre o reconhecimento ou execução coerciva de uma providência cautelar de um tribunal arbitral não são susceptíveis de recurso.

Fontes

Nº 1 – Lei-Modelo da Uncitral (versão de 2006), artigo 17º-H/1
Nº 2 – Lei-Modelo da Uncitral (versão de 2006), artigo 17º-H/2
Nº 3 – Lei-Modelo da Uncitral (versam de 2006), artigo 17º-H/3

Comentário:

1. *Da necessidade e possibilidade de execução das providências cautelares arbitrais "portuguesas" pelos tribunais do Estado: a sua recusa e a oposição do tribunal arbitral*
2. *Da necessidade de reconhecimento e da possibilidade de execução, pelos tribunais do Estado, das providências cautelares arbitrais "estrangeiras": as relações entre os processos de reconhecimento e de execução*
2A. *A "oposição" do tribunal arbitral à execução coerciva da providência cautelar, nacional ou estrangeira, em tribunal estadual: efeitos*
3. *A restrita legitimidade para o processo judicial de reconhecimento e execução de providências cautelares arbitrais*
4. *Os tribunais estaduais material e territorialmente competentes para o reconhecimento e execução de providências cautelares portuguesas ou estrangeiras arbitralmente decretadas*
5. *As formalidades do pedido e do processo de reconhecimento ou execução judicial de sentenças arbitrais*
6. *Os reflexos **gerais** da revogação, suspensão ou alteração arbitrais da providência cautelar no processo de seu reconhecimento e execução judiciais*
7. *Os reflexos **especiais** da revogação, suspensão ou alteração arbitrais da providência cautelar no processo de seu reconhecimento e execução judicias*
8. *A exigibilidade, pelo tribunal estadual, da prestação de caução prévia da execução da providência cautelar: natureza, âmbito objectivo, iniciativa e pressupostos*
9. *Irrecorribilidade (e impugnabilidade) das diversas sentenças "cautelares" nacionais*

ARTIGO 27º

1. Da necessidade e possibilidade de execução das providências cautelares arbitrais "portuguesas" pelos tribunais do Estado: a sua recusa e a oposição do tribunal arbitral

As providências cautelares arbitralmente decretadas vinculam as partes requerentes e requeridas e, não vinculando embora terceiros que não sejam partes no processo cautelar – nem as partes contra quem não tenham sido dirigidas –, podem no entanto afectar indirecta ou reflexamente condutas, bens ou direitos seus cuja existência, estabilidade ou conteúdo estejam dependentes ou relacionados de qualquer modo com as condutas, os bens ou os direitos da parte contra quem a providência haja sido decretada.

Sobre o reflexo disso no processo de reconhecimento e execução da providência arbitralmente decretada falamos adiante, no comentário n.º 3.

Sendo vinculante ou obrigatória e compelindo, nessa medida, a parte requerida, a providência cautelar arbitral padece, porém, da impotência executiva própria que afecta as decisões dos tribunais arbitrais, por não disporem estes dos meios de coerção ou compulsão física (através do uso da força pública, se necessário) de que dispõem os órgão do Poder Judicial do Estado para tornar efectivas as suas determinações perante os relapsos destinatários delas.

Por assim ser, vem este preceito da LAV (forjado com base no art. 17º-H da Lei Modelo) permitir ao requerente da providência decretada pelos árbitros – caso não tenha sido voluntariamente acatada na totalidade pelo requerido e o tribunal arbitral não se "oponha" a tal diligência –, vem o preceito, dizia-se, permitir ao requerente que peça ao tribunal estadual competente a imposição coerciva dos respectivos efeitos, mediante a adopção das medidas que os tornem efectivos em relação às condutas, aos bens ou aos direitos dos requeridos.

"*Sem prejuízo do disposto no art. 28º*", acrescenta-se, ou seja, sem prejuízo de o tribunal estadual accionado poder recusar-se a proceder a tal execução com os fundamentos aí expressos – ou também com fundamento naquela "oposição".

2. Da necessidade de reconhecimento e da possibilidade de execução, pelos tribunais do Estado, das providências cautelares arbitrais "estrangeiras": as relações entre os processos de reconhecimento e de execução

Passando-se as coisas assim com as providências decretadas por tribunais arbitrais portugueses, seja em arbitragens nacionais ou internacionais, também a execução, em Portugal, de decisões cautelares proferidas em arbitragens sedeadas no estrangeiro deve ser pedida, como o prevê este mesmo nº 1 do art. 27º, aos tribunais estaduais portugueses.

Que, se os tribunais arbitrais portugueses são impotentes para proceder à execução coerciva das suas decisões, também o são, por maioria de razão, os tribunais arbitrais constituídos e sedeados no estrangeiro, quando proferem decisões cujos efeitos se projectam sobre pessoas, bens ou direitos domiciliados em Portugal.

Só que, no caso das providências cautelares estrangeiras, a sua *execução* há-de ser precedida do *reconhecimento* da respectiva decisão pela ordem jurídica portuguesa, do reconhecimento de que se trata de uma decisão conforme e compaginável, primeiro, com as exigências elementares da nossa ordem jurídica vertidas no subsequente art. 28º – a começar logo pela arbitrabilidade do litígio em causa (segundo a lei portuguesa) e pelas exigências ditas *"da ordem pública internacional do Estado português"*, como resulta da conjugação da subalínea *ii)* da alínea *b)* desse art. 28º/1 com as duas subalíneas da alínea *b)* do art. 56º/1 – e conforme e compaginável, em segundo lugar, com as exigências das normas de conflitos da alínea *a)* desse mesmo art. 28º (e com as normas do art. 56º, para que daí se devolve) no que toca às remissões nelas contidas para as regras de direito substantivo e arbitral aplicáveis às decisões cautelares proferidas em arbitragens sedeadas no estrangeiro.

Assim, por exemplo, não será reconhecida (nem executada) entre nós, como resulta da conjugação da alínea *a)*, subalínea *i)*, do art. 28º/1 e da correspondente subalínea do art. 56º, uma sentença cautelar proferida por tribunal arbitral estrangeiro se a convenção com base na qual foi decretada *"não for válida nos termos da lei a que as partes a sujeitarem [...]"*.

Há-de tratar-se portanto, para serem reconhecidas e executadas por um tribunal estadual português, de decisões cautelares estrangeiras que não incorram em qualquer uma das situações previstas, directa ou remissivamente, nessa disposição do art. 28º.

Conferindo-se-lhe, nesse caso, o *reconhecimento* da ordem jurídica portuguesa.

Só depois do juízo sobre a sua "recepção" no direito português é que pode passar-se à fase de *execução* da decisão cautelar estrangeira, sem necessidade nem possibilidade, porém, pensamos, de voltarem a arguir-se contra a respectiva execução os fundamentos já arguidos, debatidos e decididos, oficiosamente ou por iniciativa das partes, no incidente de reconhecimento.

A lei nada dispôs ou esclareceu, porém, sobre as relações entre os processos de reconhecimento e de execução, entre nós, de sentença estrangeira, sobre se, após o seu reconhecimento, se abre um novo processo de execução – e se neste se podem retomar as questões já debatidas e decididas, ou que não forem suscitadas, no processo de reconhecimento – ou se devem ou podem cumular-se no mesmo processo os pedidos de reconhecimento e de execução.

Quanto a esta última questão, responde-se ser possível, desejável, até, essa cumulação, embora não obrigatória – como aliás, a propósito das sentenças principais, resulta do art. 57º/1 – parecendo-nos também, em nome dos princípios da economia, boa fé e eficiência processuais, que, não havendo cumulação, não pode o executado suscitar no processo de execução subsequente de um processo de reconhecimento, os fundamentos de oposição que já arguira em vão contra esse reconhecimento ou que não foram suscitados no respectivo processo.

Salvo, claro, se forem de ocorrência ou de seu conhecimento superveniente.

2A. A "oposição" do tribunal arbitral à execução coerciva da providência cautelar, nacional ou estrangeira, em tribunal estadual: efeitos

Quanto à aplicação ao reconhecimento e execução de sentença cautelar *estrangeira* do requisito deste nº 1 – sobre a não oposição do tribunal arbitral português a que a sentença cautelar por si decretada seja executada coercivamente por apelo aos tribunais estaduais –, é duvidoso que possa considerar-se a mesma reflectida (extensiva ou analogicamente) no fundamento da recusa do reconhecimento dessas sentenças constante da subalínea *iii)* da alínea *a)* do subsequente art. 28º ou em qualquer outro.

Pelo que deve ele acrescer necessariamente aos aí previstos, mesmo se a lei os referiu com carácter taxativo.

3. A restrita legitimidade para o processo judicial de reconhecimento e execução de providências cautelares arbitrais

Radicando a sua razão de ser na impotência executiva do tribunal arbitral, o certo é que nem ele tem legitimidade para pedir ao tribunal estadual a execução coerciva da sua decisão cautelar, nem lhe é dado intervir oficiosamente no respectivo processo – alertando, por exemplo, os juízes do Estado para qualquer facto que favoreça ou desmereça o pedido (de reconhecimento ou de) execução que lhes haja sido formulado ou, mesmo, para a existência de uma decisão arbitral de não permitir a intervenção coerciva do tribunal estadual, como se prevê neste nº 1.

Pode é, diga-se a propósito, o tribunal estadual requerer ao arbitral que lhe forneça informações que o ajudem a decidir as questões perante si suscitadas, devendo contudo tais informações ser objecto de audiência das partes no processo de reconhecimento ou de execução judicial.

Não tendo os árbitros legitimidade activa para intervir, muito menos para participar, no processo de execução judicial da decisão arbitral cautelar, também não a têm terceiros, cujas condutas, bens ou direitos sejam ou possam ser reflexamente afectados pelos efeitos das medidas cautelares adoptadas – a não ser, claro, em hipóteses como as de *embar-*

go de terceiros, quando bens seus sejam penhorados ou arrestados, sem título idóneo, por haver aí lesão directa dos seus interesses e direitos.

Nos casos de lesão meramente reflexa, o que a terceiros é dado fazer situa-se no domínio das suas relações próprias com o requerido, em virtude das quais eles foram (ou receia-se virem a ser) indirectamente afectados, fora portanto do círculo de legitimidade activa e passiva do processo judicial de reconhecimento ou de execução da providência cautelar.

Partes legítimas aí são, portanto, exclusivamente o requerente e o requerido da providência cautelar decretada pelo tribunal arbitral, cabendo a este último, quando for caso disso, opor-se ao pedido de execução com fundamento também em actos ou situações da autoria do próprio tribunal, invocando e demonstrando, por exemplo, existir uma decisão arbitral a pronunciar-se (nos termos deste nº 1) contra a possibilidade de se obter a execução da providência cautelar perante o tribunal do Estado – facto (ou acto) que, mesmo a entender-se não estar abrangido expressamente por qualquer das alíneas do subsequente art. 28º(1) da LAV, deve considerar-se, como já vimos, fundamento inominado e necessário da eventual recusa do tribunal do Estado em proceder à execução da providência decretada pelos árbitros.

4. *Os tribunais estaduais material e territorialmente competentes para o reconhecimento e execução de providências cautelares portuguesas ou estrangeiras arbitralmente decretadas*

Compete aos tribunais judiciais de 1ª instância e, tratando-se de litígios compreendidos na esfera da jurisdição administrativa, aos tribunais administrativos de círculo, conhecer e decidir sobre os pedidos de reconhecimento e de execução de decisões arbitrais, sejam portuguesas ou estrangeiras, que decretem providências cautelares, dado que a competência das Relações e dos Tribunais Centrais Administrativos se cinge aos processos (só) de reconhecimento de sentenças principais de tribunais arbitrais estrangeiros, como previsto na alínea *h)* do art. 59º/1 da LAV.

Assim, por força do estatuído no nº 4 desse art. 59º, são competentes nesta sede os referidos tribunais cíveis e administrativos *"em cuja circunscrição se situe o local da arbitragem"*.

5. *As formalidades do pedido e do processo de reconhecimento ou execução judicial de sentenças arbitrais*

No caso de nada se ter disposto no regulamento de arbitragem (*lato sensu*) a este propósito, entende-se que o pedido de execução, por um tribunal estadual, de decisões arbitrais portuguesas de decretamento de providências cautelares, para além dos requisitos gerais a que qualquer pretensão judicial deste género deve obedecer – como é o caso da indicação do tribunal accionado e dos preceitos legais em que se prevê a intervenção pretendida, da identificação das partes e da formulação do pedido e da causa de pedir –, há-de ser acompanhado do original da decisão cautelar ou de uma sua cópia certificada e de um exemplar da convenção de arbitragem, como resulta paralela e adaptadamente do art. 57º/1 da LAV.

Tratando-se do reconhecimento de decisão arbitral estrangeira, juntar-se-á (agora por aplicação analógica das exigências desse preceito), além do original da sentença ou de sua cópia certificada, um exemplar original da convenção de arbitragem ou uma cópia autenticada dela – tendo-se analisado esses requisitos de certificação e autenticação em comentário ao art. 47º/1.

Quanto à tramitação do processo de reconhecimento e (ou) de execução, depois de notificado ao requerido o respectivo requerimento, correrá o prazo supletivo de 10 dias do CPC para sua oposição, após o que, realizadas as diligências de prova julgadas convenientes, se decide da admissibilidade e procedência do pedido e adoptam-se ou não, consoante o sentido da decisão, as medidas coercivas necessárias.

Sem prejuízo, claro, das adaptações que seja necessário fazer, como veremos de seguida, em virtude, por exemplo, da revogação, suspensão ou modificação da sentença arbitral.

Nº 2

6. *Os reflexos gerais da revogação, suspensão ou alteração arbitrais da providência cautelar no processo de seu reconhecimento e execução judiciais*

Impõe-se, aqui, à parte que tenha pedido (ou já tenha obtido) o reconhecimento de uma decisão cautelar e (ou) a execução da respectiva providência que informe "prontamente" o tribunal estadual onde corre(u) o respectivo processo sobre a revogação, suspensão ou modificação da decisão cautelar pelo tribunal arbitral, nos termos já vistos a propósito do antecedente art. 24º.

Em geral, pode dizer-se ser compreensível não ter a lei previsto a intervenção do tribunal arbitral na matéria – pois que o processo judicial de reconhecimento ou de execução da decisão cautelar corre apenas entre partes –, tendo-se constituído no dever de comunicação das vicissitudes arbitrais da providência apenas o respectivo requerente, solução que já nos parece inadequada, menos compreensível, porque, estando agora também em causa situações favoráveis à posição cautelar da contraparte requerida, deveria ter-se-lhe reconhecido expressamente o direito ou faculdade de levar ao conhecimento do tribunal estadual o facto da respectiva ocorrência.

Entende-se por isso que, não obstante o silêncio da lei, ela deve ser interpretada extensivamente, no sentido de a legitimidade activa, para este efeito, pertencer não apenas ao requerente da providência, mas, quando lhe for favorável, também ao requerido.

Em segundo lugar, em todas situações aqui congemináveis (analisadas no subsequente comentário nº 7), o dever de pronta comunicação – ou seja, de comunicação célere com junção da documentação exigível (ou protesto disso, se ela não for prontamente disponibilizada pela secretaria da arbitragem) – cumpre-se fazendo acompanhar a respectiva exposição ou requerimento de um exemplar (autenticado, pelo menos, se se tratar de tribunal estrangeiro) da decisão arbitral revogatória, suspensiva ou modificativa da providência em causa.

Em terceiro lugar, é característico também das diversas situações congemináveis nesta matéria o facto de a tramitação processual posterior à comunicação feita ao tribunal estadual ser (no silêncio da lei e do regulamento da arbitragem, claro) da sua iniciativa e conclusão oficiosas – salvo quando, em caso de modificação da providência antes decretada pelos árbitros, houver que formular um pedido de reconhecimento ou de execução novo ou complementar.

7. *Os reflexos especiais da revogação, suspensão ou alteração arbitrais da providência cautelar no processo de seu reconhecimento e execução judiciais*

Já quando se trata de determinar os reflexos especiais de cada situação configurada no art. 27º/2 no processo de reconhecimento ou execução de providência cautelar arbitral, suscitam-se inúmeras dificuldades de aplicação, até pelo número de situações congemináveis que o preceito comporta.

Desde logo, no caso de o tribunal estadual **já ter procedido ao reconhecimento e (ou) à execução da providência decretada** – como neste art. 27º/2 expressamente se admite –, é necessário apurar distintamente o que sucede na hipótese apenas de seu reconhecimento e na de execução da decisão reconhecida, sendo esta última, claro, a hipótese de maior relevo jurídico-prático.

Assim

- na hipótese de seu mero **reconhecimento**, se a providência cautelar estrangeira for *revogada* arbitralmente, a sentença judicial cairá por caducidade, por impossibilidade jurídica superveniente do seu objecto, bastando então a comunicação do sucedido ao tribunal estadual (formalizada com a junção da decisão revogatória), ouvindo-se claro a parte em favor de quem a providência tinha sido decretada (se não tiver sido ela própria a comunicar a sua revogação ao tribunal estadual);
- na mesma hipótese de mero reconhecimento da providência cautelar estrangeira, em caso de sua *suspensão* arbitral, dir-se-ia dever a sentença judicial de reconhecimento subsistir (embora suspensa também) até ao levantamento arbitral da suspensão da providência – o que deve ser comunicado ao tribunal estadual pela parte que lhe deu conhecimento da decisão de suspensão

–, reerguendo-se ou caindo ela, de vez, consoante os casos, e não se aplicando aqui a disposição da subalínea *iii)* da alínea *a)* do art. 28º/1, relativa às recusas de reconhecimento ainda não sentenciadas;
- no caso de *alteração* arbitral da providência cautelar estrangeira já reconhecida judicialmente, haverá lugar à reapreciação contraditória do pedido de reconhecimento sentenciado;
- quanto à hipótese de providência cautelar **já executada judicialmente**, a sua *revogação* pelos árbitros será comunicada ao tribunal estadual, como manda a lei (podendo ser o próprio executado a fazê-lo, já se disse antes), mas só haverá lugar a alguma diligência processual no sentido de o tribunal estadual revogar também os efeitos executivos produzidos e de reconstituir o *status quo ante* – como deve acontecer, depois de ouvido o exequente – se tal não tiver ainda ocorrido mediante o acatamento voluntário (por este) da decisão arbitral revogatória;
- nesta mesma hipótese de execução já concluída judicialmente, em caso de *suspensão* da providência cautelar, o tribunal estadual – depois de lhe ter sido feita a comunicação respectiva pelo executado, e de ouvir o exequente – mandará (porque a decisão arbitral deixou de ser obrigatória) reconstituir provisoriamente o *status quo ante* execução, até que venha a decisão final dos árbitros no sentido da manutenção, revogação ou alteração da providência;
- se, em vez da revogação ou suspensão da decisão cautelar, sobrevier (ainda dentro da hipótese com que agora se lida) uma sua *alteração*, o tribunal estadual – depois de observadas as formalidades apropriadas – reconhecê-la-á ou não e, em caso afirmativo, ordenará as alterações da situação executiva em conformidade com a providência alterada.

Outra hipótese é a de o pedido de reconhecimento e (ou) de execução da providência cautelar **estar ainda pendente em tribunal estadual**, quando é levada ao seu conhecimento a revogação, a suspensão ou a alteração da respectiva decisão arbitral. Nesse caso,

vii) ocorrendo a *revogação* ou a *suspensão* da providência, o tribunal estadual recusará o reconhecimento ou execução pedidos, como se prevê na subalínea *iii)* da alínea *a)* do art. 28º/1, e ordenará o encerramento do processo – mesmo se, na hipótese de mera suspensão, se pudesse suspendê-lo, com vantagens manifestas em termos de celeridade e economia processuais, caso a suspensão da providência seja levantada e ela mantida;
viii) ocorrendo uma *alteração* da providência, aproveitam-se, dos actos e formalidades já praticados, o que for compatível com a alteração verificada e praticam-se os actos e formalidades necessários para pôr o processo em conformidade com ela.

Nº 3

8. *A exigibilidade, pelo tribunal estadual, da prestação de caução prévia da execução da providência cautelar: natureza, âmbito objectivo, iniciativa e pressupostos*

Permite-se aqui ao tribunal estadual ao qual se requerer "*o reconhecimento ou a execução coerciva da providência*" que, se o entender apropriado à protecção dos interesses do requerido ou de terceiros, imponha ao requerente a prestação de uma caução idónea e razoável que acautele a responsabilidade em que ele pode incorrer por força do antecedente art. 26º e das regras gerais de responsabilidade civil.

Isto, como o legislador adverte, no caso de "*o tribunal arbitral não* [ter] *tomado já uma decisão sobre essa matéria*" ou, então, se estiver em causa a protecção de interesses de terceiros – o que significa, se bem a interpretamos, que a norma veda (e bem) ao tribunal arbitral a possibilidade de fixar cauções em benefício da posição de terceiros.

Mas suscita-se a propósito da aplicação do preceito a necessidade de esclarecimentos e de formulação de várias interrogações.

Em primeiro lugar, já o dissemos em comentário ao art. 24º, não é, em princípio, uma caução *on first demand*, mas sim subsequente de condenação judicial que sobrevenha nos termos da 2ª parte do anterior art. 26º, porque, embora pareça desproposidado que se estenda uma medida como esta, adequada à protecção de interesses envolvidos na *execução* de uma providência cautelar, também ao processo do seu *reconhecimento* – no qual se decide apenas da adopção pela nossa ordem jurídica de uma decisão judicial estrangeira, não derivando daí prejuízos directos ou indirectos para quem quer que seja –, a solução faz algum sentido para incentivar o demandado ao acatamento voluntário da providência reconhecida.

Em segundo lugar, a crer na letra da lei, o tribunal estadual só poderia decidir sobre esta matéria, impondo ou não a prestação de caução, se o tribunal arbitral não se tiver pronunciado já sobre a questão, não tiver tomado uma qualquer decisão, seja ela no sentido de obrigar o requerente a prestar uma caução idónea e razoável, de prestar uma caução insuficiente ou de não o obrigar a coisa nenhuma.

Quando a solução mais razoável, *de iure condendo*, pelo menos, seria a de permitir ao tribunal estadual – que é quem conhece aquilo com que a execução mexe – rever a decisão tomada pelos árbitros, se considerasse insuficiente ou inadequada a caução por eles fixada ou recusada.

É de lembrar também que, no caso de o requerente não ter prestado a caução que o tribunal arbitral determinara, o tribunal estadual não deve substituir a caução antes ordenada por uma nova determinada por si mesmo – que não foi para isso que a lei lhe conferiu, neste art. 27º/2, o poder para determinar a prestação de caução pelo exequente –, pelo menos, no caso de o executado ou o requerido haverem invocado tal falta como fundamento da recusa do reconhecimento ou da execução pedida.

Assinala-se para terminar que a fixação da caução pode resultar da iniciativa oficiosa do tribunal (como muitas vezes acontecerá, no caso da protecção de terceiros) ou de pedido que lhe formule nesse sentido, consoante os processos em causa, o requerido ou executado.

Nº 4

9. *Irrecorribilidade (e impugnabilidade) das diversas sentenças "cautelares" nacionais*

Não são susceptíveis de recurso – diz-se aqui, sem preocupações sistemáticas –, além das decisões dos tribunais arbitrais (só das portuguesas, claro) em que se decida sobre os pedidos de decretamento de ordens preliminares ou de providências cautelares, nos termos dos antecedentes arts. 20º e ss., também as sentenças proferidas por tribunais estaduais sobre o reconhecimento ou execução coerciva de uma providência cautelar arbitral, emitidas ao abrigo deste art. 27º.

Assinala-se

- que todas as decisões referidas constituem *sentenças* para efeitos, por exemplo, dos importantíssimos arts. 42º e 46º desta LAV;
- que, ao contrário do que acontece com a sentença final do processo arbitral – sobre cuja recorribilidade as partes podem acordar expressamente (art. 39º/4) –, as sentenças *sub iudice* são sempre irrecorríveis;
- que, não sendo recorríveis, tais sentenças são contudo susceptíveis de impugnação e anulação pelo tribunal estadual competente, com base nos fundamentos do art. 46º.

Artigo 28.º
Fundamentos de recusa do reconhecimento ou da execução coerciva

1 – O reconhecimento ou a execução coerciva de uma providência cautelar só podem ser recusados por um tribunal estadual:
  a) A pedido da parte contra a qual a providência seja invocada, se este tribunal considerar que:
   i) Tal recusa é justificada com fundamento nos motivos previstos nas subalíneas *i)*, *ii)*, *iii)* ou *iv)* da alínea *a)* do n.º 1 do artigo 56.º; ou

ii) A decisão do tribunal arbitral respeitante à prestação de caução relacionada com a providência cautelar decretada não foi cumprida; ou

iii) A providência cautelar foi revogada ou suspensa pelo tribunal arbitral ou, se para isso for competente, por um tribunal estadual do país estrangeiro em que arbitragem tem lugar ou ao abrigo de cuja lei a providência tiver sido decretada; ou

b) Se o tribunal estadual considerar que:

i) A providência cautelar é incompatível com os poderes conferidos ao tribunal estadual pela lei que o rege, salvo se este decidir reformular a providência cautelar na medida necessária para a adaptar à sua própria competência e regime processual, em ordem a fazer executar coercivamente a providência cautelar, sem alterar a sua essência; ou

ii) Alguns dos fundamentos de recusa de reconhecimento previstos nas subalíneas *i)* ou *ii)* da alínea *b)* do n.º 1 do artigo 56.º se verificam relativamente ao reconhecimento ou à execução coerciva da providência cautelar.

2 – Qualquer decisão tomada pelo tribunal estadual ao abrigo do n.º 1 do presente artigo tem eficácia restrita ao pedido de reconhecimento ou de execução coerciva de providência cautelar decretada pelo tribunal arbitral. O tribunal estadual ao qual seja pedido o reconhecimento ou a execução de providência cautelar, ao pronunciar-se sobre esse pedido, não deve fazer uma revisão do mérito da providência cautelar.

Fontes

Nº 1 – Lei-Modelo da Uncitral (versão de 2006), artigo 17º-I/1
Nº 2 – Lei-Modelo da Uncitral (versão de 2006), artigo 17º-I/2

Comentário:

1. A suposta taxatividade dos fundamentos de recusa do reconhecimento ou execução da providência: o caso inominado da "oposição" do tribunal arbitral à execução judicial
2. A distinção entre os fundamentos nominados comuns à recusa do reconhecimento e à recusa da execução coerciva e os específicos desta última
3. Os fundamentos de recusa da subalínea *i)* da alínea **a)** do art. 28º/1: reenvio para o art. 46º/3
4. O fundamento de recusa da subalínea *ii)* da alínea **a)** do art. 28º/1: eventual suprimento e aplicação extensiva à caução ordenada judicialmente
5. Os fundamentos de recusa da subalínea *iii)* da alínea **a)** do art. 28º/1: dúvidas sobre as opções da lei
6. O fundamento de recusa oficiosa da subalínea *i)* da alínea **b)** do art. 28º/1: a reformulação arbitral ou judicial da providência "recusada" e audiência das partes
7. Os fundamentos de recusa oficiosa da subalínea *ii)* da alínea **b)** do art. 28º/1: remissão e reenvio
8. A dupla limitação da competência dos tribunais estaduais nestes processos

Nº 1

1. *A suposta taxatividade dos fundamentos de recusa do reconhecimento ou execução da providência: o caso inominado da "oposição" do tribunal arbitral à execução judicial*

É aos tribunais estaduais, como vimos, que o art. 27º, nos seus nºs 1 e 3, confere jurisdição para conhecer dos pedidos de reconhecimento e (ou) de execução coerciva de providências cautelares decretadas por tribunais arbitrais.

No processo respectivo – que se desenrola, como assinalámos, nos termos vistos nos comentários a esse art. 27º –, o reconhecimento e a execução coerciva pedidos pelo requerente *"só podem ser recusados"*, dispõe-se neste nº 1 do art. 28º, com os fundamentos das suas diversas alíneas.

Tratar-se-ia de uma disposição taxativa, portanto.

À semelhança do que sucede com o seu aparentado art. 56º/1, também não haveria aqui, além dos fundamentos legalmente nominados de recusa do reconhecimento ou execução pretendidos, outros (que não venham expressamente referidos na lei e) que pudessem levar a essa recusa.

Há, pode haver, é certo, providências cautelares que não são susceptíveis de execução, são *self-executing*, incrustando-se os seus efeitos directa e imediatamente na esfera jurídica do requerido.

Mais impressiva parece, ainda, a hipótese de o requerente pedir ao tribunal estadual que adopte medidas executivas inadequadas ou excessivas, que não sirvam à providência decretada ou que ultrapassem total ou parcialmente os efeitos dela decorrentes – caso que não vem contudo previsto na lei.

Sucede que o pedido de reconhecimento ou execução, nesses casos, não é objecto de *recusa* – que se cinge a aspectos relacionados com a validade ou a eficácia arbitrais da *sentença* cautelar –, não se aplicando aos casos de inconsistência ou *improcedência* do *pedido*, figura bem diferente, como melhor se distingue em comentário ao art. 56º/1.

Há, porém, um caso inominado de recusa judicial de execução da providência decretada insusceptível de subsunção em qualquer uma das alíneas deste art. 28º/1, e que põe em causa, portanto, o carácter taxativo do respectivo elenco.

Referimo-nos ao facto de o art. 27º/1 ter tornado a possibilidade de recorrer à execução coerciva em tribunal estadual dependente de o tribunal arbitral não "[ter] *decidido de outro modo*", excluindo (podíamos dizer "opondo-se" a) essa possibilidade: a decisão cautelar arbitral é obrigatória – pelo que o caso nem se subsumiria na previsão da alínea *v)* do art. 56º/1 [nem, de resto, este art. 28º/1 *a)*, *i)*, remete para ela] –, sendo óbvio, porém, que o tribunal estadual, arguida que seja tal excepção pelo executado, deve recusar o pedido de execução formulado pelo exequente.

2. *A distinção entre os fundamentos comuns à recusa do reconhecimento e à recusa da execução coerciva e os específicos desta última*

De entre os fundamentos enunciados nas diversas alíneas deste art. 28º/1 da LAV, alguns respeitam à recusa, pelo tribunal estadual, ou do pedido de reconhecimento ou do pedido de execução coerciva da providência cautelar, outros apenas a este último pedido.

Na verdade, enquanto no caso do reconhecimento o tribunal estadual é accionado apenas para proferir um juízo de carácter declarativo – de mera conformidade ou não desconformidade com a ordem jurídica portuguesa e de consequente e automática recepção entre nós da providência decretada por tribunal estadual estrangeiro –, já no caso do pedido de execução coerciva (de sentenças arbitrais portuguesas ou de sentenças arbitrais estrangeiras já reconhecidas) o tribunal é solicitado a pronunciar-se sobre vários aspectos da providência e, além disso, também a agir, a ordenar diligências e a fazê-las executar, pelo que, sendo mais amplos e intrusivos os efeitos executivos, o controlo sobre o processo e sobre a sentença arbitral é mais extenso e intenso do que no caso do reconhecimento.

São fundamentos *comuns* às duas recusas os referidos nas subalíneas *i)* (todos eles) e *iii)* da alínea *a)* e na subalínea *ii)* da alínea *b)* do art. 28º/1. São específicos do processo judicial de execução coerciva da providência cautelar arbitral os da subalínea *ii)* da alínea *a)* – embora, a aplicar-se a norma do anterior art. 28º/3 nos seus termos literais (o que rejeitámos) se pudesse entender ser esta subalínea extensiva também ao caso da recusa de reconhecimento – e, ao que parece, também o da subalínea *i)* da alínea *b)*.

3. *Os fundamentos da recusa da subalínea **i)** da alínea **a)** do art. 28º/1: reenvio para o art. 46º/3*

Os primeiros fundamentos da recusa, que só são cognoscíveis pelo tribunal estadual a pedido da parte requerida, enuncia-os a norma desta subalínea por remissão para as subalíneas *i), ii), iii)* e *iv)* da alínea *a)* do art. 56º/1.

Remeta-se a leitor, então, para o que a propósito de cada uma delas dizemos em comentário ao art. 56º, o que – como aí se reproduzem adaptadamente alguns fundamentos de impugnação e anulação de sentenças arbitrais contidos no art. 46º/3 – significa que o leitor vai ser reenviado, em relação a tais fundamentos, daquele art. 56º para o tal art. 46º.

4. *O fundamento da recusa da subalínea **ii)** da alínea **a)** do art. 28º/1: eventual suprimento e aplicação extensiva à caução ordenada judicialmente*

Dependente da iniciativa do requerido está também a possibilidade de o tribunal estadual recusar o reconhecimento ou a execução coerciva que lhe forem pedidos com fundamento no facto de o requerente não ter cumprido ainda a decisão do tribunal arbitral que lhe ordenou, nos termos do art. 24º/2, a prestação da sua caução.

O cumprimento dessa obrigação de prestação de caução não pode ocorrer, parece-nos, durante o próprio processo judicial de execução coerciva, perante o tribunal estadual competente, pois é ao tribunal que decreta a obrigação de tal prestação que cabe averiguar e decidir se a caução prestada cumpre, ou não, os requisitos de idoneidade e de suficiência por si impostos ou pressupostos.

Pelo que, pretendendo o requerente, na pendência do processo judicial, prestar agora, perante o próprio tribunal arbitral, a caução que este lhe exigira – e, para não se entrar num rebuscado procedimento prenhe de formalidades – entende-se que ele deve apresentar o documento da caução no tribunal arbitral e, obtida a declaração deste de que a caução está prestada, enviar essa declaração ao tribunal estadual.

Quanto ao âmbito da previsão desta subalínea, entende-se dever o pedido de execução coerciva ser recusado, também, quando o requerente não cumpra, no prazo fixado, a obrigação de prestação de caução que lhe tenha sido imposta pelo próprio tribunal estadual, quer no processo de execução de sentenças portuguesas quer no processo de reconhecimento e (ou) de execução de sentenças estrangeiras – não se vendo qualquer razão formal ou substancial para distinguir entre caução arbitral ou judicialmente decretada.

5. *Os fundamentos de recusa da subalínea **iii)** da alínea **a)** do art. 28º/1: dúvidas sobre as opções da lei*

Trata-se de novo fundamento de recusa, este da revogação ou suspensão da providência arbitral, que fica dependente de arguição do requerido, não podendo o tribunal estadual decidir sobre o mesmo – ainda que tenha conhecimento dos factos em que se funda – sem que tal pretensão lhe seja por ele manifestada expressamente, de maneira explícita ou implícita.

Paradoxalmente, resultaria do art. 27º/2 deverem os factos que integram este fundamento ser comunicados ao tribunal pelo requerente, não se prevendo expressamente – como sustentámos ter de admitir-se extensivamente – que o requerido também o possa fazer.

Consiste então o presente fundamento no facto de a providência cautelar ter sido revogada ou suspensa pelo tribunal arbitral português que a decretou ou – caso ele seja competente para o efeito (por não lho vedar ou por lho permitir a lei aplicável) – pelo tribunal *estadual* estrangeiro que haja proferido uma providência cautelar reconhecida entre nós, devendo responder-se negativamente, parece, à questão de saber se tal decisão de revogação ou suspensão, para produzir efeitos perante tribunal estadual português, terá também que ser previamente reconhecida.

Basta então que o requerido ou executado requeira ao tribunal português, com esse documentado fundamento, que recuse o reconhecimento ou execução pedidos (ou suspenda o processo que perante si corre, se se tratar de uma suspensão de providência decretada arbitralmente no estrangeiro) – devendo, além disso, atentar-se na extensão de âmbito deste fundamento proposta no termo do comentário anterior.

6. *O fundamento de recusa da subalínea i) da alínea b) do art. 28º/1: a reformulação arbitral ou judicial da providência "recusada" e audiência das partes*

Consiste este fundamento da recusa do pedido de execução coerciva da providência cautelar – que é do conhecimento oficioso do tribunal e pode também ser suscitado pela parte requerida – no facto de o tribunal estadual não ter competência para adoptar as medidas executivas que a providência requereria ou, então, que o regime processual nele observável não consinta na adopção de tais medidas.

Nesse caso, a decisão cautelar arbitral fica desprovida da efectividade que só uma tutela judicial correspondente lhe poderia assegurar, pelo que

- ou, constatada a impotência do tribunal estadual, o requerente refaz o seu requerimento cautelar e o tribunal arbitral, ouvido de novo o requerido, substitui a providência antes por si decretada por outra que seja efectivável através do tribunal estadual;
- ou, alternativamente, permite-se a este último que – ouvidas as partes e sem mexer na essência dela – reformule a providência cautelar para a adequar à sua competência ou regime processual.

A lei só se refere a esta segunda alternativa, porque, julgamos, a primeira já resulta dos poderes conferidos ao tribunal arbitral no anterior art. 24º/1, isto é, de, no decurso do próprio processo judicial de reconhecimento ou execução da providência, ele a revogar ou alterar.

Problema delicado é o de saber quando é que a "*essência*" da providência cautelar arbitralmente decretada deve considerar-se mantida ou alterada pela reformulação a que o tribunal estadual proceder – e só dessa, pois a reformulação pelo tribunal arbitral não está sujeita a esse limite.

7. *Os fundamentos de recusa da subalínea **ii**) da alínea **b**) do art. 28º/1: remissão e reenvio*

Os fundamentos de recusa do pedido de reconhecimento ou execução da providência cautelar arbitral previstos nesta subalínea – que são também de conhecimento oficioso, nos termos referidos no comentário antecedente – vêm definidos por remissão para as subalíneas *i*) e *ii*) da alínea *b*) do art. 56º/1, consistindo em, de acordo com o direito português, o objecto do litígio não poder ser decidido pela via arbitral ou em o reconhecimento ou execução da providência decretada conduzir a um resultado reprovado pela "*ordem pública internacional do Estado português*".

Quanto àquele primeiro fundamento, constata-se que não funciona aqui, tratando-se de arbitragens nacionais portuguesas ou de arbitragens estrangeiras – em função do critério de localização da sede da arbitragem –, a salvaguarda ou válvula de escape convalidante prescrita, em relação às arbitragens internacionais portuguesas, no art. 51º/1.

Remete-se então o leitor para o que a propósito destes fundamentos escrevemos em comentário ao art. 56º/1, mas, como daí o remetemos depois para os comentários às subalíneas *i)* e *ii)* da alínea *b)* do art. 46º – por serem insignificantes as adaptações dali constantes –, procede-se aqui, desde já, a esse reenvio.

Nº 2

8. A dupla limitação da competência dos tribunais estaduais nestes processos

O que se dispõe no primeiro período da norma é que a decisão do tribunal estadual a propósito do pedido de reconhecimento ou de execução coerciva de uma providência cautelar arbitral "*tem eficácia restrita*" ao reconhecimento ou execução pretendidas.

O que aí se quer prescrever – além de que o tribunal estadual só tem poderes para se pronunciar sobre se a providência "estrangeira" é reconhecida no direito ou ordem jurídica portuguesa e sobre a própria execução de providências "portuguesas" ou reconhecidas – é que a sentença "estadual" que extravase desses efeitos padece de nulidade.

Dito isto, vem o 2º período deste nº 2 estabelecer que, no seio destes processos, o tribunal estadual "*não deve fazer uma revisão do mérito da providência cautelar*" – ou seja, não pode revogá-la, suspendê-la ou alterá-la, como mais frequentemente dizemos nós.

Isto, sem prejuízo de a LAV lhe permitir expressamente, na subalínea *i)* da alínea *b)* deste art. 28º/1, *reformular* a providência cautelar decretada pelo tribunal arbitral (embora só com a finalidade de a adaptar à sua própria competência, quando fosse originariamente incompetente para a executar), sem poder porém adoptar medidas executivas diversas das que tenham sido pedidas pelo requerente.

Artigo 29.º
Providências cautelares decretadas por um tribunal estadual

1 – Os tribunais estaduais têm poder para decretar providências cautelares na dependência de processos arbitrais, independentemente do lugar em que estes decorrem, nos mesmos termos em que o podem fazer relativamente aos processos que corram perante os tribunais estaduais.

2 – Os tribunais estaduais devem exercer esse poder de acordo com o regime processual que lhes é aplicável, tendo em consideração, se for o caso, as características específicas da arbitragem internacional.

Fontes

Nº 1 – Lei-Modelo da Uncitral (versão de 2006), artigo 17º-J
Nº 2 – Lei-Modelo da Uncitral (versão de 2006), artigo 17º-J

Comentário:

1. *O decretamento de providências cautelares arbitrais portuguesas ou estrangeiras por tribunais estaduais: competência, litispendência e regime processual*
2. (cont.) *A reafirmação do regime processual aplicável: sua adaptação às arbitragens internacionais*

1. *O decretamento de providências cautelares arbitrais portuguesas ou estrangeiras por tribunais estaduais: competência, litispendência e regime processual*

1. Dispõe-se no nº 1 deste art. 29º que os tribunais estaduais portugueses têm competência para decretar providências cautelares relativas a processos arbitrais, *"nos mesmos termos em que o podem fazer relativamente aos processos que corram perante"* si.

Resulta daí que
- se trata de uma competência primária, concorrente daquela que se confere aos tribunais arbitrais para decretarem provi-

dências cautelares respeitantes ao objecto dos litígios perante eles prantados;
- que, em relação a essa competência concorrente, funcionam as regras do regime de litispendência entre processos judiciais com elementos subjectivos e objectivos idênticos;
- que só podem ser requeridas aos tribunais estaduais providências que eles tenham competência para decretar segundo a lei por que se regem, sendo as mesmas decretáveis através dos mesmos meios processuais de que eles se servem no uso da sua própria competência cautelar.

Esta possibilidade de decretamento judicial de providências cautelares "arbitrais" justifica-se, primeiro, do ponto de vista dos interesses do sistema e do próprio requerido, porque, assim, quem decidirá do litígio cautelar é um tribunal experiente em matéria de tutela cautelar, e não um tribunal arbitral constituído *ad hoc* e para avaliar de questão diferente, aquela que se prende directamente com o objecto do litígio.

Fica por esclarecer, em relação a esta matéria, o sentido e efeitos imputáveis ao facto de se dispor que os tribunais estaduais têm competência para decretar providências cautelares "*na dependência de processos arbitrais*", antes ou depois da sua instauração, durante o seu decurso, "*independentemente do lugar em que estes decorram*".

Tratar-se-ia, parece-nos, de habilitar os tribunais estaduais portugueses a decretar providências cautelares em relação a arbitragens cuja sede se localiza no estrangeiro – ficando por resolver, claro, a questão da sua eficácia além fronteiras se os efeitos da providência extravasarem para aí –, mas já não em relação a arbitragens portuguesas sedeadas em local diverso daquele que as leis processuais aplicáveis definem como territorialmente competente para o decretamento de providências cautelares, que essas estão sujeitas ao *imperium* do art. 59º/4 da LAV.

Nº 2

2. (cont.) *A reafirmação do regime processual aplicável: sua adaptação às arbitragens internacionais*

Já resultaria de uma interpretação lata do nº 1 que o regime processual do decretamento de providências cautelares "arbitrais" por tribunais estaduais, inclusivamente quanto aos respectivos pressupostos e requisitos, é o seu regime processual próprio, aquele estabelecido pelas normas que regulam a concessão de providências cautelares nos processos principais que perante eles correm.

Só não é assim em relação às providências ditadas em relação a arbitragens internacionais com sede em Portugal – e apenas em relação a essas, já não às arbitragens estrangeiras, às quais se aplicará o exposto no comentário anterior –, permitindo-se em tal caso, dado o *princípio do favor* que as rodeia, e de que são paradigma os arts. 50º e 51º da LAV, que o tribunal estadual adeqúe o respectivo regime processual às características peculiares dessas arbitragens, como seja, por exemplo, a possibilidade de as partes poderem prestar depoimento como testemunhas, e não na qualidade de parte.

CAPÍTULO V
Da condução do processo arbitral

Artigo 30.º
Princípios e regras do processo arbitral

1 – O processo arbitral deve sempre respeitar os seguintes princípios fundamentais:
   a) O demandado é citado para se defender;
   b) As partes são tratadas com igualdade e deve ser-lhes dada uma oportunidade razoável de fazerem valer os seus direitos, por escrito ou oralmente, antes de ser proferida a sentença final;
   c) Em todas as fases do processo é garantida a observância do princípio do contraditório, salvas as excepções previstas na presente lei.

2 – As partes podem, até à aceitação do primeiro árbitro, acordar sobre as regras do processo a observar na arbitragem, com respeito pelos princípios fundamentais consignados no número anterior do presente artigo e pelas demais normas imperativas constantes desta lei.

3 – Não existindo tal acordo das partes e na falta de disposições aplicáveis na presente lei, o tribunal arbitral pode conduzir a arbitragem do modo que considerar apropriado, definindo as regras processuais que entender adequadas, devendo, se for esse o caso, explicitar que considera subsidiariamente aplicável o disposto na lei que rege o processo perante o tribunal estadual competente.

4 – Os poderes conferidos ao tribunal arbitral compreendem o de determinar a admissibilidade, pertinência e valor de qualquer prova produzida ou a produzir.

5 – Os árbitros, as partes e, se for o caso, as entidades que promovam, com carácter institucionalizado, a realização de arbitragens voluntárias, têm o dever de guardar sigilo sobre todas as informações que obtenham e documentos de que tomem conhecimento através do processo arbitral, sem prejuízo do direito de as partes tornarem públicos os actos processuais necessários à defesa dos seus direitos e do dever de comunicação ou revelação de actos do processo às autoridades competentes, que seja imposto por lei.

6 – O disposto no número anterior não impede a publicação de sentenças e outras decisões do tribunal arbitral, expurgadas de elementos de identificação das partes, salvo se qualquer destas a isso se opuser.

Fontes

Nº 1.*a*) – art. 16º (reformulado) da LAV de 1986

Nº 1.*b*) – Lei Inglesa, Section 33 (1) a); Lei escocesa Section 33 (1) a); Regulamentos da ICC e do LCIA; Lei-Modelo da Uncitral, art. 18º

Nº 1.*c*) – art. 16º (reformulado) da LAV de 1986; Lei-Modelo da Uncitral, art. 18º (reformulado); Lei Alemã (ZPO), §1042 (1) reformulado; Lei Espanhola, art. 24º/1 (reformulado); Lei Inglesa, Section 33 (1) a) (reformulada); Lei Sueca, arts 21º e 24º/1 e 2 (reformulado)

Nº 2 –art. 15º/1 da LAV de 1986; Lei-Modelo da Uncitral, art. 19º/1 (reformulado); Lei Alemã (ZPO), §1042 (2) (reformulado), Lei Espanhola, art. 25º/1 (reformulado); Lei Sueca, art. 21º (reformulado)

Nº 3 – art. 15º/3 da LAV de 1986; Lei-Modelo da Uncitral, art. 19º/1; Lei Alemã (ZPO), § 1042 (4); Lei Espanhola, art. 25º/2; lei Sueca, art 21º (reformulado)

Nº 4 – Lei-Modelo da Uncitral, art. 19º/1; Lei Alemã (ZPO), § 1042(4); Lei Espanhola, art. 25º/2
Nº 5 – Lei Espanhola, art. 24º/2

Comentário

1. Os "princípios" e "regras" fundamentais do processo arbitral: sua diferente natureza, âmbito de aplicação (à arbitragem e ao processo arbitral) e modo (directo e derivado) de efectivação
2. A vinculação das partes e do tribunal aos princípios fundamentais do processo: consequências parcialmente invalidantes da sua violação na convenção ou no regulamento de arbitragem
3. O "princípio" da exigência de citação prévia do demandado: o caso excepcional das ordens preliminares

3A. Consequências da falta de citação

4. O princípio da igualdade: suas manifestações e limites
5. O direito a alegações finais: exigência autónoma do processo arbitral. A discutida tese da prevenção das decisões-surpresa
6. O princípio do contraditório: âmbito, objecto e sua regulação arbitral e convencional
7. As excepções e a diversidade de manifestações do exercício do contraditório (a pronúncia e a resposta)
8. Princípios fundamentais inominados do processo arbitral e da arbitragem: promoção do acesso à justiça, boa-fé, colaboração, informalidade (escrita) e neutralidade do processo
9. Conceito de regulamento de arbitragem: as várias autorias e congregação das respectivas disposições
10. A autonomia das partes na fixação do regulamento da arbitragem: limites, modo e tempo
11. O regulamento da arbitragem da autoria do tribunal arbitral: criação e comunicação pré-processuais
12. (cont.) As subordinantes do regulamento de arbitragem do tribunal e as fontes de integração das suas lacunas: requisitos e amplitude do recurso ao CPC (ao CPTA, etc.)

13. *A competência exclusiva do tribunal arbitral em matéria probatória: âmbito, consequências e modos de expressão*
14. *As práticas internacionais e os limites dos poderes do tribunal em matéria probatória: exemplos de ambos*
15. *Os limites à utilização de meios probatórios em caso de sua produção nos tribunais estaduais: remissão*
16. *O dever de sigilo arbitral: âmbito subjectivo, objectivo e excepções*
17. *Consequências da violação do dever de sigilo*
18. *Publicação de sentenças arbitrais: pressupostos e cautelas*

Nº 1

1. *Os "princípios" e "regras" fundamentais do processo arbitral: sua diferente natureza, âmbito de aplicação (à arbitragem e ao processo arbitral) e modo (directo e derivado) de efectivação*

Os princípios e regras do processo arbitral enunciados no nº 1 deste art. 30º da LAV correspondem aos que os arts. 3º e 4º do novo CPC fazem valer no processo civil e são algo diferentes dos que os arts. 6º a 8º do CPTA incrustram no processo judicial administrativo, mantendo essencialmente (embora num arranjo sistemático próprio) os que já se encontravam consagrados no art. 16º da LAV de 1986.

Esses princípios e regras assumem carácter fundamental, pois que a sua violação pode gerar a anulabilidade quer da sentença quer das restantes decisões arbitrais em que tal violação se reflicta, abrindo as portas à respectiva impugnação perante os tribunais do Estado.

Impugnação directa ou derivada, consoante a violação das referidas regras e princípios se exprima na própria sentença – como pode suceder com o princípio da igualdade, se nesta se tratar desigualmente o que é igual – ou resulte da sua preterição (de tais regras e princípios) em formalidades ou fases anteriores do processo mas com potencial influência na respectiva decisão final (ver comentários ao art. 46º/3).

O carácter fundamental dos princípios e regras deste nº 1 exprimiu-o também o legislador, dispositiva e enunciativamente, ao estabelecer –

numa formulação que suscita porém dúvidas – que o processo arbitral *"deve **sempre** respeitar os seguintes princípios **fundamentais** [...]"*.

Dúvidas, desde logo, porque, ao contrário do que escreveu na epígrafe da norma, trataram-se aqui todas estas exigências fundamentais como *princípios* gerais, quando algumas delas, como é o caso da referida na alínea *a)*, sobre a citação de demandado, correspondem antes a *regras jurídicas*.

Ora, se é verdade que as *regras jurídicas* são sempre para respeitar e aplicar porque, diversamente dos princípios gerais, obedecem à "lógica do tudo ou nada" – encerrando *"um comando jurídico abstracto de «sim ou não», sobre se uma determinada conduta ou pretensão é ou não juridicamente admitida ou legítima, tirando o intérprete daí tendencialmente, através de um silogismo jurídico simples, de premissa maior, menor e conclusão, a solução que o legislador, o autor da regra, quis para essa categoria de casos"*, excluindo qualquer outra ponderação, colisão ou solução (cf., na sequência da lição de Gomes Canotilho, os escritos de Mário Esteves de Oliveira e Rodrigo Esteves de Oliveira, em *Concursos e Outros Procedimentos de Contratação Pública*, pp. 169 e ss.) –, se as regras jurídicas funcionam ou se aplicam assim, como se dizia, já o mesmo não acontece com os referidos princípios gerais.

Dizem os AA. citados que *"os princípios são normas cujo relevo para o caso [...] só se alcança depois de se saber qual é o verdadeiro peso e valia que eles têm na hipótese concreta, além de que, sendo natural o fenómeno da colisão ou confluência entre princípios, sucede muitas vezes que a protecção ou o objectivo a que iriam votados num ambiente juridicamente asséptico, e donde decorreria uma solução incondicionada, tenha de ser confrontada, ponderada e eventualmente harmonizada com outros princípios jurídicos* [e outros valores ou interesses juridicamente protegidos, diríamos] *pertinentes, concretamente aplicáveis e valorizáveis na hipótese em causa"*.

Para concluir, em suma, como aquele constitucionalista conimbricense que *"a convivência dos princípios é conflitual, a convivência das regras antinómica: em caso de conflito, os princípios coexistem, as regras excluem-se"*.

O que, de resto, a própria LAV confirma, porque aquele *"o processo arbitral deve sempre respeitar"* vem desmentido logo pelo facto de a subalínea *ii*) da alínea *a*) do art. 46º/3 só atribuir força invalidante aos princípios gerais do art. 30º quando a sua violação tenha influência decisiva na solução do litígio, além de que se admitem excepções específicas a algumas dessas exigências, como sucede no art. 22º/1 e na alínea *c*) do nº 1 deste próprio art. 30º.

Ora, das quatro disposições contidas nas 3 alíneas deste nº 1, duas, a da alínea *a*) e a da segunda parte da alínea *b*), sobre as exigências de citação e de alegações finais, correspondem a regras jurídicas – devendo ser aplicadas sempre que a *fattispecie* da sua previsão abstracta ocorra em concreto –, mas as outras duas correspondem a princípios gerais cuja aplicação, em teoria, pelo menos, deve ser moldada em função das circunstâncias de cada caso e da eventual necessidade da sua harmonização com outros princípios e exigências do processo.

Quanto ao seu âmbito de aplicação, os princípios e regras deste art. 30º valem preferencialmente (como também veremos infra, no comentário nº 8) para o *processo* arbitral, "*stricto sensu*", ou seja, para a fase processual da arbitragem – na qual se aplicam, em geral, sempre que uma hipótese processual suscite o seu emprego –, sem excluir a possibilidade da sua aplicação também (salvo, naturalmente, as referidas regras da citação prévia e das alegações finais) ao próprio *procedimento de constituição do tribunal arbitral*, à fase "judiciária" da arbitragem, digamos assim, na qual devem aplicar-se de igual modo se a sua preterição puder colocar um dos litigantes em posição desfavorecida.

É que há aí, já nessa fase constitutiva, e ainda não propriamente processual, formalidades ou incidentes vários que assumem uma índole conflitual, como pode suceder em matéria de designação judicial de árbitros de parte (ou, mais ainda, de partes plurais) ou nos processos de recusa ou destituição de árbitros, como vimos em momento oportuno. O acórdão *Ducto*, de que então falámos, é a prova provada disso mesmo.

2. A vinculação das partes e do tribunal aos princípios fundamentais: consequências parcialmente invalidantes da sua violação na convenção ou no regulamento de arbitragem

Que os árbitros estão obrigados a fazer valer na tramitação do processo arbitral as regras e os princípios postos neste preceito – podendo a sua desaplicação ou o erro na respectiva aplicação envolver a invalidade directa ou derivada da sentença ou da decisão em que se exprime ou reflecte tal violação – é proposição pacífica com tradução prática na subalínea *ii)* da alínea *a)* do art. 46º/3 da LAV.

Como também é evidente que tais regras e princípios fundamentais, por um lado, vinculam as partes – limitando o alcance da autonomia jurídica da sua vontade mútua na configuração e disciplina do processo arbitral, que eventualmente façam constar da convenção de arbitragem (ou de acordo posterior sobre as regras da arbitragem, estabelecido nos termos do subsequente nº 2) – e, por outro lado, vinculam o tribunal arbitral, quando é ele a configurar essas regras.

A questão é saber quais são as consequências resultantes de se inscreverem nos documentos constitutivos e conformadores da arbitragem cláusulas e disposições contrárias às mencionadas regras e princípios fundamentais.

Excluindo a hipótese de subordinar estes à vontade convencional – o que todos rejeitamos, claro –, deve então o tribunal arbitral pôr fim ao processo oficiosamente, por não o poder levar a cabo de acordo com as regras estabelecidas? Ou deve antes dar como não escritas essas cláusulas e conduzir o processo arbitral, na parte respectiva, de acordo com as exigências deste nº 1 do art. 30º?

Não obstante se entender que estamos perante cláusulas *nulas*, e não meramente anuláveis – pelo que o próprio tribunal arbitral pode conhecer oficiosamente, a todo o tempo, dessa sua invalidade e, depois, o tribunal estadual anular a sentença que não as sancione –, a verdade é que, em princípio, elas não geram a invalidade total da convenção, acordo ou regulamento em que foram inscritas nem a nulidade do processo arbitral, estando-se perante um caso de negócio ou acto jurídico parcialmente inválido e de invalidade dos actos processuais eventualmente praticados na conformidade dele (de tal acto ou negócio).

Regra geral, no caso de convenção ou acordo de partes com cláusulas nulas, será certamente de admitir que, se soubessem da invalidade dessas cláusulas, elas quereriam à mesma a convenção de arbitragem na parte não afectada pela existência da cláusula inválida, do mesmo modo que os princípios do respeito da vontade constitutiva das partes, o do aproveitamento dos actos processuais e, ainda, os interesses da economia processual apontariam no sentido da manutenção da convenção, do acordo ou do regulamento arbitral, de um lado, e dos actos processuais, de outro lado, na sua parte sã.

Só não será assim, se se demonstrar que, sem a parte ferida de invalidade, os litigantes, ou um deles, não teriam querido a convenção (nem que o processo arbitral decorresse diferentemente do que haviam estipulado).

3. O "princípio" da exigência de citação prévia do demandado: o caso excepcional das ordens preliminares

O princípio fundamental da alínea *a)* do nº 1 deste art. 30º – que é uma regra jurídica, e não um princípio geral, como já se disse – é então o de que o demandado deve ser citado para se defender, dando-se-lhe conhecimento da instauração da acção arbitral e da respectiva petição e documentos, convidando-o a defender-se.

Pretende-se, através da imposição desta regra, vedar que a pretensão do demandante possa tornar-se efectiva perante o demandado sem previamente ele ser chamado a pronunciar-se sobre (a admissibilidade e) o mérito da mesma.

Como, no entanto, de acordo com a alínea *a)* deste art. 30º/1, é também através de um acto processualmente qualificável como *citação* (art. 228º/1, *in fine*, do CPC, hoje, art. 219º do novo CPC) que a pessoa contra quem é requerida uma providência cautelar é chamada a opor-se-lhe, poderia julgar-se – ainda para mais atentando no facto de, no corpo deste nosso preceito, se dispor que o processo arbitral *"deve respeitar sempre"* as regras enunciadas nas suas diversas alíneas –, poderia julgar-se, dizíamos, que a exigência de citação do demandado seria formalidade indispensável do processo arbitral qualquer que fosse a pretensão que através dela se leva ao conhecimento do demandado, seja a principal ou a cautelar.

E não é bem assim.

Por um lado, porque, se no que respeita ao *pedido principal* e ao pedido de decretamento de *providências cautelares*, o tribunal arbitral, com o "pequeno" desvio do art. 23º/4, só pode decidir validamente depois de citar o demandado e de lhe oferecer a oportunidade de se defender – é o que resulta desta mesma alínea *a)* e, quanto a essas providências, do nº 1 do art. 20º –, já quanto às *ordens preliminares* do art. 22º é a própria lei a dispor que as mesmas sejam emitidas, a pedido do demandante sem prévia audição do demandado. Pelo que, nesse caso (se tais ordens forem requeridas a abrir o processo arbitral), não haverá lugar à citação do demandado para se defender em relação a elas.

Por outro lado, embora com naturais cautelas, deverá ter-se em atenção a jurisprudência que dimana do acórdão do STJ de 02.02.2006 (proc. n.º 05B3766), onde se assinalou que, como "*o processo de arbitragem tem o seu formalismo próprio, é à luz da lei do procedimento arbitral, e não segundo a lei processual portuguesa, que deve ser aferida a questão de saber se a citação para esse processo foi feita na forma devida, sendo sem cabimento a exigência de carta registada com A/R fundada nos arts. 233º, nº2º, al.a), 236º e 247º CPC*".

3A. Consequências da falta de citação

As consequências da falta de citação da parte demandada ou de um seu comparte – desde que não haja dolo ou falta de cuidado indesculpável deles – variam consoante os casos.

Há o caso em que o demandado interveio posteriormente no processo, há o caso de falta absoluta de efectiva intervenção sua aí, há o caso de uma chamada sua ao processo por parte do tribunal – devendo as tentativas frustradas de intervenção ter o mesmo tratamento –, há o caso em que um litisconsorte não foi citado, etc.

No caso de intervenção posterior, no processo, da parte que não foi citada, as consequências consistem na necessidade de repetição de todos os actos e formalidades que lhe deveriam ter sido dirigidas ou em cuja prática ela tinha o direito de participar, o que redunda, em princípio, na necessidade de renovar todos os trâmites do processo desde a citação (inclusive) e cuja repetição o demandado não dispense expressamente – salvo, claro, aqueles que eram da autoria exclusiva do demandante.

Assim, o acto de junção de documentos por este mantém-se, devendo porém disso ser notificada, no momento processualmente azado, a parte demandada.

Já no caso de falta absoluta de intervenção da parte não citada no processo, nem notificada da sentença, não há lugar à impugnação dessa decisão, claro, tudo se volvendo para a fase da respectiva execução judicial, se ela for desencadeada, podendo então a parte revel opor-se à execução precisamente com fundamento na falta de citação para o processo arbitral (à semelhança do previsto na alínea *d)* do art. 729º do novo CPC).

No caso de o réu revel ter sido notificado da sentença arbitral contra si proferida, é esta que deve ser por ele impugnada, com fundamento na subalínea *ii)* da alínea *a)* do art. 46º/3, no prazo de 60 dias do respectivo nº 6.

Aos fundamentos referidos ainda poderá o oponente ou o impugnante acrescentar o da ofensa aos *princípios da ordem pública internacional do Estado Português* – que, aliás, o tribunal estadual pode conhecer oficiosamente –, invocando a inexistência de um *processo equitativo*, falta considerada, no direito arbitral comparado, como causa de nulidade das decisões arbitrais.

As regras do processo civil (que, à partida, nem são aqui directamente aplicáveis), por sua vez, não têm grande préstimo em toda esta matéria, pois parte-se aí, sempre, do pressuposto do posterior suprimento da falta de citação – em virtude de uma intervenção superveniente do citando ou da existência de uma ordem do tribunal para se repetir a citação (hoje, arts. 189º, 191º/2 e 566º do novo CPC), hipótese que encarámos acima, em primeiro lugar –, só se dispondo sobre os efeitos da sua falta insuprida no caso da pluralidade de réus (art. 190º do novo CPC).

Nessa hipótese, no regime do processo civil, no caso de litisconsórcio *necessário*, faltando a citação de um dos réus, *"anular-se-á tudo o que se tenha processado depois das citações"* – de acordo com alínea *a)* do art. 190º do novo CPC – enquanto no caso do litisconsórcio voluntário *"nada se anula"*, valendo o processo e a sua decisão apenas para os réus citados, nos termos da respectiva alínea *b)*.

4. O princípio da igualdade: suas manifestações e limites

O princípio da igualdade do tratamento das partes – que, inclusivamente, se sobrepõe à concessão convencional de algum privilégio a alguma delas – tem de ser entendido *cum grano salis*, razão pela qual se considera bem-vinda a supressão, na actual versão da LAV, da referência do art. 16º da versão de 1986 à *"absoluta igualdade"* entre as partes.

Até porque, como já se disse, se está aqui perante um princípio, e não uma regra jurídica – que, nem estas são, aliás, de aplicação ou extensão absoluta, podendo arredar-se em *estado de necessidade* ou com previsão legal, como já vimos suceder também aqui, na LAV.

A exigência da absoluta igualdade entre as partes pressupunha efectivamente um entendimento e uma aplicação estritamente formais do princípio, quando, como é da sua própria natureza, o que com ele se pretende vedar é que se estabeleçam distinções arbitrárias, sem fundamento objectivo, entre situações de facto – aqui, entre situações processuais – racional e teleologicamente idênticas.

Em relação às decisões processuais do tribunal arbitral, considera-se como primeira exigência do princípio da igualdade a de que se apliquem a situações ou actos que mexem com interesses idênticos das partes os mesmos critérios decisórios, o que redundará então, em regra, em dispensar o mesmo tratamento a ambas as partes quando as situações processuais em que se encontrem sejam iguais e dar-lhes tratamento diverso, embora norteado por igual critério, quando, pondo em causa interesses da mesma espécie delas, as situações com que se defrontam sejam processualmente desiguais.

Assim, se ambas as partes devem ser chamadas a pronunciar-se *ad hoc* sobre documentos apresentados pela contraparte, pede-se que o tribunal arbitral conceda, por hipótese, 5 dias à que tem um documento de 15 folhas para analisar e, vá lá, 20 dias à outra que se defronta com um documento de idêntica complexidade mas com 75 folhas.

Outras manifestações do princípio da igualdade, temo-las, por exemplo,

- na obrigação de o tribunal facultar a consulta do processo em condições de tempo iguais para ambas as partes ou, então, fixadas de acordo com o mesmo critério;
- na obrigação de notificar uma parte sobre os esclarecimentos, quanto à sequência e ao modo das formalidades processuais, que tenha prestado à outra;
- na obrigação de pagamento de preparos em montantes e prazos iguais – se as partes, podendo fazê-lo (do que duvidámos acima, no comentário nº 2), não tiverem convencionado diversamente;
- no facto de se permitir aqui, ao contrário do processo civil, tanto a alteração da petição quanto a da contestação (art. 33º/3);
- na exigência de, nomeando-se um perito por indicação de uma parte, se nomear (o) outro por indicação da contraparte.

5. *O direito a alegações finais: exigência autónoma do processo arbitral. A discutida tese da prevenção das decisões-surpresa*

A alínea *b)* deste art. 30º, nº 1, da LAV insere sistematicamente, no seio (ou a par) do princípio da igualdade, o dever de o tribunal dar às partes "*uma oportunidade razoável de fazerem valer os seus direitos, por escrito ou oralmente, antes de ser proferida a sentença final*", formulação algo obscura – pois, parecendo tratar-se de instituir a fase ou formalidade das *alegações finais*, a expressão "*fazer valer os seus direitos*" não o reflecte imediata e univocamente – e também escassa, por não exprimir a extensão que tal formalidade poderá ter.

Tratar-se-ia aí das alegações finais de direito, sendo de condenar a prática absurda que se vai vendo, aqui e ali, de o tribunal arbitral não proferir, antes das referidas alegações, uma decisão sobre a matéria de facto, obrigando as partes a alegarem a final de facto e de direito.

Seja ou não esse o sentido da norma, a verdade é que não se vê que ligação poderá o mencionado direito de alegações finais ter com o princípio da igualdade, sendo de presumir que o legislador não tivesse, com essa união contextual, a preocupação de afirmar o óbvio, isto é, que a oportunidade de tais alegações deve ser proporcionada a ambas as partes e em condições de prazo iguais. Nem se deduz desse enquadramento que o prazo para apresentação das alegações deveria correr contemporaneamente, sendo a regra da sua apresentação sucessiva – primeiro pelo demandante (e pelo reconvinte, quanto ao pedido reconvencional), seguidamente pelo demandado – plenamente conforme com o princípio da igualdade.

E mais consentânea, de resto, com o princípio do contraditório.

Um outro sentido possível do preceito da segunda parte desta alínea *b)* do nº 1 do art. 30º consistiria em se exigir que o tribunal, no caso de propender para proferir uma sentença final com fundamento em normas que não tenham sido invocadas e discutidas pelas partes durante o processo, dever dar-lhes a conhecer a solução que pretende consagrar na sentença para que elas não venham a confrontar-se com uma *decisão-surpresa* e possam pronunciar-se sobre isso numa derradeira instância anterior à sentença final.

Assim, à guisa de um direito de audiência prévia, como sucede com os actos administrativos lesivos.

Se bem o lemos, propende para aí, com reticências e riscos, Ribeiro Mendes (*Lei da Arbitragem Voluntária*, AAVV, p. 63), que chega a referir-se à tese de os árbitros não poderem proferir a sentença com base em normas de que as partes não fizeram uso – um uso fundamentador, presumimos –, o que justificaria então a necessidade de as chamar a pronunciar-se previamente no caso de o tribunal arbitral se preparar para decidir por referência a tais preceitos.

Não se rejeita que a ideia tenha as suas vantagens – mais lisura com as partes, evitando-lhes o desconforto de *decisões-surpresa*, decisões mais pensadas, etc. –, embora também haja aí inconvenientes de tomo, abrindo-se uma nova e complicada fase do processo, por ser natural que as partes, uma delas, pelo menos, se dediquem não apenas ao estudo do novo enquadramento jurídico da causa, mas também a depreciar veementemente tal opção face àquela por que haviam enveredado antes.

Como quer que seja, uma coisa é certa.

E isso é que não há na fórmula do segundo segmento desta alínea *b)* do nº 1 do art. 30º do LAV qualquer vestígio de que o direito aí conferido às partes tenha algo a ver com a possibilidade ou proibição de decisões-surpresa – sendo o direito de alegar conferido em quaisquer circunstâncias, mesmo sem a eventualidade de tais decisões –, nem há vestígio de que os árbitros devam dar-lhes a conhecer os fundamentos (novos ou usados) com que admitem vir a proferir a sua sentença.

Não há aí, portanto, aquele mínimo de correspondência verbal que o legislador (art. 9º/3 do Código Civil) e os intérpretes sempre necessitam de encontrar para optar por um determinado sentido interpretativo.

Assim, para nós, no direito português, a norma que deu vazão às preocupações do art. 18º da Lei Modelo nada tem a ver (como ele também não tem, aliás) com a prevenção de decisões-surpresa ou com a proibição de se decidir com base em normas não discutidas.

6. *O princípio do contraditório: âmbito, objecto e sua regulação arbitral e convencional*

O legislador apressou-se a esclarecer que o princípio do contraditório da alínea *c)* do n.º 1 do art. 30º funciona *"em todas as fases do processo"*, não se restringindo portanto à fase dos articulados e da audiência de julgamento – eventualmente, à fase de alegações finais, como vimos no comentário antecedente.

Por outro lado, o direito de contradita respeita não apenas à faculdade de cada parte se pronunciar sobre as pretensões processuais da outra, mas também a de ambas serem ouvidas previamente sobre as decisões de questões de facto ou de direito que o tribunal tenha que tomar, mesmo as de carácter oficioso, e que possam afectar a consistência da posição de cada uma delas no processo – trata-se, portanto, digamos assim, de um direito simultaneamente face à contraparte e face ao tribunal.

É evidente porém que, no que respeita às decisões do tribunal arbitral, o direito ao contraditório só funciona quando ele tenha que se pronunciar decisoriamente sobre *questões* de facto ou de direito – como quando decide da (im)procedência de excepções, da matéria de facto, do mérito do pedido – ou quando se trate de decisões processuais "surpresa", e não necessariamente sempre que exerce os seus poderes de direcção e condução do processo (ainda que em situações não contempladas na lei de processo ou no regulamento da arbitragem), fixando datas e prazos, notificando para cumprimento de formalidades, rejeitando um rol de testemunhas excessivo, e por aí fora.

Nesses casos, o princípio do contraditório, como garantia fundamental do processo, há-de funcionar, claro, sem excepção das fases instrutórias, mas não sempre, necessariamente, através de um contraditório prévio à determinação judicial em causa, havendo lugar, sim, a reclamações ou requerimentos de parte (com contraditório da outra parte) subsequentes da decisão judicial.

Já em relação às pretensões processuais de uma das partes, o direito ao contraditório, se não estiver convencionalmente regulado de maneira distinta – porque, assegurado o respectivo mínimo legal, podem as partes estendê-lo (desde que em conformidade também com as exigências do princípio da igualdade) –, o direito ao contraditório, dizia-se, cabe apenas à contraparte e, se esta não formular a esse mesmo propósito qualquer pretensão "reconvencional", digamos assim, não se devolve à parte requerente para rebater os contra-argumentos, mesmo que originais, que o requerido haja invocado.

Solução facilmente compreensível, pois, se as pretensões processuais das partes formuladas ao tribunal devem ser devidamente fundamentadas, isso significa que o respectivo requerente já manifestou a sua posição a tal propósito.

Note-se, aliás, que, hoje em dia, com o novo art. 584º do CPC, a réplica do autor já nem pode versar sobre as excepções suscitadas pelo réu, mas só quando tenha sido deduzido pedido reconvencional, limitando-se a réplica à impugnação dos factos da reconvenção.

7. As excepções e a diversidade de manifestações do exercício do contraditório (a pronúncia e a resposta)

Como a própria alínea c) do nº 1 do art. 30º revela, o princípio do contraditório comporta excepções, desde logo, em nome da tutela efectiva dos direitos que se pretendem fazer valer através do processo arbitral.

Aí está o caso previsto no art. 22º/1 da LAV, permitindo-se que o tribunal arbitral emita ordens preliminares (de providências cautelares) a requerimento de uma das partes e sem audiência prévia da parte requerida, para que não se frustre o objectivo da providência pedida.

É também o caso, bem mais delicado, do art. 23º/4.

Na lei da arbitragem, não há outras excepções ao princípio do contraditório, nem as que encontramos no processo civil, pois elas são inaplicáveis aqui, como decorre da parte final da alínea c) do nº 1 deste art. 30º, que se refere apenas às *"excepções previstas na presente lei"*.

Não constitui excepção ao princípio do contraditório, mas mera falta dos pressupostos do seu reconhecimento, a falta de audiência de parte (ou de ambas as partes) quando, em circunstâncias idênticas às que agora se verificam, elas já se tivessem pronunciado ponderadamente sobre a matéria "contraditável".

Assim, por exemplo, se uma parte já respondeu a pretensão processual idêntica à que a outra agora vem renovar com argumentos similares – por se ter limitado a suprir irregularidades formais que primeiramente o tribunal havia assinalado –, não se exigirá que se lhe conceda nova oportunidade de contraditório. Só se se tratar de uma renovação do mesmo tema abordado agora sob novas perspectivas é que haverá lugar a novo contraditório.

Do mesmo modo que, no caso de *pronúncia* de uma parte, em primeira mão sobre uma questão do processo (vg., a competência do tribunal arbitral *ratione materiae*), se a contraparte se apresentar posteriormente, com base nessa mesma questão, a sustentar *ex novo* a excepção de incompetência, deve assegurar-se àquela a oportunidade de *resposta* ou *defesa*.

É que estão aí em causa manifestações diferentes e com diferente alcance e finalidade do direito de contraditório: no caso da *pronúncia*, trata-se do seu exercício "a seco", de mera alegação, *en passant*, sobre matéria "virgem" no processo, digamos assim, enquanto que, no caso da *resposta* ou *defesa*, aquele que exerce o direito de contraditório vem opor-se, vem contestar a posição e os argumentos invocados pela contraparte.

A mera afirmação ou *pronúncia* de uma parte sobre uma questão processual, emitida sem conhecimento do que a outra parte tem para oferecer a esse mesmo propósito, parece não cobrir, portanto, nem precludir, o direito de *resposta* que uma norma (ou cláusula convencional) lhe assegure.

8. *Princípios fundamentais inominados do processo arbitral e da arbitragem: promoção do acesso à justiça, boa-fé, colaboração, informalidade (escrita) e neutralidade do processo*

Foi certamente porque os princípios da igualdade e do contraditório – para não falar já na regra da precedência de citação do demandado – são de aplicação mais rigorosa e mais simples, e portanto mais frequente e eficaz, que a LAV os enunciou como princípios fundamentais do processo arbitral, omitindo qualquer referência a outros, alguns dos quais, não obstante inominados, aparecem reflectidos em várias disposições suas.

Estão nesse caso, designadamente:
- o princípio da *promoção do acesso à justiça*, como manifestação da garantia da tutela judicial efectiva do art. 20º da CRP, e que pede que as normas processuais sejam interpretadas, *em caso de dúvida razoável*, no sentido de promover a emissão de sentenças ou decisões sobre o *mérito* das pretensões formuladas, em detrimento de uma interpretação que conduza à solução *processual* do litígio, a uma absolvição de instância (já não, claro, no caso de improcedência do pedido por verificação de uma excepção peremptória, como no caso da prescrição do direito);

- os princípios da *boa fé* e da *colaboração* entre tribunal e partes, revelado, por exemplo, na proibição da litigância de má fé e nos arts. 23º/1, 25º, 34º da LAV;
- o princípio da *informalidade* da tramitação do processo arbitral, com vestígios frequentes na LAV, devendo o processo, salvo nos casos de previsão das normas da LAV ou da arbitragem, ser orientado pela ideia de facilitismo formal, de desburocratização das respectivas formalidades, em tudo quanto não mexa com a segurança ou fidedignidade dos actos e declarações processuais (que devem, por isso, ser praticados ou vazados por escrito nos autos do processo arbitral);
- o princípio da *flexibilidade* do processo e dos instrumentos legais da arbitragem, permitindo adoptar soluções que, não ferindo os seus interesses ou valores fundamentais, agilizam, facilitam ou tornam mais paritário ou garantístico o respectivo regime, como, por exemplo, no caso de admissibilidade de contra--providências cautelares;
- o princípio da *neutralidade do processo* revelado, por exemplo, nos arts. 9º/3, 9º/6, 13º e 31º da LAV;

Assinale-se, como já fizemos antes, no comentário nº 1, que, além dos princípios fundamentais típicos (o que não quer dizer exclusivos) do *processo* arbitral – entendido *stricto sensu*, por exemplo, no art. 44º da LAV, como respeitante à fase processual da arbitragem –, há também princípios respeitantes directamente à *arbitragem*, à sua organização e funcionamento, à "fase judiciária" da *constituição do tribunal arbitral*, portanto.

É o que acontece com o tantas vezes propalado *princípio da autonomia da vontade*, com os princípios da *independência* e *imparcialidade* dos árbitros – revelados, por exemplo, no nº 2 deste art. 30º e no art. 9º/3 da LAV, da maior importância na dignificação da arbitragem –, com os princípios da *liberdade de aceitação* por parte das pessoas designadas para o cargo de árbitros e o da *pressuposição do seu conhecimento (anterior à aceitação) das circunstâncias essenciais da arbitragem e do processo*, etc.

Sem que isso queira dizer que os pressupostos da igualdade e do contraditório deste art. 30º não se apliquem jamais nessa fase "judiciária" da arbitragem – até porque têm lá várias manifestações explícitas, seja, por exemplo, o facto de cada parte ter direito à nomeação de igual número de árbitros (art. 10º) –, embora o domínio privilegiado da sua aplicação continue a ser o do processo arbitral, *stricto sensu*.

Nº 2

9. *Conceito de regulamento de arbitragem: as várias autorias e congregação das respectivas disposições*

Designamos por *regulamento de arbitragem* o complexo de regras convencionadas ou acordadas pelas partes e (ou) estabelecidas pelo tribunal arbitral, que devam ser observadas na arbitragem, seja na fase pré-processual de constituição do tribunal arbitral – caso em que só podem ser ditadas pelas partes –, seja no decurso do processo arbitral.

Quem detém o poder primário de fixação das regras processuais de tal regulamento são as partes, ou na própria convenção ou em acordo posterior (a formalizar até à aceitação do primeiro árbitro), tudo como se dispõe no nº 2 do art. 30º da LAV.

Se os litigantes não acordarem sobre as regras processuais, ou na parte em que sobre elas não tenham disposto, directa ou remissivamente, compete ao tribunal arbitral fazê-lo, *"definindo as regras processuais que entender adequadas"*, como manda o nº 3 deste mesmo art. 30º.

O regulamento de arbitragem pode portanto ser composto, na parte respeitante ao processo arbitral, por regras de diversa autoria (e contextualizadas em documentos diversos), sem prejuízo da sua aplicação conjugada, prevalecendo, em caso de divergência, as estipuladas pelas partes – salvo se forem inválidas, nulas e desaplicadas pelo tribunal, aplicando-se então aquelas que ele criara subordinadamente.

Se as regras do regulamento de arbitragem, nomeadamente as processuais, constarem de documentos diversos – e podem até ser mais de dois, por exemplo, a convenção de arbitragem, um acordo posterior das partes e uma deliberação do tribunal arbitral –, podem os árbitros, para comodidade da respectiva consulta e aplicação, congregá-las formalmente num único documento (porque, substancialmente, elas são sempre imputáveis ao respectivo autor e de aplicação conjugada).

10. *A autonomia das partes na fixação do regulamento de arbitragem: limites, modo e tempo*

O facto de os princípios e as regras fundamentais a respeitar no processo arbitral estarem definidos na lei não altera a sua essência como processo assente, mais do que qualquer outro, na autonomia da vontade das partes, conferindo-se-lhes neste nº 2 a faculdade de escolherem o regime processual que melhor sirva os seus interesses e os atributos que querem ver assegurados na respectiva tramitação, sempre com respeito por aqueles princípios e regras fundamentais *"e pelas demais normas imperativas da presente lei"*.

Fórmula aliás demasiado restrita, esta do remate do preceito legal, pois que a compatibilidade das regras convencionais do processo com as normas imperativas da lei estende-se a qualquer lei que disponha sobre o processo arbitral e sobre as suas implicações judiciais.

Com a mencionada restrição "à presente lei", o legislador terá pretendido assegurar, nomeadamente a quem recorra às arbitragens internacionais com sede em Portugal (ver comentário aos arts. 49º e ss.), que os litigantes não serão surpreendidos por "armadilhas" processuais contidas em outras leis, mas a verdade é que as regras relativas à aplicação e hierarquia das fontes de direito não permitem arredar da relação de supra e infra-ordenação das normas de processo escolhidas pelas partes as normas imperativas sobre a matéria eventualmente acolhidas em outras leis, que não a LAV.

A restrição em causa deve pois entender-se mais como um alerta do legislador da LAV para que, no futuro, não venha a dispor-se *ad hoc* e imperativamente sobre o processo arbitral ou sobre questões que nele se reflictam, recomendando que isso se faça por alteração da própria LAV.

O segundo limite à autonomia das partes na fixação das regras ou do regulamento de arbitragem resulta do disposto no nº 4 deste art. 30º, do qual parece resultar – vamos ver em que medida em comentário ao art. 34º/1 – que, em matéria de admissibilidade, de pertinência e de

ARTIGO 30º

valor de qualquer prova produzida ou a produzir no processo, o único órgão "regulamentarmente" competente é o tribunal arbitral.

Por outro lado, a fixação das regras do processo arbitral pelas partes pode aspirar à exaustão ou respeitar apenas a uma parcela maior ou menor daquelas que as partes consideram essenciais – deixando na parte restante esse encargo para o tribunal, nos termos que se analisarão subsequentemente – e pode fazer-se directamente ou por remissão para as normas de qualquer lei processual (por não estarem as partes subordinadas à regra do segmento final do subsequente nº 3) ou para o regulamento de qualquer centro de arbitragem institucionalizado.

Mas a fixação dessas regras pelas partes só pode ser feita, diz a lei, "*até à aceitação do primeiro árbitro*", o que, ao contrário do que vimos suceder noutras situações, em que também se remete para esse momento a possibilidade de as partes decidirem de questões da arbitragem – ver, por exemplo, os comentários ao art. 4º/1 e ao art. 43º/1–, aqui bem se compreende.

Do ponto de vista racional, porque, assim, nenhum árbitro será posto perante a exigência de aplicação de regimes processuais com que não contavam e com que, porventura, não se sentiriam confortáveis; do ponto de vista jurídico, porque, diz-se (ver Armindo Ribeiro Mendes *et allii*, *Lei da Arbitragem Voluntária Anotada*, p. 63), no momento da aceitação do primeiro árbitro "*inicia-se a passagem de poderes processuais das partes para os árbitros*" – sem que isso signifique, claro, dizemos nós, que eles sejam detentores desses poderes logo desde aí, a não ser nos tribunais de árbitro único, pois que, no caso do tribunal pluralmente constituído, só quando já existirem todos os árbitros (e não apenas a sua maioria, note-se) é que a passagem de poderes para eles pode considerar-se producente.

Nº 3

11. O regulamento de arbitragem da autoria do tribunal arbitral: criação e comunicação pré-processuais

Na falta (total ou parcial) do acordo regulador das partes e de disposições imperativas ou subsidiárias da própria LAV, dispõe-se aqui poder "*o tribunal arbitral [...] conduzir a arbitragem do modo que considerar apropriado, definindo as regras processuais que entender adequadas [...]*".

A sugestão que aí se colhe de poder o tribunal ir conduzindo o processo do modo que a cada momento considerar apropriado é enganosa, julgamos, exigindo-se que, pelo menos, aquela parcela das regras processuais que possa influenciar decisivamente a invocação e a demonstração da valia das pretensões de cada uma das partes deve ser definida e comunicada pelo tribunal arbitral às partes antes do início da fase dos articulados, num *regulamento de arbitragem* parcial ou total.

Corresponde essa exigência, aliás, à prática internacional defendida pelos melhores AA. (podendo ver-se, por todos Julian Lew, *Achieving the Dream: Autonomous Arbitration*, em *Arbitration International*, Vol. 22, Issue 2, *Kluwer Law International*), estabelecendo-se nas *Guide Lines* da IBA, por exemplo, que os árbitros devem, logo que puderem, no início das suas funções, redigir e dar a conhecer o regulamento com as regras a observar no processo.

Diversamente, deve conceder-se aos árbitros uma margem de liberdade para ir fixando oportuna e pontualmente as regras processuais em tudo aquilo que não contenda, ou possa contender (decisivamente), com a apresentação e a demonstração da posição das partes.

Promovendo-se assim, equilibradamente, os interesses da confiança e certeza processual, de um lado, com os da liberdade e verdade material do outro, tratando-se, com aqueles primeiros – mesmo se em medida inferior à que se exigia na LAV de 1986, por a actual ser dispositivamente muito mais densa –, de permitir que os litigantes adequem a sua estratégia processual em função de parâmetros conhecidos, e não de forma aleatória, para que a decisão do processo não resulte de "alçapões" processuais, mas da realidade factual provada e do direito material que lhe seja aplicável.

Será recomendável então que onde possam perigar os interesses das partes na apresentação e demonstração das suas pretensões, o tribunal arbitral fixe as regras com que elas irão deparar-se no decurso do processo.

O cumprimento tardio do dever de prévia definição do regulamento de arbitragem pelo tribunal abre as portas à impugnação da decisão final, nos termos da subalínea *iv)* da alínea *a)* do art. 46º/3, se o desconhecimento atempado das respectivas regras tiver tido influência decisiva e ilegítima nessa decisão.

12. (cont.) *As subordinantes do regulamento de arbitragem do tribunal e as fontes de integração das suas lacunas: requisitos e amplitude do recurso ao CPC (ao CPTA, etc.)*

O *regulamento de arbitragem* da autoria do tribunal arbitral está naturalmente sujeito, em primeiro lugar, às mesmas subordinantes daquele que as partes tivessem estabelecido – sendo ele inválido e determinando, como já se viu, a anulabilidade da decisão final por si influenciada decisivamente, em caso de incompatibilidade com as normas e princípios fundamentais do nº 1 deste art. 30º ou com disposições imperativas da lei –, ao que acresce ainda, em segundo lugar, a exigência da sua conformidade com as regras processuais "de base" que porventura as partes hajam criado na convenção ou em acordo pré-arbitral para serem desenvolvidas ou concretizadas pelo tribunal.

Em aspectos processuais da arbitragem, mandam então, decrescentemente,

- as normas imperativas da LAV (art. 30º/2),
- os princípios fundamentais do nº 1 do art. 30º da LAV (*ibidem*),
- as regras fixadas por acordo das partes ou pela pessoa a quem elas cometerem essa definição, incluindo o presidente do tribunal arbitral, em relação a matérias que não contendam com tais princípios (*ibidem*),
- as regras fixadas pelo tribunal arbitral, nas matérias dos nº 3 e 4 do art. 30º, com os mesmos limites
- e, subsidiariamente, as normas de processo civil ou de processo administrativo, consoante a jurisdição em causa, como se vê de seguida.

Com efeito, os tribunais arbitrais, dispõe-no ainda este nº 3, podem servir-se dos regimes processuais aplicáveis nos tribunais estaduais correspondentes – e só no seu correspondente, como parece resultar dessa norma pelo menos, para os casos de utilização *ad hoc* – , desde que remetam expressamente para aí (ou para uma sua parte) a busca e determinação das regras que se aplicarão ao processo arbitral.

Só nessas circunstâncias, de sua convocação expressa, é que podem aplicar-se aos processos arbitrais cíveis normas do processo declarativo do CPC e aos processos arbitrais administrativos as normas correspondentes do CPTA. No silêncio do regulamento, a fixação da disciplina aplicável no processo far-se-á com base no poder conferido aos árbitros na parte final deste nº 3 do art. 30º, traduzindo-se essa omissão, em regra, não numa lacuna, mas na adopção de um *programa normativo* assente no poder de *adequada decisão* por parte do tribunal.

Decisão baseada, naturalmente, nos princípios fundamentais da igualdade, do contraditório, da proporcionalidade, da boa-fé, da protecção da confiança e da celeridade processual, em suma, nos princípios gerais de direito arbitral, primeiramente deduzidos da nossa lei e das suas ideias-mestras, depois, por apelo às soluções estabelecidas na jurisprudência dos principais centros de arbitragem internacionais.

Esse desamor da actual LAV pela aplicação do processo civil (administrativo, etc.) como lei subsidiária do regulamento de arbitragem tem a sua justificação, desde logo, no facto de os interesses que norteiam o recurso à arbitragem não coincidirem com os que subjazem aos processos declarativos judiciais, impregnados que estão, estes, de algum formalismo, compreensível no seio de uma máquina judicial pública, mas, em regra, contrário às preocupações de verdade material e de celeridade que dominam os processos arbitrais.

Para além de, nas arbitragens internacionais "portuguesas", se pretender evitar que as partes, ou uma delas, sejam surpreendidas pela aplicação de normas que lhes são provavelmente estranhas.

A última questão que se suscita é a de saber se os árbitros podem pura e simplesmente remeter para as referidas leis processuais a fixação das regras aplicáveis *primariamente* ao processo arbitral, sem criar quaisquer umas de sua lavra, que lhes pareçam "apropriadas" ou "adequadas", ou se só lhes é dado fazê-lo a *título subsidiário*, entendendo-se ser aquela a solução correcta.

Ela tem, aliás, uma consistente correspondência verbal neste nº 3 do art. 30º, no qual a remissão pura e simples para o direito processual como lei subsidiária da arbitragem não está dependente de outros pressupostos que não sejam os da apropriada consideração do tribunal arbitral.

Nº 4

13. A competência exclusiva do tribunal arbitral em matéria probatória: âmbito, consequências e modos de expressão

Dispõe-se neste nº 4 caberem nos poderes conferidos ao tribunal arbitral o de *"determinar a admissibilidade, a pertinência e o valor de qualquer prova produzida ou a produzir"* – podendo pois pensar-se que, se mais não houvesse, resultaria excluído, logo daí, o regime do art. 18º da LAV de 1986, de acordo com o qual só eram permitidos em processo arbitral os meios de prova admitidos pela lei processual civil.

Não significa, não pode significar contudo, o disposto na norma deste nº 4 – aliás, o preceito do art. 34º/1, nomeadamente a final, revela-o logo – estar vedado às partes fixar as regras do processo nas matérias ligadas com a admissão, a produção e a valia da prova, não poderem elas dispor, por exemplo, sobre os meios de prova que (não) são utilizáveis no processo arbitral, sendo um seu eventual acordo nessa matéria plenamente válido e eficaz.

O que nesta norma do art. 30º se confere aos árbitros – de maneira equívoca, há que dizê-lo – é que, independentemente de qualquer regra escrita que o consagre, é a eles que cabe a *aplicação* das regras da arbitragem nas referidas matérias probatórias, não a sua *fixação* (embora também isso possa caber-lhes por força do preceito do nº 3 deste mesmo artigo).

Ou seja, é aos árbitros que, face a qualquer meio de prova concreto carreado para o processo relativamente a certo facto, cabe determinar, em função das regras abstractas da arbitragem, quaisquer que sejam, se tal meio de prova é admitido, se se refere ao facto ou matéria *probandi* e qual a valia, a força, que se lhe deve atribuir, isto é, qual a medida em que ele deve contribuir para a convicção do tribunal.

Olhando ao preceito legal, quando nele se escreve *"qualquer prova produzida ou a produzir"*, até poderia dizer-se que esses poderes conferidos ao tribunal arbitral se referem, por um lado, à possibilidade – no caso de as respectivas regras não terem sido fixadas por acordo das partes – de ele definir abstractamente, no regulamento de arbitragem, as normas aplicáveis às matérias deste nº 4 ou, então, de o fazer concretamente, *ad hoc*, a propósito de cada facto *demonstrandi* e de cada meio de prova que se queira utilizar para o efeito.

Assinale-se, porém, que aquela primeira proposição resulta do disposto no nº 3, não exactamente deste nº 4 – que, nessa parte, se limita a dispor, já se disse, sobre a *aplicação* pelo tribunal das regras (já existentes ou a criar por ele, *ad hoc*) relativas á admissibilidade, pertinência e valia de qualquer meio de prova.

14. As práticas internacionais e os limites dos poderes do tribunal em matéria probatória: exemplos de ambos

No preceito da lei, não se opõem aos enunciados poderes do tribunal arbitral em matéria probatória quaisquer limites ou condicionamentos – os quais existem, não obstante, como se verá.

O princípio geral é, porém, o de que – agora, na actual LAV, sem o espartilho das regras de prova do CPC – os árbitros elejam livremente os meios de prova admissíveis no processo, podendo assim adoptar as práticas internacionais na matéria.

Tudo isso deve, claro, ser compaginado com os princípios gerais de direito de que a LAV se faz eco – como é o caso dos princípios da igualdade e do contraditório –, com os que respeitam à ordem pública – como é o caso da força probatória das declarações dos agentes de autoridade dotados de fé pública – e, ainda, compaginado com aqueles que vêm sendo universalmente aceites na matéria, como acontece com a utilização de meios de prova que ofendam direitos fundamentais (por exemplo, o da reserva de privacidade), que violem segredos comerciais, industriais e similares, que envolvam a realização de buscas, a apreensão de bens, a realização de escutas telefónicas, etc.

As aludidas práticas internacionais poderão, por outro lado, constituir importantes *guidelines* para a determinação das regras aplicáveis em matéria de produção de prova em arbitragens *ad hoc*: são meios de prova comuns na prática internacional os depoimentos das testemunhas por escrito (*written statements*), bem como os depoimentos de testemunhas técnicas (*expert witnesses*) que, não sendo peritos, podem ser ouvidas sobre a parte técnica do litígio.

Finalmente, permite-se que o tribunal arbitral dê ao depoimento de parte valor testemunhal ou probatório para além da confissão, podendo ademais ser requerido pelo próprio e não apenas pela contraparte.

15. Os limites à utilização de meios probatórios em caso de sua produção nos tribunais estaduais: remissão

Prevendo-se no subsequente art. 38º desta LAV deverem os tribunais estaduais competentes cooperar na obtenção de provas que, com autorização do tribunal arbitral, lhe sejam solicitadas por um dos (ou ambos os) litigantes – dada a impotência dele para impor a colaboração de terceiros ou das próprias partes na produção de prova –, pergunta-se se esse dever de cooperação se estende a qualquer meio de prova admitido arbitralmente ou se se cinge àqueles que são admitidos pela correspondente lei processual (no caso do processo civil, a prova por documento, a prova pericial, a prova por inspecção judicial e a prova testemunhal, afastada que está, nestas circunstâncias, a prova por confissão de parte).

Procura responder-se a tal questão em comentário ao art. 38º.

Nº 5

16. O dever de sigilo arbitral: âmbito subjectivo, objectivo e excepções

Ligado à origem dos processos arbitrais – a que as partes recorriam para que a existência do litígio e as suas consequências não fossem do conhecimento público –, o n.º 5 deste art. 30.º determina que "*os árbitros, as partes e, se for o caso, as entidades que promovam, com carácter institucionalizado, a realização de arbitragens voluntárias, têm o dever de guardar sigilo sobre todas as informações que obtenham e documentos de que tomem conhecimento através do processo arbitral [...]".*

A regra comporta no entanto várias excepções, como sejam:
- terem as partes o direito de tornar públicos os actos processuais necessários à defesa de direitos seus;
- ter o tribunal o dever de revelação às autoridades competentes de actos do processo que a lei imponha serem participados;
- admitir-se a possibilidade de publicação das sentenças e outras decisões do tribunal arbitral, nas circunstâncias do subsequente nº 6;
- admitir-se o acordo das partes sobre a possibilidade ou obrigatoriedade de publicitar a existência do processo e dos respectivos actos e documentos.

Estranho é que a LAV restrinja subjetivamente o dever de sigilo aos árbitros, às partes e às entidades que promovam, com carácter institucionalizado, a realização de arbitragens voluntárias, não se abrangendo aí, sem justificação aparente, o pessoal administrativo que assessora o Tribunal e algumas das restantes personagens do enredo arbitral, como sejam os peritos – já não as testemunhas –, embora tais categorias de pessoas fiquem abrangidas pelas leis que disponham sobre a protecção de segredos.

Por outro lado, o dever de sigilo dos intervenientes e entidades legalmente mencionados aparece referido, na primeira parte do preceito, às *"informações"* que obtenham e aos *"documentos"* de que tomem conhecimento através do processo arbitral, enquanto que as excepções previstas na segunda parte têm por objecto a possibilidade de revelação de *"actos processuais"*, nada se estabelecendo expressamente sobre a possibilidade de revelação daquelas *"informações"* e *"documentos"* (e respectivos conteúdos) sobre os quais incide o dever de sigilo – parecendo-nos contudo que se trata apenas de uma forma menos feliz de referir as mesmas realidades através de conceitos distintos.

17. Consequências da violação do dever de sigilo

A LAV não estabelece as consequências da violação do dever de sigilo, devendo a solução para essa situação procurar-se na lei geral.

Nesse sentido, a revelação não autorizada de actos do processo e de informações ou de elementos da arbitragem constituirá a prática de um crime de *violação de segredo* [art. 383º/1 e artº 386º/1 c) do Código Penal] – interpretação corroborada, através de referência específica, por Damião da Cunha (*Comentário Conimbricense do Código Penal*, p. 815) – e poderá dar lugar à indemnização pelos prejuízos sofridos pela divulgação dos elementos confidenciais.

Nº 6

18. Publicação de sentenças arbitrais: pressupostos e cautelas

O n.º 6 do artigo 30º regula a matéria da publicação das sentenças e outras decisões arbitrais, se qualquer das partes a isso não se houver oposto.

E desde que – para garantia da confidencialidade presuntivamente por elas desejada – tal publicação se faça mediante o prévio expurgo (pelos árbitros ou pelos centros de arbitragem) de todos os elementos de identificação dos litigantes (incluindo portanto as referências a elementos de prova a eles ligados).

Sem prejuízo, claro, de as partes poderem a qualquer momento autorizar a publicação sem reserva das sentenças ou decisões arbitrais – do mesmo modo que aquela que se haja oposto à publicação pode sempre desistir dessa oposição.

Note-se, aliás, que, por exemplo, nas arbitragens em matéria tributária (reguladas pelo Decreto-Lei n.º 10/2011, de 20 de Janeiro), a regra – aí erigida em princípio processual fundamental – é a da divulgação das decisões arbitrais.

Artigo 31.º
Lugar da arbitragem

1 – As partes podem livremente fixar o lugar da arbitragem. Na falta de acordo das partes, este lugar é fixado pelo tribunal arbitral, tendo em conta as circunstâncias do caso, incluindo a conveniência das partes.

2 – Não obstante o disposto no n.º 1 do presente artigo, o tribunal arbitral pode, salvo convenção das partes em contrário, reunir em qualquer local que julgue apropriado para se realizar uma ou mais audiências, permitir a realização de qualquer diligência probatória ou tomar quaisquer deliberações.

Fontes

N.º 1 – art. 15º/3 (reformulado) da LAV de 1986; Lei-Modelo da Uncitral, art. 20º/1; Lei alemã (ZPO), §1043 (1); Lei Espanhola, art. 26º/1; Lei Sueca, art. 22º/1.

N.º 2 – art. 15º/3 (consideravelmente reformulado) da LAV de 1986; Lei-Modelo da Uncitral, art. 20º/2; Lei Alemã (ZPO), §1043(2); Lei Espanhola, art. 26º/2; Lei Sueca, art. 22º/2 (reformulado).

Comentário

1. *O relevo da escolha do lugar ou sede da arbitragem*
2. *A escolha convencional ou arbitral do lugar da arbitragem: o tempo e o modo (livre ou condicionado)*
3. *Alteração do local da arbitragem: admissibilidade e limites*
4. *O funcionamento "extra-muros" do tribunal arbitral*

Nº 1

1. *O relevo da escolha do lugar ou sede da arbitragem*

Como tantas outras desta lei, esta é uma norma sistematicamente moderna, feita de dois períodos – o que, na técnica clássica, levaria à sua divisão em dois números –, dispondo-se no primeiro que as partes podem fixar livremente "*o lugar da arbitragem*", ou seja, onde ela fica sedeada.

A importância da escolha da sede da arbitragem é considerável.

Na verdade, em primeiro lugar, existem na LAV (*vg*, arts. 29º/2, 59º/2, 5 e 6) diversos exemplos de intervenção dos tribunais estaduais na constituição do tribunal arbitral e no desenrolar do processo arbitral – desde a designação de árbitros, passando pela assistência na obtenção de provas até à impugnação ou execução da sentença arbitral – e em todos os casos a determinação do tribunal estadual competente para tanto é feita em função do lugar da sede da arbitragem.

E não se olvide também que é esse o critério, eleito pelo art. 61º, para estabelecer o âmbito de aplicação desta LAV.

Assim se pode ver que não é totalmente despiciendo ponderar na escolha da sede da arbitragem se os tribunais estaduais do lugar em causa são mais ou menos receptivos à arbitragem; muitas vezes, essencialmente em ordenamentos jurídicos pouco habituados a conviver com o instituto, os tribunais estaduais não têm experiência na matéria, não têm tradição de arbitragem, não têm confiança nos árbitros e têm concepções erróneas da arbitragem, mormente da internacional.

Por outro lado, é relevante a escolha do lugar da arbitragem porque a "portugalidade" das arbitragens internacionais (dos arts. 49º e ss. da LAV) depende de as que preencherem as características aí previstas terem, além disso, a sua sede localizada em qualquer ponto do país.

2. *A escolha convencional ou arbitral do lugar da arbitragem: o tempo e o modo (livre ou condicionado)*

Na LAV de 1986, previa-se que a escolha do lugar de funcionamento do tribunal arbitral coubesse às partes desde que acordassem sobre isso, por escrito, na convenção ou em escrito posterior, até à aceitação do primeiro árbitro, tendo o legislador suprimido essa limitação temporal explícita, sem prejuízo de se entender à mesma que, a partir daquele momento – em consonância aliás com a regra do nº 2 do art. 30º –, o poder para determinar o local da sede da arbitragem passa a pertencer ao tribunal arbitral devendo ser fixado logo no regulamento de arbitragem, a aprovar antes do início da fase dos articulados do processo arbitral, como sugerimos em comentário ao nº 3 do antecedente art. 30º.

Do mesmo modo que não foi por se suprimirem as referências do nº 2 do art. 15º da LAV de 1986 que a fixação pelas partes do local da arbitragem deixou de poder ser feita por referência a um centro de arbitragem institucionalizado ou pela escolha dele para organização da arbitragem.

Por outro lado, na fixação do lugar da arbitragem pelo tribunal, a lei, este art. 31º/1, de acordo com o estabelecido no homólogo nº 1 do art. 20º da Lei Modelo da UNCITRAL, manda que sejam tidas *"em conta as circunstâncias do caso, incluindo a conveniência das partes"*.

Parece adequado que o tribunal consulte as partes antes de determinar quais são as conveniências delas na matéria: o princípio que aí se procurará respeitar é o da manutenção da neutralidade do tribunal e do processo arbitral, não devendo portanto a escolha da sede da arbitragem privilegiar, sem razão justificada (como sucederá, por exemplo, no caso de os árbitros serem todos da respectiva localidade), o lugar da sede ou das instalações de um dos litigantes em detrimento das do outro.

3. *Alteração do local da arbitragem: admissibilidade e limites*

Poderá excepcionalmente, ser alterado o lugar da arbitragem, no decurso do processo?

A LAV não contém qualquer referência a tal possibilidade – senão a que poderia resultar indirectamente do disposto no art. 4º/1 sobre a possibilidade de modificação da convenção de arbitragem, no caso de nela se ter fixado o lugar da sede da arbitragem.

Atendendo à natureza predominantemente contratual da arbitragem, é uma hipótese, essa, a não descartar em geral, quando, no decurso dela, se alterem as circunstâncias que determinaram a escolha das partes ou do tribunal.

Deverá naturalmente tratar-se de uma alteração grave de circunstâncias, suficientemente alarmante para contrabalançar as consequências negativas para a estabilidade do processo resultantes da modificação do lugar da arbitragem, até por poderem haver incidentes ou questões arbitrais a correr em tribunais estaduais cuja competência e aptidão está ligada ao local da sede da arbitragem.

É de assinalar, também, que tal modificação só deve ocorrer quando a alternativa a que se refere o nº 2 deste art. 31º, de que tratamos já de seguida, não for suficiente para fazer face a circunstâncias presuntivamente temporárias – além de se pressupor naturalmente a audiência de partes e, quando se tratar de iniciativa delas ou de uma delas, o assentimento do tribunal.

Nº 2

4. O funcionamento "extra-muros" do tribunal arbitral

Permite este art. 31º/2, se as partes não tiverem disposto o contrário, que o tribunal arbitral se reúna ou funcione em lugar diverso do da sua sede, num local que se julgue ser apropriado para realização de audiências, produção de diligências probatórias ou tomada de deliberações (que devam, por exemplo, ser solenizadas em local adequado).

Mandam aí os interesses do processo, à frente de todos os outros – e, depois, os dos árbitros, das partes e seus advogados, de testemunhas ou peritos –, entendendo-se que tais deslocações devem ser sempre fundamentadas, nalguns casos (quando possam prejudicar as partes ou uma delas), precedidas mesmo de sua audiência, pelo significativo aumento de encargos que podem envolver e pelas dificuldades que podem trazer à sustentação da respectiva posição processual, em virtude, por exemplo, da impossibilidade de deslocação do advogado principal ou de testemunhas de uma das partes.

Artigo 32.º
Língua do processo

1 – As partes podem, por acordo, escolher livremente a língua ou línguas a utilizar no processo arbitral. Na falta desse acordo, o tribunal arbitral determina a língua ou línguas a utilizar no processo.

2 – O tribunal arbitral pode ordenar que qualquer documento seja acompanhado de uma tradução na língua ou línguas convencionadas pelas partes ou escolhidas pelo tribunal arbitral.

Fontes

Nº 1 – art. 15º/3 (reformulado) da LAV de 1986; Lei-Modelo da Uncitral, art. 22º/1; Lei alemã (ZPO), §1043 (1); Lei espanhola, art. 26º/1; Lei sueca, art. 22º/1.

Nº 2 – Lei-Modelo da Uncitral, art. 22º/2; Lei espanhola, art 26º/2, in fine

Comentário

1. A escolha livre da língua ou línguas do processo arbitral pelas partes: o tempo e o modo
2. A escolha "vinculada" da língua ou línguas do processo e das línguas de trabalho pelo tribunal arbitral: o tempo e o modo
3. Inadmissibilidade do uso, no tribunal estadual "associado", das línguas estrangeiras escolhidas para o processo arbitral
4. A tradução de documentos: requisitos da sua exigibilidade e da respectiva apresentação. Custas

Nº 1

1. *A escolha livre da língua ou línguas do processo arbitral pelas partes: o tempo e o modo*

É às partes – como se dispõe neste art. 32º/1, também ele dividido em dois períodos – que cabe, em primeira mão, escolher a língua a utilizar ou as línguas a utilizar alternativamente nos actos do processo arbitral.

Escolha essa que, mesmo nas arbitragens nacionais, desde que haja nelas intervenientes principais de nacionalidade estrangeira, sejam partes ou árbitros, não recairá necessariamente apenas na língua portuguesa, não estando excluída, até por isso, a hipótese de se escolher o uso obrigatório, em todos os actos processuais, eventualmente, mesmo, nos actos processuais orais, de mais do que uma língua.

É uma opção livre das partes em qualquer desses aspectos – como resulta da norma deste art. 32º e o diz, também, a disposição inspiradora do art. 22º da Lei Modelo da UNCITRAL –, a exercer na própria convenção ou em escrito posterior a ela.

Também não se dispõe aqui, de maneira expressa, à semelhança do que acontece com o acordo relativo ao lugar da arbitragem – e contrariamente ao que sucede com o respeitante às regras do processo – sobre o momento até ao qual é dado às partes acordarem quanto à língua ou línguas a utilizar, entendendo-se, como ali se entendeu também, que tal acordo deve estar concluído por escrito até à aceitação do primeiro árbitro e ser-lhe comunicado no momento da sua designação para o exercício do cargo de árbitro, como já se assinalou em comentário ao art. 12º.

A não se entender assim, então terá que admitir-se poder um árbitro que já aceitou o cargo escusar-se justificadamente com base nas suas dificuldades de expressão ou compreensão de uma língua que não seja a sua, o que aliás não é desconforme (pelo menos) com o espírito do disposto no art. 12º da LAV.

2. *A escolha "vinculada", no regulamento de arbitragem, da língua ou línguas do processo e das línguas de trabalho pelo tribunal arbitral: o tempo e o modo*

Não exercitando as partes (em tempo útil) a faculdade que o primeiro segmento do art. 32º/1 lhes confere, a escolha da língua ou línguas do processo, dispõe-se no seu segundo período, passa a ser da competência do tribunal arbitral.

Essa escolha é feita já não livremente, como sucede com a escolha das partes, mas condicionadamente, mesmo se a lei – ao contrário do que sucedeu com o art. 31º/1 em relação à escolha do lugar da arbitragem – nada dispôs ou sugeriu aqui, a tal propósito.

Entende-se, não obstante, dever a escolha da língua do processo pelo tribunal ser feita também *"tendo em conta as circunstâncias do caso, incluindo a conveniência das partes"*, pelo menos, havendo partes (ou mandatários principais) de nacionalidade estrangeira – nomeadamente nas arbitragens internacionais do art. 49º –, conveniência que, se sobrepõe, em nome do princípio da neutralidade do tribunal e do processo arbitrais, às restantes circunstâncias do caso, exigindo a utilização ou das línguas de ambas as partes ou de uma única língua que não a própria de qualquer delas, mas que seja de uso comum no respectivo mercado.

O tribunal arbitral, como assinala Ribeiro Mendes (*Lei da Arbitragem Voluntária Anotada*, cit., AAVV, p. 65), pode, além da língua do processo, escolher *línguas de trabalho* que sejam utilizáveis informalmente, de maneira a facilitar a intervenção de quaisquer participantes no processo, sem prejuízo de tudo dever ser (eventualmente traduzido e) sempre autuado na língua ou línguas do processo.

E também é condicionada temporalmente a escolha da língua, pois que, não obstante o silêncio da lei, a opção do tribunal nesta matéria há-de ficar vertida logo no regulamento da arbitragem (nº 3 do art. 30º), sendo comunicada às partes, como é óbvio, antes do início da fase dos articulados.

Nº 2

3. *Inadmissibilidade do uso, no tribunal estadual "associado", das línguas estrangeiras escolhidas para o processo arbitral*

O uso de língua ou línguas oficiais do processo escolhidas pelas partes ou fixadas pelo tribunal arbitral, nos termos vistos nos comentários anteriores, é restrito ao processo arbitral, não podendo estender-se às diligências arbitrais que sejam solicitadas aos tribunais estaduais – como sucede em matéria de prova ou de providências cautelares – nem, muito menos, aos processos de impugnação ou de execução de sentenças arbitrais que sejam deduzidas perante os tribunais do Estado.

Neles, a única língua utilizável é inderrogavelmente a língua portuguesa, só podendo utilizar-se línguas estrangeiras em diligências orais por pessoas que não falem português e desde que acompanhadas de um intérprete, *"sob juramento de fidelidade"* (art. 133º do novo CPC).

4. *A tradução de documentos: requisitos da sua exigibilidade pelo regulamento de arbitragem e da respectiva apresentação. Custas*

Tenha a língua ou línguas do processo sido escolhidas pelas partes ou pelo tribunal arbitral, nos termos previstos no nº 1, cabe sempre ao tribunal ponderar e decidir no regulamento de arbitragem se os documentos escritos (ou que contenham escritos) em língua estranha ao processo e apresentados pelas partes devem ser acompanhados de tradução na língua ou (quando for mais do que uma) nas línguas oficiais do processo.

Tal obrigação não se estende, porém, aos documentos que terceiros sejam compelidos a apresentar, caso em que a respectiva tradução, se considerada necessária ou conveniente pelo tribunal, será por este solicitada e debitada na conta final do processo, em regra, à parte a quem a sua apresentação aproveitar.

Quanto às traduções de documentos juntos pelas partes, se não houver norma a dispor sobre isso expressamente, como acontece com os casos a que se referem os subsequentes arts. 47º e 57º, será o tribunal arbitral a determinar, caso a caso – com base em iguais critérios decisórios, claro –, se deve exigir-se a respectiva tradução e quais os requisitos de sua fidedignidade, de entre os múltiplos possíveis, oficiais ou não.

Artigo 33.º
Início do processo; petição e contestação

1 – Salvo convenção das partes em contrário, o processo arbitral relativo a determinado litígio tem início na data em que o pedido de submissão desse litígio a arbitragem é recebido pelo demandado.

2 – Nos prazos convencionados pelas partes ou fixados pelo tribunal arbitral, o demandante apresenta a sua petição, em que enuncia o seu pedido e os factos em que este se baseia, e o demandado apresenta a sua contestação, em que explana a sua defesa relativamente àqueles, salvo se tiver sido outra a convenção das partes quanto aos elementos a figurar naquelas peças escritas. As partes podem fazer acompanhar as referidas peças escritas de quaisquer documentos que julguem pertinentes e mencionar nelas documentos ou outros meios de prova que venham a apresentar.

3 – Salvo convenção das partes em contrário, qualquer delas pode, no decurso do processo arbitral, modificar ou completar a sua petição ou a sua contestação, a menos que o tribunal arbitral entenda não dever admitir tal alteração em razão do atraso com que é formulada, sem que para este haja justificação bastante.

4 – O demandado pode deduzir reconvenção, desde que o seu objecto seja abrangido pela convenção de arbitragem.

Fontes

N.º 1 – Lei-Modelo da Uncitral, art. 21.º; Lei Alemã (ZPO), § 1044; Lei Espanhola, art. 27.º.

N.º 2 – Lei-Modelo da Uncitral, art. 23.º/1 (reformulado); Lei Alemã (*ZPO*), §1046(1); Lei Espanhola, art. 29.º/1 (reformulado).

N.º 3 – Lei-Modelo da Uncitral, art. 23.º/2 (reformulado); Lei Alemã (*ZPO*),§ 1046(1); Lei Espanhola, art. 29.º/1 (reformulado).

N.º 4 – Lei Alemã (*ZPO*), §1046 (3) (reformulado); art. 5.º/6 do Regulamento de Arbitragem da ICC (reformulado); art. 15.º/5 do Regulamento do LCIA (reformulado).

Comentário

1. *Início do processo: a necessidade de distinção entre processo arbitral e procedimento da arbitragem*
2. *Principais consequências da distinção*
3. *A necessidade de distinção entre "convenção de arbitragem" e "convenção das partes"*
4. *Os articulados iniciais do processo: nominados (petição e contestação) e inominados (réplica e tréplica)*
5. *Os prazos para apresentação dos vários articulados iniciais e os pressupostos da sua prorrogação: remissão*
6. *Articulados supervenientes: sobre a sua admissibilidade*
7. *O incumprimento dos prazos fixados: remissão*
8. *A documentação e requerimento de prova nos articulados: (in)existência do ónus de sua apresentação com os articulados*
9. *A modificação e o completamento (únicos ou recorrentes) da petição ou da contestação: os "excessos" legais*
10. *(cont.) A admissão ou sanção do atraso da alteração: o conceito de atraso e casos de sua justificação (incluindo os "impedimentos justos")*
11. *O ónus de justificação do atraso e a audiência da contraparte*
12. *A admissibilidade e alterabilidade do pedido reconvencional e sua contestação: requisitos. Remissão*

Nº 1

1. *A distinção entre processo arbitral e procedimento da arbitragem: a confusão da lei*

Manifesta-se aqui, mais uma vez, estranheza por a lei reportar supletivamente o início do *processo arbitral* à data em que uma das partes submete à outra (à primeira das outras, no caso de serem várias) o pedido de submissão do seu litígio à arbitragem – pedido que capeia a formalidade referida na 1ª parte do nº 4 do art. 10º –, porque, verdadeiramente, o que começa nessa altura não é o *processo arbitral*, é o *procedimento de constituição da arbitragem*.

O *processo arbitral*, entendido o conceito restritamente, em sentido técnico-jurídico, como no art. 44º da LAV se entende, esse, verdadeiramente, só começa com a submissão de uma petição ao tribunal arbitral – como sucede, aliás, com qualquer processo judicial de partes.

E tanto assim é que, se a parte a quem a outra se dirigiu pedindo que se submetesse o respectivo litígio à arbitragem se recusar a isso – ou, mesmo aceitando o pedido, mas resolvendo ambas, depois, ainda antes da designação de qualquer um ou de todos os árbitros, não levar essa sua intenção avante –, não há lugar, obviamente, resulta até daquele art. 44º, ao *"encerramento do processo arbitral"*.

Extingue-se é o *procedimento arbitral*.

Este equívoco, com que já nos deparámos várias vezes em comentários a disposições anteriores da LAV, deriva de o legislador português, no seu afã pragmático de se colar o mais possível à Lei-Modelo, e menosprezando as vantagens da clareza que lhe impunha a regra de não chamar pelo mesmo nome duas coisas bem distintas – como, para a nossa ciência jurídica, o são o *procedimento judiciário* de constituição de um tribunal e o *processo judicial* através do qual se soluciona o litígio que lhe é submetido – ter muitas vezes (não certamente naquele art. 44º) utilizado o conceito *processo arbitral* num sentido extenso e impróprio, abrangendo também o referido procedimento judiciário.

Espera-se pois que as partes – a quem o preceito permite disporem em contrário – deixem esta diferença bem esclarecida, remetendo o início do processo para a data da submissão da petição ao tribunal arbitral.

2. Principais consequências da distinção

Para além da já referida diferença entre extinção do procedimento e encerramento do processo, as duas figuras distinguem-se ainda por:
- o procedimento ter como finalidade a constituição do tribunal, o processo a decisão do conflito;
- o procedimento ser conduzido e dirigido essencialmente pelas partes enquanto o processo é conduzido e dirigido pelo tribunal arbitral, sem prejuízo, em ambos os casos, da existência de

situações sujeitas aos poderes de intervenção e controlo pelos tribunais estaduais;
- entre cada uma das partes e cada um dos árbitros "de parte" se estabelecer, no seio do procedimento judiciário de constituição do Tribunal (para efeitos, por exemplo, de honorários) uma relação *contratual* própria – e entre ambas e o árbitro presidente outra relação – enquanto que, entre elas e todos os árbitros constituídos, no que ao processo arbitral respeita, existe uma única relação *processual* ou *estatutária*, digamos assim.

3. A necessidade de distinção entre "convenção de arbitragem" e "convenção das partes"

Servimo-nos deste art. 33º, de todo ele, não apenas do seu nº 1, para assinalar a diferença terminológica essencial – que implicitamente se faz em parte significativa do articulado da LAV – entre *convenção de arbitragem* e *convenção das partes*, e que este artigo permite dilucidar mais facilmente por se utilizarem nele os dois conceitos: aquele primeiro no respectivo nº 4, o segundo nos nºs 1 a 3.

E é mister fazer tal distinção porque, em muitos casos, fica-se na dúvida sobre se o conceito *convenção das partes* não estará utilizado na lei como uma referência restrita à *convenção de arbitragem*, excluindo-se portanto da respectiva previsão ou estatuição legal os acordos posteriores a essa convenção, aos quais tantas normas da LAV se referem.

Neste n.º 1, bem como nos subsequentes n.ºs 2 e 3, o conceito *convenção das partes* reporta-se efectivamente a qualquer acordo ou consenso (escrito) entre elas, seja aos vertidos na convenção de arbitragem, seja àqueles que são fruto de uma vontade mútua sua posterior a essa convenção fundadora, sendo a questão de saber se só são admissíveis e válidos os acordos posteriores celebrados "*até à aceitação do primeiro árbitro*" – que já dissemos, em comentário ao anterior art. 14º, poder tratar-se antes da *designação* do 1º árbitro – uma questão diversa daquela que aqui procuramos esclarecer.

Fica então a ideia de que, salvo algum caso excepcional que peça uma densificação diferente, o conceito *convenção das partes* utilizado na LAV abrange qualquer convénio escrito entre elas (incluindo a convenção de arbitragem) respeitante, como também distinguimos acima, ao procedimento da arbitragem e (ou) ao processo arbitral.

Nº 2

4. Os articulados iniciais do processo: nominados (petição e contestação) e inominados (réplica e tréplica)

Dir-se-ia, pelos termos em que ela se encontra redigida e a *contrario sensu*, que estaríamos aqui perante uma norma imperativa quanto aos articulados iniciais admitidos em processo arbitral – quanto aos supervenientes, ver o nº 3 deste art. 33º –, havendo, sempre e só, uma petição e uma contestação, além de (ao abrigo do nº 4) uma petição reconvencional, enxertada na contestação do demandado, e uma contestação pelo demandante desse pedido.

Não subscreveríamos a tese da imperatividade da norma.

Não apenas quanto aos elementos sobre que a lei admite convenção das partes – aqueles que devem figurar nas referidas petição e contestação – mas também quanto à natureza e ao número de articulados do processo.

Na verdade, se a contestação do pedido inicial contiver excepções dilatórias ou peremptórias, o demandante há-de ter o direito de contraditório, o direito à *réplica* – ainda que se entenda, como julgamos dever entender-se, ao contrário do que a estatuição legal sugere, que a petição não serve só para enunciar o pedido e a causa de pedir, mas também, se o demandante o quiser, para alegar sobre a admissibilidade daquele –, do mesmo modo que, no caso de haver excepções dessas na réplica, em relação ao pedido reconvencional, o demandado terá direito de treplicar.

Impunham-no, se mais não fosse, as exigências do princípio do contraditório da alínea *c)* do nº 1 do anterior art. 30º, sem ser necessário que o disponham as regras da arbitragem.

Nada disso é admitido hoje no novo CPC, pensado já nos anos de 2012 e 2013, só se prevendo aí a existência de réplica para impugnação do pedido reconvencional que eventualmente se deduza na contestação (art. 584º/1 do novo CPC) Mas, ao estabelecer, em 2011, o nº 2 deste art. 33º, o legislador da LAV não tinha nada disso em mente, admitindo-se tradicionalmente em processo civil o imperioso direito a responder às excepções deduzidas pelo réu, como aqui entendemos dever admitir-se.

E, quanto à respectiva denominação, nada melhor do que utilizar para o efeito os sugestivos conceitos de *réplica* (e, eventualmente, de *tréplica*) da nossa longa tradição processual.

5. *Os prazos para apresentação dos vários articulados iniciais e os pressupostos da sua prorrogação: remissão*

A fixação dos prazos para apresentação dos articulados iniciais é matéria que já ficou analisada, em geral, em comentário aos nºs 2 e 3 do anterior art. 30º, a propósito da definição das regras do processo.

Na falta de fixação dos prazos no regulamento de arbitragem, aplicar-se-ão aqueles que constarem da notificação ou citação que o tribunal faça às partes para, querendo, apresentarem o articulado seguinte.

É muito questionável – e o duvidoso alcance do art. 35º/4 não contribui para esclarecer a questão – se, sem previsão expressa do regulamento de arbitragem definido pelas partes ou pelo tribunal, os prazos fixados para a apresentação dos articulados iniciais (ou supervenientes, claro) serão passíveis de prorrogação por decisão do tribunal fundada na complexidade ou extensão das questões de facto e (ou) de direito a tratar – só se admitindo a extensão do prazo mediante o mero pagamento de multa (à semelhança do que se passa com o art. 139º/5 do novo CPC) se tal estiver previsto nas normas da arbitragem.

Diga-se que a tese da proibição da prorrogação do prazo da apresentação da contestação, sobretudo essa, nos parece uma opção pouco consentânea, até, com as preocupações subjacentes aos princípios do contraditório e da justiça material inerentes aos processos e decisões arbitrais, sucedendo, muitas vezes, que as petições se apresentam duma dimensão desmesurada e inesperada, por ter estado o demandante a prepará-la de há muito, sem que o demandado tenha acautelado convenientemente, mediante a previsão de um prazo longo, a necessidade de dispor de tempo alargado para responder a petições com 500 ou 1000 artigos, muitos mais, até, como é sabido, às quais se juntam dezenas, às vezes, mais de uma centena de documentos.

Propender-se-ia então para a tese da prorrogabilidade fundamentada do prazo de apresentação da contestação em circunstâncias de grave complexidade e dificuldade, sem esquecer os casos de aplicação do princípio universal do *justo impedimento* ou do acordo entre partes.

Adiante, em comentário ao art. 35º/4, voltaremos à questão.

6. *Articulados supervenientes: sobre a sua admissibilidade*

Embora a lei não o preveja expressamente, também no processo arbitral é admitida a apresentação de *articulados supervenientes*, muito embora a figura da modificação e completamento da petição ou da contestação, regulada no subsequente nº 3, dispense, na maior parte dos casos, o recurso ao regime dos articulados supervenientes.

Quando porém, não estejam preenchidos os requisitos da utilização dessa figura, deveria admitir-se, independentemente da sua previsão expressa nas regras do processo – salvo convenção em contrário –, por corresponder a uma exigência dos princípios da garantia judicial efectiva e da verdade material, a apresentação de articulados supervenientes.

7. *O incumprimento dos prazos fixados: remissão*

Remeta-se o leitor, a este propósito, para os comentários aos nºs 1 e 2 do art. 35º.

8. *A documentação e requerimento de prova nos articulados: (in)existência do ónus de sua apresentação com os articulados*

No segundo período deste nº 1, dispõe-se que as partes podem juntar à petição e contestação *"quaisquer documentos que julguem pertinentes e mencionar nelas documentos ou outros meios de prova que venham a apresentar"*.

Não significa essa aparente liberdade deixada às partes – revelada naquele *"podem"* (e na mera permissão para *"mencionar"* documentos e provas *"que venham a apresentar"*) – que, se assim entenderem, podem elas dispensar-se de cumprir com os deveres de boa-fé e de colaboração na descoberta da verdade, guardando, e não mencionando sequer possuí-los, documentos que têm já consigo e que permitiriam esclarecer desde logo questões em que o tribunal e a contraparte muito teriam que matutar se e enquanto o documento não for apresentado.

Para evitar equívocos e formas ardilosas de litigar, com prejuízo de valores essenciais do processo (quanto mais do) arbitral, até o da celeridade – quando se faria mister, só com vantagens, impor às partes, o ónus de apresentar logo com os articulados todos os documentos de que já dispusessem ou pudessem dispor – é recomendável que a questão fique esclarecida e tratada cuidadosamente no regulamento de arbitragem.

É interessante, a este propósito, analisar as regras constantes de regulamentos de arbitragens institucionalizadas, como as da ICC, nas quais se encontram detalhadamente descritos os procedimentos a observar para a apresentação das alegações das partes e dos elementos que as acompanhem.

Nº 3

9. *A modificação e o completamento (únicos ou recorrentes) da petição ou da contestação: os seus "excessos" legais*

O princípio da verdade material, a que o nº 2 era estranho, manifesta-se aqui, neste nº 3 – com grave prejuízo porém do interesse da celeridade e da segurança do processo –, muito enriquecidamente, de maneira até excessiva, dir-se-ia, a ser ele tomado à letra.

Então não é que, se elas não tiverem convencionado de modo diferente – e mesmo que tenham silenciado a questão –, se permite às partes, em qualquer fase do processo arbitral, modificar ou completar a sua petição ou a sua contestação, sem outro limite que não seja o de se dever isso a um atraso injustificado!?

Assim, à primeira vista, estas exclamações ficam, talvez, até, aquém da surpresa que norma tão ampla suscita, em matéria que os processualistas e o direito processual tão avaros costumam mostrar-se, se bem que a LAV tenha ido buscar ao praticamente coincidente art. 23º/2 da Lei Modelo a ideia com que agora nos brinda a este propósito, uma formidável machadada no princípio da estabilidade da instância.

É, à primeira vista, efectivamente, um desenvolvimento excessivo das regras de processo civil sobre a alteração do pedido e da causa de pedir admitida pelo (hoje ainda mais restrito) art. 265º do novo CPC.

A norma deste art. 33º/3 não deve contudo ser lida de maneira aberta, generosamente, não podendo resultar dela uma preterição pura e simples dos ónus de alegação e impugnação iniciais. É de um expediente anormal que se trata – no fundo, deveria corresponder à apresentação de articulados supervenientes – e que, se não for prudentemente gerido, ameaça transformar as arbitragens em processos caóticos, ingovernáveis, devendo portanto, de preferência, a questão ser cuidadosamente tratada na convenção ou no regulamento de arbitragem, como o permite expressamente este art. 33º/3.

Salvo convenção das partes em contrário, estamos então, aqui, perante

- uma faculdade conferida autonomamente ao demandante e ao demandado, não dependendo o seu exercício pelo segundo de o primeiro ter promovido qualquer alteração.
- uma faculdade exercitável ao longo de todo o processo arbitral, eventualmente mais do que uma vez, se for o caso, mas só em circunstâncias justificadas e de maneira a não o tornar num processo desgovernado;
- e exercitável aparentemente, sem quaisquer limites quanto ao objecto, podendo "saltar-se" de um pedido A para um pedido A+1 ou B, do facto *x* para os factos *y* e *z*, de uma excepção para outra, desde que, parece-nos, do pedido ou da causa de pedir inicial subsista algo que mantenha a identidade do objecto do processo.

O primeiro "excesso" é de aplaudir.

Mais do que o recomendar, exige-o, parece-nos, o princípio da igualdade, até porque o demandado tem prazo para contestar a pretensão do demandante e este não o tem para preparar a sua petição, podendo estar a fazê-lo antes mesmo de se desencadear o procedimento da arbitragem.

O segundo "excesso", mesmo que enquadrado no contexto temporal do preceito, pode revelar-se altamente prejudicial para os interesses das partes na obtenção célere de uma decisão final e tornar o processo arbitral caótico – nomeadamente, se se admitir a possibilidade de várias alterações –, levando a inutilizar parte dos actos e diligências já praticados e obrigando à prática de novas formalidades (mesmo de réplicas e tréplicas que em processo civil já só excepcionalmente são admitidas) e à repetição de um número significativo delas.

Em relação à livre modificabilidade do conteúdo do pedido ou dos factos da causa de pedir, sem qualquer referência – como parecia dever ter-se exigido – à sua ligação com factos ou conhecimentos supervenientes, nem com o desenvolvimento do pedido ou da oposição primitivas, entende-se que deve, pelo menos, pôr-se-lhe limites que impeçam uma verdadeira transformação da instância, dos seus elementos objectivos, em suma, impedir-se que, sob a capa de uma modificação, se instaure uma nova acção, se apresente uma nova petição fora do prazo.

Diga-se, porém, vamos vê-lo agora nas alíneas subsequentes, que esta formidável liberdade das partes tem efectivamente que ser gerida pelo tribunal arbitral, como aliás lhe pede a própria norma, com muito cuidado, não deixando que a liberdade conferida se torne "libertinagem" processual – para o que aliás a lei lhe conferiu um único instrumento, mas fundamental e idóneo, se for usado com o necessário rigor.

10. (cont.) *A admissão ou sanção do atraso da alteração: o conceito de atraso e casos de sua justificação (incluindo os "impedimentos justos")*

Esse único instrumento ou limite expresso na lei quanto à livre modificabilidade da petição ou da contestação respeita ao poder conferido ao tribunal arbitral de recusar a alteração pretendida *"em razão do atraso com que é formulada, sem que para este haja justificação bastante"*.

Começa por assinalar-se então que todas as alterações ou aditamentos da petição ou da contestação que se pretendam fazer depois da apresentação delas são atrasadas porque, praticado um acto processual (ainda que antes de esgotado o prazo fixado para o efeito), o direito de o praticar esgota-se – salvo no caso de rectificações ou irregularidades processualmente supríveis –, donde resulta que as alterações ou aditamentos da petição ou contestação apresentadas, de que aqui se trata, são sempre *atrasadas*.

O conceito *atraso na alteração* deve ser lido, pois, tendo presente que, para este efeito, não há alterações atempadas, alterações que não seja necessário à parte justificar e ao tribunal decidir se são ou não justificadas.

Sendo assim, subsumem-se na previsão da norma todas as hipóteses que – não se situando no âmbito da faculdade de rectificação de erros de cálculo ou de escrita ou de vícios ou omissões puramente formais dos actos das partes (art. 146º do novo CPC e art. 249º do Código Civil) – envolvam qualquer modificação ou aditamento dos actos já praticados. No presente caso, da petição e da contestação já apresentadas.

Donde resulta, em princípio, que um atraso desses, mesmo se não for exagerado, desmesurado – olhando-o, claro, em função da extensão e complexidade da alteração feita –, prejudica a admissibilidade dessa alteração, independentemente de não se estar em plena audiência de julgamento ou próximo do seu termo, se o tribunal não considerar tal atraso justificado.

Pelo contrário, se o atraso for chocante e exagerado, levando a apresentar alterações à petição ou contestação, por exemplo, já em plena audiência, elas são, mesmo assim, de admitir, desde que o tribunal o considere justificado.

Claro que a justificação do atraso há-de basear-se e, depois, ser decidida pelo tribunal
- em caso de *justo impedimento*;
- com base em factos de ocorrência ou conhecimento superveniente:
- à luz da complexidade (e da utilidade) da alteração ou aditamento feitos, se puder considerar-se como um *"impedimento justo"* desculpável, compreensível, o facto de não se ter con-

seguido proceder logo inicialmente à apresentação de uma petição ou contestação certeira e completa.

11. O ónus de justificação do atraso e a audiência da contraparte
Impende então sobre o demandante ou demandado requerente o ónus de invocar (e demonstrar) a razão por que não se formularam logo os articulados na sua versão alterada ou completada.

Que o mesmo é dizer, cabe-lhes invocar e demonstrar que, no momento da respectiva apresentação, não era objectivamente exigível, mesmo a uma pessoa diligente, conhecer os factos (e o direito) como agora os conhece, e sem os quais não poderia formular aqueles articulados com a alteração ou o aditamento que agora introduziu.

Note-se, por outro lado, não existir qualquer dever de se ouvir o requerente a esse propósito no caso de este ter apresentado o requerimento de alteração sem mencionar as razões do seu atraso – pelo que, incumprido esse ónus, o juízo sobre o atraso da referida apresentação pode determinar a sua rejeição automática.

Pelo contrário, se, perante uma justificação ponderosa para o atraso, o tribunal se dispuser a admitir o requerimento de alteração ou aditamento da petição ou contestação, deve ele, por força do princípio do contraditório, ouvir a contraparte.

Nº 4

12. A admissibilidade e alterabilidade do pedido reconvencional e sua contestação: requisitos. Remissão
Mesmo que as partes ou o tribunal, ao fixar as regras por que se pauta o processo arbitral, não o hajam previsto – mesmo, até, parece, que o tivessem vedado expressamente –, este nº 4 do art. 33º da LAV dispõe de maneira imperativa poder o demandado, na sua contestação, deduzir pedido reconvencional, bastando para o efeito que o respectivo objecto esteja abrangido pela convenção de arbitragem.

A contestação do pedido reconvencional far-se-à em *réplica*, na qual podem aduzir-se excepções quanto à respectiva admissibilidade e mérito, dando assim lugar a uma *tréplica* do demandado inicial, restrita às *questões prévias* suscitadas naquele articulado.

Ao pedido e contestação reconvencionais aplicam-se adaptadamente as regras vistas nos comentários anteriores sobre a instrução documental e probatória e sobre a alteração e preenchimento da petição e contestação iniciais.

Artigo 34.º
Audiências e processo escrito

1 – Salvo convenção das partes em contrário, o tribunal decide se serão realizadas audiências para a produção de prova ou se o processo é apenas conduzido com base em documentos e outros elementos de prova. O tribunal deve, porém, realizar uma ou mais audiências para a produção de prova sempre que uma das partes o requeira, a menos que as partes hajam previamente prescindido delas.

2 – As partes devem ser notificadas, com antecedência suficiente, de quaisquer audiências e de outras reuniões convocadas pelo tribunal arbitral para fins de produção de prova.

3 – Todas as peças escritas, documentos ou informações que uma das partes forneça ao tribunal arbitral devem ser comunicadas à outra parte. Deve igualmente ser comunicado às partes qualquer relatório pericial ou elemento de prova documental que possa servir de base à decisão do tribunal.

Fontes

Nº 1 – Fontes: Lei-Modelo da Uncitral, art. 24º/1 (reformulado); Lei Alemã (*ZPO*), § 1047(1); Lei Espanhola, art. 30º/1 (reformulado).

Nº 2 – Fontes: Lei-Modelo da Uncitral, art. 24º/2 (reformulado); Lei Alemã (*ZPO*), § 1047(2); Lei Espanhola, art. 30º/2 (reformulado).

Nº 3 – Fontes: Lei-Modelo da Uncitral, art. 24º/3 (reformulado); Lei Alemã (*ZPO*), § 1047(3); Lei Espanhola, art. 30º/3 (reformulado).

Comentário

1. Conceito de "audiência": âmbito
2. Audiências e provas admissíveis: convenção das partes ou competência (discricionária ou vinculada) do tribunal
3. A notificação das partes para audiências de produção de prova: formalidades nominadas e inominadas
4. Notificação à contraparte das peças, documentos ou informações apresentados: casos de mera notificação da sua apresentação. Sua impugnação
5. Outros documentos e elementos de prova: conhecimento e impugnação

Nº 1

1. Conceito de "audiência": âmbito

A delimitação do conceito de audiência é relevante para determinar o âmbito não apenas da estatuição deste nº 1 do art. 34º, mas também do subsequente nº 2.

As audiências a que se refere o preceito são então, num sentido lato, aquelas em que tem lugar a produção de prova por depoimento, seja de parte, de testemunhas ou de peritos, ou em que os árbitros examinam, com a presença e interrogatório dos representantes das partes e seus assessores, coisas ou espaços cujo estado ou situação possam interessar à decisão da causa.

Vai aí englobada, portanto, não só a denominada "audiência" final de discussão da causa, mas também a audiência de produção antecipada de prova e quaisquer outras diligências em que se procede conjuntamente, em "reuniões" do tribunal e das partes, ao exame de provas e à discussão da sua admissibilidade e valor, bem como aquelas em que os peritos são chamados a prestar esclarecimentos (como sucede no caso do art. 37º/3 da LAV) – "*reuniões*" cujo regime, aliás, a própria lei equipara expressamente, no n.º 2, ao das "*audiências*".

2. Audiências e provas admissíveis: convenção das partes ou competência (discricionária ou vinculada) do tribunal

Ao que parece, resulta deste nº 1 poder, por *"convenção das partes"* – ou seja, em qualquer escrito em que se revele o seu acordo na matéria, incluindo a convenção de arbitragem –, dispor-se sobre questões ligadas à prova em processo arbitral, como sobre a realização ou não de audiências de julgamento, inclusivamente, quanto às espécies de meios de prova admissíveis na instrução do processo arbitral, devendo então conjugar-se o que aqui se dispõe com o nº 4 do anterior art. 30º.

Tarefa que não se afigura isenta de espinhos.

Na falta de acordo relevante das partes, compete ao tribunal arbitral decidir se haverá lugar a audiência de julgamento – em que se admite, por exemplo, o recurso à prova testemunhal, discutir a prova pericial, alegar oralmente – ou se o processo correrá todo sob a forma escrita, sem audiências, com recurso apenas a documentos.

Não é incondicional esse poder do tribunal, contudo.

Na verdade, na hipótese de as partes nada terem disposto sobre isso, o tribunal tem o dever de realizar uma ou mais audiências de julgamento sempre que lho requeira qualquer uma delas, e isso ainda que já se tivesse decidido antes – no exercício da competência que a primeira parte do preceito, e também o nº 4 do art. 30º, conferem aos árbitros – que não haveria lugar a tais diligências.

É o que resulta da parte final deste nº 1, em que a pretensão das partes nesse sentido, de qualquer uma delas, prevalece mesmo sobre a opção que o tribunal houvesse tomado a propósito da (não) realização de audiências.

Só não será assim, se ambas as partes (nos respectivos articulados ou em quaisquer outras peças suas) tiverem prescindido de audiências – sempre no pressuposto de que não tinham regulado a questão na convenção ou no regulamento de arbitragem por si elaborado, porque, se o tiverem feito, aplica-se o que aí tenham disposto, com prejuízo da tal possibilidade de "imporem" ao tribunal arbitral a realização de audiências.

Nº 2

3. *A notificação das partes para audiências de produção de prova: formalidades nominadas e inominadas*

Tendo em conta o conceito lato de "audiência" a que nos referimos acima – abrangendo também as reuniões do tribunal e das partes para exame e avaliação de provas –, dispõe-se neste nº 2 do art. 34º deverem elas ser notificadas da sua realização com "*antecedência suficiente*".

E devem sê-lo, por mor do princípio da igualdade, através de meios iguais e simultâneos – quanto ao envio da respectiva comunicação, não quanto ao facto incontrolável da sua recepção –, exigindo-se ainda que, no caso de se tratar do exame ou inspecção de um meio de prova que se encontre na posse de uma parte e que é desconhecido da outra, seja facultado a esta, com antecedência suficiente em relação à data da realização da audiência, o acesso à coisa ou ao espaço em causa, que lhe permita inteirar-se das suas características e estado.

Quanto à determinação da medida da "*antecedência suficiente*" da notificação, entende-se que ela só pode ser fixada em concreto, atendendo à complexidade e à extensão da prova a produzir e ao facto de as partes ou só uma delas já conhecerem ou não o documento, a coisa ou o espaço a inspeccionar, não devendo a referida antecedência, em regra, ser inferior a 10 dias.

Sem prejuízo dos poderes de condução do processo pelo tribunal arbitral, é também requisito da notificação aqui prevista o de se mencionar nela:*(i)* quais são os pontos da matéria de facto a que respeita a prova a produzir na audiência ou na reunião marcada e *(ii)* a indicação dos meios de prova cuja apresentação na data fixada compete às partes, como é o caso de todas as testemunhas – excepto talvez quando se trate de pessoas de estatuto especial, como é o caso de deputados (tendo que pedir-se a dispensa de trabalho parlamentar ao Presidente da Assembleia da República).

Nº 3

4. *Notificação à contraparte das peças, documentos ou informações apresentados: casos de mera notificação da sua apresentação. Sua impugnação*

Para assegurar o respeito material dos princípios da igualdade e do contraditório entre as partes, exige-se neste art. 34º/3 que as peças escritas, os documentos ou as informações (que serão sempre apresentadas por escrito) levados ao processo por uma das partes sejam *"comunicados à outra parte"* – fórmula literalmente imperfeita, porque do que se trata aí é de lhe *"dar conhecimento"* dessas peças, documentos e informações, enviando-se-lhe duplicados dos mesmos.

O conceito *"comunicadas"* não prejudica no essencial, é certo, o entendimento do sentido da norma, que é esse de deverem ser dadas a conhecer (através dos seus duplicados) as próprias peças, documentos e informações apresentados, e não o mero facto de sua apresentação – salvo, claro, se se tratar de documentos insusceptíveis de remessa (maquetas de um projecto, amostras de um produto, por exemplo), porque, nesse caso, só se lhes comunica mesmo a apresentação dos mesmos e a possibilidade de as partes os examinarem na secretaria ou instalações em que funciona o tribunal, quando quiserem, dentro da fase de produção da prova que houver sido fixada.

Entende-se também, salvo convenção ou regulamento em contrário, não haver aqui efeitos cominatórios – não os há para a própria falta de contestação (art. 35º/2) –, podendo a impugnação do documento fazer-se na própria audiência, se a ela houver lugar, e, em qualquer caso, sempre antes do termo da discussão da matéria de facto.

5. *Outros documentos e elementos de prova: conhecimento e impugnação*

A regra respeitante à notificação a uma parte das peças e documentos carreados para o processo arbitral pela contraparte vale também para os elementos de prova que aí cheguem por outra via, nomeadamente por diligência do próprio tribunal, como sucede tipicamente com os relatórios de peritos e de inspecções levadas a cabo pelos árbitros.

Embora agora se deva dar conhecimento deles a ambas as partes, claro, como aliás o sugere o segundo segmento deste art. 34º/3.

Por outro lado, o fundamento para se lhes dar este conhecimento já não reside nas específicas necessidades do contraditório e da igualdade, mas sim na exigência de que elas conheçam todos os meios de prova de que o tribunal poderá vir a servir-se para decidir das questões de facto e para que possam assim, querendo, impugnar a sua admissibilidade ou valia no prazo (se outro não estiver estabelecido) que o tribunal venha a fixar em função das circunstâncias do caso, contado da respectiva notificação e susceptível de prorrogação, oficiosamente ou a pedido justificado de qualquer parte – sendo, na tradição portuguesa e no recém-nascido CPC (art. 149º), de 10 dias o prazo geral para a prática de actos processuais.

Quanto à impugnação da admissibilidade e valia destes elementos de prova, vale o que dissemos a tal propósito no comentário antecedente.

Artigo 35.º
Omissões e faltas de qualquer das partes

1 – Se o demandante não apresentar a sua petição em conformidade com o n.º 2 do artigo 33.º, o tribunal arbitral põe termo ao processo arbitral.

2 – Se o demandado não apresentar a sua contestação, em conformidade com o n.º 2 do artigo 33.º, o tribunal arbitral prossegue o processo arbitral, sem considerar esta omissão, em si mesma, como uma aceitação das alegações do demandante.

3 – Se uma das partes deixar de comparecer a uma audiência ou de produzir prova documental no prazo fixado, o tribunal arbitral pode prosseguir o processo e proferir sentença com base na prova apresentada.

4 – O tribunal arbitral pode, porém, caso considere a omissão justificada, permitir a uma parte a prática do acto omitido.

LEI DA ARBITRAGEM VOLUNTÁRIA

5 – O disposto nos números anteriores deste artigo entende-se sem prejuízo do que as partes possam ter acordado sobre as consequências das suas omissões.

Fontes

Nº 1 – Lei-Modelo da Uncitral, art. 25º/1
Nº 2 – Lei-Modelo da Uncitral, art. 25º/1
Nº 3 – Lei-Modelo da Uncitral, art. 25º/1; Lei Alemã (*ZPO*), §1048 (1), (2) e (3); Lei Espanhola, art. 31º
Nº 4 – Lei Alemã (*ZPO*), §1048 (4)
Nº 5 – Lei-Modelo da Uncitral, art. 25º/1; Lei Alemã (*ZPO*), §1048 (4); Lei Espanhola, art. 31º/1.

Comentário

1. *Os equívocos da disposição legal quanto ao âmbito e consequências da falta de petição: sua aclaração*
2. *Os equívocos legais relativos ao atraso ou falta de apresentação da contestação: remissão*
3. *Consequências da falta ou da apresentação extemporânea da contestação. Prorrogabilidade do prazo: remissão*
4. *Omissão culposa de deveres processuais das partes, meios do seu suprimento compulsório e consequências no processo arbitral*
5. *O suprimento do acto omitido em caso de omissão justificada: âmbito da previsão legal. Teses em confronto*
6. *O incidente de justificação da omissão do acto devido: formalidades, justos impedimentos e "impedimentos justos"*
7. *O carácter supletivo das normas dispositivas do art. 35º face à convenção de arbitragem ou ao acordo das partes*

Nº 1

1. Os equívocos da disposição legal quanto ao âmbito e consequências da falta de petição: sua aclaração

A falta de apresentação da petição "*em conformidade com o nº 2 do art. 33º, põe termo ao processo arbitral*", dispõe-se equivocamente neste art. 35º/1.

Equivocamente, primeiro, porque o art. 33º/2 contém várias disposições, uma delas até manifestamente facultativa – não se sabendo, assim, qual o rigoroso objecto da remissão legislativa – e, em segundo lugar, porque não é o facto da falta (de) ou do atraso na apresentação da petição que põe automaticamente, *ex vi legis*, fim ao processo – o qual terminará, sim, mas por decisão judicial de encerramento, nos termos (estendidos) do art. 44º/2.

Quanto à primeira questão, deve responder-se, parece-nos, no sentido de que só se põe termo ao processo arbitral – salvo acordo das partes (como previsto no nº 5) – no caso de a petição inicial não ter sido apresentada ou não o ter sido no prazo a que se refere o art. 33º/2. E, eventualmente, também, no caso de não haver lugar à aplicação do disposto no nº 4 deste art. 35º (prorrogação judicial do prazo de apresentação), questão adiante discutida.

É que as outras disposições normativas do art. 33º/2 ou não são imperativas, mas meramente facultativas, como sucede com a do seu 2º período – pelo que a respectiva inobservância nunca poderia ter a consequência referida –, ou, então, são algo vagas, pouco rigorosas, mais indicativas ou orientadoras do que preceptivas, como é o caso do preceito relativo ao conteúdo da petição, ao seu suposto desdobramento, apenas e sempre, em pedido e causa de pedir.

É que nada impede, por exemplo, que se contenham aí a invocação e a demonstração do preenchimento dos pressupostos processuais da acção arbitral, além de que a falta daqueles elementos (nomeadamente do enunciado da causa de pedir) não é – ao contrário do que sucede com a falta absoluta ou a falta de apresentação tempestiva da petição – de averiguação e determinação imediatas, automáticas, pelo tribunal arbitral, podendo a petição (se nada se houver disposto em contrário no regulamento da arbitragem) ser objecto de alteração ou completamento, como previsto no art. 33º/3.

Além de que a própria norma sobre o termo do processo arbitral é também disposição afastável por convenção das partes.

A referência do art. 35º/1 à apresentação da petição em desconformidade com o nº 2 do art. 33º deve por isso entender-se restrita à sua falta absoluta ou apresentação extemporânea e, mesmo nesses casos, apenas não havendo convenção ou acordo em contrário.

Nº 2

2. *Os equívocos legais relativos ao atraso ou falta de apresentação da contestação: remissão*

Vale adaptadamente para o preceito do nº 2 do art. 35º, sobre o atraso ou a falta de apresentação da contestação em conformidade com o nº 2 do anterior art. 33º, tudo o que, a propósito do respectivo âmbito de aplicação (já não quanto às respectivas consequências, claro), se escreveu no comentário anterior em relação à falta ou atraso na apresentação da petição nessa conformidade.

Ou seja, a disposição deste n.º 2 só se aplica ao caso de falta absoluta ou de apresentação extemporânea da contestação – não já no que respeita ao seu conteúdo (pelo menos, directamente) e documentação – e isso, se não houver disposição das partes a prescrever o contrário.

3. *Consequências da falta ou da apresentação extemporânea da contestação. Prorrogabilidade do prazo: remissão*

A apresentação extemporânea da contestação, depois de arbitralmente constatada e declarada, tem como efeito, desde logo, o seu desentranhamento ou desautuação (senão física, pelo menos, jurídica) do processo – tudo se passando, como se ela nem constasse dos autos, como se não tivesse sido efectivamente apresentada.

Não envolve, porém, tal atraso ou falta, "*em si mesma*", como dispõe a lei, a confissão ou aceitação dos factos alegados pelo demandante na petição inicial, não existindo aqui portanto os ónus de impugnação dos factos da petição que vêm previstos, hoje, no art.574º do novo CPC.

O que redunda em dever ser o tribunal – como sucede no caso do art. 83º/4 do CPTA, em matéria de impugnação judicial de actos administrativos – a avaliar as razões e o significado da falta ou do atraso da contestação e, conjugando esses dois elementos, imputar eventualmente a tais omissões algum efeito probatório, mais ou menos vincado.

À semelhança do que sucedia com as consequências da falta ou atraso na apresentação tempestiva da petição, também aqui as consequências estabelecidas neste art. 35º/2 só são aplicáveis, repete-se, no caso de não haver acordo das partes sobre a matéria – podendo elas estabelecer, claro, que tal falta ou atraso implica aceitação dos factos não impugnados (de maneira genérica, especificada ou motivada).

Nº 3

4. *Omissão culposa de deveres processuais das partes, meios do seu suprimento compulsório e consequências no processo arbitral*

Refere-se o preceito deste nº 3 à falta de comparência das partes, de qualquer parte, a uma audiência ou à falta de apresentação tempestiva da prova documental que se encontre na sua posse – omissão, esta última, que pode ser colmatada por recurso à colaboração do tribunal estadual, nos termos do antecedente art. 38º –, dispondo-se aqui que nenhuma dessas faltas prejudica o prosseguimento do processo nem o poder de o tribunal proferir sentença com base na prova feita.

À primeira vista, dir-se-ia estar aí uma imposição legal para que, mesmo ocorrendo faltas dessas, graves e de excepcional repercussão no desenrolar do processo ou no sentido da decisão, o tribunal arbitral profira uma decisão final nos termos que resultarem da prova que se pôde fazer – e não a mera possibilidade de prosseguimento do processo como fruto de uma opção discricionária dos árbitros.

Aliás, com a decisão de pôr termo ao processo, o tribunal, em regra, iria fazer "pagar o justo pelo pecador", pois, a falta de comparência a uma audiência ou a falta de produção da prova ordenada dever-se-á, na maioria dos casos, à parte que, sentindo que o processo não lhe corre de feição, se dispõe a miná-lo, na tentativa de obstar a que se profira uma decisão de mérito que lhe seja desfavorável.

Mas também pode acontecer que essas faltas, sendo do demandante, façam afinal com que o tribunal – obrigado a proferir uma decisão sem dispor dos elementos, depoimentos ou provas que ele se recusa a facultar – tenha que proferir uma sentença que lhe seja favorável, condenando assim o demandado, o que consistiria num insuportável *venire contra factum proprium*.

Razão pela qual hesitamos quanto ao sentido a dar àquele *"pode prosseguir"*.

Em tal hipótese pareceria melhor, na verdade, que o tribunal arbitral pudesse mesmo pôr termo ao processo (seja por causa das faltas aqui previstas, seja por elas inviabilizarem uma decisão atempada do processo arbitral) – embora lhe seja dado procurar suprir tais faltas mediante a aplicação de uma sanção pecuniária compulsória à parte relapsa –, fazendo-a arcar, se tudo o resto falhar, com a totalidade das custas (no caso de não o impedir a convenção, claro) e condenando-a, se a outra parte o pedir, em indemnização, como paralelamente se estatui no art. 542º do novo CPC.

Nº 4

5. *O suprimento do acto omitido em caso de omissão justificada: o âmbito da previsão legal. Teses em confronto*

Dispõe-se neste nº 4 que "*o tribunal pode, porém, caso considere a omissão justificada, permitir [...] a prática do acto omitido*", sendo lamentável que não se tenha explicitado se a norma constitui uma excepção apenas ao disposto no antecedente nº 3 ou se a sua previsão se reporta também aos casos dos nºs 1 e 2.

Essa falta de clareza legislativa faz-nos hesitar em aderir à opinião extensiva de Ribeiro Mendes (*Lei da Arbitragem Voluntária Anotada*, AAVV, p. 70), não só pela fórmula legal – nomeadamente por causa daquele "*porém*" e da utilização do substantivo no número singular –

aparentar uma ligação íntima entre este nº 4 e o antecedente nº 3, mas também por uma sucessão de razões de natureza sistemática, todas elas a apontar no sentido de restringir ao caso do nº 3 o âmbito de aplicação da norma do nº 4.

Para começar, veja-se que, tendo formulado de maneira incondicionalmente assertiva as disposições dos nºs 1 e 2 deste art. 35º – "*o tribunal arbitral põe termo ao processo*" (nº 1) e o "*tribunal arbitral prossegue o processo, sem considerar* [a] *omissão*" (nº 2) –, o legislador não fez aí qualquer ressalva quanto à inevitável produção desses efeitos, mediante um simples e comum lembrete do tipo "*sem prejuízo do disposto no nº 4*" (ou qualquer outro).

Por outro lado, é também manifestação comum da boa legística e de elementares exigências sistemáticas que, quando a estatuição de uma norma é de aplicação às várias situações reguladas em normas anteriores (ou posteriores), se faça uma referência expressa, conceitual ou numérica, a todas as normas abrangidas.

E este nº 4 não contém qualquer referência dessas.

O que é tanto mais sintomático quanto é certo que, logo no subsequente nº 5, quando quis manifestamente referir-se a todos os seus anteriores números (desde o 1 ao 4), o legislador se referiu expressamente ao "*disposto nos números anteriores deste artigo*" – mais expressiva se tornando a falta dessa remissão neste nº 4.

São portanto cinco referências sistemáticas de grosso calibre a apontar todas, claramente, no mesmo sentido, num caso em que não existem decisivos elementos racionais e teleológicos de interpretação da lei – pois que a sua invocação envolveria sempre *petição de princípio*, dando-se como assente *quod erat demonstrandum*.

Se perante uma mão cheia de dados desses – de significativo relevo na manutenção da unidade e coerência do ordenamento jurídico –, todos da mesma natureza e a apontar na mesma direção, viéssemos a concluir que, afinal, o que o legislador queria mesmo era que a silenciosa ressalva do nº 4 deste art. 35º, como a expressa e ruidosamente contida no seu nº 5, valesse também para os respectivos nºs 1 e 2, então temos que dizer, para não dizer mais, que ele não se desempenhou convenientemente da sua missão.

E mais argumentos poderiam coligir-se para reforçar a posição aqui defendida, mesmo se de inferior valia.

Poderia, por exemplo, dizer-se que este n.º 4 se refere à possibilidade da *"prática do acto omitido"* e só no n.º 4 é que estão exclusivamente em causa actos ou diligências omitidos, enquanto nos n.ºs 1 e 2 pode tratar--se quer da falta de apresentação da petição ou da contestação, mas também de outros vícios de fundo, como os respeitantes ao conteúdo desses documentos.

À mingua de argumentos em sentido contrário – que os defensores da tese oposta, como Ribeiro Mendes (ob. e loc. citados), não nos facultam, limitando-se a enunciá-la –, que nem o art. 25.º da Lei Modelo nos proporciona, ficamos portanto com a interpretação proposta.

Só a arredando, eventualmente, em casos excepcionais, como na hipótese de prorrogação do prazo da contestação, se a parte demandada tiver formulado pedido nesse sentido.

6. *O incidente de justificação da omissão do acto devido: formalidades, justos impedimentos e "impedimentos justos"*

A justificação da omissão verificada deve ser submetida por escrito ao tribunal arbitral antes ou no próprio momento em que tal omissão ocorrer – no máximo, imediatamente a seguir a isso – ou, então, logo que cesse a situação que levou a parte a omitir o acto processual devido, entendendo-se que uma "justificação" tardia já não poderá contribuir para relevar a falta cometida.

Devendo naturalmente dar-se à outra parte a oportunidade de se pronunciar sobre o pedido de justificação dessa falta.

Entende-se que o tribunal deve atender para o efeito não apenas àquelas situações que configuram um *justo impedimento* – rodeadas dos requisitos que lhe assacam, hoje, o art. 140.º do novo CPC, e a exigente jurisprudência dos nossos tribunais na matéria –, mas também aos casos a que já atrás chamámos de *impedimento justo*, em que, embora não se verifiquem esses rigorosos requisitos, a situação é contudo desculpável, compreensível, normal num diligente *pater familias*.

Nº 5

7. O carácter supletivo das normas dispositivas do art. 35º face à convenção de arbitragem ou ao acordo das partes

Tudo quanto se dispõe nos nºs 1 a 4 deste art. 35º sobre as consequências das omissões neles previstas só vale, como neste nº 5 se dispõe expressamente, no caso de as partes não terem disposto diversamente na convenção de arbitragem ou – como justificámos no comentário nº 3 ao art. 33º – no acordo a que se tenha chegado posteriormente mas *"até à aceitação do primeiro árbitro"*, como resulta do preceito do nº 2 do art. 30º.

Artigo 36.º
Intervenção de terceiros

1 – Só podem ser admitidos a intervir num processo arbitral em curso terceiros vinculados pela convenção de arbitragem em que aquele se baseia, quer o estejam desde a respectiva conclusão, quer tenham aderido a ela subsequentemente. Esta adesão carece do consentimento de todas as partes na convenção de arbitragem e pode ser feita só para os efeitos da arbitragem em causa.

2 – Encontrando-se o tribunal arbitral constituído, só pode ser admitida ou provocada a intervenção de terceiro que declare aceitar a composição actual do tribunal; em caso de intervenção espontânea, presume-se essa aceitação.

3 – A admissão da intervenção depende sempre de decisão do tribunal arbitral, após ouvir as partes iniciais na arbitragem e o terceiro em causa. O tribunal arbitral só deve admitir a intervenção se esta não perturbar indevidamente o normal andamento do processo arbitral e se houver razões de relevo que a justifiquem, considerando-se como tais, em particular, aquelas situações em que, não havendo manifesta inviabilidade do pedido:

a) O terceiro tenha em relação ao objecto da causa um interesse igual ao do demandante ou do demandado, que inicialmente permitisse o litisconsórcio voluntário ou impusesse o litisconsórcio necessário entre uma das partes na arbitragem e o terceiro; ou

b) O terceiro queira formular, contra o demandado, um pedido com o mesmo objecto que o do demandante, mas incompatível com o deste; ou

c) O demandado, contra quem seja invocado crédito que possa, prima facie, ser caracterizado como solidário, pretenda que os demais possíveis credores solidários fiquem vinculados pela decisão final proferida na arbitragem; ou

d) O demandado pretenda que sejam chamados terceiros, contra os quais o demandado possa ter direito de regresso em consequência da procedência, total ou parcial, de pedido do demandante.

4 – O que ficou estabelecido nos números anteriores para demandante e demandado vale, com as necessárias adaptações, respectivamente para demandado e demandante, se estiver em causa reconvenção.

5 – Admitida a intervenção, aplica-se, com as necessárias adaptações, o disposto no artigo 33.º

6 – Sem prejuízo do disposto no número seguinte, a intervenção de terceiros anteriormente à constituição do tribunal arbitral só pode ter lugar em arbitragem institucionalizada e desde que o regulamento de arbitragem aplicável assegure a observância do princípio da igualdade de participação de todas as partes, incluindo os membros de partes plurais, na escolha dos árbitros.

7 – A convenção de arbitragem pode regular a intervenção de terceiros em arbitragens em curso de modo diferente do estabelecido nos números anteriores, quer directamente, com observância do princípio da igualdade de participação de todas as partes na escolha dos árbitros, quer mediante remissão para um regulamento de arbitragem institucionalizada que admita essa intervenção.

Comentário

1. *O carácter supletivo do regime deste art. 36º*
2. *A intervenção de terceiros em processo arbitral: conceito, "ratio" e vantagens*
3. *Requisitos consensuais de admissibilidade da intervenção: a vinculação originária ou superveniente à convenção de arbitragem*
4. *Requisitos processuais da admissão da intervenção por tribunal já constituído: a aceitação da composição do tribunal (do estado do processo) e do regulamento da arbitragem*
5. *Trâmites e formalidade essenciais do incidente da admissão da intervenção*
6. *Os fundamentos positivos da admissão da intervenção: o seu enunciado, carácter exemplificativo e vinculação do tribunal aos factos alegados*
7. *Os fundamentos negativos da intervenção*
8. *Efeitos da intervenção de terceiro no processo arbitral: vinculação do tribunal aos factos alegados*
9. *O regime aplicável à intervenção arbitral de terceiro em relação a pedidos reconvencionais*
10. *A sequência processual da acção arbitral após a admissão da intervenção: o articulado do terceiro e seu contraditório*
11. *A "intervenção" formalizada antes da constituição do tribunal arbitral: a condição deste "interveniente"*

Nº 7

1. *O carácter supletivo do regime deste art. 36º*

Começa-se o comentário a este art. 36º pela disposição do seu nº 7, de acordo com o qual, *"[a] convenção de arbitragem pode regular a intervenção de terceiros [...] de modo diferente do estabelecido nos números anteriores"*, apontando assim no sentido da natureza supletiva dessas normas, na sua aplicabilidade apenas no caso de, sobre os (ou alguns dos) aspectos nelas regulados, nada se ter disposto na referida convenção.

A fixação de um regime convencional próprio de *intervenção de terceiros* pode ser feita, como se dispõe no próprio preceito deste nº 7, estabelecendo-o directamente na convenção ou, então, por remissão para um regulamento de arbitragem institucionalizada que admita essa intervenção.

Parece-nos, para finalizar, que à mencionada natureza supletiva das normas dos nºs 1 a 6 deste art. 36º fazem excepção

- logo, a primeira de todas as regras aí estabelecidas – de que *"só podem ser admitidos a intervir num processo arbitral em curso terceiros vinculados pela convenção de arbitragem em que ele se baseia"* –, por ser tal excepção uma manifestação da obrigatoriedade do processo arbitral e da respectiva sentença, da utilidade desta no que se refere à relação em que (pelo menos) uma das suas partes está investida com esse terceiro, sendo assim norma inarredável por convenção de partes;
- a regra de que a intervenção de terceiros que tenha lugar após a constituição do tribunal arbitral *"depende **sempre** de decisão"* deste, como se refere no nº 3, parece que mesmo no caso de na convenção se dispor diversamente;
- quanto ao requisito estabelecido neste nº 7, de que as normas da convenção relativas à intervenção de terceiros respeitem o *"princípio da igualdade de participação de todas as partes na escolha dos árbitros"*, corresponde ele ao reconhecimento de que a norma posta no nº 6 a esse propósito também tem carácter imperativo, entendendo-se porém que ela só vale, como aí mesmo se dispõe – e resulta igualmente do nº 2 – para o caso da intervenção anterior à constituição do tribunal arbitral;
- por outro lado, é requisito esse que, em virtude da conjugação da parte final deste nº 7 com a parte final do anterior nº 6, se aplica também aos casos de remissão do regime da intervenção para um regulamento de arbitragem institucionalizada.

Nº 1

2. *A intervenção de terceiros em processo arbitral: conceito, "ratio" e vantagens*

Estabelecem-se neste art. 36º os termos em que é legalmente admissível a *intervenção de terceiros* numa acção arbitral – sendo considerados como tais, parece-nos, quaisquer pessoas que não figurem como partes em arbitragem já desencadeada ou em acção arbitral já instaurada, fossem ou não subscritores iniciais da respectiva convenção de arbitragem –, entendendo-se que a referência deste preceito ao *"processo arbitral em curso"* deve ser lida, como sugere o nº 2, por referência quer à fase processual da arbitragem quer à sua fase procedimental ou constitutiva.

Trata-se de uma novidade muito relevante da actual LAV, não existindo disposição paralela na lei anterior. Aliás, a possibilidade de intervenção de terceiros nas arbitragens não é regulada em grande parte das leis estrangeiras na matéria.

A razão de ser dessas omissões legislativas é simples de perceber.

Ao contrário do que sucede com o processo civil – em que a intervenção de terceiros é uma realidade processual normal, às vezes necessária, e que não levanta problemas de maior –, no processo arbitral, essencialmente marcado pela sua origem e natureza contratual e pela prevalência da vontade das partes, a possibilidade de admitir a intervenção de um terceiro é, evidentemente, algo que não surge de forma natural ou inevitável.

Sendo as coisas assim, não surpreende que, embora o regime da intervenção de terceiros agora consagrado tenha evidente inspiração no regime do processo civil, a diferente origem e natureza dos dois processos leve a que tenham sido aqui consagradas soluções diferentes das que se encontram no CPC.

Em todo o caso, a expressa consagração legal da possibilidade de intervenção de terceiros num processo arbitral constitui uma novidade de aplaudir, pois, como a doutrina e a jurisprudência têm vindo a reconhecer, são inúmeros os casos em que se justifica admitir, em nome de uma mais adequada e completa resolução do litígio, a intervenção de sujeitos ou entidades que não estão originariamente abrangidos pela convenção de arbitragem ou que não foram inicialmente considerados na propositura da acção.

Desde que não se ponham em causa com isso os princípios fundamentais do processo arbitral e de tutela da posição das partes, não parece existirem razões suficientemente ponderosas para justificar a inadmissibilidade da intervenção de terceiros em processos arbitrais.

Resta acrescentar serem admissíveis aqui as tradicionais modalidades da *intervenção espontânea* e da *intervenção provocada* – como veremos a propósito do subsequente n.º 2 –, não se fazendo contudo qualquer distinção entre *intervenção principal* e *intervenção acessória*, presumivelmente por se entender que em cada processo arbitral as partes regularão adequadamente o âmbito da intervenção de um terceiro e os direitos e deveres processuais que lhe assistem.

3. *Requisitos consensuais de admissibilidade da intervenção: a vinculação originária ou superveniente à convenção de arbitragem*

A lei faz depender a intervenção de terceiros em processo arbitral de vários requisitos.

No art. 36º/1 fixam-se dois desses requisitos, relacionados com as partes propriamente ditas, enquanto no subsequente n.º 3 se estabelecem outros, respeitantes, nomeadamente, ao estado do processo e à viabilidade do pedido e à relação entre os interesses em litígio e os interesses por que o interveniente vem pugnar.

Exige-se aqui, então, em primeiro lugar, para que um terceiro possa intervir num processo arbitral em curso, que ele esteja vinculado pela convenção de arbitragem, seja tal vinculação originária ou superveniente, de maneira a assegurar que a sentença arbitral vinculará todas as partes intervenientes no processo.

O conceito de "terceiro" afere-se portanto, já o dissemos no comentário anterior, em face do procedimento ou do processo arbitral, não face à convenção de arbitragem, na medida em que, para poder ser admitido a intervir, o pretendente (ou provocado) tem que estar a ela vinculado, inicial ou subsequentemente, como uma das suas partes.

Em regra, a necessidade de admissão da intervenção de um "terceiro" vinculado originariamente à convenção de arbitragem corresponderá aos casos em que, por opção do demandante – a hipótese de um eventual lapso seu não é de descartar –, o pedido arbitral não foi dirigido contra todos os seus subscritores.

ARTIGO 36º

Por sua vez, a intervenção por adesão subsequente à convenção de arbitragem corresponderá habitualmente aos casos em que o titular de algum interesse conexo com a matéria em discussão no processo arbitral vem (ou é chamado) posteriormente aderir à convenção de arbitragem, tendo em vista a tutela do seu interesse no âmbito desse processo ou a tutela do interesse de uma ou ambas as partes originárias, quando sejam elas a provocar essa intervenção.

O outro requisito da intervenção de "terceiro" no processo arbitral, fixado neste art. 36º/1 é o de que a *adesão* à convenção de arbitragem carece de "*consentimento de todas as partes*".

Retira-se do teor do preceito, por um lado, que a exigência desse consentimento só é necessária, claro, no caso de "adesão" subsequente à convenção, quando um terceiro não signatário dela pretenda vincular--se, espontânea ou provocadamente, ao compromisso da arbitragem para intervir no processo arbitral em curso – só aí fazendo sentido exigir-se o consentimento dos signatários iniciais – e, por outro lado, deduz-se também que se trata de um consentimento restrito à participação na convenção e não extensivo à intervenção no processo arbitral, a qual pode depender só da iniciativa do novo signatário e de decisão do tribunal arbitral.

O terceiro pode portanto impor a sua presença no processo arbitral, mesmo contra a eventual vontade de qualquer uma das partes que consentira na sua adesão à convenção.

Impondo que a pessoa que não participe num processo arbitral em curso – que é essa, viu-se, a situação definidora de *terceiro* – só aí possa intervir se as partes originárias consentirem que ela adira à sua convenção de arbitragem, o art. 36º/1 da LAV vem assim resolver pela negativa a questão, que tem suscitado bastante polémica na doutrina e jurisprudência, da possibilidade de um não signatário da convenção poder, a exemplo do que sucede no processo civil, forçar a sua intervenção espontânea no processo arbitral respectivo, por ser manifesto o seu interesse directo na decisão do processo.

Prevaleceram na matéria as preocupações com a autonomia da vontade das partes e com a segurança e confiança jurídicas.

Desta forma, situações em que anteriormente se discutia se um terceiro teria ou não direito a intervir no processo arbitral, independentemente da vontade das partes (como poderia ser o caso, por exemplo, de empresas em relação de grupo com a signatária da convenção e que tiveram participação na situação litigiosa), tais intervenções, dizia-se, estão agora, face a este art. 36º/1, expressamente condicionadas ao consentimento prévio das partes para adesão à convenção de arbitragem (e condicionadas, claro, à assinatura da convenção pelo interveniente).

Quanto à questão de saber quais as exigências relativas à forma do referido consentimento de todas as partes, entende-se – até por estar aí em causa um aditamento à convenção inicial – que ele tem de ser dado por escrito, como imposto pelo nº 1 do art. 2º da LAV, mesmo se numa das modalidades previstas nos seus restantes números.

Por último, ainda a propósito deste art. 36º/1, cabe referir que se prevê nele que a adesão subsequente à convenção de arbitragem pode ter lugar apenas para efeitos do processo arbitral que esteja em curso, sem que o terceiro fique vinculado a aceitar o foro arbitral em quaisquer outros litígios futuramente emergentes dessa mesma convenção.

Nº 2

4. *Requisitos processuais da admissão da intervenção por tribunal já constituído: a aceitação da composição do tribunal (do estado do processo) e do regulamento da arbitragem*

Se o tribunal arbitral já estiver constituído no momento em que é formulado o pedido de intervenção de terceiro ou em que ele responde à *provocatio* de uma ou ambas as partes, só se lhe admite intervir se declarar por escrito aceitar a composição actual do tribunal.

Pode estranhar-se a formulação condicional do primeiro segmento deste nº 2 – quanto à hipótese de o tribunal já estar constituído –, por isso que, para haver lugar a intervenção de terceiro, pareceria ser necessário, como se dispunha no nº 1, que o *"processo arbitral* [esteja] *em curso"*, o que significaria que o tribunal arbitral também já se encontrava constituído –, só se compreendendo aquela formulação condicional porque a lei define como momento do início do processo arbitral o da recepção, pelo demandado, do pedido de submissão do litígio à arbitragem, confundindo o início do procedimento da arbitragem e do processo arbitral (como escrevemos em comentário ao nº 1 do antecedente art. 30º).

Deste nº 2 decorre então que, na referida hipótese, o terceiro não tem o direito de nomear um árbitro, ao contrário do que sucede com os subscritores originários da convenção, e apenas será admitido a intervir se (além de aceitar os árbitros que tiverem sido nomeados) também assumir as próprias regras processuais que tiverem sido estabelecidas.

Essas condições da intervenção – nomeadamente, a da aceitação das regras estabelecidas (não a dos actos praticados, parece) – correspondem, diríamos, a regras de bom senso, que visam garantir a celeridade e andamento adequado do processo arbitral, mas não asseguram que a intervenção de terceiro não põe em causa a estabilidade da instância nem obriga à repetição de diligências já realizadas, como o inculca até o disposto no nº 5.

Nº 3

5. Trâmites e formalidade essenciais do incidente da admissão da intervenção

Regulam-se aqui – saltando por cima das formalidades que lhe são imanentes, digamos assim – os trâmites essenciais do incidente da intervenção de terceiros e os fundamentos (enunciados a título exemplificativo) com base nos quais se pode admiti-los a intervir em processo que já esteja em curso.

Tratamos primeiro daquelas formalidades e trâmites.

O incidente da intervenção principal desenrola-se com observância das seguintes formalidades, imperativas umas – pese o disposto no subsequente nº 7 –, supletivas as outras (quando sobre elas não dispuser o regulamento de arbitragem, no sentido amplo que demos ao conceito no nº 3 do art. 30º).

Assim

- no caso de *intervenção espontânea*, temos o requerimento do pretendente invocando e demonstrando os fundamentos em que se sustenta a sua pretensão de intervir (art. 36º/3 da LAV) – presumindo-se que aceita a composição do tribunal (art. 36º/2 da LAV) e as regras do processo –, devendo juntar original ou cópia autenticada da convenção ou da adesão a ela (art. 36º/1, *ibidem*);
- no caso de *intervenção provocada*, temos o requerimento da parte ou das partes "provocadoras", a junção – se ainda não tivesse sido feita – do original ou cópia autenticada da convenção de arbitragem ou do documento de adesão do interessado (art. 36º/1 da LAV), invocando os fundamentos da pretensão (art. 36º/3, *ibidem*);
- recebido o requerimento que desencadeia o incidente da intervenção, o tribunal arbitral, não "*havendo manifesta inviabilidade do pedido*" (art. 36º/3 da LAV) – que estamos a assumir ser o pedido de condenação formulado pelo demandante no processo, que é a esse, aliás, que as restantes alíneas do preceito claramente se referem, não estando em causa, portanto, o pedido de intervenção –, recebido o requerimento, o tribunal, dizia-se, manda ouvir o demandante e o demandado, no caso de intervenção espontânea, e o terceiro e a parte requerida, em caso de intervenção provocada, (*ibidem*);
- decorrido o prazo dessas audições, o tribunal arbitral ajuíza da pertinência e procedência dos fundamentos positivos e negativos do pedido de intervenção e admite-o, desde que considere também não decorrer daí uma perturbação "*indevida*", uma perturbação significativa ou relevante, entende-se, "*para o normal andamento do processo arbitral*";
- admitida a intervenção, fecha-se o respectivo incidente e segue--se com as necessárias adaptações o disposto no art. 33º da LAV – como se comentará a propósito do subsequente nº 5 deste art. 36º.

6. Os fundamentos positivos da admissão da intervenção: o seu enunciado, carácter exemplificativo e vinculação do tribunal aos factos alegados

Os fundamentos positivos da admissão da intervenção espontânea ou provocada constam também deste nº 3 do art. 36º, suscitando-se logo a dúvida sobre o seu carácter taxativo ou meramente exemplificativo.

Para Ribeiro Mendes (*Lei da Arbitragem Voluntária Anotada*, AAVV, p. 73) – mesmo se depois se cita aí uma anotação da Associação Portuguesa de Arbitragem ao projecto que apresentou em 2010, da qual resulta ter a disposição legal carácter exemplificativo –, para o referido Autor, dizíamos, o poder do tribunal decidir da admissão da intervenção "*é vinculado aos fundamentos que constam deste artigo*", embora, se bem interpretamos a sintética expressão subsequente do seu comentário, o tribunal não esteja condicionado pelos fundamentos invocados e pela alegação das partes a seu propósito.

A nós parece, diversamente – mesmo se, *de iure constituendo*, acompanhamos a tese da taxatividade e se não rejeitamos, por outro lado, a hipótese de uma interpretação restritiva ou correctiva da norma legal –, parece, dizíamos, que os fundamentos das diversas alíneas deste nº 3 foram nelas incluídos exemplificativamente, como casos que integram a cláusula legal "*razões de relevo que justificam* [a intervenção]".

Inculca-o de maneira decisiva o facto de a lei considerar "*como tais* [ou seja, como "*razões de relevo*" dessas], **em particular**, aquelas situações em que [...]", seguindo-se o respectivo enunciado.

Integram então esses fundamentos exemplificativos aquelas situações em que se entendeu terem o demandante, o demandado ou terceiro um interesse na decisão alargada da causa, por, de acordo com as alíneas *a)* a *d)* deste nº 3,

- ter o terceiro, em relação ao *objecto da causa*, isto é, ao litígio sobre que ela versa, um interesse igual ao do demandante ou do demandado, valendo a favor ou contra ele o pedido e a causa de pedir respeitantes às partes iniciais no processo;
- pretender o terceiro obter do demandado uma prestação com o mesmo objecto da pretendida pelo demandante, mas incompatível com a deste;

- ser o terceiro, à primeira vista, credor solidário da dívida exigida pelo demandante ao demandado;
- ou poder o terceiro vir a ser devedor do demandado, em via de regresso, no caso de condenação deste na prestação reclamada pelo demandante.

Uma última palavra para dizer que também se entende que a regra geral é a de que cabe ao tribunal arbitral, sem necessária adesão à qualificação dos interessados, decidir se os factos por eles invocados e demonstrados – e apenas esses – integram ou não qualquer dos fundamentos enunciados na lei ou abrangidos por ela.

7. Os fundamentos negativos da intervenção

Além dos fundamentos cuja verificação é necessária para que se admita a intervenção de terceiros, vêm enunciados no corpo deste nº 3 dois fundamentos negativos seus, que, a ocorrerem, impedem a intervenção.

O primeiro (a que já nos referimos no anterior comentário nº 5) consiste na exigência de a intervenção *"não perturbar indevidamente"*, de maneira significativa ou relevante, o *"normal andamento do processo"*, não exigindo, por exemplo, a alteração da composição do tribunal ou a repetição de formalidades complexas – nomeadamente, que exijam o reposicionamento do demandante e demandado –, embora seja sabido que a intervenção que tenha lugar no decurso do processo arbitral, dado o disposto no subsequente nº 5, vai normalmente implicar uma repetição dos trâmites do processo.

O segundo fundamento ou requisito negativo da admissão da intervenção é o de que o *"pedido"* formulado na acção pelo demandante (ou pelo demandado reconvinte, se for o caso) não seja manifestamente inviável, por, nessa hipótese, não haver qualquer utilidade em fazer intervir o terceiro – alcançando-se seguramente que a lei está a referir-se ao pedido formulado no processo, e não ao pedido de intervenção (ao menos se o argumento sistemático não falha aqui, pois que, reafirma-se, o conceito *pedido* vem referido nas alíneas subsequentes do preceito sempre com aquele primeiro sentido).

8. Efeitos da intervenção de terceiro no processo arbitral: condição de parte, igualdade de direitos processuais e vinculação ao caso julgado

O terceiro cuja intervenção seja admitida passa a intervir no processo arbitral como uma sua parte principal, paralelamente ao autor ou ao réu ou, então, em casos como o da mencionada alínea *b)* deste nº 3, como titular de uma pretensão *autónoma* face a ambos.

Nessa qualidade, assistem-lhe os mesmos direitos processuais daqueles, a exercer em condições de igualdade com eles e de acordo com as regras que já se encontravam estabelecidas à data da intervenção – ou com aquelas em cuja feitura participe posteriormente –, sendo-lhe admitido sempre, qualquer que seja o momento da sua intervenção, assim resulta do subsequente nº 5, apresentar um articulado próprio, requerer providências cautelares, pedir a produção de prova, intervir na audiência, alegar a final, impugnar a sentença, etc., tudo como os restantes compartes e contrapartes.

E isso, mesmo no caso de essa sua intervenção obrigar a refazer formalidades e diligências que já houvessem sido praticadas antes da sua intervenção – o que significa que o legislador não considerou tal necessidade como uma perturbação indevida do andamento do processo.

Finalmente, o terceiro fica vinculado ao caso julgado e à acção executiva nos mesmos termos das outras partes intervenientes no processo.

9. O regime aplicável à intervenção arbitral de terceiro em relação a pedidos reconvencionais

Se, na acção arbitral, tiver sido deduzida reconvenção, manda-se aqui aplicar aos demandado e demandante reconvintes, com as necessárias adaptações, o disposto nos nºs 1 a 3 deste art. 36º, respectivamente, para o demandante e o demandado.

A verdade é que, nesses anteriores nºs 1 a 3, as únicas disposições implícita ou explicitamente aplicáveis ao demandante e ao demandado são as do primeiro segmento do n.º 2 e as das diversas alíneas do nº 3.

Nº 5

10. A sequência processual da acção arbitral após a admissão da intervenção: o articulado do terceiro e seu contraditório

A remissão deste nº 5, após a admissão da intervenção, para o disposto no art. 33º significa, em primeiro lugar, que não têm aqui aplicação as normas do Código de Processo Civil relativas à restrição temporal da possibilidade de intervenção, permitindo-se assim que ela seja requerida e tenha lugar em qualquer momento do processo arbitral, desde que não se prejudique indevida ou sensivelmente o seu normal andamento.

E significa, por outro lado, que o pedido de intervenção espontânea, e também o da provocada, qualquer que seja o momento em que são formulados, mesmo quando isso ocorre já no decurso da fase processual da arbitragem, nunca precludem o direito do terceiro a apresentar a sua própria petição ou contestação.

Desse articulado são notificados o demandado e o demandante, podendo responder-lhe a parte interessada ou responder ambas, até, no caso, por exemplo, de o terceiro querer formular contra o demandado pedido incompatível com o do demandante.

Diga-se para finalizar não se perceber a razão por que este nº 5 não foi incluído pelo anterior nº 4 entre as disposições que devem aplicar-se (invertidamente, já se vê) no caso de reconvenção.

Nº 6

11. A "intervenção" formalizada antes da constituição do tribunal arbitral: a condição deste "interveniente"

Vimos que as disposições anteriores deste art. 36º se referiam à hipótese da admissão da intervenção de terceiros estando o tribunal arbitral já constituído, isto é, com todos os árbitros respectivos já designados e empossados (ver comentário ao art. 8º/1), o que implicava para o interveniente a obrigação de aceitação da composição do tribunal e das regras estabelecidos sobre o funcionamento da arbitragem e desenvolvimento do processo arbitral.

Aqui, no n.º 6, trata-se da intervenção que tem lugar antes da constituição do tribunal arbitral, em relação à qual portanto a aceitação dos factos consumados dessa outra hipótese já não constitui uma inevitabilidade.

Dispõe-se então, só poder a intervenção de terceiro, ter lugar, neste caso, em arbitragem que decorra perante centros de arbitragem ou outros organismos institucionalizados para o efeito, de molde a assegurar-se que o terceiro possa participar activamente e em condições de (relativa) igualdade com os outros litigantes.

Outra decisiva característica desta intervenção é a de que, tratando-se de compromisso arbitral, a sua admissão não depende de qualquer decisão arbitral, efectiva-se por subscrição da convenção de arbitragem ou por adesão a ela (se já estiver concluída e assinada), nos termos previstos no n.º 1 – não se descortinando uma razão inultrapassável pela qual esta hipótese deva considerar-se ainda como correspondendo à figura da intervenção, e não a um caso de mera pluralidade de partes.

Até porque, como se dispõe no segundo segmento deste n.º 6, o regulamento de arbitragem deve ser tal que garanta a *"igualdade de participação de todas as partes [...] na escolha dos árbitros"* – na medida do possível, presumimos, pois pode haver árbitros que já aceitaram o cargo (e a intervenção não ter sido provocada) –, revelando que, além do mais, é a própria lei, afinal, a considerar o interveniente como *"parte"*, antes mesmo da constituição do tribunal e da sua capacidade para tomar decisões.

E como parte agirá, já se viu, em condições de plena igualdade com as partes originárias durante o desenrolar da acção arbitral, até ao trânsito em julgado da sentença arbitral.

Artigo 37.º
Perito nomeado pelo tribunal arbitral

1 – Salvo convenção das partes em contrário, o tribunal arbitral, por sua iniciativa ou a pedido das partes, pode nomear um ou mais peritos para elaborarem um relatório, escrito ou oral, sobre pontos específicos a determinar pelo tribunal arbitral.

2 – No caso previsto no número anterior, o tribunal arbitral pode pedir a qualquer das partes que forneça ao perito qualquer informação relevante ou que apresente ou faculte acesso a quaisquer documentos ou outros objectos relevantes para serem inspeccionados.

3 – Salvo convenção das partes em contrário, se uma destas o solicitar ou se o tribunal arbitral o julgar necessário, o perito, após a apresentação do seu relatório, participa numa audiência em que o tribunal arbitral e as partes têm a oportunidade de o interrogar.

4 – O preceituado no artigo 13.º e nos n.ºs 2 e 3 do artigo 14.º, aplica-se, com as necessárias adaptações, aos peritos designados pelo tribunal arbitral.

Fontes

Nº 1 – Fontes: Lei-Modelo da Uncitral, art. 26º/1 (reformulado); Lei Alemã (*ZPO*), §1049 (1), (2) e (3); Lei Espanhola, art. 32º

Nº 2 – Lei-Modelo da Uncitral, art. 26º/1 (reformulado); Lei Alemã (*ZPO*), §1049 (1), (2) e (3); Lei Espanhola, art. 32º

Nº 3 – Lei-Modelo da Uncitral, art. 26º/2 (reformulado); Lei Alemã (*ZPO*), §1049 (2); Lei Espanhola, art. 32º

Nº 4 – Lei-Modelo da Uncitral, art. 26º/2 (reformulado); Lei Alemã (*ZPO*), §1049 (2); Lei Espanhola, art. 32º

Comentário

1. *O recurso à prova pericial: a diferente competência das partes e do tribunal*
2. *Organização da perícia: liberdade do tribunal arbitral, contraditório e igualdade das partes. A nomeação e requisição de peritos*

3. *Intimação à colaboração probatória das partes com os peritos: a cominação ou sanção compulsória*
4. *O relatório da peritagem: apresentação escrita ou oral e conteúdo. Relatórios colegiais e pluridisciplinares*
5. *A audiência dos peritos: âmbito e contraditório*
6. *Contra-peritagem das partes: inadmissibilidade. A impugnação dos juízos de perícia*
7. *O incidente da recusa de peritos: remissão e adendas*

Nº 1

1. O recurso à prova pericial: a diferente competência das partes e do tribunal

O recurso à prova pericial é admitido, e frequente, em processo arbitral.

Desde que, como já resultaria do art. 34º/1 e agora se reafirma, as partes não descartem essa possibilidade consensualmente, seja na convenção seja no regulamento de arbitragem que hajam estabelecido nos termos do nº 2 do art. 30º, não podendo o tribunal arbitral, mesmo quando lhe cabe definir as regras do processo arbitral no regulamento de arbitragem (nº 3 do art. 30º), usar dessa faculdade.

Assim, quando as partes não disponham validamente de modo diverso, o tribunal pode – e agora só ele – decidir oficiosamente ou a solicitação delas que se recorra a peritos para apoiarem na descoberta da verdade da causa.

A competência do tribunal, nesta vertente, é plena: cabe-lhe não só decidir se o recurso à prova pericial é necessário ou conveniente, como, decidindo-se pela afirmativa, lhe cabe escolher, aceitando eventualmente as indicações das partes, o ou os peritos que intervirão no processo e os pontos específicos, dentre os que porventura as partes lhe hajam referido, sobre que eles hão-de pronunciar-se.

Tudo isso resulta com meridiana clareza do disposto no nº 1 deste art. 37º.

2. *Organização da perícia: liberdade do tribunal arbitral, contraditório e igualdade das partes. A nomeação e requisição de peritos*

Ao contrário do que sucede com o regime da peritagem na lei processual civil – na qual se estabelecem para o efeito regras relativamente apertadas, quer, por exemplo, quanto aos pressupostos do recurso à prova pericial e ao direito de designação de peritos (arts. 568º e ss. do CPC, hoje, arts. 467º e ss. do novo CPC) –, a LAV deixou nessas matérias ampla liberdade ao tribunal arbitral.

Pois não só lhe cometeu, como vimos, o poder de decidir se se recorre a peritos, como também lhe conferiu o poder de organizar a peritagem livremente, não impondo regras quanto ao número de peritos – pode ser só um ou mais do que três, sem dependência de pressupostos específicos (como os do art. 569º do CPC, hoje, art. 468º do novo CPC) –, quanto à sua proveniência ou habilitações, nem quanto ao modo como hão-de exprimir o seu juízo, admitindo-se que se estabeleça a obrigação de apresentarem o seu relatório ou respostas em forma escrita ou apenas em forma oral.

Tudo isso, sem embargo de, em relação àqueles casos em que a lógica subjacente às opções da LAV não o impeça, o tribunal arbitral poder aplicar, por sua decisão e com as necessárias adaptações, as soluções da lei processual civil. Desde que, claro, não vão aí envolvidos poderes de autoridade pública, como no caso de requisição de técnicos de laboratórios, estabelecimentos ou serviços oficiais apropriados, cuja colaboração deve portanto ser solicitada aos tribunais estaduais, de acordo com a regra do subsequente art. 38º.

Outro ponto comum nos dois sistemas consiste no facto de ser sempre o tribunal que decide, após requerimento ou pronúncia das partes, quais as questões específicas sobre que os peritos são chamados a pronunciar-se.

Já não nos parece que também seja comum – até porque o silêncio da LAV não favorece tal proposição – a disciplina relativa à intervenção das partes na nomeação de peritos, (senão através do incidente da respectiva recusa), ainda que se trate de uma perícia colegial, cabendo ao tribunal, nesse caso, decidir como proceder à escolha dos vários peritos.

É verdade no entanto que – se a sua pluralidade não responder às exigências de inter ou pluridisciplinaridade –, a primeira razão ou função da colegialidade pericial (não a única, claro) consiste na conveniência em atender a mais do que uma sensibilidade na apreciação das várias pretensões ou interesses presentes no processo, o que apontaria no sentido de chamar as partes a participar num incidente de nomeação acordado ou contraditado, similar ao regulado no art. 468º do novo CPC.

Não obstante a ampla liberdade de que dispõe nesta sede, o tribunal está obrigado naturalmente, sob pena de anulação da respectiva decisão, a fazer observar na decisão e organização da perícia os princípios basilares da igualdade e do contraditório das partes, que a LAV não fez reflectir expressamente neste seu art. 37º, mas que são transversalmente imanentes a todo o processo arbitral, quanto mais em matéria probatória, das mais relevantes para determinar o lado para o qual cairá o fiel da balança arbitral.

Sendo assim, entendemos estar o tribunal constituído no dever

- de, quando o recurso à prova pericial lhe for solicitado por uma das partes, ouvir a outra antes de se pronunciar favoravelmente (no todo ou em parte) sobre aquela pretensão;
- de, quando decida ele próprio sujeitar à prova pericial factos constitutivos ou impeditivos de direitos das partes, ouvir ambas;
- de, quando nomear um perito, dar previamente conhecimento às partes da sua identidade, habilitações e questões *respondendi*, para que elas se pronunciem sobre uma eventual recusa sua (como veremos em comentário ao subsequente nº 4 deste art. 37º);
- de, quando nomear um perito por indicação ou sugestão de uma das partes, conceder à outra a faculdade de indicar ou sugerir a nomeação de outro.

Nº 2

3. Intimação à colaboração probatória das partes com os peritos: a cominação ou sanção compulsória

Estamos neste nº 2 do art. 37º perante uma manifestação do dever de colaboração das partes com o tribunal para a descoberta da verdade.

Sendo completamente dispensável a sua locução inicial – que se refere ao *"caso previsto no número anterior"* (ou seja, quando se entender recorrer à prova pericial) –, dispõe-se então no preceito deste nº 2 que *"o tribunal arbitral pode pedir a qualquer das partes que forneça ao perito qualquer informação relevante ou que apresente ou faculte acesso a quaisquer documentos ou outros objecto relevantes para serem inspeccionados"*.

Aí temos, em três linhas, o uso desnecessário, por três vezes, do pronome indefinido *"qualquer"* e, por duas vezes, do adjectivo *"relevante"*.

Também não parece lá muito apropriado o uso do verbo *"pedir"* para exprimir a relação entre o tribunal e as partes no que respeita à disponibilização por estas de informações, documentos ou quaisquer objectos cujo conhecimento ou exame pelos peritos pudesse interessar ao processo, pois do que se trata aí é de *"intimar"* as partes ou de *"requisitar"* os referidos meios auxiliares de prova, mesmo se o tribunal arbitral não tem poderes de autoridade que lhe permitam tornar efectiva essa intimação ou requisição, sugerindo o subsequente art. 38º que as medidas compulsórias a que pudesse haver lugar, verificando-se a sua previsão, serão da competência do tribunal estadual a quem se pedir a efectivação da prova a produzir.

E estranha-se também o facto de o legislador da LAV não ter previsto – ressalvando, claro, a hipótese de recusas legítimas do art. 417º/3 do novo CPC – que a falta de cumprimento da intimação por si feita às partes levaria a considerar-se provado, contra a parte relapsa, o facto ou quesito em causa, empurrando a questão para a intervenção do tribunal judicial (e das sanções do processo civil), nos termos daquele subsequente art. 38º.

Nº 3

4. *O relatório da peritagem: apresentação escrita ou oral e conteúdo. Relatórios colegiais e pluridisciplinares*

O perito ou peritos elaboram o seu relatório e apresentam-no rubricado, assinado e datado ao tribunal – que o dá a conhecer às partes – ou então respondem oralmente às questões da perícia em audiência do tribunal.

Devem mencionar-se aí as diligências a que se haja procedido, as conclusões a que se tenha chegado e a respectiva fundamentação, devendo, no caso das perícias colegiais, as opiniões discordantes serem escritas, fundamentadas e assinadas pelo respectivo autor, à laia de voto vencido.

Tratando-se de vários peritos pluridisciplinares, cada um dos quais nomeado para responder às questões da respectiva especialidade, em rigor, deveriam elaborar-se relatórios próprios, até por não dispor qualquer um deles, salvo indicação do tribunal, de poderes para coordenar a perícia dos restantes e, portanto, para organizar e ordenar os relatos de cada um.

No caso de o tribunal ter decidido antes pela apresentação oral das respostas às questões da peritagem – hipótese que deve considerar-se excepcional, mesmo se o relatório oral deve ter alguma tradução escrita nos autos do processo –, os peritos respondem oralmente, em audiência ou reunião do tribunal (é indiferente, que o regime é o mesmo, já antes o vimos), às questões que lhes tenham sido formuladas.

A tarefa dos peritos na coadjuvação do tribunal corresponde, digamos assim, a uma *obrigação de meios*, não *de resultados*: eles estão obrigados a *diligenciar* no sentido de chegarem a uma resposta precisa e especializada às questões formuladas, não estão obrigados a *responder-lhes*, não se rejeitando portanto que a respectiva conclusão seja a de que "*não se conseguiu apurar se*", ("*quanto*", "*como*", "*quando*", "*quem*", etc.) ou que dêem uma resposta alternativa àquelas questões, se isso porventura já corresponder a uma redução do leque das hipóteses realmente admissíveis.

5. A audiência dos peritos: âmbito e contraditório

Se tal possibilidade não tiver sido excluída na convenção ou no regulamento de arbitragem que as partes hajam estabelecido, pode o tribunal, oficiosamente ou a requerimento de qualquer uma delas – apresentado, se outro prazo não tiver sido convencional ou regulamentarmente estabelecido para o efeito, no prazo por ele fixado, contado da notificação que lhes haja sido feita do relatório escrito da peritagem (ou dos respectivos relatórios, no caso de peritos pluridisciplinares) ou da audiência em que tenham sido respondidas as questões periciais –, pode o tribunal, dizia-se, como o prevê o nº 3 deste art. 37º, determinar a realização ou continuação da audiência para que as partes os interroguem sobre as diligências que realizaram, as conclusões a que chegaram e os fundamentos que os levaram até elas, com o objectivo de reforçar ou fragilizar a credibilidade da sua perícia.

Sendo assim, se a uma das partes é dado interrogar os peritos, à outra é, forçosamente, dado contra-interrogá-los, como o exigem os princípios da igualdade e do contraditório, sem que isso torne os peritos em testemunhas – duvidando-se que devam ser aqui ajuramentados, como sucede no processo civil (hoje art. 486º do novo CPC).

Não é dado porém às partes (contra-)interrogarem os peritos em relação à sua habilitação, aptidão e imparcialidade – salvo se se tratar de factos que só agora chegaram ao conhecimento delas –, pois que tais aspectos são, em princípio, objecto de um incidente próprio, o de recusa de peritos, que deve ser desencadeado e desenrolar-se nos termos dos arts. 13º e 14º, nº 2 e 3 da LAV, aqui aplicável *ex vi* nº 4 deste art. 37º.

6. Contra-peritagem das partes: inadmissibilidade. A impugnação dos juízos de perícia

É claro que, terminada uma peritagem que o tribunal considere inconcludente ou pouco credível, pode ele determinar a realização de nova peritagem.

Outra questão é saber se as partes podem chamar a intervir e opinar, na referida audiência dos peritos como se admite na parte final do art. 26º/2 da Lei-Modelo, outros peritos para contestar o relatório da perícia realizada, pondo-os a depor artificialmente como testemunhas. Não obstante as vantagens que, em termos de celeridade e eficiência, Ribeiro Mendes atribui a essa possibilidade (*Lei da Arbitragem Voluntária Anotada*, AAVV, pp 75 e 76), e pese também o princípio da informalidade do processo arbitral, parece-nos duvidosa tal hipótese.

Por um lado, porque, tendo-se inspirado no art. 26º da Lei-Modelo para replicar, entre nós, o regime da prova pericial em processo arbitral, o legislador da LAV não transpôs a solução da parte final do respectivo nº 2, ao contrário do que fez com as outras prescrições desse artigo e desse número, e, por outro lado, porque confrontar os peritos designados com outros peritos que o tribunal não validou como tais corresponde, no fundo, a pôr em causa a própria natureza e função da perícia e a mergulhar o processo num curto circuito de opiniões e contra-opiniões que frustra completamente os objectivos que se pretendia alcançar com a utilização deste meio de prova.

Parece-nos então que o facto de a lei portuguesa não ter adoptado a referida solução da Lei-Modelo é de aplaudir, admitindo-se que os relatórios de perícias organizadas pelo tribunal sejam discutidos, sim, mas pelo meio previsto expressamente neste art. 37º/3, numa audiência em que as partes confrontam o perito com os juízos constantes ou omissos no seu relatório.

Depois disso, cabe ao tribunal – que é o "perito dos peritos" – decidir da fiabilidade ou credibilidade que a peritagem realizada sob sua égide merece.

Nº 4

7. O incidente da recusa de peritos: remissão e adendas

Valem para os peritos as disposições postas no art. 13º e nos nºs 2 e 3 do art. 14º para a recusa de árbitros por acordo das partes ou a requerimento de qualquer uma delas (inclusive daquela que o designou) dirigido ao tribunal arbitral e, em caso de sua denegação, também, as disposições relativas à intervenção do tribunal estadual competente, quando ocorram circunstâncias que façam duvidar da imparcialidade ou independência dos peritos designados.

Remetemos o leitor, quanto a esses diversos aspectos do incidente de recusa de peritos, para os comentários que deixámos acima ao art. 13º e aos nºs 2 e 3 do art. 14º.

Parece no entanto que, ao contrário do que sucede com a recusa dos árbitros – até porque na designação destes as partes intervieram determinantemente –, a recusa de peritos pode assentar nas dúvidas não apenas sobre a sua imparcialidade, independência ou correspondência com as qualificações convencionadas, mas também, em virtude da própria natureza da sua função, quando se suscitem dúvidas sobre a sua aptidão absoluta ou relativa.

Artigo 38.º
Solicitação aos tribunais estaduais na obtenção de provas

1 – Quando a prova a produzir dependa da vontade de uma das partes ou de terceiros e estes recusem a sua colaboração, uma parte, com a prévia autorização do tribunal arbitral, pode solicitar ao tribunal estadual competente que a prova seja produzida perante ele, sendo os seus resultados remetidos ao tribunal arbitral.

2 – O disposto no número anterior é aplicável às solicitações de produção de prova que sejam dirigidas a um tribunal estadual português, no âmbito de arbitragens localizadas no estrangeiro.

Fontes

Nº 1 – art. 18º/ 2 da LAV de 1986; Lei-Modelo da Uncitral, art. 27º (reformulado); Lei Alemã (*ZPO*), §1050 (reformulado); Lei Espanhola, art. 33º; CPC Italiano, art. 822º

Nº 2 – Lei Modelo da Uncitral, art. 27º; Lei Inglesa, section 43 (1) e (3) a)

Comentário

1. *A impotência do tribunal arbitral para compelir à produção de prova e o recurso aos tribunais estaduais: passos nucleares*
2. *Tramitação do incidente: inconvenientes. Alcance da autorização do tribunal arbitral*
3. *A produção de prova arbitral estrangeira em tribunais estaduais portugueses: a enganosa remissão do art. 38º/2 da LAV*

Nº 1

1. *A impotência do tribunal arbitral para compelir à produção de prova e o recurso aos tribunais estaduais: passos nucleares*

Ainda que, como vimos no capítulo dos Preliminares, eles sejam órgãos de soberania "delegados", a natureza "privada" (digamos assim) dos tribunais arbitrais – mesmo quando aí é parte o Estado ou outro ente público –, faz com que, sendo soberanos no declarar o Direito, eles não disponham de poderes *self executing*, de autoridade para tornar efectiva essa declaração, do que é revelação máxima o facto de as suas sentenças, tão obrigatórias quanto as dos tribunais estaduais, só serem executáveis por estes.

Ou seja, no exercício das suas funções (*maxime*, as jurisdicionais), os tribunais arbitrais determinam que transformações devem ter lugar no universo jurídico adjectivo, substantivo e registral e no mundo real, na conduta das pessoas e na titularidade dos seus patrimónios, mas tais transformações só se tornam efectivas, jurídica e (ou) materialmente, conforme os casos, por aceitação dos destinatários, por decisão executiva proferida por tribunais do Estado ou mediante a consequente inscrição nos registos estaduais.

É exactamente o que se passa com a intimação (às) e a disponibilização pelas partes ou por terceiros, ao tribunal arbitral, de meios de prova que estejam na sua posse e cuja produção ou actuação no processo arbitral dependa da vontade delas, da sua colaboração espontânea ou "provocada", digamos assim.

É do que trata este preceito.

Isto é, de as partes ou terceiros facultarem ao tribunal os meios de prova a cuja apresentação este os intime ou, no caso de recusarem fazê--lo voluntariamente, poder a parte a quem essa prova interesse – não os árbitros a quem a própria letra da lei recusa essa possibilidade (que funciona aqui, inteiramente, a lógica do processo de partes) –, desde que para isso obtenha a prévia autorização do tribunal arbitral, requerer ao tribunal estadual competente que se produza tal prova perante ele, usando os meios compulsórios que as leis processuais civis e administrativas lhes facultam (hoje, art. 417º do novo CPC e, por remissão para este, art. 1º do CPTA).

O tribunal estadual requerido procederá então às diligências necessárias para apresentação e produção da referida prova – se necessário, como será normal, em audiência com a presença e contradita das partes –, após o que remeterá ao tribunal arbitral um relatório sobre os resultados das respectivas diligências probatórias, sendo oportuno relembrar que os meios de prova a produzir em tribunal estadual são apenas aqueles que a respectiva lei processual admite.

No caso de, por qualquer razão, não haver lugar à intervenção do tribunal estadual para este efeito, funcionam então, em relação ao respectivo facto, as regras do ónus de prova aplicáveis em processo civil ou administrativo.

Quanto ao requisito da necessidade de autorização do tribunal arbitral para que as partes, ou qualquer uma delas, possam recorrer ao tribunal estadual, só se compreende ele pelo facto de deverem ser os árbitros a avaliar da necessidade da prova em falta e da eventual existência de um incumprimento ilegítimo da parte ou de terceiro quanto ao dever de colaboração na produção de prova arbitral – podendo, para maiores desenvolvimentos sobre tal autorização, ver-se o que se escreve na nota subsequente.

2. Tramitação do incidente: inconvenientes. Alcance da autorização do tribunal arbitral

O incidente da produção de prova perante tribunal estadual desdobra-se então – em teoria, note-se – nos seguintes trâmites:

- decisão arbitral, oficiosa ou a pedido de parte, sobre a necessidade de exame de determinado meio (um documento, uma coisa) para prova de um facto;
- intimação do tribunal à parte ou a terceiro, na posse do qual se encontra o meio de prova, para o apresentar ou facultar o acesso ao mesmo em determinado prazo ou data;
- recusa expressa ou tácita da pessoa intimada;
- comunicação dessa recusa, pelo tribunal arbitral, à parte interessada (ou às partes, tratando-se de meio de prova recusado por terceiro), podendo do mesmo passo autorizá-la a recorrer ao tribunal estadual;
- requerimento ao tribunal arbitral, pela parte interessada, para se lhe autorizar o recurso à colaboração do tribunal estadual, se tal autorização ainda não tiver sido dada;
- audição da outra parte;
- decisão e comunicação às partes da autorização arbitral do recurso ao tribunal estadual;
- requerimento (fundamentado na autorização dada) e com as menções e a documentação necessárias, dirigido pela parte interessada ao tribunal do Estado;
- intimação por este da parte ou do terceiro relapso para, sob cominação compulsória, apresentarem, em determinado prazo ou em certa data, o meio de prova recusado;
- eventual resposta fundamentada da pessoa intimada (nos termos, hoje, do art. 417º/3 do novo CPC), quando entenda persistir na recusa;
- audição da outra parte (ou das partes) pelo tribunal do Estado;
- apreciação da justificação da recusa;
- decisão do tribunal a manter a intimação (ou a considerar a recusa justificada);

- apresentação ou produção da prova em audiência, a ter lugar no tribunal estadual;
- relatório do tribunal do Estado ao tribunal arbitral sobre os resultados da prova feita.

Incidente longo, excessivamente longo, portanto, este da produção de prova arbitral em tribunal estadual, que se esconde por trás do art. 38º/1 da LAV.

E não só isso, diga-se.

Desde logo, porque o legislador não acautelou expressamente a hipótese das recusas legítimas de apresentação das provas, não definindo os casos respectivos (estabelecidos no art. 417º/3 do novo CPC), como eventualmente deveria ter feito.

Por outro lado, não parece que o preceito do art. 38º/2 da LAV esteja gizado de maneira a assegurar a utilidade e a razoabilidade processual do pedido de cooperação do tribunal do Estado, o que só se asseguraria se fosse o próprio tribunal arbitral, e não o interessado, a formular imparcial e independentemente o requerimento ao tribunal estadual, correndo-se de outra maneira o risco de se levar para aí mais um litígio entre as partes, de carácter adjectivo agora, sobre a prova a produzir, com as inevitáveis e adicionais delongas – ainda por cima, não sendo o processo arbitral, as suas circunstâncias e *nuances*, do conhecimento do tribunal estadual para se sentir ele confortável a conduzir as diligências de realização da prova pedida.

Contudo, a solução de cometer ao tribunal arbitral o dever de solicitar, ele próprio, a coadjuvação do tribunal estadual não é nada compaginável com a letra da lei e implicaria uma clara afronta ao legalmente estatuído.

Destarte, para não se imolarem com isso, desnecessariamente, os interesses da eficiência e celeridade do processo arbitral, há que proceder a uma interpretação adaptada do art. 38º/1 da LAV – à integração de um seu passo omisso, será talvez melhor dizer, pois que é um expediente hermenêutico mais fácil de aceitar do que aquele – e entender que a *"prévia autorização do tribunal arbitral"* ao interessado para que recorra ao tribunal estadual corresponde, antes, a uma *aprovação prévia do requerimento* a apresentar depois ao juiz cível ou administrativo (e na sua alteração, também prévia, pelo tribunal arbitral, se necessária ou conveniente).

Enfim, o problema poderia ter sido resolvido sem qualquer dificuldade se, pura e simplesmente, se encarregasse o tribunal arbitral de formular tal requerimento ou solicitação, e ouvir sobre isso as partes, não se descortinando que vantagens se colhem da solução adoptada na lei – que carece manifestamente da interpretação adaptante que aqui propusemos, sob pena de o pedido de intervenção do tribunal estadual poder até vir a revelar-se inútil por a parte requerente o ter formulado de maneira parcial ou inidónea e o resultado da prova feita não servir (ou não servir tão plenamente quanto necessário) à instrução do processo arbitral.

Nº 2

3. *A produção de prova arbitral estrangeira em tribunais estaduais portugueses: a enganosa remissão do art. 38º/2 da LAV*

O que se dispõe no nº 1 aplica-se, di-lo este nº 2, "*às solicitações de produção de prova que sejam dirigidas a um tribunal estadual português, no âmbito de arbitragens localizadas no estrangeiro*".

Estamos perante mais uma disposição pouco feliz da LAV.

É que aquilo que do nº 1 se aplica às arbitragens localizadas no estrangeiro é apenas a possibilidade de se recorrer aos tribunais portugueses competentes para se produzir neles a prova que lá fora foi considerada necessária, o que não se alcançou por a disponibilização de meio de prova "residente" em Portugal não ter sido facultada pelo seu possuidor.

Mas não se vê que deva aplicar-se a tais situações, por exemplo, a regra da solicitação da prova ao tribunal português pelo próprio interessado – precedendo autorização do tribunal arbitral –, pois que deve ser o regime da arbitragem estrangeira a determinar se ela é formulada pelo próprio tribunal arbitral ou pelo interessado.

CAPÍTULO VI
Da sentença arbitral e encerramento do processo

Artigo 39.º
Direito aplicável, recurso à equidade; irrecorribilidade da decisão

1 – Os árbitros julgam segundo o direito constituído, a menos que as partes determinem, por acordo, que julguem segundo a equidade.

2 – Se o acordo das partes quanto ao julgamento segundo a equidade for posterior à aceitação do primeiro árbitro, a sua eficácia depende de aceitação por parte do tribunal arbitral.

3 – No caso de as partes lhe terem confiado essa missão, o tribunal pode decidir o litígio por apelo à composição das partes na base do equilíbrio dos interesses em jogo.

4 – A sentença que se pronuncie sobre o fundo da causa ou que, sem conhecer deste, ponha termo ao processo arbitral, só é susceptível de recurso para o tribunal estadual competente no caso de as partes terem expressamente previsto tal possibilidade na convenção de arbitragem e desde que a causa não haja sido decidida segundo a equidade ou mediante composição amigável.

Fontes

Nº 1 – arts. 22º e 29º (com solução invertida) da LAV de 1986; Lei Francesa (NCPC) art. 1474º; Lei Espanhola, art. 34º/1 e 2 (*a contrario*).

Nº 2 – art. 35º da LAV de 1986.
Nº 3 – art. 35º da LAV de 1986 e Lei Francesa (NCPC) art. 1478º
Nº 4 –Inverte-se a solução consagrada no art. 29º/1 e 2, da LAV de 1986, adoptando-se a solução consagrada na grande maioria dos ordenamentos jurídicos

Comentário

1. *O julgamento segundo o direito ou a equidade: âmbito e relevo actual da alternativa*
2. *O pressuposto convencional do julgamento de equidade*
3. *A "norma" de equidade e a norma de direito: a sua diferenciada posição e valia no ordenamento jurídico*
4. *Noção e elementos da decisão de equidade: a eventual coincidência com a decisão de direito*
5. *A aplicação instrumental de normas de direito ao processo "ex aequo et bono": delimitação*
6. *A formação do juízo de equidade: as respectivas operações intelectuais*
7. *A fundamentação e a impugnação da decisão de equidade: remissão*
8. *O acordo superveniente sobre o julgamento da equidade*
9. *Os requisitos de eficácia e validade do acordo subsequente sobre o julgamento de equidade: a sua aceitação pelos árbitros.*
10. *A figura legal da "composição das partes" ou "composição amigável" do litígio: a sua inutilidade*
11. *Os elementos essenciais da noção*
12. *Os requisitos e o regime do apelo das partes à composição amigável do litígio*
13. *A regra legal supletiva da irrecorribilidade da sentença arbitral: distinção da impugnabilidade*
14. *Excepções à regra supletiva da irrecorribilidade das sentenças arbitrais: casos de imperativa irrecorribilidade e de imperativa recorribilidade (o recurso de constitucionalidade)*
15. *Recursos de inconstitucionalidade das decisões de equidade e de composição das partes*

16. Requisitos de admissibilidade do recurso da sentença arbitral
17. O objecto do recurso "ordinário" da sentença arbitral
18. A modelação convencional do recurso "ordinário" de apelação da sentença arbitral: graus de recurso e limites da sua admissibilidade

Nº 1

1. O julgamento segundo o direito ou a equidade: âmbito e relevo actual da alternativa

Dispõe-se no art. 39º/1 da LAV que os árbitros *"julgam segundo o direito constituído"* ou então, por acordo das partes, que "[julgam] *segundo a equidade"*, *ex aequo et bono*, portanto.

Refere-se o preceito apenas ao *"julgamento"* do processo, à decisão que nele se profira sobre o *"fundo da causa"*, sobre o *mérito* do pedido formulado, se este é ou não merecedor de protecção jurídica, consoante o litígio seja avaliado sob a perspectiva do *"direito constituído"* ou segundo a *"equidade"*.

Não caem sob a previsão da norma deste nº 1, salvo se as partes disputerem diversamente, nem a decisão sobre as excepções dilatórias, sobre a (in)admissibilidade do processo ou do pedido, como, por exemplo, no caso da incompetência do tribunal arbitral ou da intempestividade ou extemporaneidade da apresentação da petição, nem as decisões sobre o desenrolar ou a tramitação do respectivo processo. São matérias e decisões, essas, para as quais o direito se encontra naturalmente talhado – em relação a algumas, como a da competência, exclusivamente talhado, até – e com que a equidade lida mal.

Adiante, na nota 5, olharemos mais desenvolvidamente para a questão da delimitação do âmbito de aplicação da equidade (e do direito) nos processos que devam ser julgados *ex aequo et bono*.

Quanto ao seu relevo e importância, diga-se que a opção pelo julgamento do litígio arbitral de acordo com o direito constituído corresponde ao modelo e à filosofia hoje predominantes no nosso ordenamento e na comunidade jurídica, em consonância com as razões e finalidades da admissão e instituição dos tribunais arbitrais, as quais nada têm a ver com uma fuga ao direito positivo, com um apelo ao "direito natural" ou à Justiça, como algo oposto e mais valioso, no juízo dos litigantes, que o Direito. O que hoje está em causa, normalmente, quando se recorre à arbitragem, é procurar na celeridade (e no "conforto", mais informal) dos árbitros uma decisão atempada para o litígio, que evite estarem as partes "décadas" à espera que os tribunais do Estado julguem da causa.

Por outro lado, sendo o direito um paradigma de leitura e aplicação medianamente seguras – quando a equidade não o é, de todo –, não surpreende que, não havendo a esse propósito cláusula compromissória, o litigante que considere ter actuado de modo juridicamente correcto não esteja disposto a abrir mão dessa vantagem e tenda a recusar que o julgamento da respectiva causa se faça pelo padrão da equidade, embora a contraparte, se for a devedora, tenha a seu favor o argumento de que, a não se aceitar o julgamento segundo a equidade, prefere então submeter o litígio à jurisdição do Estado.

É natural, por outro lado, que, à medida que o Direito se vai aperfeiçoando e alargando os seus domínios de aplicação, o recurso aos julgamentos *ex aequo et bono* regrida.

Sucede é que, em países como o nosso – cujas últimas décadas viram crescer um monstruoso e disforme ordenamento jurídico, feito de complexos normativos caóticos e esburacados, em que leis sucessivas se "atropelam" e são "atropeladas" em ritmo "turbo", não se discernindo, muitas vezes, quais são os preceitos aplicáveis aos casos concretos da vida, leis feitas, ainda por cima, as mais das vezes, por pessoas pouco experientes do direito, do português e da matéria nelas tratada, deixando por regular os mais relevantes aspectos seus (ou regulando-os incompreensivelmente) –, nessas circunstâncias, dizíamos, não admira que haja, em muitos grupos sociais, uma tendência para recorrer ao julgamento de equidade, incerto ele também, mas onde, ao menos, se pugna por realizar justiça em concreto, dominado que é, tal julgamento, pela ideia de um *"suum quique tribune"* honestamente aferido, em função das motivações e diligência que cada parte, na relação jurídica litigiosa, pôs no exercício dos seus direitos e no cumprimento das suas obrigações.

Assim, à primeira vista, parece que seria preferível isso do que acolhermo-nos aos braços do *direito constituído*, ou de vários sectores desse direito, quando nem sequer se sabe o que é que o seu *constituinte* com ele visava dizer e proteger.

Mas lá que a filosofia do empreendorismo de hoje – onde se situam as mais relevantes e frequentes arbitragens convencionais – rima mal com a ideia de se relacionar e se ver avaliado pelo paradigma da equidade, isso é um facto.

2. O pressuposto convencional do julgamento de equidade

Os árbitros julgam segundo a equidade quando assim estiver expressamente estipulado na convenção ou em acordo posterior a ela (nos termos admitidos pelos artºs 4º/1 e 39º/2 da LAV), entendendo-se, se nada se dispuser nesse sentido, num ou noutro documento, que o julgamento deve decorrer por referência ao direito constituído. É o que resulta do disposto neste artº 39º/1 e se encontrava já estabelecido na anterior Lei nº 31º/86.

O acordo das partes, quando não conste de convenção (que é sempre escrita, como o prevêm as várias disposições do artº 2º), só é válido e vinculativo se constar ele próprio, também, de um documento escrito em qualquer uma das modalidades previstas nessas disposições (artº 4º/3).

Exigindo-se um acordo expresso para o efeito, ele pode contudo vir revelado, de maneira explícita ou implícita, através de uma declaração com um sentido ou um conteúdo explícito diferente, desde que a manifestação de vontade implícita decorra *concludentemente*, sem margem para dúvidas, dessa declaração explícita – não bastando, por exemplo, que se diga que as partes esperam que os árbitros "façam justiça" ou que devem decidir para que lado "pende a justiça", etc..

3. *A "norma" de equidade e a norma de direito: a sua diferenciada posição e valia no ordenamento jurídico*

Sendo um padrão possível da resolução de conflitos jurídicos, a *equidade* não é Direito, no sentido em que o Direito é tomado hoje em dia, entre nós, como na maioria dos países culturalmente próximos – isto é, no sentido de *direito constituído*, de direito legislado (e regulamentado), posto em normas escritas por órgãos constitucionalmente dotados, primária ou secundariamente, de poderes normativos, dotados de competência para criar, por si sós (*sub Constitutionem*, claro), normas *externamente* vinculativas.

Símbolo máximo desse positivismo jurídico estatal (directo ou indirecto, primário ou secundário) temo-lo no próprio artº 1º do Código Civil – domínio onde teoricamente seria maior o campo para outras intervenções normativas – onde se dispõe serem "*fontes imediatas do direito as leis* [...]", ponto final, prevendo-se consonantemente, no respectivo artº 4º, que os tribunais só podem julgar "*segundo a equidade* [...] *quando haja norma legal que o permita*", como sucede nos casos enumerados nos subsequentes nº 2 e 3 desse mesmo artigo.

Não é só nessa sua posição diversamente escalonada, ou seja, na aplicabilidade da "norma" de equidade apenas quando habilitada pela norma de direito, que ambas se distinguem.

É também porque a "norma" de equidade, melhor dito, o juízo de equidade, tem, dada a sua diferente natureza, características que a norma de direito não tem. Assim, por exemplo, enquanto esta última não cobre todas as situações que merecem protecção jurídica, carecendo de interpretações extensivas e de integração de suas lacunas, e, por outro lado, se lhe exige que trate por igual tudo e todos que são iguais, já a "norma" de equidade é juridicamente plena, responde a todas as situações que se lhe submetem – ou então, noutra perspectiva, não responde a nenhuma, é criada, no momento, para cada uma delas –, não sendo, por outro lado, igual para todas as pessoas e casos iguais, dependendo o teor e a medida do seu comando do árbitro que a aplica.

Por outro lado, enquanto a norma aplicável pelo juiz à decisão do julgamento *ex lege* é uma norma geral e abstracta, previamente formulada e que lhe é dada e imposta pelo ordenamento jurídico – continuando a aplicar-se (enquanto não for revogada) a quaisquer novos feitos submetidos aos tribunais –, já a "norma" do julgamento de equidade é criada livremente pelos próprios julgadores, no momento do julgamento, sendo posta para valer apenas no caso concreto em apreço, como melhor se verá na subsequente nota 5.

4. Noção e elementos da decisão de equidade: a eventual coincidência com a decisão de direito

A equidade, costumava dizer-se entre nós, seria a *"justiça do caso concreto"*, fórmula admirável na sua simplicidade, mas que precisa de ser enformada, quer para se destacarem os seus diversos atributos – a *singularidade do caso concreto* que vai ser objecto do juízo de equidade, de um lado, e a *subjectividade* da *"norma" de equidade*, criada e aplicada pelos árbitros sem referência a qualquer avaliação ou determinação prévia objectivadas em comandos exteriores e (para eles) hetero-vinculantes – quer para se realçar a respectiva riqueza.

Fala-se na **singularidade do caso concreto** para assinalar que, ao contrário do juízo de direito – que se baseia na subsunção dos factos concretos em categorias, em *fattispecies* ou previsões abstractas, tipificadas na lei, valorizando-se aquilo que os torna parte do género ou da espécie da *previsão* legal, esquecendo quaisquer outros factos –, ao contrário disso, dizia-se, o juízo *ex aequo et bono* assenta no apuramento e determinação de todas as circunstâncias (antecedentes, envolventes e consequentes) e de todos os factos em que se manifesta o caso concreto, elegendo depois os árbitros as circunstâncias e os factos que, a verificarem-se, se lhes afiguram decisivos para fazer justiça nesse caso, independentemente de se tratar daqueles a que a norma de direito atenderia – não havendo qualquer óbice, note-se, a que se trate de um caso também regulado (mas de acordo com as características que o inserem em determinado género ou espécie) nessa norma.

Por sua vez, quando nos referimos à **subjectividade do juízo de equidade**, em suma, da "norma" de equidade aplicada pelos árbitros, quer assinalar-se que a decisão do pleito é tomada em função de opções, de valores e de interesses elegidos por eles mesmos, por referência àquilo que considerem ser mais justo no caso concreto, sem arreigo ao que porventura se disponha em normas de direito a propósito das opções, valores e interesses prevalentes em situações idênticas.

Não é que a decisão dos árbitros possa ser arbitrária, do tipo "é assim, porque nós assim a queremos" ou, mesmo, "é assim, como podia ser assado" – caso em que estaria ferida de inconstitucionalidade por violação do princípio constitucional da proibição do arbítrio, sendo o parâmetro de que o tribunal se serviu para proferir a *sua* decisão do caso concreto passível de fiscalização nessa sede e, até, de impugnação judicial, nos termos do artº 46º da LAV –, antes exige-se-lhes que julguem de acordo com (a sua consciência mas por referência a) princípios e valores inerentes a uma ideia comum de justiça, isto é, com os princípios e valores do "*honeste vivere*".

Ou seja, no essencial, que julguem ponderadamente de acordo com os princípios da *boa fé*, da *proporcionalidade*, da *vinculação à palavra dada*, da *protecção da confiança legítima*, da *proibição do locupletamento indevido*, da *proibição do aproveitamento da necessidade ou ignorância alheia*, da "*rebus sic stantibus*", da *protecção do mais necessitado* e, além desses, nos domínios jurídico-públicos, que julguem também de acordo com os princípios do *Estado de Direito*, do *respeito pelos direitos e interesses legítimos* dos cidadãos e das comunidades menores, da *prevalência da vontade da maioria*, da *igualdade* na *repartição dos encargos e benefícios públicos* – que são esses, naturalmente, os pilares em que assenta uma ideia de *justiça* comum às civilizações contemporâneas em sistemas políticos e sociais similares ao nosso, e que devem ser avaliados em feixe, harmonizando prudentemente aqueles que apontem em sentido diverso ou oposto, consoante as circunstâncias de cada caso.

A doutrina italiana (*apud* Antonio Nasi, *Enciclopedia del Diritto*, XV, pp. 117 e ss.), na esteira de Piero Calamandrei, vem assinalando nada obstar a que os árbitros apliquem ao julgamento de equidade a norma de direito – a lei sob cujo *imperium* cairia o caso concreto submetido à arbitragem, se o mesmo fosse objecto do paradigma legal –, quando se convençam de que tal norma, nesse caso, coincide com a "norma" de equidade, tese a que o referido Nasi se opõe (sem embargo de reconhecer que a sentença de equidade pode coincidir, no seu resultado, na solução do litígio, com a que o direito imporia no caso concreto) por representar uma visão distorcida da realidade arbitral.

É que, como bem refere o ilustre processualista italiano, a remissão para a norma de direito não abala a estrutura e a natureza próprias, singulares, da decisão de equidade, por isso que – esperamos não atraiçoar a sua lição – tal decisão não é fruto de um juízo objectivo de coincidência entre as duas normas, baseado num juízo interpretativo e aplicativo vinculado, em que se vai à cata dos elementos da previsão legal no caso concreto "equitativo", como sucede no julgamento de direito, mas sim fruto de uma opção *"personalissima"* (ou seja, caracteristicamente subjectiva) dos árbitros, a quem se exige que busquem no feixe dos factos concretos apurados no processo, em todos eles, a solução equitativa do caso concreto, mediante as operações referidas na subsequente nota 6, concluindo eventualmente, depois disso, ser a solução ou norma de equidade coincidente, afinal, com a solução ou norma de direito que se aplicaria se fosse esse o paradigma do respectivo julgamento.

Em suma, dizemos nós, a coincidência entre a norma de direito e a de equidade não é o fundamento da decisão arbitral *ex aequo et bono* – nem é na norma de direito que se encontra a disposição ou determinação dos árbitros sobre o litígio –, não é senão, em rigor, para nós, mais do que uma mera curiosidade ou coincidência.

Salvo se, porventura, os árbitros, inadequadamente, depois de averiguados alguns dos factos do processo de equidade, os reportarem directamente, sem necessidade de mais indagação, a uma norma de direito por si considerada como solução mais equitativa do respectivo caso –, porque, se assim fosse, a sua sentença seria ilegal por violação do paradigma convencional, usando o direito em vez da equidade, e recorrível ou impugnável, como adiante (na nota 12) se discute.

5. *A aplicação instrumental de normas de direito ao processo "ex aequo et bono": delimitação*

Nem tudo é equidade no julgamento *ex aequo et bono*.

Os juízos da equidade respeitam aí, em princípio, apenas à decisão sobre o fundo da causa, ao mérito do pedido formulado, quer quanto à (im)procedência da *causa de pedir*, digamos assim, quer quanto à (im)pertinência daquilo que, num julgamento de direito, constituiriam *excepções peremptórias*.

No resto, isto é, no que respeita nomeadamente aos direitos processuais das partes ou às excepções dilatórias e, mais duvidosamente, em relação à tramitação do processo e à produção de prova, aplicam-se, os árbitros aplicam – salvo se, em certas matérias (nºs 2, 3 e 4 do art. 30º da LAV), as partes convencionarem diversamente ou o tribunal arbitral o julgar apropriado –, aplicam-se vinculativamente, dizíamos, as normas da LAV (e subsidiariamente, se os árbitros para aí se tivessem remetido, as da lei processual que disciplinaria o respectivo processo se a causa fosse confiada aos tribunais do Estado).

Em aspectos processuais do julgamento de arbitragem, mandam então, decrescentemente,
- as normas imperativas da LAV (art. 30º/2),
- os princípios fundamentais do nº 1 do art. 30º da LAV (*ibidem*),
- as regras fixadas por acordo das partes, em relação a matérias que não contendam com tais princípios (*ibidem*),
- as regras fixadas pelo tribunal arbitral, nas matérias dos nº 3 e 4 do art. 30º, com os mesmos limites
- e, subsidiariamente, as normas de processo civil ou de processo administrativo, consoante a jurisdição em causa, desde que tenham sido convocadas expressamente nos termos desenvolvidos em comentário ao nº 3 do art. 30º.

6. *A formação do juízo de equidade: as respectivas operações intelectuais*

A pronúncia de uma decisão de equidade pressupõe igualmente que os árbitros dividam o julgamento sobre o "seu" caso em três operações ou momentos distintos:
- uma primeira operação é relativa à *verificação dos factos* e circunstâncias relevantes, operação que se esgota numa actividade exclusivamente feita de juízos de facto sobre a ocorrência

(e medida) de uns deles e a inexistência de outros – não sendo viável aqui, como adiante se refere, que se separem logo aqueles que podem contribuir (positiva ou negativamente) para a decisão de equidade dos que são equitativamente indiferentes, não havendo portanto, nesta actividade preliminar, manifestação de juízos de ciência ou de valor;
- um segundo momento, relativo à fixação dos princípios e valores que enformem o conceito de *justiça*, adequados à (des)valorização jurídica dos factos concretos apurados e subsumindo depois estes nesses princípios e valores que devem ser compatibilizados, consoante a sua intensidade concreta, quando apontem em sentido divergente, traduzindo-se tais operações, portanto, em juízos lógicos subsuntivos e em juízos de valor;
- um terceiro momento, que se traduz em deixar escorrer das premissas factuais e jurídicas antes encontradas a conclusão e solução que delas silogisticamente flui – actividade esta puramente lógica e intelectual.

O processo mental e decisório no julgamento *ex aequo et bono* – que não deve ser visto de maneira estanque como, por razões didácticas, aqui o desdobrámos – tem, como se vê, além de momentos ou aspectos similares, outros muito diferentes do julgamento *ex lege*, que vão torná--lo, senão no seu resultado, acidentalmente equivalente, pelo menos, muito diverso daqueloutro julgamento quanto aos seus parâmetros e fundamentos.

Em primeiro lugar, porque, enquanto no julgamento de direito só relevam os factos inseríveis (explícita ou imanentemente, pela positiva ou negativa) na previsão da lei – e só sobre eles recai o contraditório e a prova –, no julgamento *ex aequo et bono*, teoricamente, pelo menos, todos os factos levados ao processo devem ser objecto de discussão e de prova, pois não existe uma norma precedente a dispor quais são os (ir)relevantes para a decisão da causa.

Por outro lado, naquele primeiro caso, a decisão da causa resulta da mera decorrência silogística da premissa de direito dada e da premissa de facto apurada – entendendo-se a proposição *cum grano salis*, como é óbvio –, enquanto no julgamento de equidade, apurados todos os factos, os árbitros, (des)valorizando-os todos, vão, eles próprios, criar a "norma" de equidade, digamos assim, através da eleição dos valores e princípios inerentes à ideia de *justiça* que considerem aplicáveis ao litígio, dispondo ou determinando então, subsequentemente, o que é equitativo no caso concreto, qual é a solução que para este decorre da aplicação dos valores e princípios por si eleitos.

Em bom rigor, nem pode dizer-se que haja aí propriamente uma actividade volitiva, uma decisão de *vontade* dos árbitros – porque esses princípios e valores não são aqueles que o juiz quer, mas os que induz corresponderem ao sentimento de justiça prevalecente na comunidade –, nem a sentença arbitral corresponde a um ditame da vontade, mas a uma mera conclusão silogística (com a diferença de que a respectiva premissa maior são os próprios árbitros a elegê-la, a defini-la).

E a defini-la não (ou, pelo menos, não rigorosamente) de acordo com os quadros do sistema ou ordenamento jurídico, como sucede no caso de integração das lacunas da lei do art. 10º/3 do Código Civil, mas sim em função da concepção de justiça que tenham como adequada ao seu tempo e à sua comunidade.

7. A fundamentação e a impugnação da decisão de equidade: remissão

O julgamento segundo a equidade suscita outros tópicos juridicamente bem relevantes, como sucede com os da exigência e relevo da sua fundamentação e o da respectiva (ir)recorribilidade e impugnabilidade – tópicos que vêm explícita ou implicitamente regulados, o primeiro, no artº 42º/3 da LAV, o segundo, nos seus arts. 39º/4 e 46º.

Será na altura de comentar esses preceitos que nos debruçaremos, pois, sobre as referidas e importantíssimas questões da fundamentação e do recurso ou impugnação da sentença de equidade.

Nº 2

8. O acordo superveniente sobre o julgamento da equidade

Este nº 2 do artº 39º da LAV, ao permitir que as partes optem pelo julgamento *ex aequo et bono* após a aceitação do primeiro árbitro, constitui uma manifestação da regra geral posta no artº 4º/1, de que *"[a] convenção de arbitragem pode ser modificada [...] até à prolação da sentença arbitral"*.

A previsão da norma *sub iudice* respeita portanto àqueles casos em que as partes convencionam inicialmente deverem os árbitros julgar o litígio de acordo com o direito constituído – ou, então, em que nada dispõem na convenção sobre isso, porque, nesse caso (já o vimos a propósito do nº 1), o julgamento faz-se à mesma segundo o direito –, sendo o seu acordo para que o litígio seja resolvido *ex aequo et bono* posterior à convenção e à aceitação do primeiro árbitro, podendo celebrar-se em qualquer momento subsequente do processo arbitral, enquanto não é proferida a sentença arbitral.

É precisamente essa a hipótese que vem regulada em geral no segundo segmento do artº 4º/1 da LAV, exigindo-se apenas, neste específico caso do artº 39º/2, para que o acordo das partes seja eficaz, *"a aceitação do tribunal arbitral"*.

9. Os requisitos de eficácia e validade do acordo subsequente sobre o julgamento de equidade: a sua aceitação pelos árbitros

É duvidoso porém que, ao exigir a *"aceitação do tribunal arbitral"* para que o acordo superveniente das partes sobre o julgamento da equidade seja processualmente eficaz, o legislador tenha exprimido correctamente a sua vontade.

Dada a expressão literal da lei, a proposta de Robin de Andrade (*Lei de Arbitragem Voluntária Anotada*, AAVV, p. 78) é a de que bastaria então a aceitação da maioria dos árbitros – podendo o árbitro vencido ou os vencidos renunciar ao respectivo mandato –, tese essa que carece, porém, de aprofundada reflexão.

Efectivamente, sendo certo, embora, que (ao contrário do artº 4º/1) o artº 39º/2 da LAV se refere apenas à *"aceitação por parte do tribunal arbitral"*

– e não à de "*todos os árbitros*", como ali sucede –, não é menos verdade que seria muito estranho, incongruente, até, que a lei exigisse uma aceitação unânime dos árbitros para que qualquer modificação da convenção, por mais insignificante que fosse, vinculasse o tribunal e se contentasse com uma sua aceitação apenas maioritária para uma modificação da desmesurada importância da alteração do próprio paradigma do julgamento.

Razão pela qual entendemos dever interpretar-se a referência à "*aceitação por parte do tribunal arbitral*" do artº 39º/2 no sentido do artº 4º/1 – censurando-se o legislador por não ter deixado claro se a diferença literal entre os dois preceitos corresponde ou não a uma diferença da respectiva disciplina, havendo portanto quem entenda que a lei se contentaria aqui com uma decisão maioritária dos árbitros, assumindo que se trata de uma decisão do tribunal arbitral proferida nos termos do nº 1 do art. 40º.

Ao requisito da aceitação do acordo por todos os (ou, para quem o entenda, pela maioria dos) árbitros acresce o de que tal aceitação se manifeste por qualquer forma admitida em direito, desde que a mesma se revele oficial e concludentemente. Ou seja, pode tratar-se de uma declaração de aceitação ditada para a acta de uma reunião do tribunal assinada concordantemente por todos os árbitros (ou pela correspondente maioria) ou, então, tratar-se da prática – sem reserva (posteriormente à comunicação do acordo das partes) – de actos processuais por todos eles.

Mas já não constitui uma aceitação válida a declaração oral prestada por cada um dos árbitros perante todos os outros, se não tiver qualquer tradução escrita ou formalização vazada no processo.

Nº 3

10. A figura legal da "composição das partes" ou "composição amigável" do litígio: a sua inutilidade

Lamentavelmente, a disposição deste nº 3 apela a um conceito – *composição das partes*, também dita *composição amigável* – que é, quanto muito, do conhecimento de especialistas, sem nos proporcionar dele qualquer noção (ou indicação da sua função), nem mesmo uma remissão para qualquer norma donde a mesma conste. Com várias agravantes.

Por um lado, sendo o conceito, bem como a sua distinção da *equidade*, conhecidos da doutrina portuguesa, não existe sequer entre os AA. uma posição comum quanto à respectiva noção, pelo que o silêncio da lei a esse propósito se torna ainda mais ruidoso.

Em segundo lugar, porque, encontrando-se ele (tal conceito) já vertido cifradamente na anterior LAV (art. 35º), em termos que levavam a doutrina a interrogar-se e a manifestar-se sempre hesitantemente sobre o seu sentido, que continuava inexplicável ou incerto, veio o legislador actual reutilizá-lo precisamente sob a mesma fórmula cifrada, deixando-nos impotentes para proporcionar ao leitor interessado indicações definitivamente esclarecedoras quanto ao significado desta norma.

A tudo isso acresce, como nos relata Mário Raposo [em *Art. 35º da LAV ("composição amigável"), o grande equívoco*, na Revista da Ordem dos Advogados, ano 66, Janeiro de 2006, pp. 5 e ss.], o facto de a Assembleia da República, ao refazer descuidadamente, como tantas vezes tem acontecido, a proposta de lei do Governo de então sobre arbitragem, ter criado esta figura como se fosse um *tertium genus* (a par dos julgamentos de direito e de equidade), por adopção da *composition amiable* do direito arbitral francês, a qual se reconduz aí, imagine-se, ao julgamento de equidade.

Valha-nos a circunstância de, como assinala ainda Mário Raposo – não sabendo o que o legislador quis dizer e não se encontrando na doutrina, mesmo na mais qualificada, uma ideia firme quanto à natureza, estrutura e regime da dita composição amigável –, não haver até agora notícia de alguém ter já recorrido a este ignoto expediente, quedando-se ele, assim, inútil, na lei, há mais de 35 anos. E sabe-se lá por quanto tempo mais.

11. Os elementos essenciais da noção

Sem prejuízo de continuarmos a remeter o leitor interessado para a mencionada reflexão de Mário Raposo, e para a bibliografia nela citada, atrevemo-nos a deixar aqui, também, uma ideia sobre aquilo que para nós seria essencial na noção de "*composição das partes*" do actual art. 39º/3 da LAV.

Assim, diremos que:
- a *composição das partes* corresponde a uma "*decisão do litígio*", di-lo o próprio artº 39º/3 – não estando aqui em causa, portanto, como aconteceria se de uma (tentativa de) conciliação se tratasse, encontrarem os árbitros uma solução a que as partes adeririam (ou não) no caso de acharem (ir)razoável o equilíbrio entre os seus interesses recíprocos que lhes é proposto pelo tribunal –, tratando-se assim de uma decisão do litígio tão *vinculativa* quanto a do julgamento arbitral de equidade ou de direito;
- por outro lado, a decisão do tribunal corresponde a uma decisão de equidade, de justiça, mas é tomada por referência não aos *factos* vindos ao processo, mas sim à valia relativa, ao *equilíbrio dos interesses* que aí se confrontam, um pouco salomonicamente, digamos assim, procurando-se que ambos se realizem na medida do possível, de acordo com princípios de necessidade e de proporcionalidade, com o maior favorecimento possível (ou com o favorecimento necessário) daquele que se considerar sobrejacente mas à custa do menor sacrifício possível (ou necessário) daquele que se julgar subjacente.

12. *Os requisitos e o regime do apelo das partes à composição amigável do litígio*

Não é só no aspecto referido na anterior nota nº 10 que a disposição deste nº 3 do artº 39º da LAV peca por defeito; é também porque nada se diz nele – e seria bem fácil dizê-lo – quanto à disciplina do apelo das partes à "composição amigável" do litígio pelo tribunal arbitral.

Exigir-se-á que o deixem vazado na própria convenção arbitral, como o inculca a diferença entre a estatuição deste nº 3 e a do antecedente nº 2 ? Ou permitir-se-á que as partes optem por este paradigma de decisão do seu litígio em qualquer fase do processo arbitral, por extensão ou analogia com a disciplina desse nº 2 ?

Inclinamo-nos para esta segunda alternativa, por não vermos que razões devam levar a estabelecer uma solução diversa para a opção pelo julgamento de equidade e para o apelo à composição das partes e entenderíamos, do mesmo modo, que, no caso de esse apelo ser posterior à aceitação do primeiro árbitro, a sua eficácia dependeria de todos eles estarem de acordo com a nova opção das partes e o manifestarem na forma referida na anterior nota 8.

Atribui-se, assim, o silêncio da lei em relação a essas diversas questões ao facto de a permissão do nº 3 do artº 39º da LAV, para se decidir o litígio por esta via da "composição", aparecer como que uma declaração tardia de um legislador que já dispôs "cuidadosamente" (vimos antes em que termos), nos respectivos nº 1 e 2, sobre o julgamento arbitral por outra via que não a do direito constituído, mas que só após isso se lembra da existência de uma terceira via que também considera poder ser usada para resolver *praeter legem* o litígio entre as partes.

Como estamos aqui perante uma *decisão* de um tribunal – mesmo se tirada por referência não ao direito constituído, nem propriamente à justiça dos *factos* do processo, mas dos *interesses* que aí se confrontam –, somos de opinião que deve aplicar-se ao respectivo processo e à sua decisão, adaptadamente, o regime que se entendeu (ou se entender, nas notas subsequentes) ser aplicável à decisão de equidade.

Nº 4

13. A regra legal supletiva da irrecorribilidade da sentença arbitral: distinção da impugnabilidade

É matéria esta, a regulada no presente nº 4, em que se manifesta de maneira mais saliente a equação entre a *soberania judicial do Estado* e a *autonomia dos tribunais arbitrais*, tendo a LAV invertido a relação desses dois termos que subjazia à sua antecessora de 1986, cujo regime supletivo, no caso dos julgamentos de direito, era o da recorribilidade da sentença arbitral para os tribunais do Estado.

Agora, por força deste artº 39º/4 da nova LAV, não pode interpor-se recurso da sentença arbitral para esses tribunais, salvo quando as partes, em relação às sentenças proferidas segundo o direito constituído, dispuserem diversamente na convenção ou em acordo posterior a ela (ao abrigo do disposto no artº 4º/1).

Deve porém atentar-se em que, por um lado, existem casos de inafastável admissibilidade de recurso da sentença arbitral – como veremos na subsequente nota 14 – e, por outro lado, casos em que, podendo as partes renunciar expressa ou tacitamente a *recorrer* da sentença arbitral perante os tribunais estatais, já quanto à possibilidade de *impugnação* de qualquer sentença dessas, mesmo das sentenças *ex aequo et bono* ou das decisões de *composição das partes,* não podem elas renunciar (salvo no caso do artº 46º/4 desta LAV), sob pena de nulidade da renúncia (artº 46º/5).

O que significa ser necessário distinguir entre (ir)recorribilidade e impugnabilidade das sentenças arbitrais, como se fará adiante, em comentário ao artº 46º.

14. *Excepções à regra supletiva da irrecorribilidade das sentenças arbitrais: casos de imperativa irrecorribilidade e de imperativa recorribilidade (o recurso de constitucionalidade)*

Ressalvam-se do mencionado regime supletivo da irrecorribilidade das sentenças arbitrais, em primeiro lugar, as que são proferidas *ex aequo et bono* e as que, nos termos do art. 39º/3, decidem sobre a *composição* (dos interesses) *das partes,* pois que nesses casos a regra da irrecorribilidade deixa de ser supletiva e passa a imperativa: mesmo que as partes o quisessem e convencionassem expressamente, de tais sentenças ou decisões não cabe recurso para os tribunais do Estado – apenas para o Tribunal Constitucional e só daquelas primeiras, como adiante se refere.

É o que resulta do segmento final deste art. 39º/4, e que bem se compreende, aliás, pois que tais sentenças não assentam num paradigma prévia e heterovinculativamente traçado para o tribunal aplicar, mas, por vontade das partes, na própria concepção de justiça dos árbitros e na "norma" de equidade por eles criada para o caso concreto.

Também constituem excepções à regra supletiva da irrecorribilidade das sentenças arbitrais consagrada neste art. 39º/4 da LAV – mas agora porque se trata de casos de imperativa recorribilidade – os recursos a interpor para o Tribunal Constitucional ao abrigo dos nºs 1 e 2 do artº 280º da CRP, seja com fundamento na aplicação de normas inconstitucionais (ou "reforçadamente" ilegais) ou na desaplicação de normas não inconstitucionais (ou não "reforçadamente" ilegais).

Na verdade, um preceito que dispusesse não caber de uma sentença arbitral o recurso concreto ou incidental de inconstitucionalidade ou de ilegalidade "reforçada" previsto nos nºs 1 e 2 do artº 280º da CRP – fosse ele um preceito da LAV ou fosse criado pelas partes no seu contrato, na convenção arbitral ou criado por elas ou pelo tribunal arbitral no regulamento da arbitragem – seria um preceito inconstitucional por violação das citadas normas da Constituição, que se referem ao *"recurso para o Tribunal Constitucional das decisões dos tribunais"*, de quaisquer umas.

15. Recurso de inconstitucionalidade das decisões de equidade e de composição das partes

Dado que nos nºs 1 e 2 do art. 280º da CRP não se distingue entre as diversas categorias de tribunais – sendo certo que os tribunais arbitrais constituem uma categoria constitucional de órgãos de soberania a par dos tribunais do art. 209º/1 da CRP (como no seu nº 2 se estabelece) –, poderia pensar-se que também caberia recurso de constitucionalidade dos julgamentos proferidos por esses tribunais segundo a equidade ou das decisões por eles proferidas em processos de composição das partes.

Mas, pelo menos de acordo com Gomes Canotilho e Vital Moreira (*Constituição da República Portuguesa Anotada*, 4ª Edição, vol. II, pp. 941 e ss.) apenas daquelas sentenças em que se julga segundo o direito constituído é que caberia recurso de constitucionalidade, pois que nas decisões de equidade (e de composição das partes), em sentido próprio, *"não há aplicação de normas"*. E como os recursos de (in)constitucionalidade se baseiam na desconformidade constitucional das normas aplicadas ou desaplicadas por uma decisão judicial – e não, note-se, no facto de se entender ser tal decisão contrária à Constituição – temos a referida proposição de irrecorribilidade da decisão arbitral para o Tribunal Constitucional, nessa medida, como certa.

É verdade que nada obsta, como dissemos em comentário ao nº 1 deste art. 39º, a que a sentença de equidade (como a de composição das partes) seja proferida por referência também a normas jurídicas, quer na sua fundamentação quer na respectiva decisão. Sucede é que a remissão para essas normas aparece aí feita por se entender que elas contêm uma solução equitativa, justa (ou equilibrada) para o litígio e portanto o julgamento deste não se baseia no seu carácter normativo, mas no sentimento dos árbitros de que os fundamentos e solução por si adoptados (por acaso, também vertidos nessas normas) são justos e equitativos.

Assim, se as normas invocadas porventura dispusessem em sentido diverso daquilo que eles conjecturam ou viessem a ser revogadas no dia seguinte ao da prolação da sentença, os fundamentos e a solução da decisão de equidade continuariam a ser os mesmos.

Estamos então de acordo com a lição daqueles ilustres juspublicistas, no pressuposto, claro, de que nos estamos a referir à indiferença constitucional da própria medida ou conteúdo da sentença, porque, como também é evidente, a aplicação de regras adjectivas inconstitucionais no processo arbitral conducente à emissão da sentença de equidade torna esta derivadamente inconstitucional e passível de recurso de constitucionalidade, pois que, nesse caso, aplicam-se e estão em causa normas, regras e princípios de direito, não de equidade, cuja ilegitimidade face à Constituição pode ser arguida junto do Tribunal Constitucional.

Haveria outra hipótese de eventual recorribilidade das sentenças arbitrais para os tribunais do Estado, que consistiria no facto de se ter convencionado deverem os árbitros julgar segundo a equidade e eles se acolherem, para proferir a sentença, directamente ao direito constituído. Ou vice-versa.

Dá-se a circunstância, porém, de essa violação da convenção de arbitragem poder subsumir-se na referência ampla da subalínea *iv)* da alínea *a)* do artº 46º/3 da LAV ao fundamento de impugnação daquelas sentenças no caso de "*o processo arbitral não* [ser] *conforme com a convenção das partes*". Ou, então, poder subsumir-se na previsão da subalínea *v)*, de o tribunal "[conhecer] *de questões de que não podia tomar conhecimento ou* [deixar] *de pronunciar-se sobre questões que devia apreciar*", não sendo necessário, portanto – nem dogmaticamente correcto, se calhar –, considerar a referida violação da convenção, directamente, como fundamento de *recurso*.

16. Requisitos de admissibilidade do recurso da sentença arbitral

O primeiro requisito da admissibilidade do recurso de uma sentença arbitral para os tribunais do Estado é o de que, salvo no referido caso de inconstitucionalidade, as partes o tenham "*expressamente previsto*" presumindo-se que essa exigência legal corresponde, em princípio, à existência de uma previsão explícita em tal sentido, isto é, de as partes terem estipulado que da sentença ou da decisão arbitral "*cabe recurso*", "*pode recorrer-se*", que ela é "*recorrível*", enfim, qualquer expressão que envolva o termo "recurso" ou um seu derivado – não sendo necessário, porém, que se mencione ser esse recurso interposto "*perante os tribunais estaduais*", muito menos, a menção de qual é o tribunal de recurso competente (do que se encarregaram imperativamente os nºs 1 e 2 do artº 59º da LAV).

Duvidoso é saber, no caso de as partes se referirem, sem mais, à possibilidade de "*impugnar*" a sentença – ou a um termo derivado desse conceito –, se deverá entender-se terem elas querido reportar--se à hipótese do *recurso* deste artº 39º/4 ou à da *impugnação* do artº 46º, parecendo-nos que, nesse caso, é de recusar a admissibilidade do recurso, por a vontade das partes quanto a isso não ter ficado revelada de maneira explícita, nem clara e "*expressamente*" manifestada.

Se, porém, as partes se referirem à admissibilidade de "*impugnação*" através de uma frase composta de vários elementos verbais, não se cingindo à utilização exclusiva desse conceito, a solução dependerá da interpretação que se fizer da sua vontade, em suma, de a vontade de *recorrer*, de averiguar da existência de *erros de julgamento, in iudicando* – e não de impugnar os vícios do processo, *in procedendo* – vir manifestada pelas partes de uma maneira expressa e inequívoca, ainda que não usem explicitamente os conceitos *recurso* ou *recorrer*.

Se essa vontade das partes não for clara e unívoca, questionando-se o seu verdadeiro sentido, a solução da irrecorribilidade emerge de novo como a mais adequada, por corresponder ao regime supletivo e preferido da lei.

O segundo requisito da admissibilidade deste recurso das sentenças arbitrais consistiria, se a letra da lei não nos enganasse, na exigência de o mesmo vir logo previsto na "*convenção de arbitragem*".

Não se vê porém, também aqui, por que razão haveria de recusar-se às partes a possibilidade de (após a aceitação do primeiro árbitro ou, mesmo, no decurso do processo arbitral) modificarem a convenção de arbitragem nesse aspecto, quando se lhes permite fazê-lo em outros aspectos tão decisivos e repercussores quanto esse – como é tipicamente o caso da opção superveniente pelo julgamento de equidade quando da convenção constava o dever de o tribunal julgar segundo o direito constituído (ou vice-versa), opção admitida explicitamente no antecedente nº 2 deste mesmo art. 39º.

Nem, de resto, o legislador estabeleceu no art. 4º/1 qualquer excepção ou limite material quanto ao poder de as partes modificarem a convenção de arbitragem, pelo que entendemos dever ler-se a referência do artº 39º/3 da LAV à "*convenção de arbitragem*" em consonância com o disposto naquele seu outro preceito.

Aplicando-se, portanto, a esta específica modificação da convenção o regime e os requisitos estudados em comentário aos citados arts. 4º/1 (nota 3), 39º/2 (nota 9) e nesta mesma nota 16.

17. O objecto do recurso "ordinário" da sentença arbitral

Se bem que haja aspectos da matéria a que se refere esta epígrafe que, sistematicamente, até caberiam melhor na distinção entre *recurso* e *impugnação* da sentença arbitral – distinção da qual tratamos em comentário ao posterior art. 46º –, há questões relativas ao objecto mediato do recurso regulado neste art. 39º/4 que convém ficarem já esclarecidas.

Em primeiro lugar, do que se trata aqui é dos recursos "ordinários" que se admite serem interpostos das sentenças arbitrais (dirigidos aos tribunais judiciais ou administrativos) relativos aos erros de julgamento que nelas se comentam – e não do recurso incidental por (in)constitucionalidade ou (i)legalidade "reforçada" das normas aplicadas ou desaplicadas na sentença final do processo arbitral.

Por outro lado, referimo-nos ao objecto mediato desse recurso – que do seu objecto imediato, do efeito jurídico a que ele tende, cuidaremos no tal art. 46º, a propósito da distinção entre recurso e impugnação.

Pois bem, objecto do recurso "ordinário" admitido neste art. 39º/4, se as partes expressamente o quiserem, são, como nele se refere, ou a *"sentença que se pronuncie sobre o fundo da causa ou que, sem conhecer deste, ponha termo ao processo arbitral"* – isto é, as sentenças que julguem o pedido (ou a reconvenção) total ou parcialmente procedente ou improcedente, ou as que decidam sobre a existência de excepções dilatórias (como, por exemplo, a extemporaneidade, a incompetência, a ilegitimidade), pois que as decisões que dão como inexistentes tais excepções, considerando o pedido tempestivo, o tribunal competente, etc., não põem termo ao processo.

18. A modelação convencional do recurso "ordinário" de apelação da sentença arbitral: graus de recurso e limites da sua admissibilidade

O recurso da sentença arbitral para um tribunal do Estado, que as partes admitam convencionalmente, é interposto para a Relação ou para um TCA (art. 59º/1 e 2 da LAV), de acordo com o regime da apelação, estabelecido nos arts. 644º e ss. do novo CPC – provavelmente com algumas adaptações, como eventualmente a que se refere ao tribunal em que ele deve ser apresentado, fruto de aos árbitros não ser dado, depois de proferida a sentença, decidir sobre matérias como a respeitante aos efeitos da respectiva interposição e às notificações ao recorrido para contra-alegar, o que resulta, além do mais, do disposto nos nºs 1 e 3 do art. 44º, não se admitindo sequer a possibilidade de reforma da sentença (salvo no caso do art. 45º/5).

Nem o facto de a lei processual civil dispor que o recurso sobe nos próprios autos (art. 645º/1 do novo CPC) prejudica necessariamente tal solução, podendo bem essa subida ter lugar por requisição dos autos por parte da Relação ou do TCA e serem eles a notificar o recorrido para contra-alegar.

Questão que se põe é também a de saber, se as partes quiserem convencionar ser recorrível a sentença a proferir pelos árbitros, até onde se admite poderem ir, nessa matéria, os respectivos poderes convencionais. Admitir-se-á, por exemplo, que elas estabeleçam um duplo grau de recurso das sentenças dos "seus" árbitros ou que o reduzam apenas a um grau, no caso de a lei permitir dois?

A resposta para a questão encontramo-la no imperativo no art. 59º/8, de acordo com o qual das decisões proferidas sobre o recurso da sentença arbitral, *"cabe recurso para o tribunal [...] hierarquicamente superior, sempre que tal recurso seja admissível segundo as normas aplicáveis à recorribilidade das decisões em causa"*.

Cabe então revista para o STJ ou para o STA dos acórdãos da Relação ou dos Tribunais Centrais Administrativos (estes por força do art. 140º do CPTA) a que se refere o art. 671º do novo CPC, com as excepções também aí previstas.

Outra hipótese de modelação convencional do regime da admissibilidade de recurso das sentenças arbitrais seria a de as partes limitarem tal possibilidade ao facto de qualquer delas ficar vencida em quantia superior a determinado valor, como se estivessem a estabelecer uma alçada para o tribunal arbitral.

Não vemos o que possa obstar, como alguns pretendem, à permissão de se estabelecer na convenção (ou em acordo posterior) um valor igual ou inferior ao qual não se admite ao vencido, a qualquer vencido, interpor recurso da sentença arbitral – fruto que é, tal possibilidade, de poderem as partes convencionar ser a sentença do tribunal arbitral recorrível ou não –, limitação inadmissível, porém, para as impugnações dessas sentenças deduzidas ao abrigo do art. 46º.

Artigo 40.º
Decisão tomada por vários árbitros

1 – Num processo arbitral com mais de um árbitro, qualquer decisão do tribunal arbitral é tomada pela maioria dos seus membros. Se não puder formar-se maioria, a sentença é proferida pelo presidente do tribunal.

2 – Se um árbitro se recusar a tomar parte na votação da decisão, os outros árbitros podem proferir sentença sem ele, a menos que as partes tenham convencionado de modo diferente. As partes são subsequentemente informadas da recusa de participação desse árbitro na votação.

3 – As questões respeitantes à ordenação, à tramitação ou ao impulso processual poderão ser decididas apenas pelo árbitro presidente, se as partes ou os outros membros do tribunal arbitral lhe tiverem dado autorização para o efeito.

Fontes

N.º 1 – Lei sueca, art. 30.º/2; Lei suíça de DIP, art. 189.º/2; Lei espanhola art. 35.º/1; Lei grega, art. 29.º e Lei peruana, art. 52.º

N.º 2 – Lei Alemã (*ZPO*), §1052 (2)

N.º 3 – Lei-Modelo da Uncitral, art. 29.º (reformulado); Lei Alemã (*ZPO*), §1052 (2) (reformulado)

Comentário

1. *A formação das decisões dos tribunais arbitrais colectivos: por "todos os árbitros", por maioria simples ou absoluta. Outras exigências colegiais*
2. *O âmbito de aplicação da regra da maioria: o conceito amplo de "decisão"*
3. *Âmbito da competência individual do presidente do tribunal arbitral em matéria de "decisões" não maioritárias do colégio*
4. *O carácter imperativo da regra da maioria*
5. *A decisão pelo presidente do tribunal arbitral das questões não maioritárias: liberdade e responsabilidade inerentes*

6. *A recusa em participar na votação de uma decisão: diferença (da) e aproximação à falta de assinatura. Remissão*
7. *A recusa de participação na votação: reflexos no processo e na responsabilidade civil e funcional do árbitro*
8. *A atribuição convencional ou a delegação da competência instrumental do tribunal arbitral no seu presidente*

Nº 1

1. *A formação das decisões dos tribunais arbitrais colectivos: por "todos os árbitros", por maioria simples ou absoluta. Outras exigências colegiais*

Assinala-se, para começar, existir na lei um caso, o do art. 4º/1, em que se exige a concordância de *"todos os árbitros"*: é o que sucede com a modificação da convenção de arbitragem quando as partes queiram alterá-la após *"a aceitação do primeiro árbitro"*. Não se está aí, porém, parece-nos, perante uma decisão (colegial) unânime do tribunal arbitral, mas perante o acordo de cada um dos árbitros, dado individualmente, para que tal modificação seja válida e eficaz.

Ser uma decisão de um órgão colegial tomada pela *"maioria dos seus membros"*, como neste nº 1 se dispõe constituir regra nos tribunais arbitrais colectivos, sem o legislador indicar a que espécie de maioria em causa se refere, a simples, a absoluta ou a qualificada, é uma forma de expressão que pode criar um problema desnecessário – o qual só seria inequivocamente ultrapassado se se dispusesse na lei que a vontade do órgão colegial se forma em função de uma específica maioria dessas ou, então, que as suas deliberações são tomada à maioria dos votos no caso de se submeterem à votação apenas duas opções ou por uma maioria simples ou absoluta, consoante o legislador quisesse, quando são mais do que duas as opções envolvidas na assunção da deliberação.

Assim, tal como o preceito se encontra redigido, tem-se entendido (ver por todos, Robin de Andrade, *Lei da Arbitragem Voluntária Anotada*, AAVV, p. 79) estarmos perante uma regra de *maioria simples* – correspondente à adopção da proposta de decisão que congregar maior número de votos – por já se tratar de uma maioria, e não se exigir na lei uma maioria absoluta (correspondente à vontade de, pelo menos, metade mais um do número de membros do órgão colegial).

É verdade que, no caso de um tribunal arbitral composto por três árbitros (que é o que sucede em regra), a questão não levanta dúvidas, existindo sempre e só maioria simples ou absoluta, é indiferente – e por isso, decisão –, quando dois dos três árbitros votarem de forma convergente; se a composição do tribunal arbitral for mais alargada (o que, convenha-se, não é realidade que estejamos acostumados a ver), as "coisas" complicam-se.

Assim, se um tribunal for constituído, por exemplo, por 5 árbitros, existirá maioria simples (e decisão) se, pelo menos, dois desses árbitros votarem no mesmo sentido e os votos dos restantes três árbitros – por exemplo, em relação ao *quantum* da indemnização a pagar ao autor – forem divergentes entre si; mas já não haverá aí maioria absoluta, a qual dependeria do voto convergente de, pelo menos, três dos árbitros.

Viabilizar-se-iam, portanto, por aquela via da maioria simples, decisões de sentido maioritário, ainda que potencialmente minoritárias em termos de composição do colégio arbitral, em sintonia com um princípio geral de *favor* da decisão arbitral.

Sem querer criar controvérsia em redor de matéria tão delicada – sobre a qual convém firmar um entendimento o mais breve possível –, sempre diremos que a fórmula da lei (decisão *"tomada pela maioria dos seus membros"*) corresponde ao enunciado do conceito de uma maioria absoluta: é ao voto *da maioria dos seus membros*, pura e simplesmente, que a lei manda atender, e não propriamente à *maioria dos votos*. Ora, a maioria de cinco membros de um órgão colegial são, é irrefragável, três membros, não dois.

Ao que acresce o facto de não haver indícios de o legislador de 2011 ter querido alterar com esta disposição do nº 1 do art. 40º a regra da *maioria absoluta* instituída pelo nº 1 do art. 20º da LAV de 1986 (pese o facto de ela se referir à *"maioria de votos"*), por se admitir aí, alternativamente, a possibilidade de as partes convencionarem a exigência, antes, de uma *"maioria qualificada"* – o que só faz sentido, claro, se a regra supletiva for a da maioria absoluta.

Sendo assim, a dúvida infelizmente permanece.

Diga-se contudo que, tendo em consideração serem os tribunais arbitrais, por via de uma prática persistente, constituídos apenas por três árbitros – número que inviabiliza, por natureza, como vimos, a consideração de uma qualquer maioria agravada que não se encontre já consumida pela mera aplicação (aritmética) da regra da maioria simples –, não se vislumbra que a questão tenha um interesse prático por aí além.

Por outro lado, o legislador esqueceu-se também de nos esclarecer se, quando se referiu à *"maioria dos [...] membros"* do tribunal, estava a pensar na maioria do *número legal* dos seus membros ou na maioria dos membros em *efectividade de funções*, o que, do ponto de vista da clareza, seria importante. É que, como já vimos em comentário ao art. 16º/1, pode dar-se o caso de as partes prescindirem de substituir um árbitro que cesse funções na pendência do processo arbitral, passando o tribunal, nessa hipótese, a ser constituído por um número inferior ao previsto na convenção ou na lei – e a verdade é que, a entender-se aplicável a regra da maioria simples, a diferença entre um e outro desses números é relevante, o que já não sucede no caso da maioria absoluta.

Entende-se ser relevante para tal efeito, sempre, o número legal ou convencional de membros do tribunal, e não o daqueles que estejam em exercício efectivo de funções.

Refira-se, para finalizar, que, a entender-se serem aqui aplicáveis as regras próprias das deliberações colegiais, se consideraria inválida a sentença resultante duma votação temporal ou localmente dispersa.

2. O âmbito de aplicação da regra da maioria: o conceito amplo de "decisão"

Tendo em conta que a regra na LAV (art. 8º/2) é a de que, quando não haja acordo das partes em sentido diverso, o tribunal arbitral será constituído por três árbitros, resulta claro (atendendo ao seu âmbito regulatório e ao *nomen* com que foi epigrafado pelo legislador) que a regra da maioria aí fixada apenas será operativa, nem podia ser de outro modo, nos casos de tribunais arbitrais colectivos, onde sejam tomadas decisões colegiais.

A regra supletiva de composição colegial do tribunal arbitral contida no art. 8º/2 traduz, refira-se, uma solução que resultava já da anterior

LAV (do respectivo art. 6.º/2), encontrando a sua fonte de referência mais directa no texto da Lei-Modelo (art. 10.º/2), tendo sido adoptada num grande número de ordenamentos jurídicos – como, por exemplo, no caso do §1034/1 da lei processual alemã ou do art. 1681.º/2 do *Code Judiciaire* belga –, pese o facto de, em vários outros ordenamentos, se ter optado pela regra inversa, i.e., pela constituição de tribunais singulares, (se as partes não tiverem optado por solução diferente na convenção de arbitragem ou em escrito posterior), como aconteceu, por exemplo, com o art. 12.º da lei de arbitragem espanhola ou com o art. 6.º/2 da lei de arbitragem suíça.

Questão suscitada pelo preceito do primeiro período do nº 1 deste art. 40º é também a de assentar no significado do conceito "*qualquer decisão do tribunal arbitral*", através do qual se delimita a extensão da respectiva regra legal.

A solução para tal questão, que poderia ser *vexata*, não é contudo difícil de encontrar, como logo sugere o uso pela lei do pronome "*qualquer*" quando se referiu às decisões sujeitas à regra da maioria. Por outro lado, a condução e a direcção do processo arbitral, ao contrário do que sucedia na vigência da LAV (art. 14º/3), deixaram de estar confiadas ao árbitro presidente e – salvo delegação ou autorização para ele o fazer por si só – passaram para o próprio "*tribunal*", como resulta do disposto literal e regulatoriamente no nº 3 do art. 30º da actual lei, implicando também, portanto, a adopção de decisões maioritárias.

O conceito de "decisão" deve, assim, em nosso entender, ser lido de forma ampla, o mais abrangente que for razoável, de maneira a incluir-se aí qualquer pronúncia do tribunal arbitral com carácter decisório.

Significa isto, por um lado, que estarão incluídas no conceito não só as decisões (parciais ou totais) proferidas sobre o mérito ou fundo da causa ou que lhe ponham termo, mas igualmente as respeitantes às decisões sobre ordens preliminares e providências cautelares, bem como aquelas que tenham por objecto dirimir questões processuais ou substantivas invocadas pelas partes ou suscitadas oficiosamente pelo tribunal – sendo certo que a sua resolução poderá, inclusivamente, apontar de imediato o destino do processo – e, bem assim, as decisões que digam respeito a aspectos relacionados com a configuração ou ordenação do processo propriamente dito.

E significa, por outro, que estarão incluídas aí tanto as decisões finais, que põem termo ao processo arbitral, como as decisões interlocutórias, que são proferidas no seio do processo sem, todavia, lhe porem termo.

Resulta daqui portanto que, por via de regra, todas as decisões de um tribunal arbitral colectivo, com maior ou menor relevância, incluindo as do artº 39º/3 (salvo no caso da sua parte final), devem ser tomadas conjuntamente pelos membros desse colégio.

Diga-se porém, para finalizar, que a questão só ficará definitivamente resolvida tomando em conta o debate do comentário subsequente.

3. Âmbito da competência individual do presidente do tribunal arbitral em matéria de "decisões" não maioritárias do colégio

A verdade é que, de maneira desnecessária, o legislador acabou por vir introduzir alguma perturbação na delimitação do conceito de "decisão" do primeiro período deste nº 1, com a redacção que deu à norma plasmada na sua segunda parte.

Com efeito, depois de se estabelecer na sua primeira parte que a regra é a da tomada de *"quaisquer decisões"* colegiais do tribunal por a *"maioria dos seus membros"*, dispõe-se que, no caso de não se alcançar essa maioria, a *"sentença é proferida pelo presidente do tribunal"*, circunscrevendo-se assim, ao que parece, a tal regra da maioria (da primeira parte deste nº 1) às *decisões* subsumíveis no conceito de *sentença* – que, a atentar no art. 156º do CPC, seriam as decisões pelas quais o tribunal decide, total ou parcialmente, *"a causa principal ou algum incidente que apresente a estrutura de uma causa"*.

Conceito que, aqui, no direito da arbitragem, tem maior extensão, incluindo também as sentenças que, não decidindo do fundo, ponham termo ao processo (art. 39º/4), bem como as do art. 27º/4, ou seja, as decisões dos tribunais arbitrais sobre a concessão (ou não) de uma ordem preliminar ou de uma providência cautelar.

E, além dessas, as sentenças homologatórias de transacção – a que se refere o artº 41º –, as sentenças parciais do artº 42º/2 e as sentenças adicionais do artº 45º/5.

Mas o problema de saber que solução deverá dar-se aos casos em que uma decisão do tribunal não subsumível no conceito de sentença não reúna os votos da maioria dos membros do tribunal arbitral, de saber se o seu presidente, nesses casos, pode decidir sozinho a questão suscitada, é problema que sempre se colocará em relação a um número significativo de pronúncias dessas do tribunal arbitral.

Até porque o equívoco legal entre os dois conceitos surge novamente no nº 2 deste art. 40º.

A solução da questão – mesmo que não quisesse atentar-se na referência plural a "quaisquer decisões", constante do primeiro segmento do nº 1 – poderia fundar-se num argumento de maioria de razão.

Na verdade, a partir do momento em que o legislador dispõe que o árbitro presidente fica habilitado, em caso de dissenso no colégio, a proferir sozinho a *sentença* (ou uma sentença) do processo – que é, evidentemente, a decisão que maior relevância assume aí –, não faria sentido algum defender que, no que respeita às decisões endoprocessuais, muito menos nobres, mas necessárias para fazer o processo caminhar para a sentença final, o presidente do tribunal arbitral já não gozaria de semelhante prerrogativa, tornando-se assim impossível, por causa de meras discordâncias ou "birras" dos árbitros (ou, até, de "artimanhas" suas), proferir uma decisão de mérito sobre o litígio.

Nem se julgue que o disposto no nº 3 deste mesmo art. 40º contraria, em medida decisiva, este nosso entendimento – processualmente muito mais são, como se viu.

Quando lá chegarmos, logo se verá porquê.

4. *O carácter imperativo da regra da maioria*

Consagrando este nº 1 do art. 40º uma regra de maioria simples ou de maioria absoluta das decisões do tribunal arbitral colectivo, como acima, no comentário nº 1 se debateu, há que determinar se se trata de uma regra derrogável pelas partes, se será possível, por acordo entre elas, exigir uma maioria reforçada, no limite, substituí-la mesmo pela regra da unanimidade.

Para Robin de Andrade (*Lei da Arbitragem Voluntária Anotada*, AAVV, p. 80), estaríamos perante uma regra imperativa, que o legislador não colocou sob reserva ou condição, como se faria mister se ela fosse alterável pelas partes.

Sendo verdade que a eventual adopção de uma regra diversa pelas partes só faria sentido no caso de tribunais arbitrais compostos, pelo menos, por 5 membros – hipótese que pouca ou nenhuma tradução prática tem nas arbitragens voluntárias dos dias de hoje –, sempre diremos que também a nós parece ser essa efectivamente a solução da LAV, não só por ser frequentíssima a formulação expressa da exclusão dos regimes nela estabelecidos pela *"convenção das partes"*, e aqui nada se dispor a esse propósito, mas também porque, na versão da lei actual, se deixou cair a menção expressa do n.º 1 do art. 20.º da LAV de 1986 à possibilidade de as partes arredarem a regra da *"maioria"* (absoluta) nela estabelecida e optarem por uma *"maioria qualificada"*.

Ao que acresce o facto de se ter disposto agora, neste n.º 1 do art. 40.º, que a regra da maioria é aplicável a *"**qualquer** decisão do tribunal arbitral"*, sendo que, no respectivo conceito, o uso desse pronome não é consentâneo com a possibilidade do afastamento da regra.

Tudo, sem prejuízo de se reconhecer que o interesse das partes em dotar a decisão arbitral de uma dose ampliada de legitimidade, sujeitando o tribunal a um crivo deliberativo mais apertado, também corresponde a um ponderoso interesse seu, que o legislador contudo subordinou à necessidade de se evitar estar a empurrar frequentemente para a responsabilidade exclusiva do árbitro-presidente a decisão da causa – o que acontecerá tanto mais quanto mais exigente se for em relação ao número de votos necessário à formação da decisão colegial.

Se a questão da adopção pelas partes da alternativa de uma maioria mais reforçada do que a maioria simples ou absoluta, já seria de recusar neste contexto, muito mais o seria, claro, a sua substituição pela regra da *unanimidade*.

Até porque, ao processo arbitral, tal como se encontra ordenado e estruturado na lei, – este preceito é disso um excelente exemplo –, está intimamente associada uma ideia de *favor decisionis*, cuja realização a exigência de unanimidade prejudicaria decisivamente. Nem se vendo, aliás, como conciliar tal solução com a possibilidade de ser o árbitro--presidente a proferir sozinho a decisão da causa.

Assim sendo, porque entendemos que o processo arbitral assenta numa ideia de *eficiência* e é instrumental do *iter* decisório final, rejeitamos que a regra da maioria (seja ela mais ou menos exigente) possa ser substituída pela regra da unanimidade.

Coisa diferente poderia ser a de se preverem no regulamento arbitral regras de maioria distintas para as diferentes categorias de decisões a tomar ao longo do processo. Apesar de não querermos abrir demasiado a porta a tal possibilidade, admitir-se-ia, por exemplo, se a hipótese não tivesse um diminuto alcance prático – por só valer no caso de tribunais arbitrais com, pelo menos, 5 membros –, que a maioria exigida para a prolação da decisão arbitral fosse mais exigente do que a maioria necessária para a resolução de questões ligadas à ordenação, tramitação ou impulso processual.

Para o que, aliás, o disposto no nº 3 deste art. 40º fornece alguma abertura.

5. *A decisão pelo presidente do tribunal arbitral das questões não maioritárias: liberdade e responsabilidade inerentes*

A tomada de decisões pelo presidente do tribunal arbitral, seja daquelas a que se refere este nº 1, seja das referidas no posterior nº 3 – porque não se trata aqui de ele exprimir um voto de qualidade ou de desempate no termo da votação –, são tomadas por si livremente.

Sem vinculação, aquelas primeiras decisões, ao sentido dos votos manifestados durante a discussão e votação da deliberação colegial (que pode ser repetida uma ou mais vezes, se assim decidir o tribunal ou, ao abrigo desse nº 3, o próprio presidente) e sem vinculação, as segundas, a eventuais directrizes traçadas pelo tribunal que o tenha autorizado a decidi-las sozinho (porque se quer que as mesmas sejam tomadas em face das concretas circunstâncias que as envolvem).

Ao tomar tais decisões, diga-se, o presidente nem vinculado ao seu anterior voto está, tão livre a lei o quer no momento da decisão.

Em rigor, pede-se-lhe até que a sua decisão – salvo, claro, fundamentação de sentido diverso – seja a expressão equilibrada das várias opções manifestadas naquela votação, pelo menos, daquelas que se mostrarem mais prudentes e sustentadas.

Sendo fruto da sua vontade e acarretando exclusivamente a sua responsabilidade civil (não a responsabilidade civil dos restantes membros do colégio) – pelos erros grosseiros que a afectem ou por omissão grosseiramente negligente quanto ao prazo da sua emissão, etc.–, as decisões do presidente constituem, no entanto, a decisão ou sentença do tribunal arbitral, e é assim que, salvo naquele aspecto, são tratadas na ordem jurídica.

Nº 2

6. *A recusa em participar na votação de uma decisão: diferença (da) e aproximação à falta de assinatura. Remissão*

Dispõe-se neste nº 2 que a recusa de um árbitro em participar na votação de uma decisão do tribunal colectivo (e também a sua abstenção aí, claro) – constituindo ambas as situações, salvo justificação fundamentada e ponderosa, ilícitos seus –, não veda(m) a possibilidade de os restantes membros realizarem tal votação e tomarem, por maioria do respectivo número legal, uma decisão, salvo se se tiver *"convencionado de modo diferente"* (as partes, só, claro, não o tribunal), como também aqui se dispôs.

Se os árbitros sobrantes não conseguirem, nessas condições, chegar a uma decisão maioritária, caímos de novo no âmbito da previsão da parte final do anterior nº 1, passando para o árbitro-presidente a competência exclusiva para decidir da questão.

A recusa de um árbitro em participar na votação de uma decisão – regulada aqui e, bem assim, no art. 15º/2 (e complementares) da LAV –, é algo diverso, como se verá oportunamente, da sua recusa em assinar a sentença, regulada no posterior art. 42º/1, pressupondo-se, neste último caso, que ele participou na votação e contribuiu (decisivamente ou não, conforme a largueza da maioria alcançada) para a formação da vontade colegial.

Mas, em relação à conduta do árbitro e aos seus reflexos na respectiva responsabilidade civil e funcional perante os litigantes, tal hipótese (da falta de assinatura) rege-se também pelo disposto no citado art. 15º/2 e pelas normas dele complementares.

Para que as partes possam, se assim o entenderem e quiserem, reagir contra a recusa ou abstenção (relevantes ou irrelevantes na decisão final do processo), impõe-se ao presidente do tribunal arbitral comunicar às partes a falta verificada e as circunstâncias em que ela ocorreu.

Nº 3

7. A recusa de participação na votação: reflexos no processo e na responsabilidade civil e funcional do árbitro

Por este nº 3 se vê que, como atrás se sustentou, não são só as sentenças do tribunal arbitral colectivo, mas também as suas outras *decisões* – incluindo as relativas à ordenação, à tramitação ou ao impulso processual – que estão sujeitas às regras da competência do tribunal e da sua formação por maioria.

Só que, enquanto no caso das sentenças, essa competência só se devolve ao presidente no caso único de não se conseguir alcançar uma decisão maioritária, já no que respeita àquelas específicas decisões de índole meramente interlocutória a respectiva competência pode advir-lhe também de outras fontes.

Pode advir de as partes assim terem decidido na convenção de arbitragem ou em escrito anterior à aceitação do primeiro árbitro ou, então, do facto de o tribunal colectivo decidir – sem a participação do presidente, claro – delegar-lhe ou autorizá-lo, como se preferir, a exercer essa competência, em deliberação constante de acta assinada pelos juízes que votarem tal deliberação.

Assim se dispõe neste nº 3.

8. A *atribuição convencional ou a delegação da competência instrumental do tribunal arbitral no seu presidente*

O facto de as decisões do tribunal arbitral – "*quaisquer decisões*", diz a lei – deverem ser tomadas "*pela maioria dos seus membros*" não significa que a vontade colegial seja a única que aí releva.

Já vimos, aliás, neste mesmo art. 40º que, para não bloquear ou inutilizar o funcionamento do tribunal e o processo arbitral, se instituiu, na parte final do seu nº 1, a regra de que, quando não puder formar-se a maioria – e isso se repita em duas votações, pelo menos – "*a sentença é proferida pelo presidente do tribunal arbitral*", regra que manifestámos dever aplicar-se a outras decisões processuais que, a não serem tomadas, levariam inevitavelmente à paralisação estéril do processo.

E mais casos houve, esparsos, acidentais, em que a LAV remeteu para o presidente do tribunal arbitral a tomada singular de outras decisões.

Neste nº 3 do art. 40º, encontramos outro caso de devolução da competência arbitral para o presidente do tribunal, com a particularidade de, sendo embora a lei a definir os pressupostos da aplicação da sua estatuição, a delegação da competência depender, neste caso, de um acto voluntário das partes ou dos restantes membros do tribunal.

Daí termos configurado a situação como se de uma *delegação* se tratasse, o que naturalmente só caberia no caso de serem os outros árbitros a autorizar o presidente a exercer a competência que, primeiramente, pertenceria ao tribunal; no outro caso, de serem as partes a autorizar o presidente do tribunal a decidir sobre as questões aqui em causa, trata-se de disposição da própria convenção arbitral ou de um acordo entre elas celebrado ao abrigo do nº 2 do art. 30º.

São soluções perfeitamente compreensíveis, mesmo no seio de um sistema de competência arbitral de raiz colegial, como o nosso, tendo o propósito de desburocratizar e agilizar o funcionamento do tribunal e a tramitação do processo, que esbarrariam frequentemente na demora, quantas vezes necessária à obtenção de um acordo ou uma maioria decisória, mesmo tratando-se de questões de condução burocrática do processo, de puro trâmite da sua sequência ou de cariz meramente instrutório.

É que estas questões sobre que versa o preceito da lei são as *"respeitantes à ordenação, à tramitação ou ao impulso processual"*, isto é, à condução do processo em matéria de sequência de actos processuais, do número das formalidades a praticar, de convocações para agir e do prazo para o fazer, etc., questões portanto que, salvo casos excepcionais, não serão determinantes do sentido e da medida da decisão final.

Artigo 41.º
Transacção

1 – Se, no decurso do processo arbitral, as partes terminarem o litígio mediante transacção, o tribunal arbitral deve pôr fim ao processo e, se as partes lho solicitarem, dá a tal transacção a forma de sentença proferida nos termos acordados pelas partes, a menos que o conteúdo de tal transacção infrinja algum princípio de ordem pública.

2 – Uma sentença proferida nos termos acordados pelas partes deve ser elaborada em conformidade com o disposto no artigo 42.º e mencionar o facto de ter a natureza de sentença, tendo os mesmos efeitos que qualquer outra sentença proferida sobre o fundo da causa.

Fontes

Nº 1 – Lei-Modelo da Uncitral, art. 30º/1 (reformulado); Lei Alemã (*ZPO*), § 1053 (1); Lei Espanhola, art. 36º/1

Nº 2 – Lei-Modelo da Uncitral, art. 30º/2; Lei Alemã (*ZPO*), § 1053 (2); Lei Espanhola, art. 36º/2

Comentário

1. *O fundamento, o alcance e o âmbito da transacção*
2. *A efectivação e os efeitos dispositivos e processuais da transacção: os vários desdobramentos das hipóteses legais*
3. *A aceitação e a possibilidade de recusa da transacção pelo tribunal arbitral: fundamentos admissíveis*

4. *Requisitos processuais da admissão arbitral da transacção e da sua conversão em sentença*
5. *A sentença que formaliza ou homologa a transacção: requisitos e efeitos*

1. *O fundamento, o alcance e o âmbito da transacção*

O reconhecimento pelo Estado, pelos legisladores constituinte e ordinário, da legitimidade de as partes constituírem e cometerem a um tribunal "delas" o poder de declarar o Direito no litígio que as opõe (ver comentários Preliminares, nº 3) e, simultaneamente, o reconhecimento da sua faculdade de encerramento do processo arbitral por mútuo acordo (art. 44º/2), envolvem, necessária e logicamente, a sua legitimidade para dispor por acordo sobre tal litígio e de se chegar, por essa via, directa ou homologadamente, ao fim do processo que haviam encetado.

A transacção sobre o objecto do litígio – ou seja, a disposição, por acordo entre os litigantes, sobre a medida da realização e (ou) do sacrifício das posições jurídicas que as levaram a tribunal –, de que se trata neste art. 41º da LAV, é um modo de resolução daquele *litígio*, não do *processo*; corresponde, digamos assim, a um acordo sobre o *pedido* arbitral, ao contrário do que sucede com as figuras da *desistência do pedido* e do *encerramento do processo* por acordo das partes, reguladas nas alíneas a) e b) do art. 44º/2, que correspondem a um acordo sobre a respectiva *instância*.

Dito por outras palavras: com a transacção, o recurso ao processo arbitral chegou a "bom porto", ficando resolvido o conflito entre as partes enquanto que, nos outros dois casos, o conflito, a causa, fica por resolver.

Isso, sem prejuízo, por um lado, de a transacção poder ter como objecto a totalidade ou apenas parte do litígio – e, nos casos de coligação ou litisconsórcio, de poder respeitar apenas a alguns dos autores ou réus coligados ou litisconsorciados – e sem prejuízo, por outro lado, como veremos de seguida, de os efeitos dispositivos e terminais da transação se produzirem apenas por força do acordo das partes ou de só se chegar aí através de uma sentença do tribunal arbitral que homologue, que *"dê forma"*, diz a lei, a tal acordo.

2. A efectivação e os efeitos dispositivos e processuais da transacção: os vários desdobramentos das hipóteses legais

A resolução mediante *transacção* do litígio que as partes submeteram à arbitragem pode sobrevir de duas maneiras.

A primeira, à qual se refere a parte inicial do nº 1 deste art. 41º, traduz-se em, obtido um acordo escrito sobre a realização e (ou) sobre o sacrifício das suas pretensões jurídicas, as partes o comunicarem ao tribunal arbitral juntando para o efeito o documento escrito em que se encontra vertido esse acordo.

Face a isso,

- o tribunal encerrará o processo com esse fundamento, declarando extinta a instância arbitral, no caso de a transacção abranger todos os sujeitos e todo o objecto do litígio;
- o tribunal encerrará o processo em relação aos sujeitos e às questões abrangidas pela transacção, se esta for subjectiva ou objectivamente parcial, restringindo-se a instância, a partir daí, aos sujeitos e (ou) questões remanescentes;
- o tribunal declara que a transacção não dispõe sobre qualquer questão ou litigante abrangido pelo processo arbitral e manda seguir este tal qual se encontrava.

Nestes casos, o que ocorre, então, é ficarem as partes vinculadas àquilo que transaccionaram, valendo o acordo estabelecido nessa qualidade, ou seja, como um negócio jurídico que elas executarão voluntariamente, caso tenha força executiva – como sucederá se constar de documento autêntico, não devendo esquecer-se que, de acordo com o art. 703º do novo CPC, os documentos particulares deixaram de a ter – ou, caso contrário, um negócio que só podem fazer valer uma perante a outra depois de se obter em tribunal arbitral ou estadual, consoante os casos, uma sentença a condenar a contraparte no cumprimento desse acordo e de requerer a respectiva execução perante o tribunal estadual competente para o efeito.

O efeito dispositivo da transacção é, portanto, aqui, meramente negocial e o seu efeito processual meramente extintivo.

A segunda hipótese sobre a efectivação e os efeitos da transacção, prevista na parte final do art. 41º/1 da LAV é a de, tendo as partes chegado a um acordo escrito sobre a medida da realização e (ou) do sacrifício das pretensões formuladas no processo arbitral, elas enviarem ao tribunal o respectivo documento e solicitarem-lhe que seja dada a *"forma de sentença"* (homologatória) a tal transacção, nos termos por si acordados. Face ao que

- o tribunal profere sentença homologatória do acordo, *"condenando ou absolvendo nos seus precisos termos"*, e aguarda que decorra o prazo do respectivo trânsito em julgado, após o que declara findo o processo arbitral;
- se o acordo homologando for subjectiva ou objectivamente parcial, a sentença homologatória e o seu trânsito em julgado terão a mesma extensão, seguindo o processo arbitral na parte restante;
- o tribunal arbitral não está vinculado ao acordo transacional, ou seja, a homologá-lo em sentença, se decidir (fundamentadamente, claro) que, pelo seu objecto e pela qualidade das pessoas que nele intervieram, a transacção é processualmente inválida ou, então, que a mesma infringe algum princípio da ordem pública internacional do Estado português, usando a terminologia correspondente da alínea *b*) do art. 46º/3 da LAV.

Nesta segunda hipótese, se o tribunal arbitral emitir a sentença de homologação da transacção nos termos acordados pelas partes, juridicamente, o que passa a existir e a dever ser cumprido, segundo o regime próprio dos actos judiciais correspondentes, é a sentença homologatória proferida, contendo a declaração vinculante do que é direito e dotada de força executiva própria.

A transacção, em si mesma, constitui, portanto, nesta hipótese, apenas o pressuposto e o fundamento da sentença judicial, ficando, a partir do momento da emissão desta, desprovida de efeitos dispositivos e processuais.

3. *A aceitação e a possibilidade de recusa da transacção pelo tribunal arbitral: fundamentos admissíveis*

Embora não seja totalmente clara quanto a esse aspecto, a norma do art. 41º/1 da LAV parece só permitir que o tribunal arbitral se oponha ao acordo das partes no caso de lhe ser solicitado que dê "*a tal transacção a forma de sentença*".

A fórmula da lei – "*dar a forma de sentença*" – fica aquém da realidade jurídica, por isso que não se trata apenas de uma questão de forma (e força) jurídica, conferindo-se ao tribunal arbitral poderes para recusar a transacção caso ela "*infrinja algum princípio de ordem pública*", o que significa que, nessa parte, a emissão da sentença tem natureza e efeito homologatórios, ou seja, vai nela inserto um juízo de adesão do tribunal não propriamente ao conteúdo do acordo, mas sobre a (não des)conformidade do mesmo com os princípios da ordem pública portuguesa.

Restringem-se a isso, pensa-se, os poderes de rejeição da homologação arbitral da transacção a que as partes chegaram, não sendo dado aos árbitros, ao que parece, pronunciar-se sobre qualquer outro aspecto da (des)conformidade dela com a ordem jurídica.

Inculca-o até o facto de se ter suprimido, no art. 41º/1 da LAV, a referência do art. 30º/1 da Lei Modelo à hipótese de o tribunal arbitral "*nada ter a opor*" ao pedido de homologação do acordo das partes, restringindo-se assim o seu controlo, na nossa lei, apenas à infracção de "*algum princípio da ordem pública*" – desses, e não (também) dos "*princípios da ordem pública internacional do Estado português*" aos quais se refere a subalínea *ii)* da alínea *b)* do art. 46º/3, como julgamos resultar sistematicamente do facto de o legislador ter usado em disposições tão próximas conceitos de expressão e extensão tão diversas quanto esses dois (em sentido diverso, Robin de Andrade, *LAV Anotada*, AAVV, p. 81).

Não se admitirá, então, ao tribunal que recuse a prolação da sentença que as partes lhe requeiram com fundamento, por exemplo, em a transacção ter sido obtida por erro na formação da vontade – enquanto que, em caso de coacção física ou moral, mas subjectivamente irresistível, ou no caso de erro na declaração da vontade já são os tais princípios de ordem pública a exigir a recusa.

São *princípios de* (interesse e) *ordem pública*, de carácter substantivo e processual, a este propósito, além do da consciência e da liberdade da vontade, os da proibição de pactos leoninos, da proibição do enriquecimento sem causa, ...

Tudo isto, porém, apenas no caso de as partes pretenderem que a sua transacção seja reconhecida ou homologada pelo tribunal arbitral e que fique formalizada numa sentença arbitral.

Se elas se contentarem com a hipótese da parte inicial deste nº 1 do art. 41º, limitando-se a comunicar ao tribunal terem chegado a um acordo sobre a realização (e o sacrifício) das suas pretensões recíprocas para que ele ponha termo ao processo, já não é dado aos árbitros mais do que encerrar o processo arbitral – na extensão (total ou parcial) correspondente à do acordo alcançado, o que revela existir ainda aqui, afinal, um juízo arbitral sobre os efeitos produzidos pela transacção.

4. *Requisitos processuais da admissão arbitral da transacção e da sua conversão em sentença*

Quanto aos *requisitos* de que depende ficar o tribunal arbitral constituído no dever de actuar num ou noutro dos sentidos previstos pelo art. 41º/1 da LAV, exige-se

- que a transacção fique estabelecida por escrito e assinada pelas partes;
- que a comunicação dela ao tribunal seja feita em escrito assinado por ambas as partes;
- que o pedido para que se dê à transacção a forma de sentença conste dessa comunicação ou de documento escrito adicional subscrito também por ambas as partes;
- que os documentos referidos provenham das próprias partes, não dos seus mandatários forenses, salvo se estes estiverem dotados de poderes especiais para transigir, confessar e desistir;
- que, se qualquer dos documentos referidos não vier assinado com o reconhecimento correspondente ou for de molde a causar dúvidas ao tribunal, se interpele a parte cuja adesão ou assinatura da transacção suscita dúvidas para vir declarar ser seu o documento e (ou) a assinatura questionados.

Além dos requisitos de carácter formal (ou representativo, digamos assim), a lei exige ainda, naturalmente, dado o contexto da figura, que a transacção ocorra ou seja levada ao tribunal *"no decurso do processo arbitral"*.

A acreditarmos na aplicação aqui da norma do art. 33º/1, entender-se-ia que um acordo das partes sobre a solução dos seus conflitos a que se chegasse logo a seguir ao recebimento pela demandada do pedido do demandante para submissão do litígio à arbitragem – ainda antes, portanto, de estarem designados, pelo menos, o 2º e o 3º árbitros ou o árbitro único –, já envolveria a necessidade de se requerer o encerramento do processo arbitral e portanto a necessidade de se esperar pela *constituição* do tribunal arbitral e pela comunicação às partes da verificação dessa formalidade (ver *supra*, comentário ao art. 8º).

Solução de um formalismo e burocracia completamente desnecessários, ainda por cima com custos significativos para as partes, podendo tudo isso ser dispensado pela simples admissibilidade de que o início do processo arbitral – do próprio processo arbitral, não da arbitragem, como distinguimos a propósito do citado preceito do art. 33º/1 da LAV –, para estes efeitos pelo menos, só se verifica com o começo do decurso do prazo para a apresentação da petição (sendo menos sugestiva, parece, a tese do seu início apenas com a citação da ou de todas as demandadas para o processo).

É, de resto, adaptadamente, a solução mais próxima da que faz corresponder o início do processo judicial ao momento da apresentação da petição, lendo-se então a norma aparentemente divergente do art. 33º/1 da LAV – que importámos do art. 21º da Lei Modelo – como respeitando ao início do processo da *arbitragem*, não propriamente do *processo arbitral*, posição que já no comentário a esse artigo manifestámos.

A solução poderá ser diversa, reconhece-se, no caso de os árbitros serem designados na convenção de arbitragem, particularmente no compromisso arbitral, e haverem já manifestado nessa data aceitarem o respectivo encargo – porque aí o tribunal já estará constituído e será necessário justificar a sua extinção.

Em conclusão: se as partes chegarem a um acordo sobre a solução do seu litígio antes do início do processo arbitral ou depois de ele já encerrado, não deveria haver lugar ao encerramento daquilo que não se iniciou nem a um segundo encerramento daquilo que já se encerrara.

Nº 2

5. A sentença que formaliza ou homologa a transacção: requisitos e efeitos

Dispõe-se no nº 2 do art. 41º da LAV que a sentença que seja proferida nos termos da transacção a que as partes chegaram obedece aos requisitos gerais das sentenças arbitrais fixados no subsequente art. 42º, salvo – diz-se no nº 3 dessa norma – quanto ao requisito da respectiva fundamentação, como bem se compreende, aliás, por ser o conteúdo da sentença, então, fruto da vontade livre das próprias partes, não de juízos de facto ou de direito do tribunal.

Ela será exigida, sim, mas só quando os árbitros rejeitarem total ou parcialmente o pedido de emissão da sentença homologatória que lhe tenha sido formulado, por considerarem que a transacção infringe os princípios de ordem pública a que está vinculada – não se tratando aí, portanto, de fundamentar a sentença, mas a decisão da sua rejeição.

Além de observar as exigências do art. 42º, a sentença que formaliza ou homologa a transacção deve mencionar expressamente ter a natureza de sentença; isso para assinalar serem os seus efeitos os mesmos de qualquer outra sentença que o tribunal proferisse sobre o fundo da causa.

Assim, em sede *declarativa*, a sentença passa a conter a declaração vinculante, e com força de caso julgado, do direito aplicável ao litígio e do modo e medida de repartição dos bens e direitos que as partes se reclamavam reciprocamente. No aspecto *executivo*, a transacção, agora que está coberta pela sentença que a formaliza, já não corresponde, no mundo jurídico, a um mero negócio *inter partes*, constituindo antes um título jurídico-público com a força de título executivo.

Artigo 42.º
Forma, conteúdo e eficácia da sentença

1 – A sentença deve ser reduzida a escrito e assinada pelo árbitro ou árbitros. Em processo arbitral com mais de um árbitro, são suficientes as assinaturas da maioria dos membros do tribunal arbitral

ou só a do presidente, caso por este deva ser proferida a sentença, desde que seja mencionada na sentença a razão da omissão das restantes assinaturas.

2 – Salvo convenção das partes em contrário, os árbitros podem decidir o fundo da causa através de uma única sentença ou de tantas sentenças parciais quantas entendam necessárias.

3 – A sentença deve ser fundamentada, salvo se as partes tiverem dispensado tal exigência ou se trate de sentença proferida com base em acordo das partes, nos termos do artigo 41.º

4 – A sentença deve mencionar a data em que foi proferida, bem como o lugar da arbitragem, determinado em conformidade com o n.º 1 do artigo 31.º, considerando-se, para todos os efeitos, que a sentença foi proferida nesse lugar.

5 – A menos que as partes hajam convencionado de outro modo, da sentença deve constar a repartição pelas partes dos encargos directamente resultantes do processo arbitral. Os árbitros podem ainda decidir na sentença, se o entenderem justo e adequado, que uma ou algumas das partes compense a outra ou outras pela totalidade ou parte dos custos e despesas razoáveis que demonstrem ter suportado por causa da sua intervenção na arbitragem.

6 – Proferida a sentença, a mesma é imediatamente notificada através do envio a cada uma das partes de um exemplar assinado pelo árbitro ou árbitros, nos termos do disposto n.º 1 do presente artigo, produzindo efeitos na data dessa notificação, sem prejuízo do disposto no n.º 7.

7 – A sentença arbitral de que não caiba recurso e que já não seja susceptível de alteração no termos do artigo 45.º tem o mesmo carácter obrigatório entre as partes que a sentença de um tribunal estadual transitada em julgado e a mesma força executiva que a sentença de um tribunal estadual.

Fontes

Nº 1 – Lei-Modelo da Uncitral, art. 31º/1; Lei Alemã (*ZPO*), §1054 (1); Lei Espanhola, art. 37º/1

Nº 2 – Lei Espanhola, art. 37º/4; Lei Suíça, art. 188º; Lei Sueca, art. 29º; CPC Italiano, art. 820º (IV) c) 827º (III); Lei Inglesa, section 47 (1) e (2)

Nº 3 – Lei-Modelo da Uncitral, art. 31º/2; Lei Alemã (*ZPO*), § 1054 (2); Lei Espanhola, art. 37º/4; Lei Francesa (NCPC) art. 1471º/22); CPC Italiano, art. 823º, (II), nº 5; art. 23º/3 (em parte) da LAV de 1986

Nº 4 – Lei-Modelo da Uncitral, art. 31º/3; Lei Alemã (*ZPO*), § 1054 (3); Lei Espanhola, art. 37º/5; Lei Francesa (NCPC) art. 1472ª; CPC Italiano, art. 823º, (II), 2) e nº 8

Nº 5 – art. 23º/4 (em parte) da LAV de 1986; Lei Alemã (*ZPO*), § 1057 (1); Regulamentos de Arbitragem da CCI, art. 31º/1 e do LCIA, art 28º/1, 2 e 3

Nº 6 – art. 23º/4 (em parte) da LAV de 1986; Lei Alemã (*ZPO*), § 1057 (1); Regulamentos de Arbitragem da CCI, art. 31º/1 e do LCIA, art 28º/1, 2 e 3

Nº 7 – art. 26º/1 e 2 (reformulada) da LAV de 1986; Lei Alemã (*ZPO*), §1055; Lei Francesa (NCPC) art. 1476º; Lei Espanhola, art. 43º

Comentário

1. *A sentença emitida ou vazada num escrito assinado*
2. *Assinatura da sentença singular e colectiva: requisitos, sua falta e suprimento*
3. *As sentenças arbitrais parciais: requisitos, regime e invalidade. Diferimento das custas*
4. *A fundamentação da sentença arbitral: casos da sua obrigatoriedade e dispensa*
5. *As menções da sentença à sua data e ao lugar da arbitragem: consequências do incumprimento*

6. *Repartição das custas e encargos directos do processo na sentença final*
7. *A "compensação", na sentença, de custos e despesas das partes: âmbito objectivo e aplicação dos princípios da igualdade e da proporcionalidade*
8. *Notificação da sentença: formalidades*
9. *A produção de efeitos da sentença: a conjugação dos nºs 6 e 7 do art. 42º*

1. A sentença emitida ou vazada num escrito assinado

"*A sentença deve ser reduzida a escrito*", dispõe-se neste nº 1, sugerindo, assim, de algum modo, poder ser ela proferida oralmente e depois transposta para um documento escrito.

A verdade é que, provindo de tribunal singular, o próprio acto de emissão da sentença arbitral, da sua prolação, é um acto escrito, assim se lavrando ela, e só no caso de provir de tribunal colectivo é que é ou pode ser adoptada pela conjugação dos votos (normalmente orais) dos membros do tribunal sobre a proposta escrita de acórdão do relator e pela declaração dele ou do presidente de ter a mesma sido aprovada (por unanimidade ou por tantos votos a favor e contra), assinando os árbitros vencedores, como tais, a proposta aprovada e o árbitro vencido o seu voto (aí transcrito, também, com a devida fundamentação).

2. Assinatura da sentença singular e colectiva: requisitos, sua falta e suprimento

A assinatura da sentença é um requisito da sua existência, sem a qual, pensamos, ela não existe enquanto tal, apesar de a alínea *a)* do art. 668º/1 do CPC a qualificar nesse caso, numa perspectiva processual, apenas como nula e susceptível de suprimento – não se tirando disso, porém, quaisquer consequências, se tal falta não for suprida.

Pelo que, no silêncio da lei, reiteramos a tese da inexistência jurídica da sentença até ao momento em que venha a ser assinada nos termos legalmente exigidos, quer se trate da sentença arbitral singular quer da tirada pelo tribunal colectivo.

Com uma diferença, no entanto.

É que a falta de assinatura da sentença arbitral singular, ou de sentença que seja proferida (nos termos da parte final do n.º 1 do art. 40º) apenas pelo presidente do tribunal colectivo, deve considerar-se uma mera *irregularidade*, no caso de o árbitro seu autor ter praticado outro acto que revele estarmos perante um mero esquecimento seu e corresponder o documento não assinado à decisão do processo ou incidente em causa, como sucede se ele próprio assinar o documento de notificação da sentença ou despacho a mandar notificá-la – isso, mesmo que não viesse um seu suprimento formal, nos termos do art. 669º/2 do CPC.

Já a sentença do tribunal colectivo não ganha estatuto jurídico senão através da sua própria assinatura, de acordo com as exigências deste nº 1.

Consistem elas no facto de a sentença não carecer da assinatura de todos os árbitros para ser considerada válida, sendo *"suficientes as assinaturas da maioria dos membros do tribunal arbitral"*, como se dispõe de maneira menos clara na norma legal, pois, em rigor, deveria tratar-se apenas das assinaturas dos árbitros que, em maioria, votaram favoravelmente a sentença, não contando para o efeito a assinatura daqueles que votaram vencidos – tese de que, porém, nem todos os AA. partilham, entendendo alguns que a assinatura de árbitro vencido na decisão pode contribuir para perfazer a maioria das assinaturas legalmente exigidas, se, como há quem entenda, constar daí a razão da falta legítima de assinatura do ou dos árbitros "vencedores".

A falta de assinatura (e da declaração de voto) do ou dos árbitros vencidos, ou de um árbitro vencedor, mas excedente, digamos assim, não prejudica portanto a consistência jurídica da sentença arbitral, embora possa constituí-los em responsabilidade perante os litigantes, nomeadamente perante a parte vencida – até por ser possível que constassem dessa fundamentação elementos susceptíveis de melhor se conseguir fundar um pedido de anulação da decisão arbitral.

Mesmo por isso faz todo o sentido a exigência da parte final deste nº 1 de ficar a suficiência da assinatura da maioria dos árbitros condicionada à menção na sentença, pelo presidente ou (no caso de ele ser vencido) pelo relator, das razões por que não constam daí as assinaturas dos restantes árbitros.

Nº 2

3. *As sentenças arbitrais parciais: requisitos, regime e invalidade. Diferimento das custas*

A estatuição legal deste nº 2 – sobre a possibilidade de, salvo acordo das partes, se decidir do fundo da causa através de uma única ou, então, de várias sentenças parciais – permite ao tribunal ir "saneando" materialmente o processo, resolvendo logo no termo dos articulados, por exemplo, por razões de clareza e eficiência, parcelas do litígio que se cinjam a questões de direito simples ou sobre as quais exista prova suficiente e irrefutável constante de documento autêntico, deixando para o final do processo arbitral as questões que exijam diligências probatórias contraditórias ou reflexão jurídica mais complexa.

As sentenças arbitrais parciais, que devem responder a todos os requisitos da sentença única – salvo no que respeita à repartição dos encargos do processo, nos termos do nº 5 –, estão sujeitas directa e autonomamente aos meios de impugnação, de recurso, se for caso disso, e de execução previstos em geral na lei para as sentenças arbitrais correspondentes (isto é, nacionais ou internacionais).

Por outro lado, a eventual invalidade ou erro de que estejam afectadas não se propagam às restantes sentenças parciais do processo, a não ser que estas, as suas premissas determinantes, estejam incindivelmente ligadas à sentença parcial inválida – podendo esta, naquele primeiro caso, ser impugnada autonomamente, no segundo, em conjunção com a restante sentença (pelo menos, os efeitos da decisão judicial de anulação hão-de reportar-se a todo o processo arbitral).

Nº 3

4. *A fundamentação da sentença arbitral: casos da sua obrigatoriedade e dispensa*

Podem as partes, na convenção de arbitragem ou em acordo unânime posterior – eventualmente posterior, até, à aceitação do primeiro árbitro (em contrário do que se dispõe nos nºs 2 e 3 do art. 30º) –, dispensar o tribunal de fundamentar a sentença ou sentenças a proferir.

Permissão que nos parece incompatível, porém, com a eventual previsão de ser a ou as sentenças a proferir susceptíveis de recurso, nos termos combinados do art. 39º/4 e da alínea e) do art. 59º/1, por, de outro modo, se limitar quase decisivamente a possibilidade de o tribunal de recurso proceder ao reexame da sentença recorrida.

Na falta de acordo das partes, as sentenças arbitrais devem ser fundamentadas, dispõe supletivamente este nº 3 do art. 42º.

Não carecem todavia de fundamentação, como é evidente, as sentenças através das quais o tribunal se limita a formalizar, nos termos do anterior do art. 41º, o acordo ou transacção entre partes, pois aí são elas mesmas a decidir o litígio arbitral como entendem apropriado aos seus interesses, admitindo-se porém, como se viu, que, no caso de quererem que o seu acordo revista a forma de sentença e no caso de ele violar algum princípio de ordem pública, o tribunal arbitral possa opor-se à transacção que as partes lhe submetem.

Quanto ao grau da fundamentação exigida para as sentenças arbitrais, Robin de Andrade (*Lei da Arbitragem Voluntária Anotada*, AAVV, p. 83) dá-nos conta de ser tendência jurisprudencial claramente dominante a de que o processo arbitral é compatível com uma fundamentação ainda menos exigente do que aquela já pequena, e tantas vezes constitucionalmente chocante, com que os tribunais judiciais entendem dever dotar as sentenças por si proferidas.

O citado Autor recomenda, porém, quando se tratar de sentenças arbitrais a executar noutras jurisdições, como é designadamente o caso da brasileira, que o tribunal não deixe de inserir "*alguma fundamentação*" para evitar anulações ou recusa de *exequatur*.

Nº 4

5. *As menções da sentença à sua data e ao lugar da arbitragem: consequências do incumprimento*

A exigência da menção da sentença arbitral à *data* em que foi proferida é um requisito da seriedade e da solenidade de que o acto deve vir revestido, reportando-se não à data em que os árbitros procederam conjunta e colegialmente à sua votação, mas, sim, à data da sua assinatura.

Efectivamente, para efeitos de prazos do processo e da sentença arbitrais, o que releva não é a data da sua formação, da respectiva votação, mas sim, como resulta dos nºs 1 e 3 do art. 43º, a data em que a sentença é notificada às partes ou, se for o caso, à última das partes a ser notificada.

Assinale-se ser inválida, a aplicarem-se as regras próprias da colegialidade, a sentença resultante duma votação temporal e localmente dispersa.

No mesmo sentido, de assegurar a sacralidade da sentença, exige-se aqui, também, que, a par da data em que foi proferida, se mencione nela o *lugar* da sede da arbitragem, que haja sido fixado em conformidade com o art. 31º/1, requisito com especial relevo quer na regulação das arbitragens internacionais portuguesas (por ser esse local, como se viu a propósito do art. 49º, que implica o carácter e regime português de tais arbitragens), quer na determinação dos tribunais estaduais territorialmente competentes para colaborarem ou "superintenderem" em arbitragens e processos arbitrais (art. 59º/1 e 2).

A menção da sentença a um lugar diverso daquele que as partes tenham escolhido para sede da arbitragem implica, a não haver rectificação (art. 45º/4), a invalidade dela *ex vi* subalínea *iv)* da alínea *a)* do art. 46º/3.

O que nos parece ser solução também adequada no caso de a escolha inicial desse lugar ter pertencido ao tribunal, até pelos reflexos que, a admitir-se a sua modificação, isso teria na competência dos tribunais estaduais da arbitragem entendendo-se que, no caso de se tornar impossível ou absolutamente inconveniente o tribunal reunir na sede fixada durante algum tempo, se escolherá instrumental ou provisoriamente um lugar de trabalho diferentes do da sede da arbitragem, sem necessidade de alterar esta.

Para Robin de Andrade (Lei da Arbitragem Voluntária Anotada, AAVV, pp. 83 e ss.) a assinatura da sentença em lugar diferente da arbitragem deve ser considerada como uma modificação do lugar estabelecido nos termos do artº 31º/1, solução que implicaria a invalidade da sentença no caso de a respectiva escolha ter sido unicamente da autoria das partes.

Nº 5

6. *Repartição das custas e encargos directos do processo na sentença final*

É na sentença final – não nas parciais, como se compreende – que, se nada de diverso estiver acordado pelas partes, o tribunal deve proceder à imputação ou *"repartição dos encargos directamente resultantes do processo arbitral"*, expressão não muito feliz, aliás, se com ela se pretendeu exprimir o que pensamos ter-se efectivamente querido exprimir.

"Directamente resultantes" significa que só há lugar à ponderação e repartição de honorários e de custos de diligências e actos processuais e de serviços judiciários, digamos assim, ordenados pelo tribunal, já não aos encargos que as partes assumam para sua defesa, para pagamento de honorários de advogados, para levar ao processo meios de prova, etc..

A vantagem de, repartindo aqueles primeiros encargos na sentença, se conferir autoridade executiva à decisão do tribunal arbitral na matéria, evitando às partes e ao próprio tribunal terem que recorrer a processos declarativos prévios, é contrabalançada pelo facto de, no que respeita à liquidação e imputação dos seus honorários, os árbitros serem de algum modo parte interessada na questão – inconveniente que o direito de pedir a sua redução ao tribunal estadual (art. 17º/3) ou o direito à impugnação da sentença, nesse aspecto, ao abrigo da subalínea *iv)* da alínea *a)* do art. 46º/3, colmata, parece-nos.

A repartição das custas e encargos do processo far-se-á segundo o critério convencionado pelas partes ou pelos árbitros, nos termos estabelecidos no art. 17º.

7. *A "compensação", na sentença, de custos e despesas das partes: âmbito objectivo e aplicação dos princípios da igualdade e da proporcionalidade*

A permissão para que o tribunal arbitral decida na sentença final – parece-nos que à revelia, até, do que as partes tenham convencionado – condenar uma parte a compensar a outra pelos custos e despesas "razoáveis" que esta demonstre ter suportado por causa da sua intervenção na arbitragem, deve ser entendida cuidadosamente.

Assinala-se, em primeiro lugar, que aqui já não estão em causa os encargos directamente resultantes do processo arbitral, mas os custos e despesas que as partes, por si próprias, hajam feito com o intuito de defesa dos seus interesses no processo arbitral.

E assinala-se também que se trata de uma faculdade que o tribunal exercerá ou não, mas sempre a pedido da parte que pretende ser compensada.

Por outro lado, pode estar aí em causa um atropelo ao princípio da igualdade processual das partes, materializado, em geral, na repartição de encargos na medida do decaimento de cada uma delas.

O que nos parece então é que esta faculdade conferida aos árbitros, apelando ao que entenderem ser *"justo e adequado"*, deve ser avaliada em função dos princípios da igualdade, da proporcionalidade e (refracção deste) da razoabilidade

Por um lado, se uma parte foi obrigada a envolver-se no processo em virtude do incumprimento de deveres da outra e tem, por isso, que assumir elevados encargos, considera-se ser conforme ao princípio da igualdade que os mesmos sejam por elas distribuídos, pois, se uma os suportou para seu próprio benefício, foi a outra que os provocou.

E apela-se ao princípio da proporcionalidade, em primeiro lugar, porque só devem tomar-se em conta para estes efeitos os custos e despesas proporcionados ou razoáveis que hajam sido efectuados, excluindo portanto gastos com diligências, provas, patrocínios e ajudas forenses em número ou de peso excessivo. E princípio da proporcionalidade, em segundo lugar, porque a sua repartição entre as partes há-de ter como parâmetros, de um lado, o grau de benefício auferido por aquela que realizou a despesa, do outro, o grau de culpa da contraparte que provocou a sua necessidade.

Nº 6

8. Notificação da sentença: formalidades

Estando a sentença formalmente perfeita, escrita, assinada, datada e localizada, ela é imediatamente notificada a todas as partes através do envio simultâneo a cada uma de um exemplar – dando-se o prazo para a sua emissão como cumprido se tais notificações foram enviadas antes de ele se exaurir (art. 43º).

Notificações que são efectuadas – se outra coisa não se tiver previsto no regulamento da arbitragem – através do envio pela via postal registada de um exemplar da sentença assinado pelo ou pelo árbitros, eventualmente, antecedida da remessa por correio electrónico simples.

Nºs 6 e 7

9. *A produção de efeitos da sentença: a conjugação dos nºs 6 e 7 do art. 42º*

A sentença arbitral torna-se eficaz, apta a produzir os seus efeitos jurídicos e materiais – pela via executiva, se necessário –, quando dela não caiba recurso, a partir da data da sua notificação, como se dispõe no nº 6.

Sucede que se ressalva aí o disposto no subsequente nº 7, de acordo com o qual só quando da sentença notificada *"não caiba recurso e já não seja susceptível de alteração"* por via da rectificação prevista no art. 45º/1 (eventualmente também do respectivo esclarecimento, dado o disposto na parte final do seu nº 3), só então, dizia-se, é que ela se torna obrigatória entre as partes e passa a dispor da mesma força executiva das sentenças dos tribunais estaduais.

Sustenta Robin de Andrade (*Lei da Arbitragem Voluntária Anotada*, AAVV, p. 84) resultar daí que os efeitos previstos no nº 6 se cingem ao início do prazo para apresentar reclamação ou formular o pedido de aclaração e rectificação e à interrupção do prazo fixado na lei ou na convenção arbitral para a emanação da sentença (de acordo com o art. 43º) – sem se esclarecer, no entanto, como na LAV também não se faz, se os prazos para a interposição de recurso e para a impugnação da decisão arbitral se suspendem ou interrompem por efeito do nº 6 ou se ficam sujeitos à ressalva do nº 7.

Parecia-nos preferível que, em vez de todas as dúvidas suscitadas por essa conjugação formal e lacunosa dos nºs 6 e 7, se entendesse, antes, que os efeitos da sentença produzidos por força do nº 6 corresponderiam a todos os efeitos adjectivos e substantivos próprios de uma sentença (transitada ou não em julgado, conforme os casos) e que tais efeitos se suspenderiam se se suscitasse o incidente da rectificação ou aclaração da sentença, nos termos do art. 45º, e durante o decurso do mesmo, retomando a sua eficácia plena encerrada que seja tal formalidade.

Resulta muito rebuscada, parece-nos, uma leitura conjugada dos nºs 6 e 7 deste artigo donde resultasse que a sentença – que, nos termos daquele primeiro, passou a produzir efeitos desde a notificação – não os produziria, afinal, enquanto estivesse a correr o prazo para pedir a sua rectificação ou aclaração, pois só a partir do termo desse prazo (ou do termo das formalidades desencadeadas para esse fim) é que ela se tornaria obrigatória entre as partes e passível de execução, como dispõe o nº 7.

A leitura proposta dos dois referidos preceitos dos nºs 6 e 7 do art. 42º não choca, aliás, com o disposto no segundo quanto ao facto de só depois de decorrido o prazo para se pedir a rectificação ou aclaração da sentença ela se tornar *"obrigatória entre as partes"* – por se referir a lei à obrigatoriedade correspondente à da *"sentença de um tribunal estadual transitada em julgado"*, sem prejuízo de a sentença arbitral já poder vinculá-las como qualquer sentença de que caiba recurso sem efeito suspensivo.

Quanto aos efeitos da sentença notificada (e passível de rectificação ou aclaração) sobre a contagem dos prazos de impugnação – e de recurso, se este couber –, diremos que, por força do disposto no art. 46º/6, deve entender-se, directa ou analogicamente, que a contagem deles se inicia a partir da notificação da sentença, salvo se tiver sido deduzido um incidente desses, caso em que se contarão então da (notificação da) decisão proferida sobre o mesmo.

O que, pese o respeito por opinião contrária, vem afinal confirmar a proposta que deixámos quanto à interpretação conjugada dos preceitos *sub iudice*.

Impõe-se referir, para terminar, que, de acordo com o disposto no nº 7 deste artº 42º, a sentença de que não caiba *recurso*, podendo embora ser ainda objecto de *impugnação* (nos termos do artº 46º), produz logo os seus efeitos próprios, não tendo tal impugnação efeito suspensivo.

Artigo 43.º
Prazo para proferir sentença

1 – Salvo se as partes, até à aceitação do primeiro árbitro, tiverem acordado prazo diferente, os árbitros devem notificar às partes a sentença final proferida sobre o litígio que por elas lhes foi submetido dentro do prazo de 12 meses a contar da data de aceitação do último árbitro.

2 – Os prazos definidos de acordo com o n.º 1 podem ser livremente prorrogados por acordo das partes ou, em alternativa, por decisão do tribunal arbitral, por uma ou mais vezes, por sucessivos períodos de 12 meses, devendo tais prorrogações ser devidamente fundamentadas. Fica, porém, ressalvada a possibilidade de as partes, de comum acordo, se oporem à prorrogação.

3 – A falta de notificação da sentença final dentro do prazo máximo determinado de acordo com os números anteriores do presente artigo, põe automaticamente termo ao processo arbitral, fazendo também extinguir a competência dos árbitros para julgarem o litígio que lhes fora submetido, sem prejuízo de a convenção de arbitragem manter a sua eficácia, nomeadamente para efeito de com base nela ser constituído novo tribunal arbitral e ter início nova arbitragem.

4 – Os árbitros que injustificadamente obstarem a que a decisão seja proferida dentro do prazo fixado respondem pelos danos causados.

Fontes

N.º 1 – art. 19º/2 da LAV de 1986 (alargamento do prazo anterior)
N.º 3 – solução unanimemente perfilhada no direito comparado da arbitragem
N.º 4 – art. 19º/5 da LAV de 1986; CPC Italiano, art. 813º-*ter*, (I), 2

Comentário

1. *O prazo convencional e o prazo supletivo de duração do processo arbitral: esclarecimentos sobre o requisito legal de sua fixação convencional*

2. *A prorrogabilidade dos prazos convencional e supletivo: imposição da regra anual da prorrogação oficiosa*
3. *Requisitos processuais da prorrogação oficiosa do prazo do processo arbitral: fundamentação e notificação*
4. *Oposição potestativa e conjunta das partes à prorrogação oficiosa do prazo do processo: dúvidas*
5. *As formas de (aceitação ou) não oposição*
5A. *O cumprimento (ou exaustão) do prazo do processo arbitral e seu evento determinante: a notificação da sentença final*
6. *Consequências jurisdicionais, processuais e administrativas do esgotamento do prazo*
7. *(cont.) Consequências convencionais e regulamentares*
8. *A responsabilidade dos árbitros pelo incumprimento do prazo de duração do processo: delimitação de âmbito. Remissão*

Nº 1

1. *O prazo convencional e o prazo supletivo de duração do processo arbitral: esclarecimentos sobre o requisito legal de sua fixação convencional*

Fixa-se aqui o prazo supletivo de 12 meses, a contar da data da última aceitação do cargo de árbitro, para que o tribunal arbitral profira e comunique às partes – e não apenas para que profira, como o inculcaria a epígrafe do preceito – a sentença que ponha termo ao processo, seja ela respeitante ao fundo da questão, ao mérito do pedido ou, então, que dê por verificada qualquer causa que obste ao conhecimento e decisão do mesmo, como sucede, por exemplo, com a inarbitrabilidade do litígio, com a invalidade da convenção ou com a extemporaneidade da petição.

A aplicação do referido prazo depende, pois, de não haver um outro fixado para o efeito por acordo entre as partes, dispondo-se também que tal acordo só preclude a aplicação do prazo supletivo da lei se for estabelecido *"até à aceitação do primeiro árbitro"* – o que significa pressupor a lei que o convite para integrarem o tribunal arbitral deve ser dirigido aos convidados com os elementos necessários para que eles conheçam, além do mais, o tempo de que (em princípio) vão dispor para julgar o litígio.

É uma regra que não está vertida na lei, mas que se induz a partir do regime nela estabelecido.

Como se induz também que o prazo de 15 dias para a aceitação desse cargo (art. 12º/2) não começará a correr enquanto não forem dados a conhecer aos convidados os elementos necessários para decidirem conscientemente das responsabilidades que vão assumir – sob pena de poderem renunciar ao cargo a qualquer momento e sem qualquer consequência.

Por outro lado, a estar certa a *ratio* que assinalámos a essa limitação temporal da eficácia do acordo das partes sobre o prazo para proferir e notificar a sentença arbitral, isso significa, em rigor, que tal prazo deve estar acordado até ser designada a primeira pessoa para o desempenho do cargo de árbitro – não exactamente que possa ser objecto de acordo até ao momento da aceitação do cargo pelo primeiro árbitro, como na letra da lei se dispõe.

E o facto, aparentemente estranho, de o prazo acordado pelas partes só funcionar (salvo prorrogação futura, claro) se houver sido estabelecido e dado a conhecer *"até à aceitação do primeiro árbitro"* – facto aparentemente estranho, porque a lei permite a sua prorrogação posterior e para o seu alongamento dir-se-ia não haver obstáculos ligados à pessoa dos árbitros – acaba por se tornar bem compreensível, porque, nos pressupostos de aceitação desse cargo pelas pessoas designadas para o efeito, tanto pode estar, de um lado, a vontade de dispor de um prazo largo, que não as obrigue a julgar a correr, precipitadamente, como, ao invés, a vontade de não quererem comprometer as suas vidas e trabalho para além de um certo tempo.

E, após (a tal designação ou) a tal aceitação por parte do primeiro árbitro, dura até quando essa proibição de as partes disporem válida e eficazmente sobre o prazo para proferir e notificar a sentença arbitral? Dura para sempre, até ao termo do respectivo processo arbitral?

É questão a que procura responder-se já de seguida, em comentário ao nº 2 deste art. 43º.

Nº 2

2. *A prorrogabilidade dos prazos convencional e supletivo: imposição da regra anual da prorrogação oficiosa*

De acordo com este nº 2 do art. 43º, quer o prazo convencional quer o prazo supletivo de duração do processo, que vigorem por força da regra do nº 1, podem ser objecto de prorrogação, por uma ou mais vezes, desde que nisso convenham livremente as partes ou o decidam fundamentadamente os árbitros (sem oposição delas).

A formulação e a arrumação sistemática do preceito deixam dúvidas, porém, quanto à aplicabilidade da regra imperativa da prorrogação do prazo por 12 meses quer aos referidos acordos das partes, quer a essas decisões do tribunal arbitral, entendendo-se – sem qualquer relutância, apesar de ela vir associada à da prorrogação "*por uma ou mais vezes*" (que vale, evidentemente, para as duas hipóteses) – ser tal regra de aplicação apenas ao caso das prorrogações oficiosas, porque as decididas pelas partes podem ser "*livremente*" acordadas.

Aliás, a aplicação dessa imposição legal às prorrogações por acordo das partes de prazos arbitrais convencionais inferiores a 12 meses bradaria aos céus – nem se descortina qual a razão ponderosa que poderia subjazer a uma imposição tão desnecessariamente inflexível no que respeita às prorrogações acordadas pelas partes.

Quanto às prorrogações oficiosas, só pode tratar-se, se bem o percebemos, de o legislador querer desonerar os árbitros da tentação, algo reverencial, das pequenas prorrogações e, por outro lado, do "vexame" de terem que proceder a longas prorrogações, determinando-se, assim, na própria lei, que as prorrogações oficiosas nem serão extremamente curtas nem excessivamente longas. É uma razão de pequena monta – porque a verdade é que o legislador não se preocupou com o facto de poder haver cinco, seis ou mais prorrogações do prazo em questão –, mas é uma razão, um interesse acautelável, digamos.

Note-se, porém, que ele redunda num prejuízo irremissível para um interesse de muito maior valia do que esse, qual é o de as partes não se oporem a que o tribunal alongasse o prazo do processo por dois ou três meses, para realização dos trâmites finais do processo, inclusivamente apenas para acabar de elaborar a sentença, e ficarem obrigadas, não obstante, a convir numa prorrogação por um ano, legitimando, assim, de algum modo, uma indolente despreocupação do tribunal com a conclusão célere das respectivas tarefas.

Nem se diga que, para obstar a isso, lá estão as regras sobre a responsabilidade funcional dos árbitros (arts. 15º e 45º/4da LAV) a assegurar que a prorrogação do prazo não será utilizada senão na medida necessária – porque, na verdade, nem tais regras funcionam eficazmente quando se trata da conduta negligente de um dos árbitros do tribunal, não do único árbitro ou de todos eles, sendo, por outro lado, fontes de perigosa (para não dizer, também, de frequente) conflitualidade, com sérios danos potenciais para o trabalho pacífico, eficiente e imparcial do tribunal arbitral.

A única maneira de obstar a esses inconvenientes é a de as partes se oporem à prorrogação oficiosa por um ano, quando a considerarem claramente exagerada, e determinarem elas, por acordo (ouvidos os árbitros), um prazo bem menor.

3. *Requisitos processuais da prorrogação oficiosa do prazo do processo arbitral: fundamentação e notificação*

A validade da prorrogação pelo próprio tribunal do prazo convencional ou supletivo de duração do processo – ou de um prazo já prorrogado pelas partes ou por ele próprio – depende, dispõe a lei, de essa sua decisão vir "fundamentada".

Devidamente fundamentada, queria a lei dizer, claro, que não é irrelevante oporem-se as partes (como este mesmo nº 2 lhes permite fazer) a uma prorrogação fundamentada, mal fundamentada, ou devidamente fundamentada dos árbitros – questão sobre que se discorre no comentário subsequente.

A fundamentação (para além da mera invocação do preceito legal que a permite) deverá consistir então, apenas *i)* na indicação dos factos concretos que fizeram com que (uma ou algumas) formalidades do processo demorassem mais a ter lugar ou a cumprir do que o previsto ou razoável, impedindo o tribunal de concluir o processo arbitral no prazo inicial (ou prorrogado) antes fixado – não sendo necessário que se indiquem quaisquer razões para justificar o tempo da prorrogação por estar a sua duração fixada na lei inflexivelmente – e *ii)* consistir também na demonstração (singela, naturalmente) de não estar esse prazo esgotado à data em que a decisão oficiosa de prorrogação é notificada às partes.

Na verdade, é requisito da validade da prorrogação que o prazo a prorrogar ainda esteja a correr, podendo, em caso contrário, não ser prorrogado, mas tão-somente reconvencionado, reiniciado.

Por outro lado, atendendo a que relevante para a lei, no que toca à exaustão do prazo do processo arbitral – como o revela o subsequente n.º 3 –, é a notificação às partes da decisão do tribunal, e não propriamente a pronúncia de tal decisão, também aqui, para evitar que o prazo em curso se esgote antes da decisão oficiosa da prorrogação produzir efeitos, é necessário que ela seja comunicada às partes antes que isso ocorra.

4. *Oposição potestativa e conjunta das partes à prorrogação oficiosa do prazo do processo: dúvidas*

A oposição das partes a uma prorrogação oficiosa do prazo do processo arbitral corresponde a um seu direito potestativo: nem carece de ser fundamentada nem releva o facto de a prorrogação vir validamente justificada e atempadamente notificada.

Se, de comum acordo, as partes não quiserem a prorrogação, basta que o manifestem ao tribunal, em princípio, antes de o prazo em curso se esgotar, mas dispondo, no mínimo, em qualquer caso, do prazo geral de 10 dias (art. 149.º, n.º 1, do novo CPC) para o fazer, se outro não se encontrar preferencialmente estabelecido.

Aceitando o carácter potestativo do direito de oposição das partes, temos francas objecções à exigência de que a sua oposição, para recusar a prorrogação oficiosa, tenha que ser fruto da vontade de ambas, isto é, de que a oposição de uma só delas não impeça a prorrogação ditada pelo tribunal.

Desde logo porque, tratando-se de uma modificação dos termos ou efeitos da convenção de arbitragem ou de um acordo das partes, só por vontade delas devia a prorrogação oficiosa poder relevar – assim, corresponde à violação da convenção admitir-se que uma das partes decida unilateralmente que o processo pode continuar para além do tempo que as duas haviam fixado por acordo.

Mas, além disso, que já é bastante grave, há também o facto de a parte que "arriscar" dizer não à prorrogação incorrer certamente na má vontade dos árbitros, que vêem alguém opor-se à sua decisão, se calhar até ilegítima e não fundamentada, mas que a contraparte – atenta às vantagens que disso pode retirar em relação a uma decisão favorável (ou menos desfavorável) do litígio –, complacente e interesseiramente, "legitima" com uma mera e potestativa declaração de que não se opõe à prorrogação decidida pelo tribunal arbitral.

Tudo isso é suficiente, por nós, para se propor uma interpretação correctiva da lei, no sentido de que o comum acordo das partes – a que este art. 43º/2 se refere como factor de oposição eficiente à prorrogação oficiosa – é necessário, sim, mas para que a prorrogação ditada pelo tribunal se considere aceite por elas.

5. *As formas de (aceitação ou) não oposição*

A aceitação, pelas partes, da prorrogação oficiosa do prazo do processo decorre, em primeiro lugar, já o vimos, de nenhuma delas se lhe opor (no referido prazo de 10 dias ou naquele que preferencialmente se encontre estabelecido para o efeito, após terem sido notificadas daquela decisão do tribunal).

É, portanto, uma forma de aceitação tácita da mesma.

Mas não é a única.

Pode efectivamente dar-se o caso de a decisão de prorrogação tomada pelos árbitros ser consequência de as partes, não sabendo se a prorrogação era processualmente necessária ou conveniente, terem incitado o tribunal a decidi-la ele mesmo, se entendesse não dispor de tempo suficiente para pôr termo ao processo no prazo então aplicável.

As partes comprometem-se, assim, tácita mas concludentemente, a não se opor à prorrogação que venha a ser decretada pelo tribunal.

E provavelmente deveria entender-se o mesmo se o incitamento à prorrogação oficiosa tiver partido apenas de uma das partes – duvidando-se, porém, que tal comportamento seja conforme ao princípio da boa fé e da colaboração entre elas, até por criar uma situação de potencial parcialidade do tribunal, pondo-o a olhar complacentemente para a posição da parte que lhe permite desempenhar-se atempadamente, do seu múnus, embora mais tarde do que o estabelecido inicialmente.

De qualquer maneira, nunca poderia ele decidir da prorrogação que lhe fosse "encomendada" por uma das partes sem ouvir a outra.

Nº 3

5A. O cumprimento (ou exaustão) do prazo do processo arbitral e seu evento determinante: a notificação da sentença final

Resulta deste nº 3 que, não tendo as partes sido notificadas da sentença final do tribunal arbitral dentro do prazo fixado para o efeito (acordadamente, supletivamente ou arbitralmente, consoante os casos vistos), o processo arbitral termina automaticamente no termo desse prazo. E dispõe-se lá, ainda, extingue-se imediatamente "*a competência dos árbitros para julgarem o litígio que lhes fora submetido*", esgotando-se os seus poderes jurisdicionais.

Mas a que sentença se refere a lei quando imputa à (falta da) sua notificação o efeito do (in)cumprimento do prazo fixado para o tribunal arbitral proferir a sua decisão sobre o litígio?

Tratando-se de sentenças parciais é, claro, à última delas – proposição que nem carece de demonstração.

Questão mais sensível é a de saber, no caso de se tratar de uma sentença em relação à qual se formulou um pedido de rectificação ou aclaração, se aquela que releva para este efeito é a sentença *emendandi* ou a sentença rectificada ou aclarada, isto é, a sentença adicional do art. 45º/5, parecendo que a resposta correcta deveria ser esta última por só então poderem dar-se por terminadas as funções do tribunal e por encerrado o processo.

Há, no entanto, objecções de tomo a essa solução.

A começar logo pelo facto de o pedido de rectificação ou aclaração poder não ser admissível ou ser injustificado ou ser, até, intencionalmente deduzido para prejudicar a conclusão atempada do processo arbitral – o que significaria que os árbitros, se não conseguissem pronunciar-se dentro do prazo fixado, iriam incorrer no incumprimento do seu mandato por culpa alheia.

E mais impressivo, ainda, é o facto de, como o decurso do prazo fixado faz extinguir a competência dos árbitros, poder dar-se o caso de eles já não poderem proferir a sentença rectificativa ou aclaradora, o que corresponderia a fazer prevalecer em absoluta a *forma* e, ainda por cima, de carácter acessório – trata-se de corrigir erros de cálculo ou escrita ou de esclarecer partes menos claras da sentença formulada – sobre o valor substancial e primário da obstrução de uma solução do litígio arbitrado.

A solução correcta, quanto a esta questão, é pois a de que a sentença final a que se referem os nºs 1 e 3 do art. 43º é a sentença que se profere sobre o mérito do pedido – ou a que, sem se pronunciar sobre ele, põe termo ao processo.

Note-se que, para estes efeitos, a notificação não se considera feita no 3º dia após o registo postal (sendo o último dia um dia útil), mas na data em que efectivamente ocorrer.

6. Consequências jurisdicionais, processuais e administrativas do esgotamento do prazo

São os poderes jurisdicionais e processuais do tribunal que cessam com a notificação da sentença final.

Cessam, note-se, sem prejuízo dos poderes de apreciar e decidir dos pedidos de rectificação ou aclaração que hajam sido formulados, como resulta do art. 45º/1 e 2, e de, eventualmente, o tribunal ser chamado a retomar o processo arbitral, nos termos do art. 46º/8, de que se cura em devido tempo.

Para além disso, depois de notificada a sentença final, há ainda lugar ao lavramento do termo do processo e à ordem de seu arquivamento (sendo ambos os actos autuados pelo presidente do tribunal) –, sem que isso signifique, porém, que a competência para a resolução do litígio seja devolvida aos tribunais do Estado, como se confirma no comentário subsequente.

Subsistem, por outro lado, os poderes administrativos dos árbitros (ou do presidente do tribunal) respeitantes à determinação dos respectivos honorários, quando for caso disso (art. 17º/2), e ao apuramento das despesas efectuadas, bem como à liquidação da conta final do processo.

E subsistem também os poderes do presidente para notificar esses actos às partes, solicitar-lhes os pagamentos em dívida e proceder ao pagamento das despesas efectuadas.

7. (cont.) *Consequências convencionais e regulamentares*

O decurso do prazo do processo arbitral sem prolação da sentença final não se repercute na existência ou eficácia da convenção de arbitragem, como bem se compreende.

Na verdade, ela traduz a vontade contratual dos litigantes em ver resolvido o seu litígio por recurso a árbitros, fora da jurisdição do Estado, e esse *contrato* não é incumprido nem se tornou de execução impossível pelo facto de se ter frustrado uma primeira tentativa de sua execução.

Por isso, diz a parte final do nº 3 do art. 46º que "*a convenção de arbitragem mantém a sua eficácia*", apesar da frustração do anterior processo arbitral, podendo as partes, "*com base nela*", designar de novo árbitros para integrar um novo tribunal – eventualmente, as mesmas pessoas que compunham o tribunal extinto – e para conduzir um novo processo arbitral.

Diversamente se passam as coisas com os acordos extra-convenção a que as partes tivessem chegado antes, para regulação de aspectos judiciários e processuais da constituição do tribunal extinto e da tramitação do processo que perante ele correra.

Esses "regulamentos" de arbitragem, chamemos-lhes assim, que tivessem sido estabelecidos para disciplinar os mencionados aspectos da relação arbitral, caem com o termo do processo frustrado, impondo-se que as partes, se quiserem a mesma regulação dessa relação, voltem a adoptá-los acordadamente ou, então, que deixem funcionar as normas supletivas da LAV nessa matéria.

Nº 4

8. A responsabilidade dos árbitros pelo incumprimento do prazo de duração do processo: delimitação de âmbito. Remissão

O nº 4 do art. 46º da LAV assaca aos árbitros a responsabilidade pelos prejuízos decorrentes da não prolação injustificada da sentença no prazo convencionado ou prorrogado para o efeito – e apenas por isso, já não pela demora injustificada na conclusão do processo, desde que concluído em tempo.

É uma violação dos seus deveres funcionais, esta última, que pode ser coberta, mas por recurso ao art. 15º da LAV, no qual, porém, a responsabilização civil dos árbitros pressuporia, ao que parece, a sua destituição prévia ou concomitante.

A natureza da responsabilidade que nestes casos impende sobre os árbitros é matéria sobre a qual já discorremos com algum desenvolvimento em comentário ao artigo 9º/4, pelo que remetemos para aí o leitor.

Artigo 44.º
Encerramento do processo

1 – O processo arbitral termina quando for proferida a sentença final ou quando for ordenado o encerramento do processo pelo tribunal arbitral, nos termos do n.º 2 do presente artigo.

2 – O tribunal arbitral ordena o encerramento do processo arbitral quando:
   a) O demandante desista do seu pedido, a menos que o demandado a tal se oponha e o tribunal arbitral reconheça que este tem um interesse legítimo em que o litígio seja definitivamente resolvido;
   b) As partes concordem em encerrar o processo;
   c) O tribunal arbitral verifique que a prossecução do processo se tornou, por qualquer outra razão, inútil ou impossível.

ARTIGO 44º

3 – As funções do tribunal arbitral cessam com o encerramento do processo arbitral, sem prejuízo do disposto no artigo 45.º e no n.º 8 do artigo 46.º

4 – Salvo se as partes tiverem acordado de modo diferente, o presidente do tribunal arbitral deve conservar o original do processo arbitral durante um prazo mínimo de dois anos e o original da sentença arbitral durante um prazo mínimo de cinco anos.

Fontes

Nº 1 – Lei-Modelo da Uncitral, art. 32º/1; Lei Alemã (*ZPO*), § 1056 (1); Lei Espanhola, art. 38º/1.

Nº 2 – Lei-Modelo da Uncitral, art. 32º/2; Lei Alemã (*ZPO*), § 1056 (2); Lei Espanhola, art. 38º/2

Nº 3 – Lei-Modelo da Uncitral, art. 32º/3; Lei Alemã (*ZPO*), § 1054 (4); Lei Espanhola, art. 37º/7.

Comentário

1. *A enigmática distinção legal entre o "fim" do processo e o seu "termo"*
2. *Causas que põem fim ao processo: adaptação dos conceitos legais*
3. *Os casos previstos ou avulsos e inominados de encerramento do processo: sua natureza e vinculatividade*
4. *A extinção dos poderes jurisdicionais dos árbitros: os factos extintivos*
5. *A delimitação e distinção dos efeitos extintos e sobreviventes*
6. *Custódia e conservação jurídica e física do processo e da sentença: deveres respectivos e delimitação de âmbito*

Nº 1

1. *A enigmática distinção legal entre o "fim" do processo e o seu "termo"*

Dispõe-se aqui sobre os *actos jurídicos* em virtude de cuja *prática* o processo arbitral termina, ignorando-se porém – porque o legislador omitiu qualquer menção à questão – se reside aí, na natureza da respectiva causa, aquilo que diferencia o *termo (automático)* do processo, previsto no anterior art. 43º/3, e o encerrá-lo ou pôr-lhe *fim* referido neste art. 44º/1 da LAV.

Em suma, no caso deste preceito, o processo *findaria* em virtude da prática de um *acto jurídico*, da tomada de uma decisão do tribunal com vista à produção desse efeito, enquanto ali o seu *termo* é consequência *ex lege* de um *facto jurídico*, do decurso do prazo do processo sem prolação de sentença final.

A não ser assim, o legislador teria cometido um erro sistemático, o que não é crível, pelo que terá entendido, então, que o intérprete se desembaraçaria facilmente do enigma que lhe deixou quanto à descoberta de uma diferença fundada e fundamental entre as figuras reguladas em dois preceitos consecutivos.

Eis ali, em cima, pois, a nossa resposta a esse enigma.

2. *Causas que põem fim ao processo: adaptação dos conceitos legais*

São causas que põem fim ao processo arbitral, segundo dispõe a lei, a prolação da *sentença final* e a *ordem de encerramento* do processo.

A estar certa a distinção que propusemos *supra* – melhor, mesmo que ela não fosse apropriada –, há aqui um novo equívoco legal; não basta, na verdade, que o tribunal profira a sentença final para que o processo arbitral se considere findo, sendo necessário proceder ainda à respectiva notificação. Se esta não sobrevier dentro do prazo do processo, o processo extingue-se por força do disposto no art. 43º/3, não em virtude deste art. 44º/1.

A *ordem de encerramento* do processo arbitral só tem lugar, por sua vez, em situações em que não tenha sido proferida e notificada a sentença final, pois esta põe fim ao processo sem necessidade de uma "*ordem de encerramento*" específica.

É de notar, também, que só pode falar-se de uma *ordem* de encerramento – isto é, de um comando dirigido a alguém para que a isso proceda, em vez de se falar mais apropriadamente de uma *decisão* de encerramento –, porque se terá partido da pressuposição de que se trata aqui de uma pronúncia do tribunal arbitral para ser executada pelo respectivo presidente, eventualmente, pelo secretário ou escrivão do processo (se o houver).

Se, porém, se tratar de tribunal de árbitro único, e não houver secretário, não haverá qualquer *ordem*, mas apenas uma decisão de encerramento – a qual, aliás, existirá em todos os casos, pelo que, mais uma vez, adequado teria sido a lei referir-se, antes que a uma ordem, à *decisão de encerramento* do processo arbitral.

Nº 2

3. *Os casos previstos ou avulsos e inominados de encerramento do processo: sua natureza e vinculatividade*

A ordem, melhor, a decisão de encerrar o processo arbitral, a que se refere o anterior nº 1 – no sentido restrito que aí lhe demos –, funda-se em qualquer um dos eventos processuais mencionados neste nº 2.

Consistem eles

- na desistência do pedido pelo demandante, prevista na alínea *a)*;
- no acordo das partes para se encerrar o processo, ao abrigo da alínea *b)*;
- em a continuação ou decisão do processo se ter tornado inútil ou impossível, dispõe-se na alínea *c)*.

Nenhum desses eventos põe, portanto, por si só (ou *ex lege*), fim ao processo arbitral, constituindo antes meros pressupostos da ordem ou decisão de seu encerramento tomada pelo tribunal arbitral depois de constatar as circunstâncias em que ocorreram esses factos e a sua subsumibilidade em qualquer uma das referidas alíneas deste art. 44º/2 da LAV.

Trata-se, note-se, de uma ordem ou decisão vinculadas, obrigatórias, portanto, porque, verificada a ocorrência factual e a subsumibilidade jurídica daqueles eventos, o tribunal não pode deixar de ordenar ou de decidir do encerramento do processo, não lhe sendo dado adoptar qualquer outra medida ou paliativo que evitasse ou mitigasse a produção desse efeito.

A par deste elenco, podemos encontrar ao longo da LAV outras causas que funcionam também qual comando imperativo para que os árbitros encerrem o processo, nomeadamente, a falta de pagamento de preparos para honorários e despesas, consumido que esteja o *"prazo adicional razoável"* que o artigo 17º nº4 manda conceder às partes para que os paguem, sem que elas o tenham feito.

E em certas circunstâncias que referimos em comentário do artº 35º/3 parece que também deverá o tribunal encerrar o processo, não obstante não se lhe referir a presente norma.

4. *Análise dos factos determinantes do encerramento*

Em relação ao caso de encerramento do processo da alínea *a)*, não se previu, a par da desistência do pedido (art. 283º do CPC), a hipótese da desistência da instância (art. 287º, *ibidem*) – não sendo credível que, com tal omissão, o legislador quisesse significar que, em processo arbitral só pode desistir-se do pedido (que envolve a perda do direito demandado), já não apenas do próprio processo arbitral em que o mesmo foi formulado, para, eventualmente, se propor em tribunal arbitral ou estadual, consoante os casos, um novo processo sobre esse mesmo pedido.

A solução que nos parece proposta por Robin de Andrade, de considerar existir um mesmo regime para a desistência do pedido e da instância (*Lei da Arbitragem Voluntária Anotada*, AAVV, p. 87) dá vazão, pelo menos, a essa nossa preocupação e é adoptada também no direito espanhol perante norma de igual redacção (cf. *Comentarios* a *La Ley de la Arbitrage*, coordenada por Silvia Barona Vilar, p. 1553).

Por outro lado, ao contrário do que sucede no processo civil, onde a desistência do pedido pelo demandante é livre (sem prejuízo da reconvenção que haja sido deduzida), a LAV tornou a sua eficácia, aqui, dependente da não oposição do demandado ou, em caso de oposição, do reconhecimento pelo tribunal de não ter ele, réu, *"um interesse legítimo em que o litígio seja definitivamente resolvido"* – como sucederia se fosse titular de qualquer posição activa juridicamente tutelada, pessoal ou patrimonial, posta em causa no processo que se lhe instaurara e da qual a desistência do pedido não constituísse reparação integral.

Em consequência disso, o tribunal tem o dever de, quando lhe for apresentado pelo demandante o requerimento de desistência do pedido, notificar o demandado para se pronunciar no prazo previsto ou fixado para o efeito.

Outra questão que a lei não esclarece (expressamente ou não) é a de saber se a possibilidade de o demandado se opor à desistência do pedido só lhe é admitida depois do oferecimento da contestação, como sucede no processo civil com a desistência da instância (art. 286º/1 do CPC), entendendo-se que a regra também deveria valer aqui, apesar da omissão da lei, por não haver antes da contestação qualquer posição ou interesse manifestado pelo demandado que possa depois ser invocado como fundamento de sua oposição à desistência do demandante.

Quanto ao facto da alínea b) deste art. 44º/2 – do acordo das partes sobre o encerramento do processo arbitral –, corresponde o mesmo a um direito potestativo conjunto delas, a que o tribunal tem de se sujeitar, sem prejuízo de lhe competir avaliar do preenchimento dos requisitos formais de validade desse acordo, concluindo, em caso afirmativo, pela perda de sua jurisdição sobre o caso (ver ob. e A. citado).

No caso da alínea c), de se ter tornado inútil ou impossível "*a prossecução do processo*", o problema que se põe é o de saber se está aí em causa a utilidade ou a impossibilidade da continuação do próprio processo, como a letra da lei inculca, ou se se trata, antes, da inutilidade ou impossibilidade (de execução) de uma sentença que viesse a considerar procedente o pedido formulado no processo arbitral.

Entendemos que, na dúvida, essas duas hipóteses devem considerar-se abrangidas pelo espírito da lei.

Nº 3

5. *A extinção dos poderes jurisdicionais dos árbitros: os factos extintivos*

Dispõe-se aqui que "[a]s *funções do tribunal arbitral cessam com o encerramento do processo arbitral*", revelando-se assim, aqui também, alguma displicência na utilização e sistematização dos conceitos da lei, pois que, tendo-se distinguido no nº 1 entre o *proferir da sentença final*, de um lado, e o *encerramento do processo*, do outro, não pode agora dispor-se que com o *encerramento do processo* é que cessam as funções do tribunal – a não ser que se entendesse não cessarem elas com a prolação daquela sentença.

Que não se entende, como é óbvio.

Tanto que neste mesmo art. 44º/3 se dispõe que a cessação daquelas funções não prejudica, além do mais, o disposto no subsequente art. 45º, o qual se refere precisamente à subsistência de poderes jurisdicionais (excepcionais e secundários) relativos exclusivamente à sentença final, não aos casos configurados como de *encerramento do processo*.

6. *A delimitação e distinção dos efeitos extintos e dos efeitos sobreviventes*

Que com os factos extintivos referidos no nº 1 deste art. 44º (e no espírito do seu nº 3) se extingue o poder jurisdicional dos árbitros é proposição que corresponde a um princípio geral aplicável também, em processo civil e administrativo, nos tribunais do Estado, como resulta expressivamente do art. 613º/1 do novo CPC – *"fica imediatamente esgotado"* esse poder quanto à matéria da causa, diz-se aí.

Não pode portanto o tribunal arbitral, depois de votada e assinada a sentença, voltar a pronunciar-se sobre questões do processo ou da causa de que se apercebeu posteriormente, e que, mesmo que não levassem a inflectir o sentido da decisão tomada, permitissem, por exemplo, fundamentar mais curialmente a sentença proferida.

A regra da extinção do poder jurisdicional dos árbitros, como dos juízes, comporta porém excepções, como logo o adverte a parte final deste art. 44º/2 (e também o art. 613º/2 do novo CPC).

Assim, é-lhes dado (como melhor veremos em comentário ao art. 45º)

- rectificar, oficiosamente ou por iniciática das partes qualquer *"erro de cálculo, erro material ou tipográfico ou qualquer erro de natureza idêntica"*;
- esclarecer *"obscuridades ou ambiguidades da sentença ou dos seus fundamentos"*, a requerimento das partes;

- proferir, a requerimento dos litigantes, *"sentença adicional sobre partes do pedido ou dos pedidos"* formulados, que não hajam sido decididas na sentença final proferida.

Já não é dado aos árbitros, porém, ao contrário do que acontece nos processos perante tribunais do Estado (art. 616º do novo CPC), reformar a sentença, nem quanto a custas – certamente porque se trataria de decidir em causa própria, aplicando-se antes o disposto no art. 17º/3 desta LAV – nem com fundamento em erros manifestos sobre a norma aplicável, sobre a qualificação jurídica dos factos ou sobre a existência de meios de prova plena (que tenham sido descurados).

Além das consequências jurisdicionais resultantes do fim do processo, há também consequências administrativas – remetendo-se o leitor para o que dizemos a esse propósito em comentário aos arts. 18º (nº 17) e 44º (nºs 5 e 6).

Quanto à caducidade ou sobrevivência da convenção, ela depende, em primeiro lugar, da sua espécie: a cláusula compromissória mantém-se, só caducando quando se extinguir a relação ou relações jurídicas a que se refere; o compromisso arbitral, esse, extinguir-se-ia com a notificação da sentença arbitral – se esta não for objeto de impugnação, porque, caso contrário, pode haver lugar à aplicação do art. 46º/10 – e também com o encerramento do processo, salvo eventualmente no caso da alínea *b)* do anterior nº 2 deste artigo, se o acordo das partes para o encerramento do processo não se basear numa conciliação extra-judicial do litígio e respeitar apenas ao concreto processo em curso.

Nº 4

7. Custódia e conservação jurídica e física do processo e da sentença: deveres respectivos e delimitação de âmbito

Renunciou-se aqui ao regime da LAV de 1986, de depósito da sentença final junto da secretaria judicial do tribunal do lugar da arbitragem.

Agora, guarda-se, como é curial, embora durante prazos mínimos diferentes, não apenas a sentença final – e, diríamos, além dessa, também as sentenças parcelares anteriores e as adicionais posteriores, que hajam sido proferidas pelo tribunal (arts. 42º/2 e 45º/5 da LAV) – mas igualmente o processo arbitral.

E fica tudo isso à guarda *jurídica* do presidente do tribunal – que pode proceder ao seu depósito *físico* junto de instituição abalizada –, devendo as despesas da respectiva custódia e conservação ser facturadas (às) e suportadas pelas partes, na medida do respectivo decaimento.

Os prazos mínimos de custódia da sentença e do processo são, a aplicar-se este nº 4, respectivamente, de 5 e de 2 anos.

Podem contudo as partes dispor diversamente, em acordo anterior ou posterior à sentença final, quanto aos deveres e aos prazos de custódia e conservação, mesmo que porventura já se tenha começado a cumprir esses deveres – tendo-se por adequado, mesmo se à revelia do respectivo acordo, que se guarde, além do original do processo e da sentença, cópias suas para o caso de aquele se danificar, degradar ou perecer.

Artigo 45.º
Rectificação e esclarecimento da sentença; sentença adicional

1 – A menos que as partes tenham convencionado outro prazo para este efeito, nos 30 dias seguintes à recepção da notificação da sentença arbitral, qualquer das partes pode, notificando disso a outra, requerer ao tribunal arbitral, que rectifique, no texto daquela, qualquer erro de cálculo, erro material ou tipográfico ou qualquer erro de natureza idêntica.

2 – No prazo referido no número anterior, qualquer das partes pode, notificando disso a outra, requerer ao tribunal arbitral que esclareça alguma obscuridade ou ambiguidade da sentença ou dos seus fundamentos.

3 – Se o tribunal arbitral considerar o requerimento justificado, faz a rectificação ou o esclarecimento nos 30 dias seguintes à recepção daquele. O esclarecimento faz parte integrante da sentença.

4 – O tribunal arbitral pode também, por sua iniciativa, nos 30 dias seguintes à data da notificação da sentença, rectificar qualquer erro do tipo referido no n.º 1 do presente artigo.

5 – Salvo convenção das partes em contrário, qualquer das partes pode, notificando disso a outra, requerer ao tribunal arbitral, nos 30 dias seguintes à data em que recebeu a notificação da sentença, que profira uma sentença adicional sobre partes do pedido ou dos pedidos apresentados no decurso do processo arbitral, que não hajam sido decididas na sentença. Se julgar justificado tal requerimento, o tribunal profere a sentença adicional nos 60 dias seguintes à sua apresentação.

6 – O tribunal arbitral pode prolongar, se necessário, o prazo de que dispõe para rectificar, esclarecer ou completar a sentença, nos termos dos n.ºs 1, 2 ou 5 do presente artigo, sem prejuízo da observância do prazo máximo fixado de acordo com o artigo 43.º

7 – O disposto no artigo 42.º aplica-se à rectificação e ao esclarecimento da sentença bem como à sentença adicional.

Fontes:

Nº 5 – Lei-Modelo da Uncitral, art. 33º/3
Nº 7 – Lei-Modelo da Uncitral, art. 33º; Lei Alemã (*ZPO*), §1058; Lei Espanhola, art. 39º

Comentário

1. *A rectificação de erros materiais ostensivos da sentença: noções e esclarecimentos*
2. *A incidência da rectificação sobre o "texto" da sentença: dúvidas*
3. *Aclaração da sentença: requisitos de validade. O prazo para apresentação do pedido de aclaração*
4. *A aclaração inovatória: impugnabilidade*
5. *Tramitação dos procedimentos de rectificação e aclaração da sentença: observações*
6. *A decisão dos incidentes de rectificação e aclaração: competência, assinatura, repercussão na sentença e nos prazos de sua impugnação (e recurso)*

7. A rectificação oficiosa da sentença: prazo e regime
8. A sentença adicional do processo arbitral: pressupostos e vantagens da sua emissão
9. Regime processual do requerimento e da emissão de sentença adicional
10. A difícil relação entre as sentenças final e adicional
11. A prorrogação oficiosa dos prazos dos n.ºs 3, 4 e 5 deste art. 45º: liberdade e vinculação do tribunal. A respectiva fundamentação
12. A indolente norma do art. 45º/7

Nº 1

1. *A rectificação de erros materiais ostensivos da sentença: noções e esclarecimentos*

De maneira semelhante à prevista no art. 614º do CPC, as partes, cada uma delas, dispõe aqui de 30 dias a contar da notificação da sentença arbitral para requerer ao tribunal que a proferiu a rectificação de erros de cálculo, erros materiais ou de escrita, tipográficos e outros do mesmo jaez.

São várias as observações que se suscitam a tal propósito:

- o direito de requerer a rectificação respeita a todas as sentenças proferidas no processo, ou seja, também às parcelares anteriores à sentença final (art. 42º/2) e à adicional posterior (art. 45º/5);
- as partes podem convencionar um prazo diverso do previsto na lei, desejavelmente inferior a 60 dias a contar da notificação da respectiva sentença, para requerer a rectificação dos referidos erros;
- a apresentação do requerimento ao tribunal deve ser notificada simultaneamente (juntamente com uma cópia sua) à ou às contrapartes;
- as rectificações respeitam a erros ostensivos ou manifestos, como o são tipicamente os erros de cálculo, os erros de escrita ou tipográficos, supondo-se que o conceito legal *erros materiais* corresponderá ao de erros que não são de facto nem de direito;

- o legislador cingiu tais rectificações à correcção do "*texto*" da sentença, pressupondo que se eliminam assim as deficiências de que ela padecesse;
- a rectificação feita e o texto rectificado da sentença devem ser notificados a ambas as partes.

Não suscitam dificuldades de tomo estas observações, muito embora a maior parte delas extravaze do texto da lei.

Assinala-se apenas – além do que se escreve na nota subsequente – que a notificação à contraparte se destina (por não haver aqui, dado o carácter ostensivo do erro, uma sua audição prévia) a permitir-lhe dirigir-se ao tribunal para acolitar ou rebater, total ou parcialmente, o pedido de rectificação formulado.

2. A incidência da rectificação sobre o "texto" da sentença: dúvidas

A grande preocupação que decorre das observações alinhadas prende-se com o facto de a lei ter cingido a rectificação ao "*texto [...] da sentença arbitral*", o que nos parece ser demasiado restritivo, não corresponder às regras gerais de direito na matéria, e tornar eventualmente inútil, mais, despropositada até, tal rectificação.

Basta pensar no caso de, com base num erro de cálculo cometido na parte da fundamentação da sentença, se terem qualificado erroneamente os factos relevantes, se ter, por exemplo, qualificado como violação grave de um contrato algo que era efectivamente de montante inferior ao limite-base dessa qualificação, tendo-se por isso considerado procedente, por hipótese, o pedido de resolução do contrato, quando ele seria afinal improcedente, se não se tivesse qualificado como grave tal violação.

A simples correcção do texto da sentença, eliminando o erro de cálculo cometido, não serviria portanto ao interesse da sanidade desse aresto, levando até a que ele fique inquinado pela contradição entre os seus fundamentos e a respectiva decisão – vício só cognoscível, então, no muito mais complexo processo de impugnação do art. 46º (a não ser que, excepcionalmente, se tenha previsto a possibilidade de recorrer da sentença).

Bem podia, pois, evitar-se essa solução complexa, até porque meramente anulatória, e admitir-se aqui a correcção desta espécie de erros e, pelo menos, das conclusões que, na sentença, se tenham tirado directa e vinculadamente com base nele.

Aliás, se se permite que o tribunal arbitral profira sentenças adicionais da sentença final, nos termos do subsequente nº 5, não se vê razão para que não se lhe admita a correcção vinculada das consequências do erro ostensivo cometido.

A tentação para interpretar extensivamente, nesse sentido, o preceito deste art. 45º/1 da LAV, é, por isso, bem ... tentadora.

Nº 2

3. *Aclaração da sentença: requisitos de validade. O prazo para apresentação do pedido de aclaração*

Trata-se aqui já não de erros manifestos da sentença, mas de argumentos, fundamentos ou conclusões suas que não se compreendem segura e inteiramente, por não se perceber o que neles se escreveu ou por comportarem mais do que um sentido, isto é, por estarem eivados de *obscuridade* ou *ambiguidade*.

Deficiências, essas, que podem ser de carácter literário, conceptual ou jurídico, exigindo-se que o tribunal esclareça o que queria significar com o ponto obscuro ou ambíguo da sua sentença, que proceda à aclaração desta.

Valem aqui as 1ª e 3ª observações feitas no comentário anterior, bem como aquilo que a propósito delas aí se disse adicionalmente, *maxime* no que respeita às razões da realização da notificação entre partes.

É duvidoso se a 2ª observação, relativa ao prazo convencionado ou supletivo para se requerer a rectificação, tem aqui lugar por a lei se ter exprimido sobre a questão de maneira obscura, remetendo para "*o prazo referido no número anterior*", ficando sem se saber se está a referir-se, no singular, apenas ao prazo de 30 dias aí fixado supletivamente ou se se trata de qualquer um dos dois prazos nela previstos.

A resposta correcta, por nós, é a de que, usando-o como conceito se quis dispor que o *prazo* convencional ou supletivamente estabelecido no art. 45º/1, para requerer a rectificação da sentença, vale também para se requerer a sua aclaração. Além disso, obsta-se assim a que as partes, se o quisessem, estipulassem prazos diversos para cada um desses efeitos.

Em qualquer caso, porém, serão prazos desejavelmente inferiores a 60 dias.

4. A *aclaração inovatória: impugnabilidade*

Por sua natureza, a aclaração tem de se conter nos limites do respectivo objecto imediato e mediato: ou seja, não pode extravasar da finalidade do esclarecimento nem pode inovar em relação aos sentidos que caberiam na sentença aclarada, só podendo o sentido aclarado ser um daqueles que, pese a obscuridade ou ambiguidade dos dizeres e referências da sentença, podia dizer-se caberem nela.

Excedendo esses limites, melhor dizendo, esse segundo limite – pois o excesso do primeiro reflecte-se necessariamente no segundo e o deste não assenta necessariamente no daquele –, a sentença aclarada ficará inquinada de ilegalidade por violação deste art. 45º/2.

A sanação e sanção dessa ilegalidade efectivam-se por meio do processo de impugnação e pedido de anulação da sentença arbitral excessivamente aclarada, ao abrigo do art. 46º, com fundamento na alínea *iv)* do respectivo nº 3, na qual se sancionam todas as violações de lei processual arbitral cometidas no processo ou na sua decisão, que tenham ou possam ter tido influência decisiva na resolução do litígio.

Nº 3

5. *Tramitação dos procedimentos de rectificação e aclaração da sentença: observações*

Os árbitros decidem do requerimento apresentado, em função também do que a contraparte – que, recorde-se, não é notificada para o efeito pelo tribunal, mas sim pelo requerente – eventualmente venha alegar em relação à rectificação ou esclarecimentos pedidos.

O que significa, afinal, que o prazo de 30 dias aqui previsto para que se proceda àquela rectificação ou aclaração não é excessivo, como à primeira vista se julgaria, destinando-se a que o tribunal dê tempo ao requerido para que, no prazo que vier a fixar-lhe, ele se pronuncie sobre a pertinência do pedido do requerente, como o exige o princípio do contraditório do art. 30º da LAV.

Pena é que o legislador não tenha deixado uma única palavra sobre esta matéria, colocando assim o intérprete na delicada posição de procurar adivinhar as suas preocupações e soluções.

Com agravados riscos por as soluções descortinadas imbricarem e se repercutirem noutras matérias e soluções, tornando toda a rede normativa tecida a partir dessas tentativas de interpretação bastante frágil, no caso – bem possível de acontecer – de alguma delas soçobrar.

6. *A decisão dos incidentes de rectificação e aclaração: competência, assinatura, repercussão na sentença e nos prazos de sua impugnação (e recurso)*

A rectificação e a aclaração são da competência do tribunal arbitral, e não do seu presidente, aplicando-se-lhes portanto a regra posta no art. 42º/1 da LAV, da votação e decisão maioritária – maioria absoluta que, aqui, dada a proibição de abstenções, não as há relativas.

Dir-se-ia que a aclaração (a rectificação não, claro) deveria ser votada apenas pelos árbitros que votaram e assinaram a sentença arbitral, que só eles sabem com que sentido quiseram aquilo que lá verteram – colocando-se a esse propósito problemas sensíveis, por exemplo, no caso de, dentre os três árbitros, votarem em certo sentido (aclarador) os árbitros de parte, um dos quais decaíra e não assinara a sentença, enquanto o presidente do tribunal vota noutro sentido –, sendo certo, porém, que a regra a aplicar é de tal aclaração ser, como se disse inicialmente, da competência do próprio tribunal.

Por outro lado, o despacho de aclaração, dispõe a lei, faz *"parte integrante da sentença"*, mas só juridicamente falando, não do ponto de vista contextual, porque a aclaração é emitida e continua a viver em documento separado da sentença que aclara. Como bem se compreende.

Diferentemente se passam as coisas com o despacho de rectificação, inculca-o, aliás, o facto de a lei só se referir à aclaração como parte integrante da sentença.

Efectivamente, no caso da rectificação, já o sugerimos a propósito do nº 1, embora o respectivo despacho venha autuado separadamente, ela é inscrita na própria sentença, no seu *"texto"*, corrigindo-se o erro que daí constava e elaborando-se uma já com tal correcção, ficando a substituta a constituir a sentença processualmente relevante.

O prazo para a impugnação da sentença rectificada ou aclarada por vícios estranhos a tais operações – para o caso da (rectificação e) aclaração inovatória ou viciada, ver anterior nota nº 4 – conta-se a partir da data da notificação da mesma às partes, como resulta da parte final do nº 6 do art. 46º (interpretado correctivamente, no sentido proposto no respectivo comentário).

Nº 4

7. A rectificação oficiosa da sentença: prazo e regime

Confere-se aqui ao tribunal arbitral o poder de, oficiosamente, à revelia de iniciativa das partes, proceder, no prazo de 30 dias contados da *data* da sentença, à rectificação daquela que padeça dos erros a que nos referimos acima, no comentário nº 1 a este art. 45º, erros ostensivos ou manifestos, de cálculo, de escrita, etc.

Nada haveria para acrescentar aqui a tal propósito se não se desse o caso, algo intrigante, de a lei ter mandado contar o prazo (supletivo) de 30 dias para requerer a rectificação da sentença a partir da recepção da notificação – ou seja, do dia seguinte à data desse evento – enquanto o prazo de 30 dias para os árbitros procederem oficiosamente à mesma rectificação se conta da própria *data* da notificação.

À rectificação oficiosa da sentença aplica-se tudo quanto dissemos a propósito daquela que ocorre por iniciativa das partes, salvo naturalmente o que é imanente ao facto de aí se pressupor um requerimento e um eventual contra-requerimento – não existindo também aqui audiência das partes a tal propósito, nem sequer na forma modelada a que nos referimos no anterior comentário nº 1.

Nº 5

8. *A sentença adicional do processo arbitral: pressupostos e vantagens da sua emissão*

É, entre vários outros previstos na LAV, de um expediente de salvação da sentença arbitral e de garantia de utilidade da arbitragem, que se trata aqui.

Na verdade, dada a regra geral (supletiva embora) da irrecorribilidade da sentença arbitral, por um lado, e os limites postos ao conhecimento e decisão do processo de impugnação – cujo efeito se cinge à anulação da sentença ilegal, não envolvendo a sua substituição por uma sentença legal (que tem que ir buscar-se a um outro tribunal e processo arbitrais, sabe-se lá se definitivamente, desta vez) –, o legislador entendeu que, no caso de os árbitros não se terem pronunciado integralmente sobre o pedido ou pedidos formulados, deixando parte ou algum deles por decidir [o que constituiria fundamento de sua impugnação ao abrigo da alínea *v*) do art. 46º/3], nesse caso, dizia-se, permitiu-se que qualquer um dos litigantes pudesse requerer ao tribunal arbitral que profira sentença adicional sobre aquilo que ficou por decidir.

Outro pressuposto da pronúncia de uma sentença adicional é o de já ter sido proferida uma sentença final do processo, não havendo lugar ao correspondente incidente quando se estiver perante sentenças assumidamente parcelares, como aquelas a que se refere o art. 42º/2 desta LAV.

Necessário é também que as partes não tenham disposto em contrário na convenção de arbitragem ou, ao que parece, em qualquer acordo sobre a disciplina do processo – por não ir o conceito *convenção* deste nº 5, julgamos, tomado no sentido estrito de convenção de arbitragem, mas amplamente como um acordo ou convenção sobre o processo arbitral.

9. Regime processual do requerimento e da emissão de sentença adicional

O incidente de emissão da sentença adicional é desencadeado, a requerimento de qualquer das partes, no prazo de 30 dias a contar ou da data da notificação que lhe tiver sido feita da sentença "final" proferida no processo ou da notificação do despacho proferido sobre o pedido de sua rectificação ou aclaração, embora o legislador tenha omitido aqui, ao contrário do que sucedeu no art. 46º/6, esta referência.

O requerimento da pronúncia de uma sentença adicional deve conter as menções gerais de qualquer incidente destes, bem como a identificação do pedido ou dos pedidos cuja decisão se omitiu na sentença proferida e a indicação do local onde, na petição inicial e nas alegações, se debatera e pedira o seu julgamento, bem como das razões por que o tribunal não devia deixar de se pronunciar sobre eles na sentença proferida.

A notificação à contraparte, exigida expressamente neste nº 5, não se limita, como a letra da lei poderia sugerir, a dar-lhe conta de se ter requerido ao tribunal arbitral a emissão de uma sentença adicional; à notificação há-de ir junta uma cópia (com carimbo de entrada) do requerimento apresentado, bem como dos documentos a ele anexos.

E deve proceder-se a essa notificação imediatamente depois de se dispor do exemplar carimbado do requerimento apresentado, tendo então o requerido – como o impõe o princípio do contraditório do art. 30º/1 desta LAV, embora nada se disponha sobre o modo da sua aplicação específica aqui – o prazo que lhe fôr fixado para o efeito (ou do respectivo prolongamento, nos termos do subsequente nº 6 do art. 45º da LAV) para apresentar, querendo, a sua resposta ao requerimento.

Dispondo de todos esses elementos – ou decorrido o prazo para os apresentar –, o tribunal está em condições de decidir sobre a admissão e a procedência do pedido formulado para emissão da sentença adicional. Se não entender que o mesmo é de rejeitar, proferirá então a respectiva sentença no prazo de "*60 dias seguintes à [...] apresentação do requerimento*", tendo-se ignorado, assim, mais uma vez, a provável existência de resposta do requerido.

10. A difícil relação entre as sentenças final e adicional

A possibilidade de emissão da sentença adicional de uma sentença final não é um dado adquirido, nem depende apenas da verificação dos pressupostos e dos requisitos enunciados para o efeito neste art. 45º/5.

Há que atentar, na verdade, nos efeitos que o conteúdo da sentença final projecta irremediável ou congruentemente sobre a sentença adicional e, ao invés, naquilo que nesta não pode inscrever-se sob pena de contradição com o que naquela já se ditou, tratando-se, como se vê, de duas faces da mesma moeda, de uma única realidade vista sob perspectivas diferentes.

A questão nasce do facto de a sentença final já proferida ser – salvo recurso ou impugnação (e rectificação) – intangível, insusceptível de modificação.

Donde resulta que as questões ou pedidos sobre que nela não se decidiu têm que ser resolvidos adicionalmente de maneira congruente com aquilo que aí ficou fundamentado e julgado. Ou seja, os pedidos não decididos cujos factos ou direito estejam relacionados, incindivelmente relacionados, se se quiser, com a factualidade dada como provada e as normas dadas como aplicáveis na resolução dos pedidos que foram objecto da sentença final têm que ser resolvidos compativelmente com esses mesmos factos e normas.

Não pode, portanto, a sentença adicional, os seus fundamentos e determinações, entrar em conflito ou contradição com os fundamentos (de facto e de direito) invocados e com as decisões tomadas na sentença final.

Seria até escusado dizê-lo.

Em nossa opinião nem é necessário que se trate de uma relação (fáctica ou juridicamente) incindível essa, que existe entre factos e pedidos de uma e outra sentença: basta que seja uma relação lógica, em termos que impeçam dizer-se *a* e dizer-se *b* congruentemente, em relação a situações de facto feitas das mesmas circunstâncias ou a questões jurídicas envolvendo a aplicação das mesmas normas.

Refira-se, ainda, que esta sentença adicional é susceptível de recurso para o tribunal estadual nos mesmos termos que as partes, à luz do art. 39º/4, tiverem estabelecido para a sentença final, pertencendo a respectiva competência ao Tribunal da Relação, de acordo com o estabelecido no artigo 59º.

Nº 6

11. A prorrogação oficiosa dos prazos dos nºs 3, 4 e 5 deste art. 45º: liberdade e vinculação. A respectiva fundamentação

O prazo de 30 dias dado ao tribunal pelos nºs 3 e 4 do art. 45º da LAV, para rectificar ou aclarar a sentença por iniciativa de partes ou oficiosamente, e o prazo de 60 dias fixado para emissão da sentença adicional do seu nº 5 são prorrogáveis – dispõe-se neste nº 6 – por iniciativa e decisão do próprio tribunal arbitral.

Sem necessidade de ouvir as partes – trata-se de um "direito potestativo" dos árbitros – e sem limites de tempo prorrogável (salvo, claro, os que decorrerem da existência de um prazo convencional ou supletivo para conclusão do processo arbitral).

Sem sequer ser preciso que o tribunal fundamente em concreto a necessidade processual de tais prorrogações, bastando invocar carecer-se deles para proceder às mencionadas rectificação, aclaração ou adição da sentença arbitral – embora, posteriormente, para prorrogação oficiosa do próprio prazo de conclusão do processo, nos termos do art. 43º/2, se a necessidade de tal prorrogação se dever à demora na realização das referidas formalidades, as exigências de fundamentação delas (dessas demoras) já terem de ser mais concretas.

Nº 7

12. A indolente norma do art. 45º/7

Manda-se neste nº 7 aplicar à rectificação, à aclaração e à adição da sentença *"[o] disposto no art. 42º "*.

Sem mais; quando a verdade é que devia aí dizer-se, no mínimo, *"com as devidas adaptações"*.

Não só porque há no art. 42º normas que *não se aplicam* às operações deste art. 45º/7 – é o caso, por exemplo, dos respectivos nºs 2 e 5 – e outras que só podem aplicar-se-lhes *parcialmente* – caso do nº 3 – ou aplicar-se-lhes *adaptadamente*, como sucede com a norma do nº 6 desse art. 42º.

Reenviamos então para o leitor, a tarefa de discernir, dentro do art. 42º, exactamente aquilo que se aplica às operações do art. 45º, e em que termos.

CAPÍTULO VII
Da impugnação da sentença arbitral

Artigo 46.º
Pedido de anulação

1 – Salvo se as partes tiverem acordado em sentido diferente, ao abrigo do n.º 4 do artigo 39.º, a impugnação de uma sentença arbitral perante um tribunal estadual só pode revestir a forma de pedido de anulação, nos termos do disposto no presente artigo.

2 – O pedido de anulação da sentença arbitral, que deve ser acompanhado de uma cópia certificada da mesma e, se estiver redigida em língua estrangeira, de uma tradução para português, é apresentado no tribunal estadual competente, observando-se as seguintes regras, sem prejuízo do disposto nos demais números do presente artigo:
   a) A prova é oferecida com o requerimento;
   b) É citada a parte requerida para se opor ao pedido e oferecer prova;
   c) É admitido um articulado de resposta do requerente às eventuais excepções;
   d) É em seguida produzida a prova a que houver lugar;
   e) Segue-se a tramitação do recurso de apelação, com as necessárias adaptações;
   f) A acção de anulação entra, para efeitos de distribuição, na 5.ª espécie.

3 – A sentença arbitral só pode ser anulada pelo tribunal estadual competente se:
   a) A parte que faz o pedido demonstrar que:
      i) Uma das partes da convenção de arbitragem estava afectada por uma incapacidade; ou que essa convenção não é válida nos termos da lei a que as partes a sujeitaram ou, na falta de qualquer indicação a este respeito, nos termos da presente lei; ou
      ii) Houve no processo violação de alguns dos princípios fundamentais referidos no n.º 1 do artigo 30.º com influência decisiva na resolução do litígio; ou
      iii) A sentença se pronunciou sobre um litígio não abrangido pela convenção de arbitragem ou contém decisões que ultrapassam o âmbito desta; ou
      iv) A composição do tribunal arbitral ou o processo arbitral não foram conformes com a convenção das partes, a menos que esta convenção contrarie uma disposição da presente lei que as partes não possam derrogar ou, na falta de uma tal convenção, que não foram conformes com a presente lei e, em qualquer dos casos, que essa desconformidade teve influência decisiva na resolução do litígio; ou
      v) O tribunal arbitral condenou em quantidade superior ou em objecto diverso do pedido, conheceu de questões de que não podia tomar conhecimento ou deixou de pronunciar-se sobre questões que devia apreciar; ou
      vi) A sentença foi proferida com violação dos requisitos estabelecidos nos n.ºs 1 e 3 do artigo 42.º; ou
      vii) A sentença foi notificada às partes depois de decorrido o prazo máximo para o efeito fixado de acordo com o artigo 43.º ; ou
   b) O tribunal verificar que:
      i) O objecto do litígio não é susceptível de ser decidido por arbitragem nos termos do direito português;

ARTIGO 46º

ii) O conteúdo da sentença ofende os princípios da ordem pública internacional do Estado português.

4 – Se uma parte, sabendo que não foi respeitada uma das disposições da presente lei que as partes podem derrogar ou uma qualquer condição enunciada na convenção de arbitragem, prosseguir apesar disso a arbitragem sem deduzir oposição de imediato ou, se houver prazo para este efeito, nesse prazo, considera-se que renunciou ao direito de impugnar, com tal fundamento, a sentença arbitral.

5 – Sem prejuízo do disposto no número anterior, o direito de requerer a anulação da sentença arbitral é irrenunciável.

6 – O pedido de anulação só pode ser apresentado no prazo de 60 dias a contar da data em que a parte que pretenda essa anulação recebeu a notificação da sentença ou, se tiver sido feito um requerimento no termos do artigo 45.º, a partir da data em que o tribunal arbitral tomou uma decisão sobre esse requerimento.

7 – Se a parte da sentença relativamente à qual se verifique existir qualquer dos fundamentos de anulação referidos no n.º 3 do presente artigo puder ser dissociada do resto da mesma, é unicamente anulada a parte da sentença atingida por esse fundamento de anulação.

8 – Quando lhe for pedido que anule uma sentença arbitral, o tribunal estadual competente pode, se o considerar adequado e a pedido de uma das partes, suspender o processo de anulação durante o período de tempo que determinar, em ordem a dar ao tribunal arbitral a possibilidade de retomar o processo arbitral ou de tomar qualquer outra medida que o tribunal arbitral julgue susceptível de eliminar os fundamentos da anulação.

9 – O tribunal estadual que anule a sentença arbitral não pode conhecer do mérito da questão ou questões por aquela decididas, devendo tais questões, se alguma das partes o pretender, ser submetidas a outro tribunal arbitral para serem por este decididas.

10 – Salvo se as partes tiverem acordado de modo diferente, com a anulação da sentença a convenção de arbitragem volta a produzir efeitos relativamente ao objecto do litígio.

Fontes

Nº 1 – Lei-Modelo da Uncitral, art. 34º/1

Nº 3. *a).i)* – Lei-Modelo da Uncitral, art. 34º/2.a), i); Lei Alemã (ZPO) §1059 (2), 1, a); Lei Espanhola, art. 41º/1, a)

Nº 3.*a).ii)* – Lei-Modelo da Uncitral, art. 34º/2.a), ii); Lei Alemã (ZPO) §1059 (2), 1, b); Lei Espanhola, art. 41º/1, b); art. 27º/1, c), da LAV de 1986

Nº 3. *a).iii)* – Lei-Modelo da Uncitral, art. 34º/2.a), iii); Lei Alemã (ZPO) §1059 (2), 1, c); Lei Espanhola, art. 41º/1. c).

Nº 3.*a). iv)* – Lei Alemã (ZPO) § 1059 (2), 1 d), Lei-Modelo da Uncitral, art. 34º/2.a), iv) (reformulada de acordo com a Lei Alemã e, em alguma medida, com o art. 27º/1. c) da LAV de 1986); Lei Espanhola, art. 41º/1, d) (reformulada de acordo com a Lei Alemã e, em alguma medida, com o art. 27º/1. c) da LAV de 1986; Lei Suíça de DIP, art. 190º/2. a);

Nº 3.*a). v)* – art. 27º/1, e) da LAV de 1986; Lei Suíça de DIP, art, 190º/2, c)

Nº 3.*a). vi)* – art. 27º/1, *d*), da LAV de 1986

Nº 3. *b)* – Lei-Modelo da Uncitral, art. 34º/2. b) (reformulado); Lei Alemã (ZPO) §1059 (2), 2, a) (reformulado); Lei Espanhola, art. 41º/1, e) (reformulado)

Nº 4 – art. 27º/2 da LAV de 1986; CPC Italiano art. 829º (II); esta solução corresponde ao entendimento pacífico na doutrina e jurisprudência estrangeiras.

Nº 5 – art. 28º/1 da LAV de 1986.

Nº 6 – Lei-Modelo da Uncitral, art. 34º/3; Lei Alemã (ZPO) §1059 (3); Lei Espanhola, art. 41º/4.

Nº 7 – Lei-Modelo da Uncitral, art. 34º/2.a), iii); §1059 (4), 2, c).

Nº 8 – Lei-Modelo da Uncitral, art. 34º/4; Lei Alemã (ZPO) §1059 (4), 2, a).

Nº 10 – Lei Alemã (ZPO) §1059 (5).

Comentário

1. *A inafastável impugnabilidade de qualquer sentença arbitral e da decisão interlocutória do art. 18º/9: fundamento*
2. *Impugnação e recurso de sentenças arbitrais: sua distinção*
3. *As formas processuais da impugnação cumulada (com o recurso) e da autónoma*
4. *O uso de meio processual inidóneo de impugnação: a sua conversão*
5. *O regime da instauração da acção de anulação: instrução, tradução e requerimento de prova*
6. *A tramitação da acção de anulação: casos previstos e omissos*
6A. *Efeito devolutivo e suspensivo da sentença arbitral*
7. *Fundamentos da impugnação: incidência, taxatividade e completude*
8. *Fundamentos da impugnação: os ónus de sua arguição e prova ou o dever do seu conhecimento oficioso*
9. *A invalidade da convenção de arbitragem: reflexos na forma de sua arguição impugnatória*
10. *A violação dos princípios fundamentais do art. 30º da LAV: o requisito adicional da sua força invalidante*
11. *(cont.) Interpretação restritiva do âmbito da violação relevante dos princípios fundamentais do art. 30º da LAV*
12. *A violação, pela sentença arbitral, do objecto da convenção de arbitragem: a usurpação da soberania do Estado. Formas especiais de impugnação*
13. *A violação da convenção ou da lei na composição do tribunal arbitral ou na tramitação do processo arbitral; o requisito adicional de sua influência na resolução do litígio*
14. *A impugnação por excesso ou omissão de pronúncia*
15. *A violação dos requisitos formais das sentenças arbitrais: as excepções*
16. *Os requisitos da falta de assinatura e de fundamentação invalidantes da sentença arbitral: remissão*
17. *A violação do prazo fixado para proferir a sentença: remissão*
18. *Os fundamentos de impugnação da alínea b) do art. 46º/3 da LAV: o poder e o dever de seu conhecimento oficioso*

19. A violação das regras nacionais sobre inarbitrabilidade de conflitos: âmbito, aplicação no tempo
20. A inaplicabilidade ao vício da inarbitrabilidade do litígio dos ónus de impugnação prévia e imediata do art. 18º/4
21. A violação dos princípios da ordem pública internacional do Estado português: especificidades e dificuldades da sua invocação
22. A noção e um rol dos referidos princípios
23. Renúncia tácita ao direito de impugnação: os requisitos e a restrição da preclusão desse direito
24. Esclarecimentos dos requisitos enunciados
25. A proibição da renúncia "ex ante factum": objecto, "ratio" e efeitos
26. O prazo de impugnação da sentença arbitral: sua interpretação constitucionalizante. A inaplicabilidade do art. 139º/5 do novo CPC.
27. O pedido de anulação: suas menções, alegações e conclusões
28. A invalidade parcial da sentença impugnada: requisitos da sua admissibilidade
29. A suspensão do processo impugnatório e a retoma do processo arbitral: cautelas, dúvidas e restrições
30. A retoma do processo arbitral: prazo de exercício e poderes retomados dos árbitros
31. Hierarquia e independência na relação entre tribunal do Estado e tribunal arbitral, quanto ao exercício de poderes "devolvidos"
32. Efeitos da sentença arbitral alterada ou "retomada": quanto às partes (direito à sua impugnação) e ao processo impugnatório (tramitação subsequente)
33. A impugnação como processo de revisão (da sentença), não de reexame (do pedido)
34. O eventual excesso da sentença estadual anulatória
35. Efeitos da sentença anulatória sobre a causa e o processo arbitral: o novo tribunal e processo arbitral. Requisitos
36. (cont.) A "retoma" de efeitos da convenção de arbitragem

Nº 1

1. *A inafastável impugnabilidade de qualquer sentença arbitral e da decisão interlocutória do art. 18º/9: fundamento*

À semelhança do que já sucedia com a lei de 1986, a LAV veio dispor, nos nºs 1 e 5 do seu art. 46º, ser sempre admissível, mesmo contra o eventualmente previsto em convenção arbitral, a impugnação das sentenças dos árbitros, sejam elas quais forem, as cautelares, as parcelares, as finais ou as adicionais (respectivamente dos arts. 42º/2 e 45º/5).

São-no inclusivamente as sentenças proferidas ao abrigo do art. 39º/3, nos processos de composição das partes, por também estar aí em causa, como já se assinalou, uma decisão vinculativa para os litigantes, a exigir assim que se acautelem os inalienáveis direitos processuais que o art. 30º lhes confere e sempre, claro, as regras de processo de interesse e ordem pública, como as ligadas à convenção e à sentença arbitrais.

E são judicialmente impugnáveis, ainda, as decisões interlocutórias sobre a competência do tribunal arbitral, como se prevê no art. 18º/9 da LAV.

Esse inalienável e amplo espectro da impugnabilidade das sentenças arbitrais e decisões interlocutórias – por oposição à supletividade e especificidade do recurso "ordinário" das mesmas, características que, como vimos, são marcas da pujante autonomia que as arbitragens têm ganho, entre nós, nas décadas mais recentes, face à jurisdição do Estado – justifica-se por se tratar aqui de uma perspectiva ou vertente muito diferente dessa mesma equação.

É que, na impugnação, estão em causa os pressupostos, os termos e os limites fundamentais em que o legislador baseou a "delegação" aos árbitros do poder soberano de julgar, pelo que a violação desses parâmetros mexe com os próprios pilares da soberania do Estado, sendo imperioso então que os tribunais estaduais possam verificar se a fatia de jurisdição de que foram privados foi ou não bem "delegada" e exercida.

Daí, a irrenunciabilidade pelas partes, na própria cláusula compromissória ou, depois, no compromisso arbitral, do direito à impugnação das sentenças arbitrais, imposta (com a única excepção do nº 4) no nº 5 deste mesmo art. 46º da LAV.

2. Impugnação e recurso de sentenças arbitrais: sua distinção

O relevo da distinção é patente: enquanto a regra legal (supletiva) do art. 39º/4 da LAV, em matéria de recurso das sentenças arbitrais para os tribunais estaduais, é a da sua irrecorribilidade, a regra legal (imperativa) aplicável em matéria de sua impugnação é a da impugnabilidade, como neste art. 46º/1 (e no seu nº 5) se estabelece.

A diferença entre as duas figuras não se cinge a um único aspecto, mas a um conjunto deles, com carácter primário, uns, e secundário, os outros.

Em primeiro lugar, no caso do *recurso*, é o próprio *mérito* da sentença arbitral, o seu sentido ou efeito, que é posto em causa, por os árbitros terem cometido um *error in iudicando*, um erro de julgamento (de facto ou de direito), independentemente de ele respeitar ao *fundo* da causa, às leis substantivas aí (des)aplicadas ou, antes, aos respectivos *pressupostos processuais* (às leis adjectivas) – pretendendo o recorrente portanto que, em vez da sentença "condeno", o tribunal decida "absolvo", que, em vez de declarar prescrito o direito accionado, o julgue ainda susceptível de exercício, que, em vez de considerar a acção extemporânea e inadmissível, a dê como tempestiva e admissível.

Na *impugnação*, pelo contrário, não se discute (senão indirectamente, claro) o sentido da sentença – se a condenação é devida, a prescrição verificada, a propositura da acção tempestiva –, discutem-se, sim, os vícios do percurso, do processo, que levou os árbitros até à sentença; é um *error in procedendo* que está agora em causa, isto é, por exemplo, se o litígio era arbitrável, se as regras do contraditório foram observadas, se a sentença vem assinada pelos árbitros cujo voto contribuiu para formar a maioria que a aprovou (ou pela maioria dos árbitros, quaisquer uns, se isso se admitir, como discutimos em comentário ao art. 39º/1).

E por aí fora.

Só não é assim nos casos excepcionais previstos na subalínea *v*) da alínea *a*) deste art. 46º/3 – de condenação por excesso ou defeito – e na subalínea *ii)* da sua alínea *b)* – de ofensa imputável ao conteúdo da sentença dos princípios de ordem pública.

Não se procederá portanto (nem mesmo nesses casos excepcionais), como aliás resulta expressamente do nº 9, à substituição da sentença arbitral proferida por outra de sentido diferente, mas apenas à sua anulação, ao seu expurgo da ordem jurídica – salvo no caso do nº 8 –, para se refazer o processo arbitral anulado (devendo ver-se a propósito os comentários ao art. 43º).

Por outro lado, enquanto os *erros de julgamento* só se patenteiam definitivamente na sentença final – mesmo quando a respectiva causa resida numa ilegalidade cometida no decurso do processo, como sucede, por exemplo, quando se dá como testemunhalmente provado um facto decisivo para a solução do caso que, segundo a lei, só podia ser demonstrado por documento autêntico –, donde resulta só poder interpor-se recurso dessa própria sentença, já os *erros de processo* (ou *de procedimento*), alguns deles, pelo menos, podem consumar-se e manifestar-se logo em decisões do tribunal que não põem fim ao processo, em decisões *interlocutórias*, e não haver deles, sequer, qualquer traço na sentença final. Como sucederá no caso de, a propósito de um acto de uma das partes, não se ter assegurado o contraditório da outra.

Tais decisões interlocutórias, embora não tenham tradução expressa na sentença final, só podem ser directamente impugnadas nos casos excepcionais previstos na lei, que é o que acontece com a decisão pela qual, logo na fase de saneamento do processo, o tribunal arbitral se declare competente (art. 18º/9 da LAV). Caso contrário, elas são arguidas indirectamente, através da impugnação daquela sentença, mesmo se exclusivamente com fundamento no vício "interlocutório" – desde que (pelo menos, em certos casos) tal vício possa ter-se repercutido no sentido da decisão tomada.

As demais diferenças entre as duas espécies de reapreciação das sentenças arbitrais pelos tribunais do Estado já são meramente reflexas, circunstanciais, fruto muito mais da vontade do legislador, do regime que se assaca a cada uma delas, do que da sua natureza e objecto.

Entram nesta categoria, as seguintes particularidades de cada uma dessas espécies:
- enquanto os fundamentos do recurso convencionado não vêm nominados na lei, podendo suportá-lo qualquer ilegalidade da sentença, já os da impugnação encontram-se taxativamente indicados na LAV;
- enquanto os fundamentos do recurso são para ser arguidos perante o tribunal *ad quem*, os da impugnação, desde que possível, estão sujeitos a arguição prévia e imediata perante o tribunal arbitral (arts. 18º/4 e 6 e 46º/4).

Deixamos sem referência especial as marcas que separam as duas figuras em relação à forma do processo e ao conhecimento oficioso de certos vícios impugnatórios, de que se dará conta a propósito de disposições subsequentes deste art. 46º.

3. *As formas processuais da impugnação cumulada (com o recurso) e da autónoma*

O meio processual idóneo para impugnação da sentença arbitral é o do *pedido de anulação*, previsto neste nº 1 e regulado no subsequente nº 2 do presente art. 46º da LAV – enquanto o recurso da sentença arbitral segue o regime da apelação do CPC e do CPTA.

É um meio processual obrigatório, este, não podendo o impugnante pretender mais do que a verificação, pelo tribunal estadual, da existência do vício por si arguido e demonstrado (ou de outro de conhecimento oficioso) e, em caso afirmativo, que se decrete, como consequência disso, a supressão da sentença arbitral da ordem jurídica.

É portanto um meio processual de mera *cassação*, não de reapreciação do litígio e de substituição da sentença proferida por outra que não enferme do vício da decisão arbitral.

Isto, no caso de a reacção dos litigantes contra a sentença arbitral se cingir à arguição de qualquer ou quaisquer dos fundamentos do art. 46º/3 da LAV, de se tratar apenas de impugnar a sentença, porque, no caso de se ter convencionado ser a sentença arbitral susceptível de recurso e de o litigante vencido pretender recorrer e impugná-la, a questão da coexistência dessas duas pretensões e do regime de sua instauração e interposição suscita problemas processuais delicados – o que não sucedia na vigência da LAV de 1986, cujo art. 27º/3 dispunha que "*[s]e da sentença arbitral couber recurso e ele for interposto, a anulabilidade* [dela] *só poderá ser apreciada no âmbito desse recurso*".

Tal disposição, fruto das alterações de regime de que foi objecto o processo de impugnação das sentenças arbitrais, desapareceu na actual LAV, deixando bicudas dificuldades nas mãos dos juízes, mesmo se há ainda aspectos convergentes do regime dos dois processos, mas que tornam difícil, senão impossível, a adopção da mesma solução de 1986.

No sentido da *convergência* apontam apenas

- o facto de o tribunal competente para conhecer do recurso e da impugnação ser o mesmo, a Relação do lugar da arbitragem, de acordo com as alíneas *e)* e *g)* do art. 59º/1;
- o facto de a impugnação e recurso serem, parece, dirigidos e apresentados na Relação, a primeira por força do art. 46º/2, o segundo em virtude de o processo arbitral e as funções dos árbitros (salvo em casos contados, aqui aplicáveis) se extinguirem com a prolação da sentença arbitral (art. 44º, nº 1 e 3), em termos, julga-se, que arredam a formalidade da apresentação do recurso perante o próprio tribunal arbitral (como deixámos em aberto em comentário do art. 39º/4);
- o facto de correrem entre as mesmas partes e terem por objecto a mesma sentença;
- o facto de o regime da tramitação dos dois meios processuais terem, no mais essencial, aspectos comuns e de as diferenças existentes, embora relevantes, não tornarem absolutamente incompatível a possibilidade de eles correrem conjuntamente;
- o facto de ser de toda a conveniência que ambos os processos sejam conhecidos pelo mesmo juiz;
- o facto de o autor/impugnante poder querer subordinar o conhecimento de uma das questões à decisão prévia da outra, o que o seu decurso conjunto, sob a direcção e julgamento do mesmo juiz, muito facilitaria.

Por sua vez, no sentido da separação dos processos apontam
- o facto de o recurso e a impugnação estarem sujeitos a prazos de interposição e instauração diversos, aquele de 30 dias (art. 638º do novo CPC), este de 60 dias (art. 46º/6);
- o facto de, sendo a mesma Relação, serem (poderem ser) diferentes os juízes a quem se distribuem os dois processos;
- o facto de se tratar de meios processuais distintos (uma acção de anulação e um recurso de apelação) com regimes distintos em aspectos relevantes.

Assim, não se admitindo a cumulação inicial dos processos, ou não sendo ela possível, vindo portanto o recurso e a impugnação formulados separadamente, temporal e documentalmente, em regra, primeiro aquele, depois esta – salvo, claro, se o interessado os quiser apresentar contemporaneamente (o que até poderia ter-se previsto para facilitar a sua dedução conjunta) –, nessas circunstâncias, dizia-se, o único escape consistiria em o tribunal estadual os "apensar", ainda que informalmente (por não se verificarem os requisitos dos art.s 268º/1 e 267º/1 do novo CPC), procedendo ao seu julgamento conjunto pelo mesmo juiz.

Debruçar-se-ia ele primeiramente sobre os fundamentos da impugnação, para decidir se anula a sentença proferida (ou a sua parte viciada) e, depois, se assim não acontecer, ajuizaria sobre se deve conceder a reapreciação pedida, considerando o recurso (im)procedente.

4. O uso de meio processual inidóneo de impugnação: a sua conversão

Que consequências advirão do facto de, não se limitando a qualificar erroneamente o meio processual que utilizou – erro que é oficiosamente corrigido pelo tribunal (art. 193º/3 do novo CPC) –, o impugnante, em vez de um *pedido de anulação* (de uma acção de anulação), usar um outro meio processual para fazer vingar, perante um tribunal estadual, quaisquer dos fundamentos impugnatórios do art. 46º/3 da LAV ?

A consequência do erro na forma de processo de impugnação é, nesse caso, o da anulação dos actos que tiverem sido praticados segundo as fórmulas e formalidades do processo erróneo, procedendo o tribunal estadual à conversão da forma errónea na idónea aproveitando e adaptando tudo quanto daquela possa retirar para compor esta última e praticando os actos *"estritamente necessários"* a essa conversão (art. 193º do novo CPC).

Nº 2

5. *O regime da instauração da acção de anulação: instrução, tradução e requerimento de prova*

Dispõe-se neste art. 46º/2 sobre o regime de instauração e tramitação do pedido de anulação da sentença impugnada.

Quanto à sua instauração, encontramos no corpo deste nº 2 (coadjuvado pelas respectivas alíneas) as seguintes regras:
- a petição inicial é dirigida e apresentada ao Tribunal da Relação ou ao Tribunal Central Administrativo competentes (cf. também os nºs 1 e 2 do art. 59º);
- a petição é instruída com uma cópia certificada da sentença e, se estiver redigida em língua estrangeira, com uma sua tradução para o português (ver, sobre os respectivos requisitos, os comentários ao art. 57º/1);
- a petição inicial, contendo a respectiva fundamentação (de facto e de direito), é apresentada com o ónus de se oferecer logo aí a prova dos factos alegados – o que envolverá, com frequência, o pedido de certificação e junção ao processo impugnatório, nos termos referidos na nota subsequente, de mais peças do processo arbitral –, não se incluindo nesse ónus do autor o oferecimento de prova do preenchimento dos pressupostos processuais da impugnação (como, para efeitos de prova da sua tempestividade, seria o caso da junção da notificação postal registada da sentença arbitral);
- não se faz mister que se formule na petição o pedido de citação da contraparte, mas, por cautela ....

As proposições anteriores não suscitam dificuldades de maior.

Por um lado, o facto de se exigir a junção de uma cópia certificada da sentença significa que o pedido de anulação é mesmo apresentado no tribunal estadual e resulta de ser ele processado autonomamente, não nos próprios autos do processo arbitral.

Esclarece-se também que a tradução da sentença arbitral no caso de ela vir redigida noutra língua não é forçosamente uma tradução legalizada, de acordo com as exigências do art. 134º do novo CPC (e do art. 172º do Código do Notariado) –, só sendo a mesma de apresentação obrigatória quando o juiz notifique o autor para tal, prevalecendo então a tradução legalizada sobre a versão original da sentença, sendo da conta do impugnante o risco de eventuais divergências entre as duas versões.

Nem, de outro modo, o tribunal estadual poderia julgar com o mínimo de certeza e segurança.

Trata-se de exigências processuais inderrogáveis pela convenção ou pelo regulamento da arbitragem, por – já o dissemos em comentário ao art. 19º – as regras aplicáveis aos processos que decorrem em tribunais estaduais a propósito de questões relacionadas com processos ou sentenças arbitrais serem as normas imperativas (da LAV ou) das leis processuais da respectiva jurisdição, furtadas ao poder convencional ou regulamentar das partes (e do presidente ou do tribunal arbitral), a que se refere o art. 30º da LAV.

Esclarece-se, ainda, não se exigir ao autor que apresente, logo inicialmente, a prova relativa ao preenchimento dos pressupostos processuais da impugnação, por a lei [a alínea c) deste art. 46º/2] lhe permitir – caso a parte requerida, na sua oposição, tenha deduzido excepções à admissão da impugnação – a apresentação de um articulado de resposta, ao qual se juntarão, se for caso disso, as provas da veracidade dos factos aí contra-excepcionados.

6. *A tramitação da acção de anulação: casos previstos e omissos*

Quanto à tramitação da impugnação, quando ela é deduzida autonomamente de um eventual recurso, dispõem, em primeiro lugar, as várias alíneas deste art. 46º/2.

Assim:

- a prova dos factos que fundamentam o pedido de anulação deve ser oferecida ou requerida (consoante a respectiva natureza documental, testemunhal, pericial, etc.) na petição da acção de anulação, sob cominação, como resulta da alínea *a*), de o impugnante não mais o poder fazer;
- na parte respeitante à prova pedida e oferecida, o autor junta as peças certificadas do processo arbitral de que necessita para instruir o pedido de anulação (por analogia com o art. 646º do novo CPC);
- o pedido de anulação é autuado na secretaria do tribunal estadual para efeitos de sua distribuição na 4ª espécie do art. 214º do novo CPC, ou seja, como *acção especial*;
- após a entrada do pedido de anulação e a distribuição do processo, o relator mandará citar o réu, para se opor ao pedido, sob cominação igual à que pende sobre o autor, isto é, para apresentar ou requerer a realização de prova dos factos por si invocados ou excepcionados, prevê-o a alínea *b*);
- no caso de o réu ter deduzido alguma excepção contra a admissão da impugnação, notificar-se-á o autor para se pronunciar só sobre essa específica questão, como estabelece a alínea *c*);
- segue-se, de acordo com a alínea *d*), a fase de produção de prova, iniciada, deve entender-se, pelo enunciado, pelo tribunal, dos *temas de prova* (art. 410.º do novo CPC), bem como pela notificação dos meios de prova admitidos e recusados, eventualmente do modo de sua apresentação e pela fixação das datas da respectiva audiência, se for o caso;
- terminada a fase da realização da prova, "*[s]egue-se a tramitação do recurso de apelação, com as necessárias adaptações*" (art. 652º e ss. do novo CPC) – ficando assim precludidas, parece, as normas sobre a modificação da matéria de facto e sobre os poderes para autorizar ou ordenar a produção de prova não requerida na petição ou contestação –, diz-se na alínea *e*) deste art. 46º/2.

Não havendo disposição legal explícita sobre a matéria, entendemos que se aplicarão às questões da tramitação da impugnação não reguladas na LAV, mesmo quando se trate de aspectos anteriores à produção de prova, as regras do recurso de apelação do CPC – salvo no que respeita aos prazos para a prática de actos pelas partes (caso da apresentação da oposição e da "réplica"), os quais, como não vêm fixados na LAV, devem corresponder ao prazo geral supletivo do art. 149º do novo CPC, ou seja, ao prazo de 10 dias (é a posição de Robin de Andrade, *Lei da Arbitragem Voluntária Anotada*, p. 92).

6A. Efeito devolutivo ou suspensivo da sentença arbitral

Quanto aos efeitos da apresentação e admissão da impugnação sobre a (eficácia da) sentença arbitral, vale o disposto no art. 47º/3, para que daqui se remete, não se suspendendo, em princípio, a possibilidade de execução da sentença.

Nº 3

7. Fundamentos da impugnação: incidência, taxatividade e completude

Trata-se aqui, neste n.º 3, dos fundamentos com base nos quais se admite a impugnação e anulação da sentença arbitral, dos fundamentos respeitantes não ao sentido ou determinação daí constante, ao *iudicium* que nela se contém, mas respeitantes ao modo como deveria proceder--se no decurso do processo para se chegar a uma decisão processual e judicialmente sã sobre a (in)admissibilidade e/ou a (im)procedência do pedido arbitral, de acordo com a distinção que fizemos nas antecedentes notas 1 e 2.

São taxativos os fundamentos legais da impugnação, inculca-o o próprio preceito deste nº 3 ao dispor, em consonância com o art. 34º/2 da Lei Modelo, que a sentença *"só pode ser anulada [...] se"*, ao que se segue o enunciado alinhado dos referidos fundamentos, o qual nos parece não pecar nem por excesso – depois veremos, caso a caso, o que pensar a propósito de algumas das suas alíneas, aparentemente muito amplas ou deslocadas –, nem por defeito.

Vão nele supridas, efectivamente, as patentes omissões de que padecia o art. 27º da LAV de 1986, fonte por isso de complicadas controvérsias doutrinais e dúvidas jurisprudenciais – veja-se, por exemplo, o

Acórdão do STJ, de 17.07.2008, proferido no proc. nº 1698/04, no qual se considerou a *violação da ordem pública* como fundamento de anulação da sentença arbitral, apesar de esse fundamento não constar do elenco do artigo 27.º da LAV de 1986 –, como também não há, no respectivo elenco, quando o comparamos com as causas de nulidade das sentenças em processo civil, qualquer falta.

Bem pelo contrário, vêm nele alinhadas, além das aí previstas – umas vezes em fórmulas mais sintéticas, noutras, mais desdobradamente, mas sempre de maneira substancialmente coincidente –, também as causas ou fundamentos de anulação próprios do processo arbitral, que é o caso daqueles que se prendem com a validade da convenção arbitral e com a sua inobservância pelo tribunal arbitral.

Vejamo-los agora, um a um.

8. *Fundamentos da impugnação: os ónus de sua arguição e prova ou o dever do seu conhecimento oficioso*

Os fundamentos de impugnação da sentença arbitral taxativamente alinhados no nº 3 do art. 46º da LAV dependem, uns, de demonstração pelas partes – se "*[a] parte que fez o pedido demonstrar*", dispõe-se na respectiva alínea *a)* –, sendo os outros, da alínea *b)*, do conhecimento oficioso do tribunal – se "*[o] tribunal verificar*", prescreve-se aí.

São essas, entende-se, as proposições que decorrem dos referidos preceitos da LAV, embora as fórmulas literais nela usadas não o revelem imediatamente.

Com efeito, de acordo com a citada alínea *a)*, àquele que impugna a sentença arbitral cabe o ónus de "*demonstrar*" a ocorrência de um dos vícios aí enumerados, quando a verdade é que lhe cabe, primeiro, o ónus de os *arguir*, de os invocar e enquadrar de facto e de direito e, só depois disso, se irá proceder à demonstração ou prova de estar a sentença arbitral efectivamente afectada pelos vícios arguidos – o que significa que, em relação a fundamentos desta espécie, o tribunal estadual não pode valorizar factos que não hajam sido invocados pelas partes, embora possa reportá-los a uma norma ou princípio diverso daquele em que os mesmos hajam sido enquadrados no pedido de anulação, reduzindo-

-se o mencionado ónus de arguição pelo autor à existência de factos integrantes de uma causa de anulação da sentença arbitral.

Admite-se portanto que os árbitros possam repudiar os fundamentos do pedido de anulação com base nas razões de facto invocadas pelas partes ou em razões de direito da sua própria lavra (dele, tribunal) – remetendo-se para o comentário nº 5 ao nº 1 do art. 30º a hipótese da ocorrência de decisões-surpresa quanto às referidas razões de direito.

Por outro lado, de acordo com a alínea *b)* deste art. 46º/3, ao tribunal estadual caberia o dever de *"verificar"* a existência dos vícios nela previstos, quando, na verdade, do que se trata não é só disso, mas também de o fazer oficiosamente, por sua iniciativa, independentemente de o impugnante os haver ou não suscitado na petição inicial.

Como tudo melhor se desenvolve em comentário à alínea *b)* deste art. 46º/3 da LAV.

9. A invalidade da convenção de arbitragem: reflexos na forma de sua arguição impugnatória

O fundamento da subalínea *i)* da alínea *a)* deste art. 46º/3 respeita à invalidade da convenção, seja por *incapacidade* de qualquer dos litigantes seja por desconformidade (invalidante) dela com a lei que lhe é aplicável – a escolhida pelas partes ou, na sua falta, a própria LAV.

Tudo como se estabelece na norma *sub iudice* – não cabendo nela, porém, a invalidade da convenção decorrente da inarbitrabilidade do litígio, que vem sancionada, sim, mas na alínea *b)* deste mesmo art. 46º/3 LAV.

Só não alcançamos as razões por que, tendo-se referido genericamente à *invalidade* da convenção, o legislador sentiu necessidade de autonomizar, como causa dessa invalidade, a incapacidade de qualquer dos litigantes para a celebrar. Não se ignora que se tratou de importar para o nosso direito, nos seus precisos termos, a fórmula correspondente da Lei-Modelo (art. 34º/2), mas continua sem se saber a razão de fundo desse destaque (aí e) na LAV.

Relevante, juridicamente, é saber se vícios da convenção de que aqui se trata redundam na incompetência do tribunal arbitral para conhecer do litígio, porque, se for esse o caso, então eles teriam de ser arguidos previamente perante o próprio tribunal arbitral, até (à) ou juntamente com a apresentação da defesa, sob pena de preclusão, como decorre, já o vimos – salvo no caso do art. 18º/7 –, do precedente art. 18º/4 da LAV.

Sucede que os fundamentos ou vícios contemplados nesta subalínea são efectivamente desses, que geram a incompetência do tribunal arbitral – é qualificação imposta, até, pelo art. 18º/1 –, pelo que a impugnação que se deduza perante o tribunal judicial pressupõe que a questão já tenha sido suscitada arbitralmente pelo ora recorrente, nos termos ali previstos (naquele nº 4 desse art. 18º).

10. A violação dos princípios fundamentais do art. 30º da LAV: o requisito adicional da sua força invalidante

A ilegalidade da sentença arbitral derivada da inobservância, durante o processo, de qualquer um dos princípios fundamentais do nº 1 do art. 30º da LAV – revele-se tal ilegalidade ou não pela leitura da sentença – é também fundamento da sua impugnação:

- o da alínea *a)* desse art. 30º/1, respeitante à exigência de *citação do interessado* para se defender (que, por acaso, é uma regra, não um princípio);
- os da sua alínea *b)*, sobre a exigência de *tratamento igual* dos litigantes pelos árbitros e sobre a obrigatoriedade da exigência de uma *fase de alegações* (de audiência, se se preferir), escritas ou orais, antes de se proferir a sentença arbitral, embora, como vimos oportunamente, haja quem entenda que essa formalidade essencial pode ter lugar em momento diferente, não configurando portanto umas alegações ou audiência pré-decisória;
- o respeito pelo *princípio do contraditório* em todas as fases do processo, salvas as excepções da própria LAV (não de outras leis processuais);
- parece-nos dever incluir-se neste elenco, também, a violação do princípio da tutela judicial efectiva, inominado no art. 30º, mas a ele imanente, como salientámos a propósito do art. 30º, por decorrência da garantia fundamental do art. 20º da CRP.

Vindo enunciados como *"princípios fundamentais"* do processo arbitral, a verdade é que pareceria ter a lei degradado essa sua dignidade e valia, em prol do interesse da agilidade e celeridade do processo, dispondo que a violação deles só é fundamento de anulação da sentença arbitral se tiver tido *"influência decisiva na resolução do litígio"* – o que, contudo, no fim de contas, bem se compreende, dado até o seu carácter de princípios com força invalidante apenas no caso de sacrifício sensível dos interesses e valores por si protegidos.

Essa fórmula da lei deve ser interpretada com alguma largueza, até porque, de outro modo, a prova da *"influência decisiva na resolução do litígio"* tornar-se-ia, nas mais das vezes, praticamente impossível. Como é que poderia demonstrar-se, por exemplo, que a falta de audição de uma ou duas testemunhas que se ofereceram para contrariar um documento apresentado pela contraparte teve *"influência decisiva na resolução do litígio"*?

Entende-se, portanto, que as referidas violações relevam quando, sem elas, a resolução do litígio poderia, *possível* ou *conjecturadamente* – nem sequer *verosimilmente* –, ter sido (algo) diferente, não sendo necessário demonstrar que as mesmas tiveram efectiva e decisivamente influência na decisão, posição que explanamos mais desenvolvidamente no comentário seguinte e que é parente da proposta por Robin de Andrade (*Lei da Arbitragem Voluntária Anotada*, AAVV, p. 93).

11. (cont.) *Interpretação restritiva do âmbito da violação relevante dos princípios fundamentais do art. 30º da LAV*

Não é só nesse aspecto porém que a subalínea *ii)* da alínea *a)* do art. 46º/3 da LAV deve ser interpretada restritivamente.

Na verdade, aparentemente a respectiva fórmula – *"violação [...] de algum dos princípios fundamentais [...] do art. 30º, com influência decisiva na resolução do litígio"* – , além de ser mais ampla do que as do art. 3º e do art. 195º/1 do novo CPC, por se aplicar a todos aqueles princípios, é também literalmente bem mais esvaziadora da respectiva força invalidante do que as desses outros preceitos.

Do que a do art. 3º/3 do CPC – porque, de acordo com este, só não se sanciona a violação do princípio do contraditório processual em "*caso de manifesta desnecessidade*" da preterida audição das partes – e do que a do art. 195º do novo CPC, porque aí só não se sancionam as violações que se demonstre não terem tido influência na decisão – ou seja, devolvendo-se o ónus da prova ao requerido, ao réu –, diversamente do que aqui sucede, em que não se sancionariam todas as violações que o autor do pedido de anulação não demonstre terem tido influência decisiva na resolução do litígio.

A LAV tem, porém, igualmente neste aspecto, que ser objecto de uma interpretação restritiva, consonante com o direito processual constitucionalmente imanente.

Assim, no caso de *falta de citação* da parte demandada no processo arbitral, ou seja, nos vários casos do art. 188º do novo CPC, entendidos mitigadamente – como aliás, o STJ já decidiu dever entender-se – ou dos previstos no regulamento da arbitragem, não será necessário demonstrar que a mesma teve influência decisiva na resolução do processo: essa falta é sempre, por natureza, por ofensa grave do princípio da tutela judicial efectiva (art. 20º da CRP) e do princípio do Estado de Direito (art. 2º da CRP), invalidante da sentença arbitral.

Só não será assim em casos excepcionais previstos na lei, – aqui, em processo arbitral, relativamente às *ordens preliminares* do art. 22º e às *providências provisórias* do art. 23º/4 – ou, então, em relação à violação da exigência de citação prévia, no caso de o litigante demandado e não citado para a acção arbitral ter comparecido, por sua iniciativa, a tempo de participar e intervir no processo e de ter tido oportunidade de praticar aí todos os actos processuais que a lei lhe facultava praticar se tivesse sido inicialmente citado na forma devida.

Fora disso, a regra é a de que não se fazem julgamentos arbitrais, principais ou cautelares, nem julgamentos em tribunal estadual, sem prévia citação da parte demandada, como aliás os arts. 3º/1 e 195º/1 do novo CPC deixam bem claro.

Nessa parte, a subalínea *ii)* da alínea *a)* do art. 46º/3 da LAV deve ser lida, portanto, em consonância com essa imperativa e (quási) irremissível regra de direito.

O mesmo se diga – excluindo, é óbvio, as bagatelas jurídicas que por aqui haverá – quanto à violação do *princípio da igualdade*, ao menos, em algumas das vertentes a que se refere o art. 4º do novo CPC, de aplicação universal a todos os ramos de direito processual "paritário", digamos assim, como sucede quanto ao *"uso de meios de defesa e* [à] *aplicação de cominações ou de sanções processuais".*

Nesse domínio, em casos iguais, o tribunal arbitral está obrigado, sob pena de invalidade insuprível, a dar às duas partes o mesmo tratamento – e obrigado, de qualquer modo, a basear-se sempre nos mesmos critérios decisórios, sendo a presunção da respectiva força invalidatória naturalmente favorável, em caso de dúvida, à parte a quem foi dado o tratamento desigual.

O que significa, para nós, que, em rigor, o requisito adicional de invalidade da sentença arbitral posto no segmento final da subalínea *ii)* da alínea *a)* do art. 46º/3 da LAV (o da *influência decisiva na resolução do litígio*) só se aplicaria limpidamente à violação do princípio do contraditório, não dos outros referidos no respectivo nº 1 do art. 30º – e, mesmo assim, pelo menos para efeitos probatórios, parece-nos que só se aplica na referida fórmula do CPC, da *"manifesta desnecessidade"* da diligência contraditória, para evitar que se exija a quem instaurou a acção de anulação, precisamente a ele que foi vítima da violação de um seu direito fundamental, a realização de provas impossíveis (sobre a influência efectiva e decisiva da preterição de uma dada formalidade instrutória na resolução final do litígio), como sucede no referido caso de falta de audiência de uma testemunha oferecida para contradição de documento apresentado pela contraparte.

Tudo isto sem prejuízo, naturalmente, de a questão demandar melhor reflexão, até por não estarem os AA. da presente obra todos de acordo, na íntegra, com a proposta de interpretação que se deixou nos parágrafos anteriores.

12. A violação, pela sentença arbitral, do objecto da convenção de arbitragem: a usurpação da soberania do Estado. Formas especiais de impugnação

Regula-se nesta subalínea *iii)* da alínea *a)* do art. 46º/3 da LAV o julgamento pelo tribunal arbitral ou de questões ou de litígios não abrangidos por uma convenção arbitral válida – que da inválida tratou--se antecedentemente, a propósito da respectiva subalínea *i)* –, resultando do preceito haver aí invalidade ou parcial ou total, sancionável em processo de impugnação perante o competente tribunal judicial ou administrativo.

Nem podia deixar de ser assim: quando exorbitam da missão que as partes lhe confiaram na convenção – e a Constituição e a lei só a elas permite furtarem-se à competência exclusiva dos tribunais estaduais –, os árbitros cometem uma usurpação indirecta da soberania do Estado, não havendo para tal falta remição possível: ela gera a irremediável nulidade do processo e do julgamento arbitral.

Na parte afectada por tal usurpação, claro – se a sentença ou o litígio forem jurídica ou materialmente divisíveis. Ou, então, invalida-se necessariamente tudo.

Esclareça-se também que, não obstante estarmos aqui perante um caso de incompetência do tribunal, como é admissível que a usurpação só se revele na sentença, não haveria então lugar à aplicação do disposto no art. 18º/4, isto é, à impugnação prévia da decisão perante o tribunal arbitral.

Pelo contrário, se se der o caso de a hipótese de usurpação ser detectável logo no decurso do processo arbitral, estamos sob a previsão do nº 4 ou do nº 6 desse mesmo artigo 18º, pelo que a impugnação judicial da sentença arbitral depende de o ora autor ter deduzido a respectiva arguição perante os árbitros – em vão, claro –, com a defesa ou logo que tal hipótese se tornou detectável no processo.

O incumprimento desses ónus de arguição arbitral *prévia* e *imediata* faz eventualmente – discutiu-se a questão em comentário ao art. 18º/4 – com que o pedido de anulação da sentença seja considerado inadmissível, de rejeitar.

13. A violação da convenção ou da lei na composição do tribunal arbitral ou na tramitação do processo arbitral; o requisito adicional de sua influência na resolução do litígio

Trata-se, na subalínea *iv)* da alínea *a)* do art. 46º/3 da LAV, de impugnações fundadas na composição do tribunal arbitral ou numa tramitação do processo que aí corra em desconformidade

- com a convenção de arbitragem;
- com normas imperativas da LAV, se essa convenção as violar, caso em que se aplica o disposto na lei – opção pouco ortodoxa, esta, porque a lei imperativa aplica-se sempre, só havendo lugar à aplicação "integradora" da convenção, nessas hipóteses, para preencher os espaços em branco da LAV, mas sempre em conformidade com o sistema e a teleologia dela;
- e com normas supletivas da LAV, na falta de convenção.

No conceito *composição do tribunal*, entram as regras dos art.s 8º e ss. respeitantes ao número de árbitros, à sua personalidade singular e demais atributos e requisitos deles, ao modo e aos prazos de sua designação, às respectivas aceitação e recusa, às garantias de sua independência e imparcialidade – já não, por exemplo, as matérias relativas aos seus honorários e às despesas do tribunal.

Quanto ao âmbito do conceito *"processo arbitral"* (conforme ou desconforme com os parâmetros acima enunciados), entendemos referir-se ele à respectiva *tramitação* e *instrução* e, em geral, a tudo quanto se prende com o cumprimento de regras processuais, porque a conformidade ou desconformidade da própria sentença arbitral com a convenção ou a lei ou não é passível de *impugnação* – como acontece quando ela viola a lei *substantiva*, sendo então susceptível ou não de *recurso* – ou então resume-se às ilegalidades processuais resultantes de violação de normas *adjectivas* a que a LAV reconheça força invalidante própria ou específica.

Que foi o que já vimos suceder com a violação de *princípios fundamentais* adjectivos do processo e vamos ver acontecer, também, com a violação de certos requisitos formais da sentença e com a sua notificação às partes.

À semelhança do que sucedeu com a antecedente subalínea *ii)*, também aqui a lei tornou a procedência da impugnação dependente de a ilegalidade cometida ter *"influência decisiva na resolução do litígio"*, devendo tal requisito ser entendido no sentido que lhe demos (quando, nos anteriores nºs 10 e 11, se comentou essa subalínea) de se tratar de uma influência apenas *potencial* ou *possível* na decisão final.

14. A impugnação por excesso ou omissão de pronúncia

A procedência da impugnação da sentença arbitral deduzida com fundamento na violação do *princípio do pedido*, por excesso ou defeito de pronúncia – envolvendo a condenação em quantidade superior ou em objecto diverso do pedido –, é, a par do caso regulado na subalínea *ii)* da alínea *b)* deste mesmo art. 46º/3, o único em que a causa de impugnação reside numa sentença de conteúdo ilegal, e não num processo ilegalmente processado.

Trata-se de fundamentos de impugnação bem conhecidos dos processualistas de qualquer ramo, esses do conhecimento de questões vedadas ou do desconhecimento de questões obrigatórias, por corresponderem a causas de nulidade das sentenças dos tribunais estaduais enraizadas há séculos na lei, encontrando-se consagradas, hoje, nas alíneas *d)* e *e)* do art. 615º/1 do novo CPC, aplicáveis também em processo administrativo – pelo que se remete o leitor daqui para os estudos ou comentários de direito processual civil ou administrativo a esse propósito.

15. A violação dos requisitos formais das sentenças arbitrais: as excepções

A subalínea *vi)* da alínea *a)* do art. 46º/3 da LAV refere-se à emissão de uma sentença arbitral em desconformidade com as exigências dos nºs 1 e 3 do respectivo art. 42º.

Estão aí em causa as sentenças
- proferidas oralmente;
- que não venham assinadas pelo ou pelos árbitros que as proferiam, ou pela maioria dos que as tenham votado favoravelmente, havendo quem entenda, como vimos oportunamente, que a assinatura de um árbitro vencido também deve ser tomada em conta para se perfazer a exigência de assinatura maioritária (para alguns, desde que conste da sentença uma justificação

plausível sobre as razões de falta de assinatura do árbitro vencedor, que perfaria a maioria de assinaturas "vencedoras");
- carecidas de fundamentação ou cujos fundamentos essenciais estejam em contradição (entre si ou) com a decisão.

O que significa que foi considerada formalidade não essencial da sentença arbitral o incumprimento da exigência do art. 42º/4 respeitante à menção à *data* em que a mesma foi proferida, certamente por se ter entendido ser a mesma irrelevante para verificação da caducidade da convenção – pois o que releva para esse efeito é a data da sua notificação às partes, como veremos já de seguida.

Entendimento que não subscreveríamos plenamente, dado ser essa, da indicação da data da sentença, a maneira normal de determinar que ela não foi emitida antes de as partes produzirem as suas alegações finais, como exigido na alínea *b)* do nº 1 do art. 30º da LAV, já acima vista.

Quanto à menção ao *lugar* da prolação da sentença – prevista nesse mesmo art. 42º/4 –, considerou-se a sua falta invalidatoriamente irrelevante, dada a presunção sobre a matéria constante da própria parte final desse preceito.

16. Os requisitos da falta de assinatura e de fundamentação invalidantes da sentença arbitral: remissão

Quanto aos requisitos formais da sentença arbitral constantes do art. 42º da LAV e que, para efeitos de impugnação, são considerados relevantes por esta subalínea *vi)* da alínea *a)* do art. 46º/3 da LAV, consistem eles, já se viu, na assinatura e na fundamentação suficientes dessa sentença, gerando a sua falta, no mínimo, a invalidade dela (ver comentários ao art. 42º/1).

Para se inteirar das exigências legais relativas ao preenchimento do requisito da suficiência de assinatura e da suficiência de fundamentação da sentença arbitral – neste último caso, se os litigantes não a houverem dispensado expressa ou presuntivamente –, bem como das respectivas consequências, o leitor deve remeter-se para o que deixámos esclarecido em comentário aos nºs 1 e 3 desse art. 42º.

17. A violação do prazo fixado para proferir a sentença: remissão

É esta a última das ilegalidades com força invalidante dependente de arguição e alegação (ou *"demonstração"*, como diz a lei) por parte do autor da impugnação.

Consiste a mesma em a sentença arbitral só ter sido *"notificada* às partes depois de decorrido o prazo máximo para o efeito fixado de acordo com o *art. 43º"*, prazo que, recorde-se, pode, além do mais, enquanto não se esgotar, ser "livre" mas "fundamentadamente" prorrogado por decisão maioritária dos árbitros, ao abrigo do disposto no nº 1 desse art. 43º da LAV – sem prejuízo de as partes poderem, de comum acordo, como aí se prevê, opor-se a tal prorrogação, tendo-se questionado, quando comentámos essa norma, se não deveria exigir-se para o efeito uma decisão unânime dos árbitros e, por outro lado, se não deveríamos contentarmo-nos com a oposição de apenas uma das partes.

Melhor é o leitor procurar lá o que então se escreveu a propósito de tais questões.

18. Os fundamentos de impugnação da alínea b) do art. 46º/3 da LAV: o poder e o dever de seu conhecimento oficioso

Já se disse atrás, na nota 8, que o tribunal estadual pode anular oficiosamente as sentenças arbitrais com base nos fundamentos de impugnação previstos nas subalíneas *i)* e *ii)* da alínea *b)* do art. 46º/3 da LAV, se – ao contrário do que sucede com os da sua alínea *a)* – *"o tribunal verificar que"* elas padecem de qualquer uma das referidas ilegalidades.

O sentido do parco conceito *"verificar"* desta alínea *b)* alcança-se, desde logo, por oposição ao conceito *"demonstrar"* da alínea *a)*, significando, nessa perspectiva, que não recai sobre a parte impugnante o ónus de demonstrar padecer a sentença arbitral de qualquer um dos vícios nela previstos.

Mas significa mais: significa que não recai sobre ela, sequer, o ónus da respectiva arguição ou invocação, por corresponder, só poder corresponder, o mencionado conceito *"verificar"* à atribuição ao tribunal estadual de poderes – e à imposição dos concomitantes deveres, diga-

-se – (comummente designados) de *conhecimento oficioso* do litígio ou questão em apreço.

A inovação literária da LAV, neste aspecto, não é bem vinda, portanto, por se usarem nela conceitos que não exprimem plenamente o sentido que o legislador quis imprimir às duas expressões-tronco das alíneas *a)* e *b)* do citado art. 46º/3: o tribunal *"verificar"* – como se estabelece na alínea *b)* – é verificar, certo, mas *por sua própria iniciativa*, assim como a parte *"demonstrar"*, na alínea *a)*, é demonstrar, certo, mas sob *sua própria arguição*.

Em suma, do que se trata aqui é de o tribunal tomar *conhecimento oficioso* da existência, na sentença arbitral, de qualquer um dos vícios dessa alínea *b)*, independentemente de o autor, na petição, ter ou não alvitrado ou arguido poder suscitar-se a correspondente questão.

Por outro lado, como já se sugeriu, conferir-se a um tribunal o *poder* de conhecer oficiosamente, no processo, de uma questão ou causa de pedir que não tenha sido suscitada pelas partes aí presentes, dir-se-ia envolver para ele, também, o correspondente *dever*, isto é, de se referir sempre, em todos os processos, a tal questão, ainda que seja para declarar sumária ou implicitamente, com base em exame perfunctório, a irrelevância concreta da mesma, ou seja, declarar não existirem ilegalidades sancionáveis ao abrigo da alínea *b)* do art. 46º/3.

Proposição que, não obstante, entendemos carecer ainda de melhor reflexão.

Escusado seria dizer é que o poder(-dever) de conhecimento oficioso, isto é, a iniciativa do tribunal averiguar e decidir sobre determinada questão do processo ou do litígio, só pode exercer-se num *processo de partes*, num *pedido de anulação* da sentença arbitral formulado ao tribunal estadual por qualquer uma das partes litigantes: não há, no direito processual "paritário", digamos assim, processos judiciais (ou arbitrais) oficiosos, que se instaurem por iniciativa dos juízes; há é questões de seu conhecimento oficioso.

19. A violação das regras nacionais sobre inarbitrabilidade de conflitos: âmbito, aplicação no tempo

Vimos já, em comentário ao nº 1, quais são os litígios que, ao abrigo do art. 209º/3 da CRP, a lei portuguesa admite ou proíbe serem sujeitos, por vontade das partes, à decisão de árbitros, antes que aos tribunais do Estado.

Pois bem: uma sentença arbitral proferida sobre litígios que – de acordo com os preceitos do art. 1º da LAV (e a delimitação que fizemos do seu âmbito de aplicação) ou de acordo com qualquer preceito dessa ou doutra lei, que disponha imperativamente sobre a matéria (como no caso do art. 180º do CPTA) –, uma sentença, dizia-se, sobre litígios que não se enquadrem nas categorias de litígios arbitráveis na ordem jurídica portuguesa é naturalmente uma sentença susceptível de impugnação perante os tribunais do Estado.

Já o seria, aliás, por força da subalínea *i)* da antecedente alínea *a)* deste mesmo art. 46º/3, em que se considera fundamento de impugnação a invalidade, em geral, da convenção arbitral, considerando-se esta específica ilegalidade da alínea *b)* como fonte de uma invalidade "reforçada", digamos assim, que justifica poder (e dever) o tribunal estadual conhecer dela de maneira oficiosa – compreensivelmente, aliás, como é bom de ver, por se tratar de uma ofensa ao princípio básico e essencial da privação da soberania dos tribunais do Estado, o qual consiste em a sua jurisdição só ser repartível com tribunais das partes no caso de a Constituição e a lei o preverem expressamente.

A "verificação", pelo tribunal estadual, da existência deste vício, nos primeiros tempos de vigência da nova LAV, em que ainda haverá litígios emergentes de anteriores cláusulas compromissórias e, até, de anteriores compromissos arbitrais, pode suscitar a questão de saber se a (in)-arbitrabilidade do conflito *sub iudicio* deve ser vista à luz do disposto no seu art. 1º, mais amplo, ou do art. 1º da anterior lei de 1986, mais restrito.

A resposta para tal questão parece ser, por decorrência do disposto nas normas transitórias dos nºs 1 e 2 do art. 4º da Lei nº 63/2011, de 14 de Dezembro, a de que o novo regime seria aplicável aos processos arbitrais iniciados depois da sua entrada em vigor e também – desde que as partes estejam expressa ou tacitamente de acordo em que se lhes aplique o regime da nova LAV, – àqueles iniciados antes disso.

20. *A inaplicabilidade ao vício da inarbitrabilidade do litígio dos ónus de impugnação prévia e imediata do art. 18º/4*

Vimos já, a propósito do art. 18º/4 e das subalíneas *i)* e *iii)* da alínea *a)* deste art. 46º/3, que a impugnação perante tribunais do Estado de sentenças arbitrais com fundamento em vícios geradores de incompetência do tribunal arbitral depende do cumprimento do ónus de sua arguição prévia (e imediata) perante ele mesmo.

Aqui, no caso da inarbitrabilidade do litígio, que também redunda na incompetência do tribunal, não sucede assim: tudo porque os poderes do seu conhecimento oficioso pelo tribunal estadual – que são de interesse e ordem pública – não podem ficar à mercê de uma eventual omissão ou negligência das partes litigantes, não se precludindo por isso.

Inclusivamente, não é ilícito que o tribunal estadual proceda à averiguação desta ilegalidade na sequência de um pedido nesse sentido da parte impugnante, pedido esse impotente ou ineficaz, em si mesmo, mas que também não prejudica, claro, o poder-dever de o tribunal se pronunciar oficiosamente sobre a questão.

21. *A violação dos princípios da ordem pública internacional do Estado português: especificidades e dificuldades da sua invocação*

A ilegalidade impugnável ao abrigo da subalínea *ii)* da alínea *b)* do art. 46º/3 da LAV é – a par da prevista na subalínea *v)* da alínea *a)* – a única, entre as muitas que nesse preceito se alinham, que respeita ao *conteúdo* da sentença arbitral, ao seu sentido ou medida, e não (ou não apenas) ao modo como o processo deveria desenvolver-se para se chegar a uma sua resolução substantiva e adjectivamente sã.

Isso, sem embargo de a impugnação da sentença arbitral não arvorar o tribunal do Estado, em caso algum, em tribunal com poderes para, constatada a ilegalidade da sentença impugnada, proceder ao reexame do mérito da causa, ditando, em função dos seus parâmetros legais, uma nova solução para o caso concreto, em substituição da sentença impugnada.

A isso se opõe, sempre, o nº 9 deste art. 46º, com que adiante lidaremos.

Por outro lado, neste caso, agora ao contrário do que sucedia com aquela outra subalínea *v)* da alínea *a)*, o ou os parâmetros da validade da sentença arbitral, isto é, *"os princípios da ordem pública internacional do Estado português"* – para além da relativa obscuridade do conceito – são inominados, indeterminados, pelo que a sua eleição e a determinação do seu sentido e medida, não obstante a longa experiência (nacional e) de outros sistemas na aplicação de cláusulas gerais similares, são uma fonte de potenciais controvérsias, de um significativo agravamento de conflitualidade, podendo, inclusivamente, transformar-se num daqueles factores de engarrafamento judiciário – em que o direito processual civil é fértil e, no direito processual administrativo, como sucede, por exemplo, com a *manifesta ilegalidade* dos actos administrativos como fundamento da concessão automática de providências cautelares.

Assinala-se ainda existir entre este fundamento e aquele a que, a propósito das sentenças arbitrais proferidas em Portugal em arbitragens internacionais ou por árbitros no estrangeiro, se referem os art.s 54º e 56º, uma semelhança literalmente quase absoluta, se bem que, como no comentário a esse art. 56º se diz, haja entre ambas as normas, neste aspecto, também, diferenças assinaláveis.

22. A noção e um rol dos referidos princípios

Sem qualquer pretensão de exaurir o tema ou de afirmar a irrefragabilidade daqueles que elegemos como tais, integrando um suposto núcleo essencial dos referidos princípios, aceitaríamos, para começar, que a fórmula *"princípios da ordem pública internacional do Estado português"*, de acordo com a proposta de Robin de Andrade (*Lei da Arbitragem Voluntária Anotada*, AAVV, p. 94), respeita aos *"princípios de ordem pública interna que sejam também princípios de ordem pública internacional"*, muito embora não saiamos daí, como bom seria, com qualquer referência ou enunciado especificado e nominado desses princípios, de um só deles.

Diz-nos a intuição, e menos a experiência, serem princípios desses, hipoteticamente geradores de um maior consenso entre a comunidade jurídica, os

- da boa fé e da protecção da confiança,
- da *rebus sic stantibus*,
- da proibição do locupletamento à custa (do empobrecimento) de outrem,
- da *justa causa* e da *justa indemnização* em matéria de repartição de encargos públicos (como no caso da expropriação por utilidade pública),
- da garantia de acesso aos tribunais para defesa de direitos e interesses legítimos,
- da igualdade perante a lei,
- da irretroactividade da lei sancionatória.

Nº4

23. *Renúncia tácita ao direito de impugnação: os requisitos e a restrição da preclusão desse direito*

Já se viu, e vamos confirmar no subsequente nº 5, que o direito à impugnação da sentença arbitral é irrenunciável, seja quanto à generalidade dos fundamentos ou quanto a um ou alguns deles. Mas isso é uma regra aplicável à renúncia *ex ante* – de que tratamos no comentário nº 25 –, não à renúncia *ex post factum*, não após a ocorrência de uma qualquer ilegalidade, melhor, após a ocorrência do facto que determina a impugnabilidade da sentença.

Aí, a renúncia ao exercício do direito já não é irremediavelmente proibida.

Não o é, nomeadamente, no caso deste nº 4 do art. 46º/3 – inaplicável aos casos de incompetência do art. 18º/4, que têm o seu regime próprio –, de acordo com o qual a parte que, sabendo poder fazê-lo, não impugnou de imediato (ou no prazo previsto), durante o processo arbitral, a violação aí cometida de normas supletivas da LAV ou de qualquer cláusula da convenção, deixa de poder impugnar a sentença arbitral com esse fundamento, entendendo-se que renunciou a fazê-lo.

É uma renúncia assente, como se vê, na ideia de que o litigante ponderou em concreto as (des)vantagens da impugnação do processo arbitral – o que não sucede no caso da (proibida) renúncia *ex ante*, em que só há lugar a ponderações abstractas.

Renúncia restrita, como a lei expressamente refere, e é bem compreensível, ao específico fundamento que não foi arguido imediata ou tempestivamente perante o próprio tribunal arbitral, podendo o litigante "impedido" impugnar a sentença arbitral com qualquer outro fundamento.

A estatuição deste nº 4 só funciona, porém, como sempre sucede, estando reunidos os requisitos ou factos da sua previsão, os quais, no presente caso, são os de que

- a parte tenha conhecimento, "*saiba*", diz a lei, da existência, no processo arbitral, da ocorrência do facto impugnatório, enquanto tal;
- tal facto corresponda à violação de uma norma supletiva da LAV ou de uma cláusula da convenção de arbitragem;
- não se tenha impugnado tal violação, imediata ou tempestivamente, em sede arbitral.

24. *Esclarecimentos dos requisitos enunciados*

Cada um desses requisitos necessita, porém, de esclarecimento.

Quanto ao primeiro, porque não basta a ocorrência do facto impugnatório (da respectiva acção ou omissão), exigindo-se, como é óbvio, que a parte interessada na impugnação tenha conhecimento da ilegalidade cometida – caso contrário, o ónus de sua impugnação só se torna efectivo a partir do momento desse conhecimento, que pode ocorrer até à prolação de sentença.

O segundo esclarecimento é o de que, por um lado, só cabem na previsão legal aquelas ilegalidades que correspondam a algum dos factos das várias alíneas do precedente nº 3 deste art. 46º, não a violação de qualquer outra disposição (supletiva) da LAV – ao contrário do que, se lêssemos destacadamente este seu nº 4, seríamos levados a pensar.

Mas, por outro lado, também não são todas as ilegalidades desse nº 3 que aqui relevam, pois as que decorrem da violação de normas imperativas da lei, de normas que as partes não podem derrogar em caso algum, na convenção ou fora dela – como sucede por exemplo, com as respeitantes à inarbitrabilidade do litígio ou à inexistência de convenção que o cubra –, tais ilegalidades, dizia-se, também não se subsumem na previsão deste nº 4.

Ou seja, a falta de impugnação imediata e tempestiva, no processo arbitral, de violações destas últimas normas não preclude o direito de as arguir posteriormente perante os tribunais do Estado.

Quanto ao terceiro dos mencionados requisitos, não suscita o respeitante à sua arguição (na arbitragem) dentro do prazo, se prazo houver, qualquer dificuldade, mas torna-se necessário esclarecer o que é isso de *"deduzir oposição de imediato"*, como se dispõe no preceito em apreço, que período de tempo é aquele que se considera corresponder a exigência de oposição *imediata*, questão sobre a qual já nos pronunciámos, ao de leve, no comentário 20º ao art. 10º.

Socorrendo-nos do método das *zonas de certeza*, ensinado entre nós por Sérvulo Correia, diríamos que a *zona de certeza positiva* do conceito *"oposição imediata"* perante o tribunal arbitral abrange as oposições deduzidas, consoante a dificuldade da fundamentação respectiva, vá lá, no prazo de 5 a 7 dias (embora haja quem vote numa interpretação mais cingida, outros mais alargada, talvez 10 dias) a contar do momento em que se soube da irregularidade cometida, situando-se na sua *zona de certeza negativa* aquelas que são deduzidas 20 a 25 dias depois da prática da ilegalidade impugnável, mesmo que não ocorra qualquer evento posterior a isso que dê a perceber que a ilegalidade cometida ia redundar em desfavor da parte que agora aparece a impugná-la tardiamente.

Na verdade, a exigência legal de oposição imediata a essas ilegalidades, no processo arbitral, corresponde a uma manifestação do princípio da boa fé processual, destinando-se a evitar que a parte que vê ser cometida uma ilegalidade fique a aguardar as suas consequências na expectativa de as mesmas redundarem em seu favor, só a impugnando posteriormente, quando constata que, afinal, não vai ser assim.

Por outro lado, desse modo, contribui-se para que os erros cometidos ao longo do processo arbitral vão sendo corrigidos, de maneira a que a sentença respectiva seja a mais imune possível a impugnações retardantes, o mais eficiente possível, portanto.

Ficam então em *zona de incerteza*, para resolver de acordo com o critério do tribunal, em função das circunstâncias concretas de cada caso, as oposições deduzidas entre os 5º ou 7º dias e os 20º ou 25º dias após o conhecimento da ilegalidade, consoante os prazos que acima mencionámos.

Nº 5

25. A proibição da renúncia "ex ante factum": objecto, "ratio" e efeitos

Ao contrário do que sucede com a renúncia ao direito de impugnação da sentença ou decisão arbitral perante tribunais do Estado *ex post factum*, isto é, posterior à ocorrência do facto impugnatório, que se encontra prevista no anterior nº 4, a renúncia a esse direito *ex ante factum* é proibida por este nº 5 do art. 46º da LAV.

Justifica-se a diferença entre a regra especial e a regra geral não apenas pela menor ou maior dignidade das normas violadas pela sentença *impugnandi* – ali, tratava-se de normas supletivas da lei ou de cláusulas convencionais, aqui, de normas imperativas da lei –, mas sobretudo porque, nuns casos, os da renúncia posterior ao facto, as partes já tiveram oportunidade de ponderar as consequências concretas da ilegalidade cometida pelos árbitros e as vantagens e desvantagens, também concretas, de se lhe opor e de a impugnar, enquanto, no caso da renúncia *ex ante*, o juízo sobre a renúncia baseia-se provavelmente numa apreciação precipitada e superficial, e sempre apenas abstracta e insuficiente, dos riscos que se correm em prescindir antecipadamente das garantias que o direito à impugnação oferece.

Ainda por cima, trata-se da renúncia a um direito, liberdade ou garantia constitucionais, no caso, à garantia ou direito à *tutela judicial* (efectiva) do art. 20º da CRP – que a lei, muito curialmente, dificulta.

Sabendo-se que a irrenunciabilidade do direito de impugnação respeita necessariamente à impugnação da sentença arbitral *perante os tribunais estaduais*, pergunta-se se ela abrange também a proibição de renunciar apenas à impugnação *perante os árbitros* de decisões interlocutórias ou de decisões de competência que por eles venham a ser tomadas no decurso do processo – questão à qual não nos repugnaria responder negativamente, sendo permitida aí a renúncia *ex ante*, mas apenas em relação às ilegalidades cuja falta de invocação em processo arbitral não preclude o direito de as arguir subsequentemente perante os tribunais estaduais.

Quanto aos efeitos da proibição legal de renúncia traduzem-se eles na nulidade e ineficiência de qualquer cláusula ou acordo em que as partes se houvessem comprometido a não impugnar, com uns ou outros fundamentos, quanto mais, com todos eles, a sentença arbitral (e as decisões interlocutórias, que viessem a ser proferidas no processo arbitral) – considerando-se tal cláusula ou acordo (independentemente de qualquer pronúncia judicial prévia) como não escritos.

Nº 6

26. *O prazo de impugnação da sentença arbitral: sua interpretação constitucionalizante. A inaplicabilidade do art. 139º/5 do novo CPC*

Fixa-se neste nº 6, mediante o uso de várias fórmulas literais algo estranhas, o prazo para impugnação de sentença arbitral, isto é, para apresentação do pedido de sua anulação perante o tribunal estadual competente, nos termos do art. 59º desta LAV.

Prazo esse que é de 60 dias, um prazo mais longo do que é normal, entre nós, em matéria de recursos de sentenças – isso, certamente, por se ter querido dar tempo às partes para reflectirem melhor sobre a conveniência e consistência da impugnação e também para lhes permitir prepararem melhor os respectivos articulados –, embora se trate de um prazo conhecido também de outras leis de arbitragem, como é o caso da francesa.

O referido prazo legal, inderrogável pelas partes, conta-se a partir do próprio dia em que seja recebida, melhor, em que se considere feita a notificação da sentença arbitral ou, então – se se tiver requerido aos árbitros, ao abrigo do art. 45º da LAV, que rectifiquem erros, esclareçam obscuridades ou que profiram sentença adicional sobre uma parte não decidida do pedido –, conta-se tal prazo *"da data em que o tribunal tomou uma decisão sobre esse requerimento"*.

Trata-se, como é manifesto, de um lapso do legislador.

Não há, na ordem jurídica, sob pena de inconstitucionalidade, um prazo de defesa ou de reacção judicial que comece a correr quando se decida da sanção ou da medida a aplicar – mas só a partir do momento em que se deu conhecimento de ter sido aplicada essa sanção ou tomada essa medida –, pelo que a norma deste nº 6 deve ser interpretada constitucionalizantemente, como se nela se escrevesse que, no caso aí previsto, de se ter apresentado (não de "*se ter feito*") um requerimento ao abrigo do art. 45º, o prazo de impugnação se conta da própria data em que ocorreu a notificação da decisão sobre ele proferida.

E não, portanto, do dia em que tal decisão for "tomada", nem do dia subsequente ao da notificação, note-se, mas da própria data em que ela se verificar.

Por outro lado, embora, já se tenha visto sustentada tese inversa, entende-se que aos 60 dias do prazo normal de impugnação não acrescem os do n.º 5 do art. 139º do CPC, respeitantes aos três dias úteis de multa – nem qualquer outros que porventura as partes hajam inscrito na convenção ou regulamento de arbitragem –, pois que se está aqui perante um processo concebido como uma nova acção, sujeita a um prazo de caducidade, e não perante um acto processual a praticar entre dois processos judiciais.

27. O pedido de anulação: suas menções, alegações e conclusões

O pedido de anulação de sentença arbitral é deduzido através de petição da qual devem constar:
- a identificação do tribunal a quem o pedido é dirigido;
- a identificação do autor e do réu (sem ser por referência aos sinais dos autos, pois que o processo arbitral não sobe);

- a junção da convenção de arbitragem e da sentença ou decisão recorrida;
- a identificação do objecto do processo impugnatório;
- a fundamentação de facto e de direito;
- os documentos probatórios e o requerimento de outras provas;
- a assinatura por advogado (com procuração nos autos, junção da procuração ou protesto respectivo);
- os duplicados legais e para recibo de entrada.

Uma das dúvidas que se suscita a este propósito é a de saber se o autor deve (poder, pode, claro) mencionar e comprovar, na própria petição, que deu cumprimento aos ónus de impugnação ou oposição prévia e imediata perante o tribunal arbitral, previstos nos nºs 4 e 6 do art. 18º e no nº 4 deste art. 46º ou, se – correspondendo o não preenchimento desses ónus a excepções dilatórias, a causas de inadmissibilidade total ou parcial da impugnação – deve ele aguardar que a contraparte suscite na sua resposta essas questões prévias, sendo-lhe subsequentemente dado replicar à sua invocação, nos termos previstos na alínea c) do nº 2 do presente art. 46º.

A nossa resposta vai neste último sentido.

Tal hipótese cabe à vontade na irressalvada regra da citada alínea c), aplicável a todos os actos ou omissões que possam ser qualificados como excepções – como causas de *inadmissibilidade* (não de improcedência) da impugnação –, mesmo quanto àquelas que são do conhecimento oficioso do tribunal (e sobre que o réu não tenha dito algo) como sucede, pensamos, no caso do incumprimento dos ónus dos nºs 4 e 6 do art. 18º e do nº 4 deste art. 46º, pois que também ele, tribunal, antes de decidir pela inadmissibilidade da petição, tem de ouvir o autor (e o réu) pelo prazo de 10 dias.

Outro apontamento respeita ao objecto das razões de facto e de direito da impugnação, que, quando respeitam a fundamentos da alínea *a)* do nº 3, devem ser completas, arguindo-se as ilegalidade e demonstrando-se, de facto e de direito, a sua ocorrência. Por sua vez, quando respeitarem a fundamentos da alínea *b)* – embora também possam ir deduzidas com todos os seus elementos – o recorrente, se quiser, e por cautela, pode limitar-se a arguir que a sentença padece desta ou daquela ilegalidade, indicando apenas as normas violadas (ou nem isso), que, depois, o tribunal conhecerá dela oficiosamente.

Nº 7

28. A invalidade parcial da sentença impugnada: requisitos da sua admissibilidade

Refere-se este nº 7 a causas de invalidade parcial da sentença arbitral, a fundamentos que só afectem uma parte ou efeito da respectiva determinação jurídica, caso em que a sua anulação pelo tribunal estadual se cingirá, em teoria, à parte afectada.

De acordo com a conhecida máxima do *utile per inutile non vitiatur*.

Claro que só haverá lugar à anulação parcial da sentença se a sua parte ilegal puder ser dissociada, quer jurídica quer materialmente, das partes sãs, se os bens ou direitos sobre que os respectivos efeitos versam forem divisíveis – e o forem já à data da decisão do processo judicial impugnatório, não podendo o juiz actuar no sentido de promover essa divisibilidade, por os seus poderes serem restritos, aqui, à anulação ou não anulação da sentença (e não à composição do conflito entre as partes).

Nº 8

29. A suspensão do processo impugnatório e a retoma do processo arbitral: cautelas, dúvidas e restrições

Dispõe o nº 7 do art. 46º que, depois de lhe ter sido requerida a anulação de uma sentença arbitral, pode o tribunal estadual competente – se lho requerer qualquer uma das partes e ele o considerar adequado – *suspender o processo impugnatório* e permitir aos árbitros que *retomem o processo arbitral* e (ou) *adoptem qualquer medida* que julguem susceptível de eliminar os fundamentos da impugnação.

É uma norma cuja aplicação suscita dúvidas e carece de cuidados vários.

Em primeiro lugar, porque, para que a formalidade tenha utilidade, é necessário que o tribunal estadual identifique todas as ilegalidades de que padecerá a sentença arbitral e sobre que o tribunal arbitral deve (melhor dizendo, pode) debruçar-se, sob pena de se corrigir uma delas e depois, como podem subsistir outras, ter que se anular, à mesma, a sentença arbitral.

Por outro lado, é preciso notar que, proferida a sentença arbitral, o processo arbitral termina e os poderes judiciais dos árbitros esgotam-se (nºs 1 e 2 do art. 44º) – sem prejuízo de ao presidente poderem caber ainda tarefas de administração judiciária. Com essa objecção lida, porém, o próprio nº 2 do art. 44º, ao prever que as funções judiciais se mantêm após a prolacção da sentença, precisamente, no caso deste nº 8 do art. 46º.

Problema é se o prazo para (proferir e) notificar a sentença arbitral às partes já estiver esgotado quando o tribunal estadual devolver o poder judicial aos árbitros, porque, nesse caso, dispõe-no o art. 44º/3 – e coadjuva-o a subalínea *vii*) da alínea *a*) do art. 46º/3 –, põe-se automaticamente termo ao processo e à competência dos respectivos árbitros para julgarem o litígio. Tudo, ao que parece, agora, sem remição possível.

Até porque a prorrogação do prazo (já esgotado) para os árbitros se pronunciarem só pode ser decidida por comum acordo das partes (não apenas por aquela que haja requerido a suspensão do processo impugnatório) – como resulta do art. 43º/2 da LAV –, só sendo dado aos próprios árbitros esse poder de prorrogação, nos termos do respectivo nº 3, enquanto não se exaurir o prazo para (proferir e) notificar a sentença arbitral.

30. *A retoma do processo arbitral: prazo de exercício e poderes retomados dos árbitros*

Naqueles casos em que ainda seja admissível os árbitros retomarem o processo arbitral por suspensão do processo impugnatório, a retoma durará pelo período de tempo que deve ir fixado na própria decisão proferida pelo tribunal estadual, após o que os (retomados) poderes judiciais dos árbitros se extinguem automaticamente, sem que as próprias partes possam prorrogá-los.

De assinalar é também que a retoma do processo é uma faculdade discricionária dos árbitros, que podem, sem qualquer consequência directa, devolver (o processo e o poder judicial) ao tribunal estadual, para que este dê seguimento e decisão ao processo impugnatório.

Questão é saber se, retomado o processo arbitral, os árbitros podem rever, revogar e (mandar) refazer formalidades que já haviam sido cumpridas de certo modo e se podem "voltar atrás" para que se pratiquem actos ou realizem formalidades antes omitidas.

A essa dúvida responde-se afirmativamente não apenas porque, se assim não fosse, esta inovação não teria qualquer utilidade – a não ser para corrigir os erros patentes de que porventura padecesse a própria sentença – mas também porque é a própria lei, este nº 8 do art. 46º, que dispõe poder o tribunal arbitral *"tomar qualquer outra medida que [...] julgue susceptível de eliminar os fundamentos da anulação"*.

Sem prejuízo, claro, de haver casos em que a eliminação dos fundamentos da anulação passa apenas pela necessidade de alteração da sentença, nada mais havendo que refazer no processo arbitral: é o que sucede, tipicamente, no caso de se ter condenado a parte demandada em quantia superior ao pedido ou (se do processo já constarem os elementos necessários para essa "convolação") em objecto diferente dele.

No exercício dos seus poderes "retomados", o tribunal arbitral fica vinculado não só a respeitar tudo quanto antes o obrigara, desde o disposto na convenção e no regulamento da arbitragem até à observância dos princípios essenciais do processo arbitral (do art. 30º da LAV) – não podendo, nomeadamente, ultrapassar o prazo para proferir e notificar a sentença, salvo nos casos e com os requisitos sob que a lei permite a prorrogação do mesmo (art. 43º, *ibidem*) –, ficando também obrigado a vazar na sentença agora proferida as alterações resultantes da supressão dos erros ou omissões de que ela própria ou o processo padecessem.

31. Hierarquia e independência na relação entre tribunal do Estado e tribunal arbitral, quanto ao exercício de poderes "devolvidos"

No que respeita à relação dos árbitros com o tribunal estadual que lhes "*devolveu*", para este estrito efeito, os respectivos poderes de arbitragem, há certamente momentos *"hierárquicos"*, digamos assim, em que eles são obrigados a actuar em conformidade com as determinações do juiz do processo impugnatório, sob pena de não serem tomadas em conta as alterações a que tenham procedido.

Mas também há momentos *"independentes"*, em que actuam de acordo com a sua própria vontade, à revelia do que porventura lhes tenha sido ditado aquando da *"devolução de poderes"*.

São aspectos hierárquicos ou vinculados dessa relação, designadamente, os respeitantes
- ao período de duração da suspensão do processo impugnatório;
- à ou às ilegalidades que o tribunal estadual haja indicado como sendo susceptíveis de reparação;

Resulta daí que só serão tomados em conta no processo impugnatório, em primeiro lugar, as alterações e adaptações a que os árbitros procedam dentro do período de duração da suspensão decretada pelo tribunal estadual – e também (salvo prorrogação válida) dentro do prazo que as partes lhe haviam conferido para proferirem e notificarem a sentença arbitral – e, em segundo lugar, serão válidas aquelas medidas que tenham como objecto suprir os erros ou omissões causadores da ou das ilegalidades identificadas no processo impugnatório pelo respectivo juiz.

Pressupõe-se assim, como já sugerimos, que, no caso de o tribunal da impugnação entender usar deste poder, só o fará depois de ter percorrido todo o processo arbitral em busca de ilegalidades invalidantes, não vá dar-se o caso de estar-se a dispender tantos esforços, tempo e recursos para, afinal, ainda se vir a verificar, depois, que a sentença arbitral tem mesmo de ser anulada por subsistirem ilegalidades que não foram reparadas.

São, por sua vez, aspectos independentes ou discricionários dessa relação, designadamente, os respeitantes
- à aceitação da *"devolução de poderes"*;
- ao modo de suprimento da ilegalidade detectada.

Donde resulta que não só o tribunal arbitral não está obrigado a retomar o processo para suprir a ilegalidade que lhe tenha sido indicada como estando a afectar a consistência da sentença por si ditada, mas também que, retomando-o, ele é "senhor" do modo do respectivo suprimento – que pode, é claro, ir ínsito na ilegalidade detectada, mas sobre o qual, em rigor, não é dado ao tribunal do Estado pronunciar--se, pois que, em sede de impugnação, os seus poderes não vão além do confronto do processo ou sentença arbitral com as leis e cláusulas adjectivas que os condicionavam e em retirar daí a conclusão sobre a respectiva desconformidade ou não desconformidade, não lhe cabendo, porém, determinar o que neles (processo e sentença) seria conforme com os parâmetros jurídicos de que dependem.

Do mesmo modo, afinal, que, no chamado "*julgamento de constitucionalidade*", só cabe ao Tribunal Constitucional determinar se a norma aplicada é ou não inconstitucional, mas já não dizer que ela é constitucional.

Não se ignorando, claro, que há aqui, assim, um ligeiro risco de o tribunal arbitral, ao tentar suprir a ilegalidade cometida, reincidir nela, embora por via diferente.

São os espinhos do sistema, afinal, aos quais nunca pode fugir-se inteiramente.

32. Efeitos da sentença arbitral alterada ou "retomada": quanto às partes (direito à sua impugnação) e ao processo impugnatório (tramitação subsequente)

Proferida a sentença arbitral, parece que ela deveria ser remetida ao tribunal do Estado para se dar então continuidade e conclusão ao processo impugnatório, que, como se sabe, estava apenas suspenso – a lógica, aliás, é que, terminada uma suspensão, as "coisas" suspensas sejam retomadas no local e no ponto em que estavam antes dela –, proferindo-se então uma decisão sobre o pedido de anulação que havia sido formulado no sentido, em regra, claro, de que o mesmo será improcedente, *rectius*, supervenientemente inútil.

E qual é a posição das partes face à sentença arbitral alterada e à decisão do tribunal estadual?

Em relação à sentença arbitral, a proposta de Robin de Andrade (*Lei da Arbitragem Voluntária*, p. 95) é a de que que a mesma, embora *"se tenha por modificada"* em consonância com o suprimento do erro ou omissão que a afectavam (ou ao processo arbitral), não se reabre um novo prazo de impugnação.

Não subscrevemos, porém, tal proposta.

Só poderia ser assim, na verdade, se, da reforma da sentença ou do processo, não resultassem alterações do decidido ou processado em desfavor de qualquer uma das partes, se nada – isto é, nem a própria regulação das posições e dos interesses litigiosos das partes nem a tramitação do processo – se tivesse alterado lesivamente para uma delas.

O que não é, de todo, difícil acontecer, como o demonstram dois exemplos simples.

Assim, se uma parte houvesse arguido em processo impugnatório que o tribunal arbitral a condenara em quantia superior ao pedido e se, na sequência disso, os árbitros viessem a reduzir o valor da condenação, não se vê como poderia recusar-se à outra parte, agora, o direito de impugnar ela a sentença com fundamento em vícios, por exemplo, do próprio processo ou incidente da respectiva reforma ou com fundamento em vícios derivados da violação de normas imperativas, que antes não impugnara por a sentença lhe ser favorável.

E se, para remediar a ilegalidade decorrente de falta de citação da demandada, o tribunal arbitral procedesse agora a essa formalidade, recebesse a respectiva contestação e decidisse, sem ouvir o demandante, considerar procedente uma excepção deduzida contra a admissibilidade do pedido, não havia ele, demandante, de poder impugnar essa decisão "retomada" dos árbitros, sob pena de se infringirem frontalmente as exigências do contraditório e o disposto no nº 1 do art. 20º da CRP?

Sendo a alteração da sentença arbitral, em consequência do que "renovadamente" se haja processado, forçosamente, da lavra dos árbitros – que, de resto, o tribunal do Estado não tem competência para tal –, a admissibilidade de uma sua renovada impugnação representa uma necessidade imperiosa, constitucionalmente imperiosa, até, como vimos.

Simplesmente, como não há na LAV normas a dispor sobre o processamento enxertado destas novas impugnações, tem que ser por integração dos seus passos omissos que se determinará o que fazer processualmente, neste atípico caso, de haver um processo de impugnação que se encontrava suspenso em prol da retoma do processo arbitral impugnado, cuja sentença, entretanto, terá deixado de existir (fazendo cessar a razão de ser da sua suspensão) para dar lugar, no processo arbitral retomado, a uma nova sentença arbitral.

A solução poderá consistir *i)* por um lado, na declaração da *inutilidade superveniente da lide* impugnatória, se o tribunal estadual entender que a ou as ilegalidades de que a primeira sentença padecia teriam sido eliminadas e *ii)* por outro lado, na abertura de um novo prazo de 60 dias, para que as partes no processo arbitral (a que não impugnara aquela sentença, mas também a ex-impugnante) possam, se ela padecer de qualquer *ilegalidade nova*, arguir esta através de um pedido de anulação "*retomado*", isto é, novo, também ele.

A única maneira de se evitar envolvermo-nos nesta complexa teia de processos, sentenças e impugnações consistiria:

- ou em entender que o requisito legal de o "*tribunal estadual [...] considerar* **adequado** *[...] dar ao tribunal arbitral a possibilidade de retomar o processo arbitral*" só estaria preenchido quando fosse seguro que tal retoma e a eliminação de ilegalidades da primeira sentença arbitral se podem fazer sem qualquer alteração da posição das partes ou do conteúdo dessa sentença;
- ou o tribunal estadual rejeitar a sentença retomada, mantendo o processo impugnatório tal qual estava, no caso de verificar que ela poderia abrir a porta à arguição de novas ilegalidades.

Parece-nos, porém, em boa verdade, que isso seria retirar à norma deste nº 8 do art. 46º, e à inovatória figura por ele criada, qualquer utilidade prática, por estarem em causa, nesses seus dois "remendos", pressuposições de impossível realização jurídica: a de que seria possível alterar formalidades do processo arbitral, mesmo que sem repercussão na sentença proferida, que não abrissem, sequer potencialmente, sendo ilegais, a porta a novas impugnações.

N⁰ 9

33. A impugnação como processo de revisão (da sentença), não de reexame (do pedido)

Os poderes de conhecimento e decisão do tribunal do Estado, no processo de impugnação de sentença arbitral, restringem-se, como resulta do n⁰ 9 deste art. 46⁰ da LAV, ao conhecimento das ilegalidades arguidas pelo autor e das de seu conhecimento oficioso, que a lei considere fundamentos de impugnação, para, no caso de considerar alguma ou algumas delas procedentes, anular a referida sentença, removendo-a do ordenamento jurídico, como se não tivesse sido proferida.

Ponto final.

Nada mais lhe é dado (conhecer e) decidir a propósito dessa sentença, nomeadamente reexaminar o processo, corrigir os erros e preencher as omissões de facto ou de direito de que ele padeça, para proferir uma sentença de mérito sã sobre a causa que as partes convencionaram dever ser julgada arbitralmente.

E é assim, mesmo que porventura o fundamento da anulação da sentença residisse precisamente, por exemplo, na inarbitrabilidade do litígio, na invalidade ou ineficácia da convenção arbitral ou, então, em se ter condenado em quantia superior ao pedido.

Trata-se portanto, como claramente resulta deste n⁰ 9 do art. 46⁰, de um "recurso" ou processo de mera *revisão (da sentença* arbitral), não de *reexame (da causa, do pedido)*.

34. O eventual excesso da sentença estadual anulatória

E se, porventura, o tribunal do Estado exceder os poderes de que dispunha e se pronunciar sobre questões de que não podia conhecer? *Quid iuris*, se ele se pronunciar oficiosamente sobre ilegalidades que dependiam de arguição e demonstração pelo impugnante?

Pior: e se ele, em vez de se limitar a anular a sentença arbitral, condenar o réu a pagar ao autor não a quantia em que havia sido arbitralmente condenado, mas outra, menor, considerada como estando abrangida pelo pedido?

Estamos em todos esses casos perante causas de nulidade da sentença do processo impugnatório, como se comina no art. 615º do novo CPC, aqui directamente aplicável – pois, como vimos, o regime aplicável aos processos de recurso e impugnação de decisões arbitrais perante os tribunais do Estado segue primariamente as regras do processo civil ou administrativo, não as da convenção arbitral ou (subsidiariamente) as da LAV.

Sendo assim, para reagir contra uma sentença nula proferida no processo impugnatório, deve o interessado arguir a respectiva nulidade nos termos do nºs 1 e 4 do art. 615º do novo CPC, seja em processo cível ou administrativo.

35. Efeitos da sentença anulatória sobre a causa e o processo arbitral: o novo tribunal e processo arbitral. Requisitos

Dispõe-se no presente art. 46º/9, *in fine*, que, anulada a sentença arbitral, "*se alguma das partes o pretender*", deve a causa, as questões que ela suscita, "*ser submetidas a outro tribunal arbitral, para serem por este decididas*".

O tribunal arbitral pré-existente não é convocado para o efeito, porque os poderes para julgar do caso, que lhe haviam sido conferidos pelas partes, se esgotaram com a prolacção da sentença arbitral (salvo na hipótese e para os efeitos previstos no antecedente nº 8 deste mesmo art. 46º), devendo portanto um novo julgamento arbitral ser submetido "*a outro tribunal arbitral*" – por isso que a cláusula compromissória ou o compromisso arbitral, salvo estipulação expressa em contrário neles estabelecida, não caducam com a emissão de uma (ou da) sentença arbitral.

Isto é, o novo julgamento deve ser submetido a um tribunal arbitral com legitimidade diferente daquele que proferiu a sentença anulada – e que, portanto, a nosso ver, até pode ser um tribunal constituído pelos mesmos árbitros, mas *ex novo*, se as partes, no exercício dos seus inalienáveis e (neste aspecto) incondicionais poderes compromissórios, assim o determinarem em procedimento com tramitação e efeitos idênticos àqueles que levantaram à constituição do primitivo tribunal arbitral.

Assinale-se que a nova sujeição a outro tribunal arbitral pode ser fruto da iniciativa de qualquer das partes, precisamente porque, mantendo-se a convenção em vigor, o desencadear do procedimento de designação de árbitros e de constituição do tribunal arbitral não carece da vontade concordante de ambas.

Nº 10

36.(cont.) A "retoma" de efeitos da convenção de arbitragem

A regra deste nº 10 já estava ínsita no antecedente nº 9 – nem de outro modo poderia ter-se disposto aí que, anulada a sentença arbitral, qualquer das partes é admitida a submeter de novo a causa a tribunal arbitral –, tendo porém o legislador sentido a necessidade de afirmar expressamente tal regra, como aliás já o fizera no art. 43º/3.

O que nela se diz de inovatório é que a continuação da vigência da convenção de arbitragem (que tenha estado na origem do anterior processo e sentença arbitrais anulados) só se verificará – permitindo assim que qualquer das partes submeta de novo a causa a *"outro tribunal arbitral"* – *"se as parte* [não] *tiverem acordado de modo diferente"*.

Concluindo-se, já sem qualquer novidade – algo enganosamente, até (porque não se trata de "voltar") –, que, nesse caso, a *"convenção de arbitragem volta a produzir efeitos relativamente ao objecto do litígio"*.

CAPÍTULO VIII
Da execução da sentença arbitral

Artigo 47.º
Execução da sentença arbitral

1 – A parte que pedir a execução da sentença ao tribunal estadual competente deve fornecer o original daquela ou uma cópia certificada conforme e, se a mesma não estiver redigida em língua portuguesa, uma tradução certificada nesta língua.

2 – No caso de o tribunal arbitral ter proferido sentença de condenação genérica, a sua liquidação faz-se nos termos do n.º 4 do artigo 805.º do Código de Processo Civil, podendo no entanto ser requerida a liquidação ao tribunal arbitral nos termos do n.º 5 do artigo 45.º, caso em que o tribunal arbitral, ouvida a outra parte, e produzida prova, profere decisão complementar, julgando equitativamente dentro dos limites que tiver por provados.

3 – A sentença arbitral pode servir de base à execução ainda que haja sido impugnada mediante pedido de anulação apresentado de acordo com o artigo 46.º, mas o impugnante pode requerer que tal impugnação tenha efeito suspensivo da execução desde que se ofereça para prestar caução, ficando a atribuição desse efeito condicionada à efectiva prestação de caução no prazo fixado pelo tribunal. Aplica-se neste caso o disposto no n.º 3 do artigo 818.º do Código de Processo Civil.

4 – Para efeito do disposto no número anterior, aplica-se com as necessárias adaptações o disposto nos artigos 692.º-A e 693.º-A do Código de Processo Civil.

Fontes

Nº 1 – Lei-Modelo da Uncitral, art. 35º/2 (reformulado)
Nº 3 – Lei Espanhola, art. 45º/1, 2 e 3 (reformulado); art. 26º/2 da LAV de 1986 (implicitamente), conjugado com o regime da execução da sentença dos tribunais estaduais.

Comentário

1. *A sentença arbitral como título executivo: observações sobre a sua aplicação*
2. *Requisitos petitórios e instrutórios da executoriedade das sentenças em língua estrangeira previstos no preceito: em especial, a tradução de sentenças*
3. *Requisitos instrutórios omissos*
4. *Liquidação de condenações arbitrais ilíquidas: no tribunal estadual da execução*
5. *Liquidação oficiosa ou a requerimento de parte, no tribunal arbitral*
6. *Liquidação arbitral "equitativa": significado*
7. *A tramitação incidente da liquidação arbitral: remissão e sua delimitação*
8. *A regra geral da executoriedade da sentença arbitral judicialmente impugnada*
9. *A regra especial do efeito suspensivo da sentença pela impugnação caucionada: a pluralidade de tribunais envolvidos*
10. *O decretamento da extinção do efeito suspensivo da impugnação por negligência processual do impugnante; tramitação do incidente*
11. *A fixação do montante da caução e a competência e tramitação do incidente de atribuição de efeito suspensivo da execução da sentença arbitral*

Nº 1

1. A sentença arbitral como título executivo: observações sobre a sua aplicação

No essencial, fixam-se neste art. 47º os requisitos de que depende poderem as sentenças arbitrais funcionar como títulos executivos, servirem de base e fundamento à execução do réu – execução essa que corre perante os tribunais estaduais, por os árbitros não disporem do poder de impor coercivamente as suas decisões, como dissemos logo nos comentários "Preliminares" que dão início a esta obra e, depois, aos artigos que regulam, por exemplo, a matéria das providências cautelares.

As disposições deste nº 1 e dos restantes números do presente artigo aplicam-se a todas as sentenças arbitrais, tanto às parciais como às finais e adicionais – com excepção das sentenças proferidas em processos cautelares, sujeitos antes ao regime dos arts. 27º e ss. da LAV –, sejam elas tiradas por tribunais arbitrais localizados em Portugal ou no estrangeiro.

É esse também o entendimento de Pedro Metello (*Lei da Arbitragem Voluntária Anotada*, AAVV, p. 97).

O mesmo resulta de se dispor aqui, na parte final do preceito, sobre a exigência de tradução de sentenças arbitrais que não tenham sido proferidas em língua portuguesa, hipótese de aplicação não apenas exclusiva às sentenças arbitrais estrangeiras – admitindo-se porém a existência de sentenças arbitrais estrangeiras proferidas em língua portuguesa –, mas de aplicação também às sentenças de tribunais arbitrais portugueses nos processos para os quais as partes (ou o tribunal, no caso do artº 32º/2) tenham escolhido uma língua estrangeira, ao abrigo do respectivo nº 1.

É verdade que considerar as normas deste art. 47º aplicáveis às sentenças arbitrais estrangeiras coloca problemas de sua compatibilização com o facto de o posterior Capítulo X da LAV e de o seu art. 56º/1 se referirem simultaneamente ao *"reconhecimento e execução de sentenças arbitrais estrangeiras"*, quando, em rigor, a estar certa esta nossa convicção, apenas se deveria fazer menção aí ao *reconhecimento* de tais sentenças – como aliás, depois, se fez correctamente no art. 59º –, pois da sua *execução* não se trataria nesse capítulo e nesse art. 56º, mas aqui neste Capítulo VIII e nos preceitos que dele fazem parte.

Por outro lado, deveria exigir-se a quem requer a *execução* de uma sentença estrangeira que tenha sido objecto de *reconhecimento* por parte de um tribunal estadual português – dado que elas só são eficazes entre nós por força de tal reconhecimento – que juntasse então ao requerimento de execução certidão da decisão de reconhecimento, o que neste art. 47º, nomeadamente no seu nº 1, não se fez, deixando-nos assim um pouco perplexos sobre a aplicabilidade do preceito a tais sentenças e a conjecturar que, afinal, ele poderia só ser aplicável a sentenças nacionais (ainda que elas fossem proferidas em língua estrangeira).

2. *Requisitos petitórios e instrutórios da exequibilidade das sentenças em língua estrangeira previstos no preceito: em especial, a tradução de sentenças*

Para que os tribunais portugueses competentes em matéria de execução de sentenças arbitrais – os tribunais judiciais e administrativos de 1ª instância (como se verá em comentário ao art. 59º) – admitam e dêem seguimento ao pedido de sua execução é necessário, naturalmente, que a parte requerente formule um pedido fundamentado nesse sentido com as menções, consoante os casos, do art. 724º e ss. do novo CPC e dos arts. 164º e 170º do CPTA, indispensáveis à sua concretização (a escolha da prestação alternativa, a verificação da *condição* ou o oferecimento do *modo* determinado na sentença, a indicação dos bens a penhorar, o lugar onde deve ser realizada a prestação, etc.).

O preceito deste nº 1, porém, não se refere expressamente a isso – para tanto lá estão os mencionados artigos do CPC e do CPTA –, mas apenas aos requisitos, a alguns requisitos, note-se, de instrução do pedido de execução

É necessário para tanto, então, que se junte ao requerimento de execução o original da sentença arbitral ou uma sua *"cópia certificada conforme"*, bem como, no caso das sentenças estrangeiras que não tenham sido proferidas em língua portuguesa – e diz-se assim, porque a hipótese inversa não é impossível –, ainda uma sua tradução também certificada para português.

A exigência da junção de uma *certidão conforme* da sentença e, no caso de ela ser proferida em língua estrangeira, a exigência de junção da respectiva *tradução certificada* para português estão sujeitas a formalidades várias.

Assim, quanto à "*cópia certificada conforme*" é necessário
- uma certidão da sentença – emitida pelo depositário da sentença ou pelo responsável pelo seu arquivo;
- tratando-se de entidades sem poderes de certificação, a cópia pode ser autenticada por notário ou entidade legalmente habilitada para a prática de actos notariais – como é o caso dos advogados perante o original da sentença estrangeira com os respectivos selos, timbres, etc.;
- se tal autenticação for feita no estrangeiro, há que determinar até que ponto (e dependendo do país, se) não será exigível a legalização do documento estrangeiro com a Apostilha (ao abrigo da Convenção de Haia de 5 de Outubro de 1961) ou no Consulado de Portugal do país de origem do documento, segundo o art. 365º do Código Civil e do art. 440º do novo CPC;

Por sua vez, quanto à "*certificação da tradução*", a exigência legal traduz-se em
- a tradução ter de ser certificada, isto é, emitida por notário português, pelo consulado português no país onde o documento foi passado, pelo consulado desse país em Portugal ou, ainda, por tradutor idóneo que, sob juramento ou compromisso de honra, afirme, perante o notário (ou entidade legalmente habilitada para a prática de actos notariais), ser fiel a tradução;
- o certificado de tradução mencionado no número anterior dever conter a indicação da língua em que está escrito o original e a declaração de que o texto foi fielmente traduzido para a língua portuguesa;
- se a tradução for feita por tradutor ajuramentado em certificado aposto na própria tradução ou em folha anexa, dever mencionar-se a forma pela qual foi feita a tradução e o cumprimento das formalidades previstas na lei notarial;
- se a tradução for feita no estrangeiro por tradutor idóneo que, sob juramento ou compromisso de honra, afirme (perante no-

tário ou entidade legalmente habilitada no país de origem) ser a tradução fiel, colocando-se novamente a questão da legalização do documento estrangeiro com a Apostilha (ao abrigo da Convenção de Haia de 5 de Outubro de 1961) ou no Consulado de Portugal no país de origem do documento, segundo o art. 365º do Código Civil e art. 440º do novo CPC.

Só não se consideram línguas estrangeiras para este efeito as línguas de países de expressão portuguesa, Brasil incluído – mesmo se o português aí falado e escrito se vá afastando, cada vez mais densamente, do português de Portugal, o que trará aos tribunais dificuldades acrescidas de (leitura e de) apreensão do respectivo teor.

3. Requisitos instrutórios omissos

Além desses requisitos instrutórios previstos no art. 47º/1, outros há da mesma natureza, necessários para boa apreciação e decisão do processo executivo pelos tribunais estaduais de 1ª instância, mas que estão lá omissos.

É o que sucede, como acima já se alertou, com a decisão de reconhecimento das sentenças arbitrais estrangeiras pelo Tribunal da Relação ou pelo Tribunal Central Administrativo competentes – decisão sem a qual tais sentenças não produzem efeitos entre nós (art. 55º), razão pela qual se impõe que o original ou uma certidão conforme de tal decisão sejam também juntos ao requerimento da execução.

Como devem ser igualmente juntos todos os outros documentos necessários para demonstração concreta e específica de factos relevantes para a decisão e medidas de execução, previstos nos artigos do CPC e do CPTA referidos no comentário nº 2, como sejam, por exemplo, os registos relativos à titularidade dos bens e direitos a penhorar ou os documentos respeitantes aos pressupostos e medida da obrigação *exequendi* – se a mesma não estiver concreta e pontualmente estabelecida na sentença arbitral.

E não se esqueça também que a parte requerente da execução pode sempre pedir ao tribunal estadual que requisite ao tribunal arbitral – ao seu presidente ou ao árbitro único e, ainda, ao depositário da sentença, a cuja guarda o respectivo original esteja confiado – os documentos autuados no processo arbitral ou, até, este mesmo.

Nº 2

4. *Liquidação de condenações arbitrais ilíquidas: no tribunal estadual da execução*

A liquidação das obrigações que os réus em processos arbitrais tenham sido condenados a satisfazer em benefício dos respectivos autores é, em muitas ocasiões, uma tarefa extremamente complexa e laboriosa de realizar, mais melindrosa do que o próprio julgamento da causa.

Não só por isso, mas também porque acontece o tribunal arbitral não ter acesso aos elementos necessários para proceder à liquidação de obrigações ilíquidas – seja por razões de tempo ou por falta de poderes para intimar terceiros, às vezes, as próprias partes, a facultar tais elementos –, não é raro que as sentenças aí proferidas contenham condenações apenas *"genéricas"*, que é necessário especificar e concretizar, liquidando-as.

Liquidação que pode ser pedida pelo autor ao tribunal judicial ou administrativo de 1ª instância competente, no próprio requerimento de execução, fazendo-se ela, sempre (qualquer que seja o tribunal competente), nos termos do art. 716º/4 do novo CPC – ou seja, por equiparação ao regime da liquidação baseada em título diverso da sentença de um tribunal judicial.

O que significa que, quando a liquidação não dependa de simples cálculo aritmético – caso em que a execução segue a forma sumária (arts. 550º e ss. do novo CPC) –, o executado é chamado para contestar (nos termos do subsequente art. 48º desta LAV), desde logo, em embargos à execução, os valores a que o exequente haja chegado no próprio requerimento de execução, sob cominação da respectiva aceitação (salvo o disposto no art. 568º do novo CPC) ou, então, em caso de revelia inoperante ou quando o executado contestar, aplicando-se o disposto nos nºs 3 e 4 do art. 360º desse mesmo Código.

5. Liquidação oficiosa ou a requerimento de parte no tribunal arbitral

O tribunal arbitral pode sempre – ainda que tal não lhe tenha sido pedido pelo autor – ter procedido à liquidação oficiosa das obrigações em que condenou o réu, socorrendo-se para tanto dos elementos que constam do processo arbitral ou solicitando às partes, contraditoriamente, que lhos facultem, caso em que já não há lugar à aplicação deste artº 47º/2.

Pode também o tribunal arbitral, mas a pedido de parte, julgamos, proceder à liquidação dos preparos que ela haja pago por conta da outra e condenar esta – se necessário em sentença adicional (art. 45º) – ao seu pagamento.

No caso de sentença arbitral de condenação genérica do demandado ao cumprimento das suas obrigações perante o demandante, pode qualquer das partes requerer aos árbitros, nos termos do art. 45º/5 da LAV, que o tribunal proceda à liquidação da obrigação exequenda, como se dispõe no segmento final deste art. 47º/2, não servindo as suas outras menções – com carácter aparentemente dispositivo – senão para preencher literariamente o preceito, pois que as mesmas (sobre a audiência da contraparte e a produção de prova) são imanentes ou já estão postas, e com as necessárias especificações (o que aqui não sucede), no remetido art. 45º/5.

6. Liquidação arbitral "equitativa": significado

A única referência do art. 47º/2 que não se contém imanente ou explicitamente nesse art. 45º/5 respeita à decisão do processo executivo pelo tribunal arbitral que, diz-se ali, "[julga] *equitativamente dentro dos limites que tiver por provados*".

Não se julgue, porém, que se trata aqui de julgar de acordo com a equidade sobre a liquidação da obrigação *exequendi*: não há equidade na realização das operações aritméticas de que porventura depende tal liquidação, como também não a há quando os factores e critérios de determinação dos valores em dívida pelo réu, agora executado, estão fixados (como certamente sucederá) no título da respectiva obrigação, estando o tribunal vinculado a aplicar as regras jurídicas que as partes convencionarem a tal propósito.

E se não suceder assim, o tribunal não formula um juízo de equidade, nos termos atrás referidos no art. 30º, devendo aplicar à liquidação princípios gerais de direito como os da proporcionalidade, da boa fé, da protecção de confiança, etc.

Bem podia, pois, o legislador ter-se abstido de introduzir este elemento de dúvida no preceito deste art. 47º/2, porque o que está aí em causa, intangivelmente, é fazer valer, de acordo com o Direito, o condicionalismo da sentença arbitral, podendo talvez usar-se de maneira mais adequada, em vez de *"equitativamente"*, o conceito *"proporcionalmente"*.

7. *A tramitação do incidente da liquidação arbitral: remissão e sua delimitação*

A sequência processual do incidente de liquidação arbitral desenrola-se, como neste mesmo art. 47º/2 se prevê, segundo o disposto no art. 45º/5, considerando-se estarem aí incluídas as exigências de contraditório e de prova imanentes a toda a decisão judicial de interesses (potencialmente) divergentes.

Remeta-se pois o leitor interessado para os comentários ao anterior art. 45º/5.

Para ele e, adaptadamente, para as normas gerais sobre as decisões arbitrais respeitantes ao objecto e à medida do litígio – como acontece com a disposição do art. 42º, para que se remete no nº 7 do tal art. 45º da LAV; já não, parece-nos, para o seu nº 6, que o legislador não convocou – como aconteceu em relação ao nº 5 – nem contém uma norma geral respeitante a prorrogações de prazos processuais.

Nº 3

8. *A regra geral da executoriedade da sentença arbitral judicialmente impugnada*

É outra inovação da LAV – outras leis haverá, mas não da sua categoria legiferante –, esta de trazer para o nosso ordenamento jurídico, como acontece com este nº 3 do art. 47º, à maneira anglo-saxónica, artigos ou números seus integrados por mais de um período.

É uma maneira de legislar com que muitos dos juristas da "velha guarda", como um ou outro dos Autores desta obra, não se sentem lá grandemente confortáveis, sobretudo em casos como este, em que a divisão da norma por dois períodos é completamente desnecessária, quer do ponto de vista da matéria tratada quer literariamente.

Dispõe-se então no primeiro período deste art. 47º/3 que não é pelo facto de a sentença arbitral, qualquer uma (excepto as decisões cautelares sujeitas ao regime especial do art. 28º), ter sido impugnada nos termos do art. 46º – quanto mais pelo facto de ainda se estar em tempo de a impugnar – que a sua execução (ainda que, no momento da impugnação, não tenha tido início ou sido requerida) deixará de fazer-se.

Tal impugnação não tem portanto, em regra, efeito suspensivo da execução da sentença, mas meramente devolutivo.

É mais um sinal da autonomia das arbitragens, e do seu julgamento, face aos tribunais do Estado.

9. A regra especial do efeito suspensivo da execução da impugnação caucionada: a pluralidade de tribunais envolvidos

O efeito meramente devolutivo da impugnação de uma sentença arbitral não constitui uma imposição inderrogável deste art. 47º/3 da LAV.

Na verdade, embora não tenha trazido para aqui as causa de suspensão da execução das sentenças dos tribunais estaduais que hajam sido objecto de recurso de apelação – causas a que se refere o art. 647º/3 do novo CPC –, o legislador admitiu contudo que o impugnante peça ao tribunal competente, no requerimento impugnatório, a atribuição de efeito suspensivo da execução da sentença arbitral à impugnação que deduziu, desde que se ofereça aí para prestar caução e se esta, depois de estabelecido o seu valor, for efectivamente prestada *"no prazo fixado pelo tribunal"*.

O que pode ocorrer, note-se, mesmo que a execução já tenha tido início, sustando-se então os respectivos trâmites e reconstituindo-se o respectivo *status quo ante* suspensão, levantando-se, por exemplo, as penhoras já efectuadas.

A prestação *extemporânea* da caução – não a *intempestiva*, prestada antes da notificação do tribunal arbitral sobre o montante e o prazo de prestação da mesma – ou a que não preencha os requisitos exigidos têm (salvo justo impedimento, claro) os mesmos efeitos que a falta da sua prestação: ou seja, a recusa de atribuição do efeito suspensivo requerido, ordenando-se simultaneamente a libertação da caução – o que o requerente deve abster-se de fazer, se quiser reagir contra a recusa da atribuição desse efeito.

Deve notar-se que, correndo o processo de impugnação da sentença arbitral perante os tribunais da Relação ou os Tribunais Centrais Administrativos, o processo da respectiva execução é da competência dos tribunais judiciais e administrativos de 1ª instância, pelo que, incluindo o arbitral, podem estar aqui envolvidas três ordens de tribunais.

10. O decretamento da extinção do efeito suspensivo da execução por negligência processual do impugnante; tramitação do incidente

No segundo período do art. 47º/3, dispõe-se que, no caso de a execução da sentença arbitral ter sido suspensa em virtude da prestação da caução pela parte que a impugnou, se aplica a norma do art. 733º/3 do novo CPC.

O que significa que o efeito suspensivo desencadeado pela impugnação caucionada da sentença arbitral se extingue no caso de o processo de impugnação estar parado mais de 30 dias por negligência do executado na promoção dos trâmites de sua iniciativa, pressupondo a lei, portanto que, antes de decretar a extinção (por essa razão) do efeito suspensivo da execução atribuído à impugnação da sentença arbitral, o tribunal – agora, o de 1ª instância –, ouça o impugnante/executado.

Nº 4

11. A fixação do montante da caução e a competência e tramitação do incidente de atribuição de efeito suspensivo da execução da sentença arbitral

Quanto à fixação do montante da caução a prestar e à tramitação do incidente de atribuição à impugnação da sentença arbitral de efeito suspensivo da sua execução, dispõe o nº 4 deste art. 47º, remetendo a respectiva disciplina, com ressalva das necessárias adaptações, para o disposto nos arts. 692º-A e 693ºA do CPC, substituídos hoje, sem alterações significantes, pelos art.s 648º e 650º do novo CPC.

A norma apropriável do art. 648º/2 do CPC dispõe então que ao pedido de atribuição do efeito suspensivo, constante do pedido de impugnação, pode o impugnado responder – resposta dirigida e apresentada, naturalmente, ao tribunal da impugnação (uma Relação ou um Tribunal Central Administrativo) –, cabendo ao relator do respectivo processo decidir sobre o efeito a atribuir à impugnação.

Assim, recebido o pedido de impugnação donde conste o pedido de atribuição do efeito suspensivo, com o protesto da prestação de caução que vier a ser fixada – sem prejuízo de o impugnante poder propor e justificar o valor que entende ser apropriado (e o prazo que deve ser concedido para a sua prestação) – e recebida a resposta do impugnado (ou na falta desta), o tribunal arbitral decide se concede aquele efeito e, na hipótese afirmativa, qual o montante e prazo de prestação da caução, podendo, para o efeito, se o julgar conveniente, como se prevê no art. 650º do novo CPC, fazer-se assessorar por um perito.

Em tal caso, resulta dessa norma, ao que parece, que o juiz tem mesmo que sujeitar-se à avaliação que o perito faça sobre o valor das obrigações exequendas *suspendendi*.

Quanto à remissão para o art. 650º/2 do novo CPC, começa ela, na parte em que se refere à falta de prestação de caução no prazo de 10 dias, por ser contraditória com a disposição da parte final do primeiro período do art. 47º/3 da LAV –, de acordo com a qual cabe ao juiz fixar o prazo em que deve ser prestada a caução estabelecida –, o que não sucedia ao tempo da remissão para as disposições do anterior CPC.

Na parte restante desse artº 650º/2 – em que se dispõe que, não se prestando tempestivamente a caução estabelecida, o tribunal determina o traslado da sentença e outras peças que se considerem "*indispensáveis para se processar o incidente*" – deve entender-se ser intransponível para o regime da arbitragem, por não fazerem aqui qualquer sentido, as referidas normas do CPC, como o legitima a ressalva deste artº 47º/4 quanto às "*necessárias adaptações*" de que a transposição da lei processual civil deve ser objecto.

Artigo 48.º
Fundamentos de oposição à execução

1 – À execução de sentença arbitral pode o executado opor-se com qualquer dos fundamentos de anulação da sentença previstos no n.º 3 do artigo 46.º, desde que, na data em que a oposição for deduzida, um pedido de anulação da sentença arbitral apresentado com esse mesmo fundamento não tenha já sido rejeitado por sentença transitada em julgado.

2 – Não pode ser invocado pelo executado na oposição à execução de sentença arbitral nenhum dos fundamentos previstos na alínea a) do n.º 3 do artigo 46.º, se já tiver decorrido o prazo fixado no n.º 6 do mesmo artigo para a apresentação do pedido de anulação da sentença, sem que nenhuma das partes haja pedido tal anulação.

3 – Não obstante ter decorrido o prazo previsto no n.º 6 do artigo 46.º, o juiz pode conhecer oficiosamente, nos termos do disposto do artigo 820.º do Código de Processo Civil, da causa de anulação prevista na alínea b) do n.º 3 do artigo 46.º da presente lei, devendo, se verificar que a sentença exequenda é inválida por essa causa, rejeitar a execução com tal fundamento.

4 – O disposto no n.º 2 do presente artigo não prejudica a possibilidade de serem deduzidos, na oposição à execução de sentença arbitral, quaisquer dos demais fundamentos previstos para esse efeito na lei de processo aplicável, nos termos e prazos aí previstos.

Fontes

Nº 1 – art. 185º do CPC português tal como é interpretado pela melhor doutrina portuguesa; Lei Alemã (ZPO) §1060 (2).

Nº 2 – Lei Alemã (ZPO) § 1060 (2), solução inversa à acolhida no art. 31º da LAV de 1986

Comentário

1. *A identidade total ou parcial dos fundamentos de impugnação e de oposição à execução: a pendência conjunta das duas acções. Os factos de conhecimento superveniente*
2. *A preclusão do direito de oposição à execução com base em fundamentos não invocados tempestivamente na acção de impugnação*
3. *A oposição oficiosa à execução deduzida: fundamentos*
4. *A invocabilidade dos fundamentos de oposição da lei processual aplicável*

Nº 1

1. *A identidade total ou parcial dos fundamentos de impugnação e de oposição à execução: a pendência conjunta das duas acções. Os factos de conhecimento superveniente*

À execução judicial da sentença arbitral pode o executado opor-se com qualquer dos fundamentos de impugnação das alíneas *a)* e *b)* do anterior art. 46º/3 – e pode fazê-lo tenha já deduzido ou não processo de impugnação da sentença arbitral que agora, contra si, se quer ver judicialmente executada.

Só não poderão aduzir-se tais fundamentos na oposição, se, no processo de impugnação, já tiver sido ou venha a ser proferida (e tenha transitado em julgado) uma sentença judicial a rejeitar o pedido de anulação que o executado houvesse formulado com o mesmo fundamento com que agora se opõe ou pretende opor à execução da sentença arbitral; tendo esse fundamento sido julgado improcedente na acção de impugnação – que é dotada até de mais garantias do que a acção executiva –, já não se pode repescá-lo para o usar nesta.

Admitir o contrário, corresponderia a admitir ser possível violar-se num processo com determinado objecto o caso julgado material formado noutro processo sobre pedido incompatível.

No caso de a oposição vir a ser deduzida estando ainda pendente o processo de impugnação deduzido com o mesmo fundamento, entende-se que a decisão de improcedência tirada neste último, faz com que caia a oposição apresentada – salvo quanto a outros fundamentos que para o efeito se tivessem invocado.

Dúvida é a de saber se fica abrangido pela proibição legal do uso do mesmo fundamento nos dois processos o facto de o executado vir a invocar na oposição a mesma ilegalidade da sentença impugnada mas com base em factos diferentes – sendo seguro que, pelo menos, no caso de se tratar de factos de conhecimento superveniente cuja ignorância não lhe fosse imputável, se admite que ele invoque a mesma causa típica ou abstracta de anulação ou oposição com base nesses factos.

Nº 2

2. A preclusão do direito de oposição à execução com base em fundamentos não invocados tempestivamente na acção de impugnação

Ao contrário do que o art. 31º da LAV de 1986 permitia, proíbe-se agora, na lei actual, que os fundamentos de impugnação da sentença arbitral da alínea *a)* do art. 46º/3 – aqueles, como vimos, cujo conhecimento e sanção pelo tribunal estadual dependem de arguição e alegação do impugnante – ainda possam sustentar a oposição à execução dela se já tiver decorrido o prazo de 60 dias do nº 6 desse mesmo artigo sem que qualquer das partes haja pedido a anulação de tal sentença com o mesmo fundamento.

Não se trata portanto apenas de proibir a oposição à execução com qualquer dos referidos fundamentos daquela alínea *a)* do art. 46º/3 no caso de não se ter impugnado tempestivamente a sentença arbitral, mas também de proibir que se utilizem, na oposição à acção executiva, fundamentos que não tenham sido e já não possam ser invocados na acção de anulação.

Nestes casos, a oposição à execução só pode correr com os fundamentos a que se refere o subsequente nº 3 deste art. 48º – e, se vierem a ser consideradas precedentes, com base naqueles que se houvessem deduzido tempestivamente na acção de anulação.

Nº 3

3. A oposição oficiosa à execução deduzida: fundamentos

Do que aqui se dispõe, resulta que, mesmo depois de decorridos os 60 dias do art. 46º/6 sem impugnação da sentença arbitral, o juiz dos tribunais de 1ª instância competente para a execução da sentença arbitral pode, no seio da acção executiva, conhecer oficiosamente da existência de qualquer uma das duas causas de anulação da sentença exequenda, a que se refere a alínea *b)* do art. 46º/3, e decretar a inexequibilidade da sentença exequenda com base nisso.

Não sendo necessário para tanto que o executado – embora possa tê-lo feito mesmo extemporaneamente – haja impugnado a sentença arbitral ou haja apresentado oposição à execução com esses ou outros fundamentos. Basta que tenha sido instaurada acção executiva para que o tribunal possa conhecer e decidir oficiosamente, contra o exequente, sobre a (in)exequibilidade da sentença arbitral com base nesses fundamentos.

Nº 4

4. A invocabilidade dos fundamentos de oposição da lei processual aplicável

Dispõe-se aqui que (a norma do nº 2, sobre) a ininvocabilidade, em oposição à execução, dos fundamentos de anulação da sentença arbitral previstos na alínea *a)* do art. 46º/3 da LAV, que não tivessem sido arguidos tempestivamente em sede impugnatória, não preclude a possibilidade de o executado se opor à execução com os fundamentos para tanto admitidos na lei de processo respectivo, e de o tribunal da execução conhecer deles, nos termos e nos prazos fixados nessa lei.

São fundamentos de oposição à execução, além dos do art. 46º/3 da LAV

- nas arbitragens situadas na esfera de jurisdição dos tribunais cíveis, os referidos nas diversas alíneas do art. 820º do CPC (art. 729º/1 do novo CPC);
- nas arbitragens abrangidas pela esfera de jurisdição dos tribunais administrativos, além desses, os do art. 729º/1 do novo CPC e os dos arts.165º e 171º do CPTA).

CAPÍTULO IX
Da arbitragem internacional

Artigo 49.º
Conceito e regime da arbitragem internacional

1 – Entende-se por arbitragem internacional a que põe em jogo interesses do comércio internacional.

2 – Salvo o disposto no presente capítulo, são aplicáveis à arbitragem internacional, com as devidas adaptações, as disposições da presente lei relativas à arbitragem interna.

Fontes:

Nº 1 – art. 32º da LAV de 1986; Lei Francesa (NCPC), art. 1492

Comentários

1. A *arbitragem* (de interesses do comércio) *internacional*. *Os critérios e elementos da noção: o seu carácter internacional*
2. (cont.) *O elemento* **comércio** *da noção*
3. *Autonomia e favorecimento legislativo do regime português das arbitragens internacionais*
4. *O critério convencional da localização portuguesa da arbitragem internacional e da sua sujeição ao regime da LAV: arbitragens internacionais nacionais e estrangeiras*

5. *A localização portuguesa da arbitragem internacional por decisão dos árbitros: dúvidas*
6. *Regras especiais e comuns da arbitragem internacional; especificidades de interpretação no contexto internacional*

Nº 1

1. *A **arbitragem** (de interesses do comércio) **internacional**. Os critérios e elementos da noção: o seu carácter internacional*

Dispõe-se neste art. 49º/1, de um modo algo arrevesado, entender-se *"por arbitragem internacional a que põe em jogo interesses do comércio internacional*, adoptando-se assim uma noção – correspondente à do art. 32º da LAV de 1986 – que se afasta intencionalmente da referência (tantas vezes usada em situações paralelas) às relações jurídicas que, por qualquer dos seus elementos, nomeadamente, pelos seus sujeitos, estejam em conexão com mais do que um país ou do que uma ordem jurídica.

A referência aos *interesses* (ou, mais restritamente, aos litígios) *do comércio internacional* significa, para a doutrina mais divulgada, que tal conceito, e portanto o da própria arbitragem internacional, se reporta essencialmente ao objecto do litígio.

Essa tese vai buscar as suas raízes ao critério económico delimitador do conceito de *contratos internacionais*, de acordo com o qual o seu carácter internacional se refere à própria operação económica subjacente, compreendendo toda aquela que envolva a circulação de *bens*, de *serviços*, ou de *capitais* entre fronteiras.

A arbitragem internacional compreende, assim, desde logo, os litígios que envolvam a circulação de bens, de serviços e de capitais de um Estado para outro – ou de (ou para) um protectorado com ordem (jurídica ou) judiciária própria – em execução de uma relação jurídica bilateral, seja ela de natureza legal, contratual ou sucessória.

E isso ainda que, quanto ao resto, a relação controvertida só apresente conexões com um país – em virtude, por exemplo, de as partes terem a mesma nacionalidade (Ac. do Tribunal da Relação de Lisboa de 17 de Janeiro de 1995, proc. n.º 0086901), questionando-se se a mesma solução se aplica no caso de partes com a mesma residência ou sede, ao que, responderíamos afirmativamente.

E um litígio entre partes estabelecidas em países diferentes, que tenha por objecto bens, serviços ou capitais fisicamente imobilizados num país (e que aí devam manter-se seja qual for a decisão do processo arbitral), subsume-se no conceito de *comércio internacional*"?

Há quem entenda (ver, por todos, Isabel Magalhães Collaço, *"L'Arbitrage International dans la recente Loi Portugaise sur l'Arbitrage Volontaire, Quelques réflexions"*, p. 59) não constituir a diferente nacionalidade ou domicílio das partes condição suficiente para que a arbitragem se considere internacional, pois, em tal caso – pressupondo-se portanto a imobilidade extra-fronteiras do respectivo objecto – o litígio entre as partes coloca em jogo apenas interesses do *comércio local*.

Opõe-se-lhe a tese daqueles (como Dário Moura Vicente, *Lei da Arbitragem Voluntária Anotada*, vários, p. 99) para quem a noção ampla de arbitragem internacional do art. 49º/1 da LAV compreende, além dos litígios que envolvem movimentações transfronteiriças de produtos, serviços e capitais, isto é, deles próprios ou dos direitos a eles inerentes, também aqueles *"cujas partes se encontrem estabelecidas em países diferentes"* e procurem dirimir, por exemplo, um litígio sobre qual delas é a titular de um imóvel ou de um depósito bancário localizado num determinado país, envolvendo portanto eventuais movimentações jurídicas da titularidade de um direito, mas não uma transferência física ou material do bem (fungível ou infungível) sobre que ele recai – sem que a respectiva relação litigiosa envolva, portanto, a pretensão do suposto credor da obrigação litigiosa a que a outra lhe forneça um bem, lhe preste um serviço ou reembolse um empréstimo em país diverso daquele onde ele (tal bem, etc.) se encontra.

Imagine-se que, conforme cláusula compromissória, um português pretende accionar um espanhol em tribunal arbitral para que ele seja obrigado a fornecer-lhe os tecidos para reposteiros comercializados num estabelecimento "espanhol" situado em Lisboa, em cujo balcão a respectiva obrigação foi contratada. Não há aí – diz-nos a realidade e a própria intuição – *comércio internacional*, tudo se passa localmente, entre a casa do comprador, ali à Av. da Liberdade, e o estabelecimento do comerciante espanhol, lá em baixo no Rossio.

Em suma, somos adeptos da tese de Isabel Magalhães Colaço, de que o litígio entre residentes em países diversos, se tiver por objecto relações jurídicas cujos bens, serviços ou capitais devam ser prestados ou devolvidos no país onde se encontram, não *"põe em jogo interesses do comércio internacional"*.

É também esta a jurisprudência dos tribunais franceses acerca da norma do art. 1492 do NCPC, que inspirou a nossa definição de arbitragem internacional.

Segundo essa jurisprudência, não constituem factores determinantes da aferição do carácter internacional da arbitragem os elementos de natureza puramente legal ou convencional, como a nacionalidade das partes ou dos árbitros, a lei aplicável ao contrato ou à arbitragem, ou o lugar da arbitragem (cf. *Fouchard Gaillard Goldman On International Commercial Arbitration*, pp. 57 e 59, destacando-se a decisão da *Cour d'Appel de Paris* de 11.04.1998, no caso *OIP v. Pyramide,* que considerou como "nacional" a arbitragem em causa, apesar de esta ter lugar perante um centro de arbitragem internacional como a CCI).

Excluída do preceito encontra-se, assim, sem margem para dúvida uma noção de internacionalidade estritamente convencional, semelhante à prevista na alínea *c)* do art. 3.º/1 da Lei-Modelo da UNCITRAL, não se admitindo a "internacionalização" da arbitragem por apelo exclusivo ao acordo expresso das partes, com base numa mera declaração sua, sobre a conexão do objecto da convenção de arbitragem com diferentes ordenamentos jurídicos – pelo menos, com diferentes ordenamentos judiciários.

2. (cont.) *O elemento* **comércio** *da noção*

Visto o significado do elemento *internacional* do conceito *comércio internacional*, vejamos agora qual o alcance desse seu outro elemento, o *comércio*.

Mantém-se a tal propósito a noção ampla que vem já da LAV de 1986, entendendo a jurisprudência ficar aí abrangida *"toda a actividade de natureza económica*", incluindo, "*além das operações de produção e troca, as actividades de construção, os investimentos e toda a espécie de prestação de serviços*" (cf. Ac. TRL de 11 de Maio de 1995, proc. 0083066).

Segundo a Exposição de Motivos da Proposta de Lei n.º 34/IV, que esteve na origem da LAV de 1986, a expressão "*comércio internacional*" tem-se nesta sede por correspondente a tráfego jurídico-privado internacional ou a relações da vida privada internacional – valendo para qualquer *relação de troca*, não apenas para relações comerciais ou relações entre comerciantes –, vida privada internacional que abrange naturalmente as relações jurídicas em que sejam parte *iure privatorum utendo* entes de direito público, e que, olhando apenas o seu objecto e regime, se considerem como sendo de comércio internacional.

3. Autonomia e favorecimento legislativo do regime português das arbitragens internacionais

A consagração e a autonomização (ainda que parcial) de um estatuto da arbitragem internacional face à arbitragem interna traduz o reconhecimento de que o desenvolvimento do comércio internacional e o consequente aumento dos litígios transfronteiriços exigem uma adaptação das legislações nacionais às especificidades desses litígios, sendo certo que a arbitragem é hoje o modo preferencial de resolução de litígios no comércio internacional.

Segundo Lima Pinheiro (*Arbitragem Transnacional – A Determinação do Estatuto da Arbitragem*, 2005, Almedina, p. 23), cerca de 90% dos contratos do comércio internacional contêm cláusulas de arbitragem.

São diversos os motivos que concorrem para a escolha de um país como sede de uma arbitragem internacional, entre os quais figura o da existência aí de um regime pragmático e proficiente de arbitragem internacional.

É claro que particularmente relevante para o efeito também pode ser, sobretudo se não houver barreiras linguísticas de tomo, a designação de um país neutro relativamente às partes do litígio, sem qualquer conexão subjectiva (por vezes, mesmo, sem qualquer conexão objectiva) com a relação controvertida. Nesta perspectiva, a *neutralidade da sede* da arbitragem internacional apresenta-se como uma alternativa a litigar nos tribunais estaduais da nacionalidade de uma das partes, colocando todas em "pé de igualdade".

Quanto à escolha do lugar da arbitragem internacional por razões que se prendem com a aplicação de uma legislação nacional adequada à resolução arbitral eficaz e exequível do litígio além-fronteiras, a generalidade dos Estados, incluindo agora Portugal, com a nova LAV, tem empregue esforços no sentido de criar condições favoráveis e atractivas ao desenvolvimento da arbitragem internacional nos seus territórios através da adaptação dos correspondentes diplomas legislativos às exigências dos operadores do comércio internacional.

Na averiguação da atractividade e adequabilidade das legislações arbitrais à resolução de litígios transfronteiriços são comummente apontados como factores determinantes *i)* maiores garantias da validade, da eficácia e exequibilidade da convenção de arbitragem, inclusive no que respeita à arbitrabilidade do litígio, *ii)* a limitação da intervenção judicial no processo arbitral, *iii)* o reconhecimento amplo da autonomia privada na determinação das regras de processo e das regras de direito aplicáveis ao fundo da causa, *iv)* a finalidade da sentença arbitral e a facilidade de seu reconhecimento e execução além-fronteiras, sendo determinante, neste último aspecto, a localização da arbitragem internacional num Estado signatário da Convenção de Nova Iorque (Paulsson *et alli*, em *The Freshfields Guide to Arbitration Clauses in International Contracts*, 3.ª ed., Kluwer, pp. 31-51).

Acresce que o confronto de diferentes culturas jurídicas e prácticas forenses nas arbitragens internacionais exige uma cada vez maior harmonização das leis nacionais e da prática internacional em geral, que garanta uma maior compreensão das fontes estaduais da arbitragem internacional e torne o processo mais acessível à generalidade dos operadores do comércio internacional, reduzindo o risco de surpresas.

Neste contexto, procurou responder-se com a LAV de 2011 à necessidade de modernização do quadro regulador da arbitragem internacional em Portugal, aproximando-o da Lei-Modelo da UNCITRAL e incorporando soluções já testadas noutros ordenamentos nacionais, sem, contudo, colocar em causa a unidade e a coerência interna do sistema português. Entendeu o legislador que a adopção daquela Lei Modelo como matriz ou, pelo menos, como fonte inspiradora do novo regime de arbitragem internacional em Portugal permitirá, por via da aproximação da legislação nacional às práticas internacionais, apresentar à comunidade internacional soluções já testadas e analisadas na doutrina e jurisprudência estrangeiras e relativamente às quais os operadores do comércio internacional se sintam portanto confortáveis.

Servindo com assinalável abertura, precisão e concisão essas preocupações, o legislador português quis, com o novo regime da LAV, promover o país – o mesmo é dizer, promover as cidades portuguesas – como sede de arbitragens internacionais, atraindo para o território nacional, em especial, arbitragens que tenham por objecto litígios relacionados com países lusófonos, quer em função da nacionalidade das partes quer por virtude do direito aplicável ao fundo da causa.

Isso, mesmo se, no contexto particular das respectivas economias não é possível afirmar que o recurso às arbitragens internacionais constitua já um modo dominante ou, sequer, paritário de resolução de litígios em relação ao encaminhamento das causas para os tribunais do Estado, o que significa que a consideração da nova LAV como um potencial factor de dinamização da economia e gerador de lucros significativos para o país ainda não começou a dar, entre nós, os frutos que dela se esperam.

Pode dizer-se, portanto, em conclusão, que as razões por detrás do novo estatuto da arbitragem internacional são bem diferentes daquelas que levaram a facilitar o recurso à arbitragem interna, as quais se relacionam, em grande medida, com a necessidade de descongestionamento dos tribunais do Estado e com a necessidade de dar uma resposta célere e eficiente à demanda de Justiça pelos indivíduos, os agentes económicos e os parceiros sociais.

4. *O critério convencional da localização portuguesa da arbitragem internacional e da sua sujeição ao regime da LAV: arbitragens internacionais nacionais e estrangeiras*

A localização em Portugal, em qualquer parte do país, de uma arbitragem internacional é efeito decorrente exclusivamente da vontade das partes, de estas – desde que o litígio respectivo se subsuma em tal conceito, envolvendo interesses do comércio internacional – escolherem como sede ou lugar da arbitragem, nos termos da primeira parte do art. 31º/1 da LAV, um qualquer local situado em Portugal continental ou nas Regiões Autónomas.

Factor determinante da aplicação "internacional" da LAV é, portanto, neste contexto, o da designação de Portugal, de alguma cidade ou vila portuguesa, como *lugar* ou *sede da arbitragem* – não apenas como lugar de realização de trabalhos seus –, desencadeando assim, em primeiro lugar, a aplicação das normas especiais sobre arbitragem internacional da LAV e, subsidiariamente, a aplicação em globo das suas normas sobre arbitragens – sendo aliás nesse âmbito espacial que os tribunais estaduais portugueses prestam, podem prestar, assistência constitutiva (art. 10º e ss.), cautelar (art. 27º e ss.), probatória (art. 38º) e executiva (art. 47º) às arbitragens internacionais.

A essas arbitragens internacionais localizadas em Portugal e reguladas pela lei de arbitragem portuguesa chamaríamos portanto "arbitragens internacionais nacionais" por oposição àquelas que seriam as "arbitragens (internacionais) estrangeiras", em relação às quais as únicas normas aplicáveis da LAV são, para além das que respeitam ao *"[r]econhecimento e execução de sentenças arbitrais estrangeiras"* (Capítulo X), as que se relacionam:

- com o reconhecimento e execução coerciva de providências cautelares decretadas por tribunais arbitrais localizados no estrangeiro (art. 27º/1);
- com o decretamento de providências cautelares por tribunais estaduais portugueses na dependência de processos arbitrais *"independentemente do lugar em que estes decorram"* (art. 29º/1 e 2);
- e com a assistência dos tribunais estaduais portugueses na obtenção de provas a produzir em arbitragens localizadas no estrangeiro (art. 38º/2).

5. *A localização portuguesa da arbitragem internacional por decisão dos árbitros: dúvidas*

Não se vê bem como possa funcionar, para efeitos de localização em Portugal da sede da arbitragem internacional, o critério subsidiário do referido art. 31º/1, ou seja, da escolha desse lugar por decisão dos árbitros, pois que, para um processo arbitral internacional convocar a aplicação de normas da LAV (como essa do seu art. 31º) e chegar às mãos de árbitros obrigados a aplicar a lei de arbitragem portuguesa, é necessário que as partes já tenham escolhido Portugal como lugar da arbitragem.

O efeito útil da norma só poderia residir então no facto de ela se destinar a convalidar escolhas que os árbitros hajam feito intempestivamente, ou seja, antes de as partes terem escolhido Portugal como local da arbitragem.

A admitir-se, porém, a possibilidade de se localizar em Portugal, por decisão dos árbitros, uma arbitragem internacional, deveria então o lugar português da arbitragem ser escolhido, de acordo com o tal art. 31º/1, em função das circunstâncias do caso, incluindo a conveniência das partes.

Nº 2

6. *Regras especiais e comuns da arbitragem internacional; especificidades de interpretação no contexto internacional*

De modo análogo ao da LAV de 1986, o legislador de 2011 optou por um modelo semi-dualista, regulando a arbitragem interna ou doméstica e a internacional no mesmo diploma legal e estabelecendo para esta, em função das suas especificidades e necessidades, um regime autónomo em certas matérias.

Na nova LAV, estes aspectos específicos da arbitragem internacional compreendem as regras do art. 50º sobre a arbitrabilidade dos litígios e a capacidade processual do Estado (e de organizações por ele controladas ou de sociedades por ele dominadas), sobre a validade da convenção de arbitragem (art. 51º), sobre a determinação do Direito aplicável ao mérito da causa (art. 52º), sobre a admissibilidade e a tramitação do recurso da sentença arbitral para outro tribunal arbitral (art. 53º) e sobre os limites resultantes da ordem pública internacional (art. 54º).

Há ainda, esparsas pela LAV, outras normas especiais sobre arbitragens internacionais, como no caso do nº 6 do art. 10º, relativo à designação judicial dos árbitros, e do art. 29º/2, relativo a providências cautelares decretadas por um tribunal estadual no âmbito de arbitragens dessas.

Nos mais aspectos, o regime da arbitragem internacional é, *"com as devidas adaptações"*, como se prescreve neste art. 49º/2, o que consta das disposições aplicáveis à arbitragem interna.

Um bom exemplo da necessidade ou conveniência da adaptação das normas da LAV às especificidades ou necessidades da arbitragem internacional encontramo-lo logo no mencionado nº 6 do seu art. 10º, no qual, a propósito da designação de árbitros independentes e imparciais pelos tribunais estaduais chamados a fazê-lo, se prevê que, estando em causa uma arbitragem internacional, deve ponderar-se a conveniência de nomear árbitros de nacionalidade diferente das partes.

Semelhantemente, nos procedimentos cautelares instrumentais de acção arbitral (pendente ou a instaurar) em tribunal estadual português, deverá o tribunal estadual aplicar o *"regime processual que* [lhe for] *aplicável"* e, se for o caso, ter em consideração, *"as características específicas da arbitragem internacional"* (art. 29º/2 da LAV), como seja, por exemplo, a possibilidade de as testemunhas apresentarem depoimentos escritos ou de as partes prestarem depoimento como testemunhas, e não na qualidade de parte.

Outro aspecto em que o regime da arbitragem doméstica deve ser adaptado na sua aplicação às arbitragens internacionais respeita ao facto de, na interpretação "internacional" das normas da LAV os princípio *pro arbitratis, pro actum*, do favor da arbitragem e da validade de actos jurídicos processuais, terem aqui um valor reforçado, como o têm também – e nisso o art. 52º/3 da LAV até o inculca – o da prevalência interpretativa ou integrativa das expressões e estipulações das partes e dos usos comerciais relevantes.

Papel relevante na interpretação e integração da vontade convencional das partes ou do regime a aplicar à arbitragem internacional desempenham-no também o recurso ao direito comparado, não apenas à Lei Modelo mas também às leis dos países onde fomos buscar a inspiração para a adopção de regras paralelas da LAV e à jurisprudência arbitral estabilizada das Comissões, das *Cours* e dos Centros mais experimentados e reputados no universo da arbitragem, tendo sempre presente, contudo, a exigência de uma adaptação equilibrada às diversas culturas jurídicas, linguísticas e comerciais dos contendores.

Artigo 50.º
Inoponibilidade de excepções baseadas no direito interno de uma parte

Quando a arbitragem seja internacional e uma das partes na convenção de arbitragem seja um Estado, uma organização controlada por um Estado ou uma sociedade por este dominada, essa parte não pode invocar o seu direito interno para contestar a arbitrabilidade do litígio ou a sua capacidade para ser parte na arbitragem, nem para de qualquer outro modo se subtrair às suas obrigações decorrentes daquela convenção.

Fontes:

Lei Suíça de DIP, art. 177 (2); Lei Espanhola, art. 2º/2.

Comentário

1. *A inaplicabilidade do direito interno de um Estado (e suas dependências) às questões da invalidade da sua participação em arbitragens internacionais portuguesas: distinções e alcance*
2. *A estatuição da norma e a sua extensão convalidante: a hipótese da aplicação convalidante do direito interno estrangeiro*

3. *Âmbito subjectivo de aplicação: a sua extensão ao Estado e a entidades estatais e paraestatais portuguesas*
4. *O âmbito objectivo da proibição da oponibilidade arbitral ou judicial dos fundamentos "sub iudice"*

1. *A inaplicabilidade do direito interno de um Estado (e suas dependências) às questões da invalidade da sua participação em arbitragens internacionais portuguesas: distinções e alcance*

Trata-se aqui, ao longo deste capítulo, já o vimos, das arbitragens internacionais localizadas em Portugal.

Dispõe este art. 50º que, nas arbitragens internacionais em que seja parte um Estado, uma organização por si controlada ou uma sociedade por si dominada (em termos de capital ou estatuto), não podem eles invocar o seu direito nacional para excepcionar ou arguir – respectivamente perante o tribunal arbitral ou estadual – a inarbitrabilidade do litígio ou a sua incapacidade para ser parte na arbitragem, *"nem para de qualquer outro modo se subtrair às suas obrigações decorrentes daquela convenção".*

Repare-se que estão aqui em causa obstáculos ou excepções da mais diversa natureza quanto à validade ou eficácia da convenção celebrada pelo Estado ou por um ente seu, desde os de carácter *subjectivo* – como no caso da sua hipotética incapacidade para ser parte em arbitragens – até aos de carácter *objectivo* – respeitante à arbitrabilidade do litígio –, passando pelos de carácter *formal* – como sucede com uma convenção carente da forma legalmente exigida no respectivo direito interno.

Trata-se de uma regra de grande alcance – embora provavelmente maior na aparência do que na realidade, como vamos ver.

Temos que assinalar, em primeiro lugar, que a norma deste artº 50º não contém a regulação completa da situação constante da sua previsão – qual é a de não poder então um Estado ou um organismo ou uma sociedade por ele dominados prevalecer-se do respectivo direito interno, da sua *lei pessoal*, para se furtar, com fundamento seja na inarbitralidade do litígio ou na incapacidade para ser parte na arbitragem ou, ainda, para se eximir a qualquer outra obrigação decorrente de uma convenção de arbitragem internacional "portuguesa" que haja celebrado.

O que resulta dessa norma é apenas que a valia e efeitos de tal convenção não podem ser postos em causa, por entes desses, pela invocação de que, face à respectiva lei pessoal, a mesma seria juridicamente inválida ou ineficaz por quaisquer daqueles fundamentos respeitantes à arbitrabilidade *objectiva* e *subjectiva* do litígio em causa – mas não resulta daí qual a lei em função da qual essas matérias são reguladas.

A tal questão responde, como vamos ver, o subsequente artº 51º (e, em parte, o 52º).

Por outro lado, há que harmonizar o disposto neste artº 50º com as normas da subalínea *i)* da alínea *a)* e da subalínea *i)* da alínea *b)* do artº 46º/3, nas quais se consideram como causas de anulação das sentenças arbitrais proferidas por árbitros em Portugal, a incapacidade de uma ou ambas as partes e a inarbitralidade do litígio (art. 3º).

Entende-se então (só pode entender-se, parece-nos), impõem-no elementares regras de hermenêutica jurídica, que as sentenças proferidas em arbitragens internacionais que decorreram entre nós não podem ser anuladas, ao abrigo das normas daquelas alíneas da LAV, se a incapacidade ou inarbitralidade invocadas para o efeito pelo Estado litigante (uma sua organização ou sociedade) se fundarem no seu direito interno, na sua *lei pessoal* – mas só se tal impugnação vier fundada nas leis aplicáveis à arbitragem nesses aspectos (que são determinadas, repete-se, de acordo com o artº 51º).

Note-se que a norma do nosso art. 50º tem paralelo no regime consagrado na Convenção de Washington de 1965 – que instituiu o Centro Internacional para a Resolução de Diferendos Relativos a Investimentos (CIRDI) quanto ao afastamento da imunidade jurisdicional dos Estados contratantes –, importando-se para a ordem jurídica nacional o princípio transnacional das arbitragens comerciais internacionais, segundo o qual o Estado não pode contestar a validade da convenção de arbitragem e, em particular, a arbitrabilidade do litígio com base no seu Direito interno (Lima Pinheiro, *A Arbitragem CIRDI e o Regime dos*

Contratos de Estado, in Revista Internacional de Arbitragem e Conciliação, Ano 2008, p. 79).

O art. 50º visa também assegurar que a participação do Estado (e de entidades por si controladas) em arbitragens comerciais internacionais se realize em condições de igualdade relativamente aos restantes participantes não estaduais (veja-se na doutrina espanhola e suíça, a propósito, respectivamente, do art. 2º/2 da *Ley de Arbitraje* espanhola e do art. 177º/2 da Lei Suíça de DIP –, que inspiraram a norma do art. 50º da LAV –, Silvia Barona Vilar e outros, *Comentarios a la Ley de Arbitraje*, 2.ª ed. Thomson Reuters, p. 169 e, para a Suíça, Bernhard Berger e Franz Kellerhals, *International and Domestic Arbitration in Switzerland*, 2ª ed., Sweet&Maxwell, 2010, p. 96).

Isso, mesmo se aparentemente a citada norma acaba por colocar o Estado numa situação de desvantagem relativamente à parte não estadual da arbitragem (neste sentido Sérvulo Correia, cit. *Arbitragem internacional com Estados na nova Lei de Arbitragem Voluntária, in* Revista Internacional de Arbitragem e Conciliação, Ano V, 2012, Almedina, pp. 110-119) não impedindo, ao invés, a contraparte (não estadual) de invocar normas limitativas da sua capacidade constantes da respectiva lei pessoal.

Estão aí em causa porém, parece-nos, situações a pedir esse tratamento desigual.

De um lado, temos a confiança que, em termos de legitimidade arbitral, naturalmente suscita na parte contrária o facto de uma pessoa de natureza ou "mão" pública, presuntivamente boa conhecedora do direito que a regula, aparecer a sujeitar-se sem reserva, com referência explícita ou implícita ao seu direito interno, a uma convenção de arbitragem assumindo assim ser o litígio nela convencionado objectiva e subjectivamente arbitrável para si e dispor de capacidade para se comprometer em árbitros.

Diversamente, quando é um ente privado que se sujeita a uma convenção internacional, a situação não é igualmente verdadeira, não havendo aí naturalmente qualquer razão que leve a contraparte pública a presumir – mais do que se presume nas relações entre simples particulares – a legitimidade e capacidade da intervenção convencional do seu parceiro privado.

Assinala-se finalmente que, não obstante a irrecusável aplicação da norma do art.º 50.º nas arbitragens internacionais portuguesas – bem como, parece-nos, nos processos executivos das respectivas sentenças que sejam desencadeados entre nós –, não obstante isso, dizia-se, não está afastada a hipótese de o Estado aí envolvido se opor ao reconhecimento ou execução da sentença arbitral fora do território português, ao abrigo da alínea *a)* do n.º 1 do art. V da Convenção de Nova Iorque, invocando precisamente a aplicabilidade da sua lei pessoal (e não da lei da sede da arbitragem).

Resulta, ou pode resultar isso, do facto de a mencionada alínea daquela Convenção dispor que o tribunal ao qual se pedir o reconhecimento e execução de sentença estrangeira pode recusá-la se o executado invocar e fizer prova da sua incapacidade para outorgar a convenção de arbitragem nos *"termos da lei que lhe é aplicável"* – o que significa (a solução é aceite, entre outros, por exemplo, por Alan Redfern e Martin Hunter, *Redfern and Hunter on International Arbitration*, 5.ª ed., *Oxford University Press*, 2009, p. 98, nota 59) que o Estado italiano poderia opor-se ao reconhecimento e execução em Itália de uma sentença arbitral proferida entre nós, em que a sua incapacidade face à lei italiana não tivesse sido tida como fundamento da invalidade da convenção.

Também entre nós existe quem, com base numa interpretação deste art. 50.º inspirada pelas ressalvas no artigo 277.º/2 da CRP – segundo o qual a irrelevância de princípio da inconstitucionalidade orgânica ou formal de tratados internacionais regularmente ratificados cessa quando a inconstitucionalidade resultar da violação de uma *disposição fundamental* –, existe quem defenda entre nós, dizia-se, que a regra do art. 50.º não prejudica a *"oponibilidade da violação pela convenção de arbitragem de uma norma do Direito interno quando a infração for manifesta e a norma infringida mereça ser qualificada como de importância fundamental"* (Sérvulo Correia, cit., pp. 110-112).

O que significaria que, nesse caso de manifesta violação de uma norma fundamental do direito interno do Estado litigante quanto à questão da sua (in)capacidade para se comprometer em árbitros – *"manifesta violação"* que deve ser tomada, parece-nos, no sentido de que ela era ou devia ser do conhecimento da contraparte –, a mesma poderia ser por aquele invocada para se subtrair às obrigações decorrentes da convenção em causa.

Repare-se que as ressalvas ao artº 50º que aqui ficaram expressas se referem indubitavelmente às questões de *arbitrabilidade subjectiva*, isto é, da capacidade para celebrar a convenção de arbitragem, já não relativamente às questões sobre a *arbitrabilidade objectiva* do litígio, por, quanto a isso, a relutância da aplicação da lei pessoal das partes não se colocar com a mesma pressão, e ser mesmo de rejeitar, parece-nos, segundo a melhor doutrina (ver, por todos, *Fouchard Gaillard Goldman on Internacional Commercial Arbitration*, pp. 110 e 119), não impedindo, ao invés, a contraparte (não estadual) de invocar normas limitativas da arbitrabilidade constantes da respectiva lei pessoal.

Quando estejam em causa convenções de arbitragem internacionais em que sejam parte o Estado e seus "entes menores" – e quando tais arbitragens devam (ou venham a) ter a sua sede em Portugal –, não lhes é então admitido invocar o seu direito interno, o seu *direito pessoal*, para se furtarem à arbitragem com fundamento na inarbitrabilidade do litígio, na sua incapacidade para se comprometerem em árbitros ou, ainda, em qualquer outra razão fundada nessa lei que lhes permitisse subtraírem-se às obrigações decorrentes da convenção.

Quanto à validade e eficácia da convenção de arbitragem internacional em que sejam parte entidades dessas quem dispõe, portanto, ou são as cláusulas da própria convenção (na parte que isso lhe seja admitido), ou é a lei escolhida pelas partes para regular a convenção de arbitragem, ou a lei aplicável ao fundo da causa ou a lei portuguesa – pelo que, se não se contiverem nalguma delas restrições ou condicionalismos à capacidade convencional desses entes ou à arbitrabilidade dos respectivos litígios, elas aplicar-se-ão, validando-se assim a convenção.

Em última instância, se não houver qualquer remissão para essas fontes, valem as normas do direito português da arbitragem contidas na LAV, que porventura existam a regular a questão arbitral em causa, sejam normas especiais sobre arbitragem internacional, sejam as normas gerais convocadas *ex vi* art. 49º/2.

Tudo isso como fruto do subsequente artº 51º.

2. *A estatuição da norma e a sua extensão convalidante: a hipótese da aplicação convalidante do direito interno estrangeiro.*

Questão é saber o que sucede quando o direito interno da entidade estatal estrangeira validar a convenção internacional em qualquer um dos referidos aspectos, mas ela for inválida para qualquer outro dos direitos sucessivamente aplicáveis, nos termos do subsequente art. 51º..

Entende-se que a determinação excludente da norma deste art. 50º está posta apenas para obviar à aplicação invalidante do direito interno de um contendor estatal, já não para a hipótese em que o recurso ao seu direito pessoal leva a validar a convenção – na perspectiva apenas da capacidade do Estado (ou de organizações ou sociedade suas) para celebrar convenções de arbitragem – porque, nessa hipótese, esse direito aplicar-se-ia mesmo.

3. *Âmbito subjectivo de aplicação: a sua extensão ao Estado e a entidades estatais e paraestatais portuguesas*

A disposição deste art. 50º aplica-se quer quando a entidade estatal ou para-estatal que é parte na convenção de arbitragem internacional é uma entidade estrangeira quer quando está em causa uma convenção dessas assinada pelo Estado português ou por uma entidade pertencente ao sector público estatal português (já não em relação às Regiões Autónomas, às autarquias locais e à Administração Autónoma, em geral).

À primeira vista, não se entender estarem o nosso Estado e entes do sector público estatal português sujeitos à disposição deste art. 50º, corresponderia a admitir-se uma forte entorse ao princípio da igualdade, permitindo-lhes algo – como eximir-se à arbitragem internacional com fundamento no seu direito interno – que não se admite aos seus congéneres estrangeiros, situação tanto mais chocante quando até poderia dar-se o caso de estarmos perante um litígio internacional (no sentido do art. 49º/1) entre o Estado ou entidades estatais portuguesas e Estados ou entidades estatais estrangeiras.

Sendo certo, por outro lado, que estes últimos nunca poderão beneficiar das causas de invalidade do art. 1º/5 da LAV – respeitantes à a inarbitrabilidade de litígios em que sejam parte o Estado português e pessoas colectivas de direito público português –, por isso que se trata de norma com um âmbito de aplicação restrito aos casos nela regulados, inextensível ao caso do art. 50º. Demonstra-o logo o facto de serem diferentes, quanto ao seu estatuto (salvo no caso do Estado) as entidades abrangidas pelo art. 1º/5 da LAV – que são "*as pessoas colectivas de direito público*" – e aquelas que caem sob a previsão deste art. 50º – as *organizações controladas pelo Estado* ou as *sociedades por ele dominadas*.

Analisadas assim, superficialmente, essas duas mais difíceis questões, diremos que a norma do art. 50º da LAV é aplicável aos próprios Estados e, além disso, às *organizações* e *sociedades* referidas, que se encontram, de uma maneira ou doutra, na sua dependência.

Não nos fornecendo a lei os critérios ou factores de determinação do conceito de *organizações controladas* ou de sociedades *dominadas*, atemo-nos à *ratio* e teleologia da norma para delimitar a amplitude de tais conceitos.

O que com a norma do art. 50º da LAV se quer evitar é que pessoas colocadas, em princípio, numa situação de supremacia e que têm, além disso, especiais deveres de diligência quanto ao conhecimento de um ordenamento jurídico de que são sujeitos "responsáveis", digamos assim, não possam prevalecer-se, no confronto de uma sua contraparte particular – em princípio, muito menos ciente das normas nacionais de entidades estatais ou paraestatais (nomeadamente estrangeiras), isto é, dos meandros jurídicos e estatutários em que tais entidades se movem –, não possam prevalecer-se, dizia-se, de violações que elas próprias cometem em relação a essas normas suas, na tentativa de se furtarem assim às obrigações que nessas favorecidas circunstâncias contraíram.

Diríamos portanto que deve considerar-se como *organização controlada* por um Estado, para este efeito, aquela que mantém com ele *relações especiais de poder* (melhor, *de sujeição*) em virtude das quais se submete, mesmo que seja apenas no aspecto financeiro ou orçamental, à sua direcção – eventualmente, mediante orientações ou fixação de objectivos genéricos – e/ou à fiscalização da conformidade da sua acção com a lei ou com tais orientações ou objectivos.

O conceito *sociedades dominadas* pelo Estado é menos fluído, havendo hoje normas em diversos ramos de direito das quais se podem tirar ilações mais seguras sobre o seu conteúdo: por nós, diríamos caberem no conceito aquelas sociedades em cujo estatuto se prevê ou ser o seu capital maioritariamente detido pelo Estado ou serem por ele nomeados a maioria dos membros do respectivo órgão de gestão ou de fiscalização – sendo este o critério que funciona como regra geral para delimitar os contornos de aplicação das regras comunitárias respeitantes a entidades com regime equiparável ao do Estado, como sucede, por exemplo, com as relativas à qualificação de entidades adjudicantes em matéria de contratação pública.

4. O âmbito objectivo da proibição da oponibilidade arbitral ou judicial dos fundamentos "sub iudice"

Além da ininvocabilidade em Portugal, pelos referidos entes – no próprio processo arbitral, na impugnação da respectiva sentença arbitral ou na oposição à execução desta –, da inarbitrabilidade do litígio ou da sua própria incapacidade para serem parte na convenção de arbitragem, considera-se não poderem eles, também, subtrair-se *"de qualquer outro modo [...] às suas obrigações decorrentes daquela convenção"*.

Chamou-se à baila este segmento da norma apenas para assinalar que não está aí em causa, naturalmente, o direito desses entes procurarem subtrair-se à condenação no cumprimento das suas obrigações litigiosas com fundamento em razões de facto ou de direito, substantivas ou adjectivas, mas apenas a pretensão de se furtarem às obrigações resultantes ou inerentes à própria *convenção* – muitas das quais, até, de carácter apenas adjectivo.

Artigo 51.º
Validade substancial da convenção de arbitragem

1 – Tratando-se de arbitragem internacional, entende-se que a convenção de arbitragem é válida quanto à substância e que o litígio a que ele respeita é susceptível de ser submetido a arbitragem se se cumprirem os requisitos estabelecidos a tal respeito ou pelo direito escolhido pelas partes para reger a convenção de arbitragem ou pelo direito aplicável ao fundo da causa ou pelo direito português.

2 – O tribunal estadual ao qual haja sido pedida a anulação de uma sentença proferida em arbitragem internacional localizada em Portugal, com o fundamento previsto na alínea b) do n.º 3 do artigo 46.º, da presente lei, deve ter em consideração o disposto no número anterior do presente artigo.

Fontes:

N.º 1 – Lei Suíça de DIP, art. 178.º/2; Lei Espanhola, art. 9.º/2 (reformulada).

Comentário

1. *A convenção de arbitragem internacional: a avaliação benevolente, pelo direito de conflitos e pelo direito substantivo português, da sua validade substancial e da arbitrabilidade do respectivo litígio*
1.A. *A alternatividade e a unicidade da opção por um dos direitos convalidantes*
2. *Substância e forma da convenção: as distintas questões abrangidas*
3. *A inaplicabilidade nos processos de anulação e de execução de sentenças proferidas em arbitragens internacionais da cláusula de invalidade por inarbitrabilidade do litígio da alínea b) do artº 46º/3*
3A. *A extensão da inaplicabilidade do art. 46/3 aos restantes aspectos da validade substancial da convenção*

Nº 1

1. *A convenção de arbitragem internacional: a avaliação benevolente, pelo direito de conflitos e pelo direito substantivo português, da sua validade substancial e da arbitrabilidade do respectivo litígio*

Recorda-se, como assinalámos no comentário ao art. 49º, que estão aqui em causa arbitragens localizadas em Portugal mas respeitantes a litígios envolvendo interesses do comércio internacional, o que aliás o legislador reconheceu no nº 2 do presente artigo.

É uma norma de direito internacional arbitral esta, do art. 51º/1, destinada não propriamente a resolver um conflito entre normas sobre arbitragem de diversas ordens jurídicas, que concorreriam entre si à regulação de um litígio arbitral conexionado com todas elas, mas destinada, verdadeiramente, a fazer com que essa sua conexão plúrima, em vez de funcionar como factor de preferência de um dos sistemas em causa e de preterição dos restantes, constitua antes um instrumento de validação da aplicabilidade de qualquer um deles.

Na verdade, deixando de fora as *legis personalis* dos litigantes, este art. 51º/1 dispõe que, em Portugal, as convenções de arbitragem internacionais são válidas, **quanto à *arbitrabilidade* do conflito e quanto à sua *substância*,** se forem conformes com os requisitos seja da lei que as partes escolheram para regular a convenção, seja pela lei aplicável ao fundo da causa, a *lex causae*, seja, finalmente, pelo direito de arbitragem português, a *lex fori*, por ser aqui o lugar da resolução arbitral do litígio.

Quer dizer que uma convenção arbitral respeitante, por exemplo, a um litígio *inarbitrável* para a lei portuguesa é, não obstante, uma convenção válida entre nós, desde que, de acordo com qualquer uma daquelas outras leis, tal litígio fosse susceptível de ser julgado por árbitros. Do mesmo modo que uma convenção cuja *substância* (a aplicar-se o direito arbitral do país escolhido pelas partes ou o direito aplicável ao fundo da causa) a tornaria inválida, é contudo considerada válida entre nós se, de acordo com o direito português, isto é, de acordo com o art. 1º da LAV (ou com a lei a que se refere o seu nº 5), tais cláusulas forem lícitas.

É uma maneira, essa, de proteger os interesses ligados às arbitragens internacionais localizadas em Portugal e que, por estarem em conexão com várias ordens jurídicas, podem levar os litigantes a remeter-se para uma que não tutele a sua vontade substancial de recorrer à arbitragem, permitindo-se assim validar a convenção pelo recurso à legislação que se mostre decrescentemente mais conforme com essa vontade.

1A. A alternabilidade e a unicidade da opção por um dos direitos convalidantes
A consagração deste princípio do *in favorem validatis*, ou da máxima utilidade da convenção de arbitragem, reveste especial importância quando, da ponderação das leis nacionais potencialmente aplicáveis, decorram soluções antagónicas.

Referindo embora três direitos ou leis nacionais como potencialmente legitimadores da validade substancial da convenção da arbitragem internacional (e da arbitrabilidade objectiva do litígio) – a lei escolhida pelas partes, a lei aplicável ao fundo e a lei portuguesa –, o legislador não estabeleceu entre elas, contudo, explicitamente qualquer ordenação ou preferência, como o revela o facto de as ter referido todas alternativamente: *ou* uma *ou* outra *ou* a terceira.

Mas embora não haja aí qualquer ordenação na determinação da lei aplicável, há no entanto regras a observar nessa busca:
- o tribunal procurará, em primeiro lugar, resolver a questão em função do *direito escolhido pelas partes para reger a convenção* (não necessariamente, também, para reger o contrato), pela simples mas premente razão do respeito pela sua vontade e pelo papel da autonomia privada na constituição e no regime da arbitragem;
- se dessa primeira remissão resultar a invalidade substancial da convenção internacional ou a inarbitrabilidade do litígio, o tribunal escolherá um dos outros dois direitos em função dos critérios que a seguir mencionamos, desde que ele a valide, claro, ou recorrerá ao que deixara para último lugar;
- a opção por um dos direitos referidos significa que a validade substancial da convenção tem de ser aferida globalmente em função dele, não podendo no entanto, parece, servir para vali-

dar uma cláusula inválida e ter que procurar-se noutro direito o fundamento para validar uma outra cláusula que aquele primeiro tornava inválida.

O primeiro direito enunciado neste art. 51º – o direito que tiver sido *"escolhido pelas partes para reger a convenção de arbitragem"* – traduz o reconhecimento da autonomia das partes e constitui uma excepção à regra do art. 61º da LAV, segundo a qual a fixação da sede da arbitragem em território português determina a aplicação da LAV no que respeita a todas as matérias aí reguladas, incluindo, naturalmente, as questões atinentes à arbitrabilidade e validade substancial da convenção de arbitragem.

A liberdade das partes quanto a esta matéria, embora já integrasse o direito português por força da alínea a) do art.º V/1 da Convenção de Nova Iorque (que manda aferir a validade da convenção de arbitragem internacional, em primeira linha, de acordo com *"a lei a que as Partes a sujeitaram"*), vem agora expressamente reconhecida na legislação nacional da arbitragem, indo ao encontro da posição há muito defendida pela doutrina (cf. *Fouchard Gaillard Goldman On International Commercial Arbitration*, cit. p. 224).

Na ausência de designação pelas partes sobre o direito aplicável à convenção de arbitragem – ou no caso de ele não validar a convenção arbitral internacional –, a doutrina nacional e estrangeira divide-se entre a aplicabilidade do direito regulador do contrato principal (o direito regulador do fundo da causa, portanto) e o recurso ao direito do Estado da sede ou *lugar* da arbitragem.

A primeira solução traduz a ideia de que a inclusão da convenção de arbitragem no contrato principal oferece um forte indício quanto à lei a aplicar a esta questão. De acordo com alguma doutrina, tal circunstância justifica a presunção de que a formação e validade do consentimento subjacente à convenção e a sua interpretação e eficácia obrigacionais serão regidas pelo direito aplicável ao contrato principal (Lima Pinheiro, *"Arbitragem Transnacional"*, cit. pp. 207-209; na doutrina estrangeira, por todos, *Redfern and Hunter on International Arbitration*, cit., pp. 166-168, paras. 3.12-3.14).

Em sentido diverso aponta, todavia, o princípio da autonomia da convenção de arbitragem, da qual resulta nomeadamente que os vícios do contrato principal não se transmitem automaticamente para a convenção de arbitragem (art.º 18/3 da LAV).

Ademais, quando as partes não hajam designado o direito a aplicar ao fundo da causa e a sua determinação caiba ao tribunal arbitral (art.º 52.º da LAV), a necessidade de atender ao *"direito do Estado com o qual o objecto do litígio apresente uma conexão mais estreita"* impõe a ponderação de elementos que não têm necessariamente a ver com a natureza e funções próprias da convenção de arbitragem.

De facto, a determinação do direito com o qual o contrato principal apresente conexão mais forte poderá envolver a aplicação de fontes internacionais ou comunitárias das quais as convenções de arbitragem estão excluídas – veja-se, por exemplo, em matérias contratuais, o art.º 1.º/2 do Regulamento (CE) n.º 593/2008 do Parlamento Europeu e do Conselho, de 17 de Junho de 2008, sobre a lei aplicável às obrigações contratuais (Roma I) –, bem como a ponderação de elementos de conexão (como o lugar da execução do contrato ou o domicílio das partes) distintos daqueles que relevariam caso a proximidade do direito a aplicar se avaliasse por referência à convenção de arbitragem isoladamente (como a sede ou a língua da arbitragem). (*Fouchard Gaillard Goldman On International Commercial Arbitration*, cit., 1999, p. 222-223).

A tendência verificada na generalidade dos sistemas nacionais e defendida por grande parte da doutrina, no pressuposto da inexistência de um direito escolhido pelas partes, é portanto favorável à aplicação aos diversos aspectos da convenção de arbitragem do direito da sede da arbitragem – neste preceito abrangida pela terceira alternativa, a da aplicação do *"direito português"*.

Esta solução é a que resulta da parte final da subalínea *i)* da alínea *a)* do art. 46/3 da LAV, relativamente à impugnação da sentença arbitral, e da alínea *a)* do art.º V/1 da Convenção de Nova Iorque, que mandam atender, na falta de indicação pelas partes, à *"lei do país em que for proferida a sentença"*.

O legislador português optou, assim, neste preceito, à semelhança dos direitos suíço e espanhol, por estabelecer uma norma de conflitos materialmente orientada, combinando a referência ao método conflitual clássico (que abrange as diversas soluções acima descritas) com uma norma de carácter substantivo favorável à validade da convenção de arbitragem, permitindo aos árbitros e aos tribunais estaduais afastar, em última instância, a lei que as próprias partes escolheram para a regular (Silvia Barona Vilar e outros, *Comentarios a la Ley de Arbitraje*, cit., pp. 497-498).

2. Substância e forma da convenção: as distintas questões abrangidas

As desconformidades de uma convenção com uma ou algumas das leis a que se refere este n.º 1 do art. 51º não têm então força invalidante se respeitarem ou à *arbitrabilidade* do litígio ou à *substância* da própria convenção – eventualmente a ambas –, desde que, face a uma ou algumas de tais leis, o litígio seja arbitrável ou tal substância seja legítima, válida.

Quanto ao conceito *"substância"* da convenção, entende-se corresponder ele ao seu conteúdo ou clausulado, às suas regras e disposições, quaisquer que sejam, respeitem elas a questões substantivas, processuais ou, mesmo, formais da arbitragem.

As cláusulas da convenção que disponham, por exemplo, sobre a forma que devem revestir os articulados das partes ou o acordo de ambas sobre alterações à convenção constituem substância sua, portanto.

Segundo o art. 2º/6 da LAV, o conteúdo essencial ou necessário da convenção de arbitragem compreende a determinação do objecto do litígio, nos casos do compromisso arbitral, e a especificação da relação jurídica a que os litígios respeitem, quando esteja em causa uma cláusula compromissória – e estamos aí também perante o conceito substância da convenção da arbitragem internacional

No mais, o conteúdo opcional e complementar da convenção de arbitragem, poderá incluir, dentro de um amplo reconhecimento da autonomia privada na LAV, as mais diversas questões como sejam o lugar e a língua da arbitragem, o modo de constituição do tribunal arbitral, os honorários dos árbitros, as regras adjectivas do processo e as regras substantivas a aplicar ao fundo da causa.

E por aí fora.

No âmbito de aplicação das regras relativas à substância da convenção incluem-se, por outro lado, os requisitos de validade substancial que decorram do regime geral dos negócios jurídicos, designadamente os atinentes à formação da vontade (neste sentido também a doutrina espanhola relativamente ao correspondente art. 9º/4 da lei de arbitragem espanhola; como pode ver-se em Silvia Barona Vilar e outros, ob. cit., p. 510).

Quanto ao âmbito da previsão do art. 51º, respeitante à validade substancial da convenção, há ainda que tomar em conta a regra estabelecida no art. 18º/3 da nossa LAV – se for ela a aplicável à aferição desse problema – sobre a autonomia ou a separabilidade da cláusula compromissória relativamente à invalidade do contrato principal a que respeita.

Excluídos do âmbito de aplicação do preceito ficam sem margem para dúvida, já o dissemos, os pressupostos ou requisitos formais da validade da convenção de arbitragem – relativamente aos quais, tratando-se de arbitragem internacional sedeada em Portugal, serão aplicáveis as regras previstas no art. 2.º da LAV – e, bem assim, a capacidade das partes, sujeita à *lex personalis* dos litigantes (salvo a excepção do art. 50º) que, no caso português, tem também ela regras próprias.

É o caso do art. 1º/5 da LAV e, para as arbitragens internacionais que envolvam um Estado ou uma organização ou uma sociedade por este dominada, a já vista regra do art. 50º da LAV.

Nº 2

> 3. *A inaplicabilidade, nos processos de anulação e de execução de sentenças proferidas em arbitragens internacionais, da cláusula de invalidade por inarbitrabilidade do litígio da alínea b) do art. 46º/3*

Dispõe-se no art. 51º/2 da LAV que, em processos de anulação judicial de sentenças arbitrais com fundamento na inarbitrabilidade do litígio, previsto na alínea *b*) do art. 46/3, o tribunal estadual "*deve ter em consideração o disposto no número anterior no presente artigo*" –, o qual recorde-se prescreve que, em matéria de arbitrabilidade de litígios nas arbitragens internacionais, a validade da respectiva convenção arbitral se afere em função de qualquer um dos ordenamentos jurídicos aí referidos (o escolhido pelas partes, o aplicável ao fundo da causa ou o direito português).

Donde redunda então não ser aplicável à anulação dessas sentenças – ao contrário do que acontece com as sentenças proferidas nas arbitragens nacionais – o fundamento da inarbitrabilidade do litígio *"nos termos do direito português"*.

Os trabalhos preparatórios da LAV não são conclusivos quanto à finalidade do n.º 2 do art. 51º. Apenas se diz que *"esta disposição constitui corolário, em sede de impugnação da sentença arbitral, do disposto no número anterior deste artigo"*, donde parece resultar, embora pouco esclarecedoramente, que apenas se pretendeu reforçar com este nº 2 a ideia de que o nº 1 (também) se dirige ao tribunal estadual de anulação.

É esta a leitura de Sérvulo Correia, segundo o qual a *"advertência"* feita no n.º 2 do art. 51.º da LAV *"tem por finalidade deixar claro que a desconformidade com o Direito português poderá não acarretar a invalidação da convenção de arbitragem quando, em relação aos mesmos requisitos, ela se conformar com uma das outras duas ordens jurídicas a que alude o n.º 1 do artigo 51º"* (Sérvulo Correia, *Arbitragem internacional com Estados na nova lei de arbitragem voluntária*, in Revista Internacional de Arbitragem e Conciliação, Ano V, 2012, Almedina, p. 114).

Outra questão é a de saber se o legislador terá pretendido estabelecer que o tribunal estadual vinculado ao art. 51º não é apenas o tribunal de *anulação*, mas também o tribunal de *execução*, suscitando-se assim dúvidas sobre se o mesmo parâmetro de verificação da validade da convenção de arbitragem *in favorem validatis* que vigora em sede de anulação das referidas sentenças arbitrais – afastando a aplicação da citada norma do art. 46/3, alínea *b)*, deverá reger também a apreciação dessa convenção em sede de (oposição à) execução da sentença internacional proferida em arbitragem sedeada em Portugal.

Argumentos, há-os nos dois sentidos.

Desde o literal – a apontar para uma interpretação restritiva da excepção deste nº 2 do art. 51º – até aos de ordem sistemática, que pediriam uma sua extensão ao processo de execução das sentenças.

Não apenas pelo facto de a oposição à execução se basear, de acordo do art. 48º (nº 1 a 3), nos mesmos fundamentos com base nos quais o art. 46º permite impugnar e anular as sentenças arbitrais – sendo certo que, em relação às sentenças proferidas em arbitragens internacionais, tais fundamentos aparecem limitados pelo disposto no citado art. 51º/2 –, mas também porque a referência expressa deste apenas aos processos de impugnação e anulação, não já aos de execução, se pode explicar pelo facto de se tratar nele da questão da "*(in)validade*" das convenções das arbitragens internacionais, sendo que a sua sanção (dessa invalidade) tem como assento ou como enquadramento natural o processo da respectiva aferição, isto é, de impugnação e anulação suas, só aí vindo, portanto, expressamente referidas.

Por outro lado parece muito pouco consentâneo com as exigências de *unidade e coerência do ordenamento jurídico* que sentenças tidas como válidas perante os tribunais estaduais portugueses – por as legitimarem as regras postas neste art. 51º, e não se lhe aplicar a da alínea *b*) do art. 46º/3 – não pudessem ser executadas por esses mesmos tribunais com fundamento, imagine-se, na sua invalidade face a essa alínea.

Propendemos pois para uma interpretação extensiva do art. art. 51º/2 da LAV, considerando abrangida na sua *letra* aquilo que o respectivo *espírito* claramente também abrange.

É questão, porém, que não damos por encerrada.

Ela tem suscitado aliás extensa controvérsia no direito comparado e entre nós, podendo o leitor interessado recorrer, entre outras, à obra de Julian Lew, *Achieving the Dream: Autonomous Arbitration*, em *Arbitration International*, Vol. 22, Issue 2, *Kluwer Law International* (pp. 180) e, na doutrina portuguesa, à de Moura Vicente, *Impugnação da Sentença Arbitral e Ordem Pública*, no VI Congresso do Centro de Arbitragem Comercial, Almedina, 2013, (p. 149).

3A. *A extensão da inaplicabilidade do artº 46º/3 aos restantes aspectos da validade substancial da convenção (IND)*

Quanto aos restantes aspectos da validade substancial das convenções de arbitragem internacional abrangidos pelo art. 51º/1 – isto é, aqueles que não respeitem à arbitrabilidade do litígio –, a aplicação do princípio *in favorem validatis* à apreciação da respectiva validade (em sede de anulação e, se é verdadeira a proposta que acima deixámos a tal propósito, também em sede de execução) resulta da remissão da parte final da subalínea *i*) da alínea *a*) do artº 46º/3 (e da remissão para esta feita no art. 48º/1) para os *"termos da presente lei"*.

Artigo 52.º
Regras de direito aplicáveis ao fundo da causa

1 – As partes podem designar as regras de direito a aplicar pelos árbitros, se os não tiverem autorizado a julgar segundo a equidade. Qualquer designação da lei ou do sistema jurídico de determinado Estado é considerada, salvo estipulação expressa em contrário, como designando directamente o direito material deste Estado e não as suas normas de conflitos de leis.

2 – Na falta de designação pelas partes, o tribunal arbitral aplica o direito do Estado com o qual o objecto do litígio apresente uma conexão mais estreita.

3 – Em ambos os casos referidos nos números anteriores, o tribunal arbitral deve tomar em consideração as estipulações contratuais das partes e os usos comerciais relevantes.

Fontes

Nº 1 – art. 32º/1 da LAV de 1986 (reformulado); Lei Modelo da Uncitral, art 28º/1; Lei Alemã (ZPO) § 1051 (1); Lei Espanhola, art. 34º/2; Lei Suíça de DIP, art. 187º/1; Lei Holandesa (WBR), art. 1054 (2).

Nº 1 – Lei Modelo da Uncitral, art 28º/1, 2a parte; Lei Alemã (ZPO) § 1051 (1), 2a parte; Lei Espanhola, art. 34º/2, 2a parte.

Nº 2 – art 32º/1 da LAV de 1986 (reformulado); Lei Espanhola, art. 34º/2; Lei Holandesa (WBR), art. 1054 (2); Lei Alemã (ZPO) § 1051 (1) (reformulado); Lei suíça de DIP, art. 187º/1 (reformulado).

Comentário

1. *Âmbito e alcance do preceito*
2. *O princípio da autonomia das partes na escolha das regras de direito aplicáveis ao fundo da causa: escolha expressa e tácita*
3. *O momento da escolha: a alterabilidade da escolha inicial*
4. *O objecto da escolha: o direito estadual material, a "lex mercatoria", a equidade e "l'amiable composition"*
5. *A liberdade legalmente incondicionada de escolha do direito estadual aplicável*
6. *Os critérios e os limites dos poderes dos árbitros na designação do direito aplicável ao fundo da causa: do eventual recurso à* lex mercatoria
7. *O critério da "conexão mais estreita" e os elementos aí atendíveis*
8. *As fontes interpretativas do direito e os limites à aplicação do direito escolhido ao fundo da causa: o contrato, os usos comerciais e a ordem pública internacional*

1. Âmbito e alcance do preceito

Dispõe-se no art. 52º/1 da LAV poderem as partes, se não houverem optado pelo julgamento de equidade, escolher o direito aplicável ao fundo da causa – sem terem que se remeter para o direito português –, entendendo-se que essa sua escolha, salvo estipulação expressa em contrário, se reporta ao direito material de um Estado, não às suas normas de conflitos.

Trata-se de uma norma fundamentalmente dirigida aos tribunais arbitrais, dado que a admissibilidade do controlo pelos tribunais estaduais sobre a busca, a interpretação e a aplicação das regras escolhidas pelas partes é bastante limitada, só possível, no caso das arbitragens internacionais – de maneira aparentada com a que ocorre nas arbitragens nacionais – se as partes tiverem previsto a possibilidade de recurso para outro tribunal arbitral (art. 53º subsequente).

Não sendo esse o caso, o erro de direito – do mesmo modo que o erro de facto – de que padeça a sentença arbitral internacional não constitui motivo de sua anulação (art 46º da LAV), salvo no caso de os árbitros terem decidido o litígio por referência a outro Direito que não o escolhido pelas partes – porque aí já funcionaria, parece, a subalínea *iv)* da alínea *a)* do art. 46º/3 da LAV, que tem por fontes nesta parte o art. V/1, alínea *d)*, da Convenção de Nova Iorque e o art. 34.º/2/*a*/*iv* da Lei-Modelo.

Não sendo seguro que caiba na previsão dessa alínea a possibilidade de o tribunal estadual anular a sentença com fundamento na desaplicação do Direito escolhido pelas partes, temos como certo porém que uma ilegalidade tão grosseira não pode deixar de ser sancionada em processo de impugnação (ou de recurso, se este for admitido).

No mesmo sentido, pronuncia-se Lima Pinheiro, a propósito do art. V/1, alínea *d)*, da Convenção de Nova Iorque, que estabelece como fundamento de recusa de reconhecimento de sentença arbitral estrangeira a desconformidade *do processo de arbitragem* com a convenção das partes ou, na falta desta, com a lei do país onde teve lugar a arbitragem. Diz o Autor que *"faz todo o sentido"* que aquele preceito sancione a desaplicação pelos árbitros do direito designado pelas partes, bem como a violação do disposto supletivamente na lei do lugar da arbitragem quanto ao direito aplicável ao fundo da causa.

Isto porque *"dificilmente se compreenderia que a inobservância de regras processuais constitua fundamento de recusa de reconhecimento e que o mesmo não se verifique relativamente à violação de regras sobre a determinação do Direito aplicável ao fundo da causa, que se afigura mais grave"* (Lima Pinheiro, *Arbitragem Transnacional*, cit., p. 270).

Quanto à interpretação da subalínea *iv)* da alínea *a)* do art. 34.º/2 da Lei-Modelo, há também notícia de jurisprudência de tribunais estaduais de países que a adoptaram no sentido de admitir a anulação da sentença arbitral com fundamento em os árbitros terem desaplicado o direito designado pelas partes ou violado normas legais sobre a determinação do direito aplicável – embora, compreensivelmente, essa jurisprudência também saliente que o tribunal estadual apenas poderá verificar se os árbitros decidiram por referência ao direito escolhido pelas partes ou às normas legais respeitantes à determinação da lei aplicável, mas já não se os árbitros interpretaram e aplicaram correctamente o direito escolhido (ver UNCITRAL 2012, *Digest of Case Law on the Model Law on International Commercial Arbitration*, p. 157, paras. 114-115, onde se refere a decisão do *Oberlandesgericht* de Munique, de 22 de Junho de 2005 (34 SCH 10/05), que anulou uma sentença arbitral baseada na equidade, sem que as partes tivessem expressamente autorizado os árbitros a tanto.

2. *O princípio da autonomia das partes na escolha das regras de direito aplicáveis ao fundo da causa: escolha expressa e tácita*

A primeira parte do n.º 1 corresponde à afirmação do *princípio da autonomia da vontade* reconhecido como vector essencial da arbitragem internacional, que é também característico do Direito Internacional Privado. De acordo com este princípio, as regras substantivas aplicáveis ao mérito da causa são, em primeira linha, as que as partes houverem escolhido.

Paralelamente ao que se encontra previsto para a generalidade dos negócios jurídicos, a escolha das regras de direito a aplicar pelos árbitros pode ser *expressa* ou *deduzir-se* de factos que, "*com toda a probabilidade*", a revelem. Ainda que o art. 52º/1 da LAV não remeta expressamente, como faz o art. 41º/1 do Código Civil, para a lei que os sujeitos do negócio jurídico "*houverem tido em vista*", a eficácia da designação tácita do direito aplicável ao fundo da causa em arbitragens internacionais é generalizadamente aceite à luz do princípio da liberdade declarativa, expresso no art. 217º/1 do Código Civil.

Como elementos indiciários do direito visado pelas partes para reger a decisão de mérito do litígio podem ser designadamente apontadas as referências a determinada ordem jurídica ou a determinadas regras de direito durante as negociações ou no próprio texto do contrato principal, a opção das mesmas partes relativamente a contratos anteriores do mesmo tipo, a remissão para condições contratuais gerais regidas por determinada lei, etc..

Já da designação de uma cidade portuguesa como sede da arbitragem internacional não parece poder deduzir-se (muito menos "*com toda a probabilidade*") a intenção das partes no sentido de fazer aplicar ao mérito da causa as regras materiais vigentes no ordenamento jurídico português, pois que a sede da arbitragem é frequentemente designada por razões estranhas ao direito a aplicar, sendo-o sim por razões ligadas à neutralidade do tribunal ou em função da ponderação de outros factores, como a adequação da legislação da arbitragem à regulação do comércio internacional, ou como a prática jurisprudencial dos tribunais do Estado da sede da arbitragem relativamente ao seu papel de suporte e de controlo do processo arbitral ou, ainda, como os requisitos de exequibilidade da sentença arbitral fora do Estado da sua sede (v. nota 1 ao art. 49.º supra).

Na falta de uma opção expressa ou tácita das partes quanto às regras de direito aplicável ao mérito – falta essa que, como resulta do n.º 2 do preceito, determina a escolha pelo tribunal arbitral do "*direito do Estado com o qual o objecto do litígio apresente uma conexão mais estreita*" – fica excluída a ponderação da vontade meramente hipotética das partes nesta matéria (art. 239.º do Código Civil), a qual não resulta "*com toda a probabilidade*" dos termos do negócio.

3. O momento da escolha: a alterabilidade da escolha inicial

Quanto ao *momento* em que as partes podem eficazmente escolher as regras de direito aplicáveis ao mérito da causa, pode dar-se – é aliás a hipótese mais frequente – resultar essa escolha de cláusula do próprio negócio jurídico ou da escolha constante de cláusula compromissória ou de compromisso arbitral celebrados posteriormente ao contrato, de acordo das partes (expresso ou tácito) no decurso do processo arbitral e, porventura, da fusão de vontades nesse sentido manifestadas na petição inicial e na contestação (veja-se, em sentido análogo, o disposto no art. 2º/4 da LAV, quanto à verificação dos requisitos de forma da convenção de arbitragem).

Era essa a solução preferida pela maioria dos AA. na vigência de norma semelhante da LAV de 1986, havendo no entanto quem, como Moura Vicente (*Da Arbitragem Comercial Internacional – Direito aplicável ao Mérito da Causa*, 1990, Coimbra Editora, pp. 120-122; também *Fouchard Gaillard Goldman On International Commercial Arbitration*, Kluwer Law International, 1999, p. 790), entendesse poderem as partes alterar a todo tempo, no decurso já do processo arbitral, a escolha do direito aplicável, inclusivamente a resultante da convenção, desde que daí não resultasse a ofensa de direitos validamente adquiridos por terceiros ao abrigo da lei primeiramente escolhida.

Restrição que não se descortina bem como poderia funcionar, salvo no caso de tais direitos já se terem subjectivado validamente na esfera jurídica de alguém por força do próprio contrato ou de sua execução pré-decisão da arbitragem (no pressuposto, claro, de o direito aplicável ao contrato ou ao litígio se encontrar definido também pré-arbitralmente).

Note-se, aliás, que a lei não contém qualquer restrição dessas a propósito da opção análoga das partes pelo julgamento segundo a equidade em momento posterior à aceitação do primeiro árbitro – tornando-a, sim, dependente da aceitação de todos eles (podendo conferir-se o que sobre isso dissemos em comentário ao anterior art. 39º/2). Isto, sem prejuízo de as partes poderem superar uma eventual objecção dos árbitros, revogando a convenção existente e celebrando uma nova.

Entende-se então, por se tratar de casos análogos – e também por força da remissão subsidiária (pelo art. 49º/2) do regime da arbitragem internacional para as regras comuns da LAV –, que, na dependência desse requisito (da sua aceitação pelos árbitros) e dos demais do respectivo art. 4º, deve admitir-se a possibilidade de, na arbitragem internacional, as partes alterarem, no decurso do processo arbitral, a escolha do direito material aplicável à relação jurídica litigiosa.

4. O objecto da escolha: o direito estadual material, a "lex mercatoria", a equidade e "l'amiable composition"

No tocante ao *objecto* da escolha, a autonomia das partes é extremamente ampla, mesmo se os conceitos de que este art. 52º/1 se serve não pareceriam consentir numa grande extensibilidade da aplicação da norma.

Entende-se, no entanto, que os conceitos *"regras de direito"* ou *"sistema jurídico de determinado Estado"* permitem que as partes se remetam não apenas para as normas de determinado ordenamento jurídico estadual, mas também para fontes supraestaduais, para "princípios gerais" comuns aos sistemas nacionais em presença ou para regras de natureza privada, como a *lex mercatoria*.

As partes são livres então de determinar a aplicação de modelos de regulação reconhecidos no âmbito do comércio internacional em geral e frequentemente codificados por organizações intergovernamentais ou representativas de determinados sectores do comércio internacional, como sejam os Princípios do UNIDROIT sobre os Contratos Comerciais Internacionais, os Princípios de Direito Contratual Europeu (também conhecidos como Princípios Lando), os *Incotermos* elaborados pela Câmara de Comércio Internacional, etc..

Na verdade, no domínio do art. 33.º da LAV de 1986, tais regras não integravam de forma inequívoca o âmbito da autonomia privada, apesar de alguma jurisprudência e doutrina admitirem já uma interpretação objectiva da expressão "direito" nele utilizada, susceptível de acolher as soluções mais liberais consagradas nesta matéria, e admitirem então que a escolha do "direito" aplicável pudesse recair sobre a *lex mercatoria* na medida em que esta contenha normas jurídicas (Magalhães Collaço, "*L'arbitrage Internacional*", cit., p. 63).

Ademais, à semelhança do que sucede na arbitragem interna, as partes podem autorizar os árbitros "internacionais" a julgar segundo a equidade ou, mesmo, apesar da falta de previsão legal expressa, por apelo à denominada *composição das partes* (art. 39º/3), na base do equilíbrio dos interesses em jogo. Com efeito, a falta de previsão sobre a possibilidade de autorizar os árbitros "internacionais" a julgar como *amiables compositeurs* não determina a exclusão de tal possibilidade, devendo ela admitir-se nos termos conjugados do art. 49º/2 e do art. 39º/3 da LAV.

Aliás, a autonomização da figura da *"composição amigável do litígio"* face à equidade encontra até, segundo AA. como Sampaio Caramelo (*A Reforma da Lei de Arbitragem*, p. 34), especial justificação no âmbito das arbitragens internacionais .

No caso de designação da lei ou do ordenamento jurídico de determinado Estado, presume-se, na segunda parte do art. 52º/1 da LAV – sem prejuízo, naturalmente, de convenção em contrário – que as partes pretenderam designar, por "via directa", o direito material desse Estado e não as suas normas de conflitos, assim excluindo, à partida, a possibilidade de reenvio, por aplicação das normas de conflitos do direito escolhido, para o direito de outro Estado.

Podem as partes, por outro lado, eleger diferentes regras de direito (incluindo diferentes ordenamentos jurídicos) para diferentes aspectos da relação material controvertida, usando a técnica de *dépeçage* (Lima Pinheiro, *Arbitragem Transnacional*, cit. p. 245; também *Fouchard Gaillard Goldman On International Commercial Arbitration*, cit. p. 792), como se vem admitindo, por exemplo, no contexto do art. 3º/1 da Convenção de Roma sobre a lei aplicável às obrigações contratuais, entretanto substituída, entre os Estados-Membros da União Europeia, pelo Regulamento (CE) n.º 593/2008 do Parlamento Europeu e do Conselho, de 17 de Junho de 2008 (ver por todos Lima Pinheiro, *Direito Internacional Privado*, vol. II, 2.ª ed., 2002, Almedina, p. 193).

5. *A liberdade legalmente incondicionada de escolha do direito estadual aplicável*

Em qualquer dos casos, não constitui *pressuposto da validade* ou da *eficácia* da cláusula de designação do direito aplicável ao mérito da causa a invocação ou demonstração da existência de um *"interesse sério"* na aplicação do direito escolhido.

Na ausência, na LAV, de consagração expressa desse requisito a que alude o art. 41º/2 do Código Civil, reconhece-se a possibilidade de as partes designarem uma lei desprovida de qualquer conexão com o negócio em causa – sem se exigir a demonstração da existência de um interesse sério nessa escolha –, o que, de resto, acontece frequentemente em arbitragens internacionais com vista à garantia de uma estrita igualdade entre as partes (Moura Vicente, "*Da arbitragem Comercial Internacional – Direito aplicável ao Mérito da Causa*", cit., p. 124).

Nº 2

6. *Os critérios e os limites dos poderes dos árbitros na designação do direito aplicável ao fundo da causa: do eventual recurso à* lex mercatoria

Na falta de designação pelas partes do sistema jurídico ou das regras de direito aplicáveis ao fundo da causa, o tribunal arbitral aplicará, dispõe este nº 2 do art. 52º, "*o direito do Estado com o qual o objecto do litígio apresente uma conexão mais estreita*".

Significa isso que o poder de os árbitros designarem o direito aplicável à substância do litígio se encontra limitado, por comparação com a liberdade das partes reconhecida no nº 1 desse mesmo artigo, quer quanto ao *objecto* quer quanto ao *critério* da escolha.

No que respeita ao *objecto* da determinação, o poder dos árbitros – ao contrário do das partes – está limitado à designação do "*direito do Estado*", de determinado ordenamento jurídico estadual, portanto. Se, no domínio da LAV de 1986, havia quem visse no vocábulo "direito" utilizado no respectivo art. 33º o fundamento da admissibilidade da designação de regras jurídicas extra-nacionais, como a *lex mercatoria*, tal possibilidade esfumou-se agora, inequivocamente, quer porque o art. 52º/2 da nova LAV exige que "*o direito*" designado pelos árbitros seja o de um "*Estado*" quer por contraposição às "*regras de direito*" que integram o leque de opções das partes no âmbito do art. 52º/1.

Semelhante limitação resulta do art. 28.º/2 da Lei-Modelo, segundo a qual, na falta de determinação pelas partes, o tribunal aplicará *a lei* ("*the law*" ou "*la loi*", nas versões inglesa e francesa) designada pela norma de conflitos que considerar aplicável.

O motivo determinante para a limitação do poder dos árbitros quanto ao objecto da escolha prende-se com a ideia de que o direito interno dos Estados salvaguarda melhor as legítimas expectativas das partes e a segurança jurídica no comércio internacional; só secundariamente jogam aí razões como as de uma hipotética incompletude e inadequação de fontes não estaduais para a resolução da multiplicidade de questões suscitadas na interpretação e aplicação de contratos internacionais.

A não ser assim, então também se vedaria legalmente a sua escolha pelas próprias partes – o que, como vimos, não aconteceu.

Trata-se, no entanto, de uma questão que suscita intenso debate na doutrina e jurisprudência arbitrais, quer nacionais quer estrangeiras, nele se traduzindo diferentes teses quanto à fundamentação dogmática da *lex mercatoria*.

Para uns, o direito nacional dos Estados e as tradicionais normas de conflitos não permitem dar resposta adequada à regulação do comércio internacional. Estes AA. reconhecem na *lex mercatoria* uma autêntica ordem jurídica "supranacional" ou "transnacional" de origem privada, completa e coerente, particularmente habilitada para disciplinar as relações mercantis plurilocalizadas, que oferece maior previsibilidade aos operadores do comércio internacional e que, consequentemente, deve prevalecer sobre o direito nacional (ver por todos Emmanuel Gaillard, "*Transnational Law: A legal system or a method of decision making?*", in *Arbitration International*, vol 17(1), 2001 e, também, Jan Dalhuisen, *Legal Orders and Their Manifestation: The Operation of International Commercial and Financial Legal Order and its Lex Mercatoria*, 24 Berkeley J. Int'l L, 2006, pp.129-131 e p. 187).

Para outros, só no direito interno dos Estados podem os árbitros encontrar solução para a multiplicidade dos problemas suscitados pelos contratos internacionais, não se reconhecendo na *lex mercatoria* um verdadeiro sistema jurídico autónomo e alternativo aos sistemas nacionais (ver por todos Moura Vicente, "*Da arbitragem Comercial Internacional – Direito aplicável ao Mérito da Causa*", cit.,pp. 256 e ss.).

Suscita-se também a questão de saber qual o sentido da remissão das partes para um regulamento de um centro institucionalizado de arbitragem que permita a aplicação pelos árbitros (na ausência de escolha pelas partes) de "regras de direito", e não apenas do "direito de um

Estado": é por exemplo, o que prevê o art. 21º/1 do Regulamento da CCI, nos termos do qual, no silêncio das partes, o tribunal arbitral aplicará *as regras ("the rules of law"* ou *"des règles de droit")* que julgar apropriadas.

Poder-se-ia defender que tal remissão das partes valeria como uma designação tácita das *"regras de direito a aplicar pelos árbitros",* para efeitos do n.º 1 do art. 52º da LAV, embora na opinião de Lima Pinheiro (*Arbitragem Transnacional,* cit., p. 256) não possa inferir-se dessa remissão para um regulamento uma escolha das partes das regras de direito a aplicar ao mérito da causa – escolha essa que sempre seria imputável aos árbitros – nem qualquer autorização para uma decisão que se afaste do direito estadual.

7. *O critério da "conexão mais estreita" e os elementos aí atendíveis (IND)*

Quanto ao *critério de determinação* do direito estadual a aplicar, o legislador de 2011 optou por uma solução mais conservadora do que a consagrada na LAV de 1986 – que se reportava ao *"direito mais apropriado ao litígio"* (art. 33º/2) –, elegendo-se agora, como conceito indeterminado a observar pelos árbitros, o do direito do Estado com a *"conexão mais estreita"* com o objecto do litígio.

Entendeu o legislador de 2011 que o anterior critério da *adequação ao litígio* concedia aos árbitros uma *"ilimitada liberdade de escolha das regras aplicáveis ao fundo da causa"* susceptível de comprometer a previsibilidade da solução final e a certeza jurídica.

É verdade, no entanto, que tal critério da *maior adequação* já era interpretado no sentido de não admitir decisões imprevisíveis ou contrárias às legítimas expectativas das partes, exigindo-se, designadamente, que os laços que a relação controvertida apresentasse com diferentes países fossem tomados em conta – sendo verdade, além disso, que a flexibilidade do critério permitia que, na resolução do caso concreto, os árbitros pudessem atender ao próprio conteúdo dos direitos dos Estados em presença, não com base em meras preferências subjectivas mas em função duma avaliação objectiva.

Segundo Lima Pinheiro (*Arbitragem Transnacional*, cit. pp. 238-239), os árbitros poderiam considerar na avaliação do critério da *maior adequação* a existência de regras jurídicas aplicáveis ao caso, o grau de desenvolvimento do sistema designado relativamente às necessidades correntes do tráfico, a sua correspondência à cultura jurídica com influência predominante no negócio jurídico em causa e a sua implicação sobre a validade do negócio jurídico (podendo ver-se no mesmo sentido, em relação à lei francesa, *Fouchard Gaillard Goldman On International Commercial Arbitration*, cit., p. 876).

Hoje, em face da alteração legislativa trazida pela adopção do critério da *mais estreita conexão* com o objecto do litígio, a atendibilidade destes parâmetros parece muito afastada, embora resultados semelhantes possam emergir da aplicação do subsequente nº 3 deste art.º 52º, que manda atender, mesmo nos casos de determinação do direito pelos árbitros, às estipulações contratuais e aos usos comerciais pertinentes, o que constitui autorização suficiente para uma decisão que tenha em consideração a cultura jurídica proeminente no contrato ou as necessidades correntes do comércio internacional.

De igual modo, estará afastada a designação do direito aplicável ao fundo da causa exclusivamente com base em considerações de preservação da validade ou eficácia dos negócios jurídicos (*favor negotii*) ou na protecção da parte mais fraca (em especial, nas relações de consumo ou de trabalho).

Elementos atendíveis na ponderação do critério da *conexão mais estreita* são outros, efectivamente.

Assim, no domínio dos contratos, é frequente considerarem-se os lugares da residência habitual, da administração central ou do estabelecimento principal da parte que se encontra vinculada a realizar a prestação específica, embora, como alerta Lima Pinheiro (*Arbitragem Transnacional*, cit., p. 252), não seja adquirido, nos países que adoptam o critério da conexão mais estreita, que o mesmo tenha de ser interpretado à luz da Convenção de Roma (Regulamento Roma I, entre os Estados-Membros da União Europeia).

Na doutrina portuguesa, é este o elemento de conexão preferido por Moura Vicente, por permitir a localização da relação controvertida *"no país onde se situa o centro dos interesses económicos"*, por garantir às empresas uma maior uniformidade de regulamentação dos contratos que celebrem, e por simplificar a designação do direito aplicável ao fundo da causa na falta de sua determinação pelas partes ("*Da arbitragem Comercial Internacional – Direito aplicável ao Mérito da Causa*", cit., pp. 245-250).

Outros elementos, tais como o lugar da celebração do contrato ou o lugar da execução da obrigação, têm merecido menor consideração, designadamente por introduzirem dificuldades de aplicação ou por estarem desadequados às actuais características das relações de comércio internacional – como sucede, por exemplo, com o lugar da celebração do contrato, mais dificilmente determinável em contratos celebrados por via electrónica – ou por potenciarem a aplicação de diferentes regimes ao mesmo contrato – como sucede com a aplicação do critério do lugar da execução a contratos bilaterais, nos casos em que sejam distintos os lugares de execução das diversas obrigações recíprocas (ver, por todos, Moura Vicente, ob. cit., pp. 246-247).

N. 3

8. *As fontes interpretativas do direito e os limites à aplicação do direito escolhido ao fundo da causa: o contrato, os usos comerciais e a ordem pública internacional*

Independentemente de a designação do direito aplicável ter cabido às partes ou ao tribunal, os árbitros, manda este nº 3, devem atender sempre às estipulações contratuais das partes e aos usos comerciais, estando-se aqui, simultaneamente, perante uma regra de determinação do próprio direito aplicável pelos árbitros e de interpretação e integração das regras de direito escolhidas.

O recurso aos *usos mercantis* (e bem assim a eventuais regras codificadas por organizações sectoriais ou profissionais a que as partes pertençam) possibilita a obtenção de soluções mais consentâneas com as necessidades do comércio internacional, afigurando-se especialmente relevante quando exista uma sensível dispersão dos elementos de conexão e a relação controvertida não apresente laços predominantes com apenas um dos Estados em presença; ou, então, quando se verifiquem lacunas no direito estadual em matérias específicas das transacções internacionais (neste sentido, Moura Vicente, *Lei da Arbitragem Voluntária Anotada*, diversos, p. 102).

Em qualquer dos casos, situando-se a sede da arbitragem em território nacional, os árbitros deverão atender, ainda que para efeitos de desaplicação das regras escolhidas pelas partes, aos princípios fundamentais comuns aos sistemas nacionais em presença que integrem a *ordem pública internacional do Estado português*. É o que decorre da norma do art. 54.º da LAV, que, embora dirigida primacialmente ao tribunal estadual de execução da sentença, contém uma orientação dirigida aos próprios árbitros quanto aos limites à aplicação das regras de direito ou do direito determinados nos termos dos n.ºs 1 e 2 do art. 52º da LAV.

O respeito por estas directrizes apoia-se, aliás, no próprio interesse das partes em obter uma decisão arbitral válida e exequível, reduzindo a possibilidade de anulação ou de recusa de execução nos termos dos artigos 46º/3 e 48º/2.

Para um estudo mais aprofundado acerca dos limites à aplicação do direito designado pelas partes ou pelos árbitros, remetemos o leitor, na doutrina portuguesa, para Lima Pinheiro, *Arbitragem Transnacional*, cit, pp. 234-268 e 477-621.

Artigo 53.º
Irrecorribilidade da sentença

Tratando-se de arbitragem internacional, a sentença do tribunal arbitral é irrecorrível, a menos que as partes tenham expressamente acordado a possibilidade de recurso para outro tribunal arbitral e regulado os seus termos.

Fonte

Art. 34º da LAV de 1986.

ARTIGO 53º

Comentário

1. *Irrecorribilidade da sentença arbitral "internacional": alcance e relevância*
2. *Requisitos da admissibilidade do recurso arbitral dessa sentença: em especial, a tramitação do recurso, seus fundamentos e objecto*

1. Irrecorribilidade da sentença arbitral internacional: alcance e relevância

À semelhança do que já resultava do art. 34.º da LAV de 1986, estabelece-se neste preceito, como regra supletiva da arbitragem internacional, ser irrecorrível a sentença arbitral.

A nova LAV vai, no entanto, mais além, ao excluir em absoluto a possibilidade de *recurso judicial* da decisão dos árbitros, limitando a liberdade das partes à possibilidade de recurso para *outro tribunal arbitral* e limitando portanto, também, o controlo dos tribunais do Estado sobre a decisão proferida pelos árbitros em arbitragens internacionais localizadas em Portugal, restrito agora à anulação da sentença arbitral (art. 46º).

A relevância da solução da irrecorribilidade judicial da sentença arbitral "internacional" proferida em Portugal e, em geral, a limitação do seu controlo judicial não se prende apenas com pretensões legislativas de reforço do papel das sentenças arbitrais ou com o reconhecimento da vontade das partes em submeter o litígio que as contrapõe à arbitragem, mas também com a circunstância de a arbitragem internacional estar sujeita a poderes de regulação e supervisão dos diversos Estados que apresentem conexões relevantes com o seu objeto, designadamente em função do direito aplicável à decisão de mérito e do local onde se pretenda executar a sentença arbitral.

2. Requisitos da admissibilidade de recurso arbitral dessa sentença: em especial, a tramitação do recurso, seus fundamentos e objecto

A regra da irrecorribilidade da sentença arbitral "internacional" – a qual, como se viu, é no entanto sempre passível de *impugnação e anulação judicial* – poderá ser derrogada pelas partes, desde que verificados os requisitos cumulativos previstos de maneira explícita ou imanente neste artigo.

São eles:
- terem as partes acordado *expressamente* na sua recorribilidade;
- tratar-se de uma sentença proferida em julgamento de acordo com o direito – quando o litígio haja sido decidido segundo a equidade ou mediante composição amigável, a sentença arbitral "internacional" só será recorrível (e, nestes casos, sucessivamente, até para os tribunais do Estado) nas estritas circunstâncias estudadas atrás, em comentário ao art. 39º/4;
- limitar-se a hipótese à *possibilidade de recurso para outro tribunal arbitral*;
- terem-se regulado os trâmites desse recurso.

Deste modo, o mero acordo das partes quanto à admissibilidade de recurso é ineficaz, impotente para legitimar essa possibilidade quando falte qualquer um desses outros requisitos.

No que respeita à disciplina dos trâmites do recurso, as partes hão-de fixar, no compromisso arbitral inicial ou em qualquer escrito posterior, quer directamente quer por remissão para um regulamento de arbitragem, a composição (e, eventualmente, o modo de constituição) do tribunal arbitral de recurso, o prazo, o modo e os efeitos (se suspensivos ou meramente devolutivos) da interposição do recurso e da resposta do recorrido, as regras de processo a atender pelos árbitros e, ao que se julga, também, os poderes de julgamento do tribunal, se cassatórios ou de substituição.

Trata-se de matéria obrigatória a inscrever na cláusula de admissibilidade do recurso arbitral, tudo se incluindo – com as eventuais reservas assinaladas – no conceito de *regulação dos trâmites* do recurso.

Poderão, além disso, as partes, se o entenderem, e já não obrigatoriamente, delimitar os fundamentos de recurso (porventura restringindo a recorribilidade a parte das questões controvertidas, por hipótese, ao apuramento do montante indemnizatório ou dos juros de mora) ou definir outros pressupostos da sua admissibilidade, exigindo, por exemplo, que o decaimento seja superior a determinada quantia – sem confundir jamais o que pode ser objecto do recurso por oposição ao objecto e fundamentos da impugnação judicial do art. 46º.

A regulação pelas partes dos trâmites e outras matérias que interessem ao recurso arbitral estará, naturalmente, limitada pelas regras imperativas previstas na LAV, designadamente as que se imponham como corolários do princípio do *processo equitativo* (art. 30º/1 da LAV).

Quanto ao *objeto do recurso*, ainda que a letra do preceito não introduza qualquer limitação nesta matéria, não se vê razão que justifique uma interpretação do seu âmbito mais ampla do que o delimitado no art. 39.º/4 para as arbitragens internas (veja-se ainda a nota 6 ao art. 49º *supra*) – como, aliás, já se disse em relação às decisões de equidade – e deverá a disciplina dele valer também quanto à *natureza das decisões recorríveis*, entendendo-se limitar-se elas às que se pronunciem sobre o fundo da causa e às sentenças arbitrais que, sem conhecer do fundo da causa, ponham termo ao processo arbitral (não se admitindo recurso de sentenças interlocutórias).

No sentido dessa interpretação restritiva do preceito aponta, antes de mais, até, a circunstância de o regime supletivo e preferido pela LAV ser o da irrecorribilidade da sentença arbitral, a que acresce o facto de, no direito comparado e na prática da arbitragem internacional, a sentença arbitral não ser, em regra, susceptível de recurso, seja judicial ou arbitral.

Por outro lado, entendemos estarem excluídos dos fundamentos do recurso arbitral os *vícios que importem a anulabilidade* da sentença arbitral, tendo em conta, desde logo, a irrenunciabilidade do direito de requerer a anulação da sentença arbitral (art. 46º/3 da LAV) e as normas de competência da alínea *g*) do nº 1 e do nº 2 do artº 59º da LAV, que determinam ser aos Tribunais da Relação e aos Tribunais Centrais Administrativos – ou seja, aos tribunais do Estado – que cabe conhecer da impugnação da sentença final proferida pelo tribunal arbitral, "*de acordo com o artigo 46º*", isto é, incluindo os fundamentos aí previstos.

Artigo 54.º
Ordem pública internacional

A sentença proferida em Portugal, numa arbitragem internacional em que haja sido aplicado direito não português ao fundo da causa pode ser anulada com os fundamentos previstos no artigo 46.º e ainda, caso deva ser executada ou produzir outros efeitos em território nacional, se tal conduzir a um resultado manifestamente incompatível com os princípios da ordem pública internacional.

Comentário

1. *A sujeição das "sentenças internacionais portuguesas de direito estrangeiro" a uma acção de anulação em função do direito arbitral português, e a respectiva "ratio"*
2. *A execução ou produção de outros efeitos em território nacional: conceito e algumas dificuldades prácticas de aplicação*
3. *A produção de um resultado manifestamente incompatível com os princípios da ordem pública internacional*

Fontes:

Lei Francesa (NCPC), art. 1520º/5.

1. *A sujeição das "sentenças internacionais portuguesas de direito estrangeiro" a uma acção de anulação em função do direito arbitral português, e a respectiva "ratio"*

Prevê-se, na primeira parte do art. 54º, poderem as sentenças proferidas em Portugal, no âmbito de arbitragens internacionais, ao mérito das quais se aplique porém direito estrangeiro, ser anuladas ao abrigo do regime estabelecido no art. 46º e com os fundamentos do respectivo nº 3, mesmo que, note-se, elas não se destinem a produzir quaisquer efeitos entre nós.

Trata-se de um esclarecimento que, em poucas palavras, e conjugando a disciplina deste preceito com a do art. 46º, poderíamos resumir da seguinte forma: qualquer que seja o direito aplicável ao fundo da causa, ainda que não seja o direito português, cabe *pedido de anulação*, ao abrigo do tal art. 46º da LAV, das sentenças proferidas sobre arbitragens internacionais sedeadas em Portugal – que é isso que significa a referência legal às *"sentenças proferidas em Portugal numa arbitragem internacional"* – mas que vão produzir os seus efeitos além fronteiras.

Note-se que não é uma norma de carácter dispositivo ou inovador, esta, porque, em bom rigor, a solução nela consagrada já resultava directamente da aplicação do disposto sobre o âmbito de aplicação territorial da LAV no seu art. 61º e, ademais, no seu art. 49º/2, nos quais se sujeitam à lei de arbitragem portuguesa todas as arbitragens localizadas em Portugal – seja em relação a litígios arbitrais decididos com base na lei substantiva portuguesa ou em lei estrangeira –, só não estando sujeitas a ela (salvo no que respeita ao disposto no Capítulo X respectivo) as sentenças arbitrais estrangeiras.

O esclarecimento trazido por esta norma tem assim a virtualidade de dissipar as incertezas que eventualmente pudessem colocar-se relativamente às causas de direito estrangeiro decididas arbitralmente em Portugal.

O legislador optou por incluir as sentenças proferidas em arbitragens internacionais, em quaisquer umas, mesmo nas que sejam decididas por recurso a essas ordens jurídicas, no âmbito de aplicação do art. 46º, porque, apesar do seu teor adjectivo, ele constitui uma norma de pendor marcadamente garantístico.

Questão diferente é a de saber se a disposição legal seria necessária, i.e. se a aplicação do *pedido de anulação* do art. 46º a essas sentenças internacionais portuguesas de direito estrangeiro, digamos assim, não constituiria uma consequência necessária da submissão de um litígio a uma arbitragem localizada em Portugal, – mesmo se ao mérito da causa fosse de aplicar o direito de uma outra ordem jurídica –, resposta que, mais não fosse, já resultaria das mencionadas disposições dos arts. 61º e 49º/2 da LAV.

2. A distinção entre os fundamentos de anulação "sub iudice" e os do art. 46º

Depois de, no seu primeiro segmento, este art. 54º da LAV ter remetido para o respectivo art. 46º a disciplina sobre a possibilidade de impugnação e anulação judicial, em tribunal estadual, das sentenças proferidas em arbitragens internacionais localizadas entre nós mas que façam aplicação ao fundo da causa de direito estrageiro, veio a sua segunda parte dispor que, se tais sentenças puderem ser executadas em Portugal, se estiverem destinadas a produzir aqui, pelo menos, alguns dos seus efeitos – patrimoniais, registrais, etc. –, elas podem ser anuladas, além dos casos previstos naquele art. 46º, também no caso de essa sua execução cá *"conduzir a um resultado manifestamente incompatível com os princípios da ordem pública internacional"*.

A disposição suscita estranheza porque do art. 46º já resultava poder uma decisão arbitral ser anulada com fundamento em *"o conteúdo da sentença ofende(r) os princípios da ordem pública internacional do Estado Português"*, parecendo assim que aquela parte final do art. 54º seria redundante, já estaria coberta pela remissão geral da sua parte inicial para o art. 46º.

É de notar que no projecto da nova LAV, elaborado pela Associação Portuguesa de Arbitragem, o elenco de fundamentos de anulação da sentença do art. 46º não incluía a contrariedade do conteúdo desta com a ordem pública internacional do Estado português, estando o art. 54.º da LAV, pois, originariamente vocacionado para evitar a produção de efeitos em território português de sentenças arbitrais que, tendo aplicado direito estrangeiro, conduzissem a resultados atentatórios dessa ordem pública, num quadro portanto em que aquela cláusula geral não constava do elenco dos fundamentos de anulação do art. 46º da LAV.

Esse quadro foi posteriormente alterado pela opção do Governo de consagrar a violação da ordem pública internacional do Estado Português como fundamento de anulação de qualquer sentença arbitral, sendo certo que, ainda assim, o legislador quis manter a redacção do art. 54º proposta pela Associação Portuguesa de Arbitragem.

A verdade, no entanto, é que entre as referidas normas dos arts. 46º e 54º há duas diferenças de tomo.

Não porque, diga-se já, o conceito de ordem pública internacional do Estado Português previsto no art. 46º não se reporte também aos *princípios comuns às "nações civilizadas", que não sejam exclusivos do nosso património social e cultural*, mas que sejam reconhecidos por nós. A diferença entre as duas normas não está no parâmetro de controlo – que é sempre a ordem pública internacional do Estado Português, isto é, aquilo a que a jurisprudência chama conjunto *"dos princípios fundamentais estruturantes da presença de Portugal no concerto das nações"* (Ac. do STJ 09.10.2003, proc. 3B1604) e que tem um conteúdo mais restrito do que a *ordem pública interna*.

Não há, nesse aspecto, parece-nos, diferença material entre a ordem pública internacional do art. 46º e a deste art. 54º: a diferente redacção (*ordem pública internacional do Estado Português* e *ordem pública internacional*) poderá ser o resultado do diferente contexto em que aqueles artigos foram redigidos e dos diferentes redactores dessas normas, que já assinalámos acima.

As diferenças entre as duas normas residem verdadeiramente no objecto do controlo – o *conteúdo* da sentença, no artº 46º, o *resultado* dela no artº 54º – e na intensidade desse controlo, exigindo-se neste art. 54º, que a desconformidade seja *"manifesta"*, visível, sem qualquer esforço exegético. Naquele caso, é portanto a própria *decisão* contida na sentença – a sua fundamentação ou conclusão – que está em contradição com os princípios da ordem pública internacional; no segundo caso, é o seu *resultado*, ou seja, os efeitos jurídica ou materialmente dela decorrentes, que vão repercutir-se na ordem jurídica ou no mundo real, que são manifestamente incompatíveis com esses princípios.

Sem prejuízo, claro, de se tratar de uma distinção muitas vezes difícil de fazer na prática.

Lido desta forma, o art. 54º tem o sentido de transportar para determinadas sentenças "nacionais" – as que forem proferidas em arbitragens internacionais localizadas no nosso território – supervisão idêntica (em termos de objecto e intensidade) àquela a que sujeitamos as sentenças arbitrais estrangeiras, sujeitas, nos termos da subalínea *ii* da alínea *a*) do art. 56º/1 da LAV, à verificação sobre se conduzem *"a um resultado manifestamente incompatível com a ordem pública internacional do Estado português"*.

Isso, sempre que aquelas primeiras sentenças (as "nacionais") se aproximem, no seu conteúdo e finalidade, das segundas (as estrangeiras): ou seja, ter sido aplicado direito estrangeiro – que é o que geralmente sucede em sentenças proferidas em arbitragens localizadas no estrangeiro – e destinarem-se a produzir efeitos em Portugal (que é o que sucede quanto a sentenças arbitrais que sejam objecto de um pedido de reconhecimento ou de execução em Portugal).

Aproximamo-nos, portanto, da tese de Robin de Andrade (Intervenção no VII Congresso do Centro de Arbitragem Comercial acerca do *Balanço de um ano de vigência da Nova Lei de Arbitragem Voluntária*), no sentido de se imputar ao artº 54º a função de permitir que a decisão arbitral, mesmo que já não seja impugnável, possa não ser executável em Portugal com fundamento na violação de ordem pública internacional.

CAPÍTULO X
Do reconhecimento e execução de sentenças arbitrais estrangeiras

Artigo 55.º
Necessidade do reconhecimento

Sem prejuízo do que é imperativamente preceituado pela Convenção de Nova Iorque de 1958, sobre o reconhecimento e a execução de sentenças arbitrais estrangeiras, bem como por outros tratados ou convenções que vinculem o Estado português, as sentenças proferidas em arbitragens localizadas no estrangeiro só têm eficácia em Portugal, seja qual for a nacionalidade das partes, se forem reconhecidas pelo tribunal estadual português competente, nos termos do disposto no presente capítulo desta lei.

Comentário

1. *Tratados e acordos primariamente aplicáveis ao reconhecimento e execução, por parte de um tribunal estadual português, de sentenças arbitrais estrangeiras: campo de aplicação "secundária" da LAV*
2. *Competência para o reconhecimento*
3. *Aplicação da lei no tempo nesta matéria: regras e excepções*

1. *Tratados e acordos primariamente aplicáveis ao reconhecimento e execução, por parte de um tribunal estadual português, de sentenças arbitrais estrangeiras: campo de aplicação "secundária" da LAV*

Consagra-se aqui, inovatoriamente, o princípio da necessária sujeição das sentenças proferidas em arbitragens localizadas no estrangeiro ao reconhecimento por parte de um tribunal estadual português, sem o qual elas não produzirão efeitos entre nós.

Trata-se de um regime que já antes vigorava no nosso direito interno, regulado no art. 1094º do CPC (actualmente art. 978.º) e que agora deixou de ter aplicação a decisões proferidas por árbitros, dado o disposto no art. 2º do diploma preambular da LAV.

O processo de reconhecimento obedece, primariamente, às disposições de tratados e acordos internacionais ratificados pelo Estado português – os quais, por força do art. 8º/2 da Constituição da República Portuguesa, têm prevalência sobre as normas de direito interno ordinário –, aplicando-se agora a tal processo, secundariamente, as disposições da presente lei, a qual vem esclarecer algumas dúvidas que dividiam as nossas doutrina e jurisprudência, quer no que respeita ao processo aplicável, quer no que respeita ao tribunal competente para o efeito.

Em matéria de arbitragem privada internacional, os principais tratados multilaterais a que Portugal se encontra vinculado são:

- a *Convenção Para a Execução das Sentenças Arbitrais Estrangeiras*, assinada em Genebra em 1927 (ratificada por Portugal, em 1931);
- a *Convenção Sobre o Reconhecimento e a Execução de Sentenças Arbitrais Estrangeiras*, concluída em Nova Iorque em 1958 (em vigor, em Portugal, desde 1995);
- a *Convenção Interamericana Sobre Arbitragem Comercial Internacional*, aberta à assinatura no Panamá em 1975 (ratificada pela Assembleia da República, em 2002);
- e a *Convenção Para a Resolução de Diferendos Relativos a Investimentos Entre Estados e Nacionais de Outros Estados*, concluída em Washington em 1965 (ratificada por Decreto do Governo, em 1984).

O reconhecimento de sentenças arbitrais é também regulado nos acordos bilaterais de cooperação jurídica e judiciária celebrados com

Angola (assinado em 1995 e ratificado em 1997), com Cabo Verde (aprovado em 1976), com Guiné-Bissau (ratificado em 1989), com Moçambique (assinado em 1990 e ratificado em 1991) e com S. Tomé e Príncipe (ratificado em 1976).

Coexistem, deste modo, entre nós, vários sistemas sobre o reconhecimento (e execução) de sentenças arbitrais estrangeiras, dispondo essas convenções de regras próprias quanto à compatibilização/prevalência de regimes potencialmente concorrentes.

Por exemplo, o art. VII da Convenção de Nova Iorque estabelece que esta Convenção substitui a aplicação da Convenção de Genebra entre os Estados Contratantes e que não prejudica a validade doutros acordos multilaterais e bilaterais por eles celebrados, consagrando o princípio do tratamento mais favorável e permitindo a invocação pela parte interessada do regime interno ou previsto em tratados internacionais que vigorem no país do reconhecimento, desde que o mesmo seja mais favorável à recepção da sentença arbitral estrangeira – sendo certo, porém, que nenhum dos tratados e acordos referidos é de aplicação universal, valendo apenas no caso de as sentenças arbitrais estrangeiras terem sido proferidas no território de Estados a eles vinculados.

Em todo o caso, como observa Paula Costa e Silva (*A Execução em Portugal de Decisões Arbitrais Nacionais e Estrangeiras*, no I Congresso do Centro de Arbitragem da Câmara de Comércio e Indústria, Almedina, p.151), os princípios aplicáveis ao reconhecimento e à execução de sentenças arbitrais estrangeiras estão hoje relativamente uniformizados na prática internacional da arbitragem, em especial, em virtude da aplicação quase universal da Convenção de Nova Iorque – que, nesta data, tem 148 Estados signatários –, o que torna exíguo o campo de aplicação doutros regimes, como o da Convenção de Genebra ou o regime interno da LAV.

Note-se, quanto a este aspecto, que o Estado português formulou a reserva de reciprocidade prevista no n.º 3 do art. I da Convenção de Nova Iorque, pelo que esta só será aplicável ao reconhecimento e execução de sentenças proferidas no território de outros Estados contratantes, embora os efeitos dessa reserva sejam agora de reduzida importância (dada a transposição pela LAV, adaptada, é certo, da referida Convenção).

Tal Convenção não prejudica, contudo, a aplicação da LAV em determinadas matérias.

Desde logo, por força do respectivo art. III, o reconhecimento e execução de sentenças por ela abrangidas segue as *regras de processo adoptadas no território em que a sentença foi invocada*, isto é, as regras de processo de reconhecimento e execução vigentes no Direito interno do Estado de reconhecimento ou de execução, com salvaguarda do que nela se dispõe sobre os documentos que devem ser juntos à petição (art. IV) e sobre as condições do reconhecimento (arts. V a VII).

Por outro lado, em virtude do *princípio do tratamento mais favorável* consagrado no n.º 2 do art. VII da citada Convenção, as normas estabelecidas no Capítulo X da LAV podem ainda prevalecer sobre o regime nela estabelecido quando forem mais favoráveis ao reconhecimento da decisão arbitral.

Quanto às sentenças proferidas em arbitragens localizadas em países que não sejam parte em qualquer um dos tratados e acordos anteriormente referidos, o processo de seu reconhecimento em Portugal reger-se-á exclusivamente pelo disposto na LAV.

2. Competência para o reconhecimento

O tribunal português competente para o processo de reconhecimento é, nos termos da alínea *h)* do n.º 1 do art. 59.º da presente lei, a Relação em cujo distrito se situe o domicílio da pessoa contra quem se pretenda fazer valer a sentença arbitral estrangeira.

Resolvem-se, deste modo, as dúvidas suscitadas por alguma jurisprudência relativamente à compatibilização do artº 1095.º do anterior CPC (atual 979º) – aplicável a sentenças arbitrais estrangeiras no âmbito da LAV de 1986 – com a exigência do artº III da Convenção de Nova Iorque, de que não sejam aplicadas ao reconhecimento ou execução das sentenças arbitrais quaisquer condições sensivelmente mais rigorosas, nem custas sensivelmente mais elevadas, do que aquelas que são aplicadas para o reconhecimento ou execução das sentenças arbitrais nacionais [v. designadamente Ac. STJ de 22.04.2004 (CJ 2004-II, 50), Ac. TRL de 20.02.1997 (CJ 1997-I,135), Ac. TRP de 29.06.1999 (BMJ 488: 411) e Ac. TRP de 24.10.2002 (CJ 2002-IV, 186)].

3. Aplicação da lei no tempo nesta matéria: regras e excepções

A norma transitória do art. 4º/1 da Lei nº 63/2011, de 14 de Dezembro, que aprovou a actual LAV, dispõe que ficam sujeitos ao novo regime desta os processos arbitrais (nós diríamos antes, atenta a distinção estabelecida a propósito do seu art. 33º/1, as arbitragens) que, nos termos desse preceito, se iniciem após a sua entrada em vigor.

Não se incluem no âmbito de aplicação dessa norma, porém, as acções para reconhecimento e execução de sentenças arbitrais estrangeiras, pois nestas não estão em causa processos arbitrais e arbitragens sujeitos à lei de arbitragem portuguesa ou iniciados nos termos do respectivo artigo 33º/1 (ver artº 61.º da LAV de 2011 sobre o seu âmbito de territorial).

Por outro lado, o processo especial de revisão e confirmação da sentença estrangeira previsto no CPC de 1994 deixou de ser aplicável a sentenças arbitrais: primeiro, com a eliminação (por força do art.º 2.º do tal Decreto-Lei nº 63/2011) da referência à decisão proferida *"por árbitros no estrangeiro"* constante da redacção do art.º 1094.º/1 (actual 978º) desse CPC; segundo, com a revogação do seu art. 1097º, em virtude do art. 5º/3 do mesmo decreto-lei, pelo que não existe outro regime que, na falta da LAV, possa ser aplicado ao reconhecimento e execução de sentenças arbitrais estrangeiras em Portugal.

Nesta ordem de ideias, as regras de competência e de tramitação agora estabelecidas na nova LAV a propósito dessa matéria serão imediatamente aplicáveis às acções de reconhecimento de sentenças estrangeiras instauradas após a sua entrada em vigor, independentemente da data de início da arbitragem ou do processo arbitral em país estrangeiro.

Diversamente sucederá, no entanto, quanto aos fundamentos de oposição e de recusa de reconhecimento e execução previstos no artº 56 da nova LAV, que importem a análise das condições de validade substancial ou formal da convenção de arbitragem, pois elas terão de ser aferidas pela lei vigente ao tempo em que o negócio foi celebrado (v. art.º 12.º/2 do Código Civil).

De igual modo, tratando-se de matéria relativamente à qual a Convenção de Nova Iorque atribua relevância à lei do país de reconhecimento ou execução, a arbitrabilidade do litígio, para efeitos da alínea a) do seu artº V/2, aferir-se-á segundo o critério da disponibilidade do direito estabelecido no art. 1.º/1 da LAV de 1986, se for ele que se encontrava em vigor à data em que a convenção de arbitragem foi celebrada.

O mesmo sucede relativamente ao fundamento de recusa da respectiva subalínea *i* da alínea *b)* do art. 56º/1.

Entendimento diverso é o de Robin de Andrade, para quem a validade formal ou substancial da convenção de arbitragem não está sujeita, no que respeita à sucessão de leis no tempo, aos critérios gerais do Código Civil, mas exclusivamente ao critério único e geral do art. 4º/1 do Decreto-Lei nº 63/2011, que aprovou a LAV (VII Congresso do Centro de Arbitragem da Câmara de Comércio e Indústria Portuguesa, *Balanço de um Ano de Vigência da LAV*, disponível em http://www.acl.org.pt/).

De salientar que, por imposição do princípio geral da autonomia ou separabilidade da convenção de arbitragem, relevará a data da celebração da cláusula compromissória ou do compromisso arbitral, independentemente do momento de celebração do negócio principal.

Assim, se porventura o negócio subjacente for anterior à entrada em vigor da nova LAV, mas o compromisso arbitral resultar – como, à semelhança do art. 2º/5, muitos ordenamentos jurídicos aceitam – da troca de petição inicial e contestação no âmbito de um processo arbitral iniciado após a entrada em vigor da LAV de 2011, a arbitrabilidade do litígio já deverá aferir-se segundo o critério da *patrimonialidade* dos interesses em litígio, consagrado no art. 1º/1 dessa nossa lei.

Artigo 56.º
Fundamentos de recusa do reconhecimento e execução

1 – O reconhecimento e a execução de uma sentença arbitral proferida numa arbitragem localizada no estrangeiro só podem ser recusados:

a) A pedido da parte contra a qual a sentença for invocada, se essa parte fornecer ao tribunal competente ao qual é pedido o reconhecimento ou a execução a prova de que:

i) Uma das partes da convenção de arbitragem estava afectada por uma incapacidade, ou essa convenção não é válida nos termos da lei a que as partes a sujeitaram ou, na falta de indicação a este respeito, nos termos da lei do país em que a sentença foi proferida; ou

ii) A parte contra a qual a sentença é invocada não foi devidamente informada da designação de um árbitro ou do processo arbitral, ou que, por outro motivo, não lhe foi dada oportunidade de fazer valer os seus direitos; ou

iii) A sentença se pronuncia sobre um litígio não abrangido pela convenção de arbitragem ou contém decisões que ultrapassam os termos desta; contudo, se as disposições da sentença relativas a questões submetidas à arbitragem puderem ser dissociadas das que não tinham sido submetidas à arbitragem, podem reconhecer-se e executar-se unicamente as primeiras; ou

iv) A constituição do tribunal ou o processo arbitral não foram conformes à convenção das partes ou, na falta de tal convenção, à lei do país onde a arbitragem teve lugar; ou

v) A sentença ainda não se tornou obrigatória para as partes ou foi anulada ou suspensa por um tribunal do país no qual, ou ao abrigo da lei do qual, a sentença foi proferida; ou

b) Se o tribunal verificar que:

i) O objecto do litígio não é susceptível de ser decidido mediante arbitragem, de acordo com o direito português; ou

ii) O reconhecimento ou a execução da sentença conduz a um resultado manifestamente incompatível com a ordem pública internacional do Estado português.

2 – Se um pedido de anulação ou de suspensão de uma sentença tiver sido apresentado num tribunal do país referido na subalínea *v)* da alínea *a)* do n.º 1 do presente artigo, o tribunal estadual português ao qual foi pedido o seu reconhecimento e execução pode, se o julgar apropriado, suspender a instância, podendo ainda, a requerimento da parte que pediu esse reconhecimento e execução, ordenar à outra parte que preste caução adequada.

Fontes

N.º 1.a) – Lei-Modelo da Uncitral, art. 36º/1, (a) (i), (ii), (iii), (iv) e (v); Convenção de Nova Iorque, artigo V, no 1, (a), (b), (c), (d) e (e).

N.º 1.a). iv) – Lei-Modelo da Uncitral, art. 36º/1, (iii); Convenção de Nova Iorque, artigo V, no 1, (c); Lei Peruana de 2008, art. 75º/2

N.º 1.b).i) – Lei-Modelo da Uncitral, art. 36º/1.b).(i); Convenção de Nova Iorque, artigo V, no 2, (a).

N.º 1.b).ii) – Código de Processo Civil, alínea f) do art. 1096º.

N.º 2 – Lei-Modelo da Uncitral, art. 36º/2; Convenção de Nova Iorque, artigo VI.

Comentário

1. *Fontes e âmbito de aplicação da norma*
1.A. *Fundamentos da recusa de reconhecimento ou execução: os vícios da sentença. Distinção dos vícios do pedido*
2. *Requisitos processuais do pedido e da recusa de reconhecimento: remissões*
3. *A falta de obrigatoriedade da sentença arbitral como fundamento específico da recusa do seu reconhecimento e (ou) execução: âmbito e natureza processual*

4. (cont.) *A suspensão ou anulação da sentença arbitral como fundamento específico da recusa de reconhecimento e execução: requisitos de aplicação*
5. *Os fundamentos da recusa previstos na alínea **a**) do art. 56º/1 relativos às partes, à convenção de arbitragem, ao processo e às sentença arbitrais estrangeiras*
   5.1. *Os fundamentos da subalínea i) da alínea a)*
   5.2. *Os fundamentos da subalínea ii) da alínea a)*
   5.3. *Os fundamentos da subalínea iii) da alínea a)*
   5.4. *Os fundamentos da subalínea iv) da alínea a)*
6. *Os fundamentos da recusa previstos na alínea **b**) do art. 56º/1 relativos à arbitrabilidade do litígio e à ordem pública internacional*
7. *Suspensão do processo de reconhecimento ou de execução derivada de pedido de suspensão ou anulação da sentença arbitral*

1. Fontes e âmbito de aplicação da norma

Os fundamentos de oposição ao reconhecimento e execução de sentenças estrangeiras enunciados neste art. 56º correspondem essencialmente aos do art. V da Convenção de Nova Iorque, traduzindo os padrões praticamente universais nessa matéria e que, atendendo ao alargado âmbito de aplicação espacial daquela Convenção e à sua influência sobre o art. 36º/1 da Lei Modelo – seguida em diferentes jurisdições, incluindo a nossa –, vigoram na prática internacional de arbitragem (Paula Costa e Silva, cit., pp. 151-152).

Pretendeu o legislador, como já se disse atrás, harmonizar o regime interno do reconhecimento e execução de sentenças arbitrais estrangeiras com o regime resultante daquela convenção internacional e, também, aproximar os fundamentos de recusa de reconhecimento e execução de sentenças arbitrais estrangeiras dos fundamentos de oposição à execução de sentenças ditas "nacionais" (arts. 46º e 48º da LAV).

Quanto ao âmbito de aplicação deste preceito, ele valerá relativamente a sentenças proferidas em arbitragens localizadas em países que não sejam parte em nenhum dos tratados e acordos referidos no comentário anterior, que de todos eles constam os fundamentos de recusa de reconhecimento ou de execução. Ademais, o artigo 56º da

LAV pode ainda ser relevante relativamente a sentenças estrangeiras abrangidas pela Convenção de Nova Iorque, se estiver preenchido o requisito previsto no seu art. VII/1, isto é, se se mostrar mais favorável ao reconhecimento e execução da sentença arbitral estrangeira.

1A.*Fundamentos da recusa de reconhecimento ou execução: os vícios da sentença. Distinção dos vícios do pedido*

Trata-se aqui dos fundamentos da recusa do *reconhecimento* de sentenças arbitrais estrangeiras por tribunais do Estado português e (ou) da recusa de execução de sentenças por si já reconhecidas, resultando da fórmula da lei (*"só podem ser recusadas"*) estarmos perante um seu enunciado taxativo.

Constitui, aliás, ponto assente na doutrina e jurisprudência, quer relativamente ao art. V da Convenção de Nova Iorque quer relativamente ao art. 1094º do CPC (actual 978º) – o qual, antes da nova LAV, tinha aplicação a sentenças arbitrais – que os fundamentos de recusa de reconhecimento e execução de sentenças arbitrais estrangeiras são taxativos, não podendo ser assacados outros vícios à sentença arbitral para além daqueles que estão enunciados nessas normas.

Poderia pensar-se, por exemplo, em relação à recusa da execução, ser fundamento não contemplado no elenco das diversas alíneas deste art. 56º/1 o caso – que já analisámos sumariamente em comentário à hipótese similar do art. 28º/1 – do pedido de execução de prestações que não tenham sido objecto da condenação contida na sentença reconhecida.

Sucede que o que está em causa na recusa do reconhecimento ou execução das sentenças arbitrais estrangeiras são os vícios da própria sentença; coisa distinta, portanto, dos vícios arguidos na oposição à sua execução com fundamento nas ilegalidades constantes dela mesma ou da decisão do processo executivo, que é precisamente o que sucede quando se pede ao tribunal da execução mais ou coisa diferente daquilo que decorre da sentença exequenda, dando lugar à *improcedência* do pedido, não à sua *recusa*.

2. *Requisitos processuais do pedido e da recusa de reconhecimento: remissões*

Só no art. 57º subsequente, com algum desvio sistemático, se regulam os trâmites do processo de *reconhecimento* das sentenças arbitrais estrangeiras com fundamentos dessa natureza.

Quanto às formalidades do pedido e, também, da recusa de *execução*, por um tribunal estadual português, de sentenças arbitrais estrangeiras já reconhecidas, dispõem os arts. 712º e ss. do Código de Processo Civil, para onde se remete.

3. *A falta de obrigatoriedade da sentença arbitral como fundamento específico da recusa do seu reconhecimento e (ou) execução: âmbito e natureza processual*

A larga maioria dos fundamentos de recusa judicial de reconhecimento e (ou) execução das referidas sentenças regulados no art. 56º/1 da LAV é comum aos fundamentos de anulação das sentenças arbitrais portuguesas, nacionais ou internacionais, enumerados nas diversas alíneas do art. 46º/3, deles se curando adiante.

Aqui, em primeiro lugar, tratamos dos fundamentos específicos dessa *recusa*, referidos na subalínea *v)* da alínea *a)* desse art. 56º/1, e que consistem em a sentença arbitral

- ainda não se ter tornado obrigatória para as partes;
- ter sido anulada ou suspensa por um tribunal do país no qual (ou ao abrigo de cuja lei) foi proferida

Trata-se, o primeiro, de um caso óbvio de recusa.

De recusa da *execução*, indubitavelmente – só podem executar-se, claro, as sentenças que já vinculam, a cujos efeitos as partes estão já sujeitas; a sentença de que cabe recurso com efeito suspensivo enquanto este não for interposto (ou, então, na pendência do mesmo) não pode ser executada, como é evidente.

Quanto à discussão doutrinária que a este propósito se suscita sobre o conceito de *"sentença obrigatória"* – mais uma vez, no contexto da norma correspondente do art. V da Convenção de Nova Iorque –, questiona-se se essa *"obrigatoriedade"* deve ser objecto de uma interpretação autónoma ou se deve depender da lei do país de origem.

A primeira opção é, na doutrina portuguesa, a adoptada por Lima Pinheiro (*Arbitragem Transnacional*, cit., p. 305-306), entendendo-se que a decisão pode ser considerada obrigatória a partir do momento em que não é susceptível de recurso ordinário quanto ao fundo da causa (na doutrina estrangeira, ver por todos, Alan Redfern e Martin Hunter, *Redfern and Hunter on International Arbitration*, Oxford University Press, 2009, pp. 649-650).

Da segunda opção aproxima-se Moura Vicente (*Lei de Arbitragem Voluntária Anotada*, Almedina, 2012, p. 106), ao exigir que a execução da decisão seja possível no país de origem.

Em qualquer dos casos, não se exige – ao contrário do que acontece com a Convenção de Genebra de 1927, que se refere à sentença *"final"* no país de origem –, não se exige, dizia-se, que a sentença seja objecto de uma declaração de executoriedade ou de uma homologação no país de origem (duplo *exequatur*) para que seja tida por *"obrigatória"* (Lima Pinheiro, *Arbitragem Transnacional*, cit., p. 305).

Quanto à recusa do seu *reconhecimento*, mesmo que esteja em causa apenas um juízo sobre a sua não desconformidade com a ordem jurídica portuguesa (sem porém se esgrimirem os seus efeitos contra alguém), só se admite a instauração do respectivo processo perante tribunal nacional no caso de a sentença arbitral já se ter tornado exigível no seu ordenamento de origem.

Não se verificando esse pressuposto, o pedido de reconhecimento será rejeitado ao abrigo da subalínea *v)* da alínea *a)* deste art. 56º.

4. (cont.) *A suspensão ou anulação da sentença arbitral como fundamento específico da recusa de reconhecimento e execução: requisitos de aplicação*

É a outra causa de recusa inscrita na mesma subalínbea *v)* da alínea *a)* do art. 56º/1.

Consiste ela no facto de a sentença arbitral estrangeira *recognoscendi* ou *exsequendi* ter sido suspensa ou anulada por um tribunal do país onde (ou ao abrigo de cuja lei) ela foi proferida.

A previsão legal é feita, porém, de outras circunstâncias para além das nela explicitamente referidas.

Assim, se a suspensão ou anulação da sentença arbitral for anterior à instauração do processo de reconhecimento e execução, a hipótese cai na previsão da segunda parte do preceito (*"a sentença [...] foi anulada ou suspensa"*), o mesmo se passando se isso ocorrer – ou vier ao conhecimento do interessado – no decurso do processo de reconhecimento ou de execução.

Suscitando-se então a questão de saber se não tem o interessado o ónus de alegar, na oposição ao pedido de reconhecimento ou execução, a existência de um processo de anulação pendente ou que a sentença já foi anulada, para não falar já na hipótese (adiante comentada) do nº 2 deste art. 56º, que é a de apenas se ter pedido ao tribunal estrangeiro competente a suspensão ou anulação da sentença por ele proferida, mas estar esse próprio processo em curso de apreciação.

E é preciso, em segundo lugar, para que o tribunal recuse o reconhecimento ou execução pedidos, que a decisão judicial estrangeira de suspensão ou de anulação da sentença seja já operativa, obrigatória – porque, se estiver sujeita a recurso com efeito devolutivo ou a correr prazo para a formação de caso julgado, o tribunal português não pode tomá-la (tal decisão) em consideração para obstar ao reconhecimento ou execução pedidos, podendo porém suspender o processo em curso para esse efeito, ao abrigo do subsequente nº 2.

Quanto ao mais, valem aqui, para este fundamento da recusa, as considerações sobre o âmbito e a natureza processual do fundamento analisado no comentário anterior.

Este fundamento de recusa de reconhecimento/execução é o que mais debate suscita na doutrina e jurisprudência estrangeiras, no contexto da norma correspondente da Convenção de Nova Iorque, discutindo-se se uma sentença anulada no Estado da sede da arbitragem pode, ainda assim, ser reconhecida e executada no estrangeiro.

Na jurisprudência francesa destacam-se os casos **Hilmarton** [Hilmarton Ltd v. Omnium de Traitement et de Valorisation (1994), *Revue de l'Arbitrage*, p. 327] e **Putrabali** [*Société PT Putrabali Adyamulia v. Société Rena Holding et Société Mnogutia Et Epices* (2007), *Revue de l'Arbitrage*, p. 507], no âmbito dos quais a *Cour de Cassation* francesa reconheceu sentenças arbitrais estrangeiras anuladas, respectivamente, na Suíça e em Inglaterra. Nesta última decisão, reconheceu-se a sentença anulada no Estado da sede da arbitragem com base, em primeiro lugar, no facto de, não estando as sentenças arbitrais internacionais integradas nas ordens jurídicas nacionais, designadamente na ordem jurídica da sede da arbitragem, dever o tribunal de reconhecimento e execução apreciar a validade delas à luz das regras a si aplicáveis.

Em segundo lugar, à luz do princípio do tratamento mais favorável previsto no art. VII/1 da Convenção de Nova Iorque, a parte interessada podia invocar o direito francês de arbitragem internacional, nos termos do qual não se exige que a sentença *recognoscendi* ou *exsequendi*, para poder ser reconhecida ou executada em território francês, não haja sido anulada no Estado da sede da arbitragem internacional.

Numa decisão de 1996, no caso Chromalloy [*Chromalloy Aeroservices Inc v. Arab Republic of Egypt*], o Tribunal Federal dos Estados Unidos executou uma sentença arbitral anulada no Egipto, enfatizando o carácter permissivo da letra do art. V da Convenção de Nova Iorque que, ao estipular que o reconhecimento ou execução da sentença *podem* ser recusados (*"may be refused"*) se ela tiver sido anulada ou suspensa no país no qual (ou ao abrigo da lei do qual) foi proferida, confere ao tribunal de reconhecimento ou execução discricionariedade quanto à recusa com base nesse fundamento, mesmo que tenha sido demonstrada a anulação ou a suspensão da sentença arbitral (cf. Alan Redfern e Martin Hunter, cit. pp. 652-653).

Mais recentemente, destaca-se, na jurisprudência holandesa, o caso *Yukos v. Rosneft*, no qual foi aceite a tese de que a sentença arbitral anulada na Rússia poderia, ainda assim, ser reconhecida no estrangeiro, em especial havendo dúvidas sobre a imparcialidade e independência do tribunal russo da acção de anulação. No mesmo caso, a jurisprudência inglesa admitiu também que a sentença anulada na Rússia, poderia, ainda assim, ser reconhecida e executada em Inglaterra.

Estas decisões têm sido criticadas por colocarem em causa a segurança e certeza das decisões judiciais e por serem desconformes à Convenção de Nova Iorque (ver por todos Albert van den Berg, *Enfor-*

cement of Awards Annulled in Russia Case - Comment on Court of Appeal of Amsterdam, April 28, 2009, no *Journal of International Arbitration* 27(2), 2010, Kluwer, pp.179-198), existindo vasta literatura quanto a esta matéria, para a qual remetemos o leitor (Alan Redfern e Martin Hunter, cit. pp. 649-654; Paulsson, *Arbitration in three dimensions*; Emmanuel Gaillard, *The Representations of International Arbitration*, in *Journal of International Dispute Settlement*, Vol. 1, Issue 2, Oxford University Press, pp.1-11; Lew, Julian Lew (2006), *Achieving the Dream: Autonomous Arbitration, Arbitration International*, Vol. 22 Issue 2, *Kluwer Law International*, pp. 179 – 203).

5. *Os fundamentos da recusa previstos na alínea **a)** do art. 56º/1 relativos às partes, à convenção de arbitragem, ao processo e às sentença arbitrais estrangeiras*

Os fundamentos de recusa de reconhecimento ou de execução das restantes subalíneas e alíneas do art. 56º/1 correspondem, em medida significativa, algumas vezes *ipsis verbis*, aos fundamentos com que o anterior art. 46º/3 permite aos tribunais do Estado anular sentenças arbitrais portuguesas, nacionais ou internacionais.

Há, mesmo assim, algumas diferenças entre os dois artigos e respectivos fundamentos – até pelo facto de ser abundante, nesta sede do artº 56º, o debate jurisprudencial e doutrinal internacional que se tem suscitado sobre as questões (da recusa) do reconhecimento ou da execução de sentença arbitral estrangeira –, pelo que se impõe averiguar em que medida poderá remeter-se a análise dos fundamentos legais nesta matéria para o que escrevemos a propósito dos fundamentos de anulação de sentenças arbitrais portuguesas.

Vejamos, primeiro, o que se passa em relação aos **fundamentos das quatro primeiras subalíneas da alínea *a)* do art. 56º/1** – os da subalínea *v)* ficaram vistos nos dois comentários anteriores –, todos eles dependentes de alegação, pelo demandado ou executado, dos respectivos factos constitutivos, que são passíveis, no entanto, de qualificação e subsunção jurídica, pelo tribunal, diferentes da que eles hajam proposto.

5.1. *Os fundamentos da subalínea i) da alínea a)*

Assim, quanto aos dois fundamentos da respectiva subalínea *i)*, a única diferença aparente que se encontra, em relação aos correspondentes fundamentos do art. 46º/3, é a de a (in)validade da convenção arbitral, se as partes não tiverem indicado a lei a que ela especificamente se sujeita, se aferir, aqui, em função da lei do país em que a sentença arbitral *sub iudicio* foi proferida, enquanto no art. 46º a lei subsidiária de aferição dessa (in)validade é a lei portuguesa.

Não se trata, em bom rigor, de uma diferença, mas de fazer aplicar o mesmo princípio – que é o de a convenção de arbitragem se reger, na falta de indicação pelas partes, pela lei do Estado da sede da arbitragem –, o qual, no âmbito do art. 46º, que apenas se aplica a arbitragens localizadas em Portugal, resulta na aplicação subsidiária da lei portuguesa, porque é cá que se localiza a arbitragem, enquanto, no contexto da Convenção de Nova Iorque, que utiliza a mesma terminologia do art. 56º, se entende generalizadamente que a remissão para *"a lei do país em que a sentença foi proferida"* vale para o país da sede da arbitragem, independentemente do lugar concreto em que os árbitros deliberaram ou assinaram a sentença (até porque a regra que entre nós está consagrada no n.º 2 do art. 31º da LAV, traduz um princípio genericamente reconhecido na arbitragem internacional).

No resto, o que escrevemos em comentário às causas de anulação da subalínea *i)* da alínea *a)* do art. 46º aplica-se aqui, eventualmente, com as adaptações decorrentes da diferença de objecto entre os processos judiciais de um e outro artigo.

5.2. *Os fundamentos da subalínea ii) da alínea a)*

Quanto aos fundamentos da subalínea *ii)* deste art. 56º/1, sendo parcialmente equiparados aos da correspondente disposição do art. 46º/3 (que se refere à violação de princípios fundamentais do art. 30º, como os da citação, da igualdade ou do contraditório) vêm eles, contudo, apresentados numa formulação diferente, sendo embora as duas normas corolários da exigência de um *processo equitativo*, acolhida no n.º 4 do art. 20º da CRP e adoptada nos ordenamentos jurídicos do Estado de Direito.

Em qualquer caso, é importante ressalvar que, na aplicação desta alínea, o tribunal estadual não está vinculado aos parâmetros estabelecidos no art. 30º da LAV, pois tal norma só se aplica a arbitragens sedeadas em Portugal enquanto, em relação à norma correspondente da Convenção de Nova Iorque, a da alínea *b*) do artº V/1, a doutrina vem entendendo dever ela ser interpretada e aplicada de acordo com os parâmetros estabelecidos na lei do Estado da sede da arbitragem – entendendo-se, com Lima Pinheiro, dever isso fazer-se de acordo com princípios autónomos da arbitragem transnacional (*Arbitragem Transnacional...*, cit., p. 301)].

De qualquer modo, incluindo-se aí fundamentos como o relativo ao demandado "*não* [ter sido] *devidamente informado da designação de um árbitro ou do processo arbitral*" ou de, por qualquer outro modo, "*não lhe* [ter sido] *dada oportunidade de fazer valer os seus direitos*", chama-se à baila a violação da regra da citação e dos princípios da igualdade e do contraditório e poderá, portanto, sob reserva de algumas adaptações, remeter-se para o que em comentário ao art. 46º escrevemos sobre o fundamento da subalínea *ii*) da respectiva alínea *a*), dado que a violação desses princípios pode subsumir-se no fundamento correspondentemente previsto na alínea *b*) do n.º 2 deste artº 56º: a exigência de um processo equitativo integra naturalmente *a ordem pública internacional do Estado Português*.

5.3. Os fundamentos da subalínea iii) da alínea a)

Quanto aos fundamentos da subalínea ***iii*)** deste art. 56º/1, eles são exactamente iguais aos da correspondente subalínea do art. 46º/3, referindo-se ao facto de a sentença *recognoscendi* ou *exsequendi* se pronunciar sobre litígio não abrangido pela convenção de arbitragem ou ultrapassar os termos desta – podendo o leitor, nessa medida, remeter-se para os comentários correspondentes do art. 46º, assinalando-se o facto de aqui se prever que a sentença arbitral possa ser reconhecida ou executada parcialmente, na parte em que não padeça dos referidos excessos –, possibilidade de redução que também existe no contexto da anulação, de acordo com o art. 46º/7, estando aí prevista para todos os respectivos fundamentos.

5.4. Os fundamentos da subalínea iv) da alínea a)

Finalmente, quanto aos fundamentos da subalínea *iv)* deste art. 56º/1, apesar da sua parcial equiparação material com os da correspondente subalínea do art. 46º/3, há que assinalar

- em primeiro lugar, o facto de aqui se falar em a *"**constituição** do tribunal ou do processo arbitral não* [terem sido] *conformes à convenção das partes"* – em vez de na *"na sua composição"* –, o que parece mais correcto e abrangente, podendo, com essa adaptação (que a nós parece bem relevante, dada a importância que, a propósito do art. 8º/1, atribuímos à formalidade da constituição do tribunal arbitral), o leitor remeter-se para o comentário correspondente do art. 46º/3);
- assinala-se, em segundo lugar, o facto de nesse art. 46º, na falta de convenção, o parâmetro das deficiências do tribunal ou do processo arbitral ser a própria LAV enquanto aqui é a lei do país onde a arbitragem teve lugar, o que, no entanto, é fruto da aplicação do mesmo princípio, que é o de o processo arbitral estar subsidiariamente sujeito à lei do Estado da sede da arbitragem;
- e assinala-se, em terceiro lugar, que, aqui, em sede da recusa da sentença arbitral estrangeira, os fundamentos do art. 56º/1 (ao contrário do que sucede no art. 46º/3) funcionam sempre sem atender à influência que o desrespeito da convenção ou da lei reguladoras do tribunal ou do processo arbitral possam ou não ter tido na resolução do litígio o que se compreende dada a dificuldade que o tribunal estadual teria de, quanto a um processo arbitral estrangeiro, averiguar e decidir sobre essa hipotética influência.

6. Os fundamentos da recusa previstos na alínea **b)** do art. 56º/1 relativos à arbitrabilidade do litígio e à ordem pública internacional

Trata-se aqui, ao contrário do que sucedia com os da anterior alínea *a)* deste art. 56º/1, de fundamentos da recusa do reconhecimento ou da execução de sentenças arbitrais estrangeiras, que são do *conhecimento oficioso* do tribunal estadual português competente.

ARTIGO 56º

Esses fundamentos são praticamente iguais aos que, nos termos da alínea *b)* do art. 46º/3, permitem a esse tribunal proceder oficiosamente à anulação de sentenças arbitrais portuguesas, nacionais ou internacionais.

Assim,

- quanto ao fundamento da subalínea *i)* – respeitante ao facto de, segundo o direito português, o objecto do litígio não ser passível de ser julgado arbitralmente –, não há senão uma pequeníssima e irrelevante diferença literal com a correspondente subalínea do art. 46º/3, pelo que pode o leitor remeter-se para o que escrevemos a propósito deste;
- o mesmo se diga quanto ao fundamento da subalínea *ii)* da alínea *b)* deste art. 56º/1 – respeitante à incompatibilidade da sentença (a reconhecer ou a executar) com a ordem pública internacional do Estado português –, pelo que também aqui se remete para o que a propósito de tal fundamento escrevemos em comentário ao art. 46º/3.

É de destacar que o sistema de reconhecimento instituído pela Convenção de Nova Iorque é fundamentalmente de carácter formal, não podendo o tribunal do processo de reconhecimento ou execução controlar o Direito que foi aplicado pelos árbitros estrangeiros ao mérito da causa.

Assim, no que respeita ao âmbito do controlo das sentenças arbitrais estrangeiras por esse tribunal, a consagração expressa da violação da ordem pública como fundamento de recusa do reconhecimento *"não transforma a revisão, por esta razão, numa revisão de mérito já que o tribunal do reconhecimento não pode sindicar a aplicação do direito ou reapreciar a matéria de facto, mas limitar-se a declarar a impossibilidade de reconhecimento com fundamento em contrariedade da decisão aos seus princípios fundamentais"* (cf. Paula Costa e Silva, *A Execução em Portugal de Decisões Arbitrais Nacionais e Estrangeiras*, cit., p. 8).

Sobre a origem, *ratio* e extensão da referência à *reserva ou excepção da ordem pública internacional do Estado Português*, neste artº 56º, ver o comentário de Sampaio Caramelo na *Versão final da Proposta de nova LAV da APA de 2011 com notas justificativas*, publicado *in* http://arbitragem.pt.

Nº 2

7. Suspensão do processo de reconhecimento ou de execução derivada de pedido de suspensão ou anulação da sentença arbitral

Dispõe-se neste nº 2, complementarmente ao que se prescreveu na subalínea *v)* da alínea *a)* do anterior nº 1, que, no caso de ter sido apresentado pedido de anulação ou suspensão de sentença arbitral estrangeira no país onde ela foi proferida (ou ao abrigo de cuja lei foi proferida), o tribunal português onde esteja pendente processo de reconhecimento e (ou) execução dessa sentença, pode – oficiosamente, deduz-se, ou a pedido da parte aí demandada – suspender a instância que perante ele corre ou, por iniciativa do demandante, exigir do demandado a prestação da caução.

Esclarece-se a este propósito

- que, de acordo com a fórmula da lei, é indiferente que o pedido de anulação ou suspensão da sentença arbitral tenha sido deduzido ou antes ou já na pendência do processo nacional de seu reconhecimento e (ou) execução;
- que essa segunda possibilidade permite que a parte contra quem o pedido de reconhecimento e execução é deduzido entre nós utilize aquela faculdade como uma manobra dilatória para atrasar, sabe-se lá se irremediavelmente, que a referida sentença chegue a bom porto, pelo que bem fica a previsão legal de o tribunal português poder decretar ou não, como melhor lhe pareça, a suspensão do processo de reconhecimento e execução dela;
- quando seja legítimo esse receio, o tribunal português, se mandar suspender o processo de reconhecimento ou de execução, pode, no entanto, acautelar os direitos do demandante, exigindo ao demandado a prestação de caução – não fazendo sentido, claro, adoptar essa medida no caso de se ter mandado seguir aquele processo.

Artigo 57.º
Trâmites do processo de reconhecimento

1 – A parte que pretenda o reconhecimento de sentença arbitral estrangeira, nomeadamente para que esta venha a ser executada em Portugal, deve fornecer o original da sentença devidamente autenticado ou uma cópia devidamente certificada da mesma, bem como o original da convenção de arbitragem ou uma cópia devidamente autenticada da mesma. Se a sentença ou a convenção não estiverem redigidas em português, a parte requerente fornece uma tradução devidamente certificada nesta língua.

2 – Apresentada a petição de reconhecimento, acompanhada dos documentos referidos no número anterior, é a parte contrária citada para, dentro de 15 dias, deduzir a sua oposição.

3 – Findos os articulados e realizadas as diligências que o relator tenha por indispensáveis, é facultado o exame do processo, para alegações, às partes e ao Ministério Público, pelo prazo de 15 dias.

4 – O julgamento faz-se segundo as regras próprias da apelação.

Fontes

Nº 1 – Lei-Modelo da Uncitral, art. 35º/2; Convenção de Nova Iorque de 1958, sobre o Reconhecimento e a Execução de Sentencias Arbitrais Estrangeiras, artigo IV.
Nº 2 – Art. 1098º CPC (atual 981º).
Nº 3 – Art. 1099º/1 CPC (atual 981º/1).
Nº 4 – Art. 1099º/2 CPC (atual 981º/2).

Comentário

1. *Articulado e formalidades iniciais do processo de reconhecimento da sentença estrangeira: petição e seus documentos*
2. *Dúvidas e esclarecimento: o conteúdo da petição, a junção da convenção e sentença e a tradução desta para língua portuguesa*

3. *Recebimento da petição e citação para oposição da parte demandada: requisitos, documentos e prazos*
4. *Resposta à oposição e alegações finais sucessivas*
5. *Julgamento do processo de reconhecimento: regime*

Nº 1

1. *Articulado e formalidades iniciais do processo de reconhecimento da sentença estrangeira: petição e seus documentos*

Regulam-se neste nº 1, reduzindo-as ao essencial, as formalidades iniciais do processo de reconhecimento pelos tribunais do Estado português de sentenças arbitrais estrangeiras, reconhecimento necessário para que – além do mais que porventura interesse à parte que o solicite – a sua execução forçosa perante a contraparte possa ser pedida (a) e levada a cabo por esse tribunais.

São então formalidades iniciais desse processo, em consonância com o art. 35º/2 da Lei Modelo da UNCITRAL e, *maxime*, com a Convenção de Nova Iorque de 1958 – muito próximas, aliás, das prescritas nos arts. 981º e 982º do novo CPC –, as seguintes:

- petição escrita formulada, por advogado habilitado, ao Tribunal da Relação do domicílio da pessoa contra quem se pretende fazer valer a sentença *recognoscendi*, com exposição sucinta dos factos e do direito do processo arbitral em que a mesma foi proferida;
- junção à petição do original autenticado ou duma cópia certificada da sentença, bem como do original da convenção de arbitragem ou uma cópia autenticada da mesma – art. 57º/1;
- junção à petição, se a sentença não estiver redigida em português, de uma sua tradução devidamente certificada para a nossa língua – art. 57º71;
- junção de documento comprovativo do pagamento da taxa de justiça inicial e de procuração forense a favor do advogado constituído.

Sobre tais formalidades, devem confrontar-se os esclarecimentos imediatamente subsequentes.

2. *Dúvidas e esclarecimento: o conteúdo da petição, a junção da convenção e sentença e a tradução desta para língua portuguesa*

Em relação às formalidades constantes de algumas das alíneas do comentário anterior, esclarece-se:
- a exposição dos fundamentos de facto e de direito que levaram à prolação da sentença *recognoscendi* respeitam ao processo arbitral, à sua *origem*, à *ordem jurídica* (processual e substantiva) sob cuja égide correu, ao parâmetro da decisão (segundo a *equidade* ou *direito*), à decisão contida na sentença e à sua obrigatoriedade;
- o original da sentença estrangeira ou a cópia dela que se juntará à petição devem vir autenticados ou certificados nos termos vistos a propósito do artº 47º/1;
- só se exige ao demandante a junção da convenção de arbitragem (e de acordos das partes que a hajam alterado) – já não dos acordos das partes ou deliberações do tribunal sobre as regras do processo arbitral, cujo ónus de apresentação caberá eventualmente ao demandado –, devendo juntar-se o original da convenção ou uma sua cópia autenticada nos termos vistos a propósito do artº 47º/1;
- só se exige a junção de tradução certificada da sentença no caso de a mesma não estar redigida em português, devendo tal tradução revestir-se dos requisitos referidos em comentário ao artº 47º/1.

Nº 2

3. *Recebimento da petição e citação para oposição da parte demandada: requisitos, documentos e prazos*

A petição para reconhecimento de sentença estrangeira só é admitida no tribunal estadual accionado, desde que, como resulta deste nº 3, seja acompanhada de exemplares da sentença e da convenção de arbitragem com os requisitos enunciados no nº 1.

Não se trata, note-se, de rejeitar a petição, no sentido do art. 558º do novo CPC – muito menos por acto da secretaria judicial –, mas de se sustar o desenrolar do processo de reconhecimento até que o demandante, convocado pelo juiz para o efeito, venha suprir a falta ou irregularidades dos referidos exemplares, só havendo lugar à recusa da petição se tal suprimento não ocorrer no prazo que tenha sido fixado para o efeito.

É essa, pelo menos, a solução que resulta da aplicação aqui dos arts. 6º/2 e 590º/3 do novo CPC.

Recebida a petição e os documentos exigidos (com as autenticações e certificações do nº 1), é a parte demandada citada para, querendo, se opor ao pedido de reconhecimento no prazo de 15 dias.

É duvidoso que, quando o demandado tenha que sustentar a sua oposição em documentação do processo arbitral, esta deva preencher os requisitos de autenticação e (ou) certificação exigidos no nº 1, o que significaria que o referido prazo de 15 dias seria manifestamente curto para cumprimento de todas as formalidades da oposição.

A verdade é que da letra da lei não decorre essa exigência e entende--se também que as razões que levam a admitir escasso formalismo quanto aos documentos apresentados pelo autor (que não sejam a convenção de arbitragem e a sentença arbitral que se pretende reconhecer) devem valer aqui, para o réu, e por maioria de razão – sem prejuízo da possibilidade de o juiz ordenar a autenticação dos documentos juntos por ele, se tiver dúvidas sobre a sua idoneidade.

A não se entender assim, o tribunal estadual, paralelamente ao disposto no art. 569º/5 do novo CPC, deve conceder ao demandado, a pedido deste, uma prorrogação do prazo para deduzir a sua oposição com a documentação do processo arbitral estrangeira apresentada autenticadamente (e com tradução legalizada).

Nº 3

4. Resposta à oposição e alegações finais sucessivas

Concluída a fase dos articulados – na qual, não obstante a falta de previsão legal e a remissão do nº 4 para as regras da *apelação*, deve, por mor dos princípios (constitucionais ou fundamentais) da garantia de uma tutela judicial efectiva e do contraditório, e da própria faculdade do relator ordenar "*as diligências que [...] tenha por indispensáveis*", deve, repete-se, haver lugar a *resposta* por parte do autor –, concluída a fase dos articulados, dizia-se, e realizadas (contraditadamente) as tais diligências indispensáveis, quando entenda estar concluída a respectiva instrução, o relator "*faculta o exame do processo, para alegações, às partes e ao Ministério Público, pelo prazo de 15 dias*".

Suscitando-se portanto a dúvida sobre se se trata, para cada um desses intervenientes, de alegações e prazos sucessivos ou simultâneos, sendo que, como é natural, em caso de coligação de demandantes ou demandados, o prazo é único para todos eles.

Votamos pela natureza sucessiva dos referidos prazos, mesmo se literalmente a fórmula da lei – "*exame do processo [...] pelo prazo de 15 dias*" – aponta no sentido de um prazo simultâneo: a tradição jurídica, o contraditório e a própria remissão do subsequente nº 4 para as "*regras próprias da apelação*" levam-nos a entender que se quer que as alegações de cada uma das partes e do Ministério Público sejam sucessivas, dispondo todos eles do processo confiado por um prazo de 15 dias.

Aliás, se as alegações fossem simultâneas, era de muito difícil aplicação a regra de que o exame do processo se facultava a todos os intervenientes pelo prazo de 15 dias.

Por outro lado, embora seja verdade que o novo CPC suprimiu a norma do anterior artº 657º – sobre o carácter sucessivo do prazo para as alegações escritas, por ter suprimido estas mesmas –, o certo é que, à data da feitura e início da vigência da LAV, esse preceito estava em vigor e consagrava claramente o princípio das alegações sucessivas por autor e réu.

Acresce, quanto à questão da admissibilidade da resposta à oposição, que o artº 732º/2 do novo CPC, aplicável à execução de sentenças arbitrais proferidas em arbitragens localizadas em Portugal, dispõe que, quando seja deduzida oposição, o exequente é notificado para responder – por força, até, da regra do art. 3º da Convenção de Nova Iorque, sobre a inaplicabilidade de condições mais exigentes ou rigorosas (para o exequente) do que as estabelecidas para a execução de sentenças nacionais.

E pode argumentar-se, ainda, que não se vislumbra qualquer razão ponderosa que justifique que, em acção de reconhecimento de sentenças arbitrais estrangeiras, o alcance do princípio do contraditório seja mais limitado do que em acções de reconhecimento de sentenças proferidas por tribunais estaduais no estrageiro – no âmbito das quais se admite resposta do demandante, em 10 dias, nos termos do art. 981.º do novo CPC.

Resta chamar a atenção para o facto de o pedido reconvencional, nesta acção de reconhecimento, estar excluído ou muito limitado, cingindo-se eventualmente à hipótese de o executado pedir que a sentença seja reconhecida também na parte em que lhe é favorável.

Nº 4

5. *Julgamento do processo de reconhecimento: regime*
Manda-se aplicar ao *"julgamento"* do pedido de reconhecimento da sentença estrangeira *"as regras próprias da apelação".*

A remissão da lei é mesmo apenas para a fase de julgamento do pedido, não para o processo judicial da sua apreciação, regulada especificamente nos números anteriores deste art.º 57.º.

Significa tal remissão, então, que devem aplicar-se aqui, com as devidas adaptações, as regras dos art.ºs 652.º e ss. do novo CPC

Artigo 58.º
Sentenças estrangeiras sobre litígios de direito administrativo

No reconhecimento da sentença arbitral proferida em arbitragem localizada no estrangeiro e relativa a litígio que, segundo o direito português, esteja compreendido na esfera de jurisdição dos tribunais administrativos, deve observar-se, com as necessárias adaptações ao regime processual específico destes tribunais, o disposto nos artigos 56.º, 57.º e no n.º 2 do artigo 59.º da presente lei.

Comentário

1. *O reconhecimento de sentenças arbitrais estrangeiras em matéria administrativa: delimitação e adaptações do regime legal aplicável*
2. *A competência material e hierárquica dos tribunais portugueses para o reconhecimento (e execução) de sentenças arbitrais "administrativas" estrangeiras*
3. *A delimitação das adaptações das normas dos arts. 56º e 57º ao regime processual da jurisdição administrativa: a legitimidade em matéria de oposição ao pedido de reconhecimento*

1. *O reconhecimento de sentenças arbitrais estrangeiras em matéria administrativa: delimitação e adaptações do regime legal aplicável*

Determina-se aqui que as disposições postas nos anteriores arts. 56º e 57º, sobre o processo de reconhecimento, por tribunais estaduais portugueses, de sentenças proferidas em arbitragens localizadas no estrangeiro – e apenas dessas sentenças, porque as proferidas em arbitragens internacionais sedeadas em Portugal valem, entre nós, exactamente com a mesma força das tiradas em arbitragens nacionais –, que as disposições dos artºs 56º e 57º, dizia-se, se aplicam às sentenças proferidas em arbitragens localizadas no estrangeiro respeitantes a (sujeitos e) matérias que, segundo o direito português, cabem na esfera da jurisdição dos tribunais administrativos.

E determina-se também que competentes para os processos de reconhecimento dessas sentenças são, de acordo com o artº 59º/2, os Tribunais Centrais Administrativos.

Sucede aqui, portanto, o que se repete ao longo da LAV, a propósito de vários outros aspectos nela regulados: começando por desenhar a disciplina do direito arbitral para os litígios regulados pelo *direito comum*, digamos assim – isto é, pelo direito cível, comercial, etc. –, o legislador remeteu para essa disciplina, para o seu núcleo, a regulação dos processos arbitrais administrativos, mandando o intérprete ter em conta a necessidade de adaptações que as especificidades próprias do direito administrativo pedissem.

Que é o que sucede aqui.

Sendo pacífico, hoje, que o Estado e as demais entidades públicas de direito público podem comprometer-se em arbitragens localizadas no estrangeiro, seja através de cláusula compromissória ou de compromisso arbitral, há que determinar então
- quais são os litígios arbitrais potencialmente subsumíveis à jurisdição administrativa;
- quais são as normas dos arts. 56º e 57º da LAV, particularmente essas, cuja transposição para o direito administrativo pressupõe a necessidade de ajustamentos, de adaptações.

2. *A competência material e hierárquica dos tribunais portugueses para o reconhecimento (e execução) de sentenças arbitrais "administrativas" estrangeiras*

Quanto à primeira daquelas questões, de saber quais são as sentenças arbitrais estrangeiras cujo reconhecimento fica afecto à jurisdição dos tribunais administrativos, a resposta encontramo-la na lei portuguesa, e não em qualquer outra, nomeadamente na lei do tribunal arbitral onde se localiza a arbitragem.

O próprio art. 58º *sub iudice* reclama explicitamente para a lei portuguesa a determinação da administratividade dos litígios ou sentenças arbitrais estrangeiras que se pretende ver reconhecidas (e executadas) em Portugal.

Sendo assim, é da competência dos tribunais administrativos esse reconhecimento (e essa execução) quando a respectiva sentença se subsuma no âmbito do art. 212º/3 do CRP, o qual se encontra desenvolvido e concretizado – com mais ou menos pertinência, como pode ver-se em Mário Esteves de Oliveira e Rodrigo Esteves de Oliveira, *Código* de *Processo nos Tribunais Administrativos Anotado*, vol. I, pp. 29 e ss. – no art. 4º/1 do Estatuto dos Tribunais Administrativos e Fiscais, não esquecendo que, não obstante a sua extensão, se trata de norma exemplificativa.

São, por isso, da competência dos tribunais administrativos portugueses o reconhecimento e a execução de todas as sentenças arbitrais estrangeiras proferidas em matérias arroladas nesse art. 4º/1 – entre as quais se encontram, aliás, algumas que têm como objecto questões ou relações jurídicas de direito privado (mas assentes em actos de direito administrativo), como sucede com as matérias referidas na alínea *e)* desse artigo, podendo tratar-se de particulares no exercício público de funções administrativas, que é o caso, por exemplo, dos concessionários de bens, serviços ou obras públicas –, bem como quaisquer outras sentenças dessas que, relevando do direito administrativo, não se encontram validamente sujeitas (face ao mencionado art. 212º/3 da CRP) a uma jurisdição diversa da administrativa.

Tribunais competentes para efeitos de *reconhecimento* de tais sentenças são, como já se referiu, os Tribunais Centrais Administrativos, por força da remissão deste artº 58º da LAV para o seu artº 59º/2; já para a *execução* de sentenças reconhecidas por esses TCA's, são competentes os tribunais administrativos de círculo ou os tribunais administrativos e fiscais, conforme a área de sua jurisdição, como resulta do nº 4 desse artº 59º.

3. *A delimitação das adaptações das normas dos arts. 56º e 57º ao regime processual da jurisdição administrativa: a legitimidade dos contra--interessados e do Ministério Público*

O legislador determinou então, neste art. 58º, que o reconhecimento, pelos tribunais administrativos portugueses, de sentenças arbitrais estrangeiras em matéria de direito administrativo se fizesse de acordo com os anteriores arts. 56º e 57º, mas *"com as necessárias adaptações ao regime processual específico desses tribunais"*.

Essa necessidade de adaptação não ocorre certamente com os diversos fundamentos da oposição ao pedido de reconhecimento da sentença constantes das alíneas *a)* e *b)* do art. 56º/1, e das respectivas subalíneas.

Trata-se, em todos os casos abstractos aí regulados, *i)* ou de falta de pressupostos processuais gerais – como a incapacidade convencional de uma parte –, *ii)* ou de violação de regras da convenção de arbitragem ou da lei sobre a arbitrabilidade do conflito e sobre a constituição do tribunal arbitral, *iii)* ou da obrigatoriedade da sentença arbitral face à lei ao abrigo da qual foi proferida e, finalmente, *iv)* da conformidade do resultado do reconhecimento com a ordem pública internacional do Estado português.

Ora – com uma ou outra excepção, como a respeitante aos critérios gerais de arbitrabilidade (artº 1º, nº 1, 2 e 4) e aos critérios da arbitrabilidade administrativa (artº 1º/5) –, não há no *direito processual administrativo* português (nem aliás no nosso direito processual civil) quaisquer normas, sejam gerais ou específicas, sobre qualquer uma dessas matérias ou casos, pelo que também não há aí qualquer necessidade de adaptação de tais fundamentos ao *"regime processual específico"* dos tribunais administrativos.

Onde tal necessidade poderia surgir seria portanto em relação às normas de carácter estritamente processual, digamos assim, contidas nos arts. 56º e 57º da LAV, pois que, no seu art. 59º/2 – estando a respectiva estatuição posta precisamente para determinação da competência em matéria arbitral ("portuguesa") dos tribunais administrativos portugueses –, a adaptação está feita por natureza.

E das normas de carácter processual desses arts. 56º e 57º da LAV, a única que nos parece poder carecer de adaptações na sua aplicação pelos nossos tribunais administrativos é a da alínea *a)* do art. 56º/1, e isso porque, pelo menos, nos processos respeitantes ao reconhecimento de sentenças proferidas sobre a validade de actos administrativos, a oposição a esse reconhecimento deve poder ser deduzida não apenas pela parte contra quem a sentença é invocada (necessariamente, o autor do acto), mas também pelos respectivos *contra-interessados*, – isto é, por aqueles a quem o provimento do pedido de reconhecimento, a proceder, directamente lesaria.

É que, de acordo com a nossa lei processual administrativa, a impugnação da validade de um acto administrativo deve, sob pena de ilegitimidade passiva, ser dirigida contra o autor do acto e, havendo-os, também face aos *(contra-) interessados* na respectiva validade.

Como se prevê no art. 57º do CPTA.

O que significa que, a pedir-se reconhecimento de uma sentença arbitral estrangeira que anule um acto administrativo praticado em Portugal – sendo que a lei portuguesa, o CPTA, no art. 180º, admite a impugnabilidade de algumas categorias de actos desses –, hão-de poder opor-se a tal reconhecimento não apenas o seu autor, contra quem o respectivo pedido de execução tenha sido formulado, mas também os interessados que seriam directamente lesados pela procedência de tal pedido.

Se calhar, nem se trata de uma particularidade única do regime processual específico dos tribunais administrativos, porque a figura do litisconsórcio necessário também leva a aplicar soluções idênticas nas sentenças sobre matéria afectas aos tribunais judiciais.

Resta dizer que, em relação a essa mesma matéria de reconhecimento de sentenças proferidas sobre a validade de actos administrativos, não se suscita a questão de saber se o Ministério Público pode actuar nos respectivos processos como parte igualmente interessada, por isso que está previsto no art. 57º/3 da LAV que ele seja sempre chamado a apresentar alegações sobre pedidos de reconhecimento de sentenças arbitrais administrativas estrangeiras formulados por outrem – não havendo então lugar aqui a uma sua intervenção ao abrigo dos preceitos do CPTA que lhe conferem legitimidade para intervir, como parte própria, como autor, em processos impugnatórios.

CAPÍTULO XI
Dos tribunais estaduais competentes

Artigo 59.º
Dos tribunais estaduais competentes

1 – Relativamente a litígios compreendidos na esfera de jurisdição dos tribunais judiciais, o Tribunal da Relação em cujo distrito se situe o lugar da arbitragem ou, no caso da decisão referida na alínea *h)* do n.º 1 do presente artigo, o domicílio da pessoa contra quem se pretenda fazer valer a sentença, é competente para decidir sobre:

a) A nomeação de árbitros que não tenham sido nomeados pelas partes ou por terceiros a que aquelas hajam cometido esse encargo, de acordo com o previsto nos n.ºs 3, 4 e 5 do artigo 10.º e no n.º 1 do artigo 11.º;

b) A recusa que haja sido deduzida, ao abrigo do n.º 2 do artigo 14.º, contra um árbitro que a não tenha aceitado, no caso de considerar justificada a recusa;

c) A destituição de um árbitro, requerida ao abrigo do n.º 1 do artigo 15.º;

d) A redução do montante dos honorários ou despesas fixadas pelos árbitros, ao abrigo do n.º 3 do artigo 17.º;

e) O recurso da sentença arbitral, quando este tenha sido convencionado ao abrigo do n.º 4 do artigo 39.º;

f) A impugnação da decisão interlocutória proferida pelo tribunal arbitral sobre a sua própria competência, de acordo com o n.º 9 do artigo 18.º;

g) A impugnação da sentença final proferida pelo tribunal arbitral, de acordo com o artigo 46.º;

h) O reconhecimento de sentença arbitral proferida em arbitragem localizada no estrangeiro.

2 – Relativamente a litígios que, segundo o direito português, estejam compreendidos na esfera da jurisdição dos tribunais administrativos, a competência para decidir sobre matérias referidas nalguma das alíneas do n.º 1 do presente artigo, pertence ao Tribunal Central Administrativo em cuja circunscrição se situe o local da arbitragem ou, no caso da decisão referida na alínea *h)* do n.º 1, o domicílio da pessoa contra quem se pretende fazer valer a sentença.

3 – A nomeação de árbitros referida na alínea *a)* do n.º 1 do presente artigo cabe, consoante a natureza do litígio, ao presidente do Tribunal da Relação ou ao presidente do tribunal central administrativo que for territorialmente competente.

4 – Para quaisquer questões ou matérias não abrangidas pelos n.ºs 1, 2 e 3 do presente artigo e relativamente às quais a presente lei confira competência a um tribunal estadual, são competentes o tribunal judicial de 1.ª instância ou o tribunal administrativo de círculo em cuja circunscrição se situe o local da arbitragem, consoante se trate, respectivamente, de litígios compreendidos na esfera de jurisdição dos tribunais judiciais ou na dos tribunais administrativos.

5 – Relativamente a litígios compreendidos na esfera da jurisdição dos tribunais judiciais, é competente para prestar assistência a arbitragens localizadas no estrangeiro, ao abrigo do artigo 29.º e do n.º 2 do artigo 38.º da presente lei, o tribunal judicial de 1.ª instância em cuja circunscrição deva ser decretada a providência cautelar, segundo as regras de competência territorial contidas no artigo 83.º do Código de Processo Civil, ou em que deva ter lugar a produção de prova solicitada ao abrigo do n.º 2 do artigo 38.º da presente lei.

6 – Tratando-se de litígios compreendidos na esfera da jurisdição dos tribunais administrativos, a assistência a arbitragens localizadas no estrangeiro é prestada pelo tribunal administrativo de círculo territorialmente competente de acordo com o disposto no n.º 5 do presente artigo, aplicado com as adaptações necessárias ao regime dos tribunais administrativos.

7 – Nos processos conducentes às decisões referidas no n.º 1 do presente artigo, o tribunal competente deve observar o disposto nos artigos 45º, 56º, 57º, 58º e 60º da presente lei.

8 – Salvo quando na presente lei se preceitue que a decisão do tribunal estadual competente é insusceptível de recurso, das decisões proferidas pelos tribunais referidos nos números anteriores deste artigo, de acordo com o que neles se dispõe, cabe recurso para o tribunal ou tribunais hierarquicamente superiores, sempre que tal recurso seja admissível segundo as normas aplicáveis à recorribilidade das decisões em causa.

9 – A execução da sentença arbitral proferida em Portugal corre no tribunal estadual de 1.ª instância competente, nos termos da lei de processo aplicável.

10 – Para a acção tendente a efectivar a responsabilidade civil de um árbitro, são competentes os tribunais judiciais de 1.ª instância em cuja circunscrição se situe o domicílio do réu ou do lugar da arbitragem, à escolha do autor.

11 – Se num processo arbitral o litígio for reconhecido por um tribunal judicial ou administrativo, ou pelo respectivo presidente, como da respectiva competência material, para efeitos de aplicação do presente artigo, tal decisão não é, nessa parte, recorrível e deve ser acatada pelos demais tribunais que vierem a ser chamados a exercer no mesmo processo qualquer das competências aqui previstas.

Fontes

Nº 1 – a Lei Alemã (ZPO), §1062; Lei Modelo da Uncitral, art. 6º (em muito pequena parte)
Nº 2 – art. 181º/2 CPTA
Nº 3 – art 12º da LAV de 1986
Nº 9 – art. 30º da LAV de 1986, e a generalidade das leis estrangeiras consultadas, com as adaptações respeitantes ao regime da acção executiva em cada um desses ordenamentos jurídicos

Comentários

1. *A regra maioritária e a regra geral da competência dos tribunais do Estado em matéria arbitral*
2. *A distribuição* **ratione loci** *da competência das Relações: regras especiais*
3. *A competência "arbitral" das Relações em razão da matéria: esclarecimentos sobre o elenco legal e poderes imanentes*
4. *A competência "arbitral" dos Tribunais Centrais Administrativos e os critérios de sua repartição*
5. *Sobre a competência judicial em matéria de nomeação de árbitros pelos presidentes dos tribunais judiciais e administrativos de 2ª instância. A recorribilidade e a impugnabilidade das respectivas decisões: remissão*
6. *A competência-regra em matéria arbitral dos tribunais judiciais e administrativos de 1ª instância: o âmbito e fundamentos expansivos dessa sua competência*
7. *O tribunal judicial competente para decretar providências cautelares na dependência de arbitragens estrangeiras: dúvidas sobre a norma aplicável*
8. *(cont.) O tribunal judicial competente para a produção de prova na dependência de arbitragens estrangeiras*
9. *O tribunal administrativo cautelar e probatoriamente competente na dependência de arbitragens estrangeiras. Remissão*
10. *A "memo-norma" do art. 59º/7 da LAV*
11. *A admissibilidade de recurso das decisões e sentenças dos tribunais estaduais em matéria arbitral. A inconstitucionalidade da preclusão do recurso das nomeações de árbitros por esses tribunais: remissão*

12. *A remissão da LAV para as regras das leis processuais quanto à competência para a execução de sentenças arbitrais portuguesas: a lacuna do CPTA a tal propósito e sua integração*
13. *Os tribunais judiciais e administrativos competentes para a execução de sentenças arbitrais estrangeiras*
14. *O tribunal competente para julgar da responsabilidade civil dos árbitros: esclarecimentos*
15. *O caso julgado sobre a afectação do litígio arbitral aos tribunais judiciais ou administrativos: esclarecimentos*

Nº 1

1. *A regra maioritária e a regra geral da competência dos tribunais do Estado em matéria arbitral*

Definem-se como tribunais judiciais competentes para conhecer das específicas questões ou decisões arbitrais referidas neste nº 1, relativas a litígios pertencentes à respectiva jurisdição, as Relações.

Sendo elas os tribunais judiciais a quem o legislador aparentemente atribuiu o grosso das competências para conhecer, em relação a esses litígios, de questões e decisões arbitrais que devem ser sujeitas (em 1ª ou 2ª instância) aos tribunais estaduais, não são elas, contudo, em rigor, os tribunais com competência-regra para o efeito. Efectivamente, às Relações só é dado conhecer das questões e decisões arbitrais especificamente enumeradas neste art. 59º/1 (ou noutro preceito da LAV); aquelas que não venham aí nominadas são da competência dos tribunais judiciais de 1ª instância, como o dispõe o subsequente nº 4, sendo estes portanto quem detém a competência regra (mesmo se porventura, residual) na matéria.

A verdade então é que, no extenso elenco deste nº 1 se inclui uma parte razoável dos casos em que a LAV remete para os tribunais do Estado a resolução inicial ou final de questões ou decisões arbitrais, só deixando para os tribunais judiciais de 1ª instância questões ou matérias, aliás de grande importância (e que nem são assim tão poucas), "estranhas" às Relações, e às quais a estrutura, o modo de funcionamento ou a dispersão geográfica dos tribunais de 1ª instância servem muito melhor.

Vê-lo-emos em comentário ao subsequente n.º 4, no qual se especificam esses processos avessos aos tribunais de 2ª instância, cíveis ou administrativos.

2. *A distribuição **ratione loci** da competência das Relações: regras especiais*

A distribuição da competência entre as várias Relações faz-se *ratione loci*, considerando-se competente para conhecer de questões e decisões arbitrais (relativas a litígios da jurisdição dos tribunais judiciais) o tribunal da Relação em cuja área de jurisdição se situe a comarca do *lugar da arbitragem*, determinado, de acordo com o disposto no art. 31º da LAV, ou por acordo prévio das partes ou por decisão dos árbitros tomada aquando da constituição do tribunal arbitral.

Quando, porém, se trate dos processos de reconhecimento de sentenças arbitrais proferidas no estrangeiro, às quais se refere a alínea *h)* deste art. 59º/1, a Relação competente passa a ser, como no seu proémio se dispõe, a da comarca do domicílio da pessoa contra quem se pretende fazer valer tal sentença.

Existem hoje as Relações de Guimarães, Porto, Coimbra, Évora e Lisboa, abrangendo cada uma delas as comarcas referidas no Anexo I à Lei n.º 62/2013, de 26 de Agosto (Lei de Organização do Sistema Judiciário, a esta data, em espera de decreto-lei de execução).

3. *A competência "arbitral" das Relações em razão da matéria: esclarecimentos sobre o elenco legal e competências imanentes*

Já se disse acima que às Relações só compete, como resulta do n.º 4 deste art. 59º da LAV, conhecer das questões e decisões arbitrais que a lei lhes cometa nominadamente, que é o que sucede com aquelas a que se refere o elenco deste n.º 1.

Incluem-se então na sua competência *ratione materiae*, por força da presente disposição,
- de acordo com a sua alínea *a)*, decidir sobre a nomeação do árbitro único, dos árbitros "de parte" e do árbitro presidente, se

as partes (singulares ou plurais) – ou terceiro a quem coubesse a sua designação – não o fizerem nos prazos convencional ou legalmente fixados para o efeito, nos termos do disposto no nº 2 (não no nº 3, como diz a lei) e nos nºs 4 e 5 do art. 10º, bem como do disposto no nº 2 (não no nº 1, como diz a lei) do art. 11º da LAV;

- de acordo com a alínea *b*), apreciar a decisão pela qual o tribunal arbitral rejeita a recusa, por uma parte, do árbitro designado pela outra parte ou por terceiro (mas não já do árbitro nomeado pelo tribunal), se ele não aceitar a recusa ou não se conseguir destituí-lo pelo processo convencionado pelas partes, nos termos previstos no art. 14º da LAV;
- de acordo com a alínea *c*), decidir, a pedido de qualquer uma das partes, sobre a destituição de árbitro incapacitado, impedido ou demorado, se elas não chegarem a acordo sobre isso, nos termos do nº 3 (não do nº 1, como diz a lei) do art. 15º da LAV;
- de acordo com a alínea *d*), decidir sobre a redução do montante dos honorários, despesas ou preparos fixados pelo tribunal arbitral, tal como previsto no art. 17º/3 da LAV– sendo certo que esta alínea do art. 59º/1 não se refere expressamente aos preparos, omissão suprida pela remissão específica para aquele art. 17º/3;
- de acordo com a alínea *e*), decidir dos recursos interpostos das sentenças finais do tribunal arbitral – e das proferidas adicionalmente, nos termos do art. 45º/5 da LAV –, se a convenção de arbitragem o tiver expressamente admitido, ao abrigo do nº 4 do respectivo art. 39º;
- de acordo com a alínea *f*), conhecer da impugnação que se deduza, nos termos do art. 18º/4 da LAV, contra a decisão interlocutória do tribunal arbitral que se pronuncie pela competência para conhecer do litígio que lhe foi submetido (ou de alguma parte sua);
- de acordo com a alínea *g*), conhecer, ao abrigo do art. 46º, da impugnação da sentença final (ou da adicional, prevista no art. 45º/5, ou de qualquer outra sentença ou decisão sua passível de impugnação, como se alvitra em comentário ao art. 46º/1), proferida pelo tribunal arbitral.

- de acordo com a alínea *h)*, decidir sobre o reconhecimento de sentenças arbitrais estrangeiras, incluindo as cautelares, nos termos dos arts. 55º e ss. da LAV.

Não vêm mencionados neste elenco poderes que pertencem também às Relações, pese a competência regra dos tribunais de 1ª instância, porque se prendem com *incidentes* ou com *questões prejudiciais* suscitáveis no âmbito de competências decisórias que lhes estão (a elas, Relações) aqui expressamente cometidas: é o que sucede, por exemplo, com o poder de suspender o processo de impugnação que lhe tenha sido submetido, para dar a possibilidade aos árbitros de retomarem o processo arbitral, nos termos previstos no art. 46º/8 da lei.

Estando aí em causa um poder ou competência inerente aos processos de impugnação de sentenças arbitrais – e como o conhecimento e decisão deles está específica e expressamente confiado às Relações –, não tinha o legislador necessidade de incluir, específica e nominadamente, no elenco deste art. 59º/1, essa competência acessória.

Assinala-se ainda termos inscrito, na descrição que acima fizemos das várias alíneas desse elenco, esclarecimentos e aditamentos ao que na lei vem explicitamente estabelecido, mas que nos dispensamos de desenvolver aqui por irem os mesmos analisados mais detalhadamente nos comentários feitos acima [no caso da alínea *h)*, abaixo], *ex professo*, a cada um dos preceitos a que se referem as matérias do elenco deste art. 59º/1.

Nº 2

4. *A competência "arbitral" dos Tribunais Centrais Administrativos e os critérios de sua repartição*

Em relação aos litígios arbitrais que, no caso de as partes não os terem submetido ao julgamento de árbitros, pertencessem, de acordo com a Constituição (art. 212º/3) e a lei (art. 4º do ETAF) à esfera de jurisdição dos tribunas administrativos, os tribunais maioritariamente competentes são os Tribunais Centrais Administrativos Norte e Sul, ou seja, os tribunais de 2ª instância da jurisdição administrativa.

Que os há em Lisboa e Porto, com as áreas de jurisdição actualmente estabelecidas no artº 20 do Decreto-Lei nº 325º/2003, de 29 de Dezembro.

São eles maioritariamente competentes, como dissemos, porque o grosso das questões e decisões arbitrais administrativas que pedem intervenção de tribunais do Estado – e que são exactamente as mesmas que vimos pertencerem à competência dos Tribunais da Relação – está-lhes confiada legalmente, enquanto que os tribunais administrativos de círculo são, à semelhança dos tribunais judiciais de 1ª instância, os tribunais com competência-regra na matéria, cabendo-lhes conhecer dos litígios e questões arbitrais (mesmo se residuais) não confiadas expressamente a outro tribunal.

Valem aqui, para os Tribunais Centrais Administrativos, com essas especificações respeitantes à sua denominação e às áreas das respectivas circunscrições territoriais, exactamente as mesmas competências, regras, critérios e esclarecimentos que, para as Relações, deixámos nos comentários nºs 1, 2 e 3 anteriores.

Nº 3

5. *Sobre a competência judicial em matéria de nomeação de árbitros pelos presidentes dos tribunais judiciais e administrativos de 2ª instância. A recorribilidade e a impugnabilidade das respectivas decisões: remissão*

A designação dos árbitros ao abrigo do art. 10º da LAV, é, como resulta do nº 1 e do nº 3 deste artº 59º, da competência dos presidentes da Relação ou dos Tribunais Centrais Administrativos, consoante a natureza do respectivo litígio.

Já vimos nos comentários nº 20, 20-A e 21 ao tal art. 10º, que se trata aí ou do exercício, por esses órgãos judiciais, de actividade materialmente administrativa ou então de decisões de processos de jurisdição voluntária. E vimos também que, não obstante o disposto no nº 7 desse artigo – de que de tais decisões de nomeação de árbitros *"não cabe recurso"* –, elas devem considerar-se passíveis de recurso quando feridas de ilegalidade, por força da aplicação das garantias fundamentais do art° 268°/4 ou do art° 20°/1 da Constituição.

E, se não forem recorríveis, são, certamente, anuláveis – como aliás se prefere – através da impugnação da sentença final do processo arbitral, ao abrigo da subalínea *iv)* da alínea *a)* do art° 46°/3 da LAV, desde que verificado o pressuposto do respectivo n° 4.

Remetemos então o leitor, a tais propósitos, para os mencionados comentários n°s 20°, 20-A e 21° ao art° 10°.

N° 4

6. *A competência-regra em matéria arbitral dos tribunais judiciais e administrativos de 1ª instância: o âmbito e fundamentos expansivos dessa sua competência*

Embora se trate de uma norma com carácter algo residual, esta do art. 59°/4 – por a LAV não ter deixado para sua aplicação senão casos contados –, o certo é que, literal e sistematicamente, ela é a norma de competência-regra quanto às intervenções admissíveis de tribunais estaduais em matéria arbitral (contra, ao que parece, Pedro Metello, *Lei da Arbitragem Voluntária Anotada*, AAVV, pp 111 e ss.).

Ou seja, qualquer intervenção dessas que a LAV admita, se não couber no elenco do n° 1 deste art. 59°, vai parar aos tribunais judiciais e administrativos de 1ª instância.

Sucede assim com a competência conferida na lei para
- o reconhecimento e execução de providências cautelares nacionais (art. 27°/1),
- o decretamento de providências cautelares na dependência de processos arbitrais portugueses (art. 29°),
- a obtenção de provas que qualquer uma das partes esteja relutante em facultar a um tribunal arbitral português ou estrangeiro (art. 38°),
- a execução de sentenças arbitrais proferidas em Portugal (arts. 47° e 59°/9),

- a execução de sentenças arbitrais estrangeiras reconhecidas [art. 56º/1 e alínea *h*) do art. 59º/1, *a contrario*],
- a execução de providências cautelares decretadas arbitralmente no estrangeiro,
- a efectivação da responsabilidade civil de árbitros (art. 59º/10).

Subsiste porém a dúvida sobre se essa capacidade expansiva da norma deste nº 4, sobre competência dos referidos tribunais, se limita apenas às intervenções previstas na LAV – como neste seu art. 59º/4 literalmente se dispõe – ou se se projecta para intervenções dessas admitidas noutras leis – nomeadamente em legislação avulsa ou complementar que sobre a arbitragem se venha a publicar – ou por sua integração (como será talvez o caso da execução de providências cautelares decretadas em arbitragens localizadas no estrangeiro).

Predominará, nesses casos, a ideia da competência alargada dos tribunais de 2ª instância reflectida no nº 1? Ou, antes, a ideia da sua competência específica, taxativa, decorrente daí e do seu confronto com este nº 4, funcionando então, para qualquer situação dessas, como tribunais judiciais ou administrativos com competência-regra, os de 1ª instância?

Ou deve, até, entender-se que, não cabendo tais intervenções nem no nº 1 nem no nº 4 do art. 59º da LAL, a repartição de competência entre tribunais de 1ª e de 2ª instância, nesses casos, far-se-á em função das regras das respectivas leis orgânicas e, portanto, a favor dos tribunais judiciais e administrativos de 1ª instância como resulta, respectivamente, da alínea a) do art. 77º/1 da LOFTJ – por não se saber ainda quando entrará em vigor a nova Lei de Organização do Sistema Judiciário, de 26 de Agosto de 2013 – e do art. 44º/1 do ETAF.

Votamos, nestes casos, pela competência-regra dos tribunais de 1ª instância, solução à qual se chega quer pela via do mencionado confronto entre os nºs 1 e 4 da LAV – porque deles resulta pertencer tal competência genérica, em matéria arbitral, aos tribunais de 1ª instância (ou resulta, pelo menos, o que vem a dar no mesmo, a competência específica e nominada dos tribunais de 2ª instância) –, quer pela via das mencionadas normas gerais da LOFTJ e do ETAF.

Nº 5

7. O tribunal judicial competente para decretar providências cautelares na dependência de arbitragens estrangeiras: dúvidas sobre a norma aplicável

Refere-se o preceito à cooperação ou assistência prestada por tribunais judiciais portugueses a arbitragens localizadas no estrangeiro, relativas a litígios da esfera de jurisdição desses tribunais, dispondo-se aqui sobre a respectiva competência *ratione loci*, em suma, sobre o tribunal judicial de 1ª instância territorialmente competente para efeitos dessa assistência.

Porque são esses, e não as Relações, entre nós, os tribunais competentes para o efeito.

Tratando-se então de, decretar providências cautelares na dependência de arbitragens estrangeiras – é a primeira hipótese contemplada neste nº 5 do art. 59º da LAV –, é competente *"o tribunal judicial da 1ª instância em cuja circunscrição deva ser decretada a providência cautelar, segundo as regras de competência territorial contidas no art. 83º do Código de Processo Civil"* – correspondente, na íntegra, ao art. 78º do novo CPC –, impondo-se portanto, em função dos critérios do nº 1 dessa norma da lei processual civil, ver qual a providência que está em causa para lhe aplicar depois a alínea respectiva, pelo que competente seria aqui, em regra, para a generalidade das providências cautelares (excluídos o arresto, o arrolamento e o embargo de obra nova), o *"tribunal em que deve ser proposta a acção respectiva"*.

Trata-se de uma norma de impossível aplicação directa ao nosso caso, pois que o tribunal da acção é um tribunal arbitral estrangeiro.

Assim sendo, na falta de disposição especialmente aplicável, o bom senso pediria que se considerasse competente o tribunal do local onde a providência (a ser concedida) deva ser executada – enquanto as regras analógicas ou paralelas do art. 80º/3 do novo CPC (no pressuposto de que o autor não tem domicílio em Portugal) levariam a questão para o tribunal judicial de 1ª instância de Lisboa, que nos parece solução menos adequada, sendo que tal norma da lei processual civil nem sequer foi objecto de convocação neste art. 59º/5 da LAV.

8. (cont.) *O tribunal judicial competente para a produção de prova na dependência de arbitragens estrangeiras*

Vale aqui tudo quanto se disse no comentário anterior, salvo que o factor determinante da competência territorial dos tribunais judiciais portugueses solicitados para colaborar na produção de prova em arbitragens sedeadas no estrangeiro é o tribunal em que deva ter lugar a produção dessa prova, de acordo com a regra fixada a tal propósito na alínea *d)* do art. 78º do novo CPC.

Nº 6

9. *O tribunal administrativo cautelar e probatoriamente competente na dependência de arbitragens estrangeiras. Remissão*

Trata-se aqui, à semelhança do que se fazia no nº 5 deste art. 59º em relação aos tribunais judiciais, da assistência prestado pelos tribunais administrativos portugueses a tribunais arbitrais estrangeiros, em matéria quer de decretamento de providências cautelares quer de produção de prova.

Tudo quanto se disse nos dois comentários anteriores, a propósito desse art. 59º/5 da LAV, vale então, nos precisos termos que aí ficaram expostos, para o disposto neste nº 6, com a única diferença de que aqui se trata de *"litígios compreendidos na esfera de jurisdição dos tribunais administrativos"*, donde resulta, como é evidente, que, onde se mencionavam os tribunais judiciais de 1ª instância, deve ler-se agora *"tribunais administrativos de círculo"* (sendo que o tribunal que tem competência territorial supletiva, se se entender que tal critério é de aplicar aqui, é o Tribunal Administrativo de Círculo de Lisboa, de acordo com o art. 22º do CPTA).

De referir adicionalmente que, nos termos do art. 20º/7 do CPTA, os pedidos de produção antecipada de prova devem ser deduzidos no tribunal em que a prova tenha de ser efectuada ou da área em que se situe o tribunal de comarca a que a diligência deva ser deprecada.

Nº 7

10. A "memo-norma" do art. 59º/7 da LAV

O que se dispõe nesta estranha norma – que, em rigor, é um memorando, não um comando – é afinal de fácil exposição e apreensão quando se procura por trás dos seus imprecisos termos.

Começa por assinalar-se que não se emite nela qualquer determinação nem se produz qualquer efeito que não estivessem já previstos ou produzidos em outras normas dispositivas da LAV.

O que daí resulta efectivamente é tão-só

- que, nos processos de impugnação previstos na alínea *f)* do art. 59º/1 – que são, como aí se diz expressamente, os processos de impugnação do art. 46º –, se aplica o art. 46º:
- que, nos processos de reconhecimento de sentenças arbitrais estrangeiras previstos na alínea *h)* desse art. 59º/1 – que são os processos regulados nos arts. 56º, 57º e 58º –, se aplicam os arts. 56º, 57º e 58º;
- que, nos processos previstos nas alíneas *a)* a *d)* do art. 59º/1 – que são os processos a que se refere expressamente a disciplina do art. 60º –, se aplica o art. 60º.

Pro memoria, tudo, portanto.

Nº 8

11. A admissibilidade de recurso das decisões e sentenças dos tribunais estaduais em matéria arbitral. A inconstitucionalidade da preclusão do recurso das nomeações de árbitros por esses tribunais: remissão

As decisões e sentenças que os tribunais judiciais e administrativos de 1ª e 2ª instância profiram, em primeira mão, ao abrigo dos nºs 1 a 4 deste art. 59º são passíveis dos recursos que as respectivas leis processuais respectivas permitam interpor dessas decisões e sentenças – e não o são se delas não couber qualquer recurso, ainda de acordo com essas leis.

Trata-se, no fim de contas, de fazer valer, desde logo, as leis de processo dos tribunais judiciais e dos tribunais administrativos, quando prevêem poder recorrer-se das decisões e sentenças por eles proferidos.

E de fazer valer também o princípio geral que afirmámos a propósito do anterior art. 19º, de que, face aos tribunais estaduais, o âmbito de aplicação das normas da LAV sobre arbitragem, de quaisquer umas – salvo disposições expressa em sentido diverso, como acontece, por exemplo, com o art. 46º/8 –, cessa quando o processo ou incidente arbitral dá entrada nesses tribunais.

A partir daí, "mandam" as respectivas leis processuais.

Da norma deste nº 8 resulta igualmente, porém, a inadmissibilidade de recurso das decisões e sentenças dos tribunais estaduais em matéria arbitral, que esteja previsto nas respectivas leis processuais, quando a própria lei arbitral, a LAV, determinar que dessas decisões e sentenças dos tribunais estaduais não cabe recurso. Sucederia assim com as decisões de nomeação de árbitro ou árbitros pelos presidentes dos Tribunais da Relação ou dos Tribunais Centrais Administrativos, de que o nº 7 do art. 10º da LAV dispõe não caber recurso.

Relembre-se contudo, como já dissemos nos comentários nºs 20, 20-A e 21 a essa mesma disposição e ao nº 5 deste mesmo art. 59º – para onde remetemos o leitor – que a preclusão de recurso dessas nomeações, constituindo elas actos materialmente administrativos ou decisões de jurisdição voluntária, envolve a inconstitucionalidade daquele preceito da LAV por ofensa das garantias fundamentais do art. 268º/4 ou do art. 20º/1 da Constituição, que asseguram aos interessados ou o recurso de "*quaisquer actos administrativos*" (mesmo que só materialmente administrativos) ou o acesso aos tribunais para "*defesa dos seus direitos e interesses legalmente protegidos*".

Nº 9

12. A remissão da LAV para as regras das leis processuais quanto à competência para a execução de sentenças arbitrais portuguesas: a lacuna do CPTA a tal propósito e sua integração

Dispõe-se neste nº 9 do art. 59º que a execução de sentença arbitral proferida em Portugal corre no tribunal de 1ª instância que for competente nos termos da lei de processo aplicável.

Disposição aparentemente simples, mas que precisa de uma leitura cuidada.

É que se estabelece nela, pelo menos, à primeira vista, uma regra de competência territorial diferente da que consta do nº 4, de acordo com a qual os tribunais estaduais de 1ª instância competentes em matéria arbitral são aqueles *"em cuja circunscrição se situe o local da arbitragem"*, quando, para a execução da sentença arbitral, o tribunal territorialmente competente, dispõe-se neste nº 9, é o que, de acordo com a lei processual civil ou administrativa (consoante os casos), for competente para proceder à execução das respectivas sentenças.

O que redunda então em que
- competente para a execução de sentenças arbitrais compreendidas na esfera de jurisdição dos tribunais judiciais, enquanto vigorar o actual nº 2 do art. 90º do CPC (hoje, art. 85º do novo CPC), é *"o tribunal da comarca do lugar da arbitragem"*, a mesma regra, afinal, que está posta no nº 4 deste art. 59º
- quanto à competência para a execução de sentenças arbitrais compreendidas na esfera de jurisdição dos tribunais administrativos, não existe norma específica no CPTA nem no ETAF.

A questão, nesse domínio, torna-se então um pouco mais complexa.

A única regra que existe no CPTA é a de que a execução de sentenças dos tribunais administrativos se deve pedir ao tribunal que tenha proferido a decisão em primeiro grau de jurisdição (cfr. arts. 164º/1, 170º/2 e 176º/1, do CPTA), nada se prevendo, no entanto, quanto às sentenças de tribunais arbitrais.

Nesta medida, e afastando à partida a aplicabilidade do CPC, por se tratar de uma questão de competência dos tribunais administrativos, a resolver no âmbito do CPTA, afigura-se que haverá duas soluções teoricamente admissíveis.

Uma primeira será a de considerar que a competência pertence ao tribunal administrativo que seria competente para apreciar a acção em que foi proferida a sentença, caso esta tivesse sido intentada na jurisdição administrativa e não perante tribunal arbitral.

Uma outra solução seria a de recorrer à regra geral de competência territorial contida no art. 16º do CPTA, de acordo com a qual *"os processos, em primeira instância, são intentados no tribunal da residência habitual ou da sede do autor ou da maioria dos autores"*.

Da nossa parte, tendemos a considerar melhor a primeira solução, por, aparentemente, o CPTA ter pretendido que os processos de execução de sentenças em tribunais administrativos sejam conhecidos pelo tribunal territorialmente competente para apreciar a acção principal. Assim sendo, ainda que essa acção tenha decorrido perante tribunal arbitral, será adequado entender que a competência para decidir sobre a execução da respectiva decisão cabe ao tribunal da jurisdição administrativa que seria competente para a acção principal, assim se garantindo também alguma homogeneidade no tratamento da competência territorial dos tribunais administrativos nesta matéria, independentemente de a decisão exequenda ter sido proferida por um tribunal estadual ou por um tribunal arbitral.

13. Os tribunais judiciais e administrativos competentes para a execução de sentenças arbitrais estrangeiras

Ao contrário do que vimos suceder com a execução de sentenças arbitrais portuguesas (proferidas em arbitragem nacionais ou internacionais que corram em Portugal), nada se dispõe na LAV, explicitamente, quanto ao tribunal português competente para a *execução* de sentenças proferidas em arbitragens localizadas no estrangeiro – valendo em relação ao seu *reconhecimento* a norma da alínea h) do nº 1 deste art. 59º.

E não pode manifestamente aplicar-se a tal questão nem a regra geral da competência do tribunal do local de arbitragem, estabelecida no nº 4 deste art. 59º, nem a regra do art. 164º/1 do CPTA sobre a competência do tribunal que tenha proferido a sentença em 1º grau de jurisdição. Nem pode recorrer-se à regra da competência do tribunal português em que haja corrido o processo de reconhecimento da sentença arbitral estrangeira, pois esse é o Tribunal da Relação, estrutural e funcionalmente inapto para levar a cabo processos executivos – por alguma razão, de resto, o legislador, na alínea *h)* do art. 59º/1, só se referiu ao reconhecimento, e não à execução, das sentenças arbitrais estrangeiras.

Sendo assim, restam-nos como opção:
- em primeiro lugar – *de lege ferenda*, parece-nos ser a regra mais razoável e eficiente –, os critérios do art. 94º/1 do CPC (hoje, art. 89º do novo CPC), que redundam ou na competência dos tribunais de 1ª instância do domicílio do executado ou, em certos casos, do local onde a obrigação deve ser cumprida;
- em segundo lugar, alternativamente, considerar-se-ia competente o tribunal de 1ª instância da sede do Tribunal da Relação onde tenha corrido o processo de reconhecimento da sentença arbitral estrangeira que agora se quer executar.

Para nós, aquela primeira solução é manifestamente preferível.

Nº 10

14. O tribunal competente para julgar da responsabilidade civil dos árbitros: esclarecimentos

Finalmente, temos, dir-se-ia, uma regra simples de expor e apreender.

Os tribunais estaduais competentes para julgar da responsabilidade civil dos árbitros – ao abrigo dos arts. 12º/3, 15º/1 e 43º/4 da LAV – são, di-lo este art. 59º/10, "*os tribunais judiciais de 1ª instância em cuja circunscrição se situe o domicílio do réu ou do lugar da arbitragem*".

Mas é pura aparência essa, da simplicidade da presente norma.

Em primeiro lugar, porque fica-nos logo a questão de saber se para efectivação da responsabilidade dos árbitros de arbitragens administrativas também são competentes os tribunais judiciais ou se devem sê-lo os tribunais administrativos de 1ª instância, questão a que respondemos no primeiro sentido não apenas porque se trata de questão materialmente afecta à jurisdição civil, mas também por adesão às razões literal e sistemática de interpretação da lei – pois que só neste preceito, dos muitos do art. 59º, o legislador não fez a separação entre uns e outros desses tribunais, referindo-se apenas aos primeiros.

À outra questão, de saber qual o tribunal competente para accionar conjuntamente os árbitros, no caso de responsabilidade de mais de um deles, responde este mesmo n.º 10, remetendo o autor – embora não por sua escolha, mas por falta de alternativas (ou poderia ter que accionar cada árbitro em locais diferentes) – para o tribunal judicial de 1ª instância da sede da arbitragem.

É uma norma especial que prefere à norma geral do art. 82º/1 do novo CPC, posta também para a pluralidade de réus.

Nº 11

15. O caso julgado sobre a afectação do litígio arbitral aos tribunais judiciais ou administrativos: esclarecimentos

A norma refere-se à decisão pela qual um tribunal estadual da ordem judicial ou da ordem administrativa se declara materialmente competente, em detrimento da competência material dos tribunais da outra ordem para conhecer de uma questão arbitral, isto é, para conhecer do incidente, do recurso, da impugnação, do reconhecimento ou da execução cuja apreciação se lhes pede.

Já não assim, se se tratar de uma decisão sobre a competência hierárquica ou *ratione loci* proferida por um tribunal estadual, pois este n.º 11 limita expressamente a respectiva previsão às decisões sobre a sua competência material.

Dispõe-se então que tal decisão de um desses tribunais, sobre a sua competência para se pronunciar sobre questão ou sentença arbitral submetida à sua apreciação, faz *caso julgado*, quer para as partes quer para quaisquer outros tribunais que sejam chamados a tratar, "*no mesmo processo*", de qualquer outra matéria das referidas neste art. 59º, não sendo tal decisão recorrível por aquelas partes nem questionável por esses tribunais.

A única dúvida que se nos suscita é a de saber se é correcto delimitar o âmbito de aplicação da norma, enfim, do caso julgado, em função do "*mesmo processo*", como lá se dispõe, parecendo-nos que seria mais apropriado referir-se a lei, pelo menos, ao "*mesmo processo arbitral*" – por a referência apenas ao "*mesmo processo*" poder ser entendida como respeitando separadamente, por exemplo, ao procedimento de nomeação dos árbitros, ao processo de impugnação de sentença arbitral, ao processo do reconhecimento de sentença arbitral estrangeira, etc.

Quando o que o legislador pretendia, naturalmente, era que, uma vez afecta a *causa*, ela própria, ou seja, o litigio, aos tribunais judiciais ou administrativos – por exemplo, logo a propósito da nomeação de árbitros –, as demais questões ou decisões arbitrais que nela se suscitassem e tivessem que "subir" a um tribunal estadual fossem afectas a esse mesmo tribunal.

Evitando-se assim as demoras e conflitos que resultariam de andar uma e mais vezes a discutir e decidir qual das duas jurisdições é a competente *ratione materiae* para conhecer de todos os processos e incidentes a uma mesma causa arbitral.

Artigo 60.º
Processo aplicável

1 – Nos casos em que se pretenda que o tribunal estadual competente profira uma decisão ao abrigo de qualquer das alíneas *a)* a *d)* do n.º 1 do artigo 59.º, deve o interessado indicar no seu requerimento os factos que justificam o seu pedido, nele incluindo a informação que considere relevante para o efeito.

2 – Recebido o requerimento previsto no número anterior, são notificadas as demais partes na arbitragem e, se for caso disso, o tribunal arbitral para, no prazo de 10 dias, dizerem o que se lhes ofereça sobre o conteúdo do mesmo.

3 – Antes de proferir decisão, o tribunal pode, se entender necessário, colher ou solicitar as informações convenientes para a prolação da sua decisão.

4 – Os processos previstos nos números anteriores do presente artigo revestem sempre carácter urgente, precedendo os respectivos actos qualquer outro serviço judicial não urgente.

Comentário

1. *Os elementos gerais e específicos dos requerimentos aqui previstos: pedido, factos e provas*
2. *A notificação do requerimento: integração de lacunas legais*
3. *Poderes oficiosos de aquisição de informação relevante: limites. Os factos supervenientes*
4. *O carácter urgente dos incidentes ou processos em causa*

Nº 1

1. *Os elementos gerais e específicos dos requerimentos aqui previstos: pedido, factos e provas*

Definindo-se o âmbito de aplicação deste art. 60º por remissão para as alíneas *a)* a *d)* do art. 59º/1, não pode o leitor esquecer-se de que, como antes assinalámos, existem aí lapsos de escrita, devendo substituir-se as referências da alínea *a)* ao *"nº 3 [...] do art. 10º"* e ao do *"nº 1 do art. 11º"* por *"n.º 2 [...] do art. 10º"* e por *"nº 2 do art. 11º"*, respectivamente.

Regulam-se neste nº 1 os *essentialia* do requerimento dos litigantes a pedir aos Tribunais da Relação ou aos Tribunais Centrais Administrativas que decidam:

- sobre a nomeação de árbitros,
- sobre a recusa de qualquer um deles por uma ou ambas as partes,
- sobre a sua destituição ou
- sobre a redução de honorários, despesas ou preparos,

enfim, que decidam sobre as matérias das alíneas *a)* a *d)* do art. 59º/1.

Dispõe-se deverem tais requerimentos conter – além das menções imprescindíveis comuns a todos eles, como a identificação do requerente, a do tribunal requerido [ou do seu presidente, no caso da citada alínea *a)*] e a assinatura do requerente, para não falar já na respectiva data (pois que relevante quanto a isso é o registo de entrada no tribunal) – devem os requerentes, dizia-se, incluir aí a indicação dos "*factos que justificam o seu pedido, nele incluindo a informação que considere*[m] *relevante para o efeito*".

É uma fórmula original, refira-se.

Primeiro, porque não se encontra lá mencionada, explícita e separadamente, a exigência de indicação da pretensão ou pedido do requerente, mesmo se pode dizer-se que isso é algo de imanente a qualquer requerimento (ou petição) – cujo conceito envolve necessariamente requerer-se, pretender-se ou pedir-se algo. O que, sendo verdadeiro, não impediu contudo o legislador do art. 74º/1 do actual Código de Procedimento Administrativo – a regra geral na matéria – de exigir explicitamente que, nos requerimentos, a par dos factos, se "*indique o pedido*", nem o legislador do art. 552º/1 do novo CPC de exigir que o autor exponha os factos e as razões que lhe assistem, mas também que formule explicitamente, na petição inicial, "*o pedido*".

Em suma, constitui uma originalidade incitar os litigantes a "*indicar [...] os factos que justificam o seu pedido*", em vez de a "*indicar o pedido e os factos que o justificam*".

A fórmula da lei reclama também atenção por nela se prever que, a par dos factos justificativos do pedido, o interessado inclua no requerimento "*a informação que considere relevante para o efeito*", não se sabendo, pela leitura da disposição, a que é que o legislador queria especificamente referir-se com tal proposição, podendo inclusivamente pensar-se que estaria a duplicar a referência à sustentação factual do requerimento.

Não pode ser, claro.

O que se entende então é que, por um lado, além dos factos determinantes do pedido, o requerente deve indicar igualmente as circunstâncias que os antecederam e as que os complementam, e sobretudo, por outro lado, que deve fornecer as provas que corroborem tudo isso.

Nº 2

2. A notificação do requerimento: integração de lacunas legais

Impõe-se e bem, neste nº 2 do art. 60º, que sejam *"notificadas as demais partes na arbitragem e, se for caso disso, o tribunal arbitral"* do requerimento previsto no seu nº 1 – isto é, do requerimento ao tribunal estadual (ou ao seu presidente) para proceder ou decidir qualquer uma das pretensões que lhe sejam formuladas ao abrigo das alíneas *a)* a *d)* do art. 59º/1.

Poderão, assim, aquelas exercer o seu direito de contraditório e o tribunal arbitral pronunciar-se sobre os reparos (ou os "agravos") deduzidos perante o tribunal estadual contra decisões suas (por exemplo, de rejeitar a recusa de um árbitro, honorários que se fixaram, etc.)

Alguns esclarecimentos:
- se o requerimento vier sem os elementos formais exigidos, é devolvido para ser completado e só depois disso se procede à notificação acompanhada de uma cópia do mesmo e dos documentos a ele anexos;
- o requerimento é assinado pelo advogado do requerente;
- nos casos em que haja um árbitro individualmente interessado na questão suscitada perante o tribunal estadual (a da sua recusa ou destituição, por exemplo), ele deve ser notificado a par do tribunal arbitral;
- o tribunal arbitral só é notificado no caso de ir envolvida no incidente uma decisão sua (como no caso da rejeição ou recusa de árbitro ou de redução de honorários), já não, por exemplo, quando se tratar da destituição judicial de árbitro por falta de acordo das partes, nos termos do art. 15º/2;
- no caso da alínea *a)* do art. 59º/1, a notificação é feita ao presidente do tribunal arbitral;
- o prazo de 10 dias conta-se, para cada um dos notificados, do dia seguinte àquele em que a notificação se considerar feita (art. 279.º do Código Civil).

Nº 3

3. Poderes oficiosos de aquisição de informação relevante: limites. Os factos supervenientes

Faz-se valer o princípio do inquisitório, permitindo-se ao tribunal judicial ou administrativo de 2ª instância – ou, no caso da alínea *a)* do art. 59º, aos respectivos presidentes – que, para bem decidirem das questões arbitrais a que se referem as alíneas *a)* a *d)* do nº 1 desse artigo, colham ou solicitem as informações necessárias ou convenientes à decisão de tais questões.

É um poder altamente discricionário, mas que tem, em contrapartida, limites relevantes:
- uma é a da observância do princípio da igualdade entre as partes, obrigando o tribunal (ou o seu presidente) a procurar informações junto de quem possa suspeitar da imparcialidade ou idoneidade do árbitro, mas também junto de quem o incense;
- outra é a de que, se se obtiver assim conhecimento de factos que possam influenciar a decisão do incidente em sentido favorável ao requerente, mas que não tivessem sido oportunamente carreados para os respectivos autos, haverá que ouvir a parte e o árbitro cuja posição seja prejudicada pelos factos supervenientes.

Nº 4

4. O carácter urgente dos incidentes ou processos em causa

Atribui-se carácter urgente à tramitação, nos tribunais estaduais, dos incidentes ou processos referidos nas alíneas *a)* a *d)* do art. 59º/1, devendo os actos do presidente ou do tribunal competente ser praticados com precedência sobre quaisquer outros actos que não tenham (ou inseridos em processos que não tenham) esse carácter.

CAPÍTULO XII
Disposições finais

Artigo 61.º
Âmbito de aplicação no espaço

A presente lei é aplicável a todas as arbitragens que tenham lugar em território português, bem como ao reconhecimento e à execução em Portugal de sentenças proferidas em arbitragens localizadas no estrangeiro.

Fontes

Art. 37º da LAV de 1986; Lei-Modelo da Uncitral, art. 1º/2; Lei Alemã (*ZPO*), § 1025(1); Lei Espanhola, art. 1º/1; Lei Inglesa, section 2 (1)

Comentário

1. *A aplicação obrigatória da LAV às arbitragens localizadas em Portugal: significado, âmbito e sanção*
2. *A aplicação obrigatória da LAV ao reconhecimento e execução de sentenças arbitrais estrangeiras: âmbito e sanção*

1. *A aplicação obrigatória da LAV às arbitragens localizadas em Portugal: significado, âmbito e sanção*

É matéria esta a que já nos referimos em comentário ao art. 4º da lei preambular da LAV, o Decreto-Lei nº 63/2011.

Dispõe-se aqui, de maneira imperativa, ser a LAV *"aplicável a todas as arbitragens que tenham lugar em território português"*, ainda que se trate de arbitragens convencionadas no estrangeiro, entre partes estrangeiras e respeitantes a obrigações incumpridas ou a cumprir no estrangeiro, funcionando aqui portanto um puro *princípio da territorialidade* e reportado a todas as disposições da LAV (salvo as respeitantes a sentenças estrangeiras e também as já enunciadas no comentário nº 3 ao art. 49º).

A territorialidade da LAV não é aferida porém em função de qualquer acto de um processo arbitral que haja de ser praticado entre nós, mas do *"lugar da arbitragem"*, do local onde, segundo a convenção de arbitragem ou decisão dos árbitros (art. 31º), o tribunal fica sedeado, onde (salvo decisão específica e concreta para esta ou aquela diligência) ele funciona e reúne normalmente, onde as partes devem ir praticar os respectivos actos processuais ou para onde devem remeter os seus articulados e requerimentos.

A essas arbitragens localizadas entre nós a LAV aplica-se irremediavelmente, nas suas disposições imperativas e (verificando-se os respectivos pressupostos) nas supletivas.

Uma arbitragem localizada em Portugal mas que, por remissão das partes, se (convencione e) desenrole ao abrigo de uma lei que não a nossa é, só por isso, parece – salvo tratando-se de uma arbitragem internacional no sentido do artº 49º (ver artº 50º) – inválida, pior, ineficaz e inoponível entre nós, não sendo a respectiva sentença (ou qualquer outra decisão aí proferida) passível de execução em tribunal português, independentemente de não ter sido impugnada e anulada previamente (ao abrigo do art. 46º).

2. A aplicação obrigatória da LAV ao reconhecimento e execução de sentenças arbitrais estrangeiras: âmbito e sanção

A LAV é também obrigatoriamente aplicável, de acordo com este art. 61º, ao reconhecimento e execução, entre nós, das sentenças proferidas por tribunais arbitrais localizados no estrangeiro.

Só que o âmbito da sua aplicação aqui se resume a umas quantas normas – e já não ao grosso delas, como acontecia com a hipótese com que se lidou no comentário anterior –, estando então em causa apenas:

- as normas dos arts. 55º e 56º sobre a necessidade do reconhecimento dessas sentenças e os fundamentos da sua recusa;
- as normas dos arts. 57º e 58º sobre a instrução do requerimento e a tramitação do processo de reconhecimento, respectivamente, nos tribunais judiciais e administrativos de 2ª instância;
- a norma da alínea *h)* do art. 59º/1 sobre os tribunais competentes para o processo de reconhecimento;
- as normas dos nºs 5 e 6 do art. 59º sobre as regras de competência de tribunais judiciais e administrativos portugueses para prestarem assistência a arbitragens estrangeiras, em relação ao decretamento em Portugal de providências cautelares e à produção aqui de prova para essas arbitragens;
- a norma do nº 8 do art. 59º sobre os recursos que podem caber, na ordem interna, das decisões de reconhecimento de sentenças arbitrais estrangeiras por parte de tribunais judiciais e administrativos portuguesas;

A desaplicação da LAV nessas matérias, em favor de outra lei, só é sancionável se da sentença judicial portuguesa que reconheça a sentença arbitral estrangeira ou da que lhe dê execução couberem, na ordem interna, recursos para tribunais hierarquicamente superiores (ou se tais sentenças vierem a ser objecto de reforma na sequência de reclamação para o tribunal que a tenha ditado).

Artigo 62.º
Centros de arbitragem institucionalizada

1 – A criação em Portugal de centros de arbitragem institucionalizada está sujeita a autorização do Ministro da Justiça, nos termos do disposto em legislação especial.

2 – Considera-se feita para o presente artigo a remissão constante do Decreto-Lei n.º 425/86, de 27 de Dezembro, para o artigo 38.º da Lei n.º 31/86, de 29 de Agosto.

Fontes:

Art. 38º da LAV de 1986

Comentário

1. *A arbitragem institucionalizada face à arbitragem "ad hoc": remissão*
2. *Natureza e funções privadas dos centros de arbitragem institucionalizada*
3. *A variada regulamentação avulsa, geral e especial, da arbitragem institucional e dos respectivos centros: a arbitragem executiva*
4. *As menções da LAV às arbitragens institucionalizadas: remissões*
5. *A autorização da criação de centros de arbitragem institucionalizada e os fluidos critérios de sua atribuição e revogação*
6. *O carácter geral ou especializado dos centros de arbitragem institucionalizada*
7. *Os regulamentos arbitrais dos centros de arbitragem institucionalizada: sua força jurídica*
8. *A lista oficial dos centros de arbitragem em funcionamento*
9. *A Rede Nacional de Centros de Arbitragem Institucionalizada*
10. *A alteração da remissão do Decreto-Lei nº 425/86, sobre a autorização ministerial dos centros de arbitragem, para a actual LAV*

1. *A arbitragem institucionalizada face à arbitragem "ad hoc": remissão*
Embora sem lhe imprimir qualquer interesse dispositivo, não quiseram os autores da LAV deixar de lembrar, neste último artigo da

lei, que – além da arbitragem que as partes (e os árbitros) organizam e fazem funcionar *ad hoc* – existe hoje, regulada por lei, no domínio da arbitragem voluntária, também, uma arbitragem que se organiza e funciona *institucionalizadamente*, junto dos genericamente denominados *centros de arbitragem institucionalizada*.

Trata-se, não obstante a escassa referência que a LAV lhe dedica, de uma realidade que tem, hoje em dia, a maior importância prática, organizando-se e funcionando nessa sede, mesmo já em Portugal, provavelmente, a larga maioria dos tribunais arbitrais ou, dito de outro modo, das arbitragens de carácter jurídico.

Na arbitragem institucionalizada, o processo arbitral tem a sua sede junto de uma entidade que se dedica profissionalmente à organização de arbitragens, providenciando as tarefas de suporte organizacional e administrativo do funcionamento do tribunal, decorrendo o processo arbitral de acordo com o regulamento processual aí aplicável – o que não significa, como adiante se verá, que os centros de arbitragem desempenhem a função de tribunais arbitrais, que conduzam e decidam o processo arbitral através de responsáveis ou serviços seus.

Na arbitragem *ad hoc*, não institucionalizada, pelo contrário, são as partes e os árbitros quem se encarrega da organização e do funcionamento do tribunal arbitral, com recurso a meios humanos e físicos por eles agenciados e contratados para o efeito.

Faz-se ressaltar melhor nos comentários subsequentes as características essenciais da figura dos *centros de arbitragem institucionalizada* e do seu regime.

2. *Natureza e funções privadas dos centros de arbitragem*

Embora estejam dependentes de autorização ministerial para se constituírem e embora funcionem sob apertada vigilância pública, os centros de arbitragem institucionalizada desenvolvem uma actividade de natureza privada, coadjuvando administrativa e burocraticamente os tribunais arbitrais no exercício da função jurisdicional arbitral.

Mas não exercem essa actividade judicial, nem nenhuma outra de natureza pública – em sentido contrário, J. Pacheco de Amorim, Bárbara

Soares, (*Algumas considerações em torno dos Centros de Arbitragem Voluntária institucionalizada e dos respectivos regulamentos arbitrais*, em AA.VV., *A Arbitragem Administrativa e Tributária*, Coimbra, Almedina, 2012, p. 103) –, não se consentindo na delegação ou transferência de quaisquer poderes públicos dos árbitros para os centros de arbitragem institucionalizada, aos quais se admite, quanto muito, a prática de actos complementares do exercício de poderes desses, como sucede, por exemplo, com a comunicação oficial de actos processuais.

Esses centros participam, assim, *instrumental* ou *acessoriamente*, no exercício da função jurisdicional constitucionalmente reconhecida à arbitragem, mas não a exercem eles próprios: tal função é exercida de modo individual, pessoal e intransmissivelmente pelos árbitros – *"pessoas singulares e plenamente capazes"* (cf. art. 9.º LAV) – a quem cabe em exclusivo e em nome próprio, enquanto titulares do tribunal arbitral, a prática de actos próprios da função jurisdicional, respondendo pela sua prática (ou pela sua omissão).

Não é aí portanto que reside a relevância dos centros de arbitragem, quer antes da instauração, quer no decurso de um processo arbitral.

Instituem-se centros desses para facilitar o acesso à arbitragem, pondo ao dispor de quem a ela pretende recorrer os instrumentos administrativos e burocráticos, operacionais e logísticos, bem como as ferramentas jurídicas, de que os tribunais e os processos arbitrais carecem para assegurar o desenrolar célere e organizado da arbitragem, e cujo agenciamento pelos próprios litigantes acarreta(ria) conhecimentos, esforços e despesas de monta com resultados nem sempre adequados ou apenas razoáveis.

São vários esses instrumentos e vantagens que os centros de arbitragem institucionalizada facultam aos interessados.

A começar logo por disporem de uma lista de pessoas selecionadas, especializadas e experimentadas, que podem ser designadas como árbitros do tribunal, além de facultarem a adesão a um regulamento processual pré-conhecido.

Por outro lado, no decurso da instância arbitral, o centro de arbitragem funciona em termos similares a uma secretaria judicial, auxiliando os juízes no desempenho das suas funções e levando a cabo as tarefas organizativas e burocráticas inerentes a um processo jurisdicional, desde a realização das notificações, à organização da produção de prova, à cedência de instalações e de equipamentos para reuniões do tribunal ou realização de diligências probatórias, ao arquivo de todo o expediente, ao depósito da sentença, etc..

São funções bem relevantes, e que, em arbitragens que envolvam várias partes ou que impliquem uma carga pesada de produção de prova, serão mais dificilmente desempenhadas pelos próprios árbitros ou mesmo pelo seu *staff*, quando este exista.

Nº 1

3. *A variada regulamentação avulsa, geral e especial, da arbitragem institucional e dos respectivos centros: a arbitragem executiva*

Estatui-se neste art. 62º/1, a título de mero lembrete, aliás, que *"[a] criação de centros de arbitragem institucional está sujeita a autorização do Ministro da Justiça, nos termos do disposto em legislação especial"* – a qual se encontra hoje fixada no já ancião Decreto-Lei nº 425/86, de 27 de Dezembro.

Até por isso se justificaria que a LAV se tivesse ocupado concentradamente do essencial da figura, senão nos seus aspectos institucionais, ao menos no que se refere às particularidades judiciárias e judiciais, digamos assim, do regime geral dos processos arbitrais que correm juntos dos centros de arbitragem institucionalizada, quando, afinal, só se deixaram esparsas por ela algumas, poucas, referências a essas particularidades.

Bem útil teria sido, portanto – pediam-no até, em boa medida, as preocupações que levaram a tornar a LAV um instrumento de atração para Portugal de arbitragens internacionais –, que o legislador tivesse esclarecido nela mesma o que são centros de arbitragem institucionalizada, de que critérios e factores depende a autorização para a sua constituição, mas sobretudo o que podem e o que não podem eles fazer e a que regras obedece o seu funcionamento "arbitral".

Sobre isso, nem uma palavra, porém.

Talvez haja boas razões a sustentar a opção de deixar de fora da LAV (ou de continuar a deixar de fora da LAV) a matéria das arbitragens institucionalizadas e dos centros que a elas se dedicam, mas, pretendendo concentrar e tratar-se aqui, de forma consistente e sistematizada, a matéria da arbitragem voluntária, o mais natural seria incluir no seu âmbito e regular no seu articulado, pelo menos, o essencial do regime geral dessa relevante – crescentemente relevante – modalidade sua.

A opção foi então a de a remeter a regulamentação da matéria para variada legislação especial, avulsa, a começar logo pelo já referido Decreto-Lei nº 425/86, sobre o procedimento de criação destes centros arbitrais.

Para além dele, outros diplomas legais há que se debruçam sobre a matéria da arbitragem institucionalizada, como é o caso do Decreto-Lei nº 226/2008, de 20 de Novembro, e do CPTA, cujo artigo 187.º trata de uma modalidade singular de "centros de arbitragem".

O art. 11º daquele primeiro diploma admite a constituição de centros de arbitragem no âmbito da acção executiva, isto é, "*com competência para a resolução de litígios resultantes do processo de execução e para a realização das diligências de execução previstas na lei*", estatuindo-se no respectivo art. 17º, dado o melindre da fase executiva, que "*a actividade dos centros de arbitragem é fiscalizada por uma comissão criada para o efeito, presidida por um juiz conselheiro, nos termos a definir por portaria*" do Ministro da Justiça.

O art. 187º do CPTA refere, por seu turno, a possibilidade de constituição de "*centros de arbitragem permanente*" destinados à "*composição de litígios*" em determinadas matérias da jurisdição administrativa. Tais centros terão, porém, apenas, "*funções de conciliação, mediação ou consulta*", não sendo, pois, vocacionados para o exercício da função materialmente jurisdicional, ínsita no conceito de arbitragem.

4. *As menções da LAV às arbitragens institucionalizadas: remissões*

Já se referiu acima que, embora de forma dispersa, a LAV refere-se, em algumas das suas normas – para além deste art. 62º, claro – aos centros de arbitragem institucionalizada ou à arbitragem institucionalizada.

Assim sucede, com efeito:
- no art. 6º (mesmo se apenas implicitamente), para esclarecer que as referências da LAV quer ressalvem (estipulações de) convenções de arbitragem ou acordos escritos posteriores a elas, abrangem, também as remissões que as partes aí façam para regulamentos de arbitragem;
- no nº 5 do art. 30º, para impor, não só aos árbitros mas também aos centros de arbitragem, o dever de guardar sigilo sobre as matérias a que tenham acesso no processo;
- no art. 36º/6, para regular a intervenção de terceiros em arbitragem institucionalizada;

São matérias sobre que nos debruçámos oportunamente a propósito das referidas disposições da LAV, nas quais se assimila ou particulariza o regime das arbitragens institucionalizadas face ao das arbitragens *ad hoc*, e para onde remetemos o leitor.

5. *A autorização da criação de centros de arbitragem institucionalizada e os fluidos critérios de sua atribuição e revogação*

Já se disse que a actividade de centros de arbitragem institucionalizada, mesmo que se trate de centros criados e organizados por entidades públicas, é uma actividade de natureza e regime jurídico privado, podendo-se concebê-los como meros prestadores de serviços ao tribunal arbitral e às partes litigantes.

Sucede porém que a sua criação depende de um acto administrativo de autorização prévia pelo Ministro da Justiça – como se dispõe neste art. 62º/1, em confirmação do regime estabelecido nos diplomas avulsos atrás citados – o que não prejudica, bem pelo contrário, a qualificação jurídico-privada dessa actividade.

É aliás o que sucede, em geral, com as actividades de particulares de acesso condicionado pela prática de actos administrativos de efeito autorizatório, as quais conservam a natureza que o regime jurídico próprio do seu funcionamento e actuação lhes atribuem.

Quanto aos critérios dessa autorização, escreveu-se no preâmbulo do Decreto-Lei nº 425/86, ser sua preocupação *"não cometer ao Governo, através do Ministro da Justiça, uma discricionariedade não controlável"*.

Foi escasso, porém – quase nenhum, em boa verdade –, o reflexo na parte dispositiva do diploma dessa sua preocupação preambular.

É que no respectivo art. 3º, no qual se fixam os critérios da decisão ministerial de autorização, vêm enumeradas como seus parâmetros decisórios, realidades tão vagas e genéricas quanto *"a representatividade da entidade requerente"* ou *"a idoneidade para a prossecução da actividade"*, tudo para *"verificar se estão preenchidas as condições que assegurem uma execução adequada da actividade"*.

Ora, se efectivamente o legislador estivesse empenhado em criar um regime jurídico com apenas um mínimo de *"discricionariedade não controlável"* teria, quanto menos, deixado umas linhas sobre o que seja uma entidade *"representativa"*, sobre o que significa possuir *"idoneidade"* para a actividade em causa, em suma, sobre como, em concreto, se assegura uma *"execução adequada"* da actividade do centro de arbitragem.

Nada disso se encontra porém na lei, pelo que, desde que fundamentado e não absurdo, dificilmente um despacho de autorização (ou de indeferimento da autorização) de constituição de um centro de arbitragem institucionalizada poderá efectivamente ser sindicado, nessa parte, junto da jurisdição administrativa.

Nem será diferente a sorte de um despacho ministerial que revogue a prévia autorização de instalação e funcionamento de um desses centros de arbitragem. Com efeito, o art. 5º do citado diploma legal dispõe apenas que a autorização pode ser revogada se *"ocorrer algum facto que demonstre que a entidade em causa deixou de possuir condições técnicas ou de idoneidade"* para o exercício desta actividade.

Seria certamente desejável, pelo menos da perspetiva de uma entidade titular de um centro de arbitragem – e que consequentemente suportou o correspondente investimento inicial e assumiu as inerentes responsabilidades –, que o regime de revogação fosse menos aberto e se circunscrevesse minimamente o quadro de motivos que podem conduzir a semelhante revogação.

Mais uma demonstração de que afinal o objectivo que o legislador anunciara querer prosseguir (de evitar uma discricionariedade não controlável na matéria) ficou por alcançar, abdicando-se de um regime com maior grau de densidade normativa, com parâmetros de decisão claros e apreensíveis – e em última análise efectivamente sindicáveis.

6. O carácter geral ou especializado dos centros de arbitragem institucionalizada

Nos termos do art. 2º do já citado Decreto-Lei 425/86, o requerimento da constituição de um centro deve delimitar "*o objeto das arbitragens que pretendem levar a efeito*" e o respectivo artigo 3º, por sua vez, dispõe que o despacho ministerial de autorização deverá especificar o "*carácter especializado ou geral das arbitragens a realizar pelo requerente*".

Reflete-se aqui a distinção, a que já nos referíramos a outro propósito, entre centros de arbitragem de caracter geral ou especializado.

Naqueles primeiros poderão correr processos arbitrais respeitantes a quaisquer áreas do Direito ou a quaisquer sectores de actividade, bem como os sedeados em qualquer lugar do território nacional.

Os segundos limitarão a sua actividade em função de um desses factores ou de outro, relevante. É concebível, assim, por exemplo, um centro apenas vocacionado para litígios em matéria laboral (critério da área do direito) ou para litígios entre empresas do ramo automóvel ou entre essas empresas e seus clientes ou fornecedores (critério do sector de actividade económica) ou para litígios emergentes de contratos de crédito ao consumo (critério da relação jurídica litigiosa) ou que oponham pessoas ou entidades sedeadas num determinado concelho ou região (critério territorial).

Como é naturalmente concebível um centro cuja competência decorra do cruzamento de vários desses critérios.

A opção por um centro de competência especializada pode, em determinados casos e em função da sua especialização, revelar-se vantajosa: os árbitros que integram a respetiva lista estarão certamente mais familiarizados com os temas jurídicos e técnicos típicos da matéria em causa e o regulamento arbitral respectivo estará certamente adaptado também a essa realidade específica.

7. Os regulamentos arbitrais dos centros de arbitragem institucionalizada: sua força jurídica

Embora a existência de um documento que estabeleça as regras processuais a que se submeterão as arbitragens que corram em dado centro não seja exigida expressamente pela lei, a adopção desse regulamento de arbitragem – mesmo que porventura se admita aos litigantes alterar algumas das suas disposições que processualmente não lhes convenham – é, e deve ser, a regra.

Só assim poderão as partes conhecer previamente essa realidade tão relevante para o estabelecimento da sua estratégia processual.

É, porém, indiscutível que a importância do regulamento arbitral era maior ao abrigo da anterior LAV do que o é actualmente, pela simples razão de que a acrescida densidade normativa da lei actual face àquela anterior ocupou, em parte, ao menos, o espaço que justamente os regulamentos arbitrais desempenhavam outrora.

Seja como for, eles são ainda de extrema importância.

Tratam-se aí – em espaços de regulação não tocados pela LAV ou por ela só tocados supletivamente – matérias tão importantes como a marcha do processo e os seus prazos, as provas admissíveis e o modo e o momento da sua prestação, as modalidades de notificação processual, a intervenção de terceiros ou os encargos da arbitragem e o critério da sua alocação final, entre muitas outras matérias de relevância.

Quanto à valia jurídica desses regulamentos, assinale-se, como acima já se sublinhou, que eles desempenham no seio do complexo jurídico arbitral uma função conformadora equiparada à da convenção de arbitragem e dos acordos das partes posteriores a ela.

Dito de outro modo: como resulta do respectivo art. 6º, a previsão da LAV sobre a fixação em tais convenções ou acordos da disciplina primária (digamos assim) de factos ou situações nela previstos estende--se automaticamente aos regulamentos de arbitragem para que neles (convenções ou acordo) se remeta – pelo que esses preceitos da lei da arbitragem, mesmo que contenham (directa ou indirectamente) normas dispositivas, só se aplicarão supletivamente se sobre tais factos ou situações nada se estipular ou estatuir na convenção de arbitragem, em acordo das partes posterior a ela ou em eventual regulamento de arbitragem para que de qualquer uma dessas estipulações das partes se remeta.

Que o mesmo é dizer que os referidos regulamentos (sejam de centros de arbitragem ou não) para que as convenções ou acordos de parte remetam têm igual efeito *preclusivo* (no caso de normas dispositivas supletivas) ou *integrativo* (no caso de *casos omissos* ou de *normas em branco*) que as normas da LAV confiram a tais convenções ou acordos.

8. A lista oficial dos centros de arbitragem em funcionamento

O artº 4º do Decreto-Lei 425º/86, de 27 de Dezembro, obriga à publicação, anualmente actualizada, pelo Ministério da Justiça, da lista das entidades autorizadas a exercer a actividade de centros de arbitragem institucionalizada, geral ou especializada.

Da lista consta, além da designação do centro, a identificação dos requerentes, o objecto e o âmbito das arbitragens admitidas, uma lista de contactos e a menção do despacho de autorização.

São muitos e variados os centros aí identificados, quase todos de âmbito nacional, a maioria de carácter especializado (litígios de consumo, de emprego público, em matéria de propriedade industrial, de contratos comerciais, entre empresas de um dado sector e os seus clientes, do domínio dos valores mobiliários e dos mercados financeiros, de disputa entre clubes desportivos e os seus jogadores profissionais, etc.)

Encontra-se, hoje, tal lista disponível no sítio do Ministério da Justiça, em www.dgpj.mj.pt/sections/geral/arbitragens.

9. A Rede Nacional de Centros de Arbitragem Institucionalizada

Com os objectivos de assegurar o funcionamento integrado dos centros de arbitragem institucionalizada, enquanto mecanismo de resolução alternativa de litígios, de agregar os centros de arbitragem institucionalizada na mesma lógica de funcionamento e de promover a utilização de sistemas comuns, a adopção de uma mesma imagem e a implementação de procedimentos uniformes foi criada, pelo Decreto--Lei nº 60/2011, de 6 de Maio, a Rede Nacional de Centros de Arbitragem Institucionalizada.

Integram a Rede os centros que *"sejam financiados pelo Estado em mais de 50 % do seu orçamento"*, embora, *"nos termos a definir"* posteriormente, possam também aderir entidades com menor ou nenhum financiamento público.

Os centros que integram a rede, por serem beneficiários de dinheiros públicos, têm naturalmente especiais deveres, nomeadamente de transparência e de contratação pública, sendo avaliados e objecto de apertada fiscalização e monotorização pelo Ministério da Justiça, através do Gabinete para a Resolução Alternativa de Litígios – embora, como é óbvio, isso não possa significar relaxamento no controlo da conformidade legal dos centros institucionalizados não financiados.

Nº 2

10. *A alteração da remissão do Decreto-Lei nº 425/86, sobre a autorização ministerial dos centros de arbitragem, para a actual LAV*

Dispõe-se neste nº 2 do art. 62º da LAV considerar-se feita *"para o presente artigo a remissão constante do Decreto-Lei nº 425/86, de 27 de Dezembro, para o art. 38º da Lei nº 31/86, de 29 de Agosto".*

A disposição que constava do citado Decreto-Lei nº 425/86 limitava--se a prever que as entidades que, no âmbito da Lei nº 31/86, pretendessem promover a realização de arbitragens voluntárias com carácter institucionalizado deveriam requerer autorização para o efeito ao Ministro da Justiça – pelo que o significado do preceito deste nº 2 resume--se apenas à alteração da menção à versão da LAV a que ele se reporta.

ÍNDICE ANALÍTICO (*)

ABSOLVIÇÃO DA INSTÂNCIA

- **arbitral**
  - *por força de decisão judicial transitada sobre a incompetência do tribunal arbitral* – 5º(7)
- **judicial**
  - *quanto a litígios abrangidos por convenção arbitral*

- *momentos e regime da formulação da excepção de incompetência* – 5º(2 e 3)

ACÇÃO DE ANULAÇÃO

- **ver** IMPUGNAÇÃO JUDICIAL (meio processual)

ACÇÕES DE SIMPLES APRECIAÇÃO

- **judiciais**

---

* **Instruções para consulta**
- Por razões de tempo, as entradas do presente Índice vão organizadas apenas em função das epígrafes de cada comentário aos preceitos da LAV, podendo dar-se o caso de, sobre a matéria ou questão a que se refere cada uma delas, haver na presente obra reflexões e apontamentos inseridos noutros comentários, noutras epígrafes, que porventura também interessariam ao leitor.
- Procurou-se que todas as entradas fossem alinhadas alfabeticamente dentro do respectivo grupo, qualquer que ele seja (entradas principais, em maiúsculas, **entradas primárias**, a bold, *entradas secundárias*, em itálico, entradas terciárias, em caracteres mais diminutos) – com excepção das entradas relativas a "noção", "conceitos fundamentais", "regime-geral" (ou "excepções") e similares, as quais, por razões sistemáticas, antecedem as restantes do seu grupo.
- As remissões de uma entrada para outras entradas vão feitas nos caracteres correspondentes à localização desta última, donde resulta que só a remissão feita em maiúsculas se refere a entradas de outro grupo principal.

- *sobre a inexistência, invalidade e ineficácia da convenção de arbitragem*
  - inadmissibilidade de acções autónomas – 5º(8)

ACLARAÇÃO

- **da sentença arbitral**
  - *aclaração inovatória*
    - impugnabilidade – 45º(4)
  - *decisão de aclaração*
    - ver INCIDENTE **(da)**
    - competência– 45º(6)
    - objecto – 45º(2)
    - regime geral – 45º(12)
  - *efeitos*
    - aclaração e caso julgado – 42º(9)
    - prazo para impugnação da sentença – 45º(6); 46º(26)

- **incidente (da)**
  - *espécies e noções* – 45º(1)
  - *prazo para requerer* – 45º(3)
  - *prorrogação oficiosa de prazos* – 45º(11)
  - *tramitação* – 45º (5)

ACTOS PROCESSUAIS DAS PARTES

- **dever de sigilo**
  - *ver* DEVER DE SIGILO

- **direitos processuais "potestativos"**
  - *absoluta ou relativamente vinculantes para o tribunal*
    - realização de audiências de prova – 34º(2)
    - formalização da transacção em sentença – 41º(2)
    - oposição comum à prorrogação do prazo do processo – 43º(4)

- *suspensão do efeito da sentença impugnada com prestação de caução pelo impugnante* – 47º(9)

- **omissão (de)**
  - *(in)admissibilidade de suprimento*
    - dúvidas quanto à omissão da petição ou contestação – 35º(5)
  - *justificação da falta* – 35º(6)
  - *regime* – 35º(4)

- **prazos**
  - *ver* PRAZOS

- **repetição (de)**
  - *em caso de intervenção de terceiros* – 36º(10)
  - *em caso de substituição de árbitros* – 15º(8); 16º(4)
    - substituição do árbitro único – 16º(4)

ALEGAÇÕES

- **finais**
  - *no processo de reconhecimento de sentenças estrangeiras*
    - natureza sucessiva – 57º(4)
  - *formalidade essencial do processo arbitral*
    - conteúdo – 30º(5)
    - simultâneas ou sucessivas (dúvidas) – 30º(5)

ANULAÇÃO

- **da sentença arbitral**
  - *ver* IMPUGNAÇÃO JUDICIAL

- **acção de anulação**
  - *meio processual de impugnação* – 46º(3)
  - *uso de meio (in)idóneo* – 46º(4)

ÍNDICE ANALÍTICO

ARBITRABILIDADE

- **conceitos fundamentais**
  - *arbitrabilidade e regime de arbitragem da LAV*
    - diferença de âmbito subjectivo – 1º(3)
- **nas arbitragens entre privados**
  - *critérios de* – 1º(3, 4, 5 11 e 12)
  - *casos de equiparação a entes públicos* – 1º(21)
- **nas arbitragens com entes públicos**
  - *conceito* – 1º(19)
  - *litígios arbitráveis* – 1º(20)
  - *litígios do comércio internacional*
    - (in)oponibilidade da lei pessoal por entes paraestatais – 50º (1 a 4)
  - *litígios de direito privado* – 1º(22)
- **nas arbitragens com o Estado**
  - *âmbito do conceito* – 1º (19)
  - *litígios arbitráveis* – 1º(20)
  - *litígios do comércio internacional*
    - inoponibilidade da lei pessoal – 50º(1 a 4)
  - *litígios de direito privado* – 1º(22)
- **nas arbitragens internacionais**
  - *avaliação da arbitrabilidade do litígio*
    - regra da inaplicabilidade da lei pessoal do Estado e suas sociedades – 50º(2)
    - aplicabilidade convalidante dessa lei pessoal – 50º(1)
- **factores gerais (de)**
  - *objectivos* – 1º(2 e 9)
  - *subjectivos* – 1º(1)
    - nas arbitragens com o Estado e outros entes públicos – 1º (19, 20, 22)
  - nas arbitragens entre privados – 1º(3, 5 e 12)
- **inarbitrabilidade**
  - *leis gerais e especiais de* – 1º(9)
  - *litígios laborais*
    - critério determinante – 4º(5) da Lei 63/2011
  - *por natureza*
    - segundo o direito ou a equidade – 1º(2)
  - *inaplicabilidade do art. 812ºD/g do CPC* – 2º(2) da Lei 63/2011
- **litígios não patrimoniais**
  - *âmbito subjectivo* – 1º(11)
  - *âmbito objectivo* – 1º(12)
  - *conceito de transigibilidade* – 1º(13)
- **litígios patrimoniais**
  - *noção* – 1º(5)
  - *natureza e valor patrimonial*
    - distinção – 1º(6)
- **questões não contenciosas**
  - *flexibilidade da noção* –1º (17)
  - *âmbito da arbitrabilidade* – 1º (18)
- **violação das regras (de)**
  - *fundamento de impugnação da sentença* – 46º(19)
  - *inaplicabilidade do ónus do art. 18º/4* – 46º(20)
  - *nulidade* – 3º(1 e 3)
  - *regime de conhecimento e arguição* – 30º(3 e 4)

ARBITRAGEM

- **ver** ARBITRAGEM EXECUTIVA; ARBITRAGENS ESTRANGEIRAS; ARBITRAGENS INTERNACIONAIS; ARBITRAGENS NACIONAIS
- **convenção (de)**

- *ver* CONVENÇÃO DE ARBITRAGEM
- **lugar**
  - *ver* LUGAR DA ARBITRAGEM
- **perspectivas pré-jurídicas**
  - *panorâmica histórica* – Preliminares (1)
  - *etimologia* – Preliminares (2)
- **perspectivas jurídicas**
  - *enquadramento constitucional* – Preliminares (3)
    - delegação (e usurpação) da soberania do Estado – 46º(12)
  - *estímulos à* – Preliminares (4)
  - *regime da arbitragem e arbitrabilidade*
    - diferença de âmbito subjectivo – 1º(3)
- **princípios fundamentais**
  - *ver* PRINCÍPIOS FUNDAMENTAIS
  - *do procedimento da arbitragem e do processo arbitral* – 30º (8)
- **procedimento de**
  - *e processo arbitral*
    - distinção e consequências respectivas – 33º (1 e 2)
- **recurso à arbitragem**
  - *por auto e hetero-vinculação* – 1º(7)
  - *efeitos*
    - negativos e positivos – 1º(10)

ARBITRAGEM EXECUTIVA

- **em centros de arbitragem institucionalizada** – 62º(3)

ARBITRAGEM INSTITUCIONALIZADA

- *ver* CENTROS DE ARBITRAGEM INSTITUCIONALIZADA
- **face à arbitragem *ad hoc*** – 62º(1)

ARBITRAGENS ESTRANGEIRAS

- *ver* ARBITRAGEM; PROVIDÊNCIAS CAUTELARES ARBITRAIS; SENTENÇAS ARBITRAIS ESTRANGEIRAS
- **conceito**
  - *por oposição a arbitragens nacionais e internacionais* – 49º(4)
- **assistência dos tribunais estaduais portugueses**
  - assistência cautelar – 29º(1)
  - assistência executiva
  - assistência probatória – 38º(3)
  - *tribunal competente*
    - decretamento de providências cautelares – 59º(7)
    - produção de prova – 59º(9)
    - execução de sentenças – 59º(12)
- **sentenças arbitrais estrangeiras**
  - *ver* RECONHECIMENTO; SENTENÇAS ARBITRAIS ESTRANGEIRAS
  - *eficácia em Portugal*
    - ver EXECUÇÃO DE SENTENÇAS ARBITRAIS ESTRANGEIRAS; (...) ADMINISTRATIVAS

ARBITRAGENS INTERNACIONAIS

- *ver* ARBITRAGEM; PROVIDÊNCIAS CAUTELARES ARBITRAIS; SENTENÇAS ARBITRAIS INTERNACIONAIS
- **noção**
  - *elementos da*
    - o carácter internacional do litígio – 49 (1)
    - o carácter comercial do litígio – 49º (2)
  - *por oposição a arbitragens nacionais e estrangeiras* – 49º(4)

- **convenções (de)**
  - *validade substancial da convenção e arbitrabilidade de litígios entre particulares*
    - em função da lei arbitral portuguesa – 51º(1)
    - outras leis convalidantes e inaplicabilidade directa dos fundamentos de impugnação da alínea b) do art. 46º/3 – 51º (1 A, 3 e 3A)
    - substância e forma da convenção – 51º(2)
- **com um Estado ou entes para-estatais**
  - *inoponibilidade do seu direito pessoal*
    - alcance do art. 50º – 50º(1)
    - salvo se validante – 50º(2)
    - em matéria de invalidade ou ineficácia da convenção – 51º(1, 1A e 2)
    - âmbito objectivo: "obrigações decorrentes da convenção" – 50º(4)
    - âmbito subjectivo – 50º(3)
    - entes portugueses abrangidos – 50º(3)
- **localização (das)**
  - *por escolha exclusiva das partes*
    - pressupostos – 49º(3)
  - *por decisão dos árbitros*
    - dúvidas 49º(4)
- **regime jurídico**
  - *designação de árbitros*
    - sua nacionalidade e das partes – 9º(2)
    - vinculações da designação judicial – 10º(19)
  - *favorecimento na lei portuguesa* – 49º(2)

- *fixação convencional do direito substantivo aplicável*
  - ver LEX MERCATORIA
  - discricionariedade e limites da escolha – 52º(4, 5 e 8)
  - expressa ou tácita – 52º(2)
  - extensão dos fundamentos de anulação ao caso de aplicação de lei de fundo estrangeira – 54º(1 e 3)
  - interpretação do direito aplicável – 52º(8)
  - momento da fixação e alteração subsequente – 52º(3)
- *fixação judicial do direito substantivo aplicável*
  - a "conexão mais estreita" – 52º(7 e 8)
  - critérios e limites – 52º(6 e 8)
  - extensão dos fundamentos de anulação ao caso de aplicação de lei de fundo estrangeira – 54º(1 e 3)
  - interpretação do direito aplicável – 52º(8)
- *da impugnação de sentenças internacionais*
  - especificidades – 51º(3 e 3A)
  - extensão dos fundamentos de anulação ao caso de aplicação de lei de fundo estrangeira – 54º(1 e 3)
- *leis arbitrais aplicáveis*
  - aplicação da LAV – 49º(4)
  - excepções – 51º e 53º
- *do recurso de sentenças internacionais*
  - irrecorribilidade judicial – 53º(1)
  - recorribilidade para outro tribunal arbitral – 53º(2)

ARBITRAGENS NACIONAIS

- ver ARBITRAGEM
- **leis aplicáveis**
  - *ver* LEI DA ARBITRAGEM VOLUNTÁRIA
  - *lei arbitral*
    - temporalmente aplicável – 4º(1 e 2) da Lei 63/2011
    - territorialmente aplicável – Preliminares(6)
  - *lei substantiva*
    - direito português – 39º(1)
    - equidade – 39º(1 a 5, 7 a 9)

ÁRBITRO ÚNICO

- ver ÁRBITROS
- **aceitação (do)**
  - *como termo de poderes convencionais das partes*
    - modificabilidade da convenção com acordo do árbitro – 4º(2)
- **constituição do tribunal de árbitro único**
  - *formalidades* – 8º(1); 10º(1A)
  - *sistemas de árbitro único ou de pluralidade de árbitros*
    - vantagens e desvantagens – 8º(2)
  - *afastamento da opção pelo tribunal de árbitro único*
    - recurso à regra supletiva do tribunal plural – 10º(9)
- **designação (do)**
  - *ver* DESIGNAÇÃO DOS ÁRBITROS
  - *designação pelas partes* – 10º(9)
    - extensão do regime à designação por terceiros – 10º(9)
  - *designação por partes plurais* – 11º(3 e 4)
  - *designação pelo tribunal estadual*
    - competência dos presidentes da Relação ou do TCA – 10º(12); 59º(3, 4 e 5)
    - pressupostos, formalidades e prazo – 10º(11)
    - ilegitimidade de cada comparte de parte plural para a requerer – 11º(4)
    - em arbitragens internacionais: nacionalidade do árbitro – 10º(11)
- **encerramento do processo**
  - *pelo tribunal de árbitro único* – 44º(2)
- **honorários**
  - *ver* HONORÁRIOS DOS ÁRBITROS
  - *fixação por acordo com as partes ou pelo árbitro único* – 17º(4 e 1)
- **regulamento de arbitragem**
  - *fixação pelo árbitro único*
    - se não for estabelecido pelas partes até à sua aceitação – 30º(10)
- **renúncia (do)**
  - *formalidades e requisitos* – 15º(2)
- **substituição (do)**
  - *regime da substituição* – 16º(1)
  - *repetição de actos processuais* – 16º(4)

ÁRBITROS

- ver ÁRBITRO ÚNICO, DESIGNAÇÃO DOS ÁRBITROS; DEVERES DOS ÁRBITROS; SENTENÇAS ARBITRAIS NACIONAIS; TRIBUNAIS ARBITRAIS

ÍNDICE ANALÍTICO

- **aceitação do cargo**
  - *declaração de aceitação*
    - destinatários e prazo inicial e final – 12º(5)
    - forma (expressa ou tácita) – 12º(2)
  - *escusa da aceitação*
    - ver ESCUSA
  - *liberdade (de)* – 12º(1)
  - *pressupostos inominados*
    - elenco – 12º(2)
    - aceitação condicional, provisória e definitiva – 12º(2 e 4)
- **designação (dos)**
  - *ver* DESIGNAÇÃO DOS ÁRBITROS; PRESIDENTE DA RELAÇÃO; PRESIDENTE DO TRIBUNAL CENTRAL ADMINISTRATIVO
- **destituição (dos)**
  - *ver* DESTITUIÇÃO DE ÁRBITROS; **incapacitação (dos)**
- **deveres dos árbitros**
  - *ver* DEVERES DOS ÁRBITROS
- **direitos "pessoais"**
  - *ver* DESPESAS; HONORÁRIOS DOS ÁRBITROS; TRIBUNAL ARBITRAL
  - *ressalva (de)*
    - e revogação da convenção – 4º(5)
- **inacção (dos)**
  - *afastamento por acordo das partes*
    - pressupostos – 15º (5)
    - formalidades e responsabilidades – 15º(7)
  - *destituição judicial*
    - por falta de acordo das partes – 15º (3, 6 e 8)

- **incapacitação (dos)**
  - *afastamento por acordo das partes* – 15º(3)
    - casos, grau e avaliação – 15º(1)
    - formalidades e responsabilidades respectivas – 15º(4)
    - invalidade dos actos do árbitro afastado – 15º(8)
  - *destituição pelo tribunal*
    - na falta de acordo das partes – 15º(3 e 8)
    - e invalidade dos actos do destituído – 15º(8)
    - tramitação do processo urgente (de) – 15º(9)
  - *renúncia do incapacitado*
    - presunção de inocência – 15º(10 e 11)
    - requisitos – 15º(2)
- **incompatibilidades**
  - *casos* – 9º(5)
  - *presunção de compatibilidade* – 9º(5)
- **(ir)responsabilidade (dos)**
  - *condição de sua independência* – 9º(8)
  - *responsabilidade civil*
    - pressupostos – 9º(8 e 9); 15º(2)
    - por incumprimento do prazo do processo – 43º(8)
    - recusa de participação nas votações – 50º(7)
    - âmbito e cobertura securitária – 9º(10)
    - tribunal competente – 59º(14)
  - *responsabilidade penal* – 9º(10)
- **número (de)**
  - *ver* TRIBUNAIS ARBITRAIS (composição)
- **poderes processuais (dos)**
  - *ver* TRIBUNAIS ARBITRAIS

- **recusa (dos)**
  - •• *ver* RECUSA DE ÁRBITROS
- **requisitos (dos)**
  - •• *imparcialidade*
    - ••• confronto com a dos juízes – 9º (6)
    - ••• e independência – 9º(6 e 7)
    - ••• exigências – 9º(3)
    - ••• presunção de imparcialidade – 9º(5 e 7); 13º(4)
  - •• *independência*
    - ••• confronto com os juízes – 9º (4)
    - ••• e imparcialidade – 9º (6 e 7)
    - ••• exigências estatutárias e processuais – 9º(3)
    - ••• incompatibilidades e situações de dependência – 9º (5)
    - ••• presunção de independência – 9º(5); 13º(4)
  - •• *nacionalidade*
    - ••• em função da nacionalidade das partes – 9º(2)
  - •• *personalidade singular e capacidade* – 9º(1)
  - •• *qualificações exigidas na convenção* – 10º(3)
    - ••• recusa por falta de preenchimento – 13º(8)
- **substituição do árbitro cessante**
  - •• *casos de (des)aplicação do regime legal* – 16º/1
  - •• *consequências processuais (da)*
    - ••• repetição de diligências processuais – 16º(4)
  - •• *dispensa de substituição*
    - ••• (in)admissibilidade – 16º(3)
  - •• *paralelismo da competência designante*
    - ••• e excepções – 16º(4)

ARTICULADOS
- *ver* ARTICULADOS SUPERVENIENTES; CONTESTAÇÃO; INTERVENÇÃO DE TERCEIROS; PETIÇÃO; PRINCÍPIO DO CONTRADITÓRIO; PROCESSO ARBITRAL; RÉPLICA; TRÉPLICA

ARTICULADOS SUPERVENIENTES
- •• *sua admissibilidade* – 33º(6)

ASSINATURA
- *ver* SENTENÇAS ARBITRAIS NACIONAIS; (...) INTERNACIONAIS

ASSISTÊNCIA JUDICIAL A TRIBUNAIS ARBITRAIS
- **a tribunais nacionais**
  - •• *ver* EXECUÇÕES DE DECISÕES CAUTELARES; PROVAS; PROVIDÊNCIAS CAUTELARES
- **a tribunais estrangeiros**
  - •• *ver* ARBITRAGENS ESTRANGEIRAS

AUDIÊNCIAS (EM PROCESSO ARBITRAL)
- *ver* REUNIÕES DO TRIBUNAL ARBITRAL
- **conceito e âmbito das audiências** – 34º(1)
- **realização (das)**
  - •• *imposição ou proibição convencional* – 34º(2)
  - •• *iniciativa discricionária do tribunal arbitral* – 34º(2)
- **notificação para a audiência**
  - •• *equiparação das reuniões do tribunal* – 34º(1)
  - •• *formalidades* – 34º(3)

- •• *junção de peças e documentos* – 34º(4)
- • **audiência de peritos** – 37º(5 e 6)

CASO JULGADO
- • **sentenças arbitrais**
  - •• *admissibilidade de impugnação*
    - ••• todas as sentenças – 46º(1)
  - •• *dúvidas sobre o momento de produção de efeitos* – 42º(9)
  - •• *(in)admissibilidade de recurso*
    - ••• recurso de inconstitucionalidade 39º(15)
    - ••• sentenças de equidade e de composição de partes – 39º(7, 13 a 15)
- • **(das) sentenças "estaduais" sobre arbitragem**
  - •• *afectação cível ou administrativa da causa*
    - ••• definitividade da primeira decisão judicial de competência – 59º(15)
  - •• *(in)admissibilidade de recurso*
    - ••• aplicabilidade da lei processual respectiva – 59º(11)
  - •• *sobre a incompetência do tribunal arbitral*
    - ••• efeitos – 5º(6 e 7)
    - ••• fundamentos – 5º (4)

CAUÇÃO
- • **do efeito suspensivo da sentença impugnada**
  - •• *a requerimento potestativo do impugnante* – 47º(9)
- • **das ordens preliminares**
  - •• *ver* ORDENS PRELIMINARES
- •• *natureza e particularidades de regime* – 24º(6)
- • **das providências cautelares**
  - •• *ver* PROVIDÊNCIAS CAUTELARES
  - •• *exigência por tribunal arbitral*
    - ••• natureza, regime e efeitos suspensivos – 24º(5 e 6)
  - •• *exigência por tribunal estadual*
    - ••• onde corra o processo de execução – 27º(7)
- • **reconhecimento e execução de sentenças estrangeiras**
  - •• *suspensão do processo (de)*
    - ••• exigibilidade da caução – 56º(7)

CENTROS DE ARBITRAGEM INSTITUCIONALIZADA
- • **natureza e funções**
  - •• *carácter geral ou especializado* – 62º(6)
  - •• *carácter privado* – 62º(2)
  - •• *sujeição ao dever de sigilo arbitral* – 30º(16)
- • **autorização da criação (de)**
  - •• *competência ministerial* – 62º (5 e 10)
  - •• *critérios de atribuição e revogação (da)* – 62º(5)
  - •• *lista oficial* – 62º(8)
- • **Rede Nacional dos CAI** – 62º(9)
- • **regulamentação (dos)**
  - •• *diversidade* – 62º(3)
- • **regulamentos de arbitragem (dos)**
  - •• *menções e força jurídica* – 62º(7)

CITAÇÃO
- • **ver** NOTIFICAÇÃO

- **exigência (de)**
  - *regra fundamental do processo*
    - e excepções – 30º(3)
- **para o incidente das ordens preliminares**
  - *citação "ex post" do requerido –* 23º(2)
    - documentação instrutora – 23º(1)

CLÁUSULA COMPROMISSÓRIA

- ver CONVENÇÃO DE ARBITRAGEM
- **noção** – 1º (15)
- **e contrato "comprometido"**
  - *independência funcional* – 18º(4)
  - *cindibilidade da sua (in)validade –* 2º(4); 18º(5)
- **independência (da)**
  - *face ao contrato nulo ou inválido –* 2º(4); 18º(5)
- **objecto**
  - *requisitos da sua fixação* – 2º(7)

CÓDIGO DE PROCESSO CIVIL

- **aplicação directa em matéria arbitral**
  - *assistência a arbitragens estrangeiras*
    - aplicação das leis processuais portuguesas – 29º(2); 38º(3)
  - *fundamentos de oposição à execução judicial de sentença arbitral*
    - convocados pela lei processual respectiva – 48º(4)
  - *intervenções judiciais em matéria arbitral*
    - regra geral de aplicação do CPC – 29º(2)
    - em matéria de competência territorial para a execução de sentenças – 59º(12)
    - em matéria de produção de prova –30º(15);38º(3)
    - excepções – 46º(29, 32 e 33)
  - *casos mencionados no art. 2º da Lei 63/2011*
    - menções entendem-se feitas para o novo CPC – 2º (1) da Lei 63/2011
- **aplicação subsidiária pelo tribunal arbitral**
  - *só por determinação das regras ou do regulamento da arbitragem* – 30º(9)
  - *ou por opção do tribunal arbitral –* 30º (11 e 12)

CÓDIGO DE PROCESSO NOS TRIBUNAIS ADMINISTRATIVOS

- **aplicação directa em matéria arbitral**
  - *assistência a arbitragens estrangeiras*
    - aplicação das leis processuais portuguesas – 29º(2); 38º(3)
  - *fundamentos de oposição à execução judicial de sentença arbitral*
    - convocados pela lei processual respectiva – 48º(4)
  - *intervenções judiciais em matéria arbitral*
    - regra geral de aplicação do CPTA – 29º(2)
    - em matéria de competência territorial para a execução de sentenças – 59º(12)
    - em matéria de produção de prova –30º(15);38º(3)
    - excepções – 46º(29, 32 e 33)

ÍNDICE ANALÍTICO

- **aplicação subsidiária pelo tribunal arbitral**
  - só por determinação das regras ou do regulamento da arbitragem – 30º(9)
  - ou por opção do tribunal – 30º(11 e 12)

COLIGAÇÃO

- ver DESIGNAÇÃO DOS ÁRBITROS (por partes plurais)

COMÉRCIO INTERNACIONAL

- ver ARBITRAGENS INTERNACIONAIS

COMPETÊNCIA

- ver IMPUGNAÇÃO JUDICIAL; TRIBUNAIS ADMINISTRATIVOS DE CÍRCULO; TRIBUNAIS ARBITRAIS; TRIBUNAIS CENTRAIS ADMINISTRATIVOS; TRIBUNAIS ESTADUAIS; TRIBUNAIS JUDICIAIS DE 1ª INSTÂNCIA; TRIBUNAIS DA RELAÇÃO

COMPOSIÇÃO DAS PARTES

- **noção**
  - *elementos essenciais* – 39º(11)
- **apelo à**
  - *inutilidade prática da figura* – 39º(10)
  - *requisitos e regime*
    - dúvidas – 39º(12)
    - irrecorribilidade da decisão – 39º(14)

COMPROMISSO ARBITRAL

- ver CONVENÇÃO DE ARBITRAGEM
- **noção** – 1º (15)

- **e contrato "comprometido"**
  - *independência funcional* – 18º(4)
  - *cindibilidade da sua (in)validade* – 2º(4); 18º(5)
- **objecto**
  - *requisitos da sua fixação* – 2º(7)

CONTESTAÇÃO

- ver ARTICULADOS; OPOSIÇÃO
- **documentos (da)**
  - *requisitos e prazo de apresentação* – 33º(8)
- **falta ou atraso (da)**
  - *âmbito da norma* – 35º(2)
  - *consequências* – 35º(3 e 7)
  - *suprimento*
    - dúvidas sobre a admissibilidade – 35º(6)
- **modificação e completamento**
  - *ver* PETIÇÃO
- **do pedido reconvencional** – 33º(12)

CONTRADITÓRIO

- ver PRINCÍPIO DO CONTRADITÓRIO

CONTRATO DE TRABALHO

- ver LITÍGIOS LABORAIS

CONVENÇÃO DE ARBITRAGEM

- **ver também** ARBITRABILIDADE; CLÁUSULA COMPROMISSÓRIA; COMPROMISSO ARBITRAL
- **(de) arbitragens internacionais**
  - *ver* ARBITRAGENS INTERNACIONAIS

- •• *convenções (de)*
  - ••• avaliação da sua validade substancial e da arbitrabilidade do litígio – 51º(1)
- •• *com o Estado e entes paraestatais*
  - ••• ver ESTADO; ENTES PARAESTATAIS
  - ••• inoponibilidade da invalidade resultante do seu direito pessoal – 50º(2 e 4)
- • e **"convenção das partes"**
  - •• *necessidade de distinção* – 6º(1); 33º(3)
- • **conteúdo (da)**
  - •• *actos processuais das partes*
    - ••• prevalência da convenção quanto ao seu incumprimento e suprimento – 35º(7)
  - •• *designação de árbitros*
    - ••• na convenção – 10º(5)
    - ••• posterior à convenção – 10º(6)
  - •• *intervenção de terceiros*
    - ••• ver INTERVENÇÃO DE TERCEIROS
  - •• *previsão e modelação do regime de recurso da sentença arbitral* – 39º(18)
  - •• *violação do objecto*
    - ••• formas de impugnação – 46º(12)
  - •• *regulação do contraditório* – 30º(7)
  - •• *regulamento de arbitragem*
    - ••• ver REGULAMENTO DE ARBITRAGEM
    - ••• incorporação na convenção de arbitragem ou das partes – 6º(1)
    - ••• limites, modo e tempo da sua fixação na convenção – 30º(10)
  - •• *sobre o processo de recusa de árbitros*
    - ••• casos de primazia da convenção ou da lei – 14º(1 e 2)
    - ••• conteúdo da convenção – 14º(3)
- • **efeitos (da)**
  - •• *negativos ou preclusivos da jurisdição do Estado* – 5º(1)
    - ••• dedução da excepção da sua incompetência para litígios arbitrais em requerimento autónomo prévio da contestação – 5º(2)
    - ••• dedução na contestação – 5º(3)
    - ••• inadmissibilidade de acções judiciais e cautelares sobre a nulidade e ineficácia da convenção arbitral – 5º(8)
    - ••• casos de preclusão do efeito negativo – 5º (6 e 7)
  - •• *positivos ou atributivos da competência do tribunal arbitral* – 5º(1)
    - ••• casos de preclusão do efeito positivo – 5º (6 e 7)
    - ••• prosseguimento do processo arbitral na pendência de processo judicial inverso – 5º(5)
  - •• *entorses aos efeitos negativo e positivo* – 5º (2 e 4)
- • **eficácia (da)**
  - •• *designação de árbitros colegiais por partes plurais*
    - ••• requisitos da aplicação prevalecente da convenção – 11º(1)
  - •• *irrelevância do decurso do prazo do processo* – 43º(7)
  - •• *(ir)relevância do encerramento do processo* – 44º(6)
  - •• *irrelevância da sentença anulatória*
    - ••• salvo convenção das partes – 46º(36)
- • **espécies**
  - •• *âmbito de aplicação* – 1º(14)
  - •• *em função do objecto* – 1º(15)

ÍNDICE ANALÍTICO

- •• *em função da autoria* – 1º(16)
- •• *em função do suporte*
  - ••• ver FORMA
- •• *não previstas legalmente* – 1º(15)
- **(in)existência**
  - •• *ver* NULIDADE; VALIDADE
- **forma (da)**
  - •• *escrita* – 2º(1)
  - •• *contratual e pluridocumentada* – 2º(2)
  - •• *outorga*
    - ••• suporte papel – 2º(2)
    - ••• suporte electrónico – 2º(3)
    - ••• no processo arbitral ou equiparado – 2º (5 e 6)
- **e intervenção de terceiros**
  - •• *natureza primária da regulação convencional* – 36º(1)
  - •• *requisito da vinculação do terceiro à convenção* – 36º(3)
- **menções (da)**
  - •• *obrigatórias e acessórias* – 2º(1)
- **modificação (da)**
  - •• *por acordo das partes*
    - ••• liberdade e termo "ad quem" – 4º(1)
    - ••• forma – 4º(6)
  - •• *com o acordo de todos os árbitros*
    - ••• termo "a quo" e regime – 4º(2)
  - •• *objectiva*
    - ••• aspectos (i)modificáveis – 4º(3)
  - •• *subjectiva*
    - ••• morte ou extinção de parte – 4º(9)
  - •• *retroactiva* – 4º(3)
  - •• *invalidade*
    - ••• modificações ininteligíveis e contraditórias – 4º(7)

- **nulidade (da)**
  - •• *ver* VALIDADE
  - •• *causas (de)*
    - ••• previstas e excluídas – 3º(2 e 3)
    - ••• não previstas – 3º(1)
  - •• *e invalidade (da)*
    - ••• fundamento de impugnação da sentença arbitral: especificidades – 46º(9)
  - •• *manifesta nulidade (da)*
    - ••• atribuição de competência ao tribunal estadual – 5º (4, 6 e 7)
    - ••• privação de competência do tribunal arbitral – 5º(4, 6 e 7)
  - •• *regime de arguição, conhecimento e impugnação* – 3º(4); 46º(9)
- **partes (na)**
  - •• *ver* PARTES; DEVERES DAS PARTES
- **recurso à equidade**
  - •• *ver* EQUIDADE
  - •• *por vontade das partes*
    - ••• instrumentos e requisitos do acordo – 39º(2)
- **regime geral (da)**
  - •• *remissão* – 1º (8)
- **(e) regulamentos de arbitragem**
  - •• *incorporação destes por remissão da convenção* – 6º(2)
- **revogação (da)**
  - •• *por acordo das partes*
    - ••• termo "ad quem" – 4º(4)
    - ••• forma – 4º (6)
  - •• *efeitos*
    - ••• ressalva dos direitos pessoais dos árbitros – 4º(5)
  - •• *menções* – 4º(8)
- **validade (da)**
  - •• *ver* **nulidade**

- *requisitos* – 2º(2 e 4)
- *convenções electrónicas* – 2º(3)
- *nas arbitragens internacionais*
  - leis convalidantes – 51º(1 e 1A)

CONVENÇÃO DAS PARTES

- **e convenção de arbitragem**
  - *necessidade de distinção* – 6º(1); 33º(3)
- **sobre a designação de árbitros**
  - *designação contextual ou cruzada* – 10º (6)
  - *prazo* – 10º (7)
- **sobre o processo de recusa de árbitros**
  - *casos de primazia da convenção e da lei* – 14º(1 e 2)
  - *conteúdo da convenção* – 14º(3)
- **remissão para regulamentos de arbitragem**
  - *incorporação destes por remissão* – 6º(1)

CUSTAS

- **ver** ENCARGOS; PREPAROS
- **(da) tradução de documentos**
  - *(dos) oferecidos pelas partes e por terceiros* – 32º(4)
- **repartição de**
  - *na sentença final* – 42º(6)
  - *excluindo sentenças parciais* – 42º(3)

DATA

- **da sentença arbitral**
  - *exigência e consequências* – 42º(5)

DECISÕES ARBITRAIS

- **ver** ASSINATURA; TRIBUNAIS ARBITRAIS; (competência processual); IMPUGNABILIDADE; IMPUGNAÇÃO JUDICIAL
- **autoria (das)**
  - *de todos os árbitros*
    - modificação da convenção após aceitação do 1º árbitro – 4º(2); 40º(2)
  - *do tribunal*
    - maioria colegial – 40º(1, 2, 4 e 5); 42º(2)
  - *do presidente do tribunal*
    - por inexistência de maioria deliberativa – 40º(3)
    - decisões sobre ordenação, tramitação e impulso processual – 40º(5)
- **decisão arbitral de (in)competência**
  - *impugnação judicial*
    - ver IMPUGNAÇÃO JUDICIAL

DESENTRANHAMENTO

- **ver** PROCESSO ARBITRAL
- **da contestação extemporânea** – 35º (3)

DESIGNAÇÃO DOS ÁRBITROS

- **ver** ÁRBITROS (aceitação do cargo; recusa de); DESTITUIÇÃO; ESCUSA
- **(do) árbitro único**
  - *ver* DESIGNAÇÃO PELAS PARTES
- **designação do presidente pelos árbitros**
  - *pressupostos inominados* – 10º(16)

ÍNDICE ANALÍTICO

- •• *e suprimento da falta* – 10º(16); 11º(7)
- **designação pelas partes** – 10º(1)
  - •• ver também **designação por partes plurais**
  - •• *do árbitro único*
    - ••• designação pelas partes – 10º(9)
    - ••• devolução da competência ao tribunal estadual ou ao seu presidente – 10º(10, 11 e 13 a 16); 59º(5)
  - •• *dos árbitros do tribunal colegial*
    - ••• regra imperativa da lei – 10º(13)
    - ••• requisitos da prevalência do regime convencionado – 10º(7 e 15)
    - ••• suprimento por tribunal estadual – 10º(14)
  - •• *na convenção de arbitragem*
    - ••• fixação do modo de designação – 10º(5)
    - ••• ou identificação – 10º(5)
    - ••• obediência às qualificações e perfis convencionados – 10º(3)
    - ••• alteração da designação ou do seu modo – 10º(5)
  - •• *posterior à convenção*
    - ••• designação contextual ou cruzada – 10º(6)
    - ••• prazo – 10º(7)
  - •• *do convite prévio da designação*
    - ••• silêncio da lei – 13º(2)
  - •• *forma (da)*
    - ••• contextual e cruzada – 10º(6)
    - ••• escrita – 10º(8)
    - ••• menções complementares – 10º(4)
    - ••• requisitos inominados (de) – 10º(3)

- •• *modalidades da designação e suas combinações* – 10º(2)
- **designação por partes plurais**
  - •• *designação de árbitros colegiais*
    - ••• requisitos da prevalência do regime da convenção – 11º(1)
    - ••• carácter supletivo da lei – 11º(1)
    - ••• âmbito de aplicação da norma legal – 11º(3)
    - ••• designação do presidente pelos árbitros de partes plurais – 11º(7)
  - •• *designação de árbitro único*
    - ••• norma aplicável – 11º(4)
  - •• *falta de vontade plural*
    - ••• exigência de designação "conjunta" pelo lado plural – 11º(5)
    - ••• (ir)recorribilidade da decisão substitutiva – 11º(10)
    - ••• substituição judicial dos árbitros designados pela outra parte – 11º(8 e 9)
    - ••• suprimento judicial da falta – 11º(6 e 8)
- **designação pelo tribunal estadual**
  - •• *enquadramento jurídico da figura* – 10º(10)
  - •• *do árbitro único*
    - ••• por omissão das partes – 10º(11)
    - ••• competência do tribunal ou do seu presidente – 10º(12)
  - •• *dos árbitros colegiais*
    - ••• falta de designação pelas partes – 10º(14)
    - ••• supletividade da norma e suas consequências – 10º(15)
  - •• *requerimento*
    - ••• pedido, factos e provas – 60º(1)

- ••• notificação das partes e integração de lacunas – 60º(2)
- ••• poderes oficiosos de instrução – 60º(3)
- •• *falta de designação*
  - ••• recorribilidade – 10º(21)
  - ••• suprimento judicial de última instância – 10º(15)
- •• *incidente (de)*
  - ••• carácter urgente – 60º(4)
  - ••• vinculação aos perfis estabelecidos – 10º(18 e 19)
  - ••• factos supervenientes – 60º(3)
  - ••• menções gerais e específicas – 60º(1)
  - ••• notificação à contraparte – 60º(2)
  - ••• poderes de instrução oficiosa – 60º(3)
- •• *impugnação da designação*
  - ••• admissibilidade e ónus de impugnação imediata – 10º(20A)
- •• *(ir)recorribilidade da designação*
  - ••• inconstitucionalidade e interpretação constitucionalizante – 10º(20)
  - ••• recorribilidade da falta de designação – 10º(21)
- **designação por terceiros**
  - •• *regime*
    - ••• aspectos –10º(17)

DESPESAS

- **do processo arbitral**
  - •• *ver* CUSTAS; ENCARGOS; PREPAROS
- **dos árbitros**
  - •• *despesas reembolsáveis* – 17º(1)
  - •• *modo e valor de reembolso* – 17º(1 e 7)

DESTITUIÇÃO DE ÁRBITROS

- *ver* ÁRBITROS; RECUSA DE ÁRBITROS
- **recusa e destituição**
  - •• *diferença legal da respectiva autoria* – 15º(3 e 8)
- **processo judicial de destituição**
  - •• *requerimento (de)*
    - ••• pedido, factos e provas – 14º(7); 60º(1)
    - ••• notificação das partes e integração de lacunas – 60º(2)
    - ••• poderes oficiosos de instrução – 60º(3)
  - •• *processo urgente* – 60º(4)
  - •• *(ir)recorribilidade da decisão* – 15º(7)

DEVER DE ASSINATURA DA SENTENÇA

- *ver* ASSINATURA; SENTENÇAS ARBITRAIS

DEVER DE DILIGÊNCIA DOS ÁRBITROS

- **alcance**
  - •• *dever de participação na votação* – 40º(6 e 7)
  - •• *violação do dever de diligência* – 15º (5 a 7)
- **consequências da sua violação**
  - •• *afastamento pelas partes* – 15º(3 e 5)
  - •• *destituição judicial* – 15º(8)
  - ••• insusceptibilidade de recurso da decisão positiva ou negativa – 15º(7)

DEVER DE IMPARCIALIDADE E INDEPENDÊNCIA

- *ver* ÁRBITROS
- **regime**
  - •• *requisitos de* – 9º(3, 4, 6 e 7)

•• *consequências da violação* – 13º(6 e 7)
•• *dever de revelação de factos significantes para sua designação*
  ••• inicial e superveniente – 13º (1, 3, 4 e 5)

DEVER DE REVELAÇÃO

- **das partes**
  •• *ver* ORDENS PRELIMINARES; PRINCÍCIO DA COLABORAÇÃO PROCESSUAL PROVIDÊNCIAS CAUTELARES

- **dos factos relevantes de parcialidade ou dependência**
  •• *regime*
    ••• dos árbitros convidados – 13º (1 a 4)
    ••• dos árbitros designados – 13º(5)
    ••• inicial e superveniente – 13º (1 e 2)
    ••• conteúdo e extensão do dever – 13º(5)
    ••• forma e destinatário da comunicação – 13º(4)
    ••• consequências da falta de comunicação – 13º(7)

DEVER DE SIGILO

- **de actos e documentos processuais**
  •• *âmbito subjectivo e objectivo* – 30º(16)
  •• *excepções* – 30º(16)

- **violação**
  •• *consequências* – 30º(17)
  •• *publicação de sentenças arbitrais* – 30º(18)

DEVERES DOS ÁRBITROS

- **ver** ÁRBITROS (irresponsabilidade); DEVER DE ASSINATURA; (...) DE DILIGÊNCIA; (...) DE IMPARCIALIDADE E INDEPENDÊNCIA; (...) DE REVELAÇÃO; (...) DE SIGILO; TRIBUNAIS ARBITRAIS (poderes processuais)

DEVERES DAS PARTES

- **ver** ACTOS PROCESSUAIS; PETIÇÃO (falta da); CONTESTAÇÃO (falta da)

- **omissão culposa (de)**
  •• *omissões nominadas e inominadas* – 35º(4)
  •• *consequências* – 35º(4)

- **omissão justificada (de)**
  •• *âmbito do suprimento legalmente previsto* – 35º(5)
  •• *incidente de justificação*
    ••• formalidades e fundamentos – 35º(6)

DOCUMENTOS

- **dos articulados**
  •• *documentos da petição e contestação* – 33º(1 e 2)
  •• *faculdade ou ónus de apresentação* – 33º(8)

- **e dever de sigilo**
  •• ver DEVER DE SIGILO

- **impugnação (de)**
  •• *34º(4 e 5)*

- **notificação (dos)**
  •• *à contraparte ou a ambas as partes* – 34º(4 e 5)

- **reconhecimento de sentenças arbitrais estrangeiras**
  - *documentos obrigatórios da petição* – 57º(1)
    - requisitos certificativos – 57º (1 e 2)
    - incumprimento – 57º(3)
  - *documentos da oposição*
    - requisitos e prazo de apresentação – 57º(3 e 4)
- **tradução (de)** – 57º
  - ver LÍNGUAS (dos documentos); RECONHECIMENTO DE SENTENÇAS ARBITRAIS ESTRANGEIRAS (processo de reconhecimento)
  - *requisitos da sua exigência e custas* – 32º(4)

ENCARGOS

- ver CUSTAS; DESPESAS; PREPAROS
- **directos do processo**
  - *noção e repartição* – 42º(6)
- **próprios das partes**
  - *noção e eventual repartição*
    - em função do princípio da igualdade e da proporcionalidade – 42º(7)

ENCERRAMENTO

- **do processo arbitral**
  - ver PROCESSO ARBITRAL

ENTES PARAESTATAIS

- ver ENTES PÚBLICOS
- **arbitragens internacionais**
  - *critério específico de arbitrabilidade* – 50º(2 e 4)
  - *delimitação subjectiva dos* – 50º(3)
  - *inoponibilidade subjectiva e objectiva do direito pessoal* – 50º(2, 3 e 4)

ENTES PRIVADOS

- **arbitrabilidade de litígios**
  - ver ARBITRABILIDADE

ENTES PÚBLICOS

- ver ENTES PARAESTATAIS
- **arbitrabilidade dos litígios**
  - *âmbito* – 1º(19)
  - *critérios de* – 1º(20)
  - *litígios de direito privado* – 1º(22)

EQUIDADE

- **julgamento (de)**
  - ver **decisão (de); norma (de)**
  - *âmbito e actualidade* – 39º(1)
  - *previsão em convenção*
  - *previsão em acordo superveniente*
    - admissibilidade – 39º(8)
    - requisitos – 39º(9)
    - requisitos – 39º(2)
  - *regime (do)*
    - aplicação instrumental de normas de direito – 39º(5)
- **"norma" (de)**
  - *e de direito*
    - oposição, aplicação e valia – 39º(3)
- **decisão (de)**
  - *noção e elementos* – 39º(4)
  - *formação (da)*
    - operações intelectuais envolvidas – 39º(6)
    - fundamentação – 39º(7)
  - *impugnação (da)*

- ••• (in)admissibilidade – 39º(7); 46º(1)
- •• *irrecorribilidade (da)*
  - ••• quanto ao mérito – 39º(14)
  - ••• recurso de constitucionalidade adjectiva – 39º(14 e 15)

ERROS

- **"in procedendo" e "in decidendo"**
  - •• *distinção dos vícios da sentença e do pedido* – 56º(1A)
  - •• *(ir)responsabilidade dos árbitros* – 9º(9)

- **ostensivos**
  - •• *da sentença arbitral*
    - ••• espécies e noções – 45º(1)
    - ••• rectificação – 45º(1 e 2)

ESCUSA

- **dos árbitros**
  - •• *causas nominadas (da)* – 12º(3)
  - •• *casos de escusa injustificada* – 12º(6)
  - •• *responsabilidades pela escusa injustificada* – 12º(7)

ESTADO

- **ver** TRIBUNAIS ESTADUAIS
- **arbitrabilidade dos litígios**
  - •• *âmbito do conceito* – 1º (19)
  - •• *critérios de* – 1º (20 e 22)
  - •• *litígios de direito privado* – 1º (22)
- **arbitragens internacionais**
  - •• *inoponibilidade do direito pessoal*
    - ••• alcance objectivo da regra – 50º(4)
    - ••• alcance subjectivo – 50º(3)

EXCEPÇÕES

- **em processo arbitral**
  - •• *ver* RÉPLICA; TRÉPLICA
  - •• *admissibilidade de sua dedução na contestação ou na réplica* – 33º(4)
- **em processo judicial**
  - •• *dedução da excepção da sua incompetência para litígios arbitrais em requerimento autónomo prévio da contestação* – 5º(2)
  - •• *dedução na contestação* – 5º(3)

EXECUÇÃO

- **ver** ARBITRAGEM EXECUTIVA; EXECUÇÃO DE DECISÕES CAUTELARES; EXECUÇÃO DE SENTENÇAS ARBITRAIS (...); EXECUTIVIDADE

- **liquidação da sentença**
  - •• *ver* LIQUIDAÇÃO

EXECUÇÃO DE DECISÕES CAUTELARES

- **estrangeiras**
  - •• *necessidade de prévio reconhecimento* – 27º(2)
  - •• *execução pela via judicial*
    - ••• tribunais competentes – 27º(4); 59º(13)
    - ••• legitimidade – 27º(3)
    - ••• formalidades do pedido e do processo – 27º(5)
    - ••• revogação, suspensão e alteração das decisões cautelares e seus reflexos gerais e especiais no processo de execução – 27º(6 e 7)
    - ••• exigência de caução prévia – 27º(7)

- ••• irrecorribilidade e impugnabilidade das decisões judiciais de inexecução – 27º(9)
- **nacionais**
  - •• *ver* ESTRANGEIRAS (com supressão das referências ao reconhecimento prévio de tais decisões)

EXECUÇÃO DE SENTENÇAS ESTRANGEIRAS

- **ver** EXECUÇÃO; EXECUÇÃO DE DECISÕES CAUTELARES; RECONHECIMENTO DE SENTENÇAS ARBITRAIS ESTRANGEIRAS; (...) ADMINISTRATIVAS
- **regimes aplicáveis** – 55º(1)
- **competência judicial** – 57º(2); 58º(2); 59º(13)
- **executividade** – 51º(3); 56º(3)
- **pressupostos**
  - •• *necessidade de prévio reconhecimento* – 55º(1)
  - •• *requisitos processuais do pedido de execução* – 56º(2)
- **recusa de execução**
  - •• *de sentenças não reconhecidas* – 55º(1)
  - •• *de sentenças reconhecidas*
    - ••• âmbito de aplicação do art. 56º – 56º(1)
    - ••• distinção dos vícios da sentença e do pedido – 56º(1A)
  - •• *fundamentos da recusa*
    - ••• inexecutividade – 56º(3)
    - ••• suspensão ou anulação da sentença – 56º(4)
    - ••• relativos às partes, à convenção, ao processo e à sentença – 56º(5)
    - ••• relativos à arbitrabilidade do litígio e à ordem pública internacional – 56º(6)
- **suspensão do processo executivo nacional**
  - •• *na pendência do processo estrangeiro de suspensão ou anulação da sentença* – 56º(7)

EXECUÇÃO DE SENTENÇAS ESTRANGEIRAS ADMINISTRATIVAS

- **ver** EXECUÇÃO DE SENTENÇAS ESTRANGEIRAS
- **competência judicial** – 58º(2); 59º(13)

EXECUÇÃO DE SENTENÇAS ARBITRAIS NACIONAIS E INTERNACIONAIS

- **ver** INEXEQUIBILIDADE; PROVIDÊNCIAS CAUTELARES ARBITRAIS; RECONHECIMENTO
- **arbitragem executiva**
  - •• *em centros de arbitragem institucionalizada* – 62º(3)
- **petição**
  - •• *requisitos da*
    - ••• sua documentação – 47º(1 a 3)
    - ••• executividade e exequibilidade da sentença – 51º(2 e 3)
- **oposição (à)**
  - •• *fundamentos (da)*
    - ••• próprios da lei processual aplicável – 48º(4)
    - ••• próprios da impugnação da sentença arbitral – 48º(1)
    - ••• ininvocabilidade do caso julgado desfavorável no processo impugnatório – 48º(1)

- *preclusão por decurso do prazo de impugnação* – 48º (2)
- **liquidação**
  - *através de sentença adicional* – 47º(2)
  - *no tribunal arbitral*
    - liquidação "equitativa" – 47º(6)
    - oficiosa ou a pedido de parte – 47º(5)
    - tramitação do incidente – 47º(7)
  - *no tribunal estadual* – 47º(4)
- **suspensão da execução**
  - *efeito devolutivo da impugnação da sentença arbitral* – 47º(8)
  - *efeito suspensivo da impugnação caucionada e respectivo incidente* – 47º(9 a 11)
- **recusa de execução**
  - *oficiosa*
    - com fundamento na alínea b) do art. 46º/3 – 48º(3)

EXECUTIVIDADE

- ver EXECUÇÃO DE SENTENÇAS ARBITRAIS; SENTENÇAS ARBITRAIS
- **títulos executivos**
  - *em língua portuguesa ou estrangeira*
    - requisitos – 47º(1)
- **inexecutividade**
  - *como fundamento da recusa de execução* – 56º(3)

FORMA

- **dos actos processuais**
  - *regra geral*
    - praticados ou vazados por escrito – 30º(8)
  - *casos de oralidade*
    - na fase contraditória do processo das ordens preliminares – 23º(1)
    - convite de árbitros –13º(2)
    - repetição perante o árbitro substituto de actos processuais orais – 16º(4)
    - uso oral de línguas estrangeiras no processo arbitral – 32º(1 e 3)
    - votação oral da sentença – 42º(1)
- **da convenção de arbitragem**
  - *ver* CONVENÇÃO DE ARBITRAGEM
- **da designação de árbitros**
  - *na convenção* – 10º(3)
  - *posterior à convenção*
    - forma escrita contextual ou cruzada – 10º(6 e 8)
  - *inadmissibilidade da aceitação oral dos árbitros* – 13º(3)
- **da sentença arbitral**
  - *forma escrita*
    - ou vazada em escrito – 42º(1)

FORMALIDADES ESSENCIAIS

- **não essenciais**
  - *na designação de árbitros e do presidente* – 10º(6)
- **da notificação para audiências**
  - *requisitos nominados e inominados* – 34º(3)
  - *objecto* – 34º(4 e 5)
- **do procedimento da arbitragem**
  - *ver* PROCEDIMENTO DA ARBITRAGEM
  - *distinção do processo arbitral* – 6º(1); 33º(1)
    - principais consequências (da) – 33º(2)

- *constituição do tribunal arbitral*
  - lacuna legal e sua integração – 8º(1)
- **do processo arbitral**
  - *alegações finais* – 30º (5 e 6)
  - *citação*
    - ver CITAÇÃO
  - *petição e contestação*
    - ver ARTICULADOS; CONTESTAÇÃO; PETIÇÃO
  - *réplica*
    - ver ARTICULADOS; RÉPLICA
- **da sentença arbitral**
  - *ver* SENTENÇA ARBITRAL; FUNDAMENTAÇÃO

FUNDAMENTAÇÃO

- **dos actos das partes**
  - *alguns casos nominados na LAV*
    - da arguição tardia da incompetência do tribunal – 18º(10)
    - dos pedidos de aclaração da fundamentação da sentença – 45º(3 e 5)
    - da petição – 33º(4)
    - do pedido de alteração ou completamento tardio da petição – 33º(10)
    - dos requerimentos ao tribunal estadual quanto à designação, recusa, destituição e redução de honorários de árbitros – 60º(1)
  - *casos de requerimentos "potestativos" (sem necessidade de fundamentação)*
    - ver ACTOS PROCESSUAIS DAS PARTES
- **da sentença arbitral**
  - *da dispositiva ou da homologatória* – 42º(4)
  - *obrigatoriedade e dispensa* – 42º (3 e 4)

HOMOLOGAÇÃO

- **sentença de**
  - *da transacção entre as partes*
    - ver TRANSACÇÃO

HONORÁRIOS DOS ÁRBITROS

- **ver** CUSTAS; DESPESAS; ENCARGOS; PREPAROS; PROCESSO ARBITRAL
- **fixação pelas partes**
  - *na convenção de arbitragem* – 17º(2)
  - *proibição de acertos particulares* – 17º(2)
- **fixação pelos árbitros**
  - *no caso de árbitro único* – 17º(4)
  - *critérios previstos e omissos na lei* – 17º(6 e 7)
  - *impugnação judicial da fixação* – 17º(8)
  - *natureza e prazo da decisão* – 17º(5)
  - *pressupostos* – 17º(5)
  - *total ou parcial* – 17º(5)
- **fixação por acordo entre partes e árbitros**
  - *requisitos e termo final* – 17º(3)
  - *no caso de árbitro único* – 17º(4)
- **redução pelo tribunal estadual**
  - *ver* **redução judicial do montante**
  - *critérios* – 17º(6 e 7)
  - *pressupostos, legitimidade, prazo, formalidades* – 17º(9)
  - *requerimento*
    - pedido, factos e provas – 60º(1)
    - notificação das partes e integração de lacunas – 60º(2)

- ••• poderes oficiosos de instrução – 60º(3)
- •• *urgência do processo judicial* – 60º(4)
- **liquidação e cobrança**
    - •• ver CUSTAS; PREPAROS
        - ••• liquidação e cobrança – 18º(17)
- **redução judicial do montante**
    - •• *incidente de* – 17º(8 e 9); 60º(1 a 4)
    - •• *(ir)recorribilidade e (in)impugna bilidade da decisão judicial* – 17º(9)

IMPEDIMENTO JUSTO

- **e justo impedimento**
    - •• *distinção*
        - ••• ver JUSTO IMPEDIMENTO

IMPUGNABILIDADE

- **ver** IMPUGNAÇÃO JUDICIAL; IRRECORRIBILIDADE
- **das decisões judiciais de reconhecimento ou execução**
    - •• *de quaisquer providências cautelares* – 27º(10)
- **de juízos de perícia** – 37º (6)
- **inimpugnabilidade**
    - •• *das ordens preliminares* – 22º(5)

IMPUGNAÇÃO JUDICIAL

- **ver** CASO JULGADO; IMPUGNABILIDADE; SENTENÇAS ARBITRAIS
- **e recurso**
    - •• *distinção entre as duas figuras* – 46º(2)
- **admissibilidade**
    - •• *regra geral*
        - ••• razão de ser – 46º(1)
- ••• irrenunciabilidade absoluta e relativa à impugnação – 46º(23 a 25)
- **âmbito**
    - •• *decisões interlocutórias*
        - ••• de competência – 46º(1)
    - •• *sentenças arbitrais*
        - ••• cautelares, parcelares, finais e adicionais – 46º(1)
        - ••• sentenças parcialmente inválidas – 46º(28)
- **direito (de)**
    - •• *irrenunciabilidade "ex ante"*
        - ••• proibição absoluta – 46º(25)
    - •• *renunciabilidade "ex post"*
        - ••• requisitos da renúncia tácita – 46º(23 e 24)
    - •• *ónus de impugnação arbitral prévia*
        - ••• da decisão arbitral de competência – 18º(5)
        - ••• da incompetência do tribunal arbitral – 18º(6 e 8)
        - ••• da designação judicial de árbitros – 10º(20)
- **meio processual**
    - •• *acção de anulação*
        - ••• ver **requerimento impugnatório**
        - ••• anulação parcial – 46º(28)
        - ••• cumulado com o recurso da sentença ou autónomo dele – 46º(3)
        - ••• por incompetência do tribunal arbitral – 46º(9)
        - ••• regras de interposição – 46º(5)
        - ••• tramitação prevista e omissa – 46º(6)
    - •• *revisão ou reexame da sentença* – 46º(33)
    - •• *uso de meio inidóneo*

- ••• impugnação (do) – 46º(4)
- **requerimento impugnatório**
  - •• *menções* – 46º(27)
  - •• *âmbito das alegações e conclusões* – 46º(27)
  - •• *efeitos (do)*
    - ••• suspensão da execução da sentença impugnada por impugnação caucionada – 47º (9 a 11)
- **prazo (para a)**
  - •• *e sua contagem*
    - ••• em caso de aclaração ou rectificação – 46º(26)
    - ••• interpretação constitucionalizante – 46º(26)
- **fundamentos da impugnação de sentenças arbitrais**
  - •• **ver regime de arguição e conhecimento**
  - •• *incidência e taxatividade* – 46º(7)
  - •• *excesso ou omissão de pronúncia* – 46º(14)
  - •• *inarbitrabilidade do litígio*
    - ••• âmbito e aplicação no tempo – 3º(1 e 3); 46º(19)
    - ••• inaplicabilidade do ónus do art. 18º(4) – 46º(20)
    - ••• excepções nas arbitragens internacionais – 51º(3)
  - •• *incumprimento do prazo do processo* – 43º(1 e 6); 46º(17)
  - •• *(in)oponibilidade à execução do art. 730º do CPC*
    - ••• 2º(3 da Lei 63/2001)
  - •• *invalidade e nulidades da convenção de arbitragem*
    - ••• especificidades da impugnação – 3º(4); 46º(9)
  - ••• excepções nas arbitragens internacionais – 51º(3A)
  - •• *vícios formais da sentença*
    - ••• impugnáveis – 46º(15)
  - •• *violação das regras de composição do tribunal*
    - ••• requisitos de impugnação – 46º(13)
  - •• *violação das regras de trâmite do processo*
    - ••• requisitos de impugnação – 46º(13)
  - •• *violação do objecto da convenção*
    - ••• objecto da impugnação – 46º(12)
  - •• *violação de princípios fundamentais*
    - ••• requisitos de impugnação – 46º(10)
    - ••• interpretação restritiva da lei – 46º(11)
  - •• *violação de princípios da ordem pública internacional*
    - ••• noção e rol – 46º(22)
    - ••• especificidades e dificuldades da impugnação – 46º(21)
- **regime de arguição e conhecimento**
  - •• *casos de conhecimento oficioso*
    - ••• alegações do requerimento impugnatório – 46º(27); 51º(2)
    - ••• dever de conhecimento – 46º(18)
  - •• *ónus de arguição de parte*
    - ••• esclarecimentos – 46º(8)
    - ••• alegações do requerimento impugnatório – 46º(27)
    - ••• contradição oficiosa da arguição – 46º(8)
- **da competência do tribunal arbitral**
  - •• *arguição (da)*

- ••• até à contestação – 18º(6 e 7)
- ••• a superveniente imediatamente – 18º(9)
- ••• justificadamente tardia – 18º(10)
- ••• por parte que haja designado árbitro – 18º(7)
- **da decisão arbitral de competência** – 18º(13)
  - •• *anulação*
    - ••• e extinção do processo arbitral – 18º(17)
  - •• *impugnação (da)*
    - ••• efeito não suspensivo – 18º(16)
    - ••• fundamentos: interpretação extensiva – 18º(14)
    - ••• ónus ou faculdade – 18º(15)
    - ••• requisitos – 18º(13)
- **da decisão arbitral de incompetência**
  - •• *ver* TRIBUNAIS ARBITRAIS (incompetência dos); INCOMPETÊNCIA
  - •• *reflexos da invalidade da convenção na impugnação* – 46º(9)
- **da decisão de equidade**
  - •• *admissibilidade* – 39º(7); 46º(1)
- **da designação judicial de árbitros**
  - •• *ver* DESIGNAÇÃO DE ÁRBITROS
  - •• *admissibilidade da impugnação* – 10º(20A)
- **suspensão do processo (de)**
  - •• *e retoma do processo arbitral*
    - ••• ver PROCESSO ARBITRAL

INCIDENTES

- ver INTERVENÇÃO DE TERCEIROS
- **de aclaração**
  - •• *ver* ACLARAÇÃO
- **concessão de medidas cautelares**
  - •• *sua modificação, suspensão e revogação*
    - ••• efeitos – 24º(4)
    - ••• fundamentos e tramitação do incidente – 24º(3)
    - ••• modificabilidade da recusa de concessão – 24º(1)
    - ••• prestação de caução suspensiva da providência – 24º(5)
- **decretamento de ordens preliminares**
  - •• *prestação da caução suspensiva* – 24º(6)
  - •• *sem contraditório inicial* – 22º(3)
  - •• *termo do incidente*
    - ••• regresso do contraditório – 23º(1)
    - ••• substituição por providência cautelar – 23º(6)
- **do efeito suspensivo da impugnação da sentença arbitral**
  - •• *tramitação* – 47º(11)
- **de justificação de omissões processuais**
  - •• *âmbito do suprimento admitido* – 35º(5)
  - •• *formalidades e fundamentos* – 35º(6)
- **de liquidação**
  - •• *ver* SENTENÇAS ARBITRAIS
- **de produção de prova em tribunal estadual**
  - •• *de arbitragens nacionais e internacionais* – 38º(1 e 2)
  - •• *de arbitragens estrangeiras* – 38º(3)
- **de redução de honorários**
  - •• *ver* HONORÁRIOS DOS ÁRBITROS

LEI DA ARBITRAGEM VOLUNTÁRIA

INCOMPATIBILIDADES

- ver DEVER DE REVELAÇÃO
- **do exercício do cargo de árbitro**
  - *casos* – 9º(5)
  - *presunção de compatibilidade* – 9º(5)

INCOMPETÊNCIA

- ver IMPUGNAÇÃO JUDICIAL (da decisão de...)
- **do tribunal arbitral**
  - *arguição*
    - cognoscibilidade oficiosa – 18º(1)
    - até à contestação – 18º(6)
    - justificadamente tardia – 18º(8)
    - por parte que haja designado árbitro – 18º(7)
  - *fundamentos da* – 18º(2)
  - *privação judicial da sua competência*
    - por decisão judicial transitada sobre a sua incompetência – 5º(6)
    - encerramento do processo arbitral e caducidade da sentença – 5º(6)
  - *prosseguimento do processo arbitral*
    - em caso de litispendência com o processo judicial – 5º(5)
- **do tribunal estadual**
  - *efeitos negativos da convenção arbitral*
    - absolvição da instância em processo judicial sobre litígios abrangidos pela convenção – 5º(1, 2 e 3)
    - excepções – 5º(4)
    - inadmissibilidade de acções judiciais sobre a nulidade e ineficácia da convenção arbitral – 5º(8)
  - *para decretamento de ordens preliminares* – 22º(2)

INCONSTITUCIONALIDADE

- **de normas da LAV**
  - *sobre a irrecorribilidade da nomeação judicial de árbitros* – 59º(5 e 11)
    - interpretação constitucionalizante – 10º(20)
    - recorribilidade da falta de nomeação – 10º(21)
  - *da contagem do prazo de impugnação da sentença arbitral rectificada ou aclarada*
    - interpretação constitucionalizante – 46º(26)
  - *da responsabilidade do requerente de medidas cautelares* – 26º(1)
    - interpretação constitucionalizante – 26º(2)
- **recurso de inconstitucionalidade**
  - *de sentenças arbitrais*
    - carácter imperativo – 39º(14)
  - *de decisões arbitrais de equidade e de composição das partes*
    - casos de (ir)recorribilidade – 39º(15)

INEXECUTIVIDADE

- ver EXECUTIVIDADE

INEXEQUIBILIDADE

- ver EXECUÇÃO
- **das ordens preliminares**
  - *insusceptibilidade de execução coerciva* – 22º(5)

ÍNDICE ANALÍTICO

INFORMAÇÕES

- **carreadas para o processo arbitral**
  - *notificação*
    - às partes ou à contraparte – 34º(4 e 5)

INTERVENÇÃO DE TERCEIROS

- **regime legal**
  - *conceito de terceiros* – 36º(2)
  - *carácter supletivo* – 36º(1)
  - *quanto ao pedido reconvencional* – 36º(8)
  - *"ratio" e vantagens* – 36º(2)
- **intervenção anterior à constituição do tribunal**
  - *regime legal e condição do interveniente* – 36º(11)
- **intervenção perante tribunal já constituído**
  - *efeitos da intervenção* – 36º(8)
    - articulado do terceiro e seu contraditório – 36º(9)
  - *requisitos convencionais de admissibilidade*
    - vinculação do terceiro à convenção – 36º(3)
  - *requisitos processuais de admissibilidade*
    - aceitação do tribunal e do seu regulamento, pelo terceiro – 36º(4)
    - fundamentos negativos da intervenção – 36º(7)
    - fundamentos positivos – 36º(6)
  - *tramitação do incidente* – 36º(5)
    - decisão arbitral do incidente – 36º(4 e 5)
    - vinculação aos factos alegados – 36º(8)
  - **quanto ao pedido reconvencional**
    - *regime aplicável* – 36º(8)

IRRECORRIBILIDADE

- **ver** INCONSTITUCIONALIDADE; RECURSO; SENTENÇAS ARBITRAIS
- **da decisão de recusa de árbitros**
  - *pelo tribunal arbitral* – 14º (6ºA)
  - *pelo tribunal estadual*
    - distinções – 14º(7)
- **de decisões judiciais**
  - *de afectação da causa arbitral aos tribunais judiciais ou administrativos* – 59º(15)
  - *dos processo de reconhecimento*
    - de decisões cautelares estrangeiras – 27º(10)
  - *dos processos de execução*
    - de decisões cautelares nacionais – 27º(10)
  - *de redução de honorários (etc.)*
    - distinções – 17º(9)
- **da designação judicial de árbitros**
  - *inconstitucionalidade da regra*
    - casos duvidosos – 11º(10)
    - interpretação constitucionalizante – 10º(20), 59º(5 e 11)
  - *excepções à regra*
    - falta de designação – 10º(21)
    - outras – 10º(20)
- **das sentenças de arbitragens internacionais**
  - *regra geral* – 53º(1)
  - *excepção* – 53º(2)

INVALIDADE

- **da convenção de arbitragem**

- *ver* CONVENÇÃO DE ARBITRAGEM (nulidade)
- *como fundamento de impugnação da sentença arbitral* – 46º(9)

JULGAMENTO

- ver SENTENÇAS ARBITRAIS INTERNACIONAIS; (...) NACIONAIS
- **ver reconhecimento de sentenças arbitrais estrangeiras**
  - *regime* – 57º(5)

JUSTO IMPEDIMENTO

- e **"impedimento justo"** – 33º(10); 35º(6)

LEGITIMIDADE

- **casos especiais**
  - *processo de reconhecimento e execução de sentenças arbitrais estrangeiras administrativas*
    - legitimidade de contra-interessados e Ministério Público – 58º(3)
  - *processo de reconhecimento e execução de decisões cautelares arbitrais estrangeiras*
    - legitimidade restrita – 27º(3)
- *em matéria de recusa de árbitros*
  - perante o tribunal arbitral – 14º(5)
  - perante o tribunal estadual – 14º(7)
- *em matéria de redução judicial de honorários, despesas e preparos* – 17º(8)

LEI DA ARBITRAGEM VOLUNTÁRIA

- **âmbito de aplicação (da)**
  - *a arbitragens estrangeiras*
    - quanto ao reconhecimento e execução de sentenças – 57º(1); 61º(2)
  - *a arbitragens internacionais*
    - ver *arbitragens nacionais*
    - em função da localização portuguesa da sua sede – 49º(3 e 5); 61º(1)
  - *a arbitragens nacionais*
    - aos processos judiciais de constituição do tribunal arbitral – 60º(2 a 4)
    - regra obrigatória e total da territorialidade – 61º(1)
    - sanção da sua inaplicação – 61º(1)
  - *face aos tribunais estaduais*
    - vertente positiva – 19º(1); 60º(2 a 4)
    - vertente negativa – 19º(2)
    - norma supletiva – 19º(3)
    - casos de prevalência da lei processual ou judiciária – 19º(4)
  - *litígios laborais*
    - critério de arbitrabilidade da LAV – 4º(5) da Lei n.º 63/2011
- **efeitos (da)**
  - *de lei não reforçada* – 19º(5)
- **entrada em vigor** – 6º(1) da Lei n.º 63/2011
- **factores de aplicação**
  - *processos arbitrais abrangidos pela LAV*
    - por acordo das partes: requisitos – 3º(3) da Lei n.º 63/2011
    - marcos temporais imperativos e excepções – 4º(1 e 4) da Lei n.º 63/2011

- ••• em matéria de validade de convenções de arbitragem – 3º(2) da Lei n.º 63/2011
- •• *subjectivos*
  - ••• ver ENTES PRIVADOS; ENTES PÚBLICOS; ESTADO
  - ••• diferença dos factores de arbitrabilidade – 1º(3)
- **méritos e fraquezas** – Preliminares (5)
- **normas revogadas pela LAV**
  - •• *revogação da LAV de 1986: âmbito* – 5º(1) da Lei n.º 63/2011
  - •• *revogação de artigos do CPTA* – 5º(2) da Lei n.º 63/2001
  - •• *revogação do art. 1097º do CPC* – 5º(3) da Lei n.º 63/2011
- **remissões da LAV**
  - •• *para a convenção de arbitragem ou das partes*
    - ••• extensão aos regulamentos de arbitragens nelas apropriados – 6º(1)
- **remissões para a LAV**
  - •• *substituição das remissões legais feitas para a Lei n.º 31/86* – 3º(1) da Lei n.º 63/2011
  - •• *substituição das remissões convencionais ou regulamentares da arbitragem para a Lei 31/86: dúvidas* – 3º(2) da Lei n.º 63/2011

LEIS PROCESSUAIS

- ver CÓDIGO DE PROCESSO CIVIL; CÓDIGO DE PROCESSO NOS TRIBUNAIS ADMINISTRATIVOS

"LEX MERCATORIA"

- **arbitragens internacionais**

- •• *escolha do direito substantivo aplicável*
  - ••• é uma opção utilizável pelas partes – 52º(4e6)
  - ••• frustrada ao tribunal arbitral – 52º(6 e 8)

LÍNGUAS

- **do processo arbitral**
  - •• *oficiais*
    - ••• regime de livre escolha pelas partes – 32º(1)
    - ••• regime de escolha vinculada pelo tribunal – 32º(2)
    - ••• intransponíveis para o tribunal estadual – 32º (3)
  - •• *de trabalho*
    - ••• competência do tribunal arbitral – 32º(2)
    - ••• utilização de línguas estrangeiras em actos e audiências orais – 32º(1 e 3)
- **documentos em língua estrangeira**
  - •• *exigência de tradução* – 57º (1 e 2)
    - ••• tradução do "brasileiro" – 57º(2)
    - ••• requisitos e custas – 32º(4)

LIQUIDAÇÃO

- **de sentenças arbitrais**
  - •• *ver* EXECUÇÃO DE SENTENÇAS ARBITRAIS NACIONAIS E INTERNACIONAIS; SENTENÇAS ARBITRAIS NACIONAIS;
  - •• *através de sentença adicional* – 47º(2)

LITÍGIOS LABORAIS

- **aplicação transitória da LAV**

•• *critério de arbitrabilidade determinante – 4º(5) da Lei n.º 63/2011*

LITISCONSÓRCIO

- **designação de árbitros**
  •• *por partes plurais*
    ••• regime – 11º

LITISPENDÊNCIA

- **entre processos arbitral e judicial**
  •• *prosseguimento de ambos* – 5º(5); 18º(16 e 17)
- **do processo de reconhecimento e execução de sentenças estrangeiras**
  •• *com pedido de anulação ou suspensão da sentença no estrangeiro* – 56º(7)

LUGAR DA ARBITRAGEM

- **alteração**
  •• *admissibilidade e limites* – 31º(3)
- **escolha**
  •• *convencional ou arbitral*
    ••• tempo e modo das escolhas – 31º(2)
  •• *relevo* – 31º(1)
  •• *lugares de trabalho* – 31º(4)
- **na sentença arbitral**
  •• *menção obrigatória (do)*
    ••• consequências da falta – 42º(5)

MINISTÉRIO PÚBLICO

- **intervenções em matéria arbitral**
  •• *reconhecimento de sentenças arbitrais estrangeiras*
    ••• alegações finais – 57(4)
  •• *reconhecimento de sentenças arbitrais estrangeiras administrativas*
    ••• legitimidade – 58º(3)

MODIFICAÇÃO

- **da convenção de arbitragem**
  •• *ver* CONVENÇÃO DE ARBITRAGEM; REVOGAÇÃO
- **de decisões cautelares e ordens preliminares**
  •• *ver* ORDENS PRELIMINARES; PROVIDÊNCIAS CAUTELARES ARBITRAIS
  •• *reflexos gerais e especiais*
    ••• nos processos judiciais de reconhecimento ou execução – 27º(6 e 7)

NOMEAÇÃO JUDICIAL DE ÁRBITROS

- **ver** DESIGNAÇÃO DE ÁRBITROS

NOTIFICAÇÃO

- **ver** CITAÇÃO
- **da decisão final**
  •• *efeitos sobre o prazo do processo* – 43(5-A)
- **para o incidente das ordens preliminares**
  •• *notificação sucessiva do requerido* – 23º(2)
    ••• documentação instrutora – 23º(1)
- **para audiência**
  •• *formalidades* – 34º(3)
- **de documentos, informações e relatórios** – 34º(4 e 5)

NULIDADE

- **da convenção de arbitragem**
  •• *ver* CONVENÇÃO DE ARBITRAGEM (nulidade)

ÍNDICE ANALÍTICO

ÓNUS DE ALEGAÇÃO E ARGUIÇÃO
- ver ALEGAÇÕES FINAIS; IMPUGNAÇÃO JUDICIAL; ÓNUS DE PROVA
- **ónus de arguição**
  - *da incompetência do tribunal estadual em causa convencional*
    - em requerimento autónomo prévio da contestação – 5º(2 e 3)
    - na contestação do réu – 5º(3)
- **ónus de arguição arbitral predecedente da impugnação judicial**
  - *da decisão arbitral de competência* – 18º(5)
  - *da incompetência do tribunal arbitral* – 18º(6 e 8)
  - *oposição imediata à designação judicial de árbitros* – 10º(20)
- **ónus de alegação**
  - *ver* PETIÇÃO; CONTESTAÇÃO; IMPUGNAÇÃO JUDICIAL
- **ónus de impugnação de factos**
  - *na contestação*
    - inexistência do ónus, salvo convenção em contrário – 35º(3)

ÓNUS DE PROVA
- **ónus de apresentação de documentos**
  - *com os articulados*
    - ónus ou faculdade – 33º(8)
  - *no processo de reconhecimento da sentença estrangeira*
    - com a petição – 57º(1 e 2)
    - com a contestação – 57º(3)
- **ordens preliminares**
  - *falta de elementos probatórios suficientes* – 23º(4)

OPOSIÇÃO
- ver EXECUÇÃO (oposição); RECONHECIMENTO DE SENTENÇAS ARBITRAIS ESTRANGEIRAS (processo de reconhecimento)

ORDEM PÚBLICA
- ver ORDEM PÚBLICA INTERNACIONAL
- **e ordem pública internacional**
  - *distinção entre elas* – 41º(3)
- **princípios de**
  - *obstáculo à homologação da transacção* – 41º(3)

ORDEM PÚBLICA INTERNACIONAL
- **impugnação de sentenças internacionais**
  - *baseadas em direito estrangeiro*
    - anulação "portuguesa" – 54º(1 e 3)
    - recusa de efeitos "portugueses" – 54º(3)
- **impugnação de sentenças nacionais**
  - *fundamento (de)*
    - especificidades e dificuldades de aplicação – 46º(21)
    - noção e rol – 46º(22)

ORDENS PRELIMINARES
- ver PROVIDÊNCIAS CAUTELARES
- **enquadramento**
  - *garantia da tutela cautelar efectiva* – 22º(1)
- **condições de admissibilidade**
  - *competência, simultaneidade cautelar e iniciativa: adaptações* – 22º(2)

- **requisitos da concessão**
  - *risco da frustração da providência e outros* – 22º(4)
  - *"fumus iuris" e ponderação de interesses concessórios e denegatórios* – 22º(6)
- **decretamento**
  - *sem contraditório inicial*
    - incindibilidade dos dois termos – 22º(3); 30º(3)
  - *com contraditório sucessivo* – 22º(3)
    - citação ou notificação do requerido e seu objecto – 23º(1 e 2)
    - oposição do requerido e seu efeito devolutivo – 23º(3)
    - substituição da ordem por providência cautelar – 23º(6)
  - *exigência de caução (das)*
    - natureza da exigência – 24º(6)
    - particularidades – 24º(6)
- **oposição do requerido**
  - *ver* **decretamento**
  - *"prontidão" da decisão do tribunal* – 23º(4)
- **efeitos**
  - *obrigatoriedade*
    - responsabilidade civil e criminal – 23º(7)
  - *irrecorribilidade, inimpugnabilidade e inexequibilidade* – 22º(5); 23º(7)
- **modificação, suspensão e revogação**
  - *ver* INCIDENTES; PROVIDÊNCIAS CAUTELARES ARBITRAIS
  - *dever de revelação de alteração de circunstâncias*
    - particularidades de regime – 25º(2)
    - resolução de dúvidas – 25º(3)
  - *da decisão de decretamento*
    - (i)modificabilidade da decisão de recusa – 24º(1)
    - momento da modificação, etc. – 24º(2)
    - "ratio" da modificação, etc. – 24º(2)
  - *efeitos da*
    - em relação ao prazo das ordens – 24º(4)
- **caducidade (das)**
  - *prazo e destinatário* – 23º(5)
- **responsabilidade do requerente**
  - *a estatuição da lei*
    - a dupla estatuição – 26º(5)
    - dúvidas – 26º(5)
    - inconstitucionalidade – 26º(1)
    - interpretação constitucionalizante – 26º(2)
  - *a previsão da lei*
    - as "circunstâncias anteriormente existentes" – 26º(4)
    - desdobramento – 26º(3)

PARTES

- **ver** DEVER DE REVELAÇÃO; DEVERES DAS PARTES
- **designação de árbitros (pelas)**
  - *ver* DESIGNAÇÃO DE ÁRBITROS
- **nacionalidade (das)**
  - *relevo na nomeação de árbitros*
    - em arbitragens nacionais e internacionais – 9º(2)

PERITOS

- **ver também** PROVA PERICIAL
- **nomeação e requisição**
  - *competência do tribunal* – 37º(1 e 2)
  - *requisição arbitral a serviços oficiais*

··· inadmissibilidade; solicitação de assistência aos tribunais do Estado – 37º(2)
- **recusa (dos)**
  ·· *incidente (da)* – 37º(7)

PETIÇÃO

- **documentos da petição**
  ·· *apresentação obrigatória nas acções de reconhecimento de sentenças estrangeiras*
    ··· requisitos – 57º(1 e 2)
    ··· recebimentos ou falta de apresentação – 57º(3)
  · *apresentação facultativa*
    ··· em regra – 33º(8)
- **falta ou atraso de apresentação**
  ·· *âmbito e consequências* – 35º(1 e 7)
- **modificação e completamento (da)**
  ·· *regime legal*
    ··· "excessos" – 33º(9)
    ··· limites temporais e objectivos – 33º(10)
    ··· formalidades – 33º(11)
- **suprimento da omissão (da)**
  ·· *teses sobre a sua (in)admissibilidade* – 35º(5)

PRAZOS

- **articulados**
  ·· *fixação e prorrogação* – 33º(5)
  ·· *incumprimento* – 33º(7)
- **aceitação dos árbitros**
  ·· *prazo da comunicação* – 12º(5)
- **(da) aclaração da sentença**
  ·· *fixação* – 45º(5)
  ·· *prorrogação oficiosa* – 45º (11)

- **(da) fixação do número de árbitros**
  ·· *pelas partes*
    ··· termo do prazo – 8º(5)
- **(de) impugnação da sentença**
  ·· *contagem do prazo*
    ··· interpretação constitucionalizante – 46º(26)
- **(do) processo arbitral**
  ·· *ver* PROCESSO ARBITRAL
  ·· *requisitos de aplicação subsidiária do CPC e do CPTA* – 30º(12)
- **prorrogação (de)**
  ·· *prazos da petição e contestação*
    ··· dúvidas sobre a sua prorrogabilidade – 33º(5)
    ··· salvo convenção das partes – 33º(5)
  ·· *prazo do processo arbitral*
    ··· ver processo arbitral
- **(da)rectificação da sentença**
  ·· *fixação* – 45º(6)
  ·· *prorrogação oficiosa* – 45º (11)

PREPAROS

- **ver** DESPESAS; HONORÁRIOS DOS ÁRBITROS
- **falta de pagamento**
  ·· *âmbito e consequências civis e processuais* – 17º(10)
  ·· *pagamento por substituição*
    ··· e direito de regresso – 17º(11)
- **montante**
  ·· *fixação*
    ··· ver HONORÁRIOS DOS ÁRBITROS
- **prestação de contas**
  ·· *e restituição* – 18º(17)

PRESIDENTE DA RELAÇÃO

- **ver** TRIBUNAL DA RELAÇÃO
- **designação de árbitros**
  - *competência do tribunal estadual ou do seu presidente* – 10º(12); 59º(5)
  - *irrecorribilidade da decisão*
    - *regra* – 10º(20)
    - *excepções* – 10º(21)
  - *natureza da decisão* – 10º(10)
  - *impugnação da designação ou da falta judicial*
    - *ónus de oposição imediata* – 10º(20)
  - *suprimento de deveres de designação alheios*
    - *da designação plural de árbitros de parte* – 11º (6 e 8 a 10)
    - *em geral* – 10º(14 e 16)
  - *suprimento de última instância* – 10º(15)

PRESIDENTE DO TRIBUNAL ARBITRAL

- **competência decisória**
  - *por inexistência de maioria deliberativa* – 40º(3)
  - *decisões sobre ordenação, tramitação e impulso processual*
    - *autorização convencional ou dos restantes árbitros* – 40º(5)
- **designação**
  - *ver* DESIGNAÇÃO DOS ÁRBITROS

PRESIDENTE DO TRIBUNAL CENTRAL ADMINISTRATIVO

- **ver** PRESIDENTE DA RELAÇÃO; TRIBUNAIS CENTRAIS ADMINISTRATIVOS

PRINCÍPIO DA CITAÇÃO PRÉVIA

- **ver** CITAÇÃO

PRINCÍPIO DA COLABORAÇÃO PROCESSUAL

- **em matéria cautelar**
  - *dever de revelação da alteração de circunstâncias relevantes* – 25º(1 a 3)
- **em sede probatória**
  - *colaboração com os peritos*
    - *intimação das partes (à)* – 37º(3)

PRINCÍPIO DO CONTRADITÓRIO

- **âmbito e objecto** – 30º(6)
- **manifestações**
  - *articulado do terceiro interveniente*
    - *e seu contraditório* – 36º(10)
  - *direitos de pronúncia e de resposta* – 30º(7)
  - *modificação da petição ou contestação*
    - *justificação da sua apresentação tardia e audiência da contraparte* – 33º(11)
  - *organização da perícia* – 37º(2)
- **excepções**
  - *ordens preliminares*
    - **ver** ORDENS PRELIMINARES
    - *contraditório sucessivo* 23º (2 e 3)
    - *decretamento (de)* – 22º(3)
- **regulação convencional (do)** – 30º(6)

PRINCÍPIO DO FAVOR DA ARBITRAGEM

- **nas arbitragens internacionais** – 49º(5)

ÍNDICE ANALÍTICO

PRINCÍPIO DA IGUALDADE

- **manifestações**
  - *como princípio geral do processo arbitral* – 30º(4)
  - *critério de compensação de despesas das partes* – 42º(7)
  - *direito de alegações finais*
    - simultâneas ou sucessivas – 30º(5)
  - *organização da perícia* – 37º(2)
- limites – 30º(4)

PRINCÍPIO DA IMPARCIALIDADE

- ver ÁRBITROS (requisitos);

PRINCÍPIO DA INDEPENDÊNCIA

- ver ÁRBITROS (requisitos);

PRINCÍPIO DA PROPORCIONALIDADE

- **manifestações**
  - *critério de compensação de despesas das partes* – 42º(7)

PRINCÍPIO DA TERRITORIALIDADE

- **aplicação da LAV**
  - *arbitragens estrangeiras*
    - só reconhecimento e execução em Portugal – 61º(2)
  - *às arbitragens localizadas em Portugal* – 49º(3); 61º(1)

PRINCÍPIOS FUNDAMENTAIS

- **da arbitragem**
  - *e do processo arbitral*
    - distinção – 30º(8)
- **princípio da citação prévia**
  - ver CITAÇÃO
- **princípio do contraditório**
  - ver PRINCÍPIO DO CONTRADITÓRIO
- **princípio da igualdade**
  - ver PRINCÍPIO DA IGUALDADE
- **princípios da imparcialidade e da independência**
  - ver ÁRBITROS (requisitos)
- **princípios inominados**
  - *da arbitragem e do processo arbitral* – 30º(8)
- **do processo arbitral**
  - *ver* **violação (dos)**
  - *âmbito de aplicação* – 30º(1)
  - *princípios e regras*
    - distinção – 30º(1)
    - inominados – 30º(8)
- **violação (dos)**
  - *na convenção e regulamento da arbitragem* – 30º (2)
  - *fundamento de impugnação da sentença arbitral* – 46º(10)
    - interpretação restritiva – 46º(11)
  - *impugnação directa e derivada* – 30º(1)

PRINCÍPIOS DE ORDEM PÚBLICA

- **alcance**
  - *obstáculo à homologação arbitral da transacção* – 41º(3)

PRINCÍPIOS DE ORDEM PÚBLICA INTERNACIONAL DO ESTADO

- **alcance**
  - *fundamento de anulação da sentença arbitral*
    - significado do seu conhecimento oficioso – 46º(8, 20 e 21)

- ••• e alegação das partes – 46º(20)
- •• *fundamento da recusa do reconhecimento ou execução de sentenças estrangeiras e de decisões cautelares*
  - ••• significado do seu conhecimento oficioso – 28º(6); 56º(6)
  - ••• e alegação das partes – 46º(20)

PROCEDIMENTO DA ARBITRAGEM

- ver DESIGNAÇÃO DOS ÁRBITROS; TRIBUNAIS ARBITRAIS (constituição)
- **e processo arbitral**
  - •• *distinção e suas implicações* –6º(1); 33º(1 e 2)
- **formalidades (do)**
  - •• *designação de árbitros* – 10º(1A)
  - •• *constituição do tribunal arbitral* – 8º(1); 10º(1A)

PROCESSO ARBITRAL

- ver ABSOLVIÇÃO DA INSTÂNCIA; ACTOS PROCESSUAIS; EXCEPÇÕES; JULGAMENTO; PRINCÍPIOS FUNDAMENTAIS; PROVAS; SENTENÇA ARBITRAL; PROVIDÊNCIAS CAUTELARES ARBITRAIS; PROVIDÊNCIAS CAUTELARES JUDICIAIS
- **alegações finais**
  - •• ver ALEGAÇÕES
- **articulados**
  - •• *documentos (dos)*
    - ••• ver CONTESTAÇÃO; DOCUMENTOS; PETIÇÃO
  - •• *iniciais*
    - ••• nominados e inominados
  - •• *modificação e completamento (dos)*
    - ••• ver CONTESTAÇÃO; PETIÇÃO
- ••• do pedido reconvencional – 33º(12)
- •• *prazos (dos)*
  - ••• fixação e prorrogação – 33º(5)
  - ••• consequências do incumprimento – 33º(7)
- •• *supervenientes*
  - ••• admissibilidade – 33º (6 e 9)
- •• *de terceiros intervenientes* – 36º(10)
- **cautelar e principal**
  - •• *autonomia e eventual autuação conjunta* – 20º(4)
- **contemporaneidade de processos arbitral e judicial paralelos**
  - •• *inexistência de litispendência* – 5º(5)
- **custas e encargos (do)**
  - •• ver CUSTAS; DESPESAS; ENCARGOS; HONORÁRIOS; PREPAROS
  - •• *directamente resultantes do processo*
    - ••• critérios de repartição – 42º(3 e 6)
  - •• *próprios das partes*
    - ••• critérios de repartição – 42º(7)
  - •• *repartição na sentença final* – 42º(3 e 6)
- **custódia e conservação (do)**
  - •• *por encerramento do processo*
    - ••• regime – 44º(7)
- **desentranhamento de actos**
  - •• *da contestação atrasada* – 35º(3)
- **encerramento**
  - •• *noções*
    - ••• distinção entre fim e termo do processo – 44º(1)
  - •• *e abertura de novo processo* – 46º(35)
  - •• *causas*
    - ••• enunciado e adaptação dos conceitos legais – 44º(2)

- ••• por falta de pagamento de preparos – 17º(10)
- ••• por força de decisão judicial transitada sobre a incompetência arbitral – 5º(7)
- •• *decisão*
  - ••• pressupostos – 44º(3 e 4)
- •• *efeitos*
  - ••• custódia e conservação (do) – 44º(7)
  - ••• extinção dos poderes jurisdicionais – 44º (5 e 6)
- **formalidades essenciais**
  - •• *citação prévia*
    - ••• ver CITAÇÃO
  - •• *alegações finais* – 30º(5); 54º(7)
- **línguas (do)**
  - •• ver LÍNGUAS
- **lugar (do)**
  - •• ver LUGAR DA ARBITRAGEM
- **prazo de decisão**
  - •• *consensual e supletivo*
    - ••• requisitos da aplicação do prazo convencional – 43º(1)
  - •• *cumprimento e esgotamento (do)*
    - ••• evento determinante – 43º(5A)
    - ••• efeitos – 43º (6 e 7)
  - •• *incumprimento (do)*
    - ••• fundamento de impugnação da sentença – 46º(17)
    - ••• responsabilidade dos árbitros – 43º(8)
  - •• *prorrogação convencional*
    - ••• requisito temporal – 43º(1)
  - •• *prorrogação oficiosa*
    - ••• requisitos (da) – 43º(3 e 5)
    - ••• duração anual – 43º(2)
    - ••• aceitação ou oposição potestativa e conjunta das partes – 43º(4 e 5)

- **preparos**
  - •• *ver* PREPAROS
- **princípios fundamentais**
  - •• *ver* PRINCÍPIOS FUNDAMENTAIS
- **e procedimento de arbitragem**
  - •• *distinção* – 6º(1); 33º(1)
    - ••• principais consequências da – 33º(2)
  - •• *incidentes do procedimento*
    - ••• reflexo no processo arbitral – 14º(8)
- **regras (do)**
  - •• ver REGULAMENTO DA ARBITRAGEM
- **retoma (do)**
  - •• *por suspensão do processo de impugnação*
    - ••• dúvidas e restrições – 46º(29)
    - ••• recusa da retoma – 46º(30)
  - •• *sentença "retomada"*
    - ••• efeitos sobre o processo de impugnação – 46º(32)
    - ••• impugnabilidade – 46º(32)
- **suspensão (do)**
  - •• *por falta de pagamento de preparos*
    - ••• consequências civis e processuais – 17º(10)
    - ••• pagamento por substituição – 17º(11)
- **tramitação (do)**
  - •• *violação das regras de trâmite*
    - ••• fundamento de impugnação – 46º(13)

PROCESSO EXECUTIVO

- **ver** ARBITRAGEM EXECUTIVA; EXECUÇÃO

PROCESSOS URGENTES
- **âmbito**
  - *designação judicial de árbitros – 60º(1 a 4)*
  - *recusa judicial de árbitros – 60º(1 a 4)*
  - *destituição judicial de árbitros – 60º(1 a 4)*
  - *redução judicial de honorários de árbitros – 60º(1 a 4)*

PROVA PERICIAL
- **ver** PERITOS; PROVAS
- **juízos de perícia**
  - *impugnabilidade – 37º(6)*
  - *notificação – 34º(4 e 5)*
- **organização (da)**
  - *competência das partes e do tribunal – 37º(1)*
  - *colegialidade e pluridisciplinaridade – 37º(4)*
  - *nomeação e requisição de peritos – 37º(2)*
  - *intimação à colaboração das partes – 37º(3)*
- **relatório da peritagem**
  - *audiência dos peritos*
    - âmbito e contraditório – 37º(5)
    - contra-peritagem ou esclarecimentos – 37º(6)
  - *forma, conteúdo e autoria – 37º(4)*

PROVAS
- **ver** PROVA PERICIAL; DOCUMENTOS
- **admissibilidade**
  - *definição das admissíveis*
    - pelo tribunal arbitral – 30º (13 e 14); 34º(2)
  - *impugnação da admissibilidade de uma prova – 34º(4 e 5)*
  - *práticas internacionais – 30º(14)*
- **apresentação**
  - *recusa de apresentação*
    - tribunal competente para a intimação – 59º(1)
- **produção em tribunal estadual**
  - *em audiências – 34º(1 a 4)*
  - *limitação dos meios utilizáveis – 30º(15)*
  - *tramitação do incidente – 38º(1 e 2)*
  - *de prova de arbitragens estrangeiras – 38º(3)*
- **requerimento de**
  - *nos articulados*
    - faculdade ou ónus de requerer – 33º(8)
- **valor**
  - ver ÓNUS DE PROVA
  - *estabelecido pelo tribunal – 30º(13 e 14)*
  - *impugnação do valor de uma prova – 34º(4 e 5)*
  - *limites – 30º(14)*

PROVIDÊNCIAS CAUTELARES ARBITRAIS
- **ver** ORDENS PRELIMINARES; PROVIDÊNCIAS CAUTELARES JUDICIAIS
- **admissibilidade**
  - *a favor do demandante – 20º(2); 21º(2)*
  - *a favor do demandado – 20º(3)*
- **alteração de circunstâncias**
  - *dever de "pronta" revelação*
    - de alterações "significativas" – 25º(1)

- ••• dúvidas sobre o regime legal – 25º(3)
- **em arbitragens portuguesas**
  - •• *decretamento pelos tribunais do Estado*
    - ••• competência inafastável e alternativa – 7º(1 e 2); 59º(1)
    - ••• efeitos da renúncia convencional à tutela cautelar – 7º (2)
  - •• *decretamento pelo tribunal arbitral*
    - ••• renúncia convencional – 7º(2)
  - •• *execução pelo tribunal estadual* – 27º(1 e 3 a 9); 28º(1 a 8)
    - ••• ver EXECUÇÃO (execução por tribunal estadual)
- **em arbitragens estrangeiras**
  - •• *decretamento por tribunal português*
    - ••• extensão da competência às providências estrangeiras – 29º(1)
    - ••• regime aplicável – 29º(2)
    - ••• tribunal competente – 59º(7)
  - •• *reconhecimento e execução de decisões cautelares*
  - •• *ver* RECONHECIMENTO DE DECISÕES CAUTELARES
    - ••• regime – 27º(2 a 9)
- **caução (das)**
  - •• *natureza da exigência* – 24º(5)
  - •• *imposta oficiosamente ou a pedido do requerido* – 24º(5)
  - •• *incumprimento da obrigação*
    - ••• fundamento de recusa do reconhecimento ou execução – 28º(4)
- **espécies**
  - •• *providências dispositivas* – 20º(2); 21º(2)
  - •• *providência probatória* – 21º(6)

- **execução por tribunal estadual**
  - •• *processo judicial de execução*
    - ••• ver EXECUÇÃO
    - ••• legitimidade – 27º(3)
    - ••• formalidades do pedido e do processo – 27º(5)
    - ••• reflexos gerais e especiais da revogação, suspensão ou alteração da decisão arbitral – 27º(6 e 7)
    - ••• exigibilidade de caução prévia – 27º(8)
    - ••• irrecorribilidade e impugnabilidade – 27º(9)
  - •• *aplicação da decisão* – 28º(8)
  - •• *recusa (de)*
    - ••• análise dos vários fundamentos – 28º(3 a 7)
    - ••• fundamentos específicos e comuns ao reconhecimento – 28º(2)
    - ••• fundamentos nominados e inominados – 28º(1)
  - •• *reformulação arbitral ou judicial da providência*
    - ••• em caso de recusa da decretada – 28º(6)
  - •• *tribunal competente* – 27º(1 e 4); 59º(6)
- **modificação, suspensão e revogação**
  - •• *ver* INCIDENTES
  - •• *da decisão de decretamento*
    - ••• momento da modificação, etc. – 24º(2)
    - ••• "ratio" da modificação, etc. – 24º(2)
  - •• *da providência decretada* – 25º(1)
  - •• *da providência recusada* – 24º (1) 25º(3)
- **processo principal e cautelar**

- - *autonomia e eventual autuação conjunta* – 20º(4)
- **e ordens preliminares**
  - - ver ORDENS PRELIMINARES
  - - *simultaneidade do seu pedido* – 22º(2)
  - - *competência exclusiva do tribunal arbitral* – 22º(2)
  - - *providências cautelares substitutivas da ordem preliminar*
    - - - enigmas do regime legal – 23º(6)
- **reconhecimento por tribunal estadual**
  - - *de providências cautelares estrangeiras*
    - - - ver RECONHECIMENTO DE DECISÕES CAUTELARES; **execução por tribunal estadual**
    - - - tribunal competente – 27º(4); 59º(13)
- **requisitos da tutela cautelar**
  - - *"fumus boni iuris"* – 21º(3)
  - - *"periculum in mora"* – 21º(4)
  - - *proporcionalidade e ponderação de prejuízos* – 21º(5)
  - - *sumariedade da sua cognição* – 21º(1)
- **responsabilidade do requerente**
  - - *estatuição da lei*
    - - - significado da dupla estatuição legal – 26º(5)
    - - - dúvidas – 26º(5)
  - - *previsão da lei*
    - - - as circunstâncias anteriormente existentes – 26º(4)
    - - - seu desdobramento – 26º(3)
  - - *regime legal*
    - - - inconstitucionalidade – 26º(1)
    - - - interpretação constitucionalizante – 26º(2)

- **substitutivas**
  - - *de ordens preliminares*
    - - - enigmas do regime legal – 23º(6)

PROVIDÊNCIAS CAUTELARES JUDICIAIS

- ver SENTENÇAS ESTRANGEIRAS
- **em arbitragens estrangeiras**
  - - *decretáveis em Portugal* – 29º(1)
    - - - previsão
    - - - tribunal português competente – 59º(9)
- **em arbitragens portuguesas**
  - - *competência*
    - - - a inafastável alternativa dos tribunais do Estado – 7º(1); 29º(1); 59º(1)
  - - *impeditivas da constituição e funcionamento do tribunal estadual*
    - - - inadmissibilidade – 5º(8)
  - - *renúncia convencional*
    - - - efeitos – 7º(2)
- **litispendência**
  - - *entre processo arbitral e judicial* – 5º(5); 29º(1)
- **regime processual**
  - - *aplicação das leis de processo respectivas* – 29º(1 e 2)
  - - *adaptação às arbitragens internacionais* – 29º(2)

PUBLICAÇÃO

- **sentenças arbitrais**
  - - *requisitos e cautelas* – 30º(18)

ÍNDICE ANALÍTICO

RECONHECIMENTO DE DECISÕES CAUTELARES
- **reconhecimento e execução de decisões cautelares**
  - *regime* – 27º(2 a 9)
- **relações entre reconhecimento e execução**
  - *necessidade do reconhecimento prévio* – 27º(2)
- **processo de reconhecimento**
  - *formalidades do pedido e do processo de reconhecimento* – 27º(5)
  - *questões processuais prévias*
    - competência judicial – 27º(4)
    - legitimidade – 27º(3)
  - *decretamento*
    - irrecorribilidade e impugnabilidade da decisão de reconhecimento – 27º(9)
    - tribunal português competente – 59º(7)
  - *reflexos da revogação, suspensão ou alteração da decisão cautelar (no)* – 27º(6 e 7)
- **recusa do reconhecimento**
  - *fundamentos específicos e comuns à recusa do reconhecimento e da execução* – 27º(2)
  - *fundamentos inominados* – 27º(1)
  - *fundamentos nominados* – 28º(1, 3 a 7)

RECONHECIMENTO DE SENTENÇAS ARBITRAIS ESTRANGEIRAS
- **ver** RECONHECIMENTO DE DECISÕES CAUTELARES; RECONHECIMENTO DE SENTENÇAS ARBITRAIS ESTRANGEIRAS ADMINISTRATIVAS; SENTENÇAS ARBITRAIS ESTRANGEIRAS

- **reconhecimento**
  - *regimes aplicáveis*
    - primazia dos tratados e acordos internacionais – 55º(1)
    - aplicação secundária da LAV – 55º(1)
    - aplicação da lei no tempo – 55º(3)
  - *a revisão e confirmação de sentenças arbitrais estrangeiras no CPC*
    - substituição dos conceitos pelo de reconhecimento – 2º(4) da Lei n.º 63/2011
- **processo de reconhecimento**
  - *articulados processuais*
    - requisitos da petição, documentação e seu incumprimento – 57º(1 a 3)
    - requisitos da oposição e seu cumprimento tardio – 57º(3)
    - "réplica" e "tréplica" – 57º(4)
    - intervenção do Ministério Público – 57º(4)
  - *alegações finais*
    - intervenção do Ministério Público – 57º(4)
    - carácter sucessivo – 57º(4)
  - *competência judicial*
    - dos tribunais estaduais – 57º(2); 59º(3)
  - *suspensão oficiosa do processo de reconhecimento*
    - na pendência do processo estrangeiro de suspensão ou anulação da sentença – 56º(7)
    - exigibilidade da prestação de caução pela parte requerida – 56º(7)
- **recusa do reconhecimento**
  - *fundamentos da recusa*

- ••• âmbito de aplicação do art. 56º – 56º(1)
- ••• por vícios da sentença; distinção dos vícios do pedido – 56º(1A)
- ••• inexecutividade da sentença – 56º(3)
- ••• suspensão ou anulação da sentença – 56º(4)
- ••• relativos às partes, à convenção, ao processo e à sentença – 56º(5)
- ••• relativos à arbitrabilidade do litígio e à ordem pública internacional – 56º(6)

RECONHECIMENTO DE SENTENÇAS ARBITRAIS ESTRANGEIRAS ADMINISTRATIVAS

- **regime processual aplicável**
  - •• *delimitação e adaptações* – 58º(1 e 3)
  - •• *oposição de contra-interessados e do Ministério Público* – 58º(3)
- **competência judicial**
  - •• *em razão da matéria e hierarquia* – 58º(2)
- **recusa do reconhecimento**
  - •• *ver* RECONHECIMENTO DE SENTENÇAS ARBITRAIS ESTRANGEIRAS (recusa do reconhecimento); **regime processual aplicável**
  - •• *fundamentos (da)* – 56º(1, 5 e 6); 58º(1 e 3)

RECONVENÇÃO

- **admissibilidade** – 33º(12)
- **no caso de intervenção de terceiros** – 36º(8)

- **regime**
  - •• *na contestação* – 33º(12)
  - •• *alterabilidade* – 33º(12)

RECTIFICAÇÃO

- **decisão de**
  - •• *ver* **incidente (da)**
  - •• *regime geral* – 45º(12)
- **efeitos**
  - •• *rectificação e caso julgado* – 42º(9)
- **erros da sentença**
  - •• *ver* SENTENÇAS ARBITRAIS
  - •• *erros materiais*
    - ••• noção – 45º(1)
  - •• *erros ostensivos*
    - ••• noção – 45º(1)
- **iniciativa das partes**
  - •• *ver* INCIDENTE (da)
  - •• *prazo e regime* – 45º(1)
- **incidente (da)**
  - •• *incidência* – 45º(2)
  - •• *tramitação* – 45º(5)
  - •• *decisão de rectificação*
    - ••• regime geral – 45º(12)
  - •• *competência e efeitos* – 45º(6)
  - •• *prorrogação do prazo da decisão* – 45º(11)
- **e intervenção de terceiros** – 36º(8)
- **oficiosa**
  - •• *ver* **incidente(da)**
  - •• *prazo e regime* – 45º(7)

RECURSO DE DECISÕES ARBITRAIS

- **ver** CASO JULGADO; IMPUGNAÇÃO JUDICIAL; INCONSTITUCIONALIDADE

- **regra geral da irrecorribilidade**
  - *carácter imperativo*
    - sentenças de equidade – 39º(14)
    - decisões de composição – 39º(14)
    - excepções – 39º(15)
  - *carácter supletivo* – 39º(13)
    - excepção do recurso de constitucionalidade – 39º(14 e 15)
- **(das) sentenças arbitrais**
  - *regra geral da irrecorribilidade*
    - ver entrada anterior
  - *distinção da impugnação* – 46º(2)
  - *objecto do recurso* – 39º(17)
  - *requisitos de admissibilidade* – 39º(15)
- **(das) sentenças arbitrais internacionais**
  - *ver* **(das) sentenças arbitrais**
  - *especificidades: recurso para tribunal arbitral* – 53º(1 e 2)
- **das ordens preliminares**
  - *irrecorribilidade* – 22º(5)
- **da designação, da recusa, da destituição e da redução de honorários dos árbitros por tribunais estaduais**
  - *das decisões positiva ou negativa e da falta delas*
    - recorribilidade e irrecorribilidade – 10º(20 e 21); 14º(7); 15º(7); 17º(9)
- **regime (do)**
  - *modelação convencional e seus limites* – 39º(18)
  - *cumulado com impugnação* – 46º(3)

RECUSA DE ÁRBITROS
- **autoria (da)**
  - *pela parte designante*
    - dúvidas – 13º(9)
    - fundamentos taxativos: seu carácter vago – 13º(6)
    - concretização – 13º(7 e 8)
  - *pelas partes*
    - fundamentos taxativos: seu carácter vago – 13º(6)
    - concretização – 13º(7 e 8)
  - *pelo tribunal arbitral*
    - fundamentos taxativos: seu carácter vago – 13º(6)
    - concretização – 13º(7 e 8)
  - *pelo tribunal estadual*
    - fundamentos taxativos: seu carácter vago – 13º(6)
    - concretização – 13º(7 e 8)
- **procedimento ou processo de recusa**
  - *acordo das partes (sobre o)*
    - alcance – 14º(2 a 4)
    - conteúdo – 14º(3)
  - *aspectos regulados prioritariamente na lei*
    - casos de recurso ao tribunal arbitral e sua tramitação – 14º(1A, 5 e 6)
    - recurso ao tribunal estadual – 14º(7)
    - sobre os processos contenciosos de recusa – 14º(1 e 2)
  - *aspectos de regulação prioritária convencional*
    - prazo para a recusa de parte(s) – 14º(4)
    - sobre a recusa extra-judicial e seu regime – 14º(3)
  - *recurso ao tribunal arbitral*

- ••• legitimidade, pressupostos e fundamentos – 14º(5)
- ••• tramitação do incidente arbitral – 14º(6)
- ••• colegialidade e irrecorribilidade – 14º(6A)
- •• recurso ao tribunal estadual
  - ••• pressupostos – 14º(1, 2 e 7)
  - ••• requerimento, seus requisitos e notificação – 60º(1 e 2)
  - ••• factos supervenientes – 60º(3)
  - ••• poderes oficiosos de instrução – 60º(3)
  - ••• urgência do processo – 60º(4)
  - ••• efeitos sobre o processo arbitral –14º(8)
  - ••• (ir)recorribilidade da decisão judicial – 14º(7)
- **recusas inválidas**
  - •• *âmbito e consequências* – 13º(10)

RECUSA DE RECONHECIMENTO OU EXECUÇÃO

- **ver** EXECUÇÃO; RECONHECIMENTO DE DECISÕES CAUTELARES; RECONHECIMENTO DE SENTENÇAS ARBITRAIS ESTRANGEIRAS; (...) ADMINISTRATIVAS

REGULAMENTOS DE ARBITRAGEM

- **conceito**
  - •• *complexo* – 30º(9)
- **fixação (do)**
  - •• *pelas partes*
    - ••• autonomia – 30º(10)
    - ••• tempo, modo e limites – 30º(10)
    - ••• línguas do processo – 32º(1)
    - ••• lugar do processo – 31º(2)
  - •• *pelo tribunal arbitral*
    - ••• criação e comunicação pré-processuais – 30º(11)
    - ••• suas subordinantes e regras de integração de lacunas – 30º(12)
    - ••• do lugar da arbitragem – 31º(2, 3 e 4)
    - ••• das línguas do processo – 32º(2)
  - •• *competência exclusiva do tribunal arbitral em matéria probatória*
    - ••• consequências e modo de expressão – 30º(13)
    - ••• âmbito e limites – 30º(13 e 14); 34º(2)
- **âmbito de aplicação**
  - •• *apropriados na convenção de arbitragem ou das partes*
    - ••• obrigatoriedade legal – 6º(1)
- **remissão para as leis processuais**
  - •• *necessidade de remissão expressa* – 30º(12)

RELAÇÕES

- **ver** TRIBUNAIS DA RELAÇÃO

RÉPLICA

- **articulado inominado do processo arbitral**
  - •• *admissibilidade* – 33º(3)
- **processo de reconhecimento de sentenças estrangeiras**
  - •• *admissibilidade* – 57º(4)
- **(na) reconvenção de terceiros**
  - •• *regime* – 36º(8)

RESPONSABILIDADE CIVIL

- **dos árbitros**

- *pelas decisões proferidas*
  - tribunal competente – 59º(14)
  - cobertura securitária – 9º(10)
- *pela escusa injustificada*
  - diversas responsabilidades – 12º(7)
  - pressupostos – 9º(9)
  - falta de participação na votação – 40º(7)
- **das partes**
  - *por inobservância de ordens preliminares*
    - pressupostos – 12º(6)
    - responsabilidade do requerido – 23º(7)

RESPONSABILIDADE CRIMINAL

- ver ÁRBITROS [(ir)responsabilidade]
- **por inobservância de ordens preliminares**
  - *responsabilidade do requerido – 23º(7)*

RETOMA DO PROCESSO ARBITRAL

- ver PROCESSO ARBITRAL (retoma do)

REVOGAÇÃO

- **da convenção de arbitragem**
  - *ver* CONVENÇÃO DE ARBITRAGEM
- **de decisões cautelares e ordens preliminares**
  - *regime – 24º(1 a 3)*
  - *reflexos gerais e especiais*
    - nos processos judicias de seu reconhecimento ou execução – 27º(6 e 7)

REUNIÕES

- **do tribunal arbitral**
  - *local das – 31º(4)*
  - *equiparação de regime com as audiências – 34º(1)*

SENTENÇAS ADICIONAIS

- **enquadramento**
  - *pressupostos e vantagens – 45º(8)*
  - *relação com a sentença final – 45º(10)*
  - *de liquidação da sentença arbitral – 47º(2)*
- **regime**
  - *geral – 45º(12)*
  - *do requerimento – 45º(9)*
  - *do incidente – 45º(9)*
  - *impugnabilidade – 46º(1)*
  - *prorrogação oficiosa do prazo de emissão (das) – 45º(11)*

SENTENÇAS ARBITRAIS ESTRANGEIRAS

- ver RECONHECIMENTO DE (...); EXECUÇÃO DE (...); SENTENÇAS ARBITRAIS ESTRANGEIRAS ADMINISTRATIVAS

SENTENÇAS ARBITRAIS ESTRANGEIRAS ADMINISTRATIVAS

- ver EXECUÇÃO DE SENTENÇAS ESTRANGEIRAS ADMINISTRATIVAS; RECONHECIMENTO DE (...); SENTENÇAS ARBITRAIS ESTRANGEIRAS

SENTENÇAS ARBITRAIS INTERNACIONAIS

- ver SENTENÇAS ARBITRAIS NACIONAIS

- **direito arbitral aplicável**
  - *ver* LEI DA ARBITRAGEM VOLUNTÁRIA
- **direito substantivo aplicável**
  - *ver* ARBITRAGENS INTERNACIONAIS
  - *por escolha das partes* – 52º(1 a 5 e 9)
  - *por escolha subsidiária do tribunal arbitral* – 56º(6 a 9)
- **execução**
  - *ver* EXECUÇÃO DE SENTENÇAS NACIONAIS E INTERNACIONAIS
- **impugnação**
  - *de sentenças baseadas em direito estrangeiro*
    - por violação da ordem pública internacional portu-guesa – 54º(1 a 3)
- **irrecorribilidade**
  - *regra geral*
    - alcance e relevância – 53º(1)
  - *excepção*
    - requisitos, tramitação e fundamentos do recurso – 53º(2)

SENTENÇAS ARBITRAIS NACIONAIS

- ver ARBITRAGENS; EQUIDADE; EXECUÇÃO DE ...; SENTENÇAS ADICIONAIS; SENTENÇAS ARBITRAIS ESTRANGEIRAS; SENTENÇAS ARBITRAIS INTERNACIONAIS
- **aclaração**
  - *ver* ACLARAÇÃO
- **anulação (de)**
  - *ver* IMPUGNAÇÃO
  - *efeitos*
    - sobre o tribunal e o processo arbitral – 46º(35)
  - *excesso de pronúncia (da)* – 46º(34)
  - *processo de revisão ou reexame?* – 46º(33)
- **assinatura (das)**
  - *sentenças singulares e colectivas*
    - requisitos, falta e suprimento – 42º(1 e 2); 43º(2); 45º(7); 46º(16)
- **caso julgado**
  - *ver* CASO JULGADO
  - *momento da produção (do)* – 42º(9)
- **cautelares**
  - *ver* PROVIDÊNCIAS CAUTELARES ARBITRAIS
  - *impugnabilidade* – 46º(1)
- **custódia e conservação**
  - *por encerramento do processo*
  - *regime* – 44º(7)
- **espécies**
  - *dispositivas e homologatórias* –41º(2)
  - *singulares e colectivas*
    - assinatura – 42º(2)
- **execução**
  - *ver* EXECUÇÃO DE SENTENÇAS NACIONAIS E INTERNACIONAIS
- **extinção de efeitos (das)**
  - *por decisão judicial transitada sobre a incompetência do tribunal arbitral* – 5º (6, 7 e 8)
- **forma**
  - *escrita ou vazada num escrito* – 42º(1)
  - *menções essenciais*
    - data e lugar da sede – 43º(5)
    - falta das – 43º(5)
- **fundamentação**
  - *obrigatoriedade e dispensa* – 42º(4)

- **(de) homologação da transacção**
  - *ver* TRANSACÇÃO
- **impugnação judicial**
  - *ver* IMPUGNAÇÃO JUDICIAL; RECURSO; **anulação**
  - âmbito – 46º(1)
  - *da sentença de equidade* – 39º(7)
    - impugnação por vícios formais da sentença – 46º(15 e 16)
  - *renúncia (à)*
    - proibição absoluta *ex ante* – 46º(25)
    - renúncia tácita *ex post* – 46º(23 e 24)
- **invalidade**
  - *ver* VALIDADE
  - *fundamentos* – 46º(7 a 22)
  - *parcial* – 46º(28)
- **(ir)recorribilidade**
  - *regra geral*
    - ver IMPUGNAÇÃO; INCONSTITUCIONALIDADE; IRRECORRIBILIDADE; RECURSO
    - carácter supletivo – 39º(13)
    - excepções – 39º(14)
  - *da sentença de equidade*
    - regra geral – 39º(14)
    - recurso de inconstitucionalidade – 39º(15)
- **liquidação (de)**
  - *ver* EXECUÇÃO DE SENTENÇAS ARBITRAIS NACIONAIS E INTERNACIONAIS; SENTENÇAS ADICIONAIS
- **notificação**
  - *formalidades* – 42º(8)
  - *notificação e caso julgado: dúvidas* – 42º(9)
- **nulidade ou inexistência**
  - *por falta de assinatura* – 42º(2)
  - *por falta de maioria* – 42º(1A)
- **parciais**
  - *impugnabilidade* – 46º(1)
  - *requisitos, regime e invalidade* – 42º(3)
  - *objecto*
    - exclui repartição de custas – 42º(3)
- **produção de efeitos**
  - *com a notificação, rectificação ou caso julgado* – 42º(9)
- **publicação**
  - *requisitos e cautelas* – 30º(18)
- **rectificação**
  - *ver* RECTIFICAÇÃO
- **sentenças retomadas**
  - *ver* PROCESSO ARBITRAL **(retoma do)**
  - *efeitos*
    - em relação às partes – 46º(32)
    - em relação ao processo impugnatório – 46º(32)
  - *hierarquia e independência face ao tribunal estadual* – 46º(31)
- **como títulos executivos**
  - *em língua portuguesa ou estrangeira*
    - requisitos – 47º(1)
- **validade**
  - *requisitos formais*
    - assinatura – 42º(1A); 46º(16)
    - fundamentação – 42º(4); 46º(16)
    - forma escrita – 412º(1); 46º(15)

SENTENÇAS PARCIAIS

- ver SENTENÇAS ARBITRAIS (parciais)

SENTENÇAS "RETOMADAS"

- ver PROCESSO ARBITRAL (retomado); SENTENÇAS ARBITRAIS

SIGILO

- ver DEVER DE SIGILO

SUBSTITUIÇÃO DE ÁRBITROS

- ver ÁRBITRO ÚNICO; ÁRBITROS

SUPRIMENTO

- **da omissão ou extemporaneidade de actos processuais**
  - *âmbito objectivo*
    - dúvidas quanto à omissão ou extemporaneidade da petição e contestação – 35º(5)

SUSPENSÃO

- **de decisões cautelares e ordens preliminares**
  - *ver* ORDENS PRELIMINARES; PROVIDÊNCIAS CAUTELARES ARBITRAIS
- **do processo de reconhecimento e execução de sentenças**
  - *ver* EXECUÇÃO DE SENTENÇAS ESTRANGEIRAS; RECONHECIMENTO DE SENTENÇAS ARBITRAIS ESTRANGEIRAS
- **do processo de reconhecimento e execução de providências cautelares**
  - *reflexos gerais e especiais da suspensão* – 27º(6 e 7)

SUPREMO TRIBUNAL ADMINISTRATIVO

- **competência em matéria arbitral**
  - *recurso das sentenças dos TCAA e dos TAC's*
    - (in)admissibilidade – 59º(14)

SUPREMO TRIBUNAL DE JUSTIÇA

- **competência em matéria arbitral**
  - *recurso das sentenças das Relações e dos Tribunais Judiciais de 1ª instância*
    - (in)admissibilidade – 59º(14)

TERCEIROS

- ver INTERVENÇÃO DE TERCEIROS
- **conceito de terceiros** – 36º(2)

TRADUÇÕES

- ver DOCUMENTOS; LÍNGUA
- **no processo de reconhecimento de sentenças arbitrais estrangeiras**
  - *de convenções e sentenças*
    - exigências e requisitos – 57º(1 e 2)
    - incumprimento – 57º(3)

TRANSACÇÃO

- **âmbito**
  - *fundamento* – 41º(1)
- **efectivação**
  - *modalidades e efeitos* – 41º(2)
- **requisitos processuais da sua admissão arbitral** – 41º(4)

ÍNDICE ANALÍTICO

- **sentença de homologação**
  - *aceitação e recusa judicial da transacção*
    - explicitação dos fundamentos – 41º(3)
    - requisitos e efeitos – 41º(5)

TRÉPLICA

- **em processo arbitral**
  - *ver* ARTICULADOS

- **processo de reconhecimento de sentenças estrangeiras**
  - *admissibilidade* – 57º(4)

TRIBUNAIS ADMINISTRATIVOS DE 1ª INSTÂNCIA

- ver TRIBUNAIS CENTRAIS ADMINISTRATIVOS; TRIBUNAIS ESTADUAIS

- **competência (dos)**
  - *em matéria arbitral estrangeira*
    - decretamento de providências cautelares: dúvidas – 59º(7)
    - execução de providências cautelares –59º(6)
    - produção de prova – 59º(1 e 8)
    - execução de sentenças – 58º(2); 59º(6 e 12)
  - *em razão da matéria (arbitral)*
    - caso julgado sobre afectação material da causa – 59º(15)
    - competência-regra e enunciado de matérias – 59º(1 e 6)
    - expansividade da sua competência – 59º(6)
  - *execução de sentenças arbitrais*
    - estrangeiras – 58º(2); 59º(13)
    - portuguesas – 59º(12)
    - portuguesas e estrangeiras cautelares – 59º(1)

- *responsabilidade civil de árbitros administrativos*
  - efectivável em tribunais cíveis? – 59º(14)
- **recurso das suas sentenças em matéria arbitral**
  - *(in)admissibilidade* – 59º(11)

TRIBUNAIS ARBITRAIS

- **competência processual**
  - *ver* **competência "judiciária"; decisão de competência; poderes processuais**
  - *em matéria de admissibilidade da intervenção de terceiros* – 36º(4)
    - vinculação aos factos alegados – 36º(8)
  - *em matéria de competência arbitral*
    - a competência oficiosa da competência – 18º(1)
    - dever de conhecimento imediato – 18º(11)
  - *em matéria de execução da sentença arbitral*
    - liquidação da sentença – 47º(5 a 7)
  - *em matéria de impugnação de sentenças*
    - suspensão do processo impugnatório e retoma do processo arbitral – 46º(29, 31 e 32)
    - poderes de revisão do tribunal estadual – 46º(33)
  - *em matéria de modificação da convenção* – 4º(2)
  - *em matéria de ordens preliminares*
    - iniciativa oficiosa do decretamento – 22º(2)
    - exigência de caução – 24º(5)
    - modificação, suspensão, revogação – 24º(1)

- ••• responsabilização do requerente – 26º(5)
- •• *em matéria de providências cautelares*
  - ••• iniciativa oficiosa do decretamento – 22º(2)
  - ••• exigência de caução – 24º(6)
  - ••• modificação, suspensão, revogação – 24º(1)
  - ••• responsabilização do requerente – 26º(5)
- •• *fixação do regulamento de arbitragem*
  - ••• competência subsidiária – 30º(11 e 12)
- •• *competência em matéria probatória*
  - ••• âmbito – 30º(13 e 14)
- **competência "judiciária"**
  - •• ver COMPETÊNCIA PROCESSUAL; PODERES PROCESSUAIS
  - •• *em matéria de arbitragens internacionais*
    - ••• escolha da sede da arbitragem: dúvidas – 49º(4)
  - •• *em matéria de recusa de árbitros*
    - ••• legitimidade, pressupostos e fundamentos – 14º(5)
    - ••• tramitação do incidente arbitral – 14º(6)
    - ••• colegialidade e irrecorribilidade – 14º(6A)
  - •• *fixação da(s) língua(s) do processo*
    - ••• oficiais e de trabalho – 32º(2)
  - •• *fixação do lugar da arbitragem*
    - ••• escolha subsidiária e condicionada – 31º(2)
    - ••• alteração – 31º(3)
    - ••• funcionamento extra-muros – 31º(4)
- **composição (dos)**
  - •• ver ÁRBITROS
  - •• *árbitro único ou pluralidade*
    - ••• (des)vantagens – 8º(2)
  - •• *número de árbitros*
    - ••• a regra do número ímpar e a excepção – 8º(3); 16º(3)
    - ••• consequências de sua violação – 8º(4)
    - ••• termo do prazo convencional – 8º(5)
  - •• *violação de convenção ou lei*
    - ••• é fundamento de impugnação – 46º(13)
- **constituição (dos)**
  - •• *formalidades (da)*
    - ••• lacuna legal e sua integração – 8º(1); 10º(1A)
    - ••• designação de árbitros e formalidades antecedentes e subsequentes – 10º (1A)
- **decisões (dos)**
  - •• *assinatura*
    - ••• ver SENTENÇAS ARBITRAIS
  - •• *da autoria do presidente do tribunal*
    - ••• em matéria de ordenação, tramitação e impulso processuais – 40º(8)
    - ••• natureza da decisão – 40º(5)
    - ••• por falta de maioria colegial – 40º(5)
  - •• *decisões individuais concordes*
    - ••• de "todos os árbitros" – 4º(1); 40º(1)
  - •• *pela maioria dos árbitros*
    - ••• carácter imperativo – 40º(4)
    - ••• autorização da solicitação probatória do tribunal estadual – 38º(2)
    - ••• decisões abrangidas – 40º (2 e 3)
    - ••• maioria simples ou absoluta – 40º(1)

- ••• em matéria de recusa de árbitros – 14º(6A)
- •• *votação*
  - ••• recusa de participação e de assinatura – 40º (6)
  - ••• consequências da recusa de participação – 40º/7)
- • **decisão de competência**
  - •• *apreciação*
    - ••• oficiosa – 18º(1,3 e 12)
    - ••• por iniciativa das partes – 18º(3)
    - ••• decisão imediata – 18º(11)
    - ••• impugnação judicial – 18º(3)
    - ••• impugnação interlocutória – 18º(13 a 16)
- • **designação de árbitros**
  - •• *ver* DESIGNAÇÃO DOS ÁRBITROS
  - •• *designação de todos os árbitros pelo tribunal estadual*
    - ••• com substituição dos já nomeados – 11º(8 a 10)
- • **incompetência (dos)**
  - •• *ver* IMPUGNAÇÃO JUDICIAL
  - •• *arguição pelo demandado*
    - ••• arguição tardia – 18º(10)
    - ••• da incompetência superveniente – 18º(8 e 9)
    - ••• e sua participação no processo de designação de árbitros – 18º(7)
    - ••• prazo (da) – 18º(6)
  - •• *fundamentos (da)* – 18º(2)
- • **órgãos de soberania**
  - •• *Preliminares* (3)
  - •• *implicações*
    - ••• na independência e imparcialidade dos árbitros – 9º(3)

- • **poderes processuais (dos)**
  - •• *ver* COMPETÊNCIA JUDICIÁRIA; COMPETÊNCIA PROCESSUAL
  - •• *e retoma do processo*
    - ••• ver RELAÇÃO COM TRIBUNAIS DO ESTADO
  - •• *extinção do processo por anulação da sentença arbitral*
    - ••• poderes extintos e sobreviventes – 18º(17); 44º(5 e 6)
  - •• *prorrogação oficiosa*
    - ••• do prazo do processo arbitral – 43º(2 a 5)
  - •• *prova pericial*
    - ••• ver PROVA PERICIAL
    - ••• recurso (à) – 37º(1)
    - ••• organização (da) – 37º(2)
- • **relação com os tribunais do Estado**
  - •• *designação de árbitros*
    - ••• ver DESIGNAÇÃO DOS ÁRBITROS
  - •• *intervenções arbitrais de tribunais estaduais*
    - ••• regra da taxatividade – 19º(1 e 2)
  - •• *retoma do processo arbitral* – 46º(30)
    - ••• poderes retomados vinculados e discricionários – 46º(31)
  - •• *recusa judicial de árbitros*
    - ••• ver RECUSA DE ÁRBITROS

TRIBUNAIS CENTRAIS ADMINISTRATIVOS

- • **ver** TRIBUNAIS ADMINISTRATIVOS DE 1ª INSTÂNCIA; TRIBUNAIS ESTADUAIS; TRIBUNAIS DA RELAÇÃO
- • **competência**
  - •• *ver* TRIBUNAIS DA RELAÇÃO
  - •• *critérios de sua repartição*

- ··· afectação material da causa à jurisdição administrativa – 59º(15)
- ··· materiais e territoriais – 59º(4)
- ··· hierárquicos – 58º(2)
- **presidentes (dos)**
  - ·· *ver* TRIBUNAIS DA RELAÇÃO
- **recurso das suas sentenças em matéria arbitral**
  - ·· *(in)admissibilidade* – 59º(11)

TRIBUNAIS ESTADUAIS

- *ver* CÓDIGO DO PROCESSO CIVIL; CÓDIGO DE PROCESSO NOS TRIBUNAIS ADMINISTRATIVOS; LEI DA ARBITRAGEM VOLUNTÁRIA
- **âmbito de intervenção "arbitral"**
  - ·· *sujeição à LAV*
    - ··· âmbito – 19º(1 e 2)
    - ··· às normas supletivas da LAV – 19º(3)
    - ··· leis futuras – 19º(5)
  - ·· *casos de prevalência da lei processual* – 19º(4)
- **competência em matéria arbitral**
  - ·· *ver* DESIGNAÇÃO DOS ÁRBITROS; EXECUÇÃO DE (...); INCOMPETÊNCIA EM MATÉRIA ARBITRAL; RECONHECIMENTO DE (...); SENTENÇAS ARBITRAIS ESTRANGEIRAS; TRIBUNAIS ADMINISTRATIVOS DE CÍRCULO; TRIBUNAIS ARBITRAIS; TRIBUNAIS CENTRAIS ADMINISTRATIVOS; TRIBUNAIS JUDICIAIS DE 1ª INSTÂNCIA; TRIBUNAIS DA RELAÇÃO
  - ·· *execução de decisões cautelares*
    - ··· ver EXECUÇÃO DE DECISÕES CAUTELARES
  - ·· *execução de sentenças* – 47º(4)
  - ·· *decisão de competência*
    - ··· definitividade da primeira decisão – 59º(15)
  - ·· *retoma do processo arbitral* – 46º(30)
    - ··· poderes retomados vinculados e discricionários – 46º(31)
  - ·· *impugnação da sentença arbitral*
    - ··· conhecimento oficioso de fundamentos – 46º(8)
    - ··· repúdio oficioso das alegações das partes – 46º(8)
    - ··· processo de revisão ou reexame? – 46º(33)
  - ·· *providências cautelares judiciais*
    - ··· nacionais – 7º(1); 27º(4); 29º (1)
    - ··· estrangeiras – 27º(4); 29º (1); 59º(7)
    - ··· efeitos da renúncia convencional à tutela cautelar – 7º(2)
  - ·· *produção de prova*
    - ··· em arbitragens nacionais e internacionais – 38º(1 e 2)
    - ··· em arbitragens estrangeiras – 38º(3)
  - ·· *recusa de árbitros*
    - ··· pressupostos – 14º(1, 2 e 7)
    - ··· (ir)recorribilidade da decisão judicial – 14º(7)
    - ··· efeitos sobre o processo arbitral –14º(8)
- **decretamento de providências cautelares**
  - ·· *ver* **incompetência em matéria arbitral**; PROVIDÊNCIAS CAUTELARES ARBITRAIS; PROVIDÊNCIAS CAUTELARES JUDICIAIS
- **incompetência em matéria arbitral**

ÍNDICE ANALÍTICO

- •• *ver* ABSOLVIÇÃO DA INSTÂNCIA
- •• *decretamento de ordens preliminares*
  – 22º(2)
- •• *inexistência, invalidade e ineficácia da convenção*
  - ••• em acções de simples apreciação – 5º(8)
- •• *em relação a litígios arbitrais*
  - ••• como efeito negativo da convenção de arbitragem
    – 5º (1 e 8)
  - ••• preclusão do efeito negativo e consequências sobre o processo arbitral – 5º (6 e 7)
  - ••• entorses ao efeito negativo
    – 5º(2 e 4)
- •• *em relação a providências cautelares*
  - ••• que obstem à constituição ou funcionamento do tribunal arbitral – 5º(8)

TRIBUNAIS JUDICIAIS DE 1ª INSTÂNCIA

- **competência (dos)**
  - •• *em matéria arbitral estrangeira*
    - ••• decretamento de providências cautelares: dúvidas – 59º(7)
    - ••• produção de prova – 59º(1 e 8)
  - •• *em razão da matéria (arbitral)*
    - ••• caso julgado da afectação material – 59º(15)
    - ••• competência-regra e enunciado de matérias – 59º(1 e 6)
    - ••• expansividade da sua competência – 59º(6)
  - •• *execução de sentenças arbitrais*
    - ••• estrangeiras – 47º(4); 59º(13)
    - ••• portuguesas – 47º(4); 59º(12)
    - ••• portuguesas e estrangeiras cautelares – 59º(1)
  - •• *responsabilidade civil de árbitros*

- ••• incluindo os administrativos
  – 59º(14)
- **recurso das suas sentenças "arbitrais"**
  - •• *(in)admissibilidade* – 59º(11)

TRIBUNAIS DA RELAÇÃO

- **competência em razão da matéria arbitral**
  - •• *regra da enunciação* – 59º(1)
    - ••• caso julgado de afectação material – 59º(15)
    - ••• elenco legal e poderes imanentes – 59º(3)
- **competência em razão do local**
  - •• *regras especiais de repartição de competência* – 59º(2)
- **presidente (dos)**
  - •• *competência*
    - ••• ver DESIGNAÇÃO DE ÁRBITROS; DESTITUIÇÃO DE ÁRBITROS; HONORÁRIOS; RECUSA DE ÁRBITROS
    - ••• (in)impugnabilidade e (ir)recorribilidade das respectivas decisões: dúvidas – 10º(20, 20A e 21); 17º(9); 59º(5 e 11)
- **recurso das suas decisões em matéria arbitral**
  - •• *(in)admissibilidade* – 59º(11)

TRIBUNAL CONSTITUCIONAL

- **ver** INCONSTITUCIONALIDADE

VOTAÇÃO

- **decisões dos tribunais arbitrais**
  - •• *ver* TRIBUNAIS ARBITRAIS